海西求是文库

中共福建省委党校、福建行政学院
《海西求是文库》编辑委员会

**主　任**：陈　雄

**副主任**：游龙波　王宜新　姜　华　叶锦文　刘大可　顾越利

**委　员**：（以姓氏笔画为序）
　　　　　王秉安　王宜新　叶锦文　田恒国　刘大可　阮孟禹
　　　　　李新生　杨小冬　肖文涛　何福平　陈　雄　陈　耀
　　　　　陈明森　陈朝宗　林　红　林　怡　林默彪　罗海成
　　　　　柳秉文　姜　华　顾越利　郭若平　曹敏华　蒋伯英
　　　　　温敬元　游龙波　魏绍珠

| 海西求是文库 |

# 求是撷英

中共福建省委党校、福建行政学院
论文选集（2009~2012）

中共福建省委党校
福建行政学院 /主编

社会科学文献出版社
SOCIAL SCIENCES ACADEMIC PRESS (CHINA)

# 总　序

　　党校和行政学院是一个可以接地气、望星空的舞台。在这个舞台上的学人，坚守和弘扬理论联系实际的求是学风。他们既要敏锐地感知脚下这块土地发出的回响和社会跳动的脉搏，又要懂得用理论的望远镜高瞻远瞩、运筹帷幄。他们潜心钻研理论，但书斋里装的是丰富鲜活的社会现实；他们着眼于实际，但言说中彰显的是理论逻辑的魅力；他们既"力求让思想成为现实"，又"力求让现实趋向思想"。

　　求是，既是学风、文风，也包含着责任和使命。他们追求理论与现实的联系，不是用理论为现实作注，而是为了丰富观察现实的角度、加深理解现实的深度、提升把握现实的高度，最终让解释世界的理论转变为推动现实进步的物质力量，以理论的方式参与历史的创造。

　　中共福建省委党校、福建行政学院地处台湾海峡西岸。这里的学人的学术追求和理论探索除了延续着秉承多年的求是学风，还寄托着一份更深的海峡情怀。多年来，他们殚精竭虑所取得的学术业绩，既体现了马克思主义及其中国化成果实事求是、与时俱进的理论品格，又体现了海峡西岸这一地域特色和独特视角。为了鼓励中共福建省委党校、福建行政学院的广大学人继续传承和弘扬求是学风，扶持精品力作，经校党委、院党委研究，决定编辑出版《海西求是文库》，以泽被科研先进，沾溉学术翘楚。

　　秉持"求是"精神，本文库坚持以学术为衡准，以创新为灵魂，要求入选著作能够发现新问题、运用新方法、使用新资料、提出新观点、进行新描述、形成新对策、构建新理论，并体现党校、行政学院学人坚持和发展中国特色社会主义的学术使命。

　　中国特色社会主义既无现成的书本作指导，也无现成的模式可遵循。

思想与实际结合，实践与理论互动，是继续开创中国特色社会主义新局面的必然选择。党校和行政学院是实践经验与理论规律的交换站、转换器。希望本文库的设立，能展示出中共福建省委党校和福建行政学院广大学人弘扬求是精神所取得的理论创新成果、决策咨询成果、课堂教学成果，以期成为党委政府的智库，又成为学术文化的武库。

马克思说："理论在一个国家实现的程度，总是取决于理论满足这个国家的需要的程度。"中共福建省委党校和福建行政学院的广大学人应树立"为天地立心、为生民立命、为往圣继绝学，为万世开太平"的人生境界和崇高使命，以学术为志业，以创新为己任，直面当代中国社会发展进步中所遇到的前所未有的现实问题、理论难题，直面福建实现科学发展、跨越发展的种种现实课题，让现实因理论的指引而变得更美丽，让理论因观照现实而变得更美好，让生命因学术的魅力而变得更精彩。

中共福建省委党校 福建行政学院<br>
《海西求是文库》编委会

# 目 录 Contents

## 马克思主义理论

马克思主义哲学中国化若干问题的检视与反思 …………… 林默彪 / 003
论资本时代的发展问题 ………………………………………… 何建津 / 022
重释马克思两个"必然"的现实依据及意义 ………………… 周前程 / 039
邓小平党和国家领导制度改革的三个维度思想
　　——兼论邓小平《党和国家领导制度的改革》的
　　主要内容 ………………………………………………… 田恒国 / 048
理解社会主义文明的新视角
　　——试论社会形态演进的客观必然性与社会制度构建的主体
　　选择性及其相互作用 …………………………………… 林　建 / 057
也谈柯瓦列夫斯基笔记主题
　　——与林锋先生商榷 …………………………………… 叶志坚 / 069
青年公务员：思想政治教育的重要对象 …………………… 孙秀艳 / 086

## 中共党史/党的建设

二十世纪二十年代中共"小资产阶级"观念的起源 ………… 郭若平 / 101
1930 年 6 月下旬~7 月毛泽东对"进攻战略"的态度探析
　　………………………………………………………… 欧阳小松 / 121
抗日战争时期新四军的伪军政策再研究 …………………… 侯竹青 / 135
论抗日根据地兵器工业的建立与兵工企业之运作 ………… 曹敏华 / 154
新中国成立以来中共城乡关系政策的演变及其经验研究 …… 江俊伟 / 172

群众路线与现代中国的国家建构
　　——纪念中国共产党成立九十周年 …………………… 郭为桂 / 192
古田会议开启中国共产党建设科学化的历史征程 …………… 李新生 / 210
新时期新阶段党内民主发展途径研究 ………………………… 杨小冬 / 221
努力形成充满活力的选人用人机制 …………………………… 李烈满 / 234

## 经济学

升级预期、决策偏好与产业垂直升级
　　——基于我国制造业上市公司实证分析
　　　　　　　　　　　　　　　陈明森　陈爱贞　张文刚 / 245
深化改革中完善市场体制的几个方法论问题 ………………… 余学锋 / 264
发展对台离岸金融，构建两岸区域性金融服务中心 ………… 王建文 / 275
海峡西岸经济区创意产业发展构想 …………………………… 黄金海 / 284
资源环境约束和福建经济发展方式转变 ……………………… 郑少春 / 293
对分散环境污染责任风险的路径探索 ………………………… 阚小冬 / 306
碳锁定与技术创新的解锁途径 ………………………………… 王　岑 / 313
论支农信贷与农村经济发展 …………………………………… 陈国斌 / 324
构建中国特色绩效审计模式研究 ……………………………… 李四能 / 334

## 管理学/社会学

治理群体性事件与加强基层政府应对能力建设 ……………… 肖文涛 / 351
社会心态失衡与治理对策研究 ………………………………… 傅金珍 / 365
晋江市全面建设小康社会进程评估及其对福建的
　　示范意义 …………………………………… 林　红　王庆华 / 377
福建"六大员"与农村社区化建设对接的思考 …… 蔡勇志　郭铁民 / 394
转轨时期我国商业银行操作风险管理创新研究 ……………… 周　青 / 404
东南沿海县域居民财产分布差距比较分析
　　——基于福建省福清市和龙海市的调查 …………… 程丽香 / 413
跨界流动、认同与社会关系网络：大陆台商社会适应中的策略性
　　——基于福建台商的田野调查 ……………………… 严志兰 / 430

形塑职业地位获得性别差异的"制度结构"与
　　"非制度结构" …………………………………………… 周　玉 / 459

## 历史学/新闻传播学

梁启超与李大钊社会主义思想之比较 ………………………… 闫伟杰 / 479
抗战内迁与沿海省份内地城市的现代化
　　——以福建为个案 ………………………………………… 林　星 / 492
从结盟到不结盟
　　——20世纪80年代初中国外交政策调整背景探析 ……… 颜永琦 / 509
大众媒介的政治社会化功能研究
　　——以中央电视台《今日说法》栏目为例 ……………… 郭彩霞 / 520

后　记 ……………………………………………………………………… 529

# 马克思主义理论

# 马克思主义哲学中国化若干问题的检视与反思

林默彪

马克思主义哲学是20世纪以来中国人追求社会变革和人的解放的思想火炬。在近百年的"中国化"历程中，改造了中国社会和中国人的思维方式，从根本上重塑了中国人的精神世界。同时，它自身也在"中国化"的过程中开辟了20世纪以及走向21世纪马克思主义哲学的一条具有东方社会文化历史与实践特点的发展道路。对马克思主义哲学中国化历史经验的检视和反思，既显现了哲学的"后思"之本性，亦昭示出马克思主义哲学中国化所达到的一种理性自觉。

## 一 "理"与"事"

马克思主义哲学中国化内蕴着马克思主义哲学与中国实际的关系，由这种关系所推引出的对应原则可以从中国传统哲学关于理与事的关系中得到"中国化"的诠释。王夫之有言："有即事以穷理，无立理以限事。故所恶乎异端者，非恶其无能为理也，囿然仅有得于理，因立之以概天下也。"[①] "即事以穷理"就是根据事物存在和发展变化的实际状况来探究和把握事物发展变化之理，即从实际出发，实事求是。实事求是，即在事上求理。这是马克思主义哲学的基本原则、基本出发点。"立理以限事"就是以理为先限来框约实际事物及其发展变化的状况，把实际事物及其发展变化纳入一种先定的理论框架中来解释和剪裁，即从原则出发、从主观愿

---

① 王夫之：《续春秋左氏传博议》，《船山全书》第5册，岳麓书社，1993，第586页。

望出发、从本本出发的思维路向，主观主义、本本主义、教条主义是其表现形态。从中国革命和建设的实践过程以及马克思主义哲学中国化过程的历史经验来看，"即事以穷理"被实践证明是正确的、成功的思维方法；"立理以限事"被实践证明是错误的、有害的思维方法。前者被证明是马克思主义哲学中国化正确的方向，后者被证明是错误的方向。

不过，在哲学反思的层面上，问题并非这种非此即彼的选择这般简单。因为任何人类行为都是有意识的行为，正是这种"意识性"把人的行为与动物的行为从本质上区别开来。马克思指出："蜘蛛的活动与织工的活动相似，蜜蜂建筑蜂房的本领使人间的许多建筑师感到惭愧。但是，最蹩脚的建筑师从一开始就比最灵巧的蜜蜂高明的地方，是他在用蜂蜡建筑蜂房以前，已经在自己的头脑中把它建成了。"① "通过实践创造对象世界，改造无机界，人证明自己是有意识的类存在物，……动物只是按照它所属的那个种的尺度和需要来构造，而人懂得按照任何一个种的尺度来进行生产，并且懂得处处都把内在的尺度运用于对象；因此，人也按照美的规律来构造。"② 我们不能设想有某种没有意识、理论参与的纯客观事实的认知或实践。在人类的实践过程中，意识、理论的指导与以事实为根据之间是相互渗透、相互联结、相互作用的，在二者之间很难做出谁先谁后、谁决定谁的断定。这就好像科学哲学中的"先有经验还是先有理论"的争论是一个没有结果的悖论一样。事实上，人类思维既存在着从经验事实中归纳出普遍原理的由具体到抽象的思维路向，又存在着从普遍的公理中推演出具体结论的由抽象到具体的思维路向。也就是说，归纳与演绎、综合与分析、具体与抽象作为思维方式有其各自的合理性并且是相互渗透和内在关联的，不能把它们割裂开来、对立起来做一种非此即彼的选择。因此，"从实际出发还是从理论出发"这种问法本身是值得思考的，它同样会陷入这种悖论。因为这种问法是把理论与实际当作绝对对立的两极做非此即彼的选择，这在本质上正是一种机械的、片面的、形而上学的思维方式。当然，在马克思主义哲学中国化的过程中，这种问法有其反对主观主义、教条主义的特殊含义。而一旦跳出这种特殊的语境，在哲学思维的层面

---

① 《马克思恩格斯全集》第44卷，人民出版社，2001，第208页。
② 《马克思恩格斯全集》第3卷，人民出版社，2002，第273页。

上，则必须对这种持"理在事先"还是"事在理先"形而上学的思维方式持哲学反思的态度，坚持"事中有理，理中有事"的辩证的思维方法。

## 二  经典的诠释与现实的观照

面对中国特色社会主义现代化进程中新的实践和新的问题，传统教科书体系缺乏解释力度和解释空间。寻找新的解释框架成为当代中国马克思主义哲学研究的重要任务。"回到马克思"是一个不错的选项。就好像文艺复兴时期提出的"回到古典文化中去"的一样，是在借古典文化之"酒"，来浇资本主义时代发展之"块垒"。在马克思主义思想史进程中，每当把马克思主义当作教条而不能适应现实的变化，就会提出根据现实实践变化和发展的要求来重新解读马克思学说的要求。如早期西方马克思主义代表人物卢卡奇就根据当时西欧国家无产阶级革命的形势和特点提出马克思主义的"正统"是什么的问题，表现出一种"重读马克思""回到马克思"的理论和实践意向。德里达在《马克思的幽灵：债务国家、哀悼活动和新国际》中指出："不去阅读而且反复阅读和讨论马克思——可以说也包括其他一些人——而且是超越学者式的'阅读'和'讨论'，将永远都是一个错误……不能没有马克思，没有马克思，没有对马克思的记忆，没有马克思的遗产，也就没有将来：无论如何得有某个马克思，得有他的才华，至少得有他的某种精神。"[1] 当代中国马克思主义哲学研究开始在"回到马克思""走进马克思""重读马克思"的意义上对马克思哲学经典进行重新诠释，发掘马克思的世界历史理论、社会形态理论、东方社会理论等来解释当代中国现代化的社会变革和转型的诸般问题。但这种"回到马克思""重读马克思"的研究路向，并非对100年前马克思的哲学话语作六经注我式的读解，而是要通过回到在历史演进中被"遮蔽"的马克思哲学的真义上，追溯马克思哲学的思想底蕴、精神与方法，以此作为马克思主义哲学与当代中国社会实践相结合的新起点和接榫处，发掘其之于现时代的价值和意义，探求

---

[1] 〔法〕雅克·德里达：《马克思的幽灵：债务国家、哀悼活动和新国际》，何一译，中国人民大学出版社，1999，第21页。

其对现实的解释域以及进一步发展的可能的空间和路向，目的都还应该放在马克思主义哲学的当代性，即马克思主义哲学对当代问题的关注和把握的解释力与话语权上，创造性地研究时代实践中出现的新情况、新问题，做出哲学的回应和概括，使马克思主义哲学在当代焕发出新的生命力。因此，如同"任何历史都是当代史"这一命题所透露出现代解释学意涵的那样，对马克思经典再诠释的价值、目的和方法指向对现实实践和问题的观照，而不是在实证史学意义上的"回到马克思"。据此，"回到马克思"至少可以在文本的重新梳理和解读、意义的探究和评价、现代性的分析和展开这三个方面形成马克思主义哲学研究新的问题域。

在对经典的诠释中回到马克思和在对现实的观照中发展马克思，形象地说，就是"老祖宗"与"新境界"的关系问题。毛泽东在1959年底1960年初读苏联《政治经济学教科书》时说："马克思这些老祖宗的书，必须读，他们的基本原理必须遵守，这是第一。但是，任何国家的共产党，任何国家的思想界，都要创造新的理论，写出新的著作，产生自己的理论家，来为当前的政治服务，单靠老祖宗是不行的。……现在，我们已经进入社会主义时代，出现了一系列的新问题，如果单有《实践论》《矛盾论》，不适应新的需要，写出新的著作，形成新的理论，也是不行的。"[①] 毛泽东的这段话，形象地道出了马克思主义中国化过程中如何坚持和发展马克思主义的问题。在中国坚持和发展马克思主义哲学，就是既要把握马克思主义哲学原典的真义，继承马克思主义哲学的精神理念，坚持马克思主义哲学的基本原则和方法，又要在中国社会实践过程中与时俱进地发展马克思主义哲学，开拓马克思主义哲学发展的新境界。也就是说，既要"老祖宗"，又要"新境界"，在"老祖宗"和"新境界"之间形成发展的张力。当然，对于中国的马克思主义哲学来说，坚持马克思主义哲学，并非为了坚持而坚持，坚持是为了发展，在"老祖宗"与"新境界"之间，要把着眼点放在"新境界"上，只有这样，才能坚持得住，也才是在真正意义上坚持了马克思主义哲学的辩证的发展本性和它的真义。遗憾的是，我们既有过对苏联马克思主义哲学教条式的搬用，又有过把马克思主义哲学中国化某一历史时期所形成的

---

① 《毛泽东文集》第8卷，人民出版社，1999，第109页。

理论成果当作绝对的、不变的真理来固守，而在真正意义上的哲学创新则乏善可陈。我们不乏把马克思主义哲学转换为指导实践的方法论的实用家，不乏把马克思主义哲学通俗化、大众化的宣传家，不乏注释和证明马克思主义哲学的工匠式的学者和专家，却很少有突破、超越和创新意义上的大思想家、大哲学家。

这种坚持与发展按冯友兰先生的说法就是"接着讲"与"照着讲"的关系问题。冯友兰先生在20世纪50年代初写的《〈实践论〉——马列主义底发展与中国传统问题底解决》一文中，探讨了《实践论》与中国传统哲学知行问题的渊源关系，认为《实践论》是接着中国传统哲学知行问题讲的，而不是照着说的；是把马克思主义哲学辩证唯物论与中国传统哲学的知行同一观结合起来，并根据中国革命实践的具体情况和要求，创造性地发展了马克思主义哲学和中国哲学。毛泽东的哲学实际上也是接着中国古典哲学讲的，而不是照着讲的。他说他的哲学史是"照着讲"，但更重要的是"接着讲"，讲自己的哲学。对于已经成为哲学思想史的哲学经典和传统，需要哲学史家把它们梳理、解读出来，从哲学史作为一门专业的学术意义上看，当然要做忠实于传统经典的"照着讲"，而不能离开传统经典做游谈无根、天马行空式的诠释，或者采取后现代主义的策略对传统经典进行拆解，使其意义在无限延异和撒播中消解于无形。但是，单纯地"照着讲"，那还是对传统经典的实证意义上的重述，这种重述只是工匠性质的，而不是作为思想智慧的哲学本性。一种真正的作为时代精神之精华的哲学对传统经典的读解并非是在实证和工匠性质的意义上"照着讲"，而必须根据新时代、新实践、新问题、新特点、新趋势和新要求等所构成的新语境新场域中对传统经典做创造性的诠释，即"接着讲"，把传统和经典读活，读出新的思想和意义来，读出当代思想史来。同样，我们今天对于已经成为哲学史和哲学传统的马克思主义哲学经典，包括中国化的马克思主义哲学经典，也不能只是在实证和工匠意义上的做重述性的"照着讲"，而应该根据当代中国社会变革与发展的社会实践中对马克思主义哲学做当代性的、开放性的、创造性的、发展性的"接着讲"，从而不断开辟马克思主义哲学中国化的新境界。

## 三 "澄明"与"遮蔽"

　　海德格尔在诠释学的意义上曾谓,语言是一种"既澄明又遮蔽"的东西。在马克思的思想与学说诞生之后的历史行程中,马克思的学说就已经踏上了这种交织着"澄明"与"遮蔽"的思想诠释之旅。恩格斯曾在1890年8月27日致保·拉法格的信中,谈到那些近年来涌入德国社会民主党内的大学生、著作家和年轻的资产者时指出:"所有这些先生们都在搞马克思主义,然而是10年前你在法国就很熟悉的那一种马克思主义,关于这种马克思主义,马克思曾经说过:'我只知道我自己不是马克思主义者'。马克思大概会把海涅对自己的模仿者说的话转送给这些先生们:'我播下的是龙种,收获的却是跳蚤'。"① 恩格斯在这里所批评的就是马克思之后的马克思主义者们对马克思的教条主义或修正主义式的歪曲和遮蔽。马克思之后的马克思主义者,在对马克思哲学的诠释中,都试图在"真正的马克思"意义上来诠释马克思哲学经典文本,澄明其本义,以获得对马克思哲学诠释的话语权。但在事实上,这种"澄明"都是这些马克思主义者在其自身的"语境""成见"中所做出的诠释,因此,免不了有着"遮蔽"的成分。在这个意义上,"澄明"即是"遮蔽"。伯恩斯坦、考茨基、列宁、斯大林等对马克思思想的理解和诠释是这样,即便是恩格斯对马克思思想的诠释也客观上存在这种既澄明又遮蔽的双重意蕴,更不要说中国人对马克思哲学的理解和诠释——这一主要来自苏联的解释版本——还经过一个有着古老而又深厚的东方文化传统的"语境"和"成见"所"过滤"的诠释。显而易见,这种诠释中的"遮蔽"也是不言而喻的。问题在于,诠释中的"遮蔽"既然是不可避免的,那么,我们应该在什么样的意义上来理解和对待这种"遮蔽"?

　　在马克思主义中国化过程中,每当在实践中遇到挫折需要我们对指导实践的理论和思想路线进行哲学反思的时候,我们总是怀疑甚至否定这种理论和思想路线的"马克思主义性质",总是把它们当作"假马克思主义"进行批判,相应地总是提出"什么是真正的马克思主义"这一问题。如大

---

① 《马克思恩格斯文集》第10卷,人民出版社,2009,第590页。

革命时期对教条主义反思和批判，提出要把握马克思主义的"精髓""活的灵魂"问题；1976年"四五运动"中，中国的青年一代对"四人帮"的"假马克思主义"的揭露批判并提出"真正的马克思主义"问题；在对"文化大革命"的深刻反思中，20世纪80年代的哲学思想启蒙是以"回归马克思"为理论意向的，学界试图通过重读马克思的《1844年经济学哲学手稿》《德意志意识形态》《关于费尔巴哈的提纲》《1857~1858年经济学手稿》和马克思晚年的人类学笔记等经典文本，来发现一个"真实的马克思"，以马克思的"实践的""人道主义的""主体性的"哲学作为新时期解放思想的思想资源。

对"什么是真正的马克思主义"发问，要"回到马克思"去发现一个"真实的马克思"，意味着要对此前被"遮蔽"的马克思主义哲学进行澄明和"去蔽"。对于马克思主义哲学中国化来说，这种"遮蔽"主要是被苏联哲学和被中国"极左"的政治实用主义哲学所歪曲、"遮蔽"的马克思主义哲学。这种"澄明"和"去蔽"就是要忠实于马克思哲学的经典文本，重读马克思，发现马克思哲学的真义。这就必须全面而又深入地挖掘、整理马克思哲学经典和相关文献，做出客观的、可靠的深度解读，还原马克思思想原貌。在中国改革开放新时期，这种"返本"式的对马克思哲学经典文本的整理和深入解读成为中国马克思主义哲学研究的一个重要学术取向并取得了重要的学术成果，形成"文本解读"的学术研究群体。这种以"澄明"和"去蔽"为职志的对马克思哲学文本的深度解读，一方面，使我们进一步走近一个"真实的马克思"，实现从传统的苏联哲学的解释框架和被政治实用主义所左右的"主观解释"向马克思哲学思想原像的历史回归，从而使我们获得对马克思主义哲学中国化历史过程的得失成败进行客观评判的思想资源和思想根据；另一方面，也为我们进一步揭示和把握马克思哲学的当代价值，推进马克思主义哲学在当代中国的创新和发展，清除思想路障，提供一个坚实的基点。

不过，在现代解释学的意涵中，解释交织着"澄明"和"遮蔽"的双重意蕴，即便是"澄明""解蔽""还原"到马克思哲学的"历史原像"处，也是在特定的时代历史语境中，在时代的实践和精神需要推动下的"澄明""解蔽"和"还原"。马克思主义哲学中国化的生命力在于它的"与时俱进"，"回到马克思"不是目的本身，"文本解读"必须进一步导向"新时代新实践新问题解读",这样的"文本解读"才有着落处,而不至于落在思想史的档案馆里让老鼠去磨牙齿。而新时代新实践新问题的解读免不了又要"遮蔽"。但对于马克思主义哲学中国化来说,我们要时时警惕、反省、批判那种苏联式的"遮蔽",那种教条主义的"遮蔽",那种"左"和"右"的"遮蔽",那种投机的"变戏法"的庸俗化的"遮蔽",那种东方式的政治专制威权的"遮蔽",那种政治实用主义的"遮蔽"。而必须在"文本解读"的"澄明"和"时代解读"的"遮蔽"之间保持一种必要的解释张力。

## 四 证明与批判

关于哲学的基本功能,黑格尔认为哲学是一门反思的学问。哲学的反思是一种具有批判性的后思、检视、省思的思维运动。哲学从其古希腊发端处,苏格拉底是最能体现并深谙哲学的这种批判精神的哲学家,他不仅要通过哲学的追问发现人们思维的矛盾来澄明真理,而且要通过理性的批判来充当推进希腊城邦民主和正义的"马虻"。到中世纪,理性批判之光晦暗不明,哲学成了证明上帝存在的工具(诸如托马斯·阿奎那的上帝存在的本体论证明)。从近代开始,理性力量挣脱了神学的枷锁,哲学的反思经由休谟的"怀疑反思"、康德的"批判反思"、黑格尔的"思辨反思"到马克思的"实践反思",理性批判的本性和精神不断地得到回归和张扬。从哲学本性来看其社会功能,它不是对现存东西的认同,而是对现实的批判与超越。20世纪西方马克思主义著名的社会批判理论的代表人物,法兰克福学派的霍克海默对哲学这种批判功能说道:"哲学的真正社会功能在于它对流行的东西进行批判。……这种批判的主要目的在于,防止人类在现存社会组织慢慢灌输给它的成员的观点和行为中迷失方向。必须让人类看到他的行为与其结果间的联系,看到他的特殊的存在和一般社会生活间的联系,看到他的日常谋划和他所承认的伟大思想间的联系。"[①] 他认为,批判不在于简单否定或谴责,而在于为人类的现存与未来之间建立起一种超越的维度,形成人类发展的内在的自我意识。他说:"就批判而言,我

---

① 〔联邦德国〕霍克海默:《批判理论》,李小兵等译,重庆出版社,1989,第250页。

们指的是一种理智的、最终注重实效的努力,即不满足于接受流行的观点、行为,不满足于不假思索地、只凭习惯而接受社会状况的那种努力;批判指的是那种目的在于协调社会生活中个体间的关系,协调它们与普通的观念和时代的目的之间的关系的那种努力,指的是在上述东西的发展中去追根溯源的努力,是区分现象和本质的努力,是考察事物的基础的努力,简言之,是真正认识上述各种事物的努力。"①

马克思主义哲学是在对传统思辨哲学和现实资本运动的批判中出场的,它始终贯彻着一种彻底的批判精神。"对一切思想体系、观念和理想持一种谨慎的、怀疑的态度,正是马克思的特点。"② 马克思主义哲学的批判力量不仅体现在理论上的批判,而且体现在通过对"改变世界"的实践的指导作用实现对现存社会的"实践批判"。马克思在《关于费尔巴哈的提纲》中有句名言:"哲学家们只是用不同的方式解释世界,问题在于改变世界。"③ 马克思主义哲学的使命和价值目标在于消除现实社会中的一切不合理的关系,最终实现人的全面解放。因此,批判的、革命的精神是马克思主义哲学的内在本性。青年马克思在致卢格的信中,鲜明地提出要对现存的一切进行"无情的批判"。早在马克思主义哲学形成之初,马克思就提出,"我不主张我们竖起任何教条主义的旗帜",指出自己所要创立的"新思潮的优点恰恰在于我们不想教条式地预料未来,而只是希望在批判旧世界中发现新世界"。他说:"如果我们的任务不是构想未来并使它适合于任何时候,我们便会更明确地知道,我们现在应该做些什么,我指的就是要对现存的一切进行无情的批判,所谓无情,就是说,这种批判既不怕自己所作的结论,也不怕同现有各种势力发生冲突。"④ 在《资本论》第一卷第二版跋中,马克思指出:"因为辩证法在对现存事物的肯定的理解中同时包含对现存事物的否定的理解,即对现存事物的必然灭亡的理解;辩证法对每一种既成的形式都是从不断的运动中,因而也是从它的暂时性方面去理解;辩证法不崇拜任何东西,按其本质来说,它是批判的和革命的。"⑤ 马克

---

① 〔联邦德国〕霍克海默:《批判理论》,第 255~256 页。
② 〔美〕弗洛姆:《在幻想锁链的彼岸:我所理解的马克思和弗洛伊德》,张燕译,湖南人民出版社,1986,第 13 页。
③ 《马克思恩格斯选集》第 1 卷,人民出版社,1995,第 57 页。
④ 《马克思恩格斯文集》第 10 卷,人民出版社,2009,第 7 页。
⑤ 《马克思恩格斯选集》第 2 卷,人民出版社,1995,第 112 页。

思主义哲学的批判精神不仅在于它对"现存的一切"的批判,还在于它的自我批判和自我超越的本性。也就是说,它从来不把自己的理论当作僵固不变的教义、包治百病的灵丹妙药和发展到顶峰的绝对真理体系,而是当作在实践中不断变化发展的理论。

  当然,马克思主义哲学并非只是为批判而批判的不结果实的智慧之花,而是要在"批判旧世界中发现新世界","发现新世界"需要证明和建构的逻辑。在"实践——改变世界"的价值向度上,马克思主义哲学对旧世界的批判和解构的目的和意义指向对一个理想的新世界的证明和建构。在这里,批判和解构是在工具、手段的格位上,而证明和建构是在价值和目的的格位上。"批判旧世界"为"发现新世界"提供基础和前提条件,"发现新世界"为"批判旧世界"提供动力和价值目标,体现了马克思主义哲学的工具理性与价值理性的内在统一。因此,在马克思主义哲学中,"新世界"是在对"旧世界"的批判和解构中得到证明和建构而生成的,批判与证明、解构与建构是一而二、二而一的辩证统一关系。这既体现在它对"以物的依赖性为基础的人的独立性"的现存社会(资本—市场逻辑)的批判中,逻辑地、历史地证明推演出未来的"建立在个人全面发展和他们共同的、社会生产能力成为从属于他们的社会财富这一基础上的自由个性"的共产主义理想社会,又体现在它自身在对旧哲学的批判和扬弃中建构了"实践的唯物主义"新哲学。

  中国人接受马克思主义哲学既是用以作为批判和改变旧中国的思想武器,同时又是用以作为建立一个社会主义新中国的理论依据和指导思想。在这一批判与证明的过程中,中国化的马克思主义哲学一方面要对中国传统思想文化中的"封建性"因素、西方资产阶级哲学思想和各种反马克思主义思想进行批判,对自身的教条主义、主观主义、经验主义等思想和方法进行批判;另一方面要对中国化马克思主义哲学自身的真理性和价值性进行证明。因此,毫无疑问,马克思主义哲学中国化过程在实践和理论两个方面也都同时蕴含着这种批判逻辑和证明逻辑的内在统一。不过,在马克思主义哲学中国化过程中,这种批判和证明突出地存在两个问题:一是无论是批判还是证明,都更多地受到政治意识形态的干预和宰制而具有了政治实用主义和政治宣传的特点,从而弱化了这种批判和证明的理性和逻辑的力量;二是对中国化马克思主义哲学自身尤其是实践观念形态以及对新中国成立以后的政治现实，主要强化证明的逻辑，哲学理性的反思和批判基本上缺位。这两个问题，前者关涉中国化马克思主义哲学在学理上的合理性和合法性被消解的问题，后者关涉马克思主义哲学的理性和实践的批判本性与超越精神被消解的问题。而这种在哲学学理逻辑和精神本性上的双重消解直接关涉马克思主义哲学在中国的生存与发展的生命力问题。要推动马克思主义哲学在中国的进一步发展，就必须解决好中国的马克思主义哲学研究在哲学的理性逻辑和批判精神这双重本性的回归问题。

## 五　政治与学术

马克思主义哲学中国化过程受苏联的影响是非常深刻的。这种影响的一个重要方面，就是突出哲学的政治意识形态方面的功能，突出哲学的党派斗争和阶级斗争的内容和特点，哲学为政治斗争服务成了其唯一的功能，哲学成为政治斗争的工具而失去了其学术上的独立性，沦为政治的附庸。在哲学研究中，政治标准取代学术规范和标准，政治口号取代学术话语，政治需要宰制了学术研究对真理的追求，哲学研究的学术场域变成政治实用主义的跑马场。

事实上，关于学术政治化也与中国知识分子强烈的"入世"意识、把"内圣"转化为"外王"的传统意识直接相关。这种"内圣外王"的传统意识以某种现实政治理想为价值目标，把学理的逻辑和价值归依于现实政治的逻辑和价值，总是试图用学理的东西来图解、论证现实政治的东西，从而实现其"治国平天下"的政治人格理想。当然，无论是从马克思主义哲学本性来看，还是从马克思主义哲学中国化的功能来看，都内在地蕴含着政治意识形态的性质和功能，而且这种性质和功能是显性的、主要的。马克思主义哲学当然具有"解释世界"的性质和功能，但马克思主义哲学的根本旨趣在于"改变世界"，"使现存世界革命化"。作为无产阶级批判、改变旧世界和建立新世界的世界观和方法论，实践性、革命性、批判性是其最基本的特性。它并不讳言或掩盖自己之于现实实践的意识形态性质和功能，而是公开申明自己是为无产阶级利益和实践服务的。中国共产党人接受马克思主义哲学的世界观、历史观、价值观和方法论并把它运用于中国革命和建设实践过程中形成的中国化马克思主义哲学的"实践观念"，则自始至终都负载着中国共产党人的政治理想和政治实践的价值诉求。在中国近现代社会内忧外患、剧烈动荡而陷入深刻危机的现实社会背景所构成的学术语境中,为学术而学术几乎沦为奢谈,就是申言老老实实做学问而二十年不谈政治的胡适,虽有"多谈点问题,少谈点主义"之论,但其所谓"问题",也少不了有政治的成分。詹姆逊说:"在第三世界的情况下,知识分子永远是政治知识分子。"[①] 可谓一言中的。

因此,问题并不在于马克思主义哲学中国化有没有和应该不应该有政治意识形态性质和功能,而是在于过去我们对马克思主义哲学意识形态性质和功能的过度放大和泛化,并以意识形态和现实政治的需要来图解、宰制马克思主义哲学的学术研究,政治威权专断了思想与学术,政治意识形态为哲学的思想与学术画地为牢,划定了已经设定了答案的地盘,不允许思想与学术逸出这一边界,哲学戴着政治脚镣在云端跳舞,其结果既造成马克思主义哲学学术园地的枯萎,理性思辨和逻辑力量的消解,理论的空洞僵化和学术创新能力的萎缩,又使得马克思主义哲学作为政治意识形态失去学术的支撑,弱化了理性和逻辑的力量,变成由形容词和副词堆砌的空洞、肤浅、苍白、僵化的教条和口号,变成了政治实用主义和政治投机主义的工具。这种现象在"文化大革命"时期达到极致,使得马克思主义哲学的学术园地一片荒芜。

"文化大革命"后至20世纪80年代末,马克思主义哲学担当起思想启蒙的先锋。思想启蒙和对历史的反思需要理性的批判逻辑和力量,无论是对马克思主义哲学经典重新诠释,还是对传统的马克思主义哲学教科书和马克思主义哲学原理的反思,或是对现实重大问题的关注和研究,马克思主义哲学学术研究和争论都直接或间接地与现实政治问题相关联,为解放思想、拨乱反正、改革开放和中国特色社会主义现代化建设提供了哲学观念和学理支撑。诸如真理标准问题的讨论、主体性问题的讨论、人道主义和异化问题的讨论等都无不把哲学思想的锋芒指向对历史与现实政治的反思。那时的一些从事人文学科专业学术研究的著名学者,其影响则大大逸出纯学术的边界,如他们对思想史的反思、关于主体性等方面学术专著

---

① 〔美〕弗雷德里克·詹姆逊:《处于跨国资本主义时代中的第三世界文学》,载张京媛主编《新历史主义与文学批评》,北京大学出版社,1993,第240页。

明显蕴含着思想启蒙的内涵和对现实政治的关切。而解放思想、改革开放的政治、思想和社会环境又为马克思主义哲学学术研究提供了相对自由、宽松的空间和重大的研究课题，促进了马克思主义哲学学术研究的深化和繁荣。事实上，80年代以及此后的中国马克思主义哲学的学术研究正是极大地受惠于这个思想启蒙的时代。这一时期马克思主义哲学学术虽然几经政治上干预和左右而出现政治与学术之间的抵牾，留下一些值得后来者做深刻反思的思想史公案，但总的来看，马克思主义哲学的学术性与它的政治意识形态性质还是处于一种互动的状态，哲学学术与思想、政治走上了一途，为中国社会改革开放和现代化建设实践提供哲学观念。

20世纪90年代后，与上述哲学泛政治化倾向相对的另一种倾向即哲学研究"去政治化"情绪开始在哲学学术界蔓延。有人将之概括为由"广场"转入"庙堂"，是"思想淡出，学术凸显"。也有学者把90年代学界的"陈寅恪热"的不断升温，看作是中国大陆学术界从重思想到重学术，从重义理到重考据转变的征象。但是把学术与思想截然二分来概括这种"去政治化"的倾向并不贴切。因为思想与学术本然就是联结在一起而难以分割的。没有无思想的学术，思想是学术的灵魂，是学术得以存在的根据，没有哪一种学术不是蕴含、表达着某一种思想；也没有无学术的思想，学术是思想借以存在的载体、工具和形式，为思想提供理性和逻辑的力量。著名学者王元化90年代创办《学术集林》时，宣称自己的宗旨是提倡一种"有思想的学术和有学术的思想"。事实上，说90年代是"思想淡出，学术凸显"的"思想"，主要是指80年代那种由知识精英参与的具有强烈的政治意识、政治诉求和宏大叙事的政治话语的思想启蒙，是一种泛政治化的思想。"学术凸显"或"学术重建"虽然有一种要求学术研究保持价值无涉的客观立场和学术规范化的意谓，但也并非是要使学术挣脱思想，不要思想而专鹜学术，而是为了挣脱那种政治威权对思想和学术的枷锁和专断，试图为思想和学术保留一块清静而自由的园地，真正从事有思想的学术。

当然，90年代学界的这种去政治化的学术取向也并非是无风起浪、空穴来风。一是由于人文知识分子在80年代思想启蒙时期的政治热情和道德理想到90年代中国社会进入市场经济的转型过程中开始急剧衰退；二是在80年代几经政治风波的人文知识分子在现实政治环境中自觉无奈地开始由

"广场意识"转入"庙堂意识",为"独善其身"而退隐学术"山林",这也印证出中国传统知识分子的人格特征和进退之术;三是学界对过去那种思想和学术泛政治化、"被政治化"的不满和反弹,要求思想与学术从政治威权中解脱出来,确立一种学术独立和学术自由的自觉意识,而走上"去政治化"的另一个极端;四是在方法论意义上的,出于对80年代宏大的启蒙话语的反思,学界一改此前的一种游谈无根、华而不实的肤浅学风,怀着一种"我贴着地面步行,不在云端跳舞"的老老实实做学问的学术期许,推崇价值无涉的学术立场和实证方法,试图使思想走上学术规范之途。从上述缘由来看,这种哲学"去政治化"的倾向有其学术自觉的意义,但问题在于,借学术独立和学术自由来否定马克思主义哲学研究对现实政治问题的关切,则走向了另一个极端。一些学者把马克思主义哲学中国化的实践观念形态做所谓"官方哲学"的认定而否认其思想与学术的价值,认为这种形态的马克思主义哲学是政治话语和政治实用的理论,没有独立的学术性,只是一种政治意识形态,不是真正的哲学。他们主张马克思主义哲学作为一门学科,必须走出纯政治话语的阴影,从学术规范和学术性质的意义上来研究和诠释。

这种主张本身就不是客观的公允的学术态度。首先,它把马克思主义哲学研究的学术性质与政治性质完全割裂并对立起来,要学术就必须去政治,要政治就必须去学术,二者只能取其一。这是片面的。政治与学术当然是相互有别的,许多学术问题与政治并无直接纠葛,许多学术上的争论并非与政治歧见有直接的关联。但在那些具有意识形态性质的学科领域,政治与学术则有着内在的联系。马克思主义哲学作为"实践的"唯物主义,作为变革世界、"使现存世界革命化"的理性力量和批判武器,它的科学性、真理性、学术性要求与它的实践性、革命性、政治性要求是内在统一的,它也必然要求在其理论逻辑中蕴含着、贯注着它的政治立场和政治价值理想以及对现实政治问题的关切。其次,哲学作为"时代精神的精华"、把握在"思想中的时代"不可能脱离现实实践,脱离现实政治。任何真正有生命力的哲学思想与学术都来自对现实生活和实践的反思和批判,以对现实的"问题意识"的哲学反思来体现其思想与学术的价值。当代中国最大最基本的现实实践是实现民族复兴的中国特色的社会主义现代化建设,这是一项涉及中国发展道路和民族命运的政治性极强的事业,

"就我们国内来说，什么是中国最大的政治？四个现代化就是中国最大的政治。"① 中国的马克思主义哲学学术研究不去关注、研究中国现代化这一最大的政治问题，那么，还有什么学术研究中提出的"实践哲学""关注现实"和"问题意识"可言？中国的马克思主义哲学学术研究的生命力又复何在？如果关注和研究现代化问题，又怎么能把其政治性排除在外？再次，把作为实践观念的中国化马克思主义哲学当作"官方哲学"和政治话语而否认其学术性，有釜底抽薪地将其放逐到哲学学术殿堂之外的意谓。但能否认这种"官方哲学"具有学理性内容和逻辑吗？毛泽东思想作为中国革命和建设实践的指导思想大量地吸取了我国哲学界学者的研究成果。哲学在学理上的创新也必须通过转化为类似于"对应规则"的实践观念形态的哲学来指导实践，并进而从现实实践中获得学术研究和创新的问题和资源。而诸如以人为本的科学发展观、构建公平正义的社会主义和谐社会等作为当代中国指导思想的实践观念，既为当代中国马克思主义哲学学术研究提供了重大的时代课题，从而促进了马克思主义哲学学术研究的繁荣发展，又通过哲学家们在学术上的深入研究和论证而得到丰富、完善，获得学理和逻辑上的支撑而具有学术的蕴含。而且，这种脱离政治、对思想启蒙的"精英意识"的不屑，其实隐藏着以学术为傲的更加孤傲清高而又自命不凡的"精英情结"。回避现实生活和实践的"去政治化"倾向必然会导致哲学学术研究画地为牢，画地为牢又会导致妄自尊大，而失去现实生活和实践这一哲学智慧的源头活水，哲学这一人类智慧之花免不了要枯萎凋谢。

因此，在马克思主义哲学研究中，我们既要反对把政治意识形态问题与学术问题混为一谈，用政治实用主义来宰制哲学学术研究的"泛政治化"倾向；又要反对把学术与政治割裂对立起来，使马克思主义哲学学术研究脱离现实政治的"去政治化"倾向，而必须正确处理好政治与学术的关系，使二者之间保持一种互动的张力。

## 六 大众化与庸俗化、实用化

马克思主义哲学的大众化、通俗化是马克思主义哲学中国化一个基本

---

① 《邓小平文选》第 2 卷，人民出版社，1994，第 234 页。

的特点和形式。它对于马克思主义哲学能够在人民群众中得到迅速而广泛的传播，使马克思主义哲学的思想、原则、立场和方法能够掌握人民群众也能够被人民群众所理解和把握，成为他们认识和改造世界的思想和方法，提高我们整个民族的理论思维能力，使马克思主义哲学能够在中国"生根、开花、结果"起了重要的作用。但在这种大众化、通俗化的过程中，也存在一种把马克思主义哲学庸俗化的倾向。主要表现为在宣传和运用马克思主义哲学的运动化、公式化、简单化、口语化、语录化、经验化、形式化和机械化。它注重于形式虚文，而抛弃内容实质；注重于浅表的图解，而不顾内在的深层逻辑；注重闹剧式的全民运动，而轻视严肃的理论探讨和学术研究。如在"极左"路线肆虐的年代里，这种"大众化"沦为特定的政治运动的手段，运演成形式主义、庸俗化和政治实用主义的闹剧。如果说 20 世纪 30 年代以艾思奇的《大众哲学》为代表的马克思主义哲学大众化体现了马克思主义哲学大众化真正的目的和成功的方向，那么，50 年代直至"文化大革命"中的工农兵学哲学、用哲学的热潮则更多地像上述所言的那样，具有浓厚的形式主义、政治实用主义和庸俗化的色彩。

与此相关的是把马克思主义哲学实用化的倾向。马克思主义哲学中国化是马克思主义哲学在中国的应用，但"应用"不等于"实用化"。这种"应用"既基于马克思主义哲学的实践本性又基于中国社会变革实践的需要，其实质是运用马克思主义哲学的世界观、历史观、价值观和方法论来观察和分析中国社会，来指导中国革命和建设的实践，来引导中国社会变革与发展的方向即"中国向何处去"的这样一种根本性的"大用"，而不是为了解决某种生活和实践具体问题的具有功利、机巧性质的"实用"。

中国人接受马克思主义哲学首先是把它当作救国救民的"急务"，注重的不是马克思主义哲学理论理性方面内容和学理上的研究，而是注重于它在实践理性、价值理性上的功用，这是马克思主义哲学中国化的一个基本特点和基本的价值取向。这就要求把马克思主义哲学从理论形态转换为一种能够用来指导具体实践的思想"工具—方法论"系统，而且这种"工具—方法论"系统必须能够为实践的主体——人民群众所理解和接受。为此，就必须把抽象的哲学理论转换为人民群众所喜闻乐见的民族化、形象化、通俗化、大众化、简约化的语言形式，实践生活中的道理、方法甚至口号。如毛泽东用"实事求是"来概括马克思主义哲学的思想路线，用

"阶级斗争"来概括《共产党宣言》的内容,等等。可见,哲学"实用化"又与哲学的通俗化和简约化直接相关。对于马克思主义哲学中国化来说,"实用化"从积极的意义上来看,它使马克思主义哲学更加贴近生活和实践的需要,更容易被人们所接受和认同,从而能更加有效地发挥它的实践功能和作用。但是,把马克思主义哲学"实用化"的倾向,从根本上来说,是不利于马克思主义哲学中国化的发展的。这是由于:其一,它导致了根据某种主观好恶和需要对马克思主义哲学进行主观主义的图解和应用,导致了根据某种现实政治需要对马克思主义哲学进行政治功利主义甚至具有某种政治投机主义的理解和应用,从而消解了马克思主义哲学的批判精神和真理性品格;其二,它导致了对马克思主义哲学从某一方面进行简单化、片面化、绝对化的理解和应用,从而肢解割裂了马克思主义哲学的完整性和系统性。总的来看,这种把马克思主义哲学"实用化"的倾向,从总体上降低甚至消解了马克思主义哲学作为严谨的理论体系的真理性品格,从而戕害了马克思主义哲学中国化发展的生命力。必须深刻地反省这种把马克思主义哲学实用化、功利化的教训,在马克思主义哲学的批判精神和真理性品格的理论前提下,把握马克思主义哲学作为时代精神精华的"大用",来推进马克思主义哲学中国化的理论和实践的发展。

## 七 开放性与多样性

德里达所言说的马克思的幽灵们,说的是并不存在唯一的、单义性的马克思精神传统。马克思的名字与社会主义的联系,是与各种不同的历史传统相联系并由这种特殊的历史传统规定着其特殊的意义,因而具有历史地形成和变化了的特殊内容和表现形式。瑞安在《马克思主义与解构》中指出:"历史是不确定性的另一个名称,永远向发展新理论体系的可能性敞开着。如果马克思主义是一门科学,那么,它便是一门历史科学。从它公理确立的那一刻起便开放自身;它的公理总是即时的,因为历史是一个变化、修正和发展的领域,它的目的是开放。"[1] 在马克思主义哲学中国化过程中,一个值得反省的经验教训是:我们总是把自己所理解的马克思主

---

[1] M. Ryan, *Marxism and Deconstruction*, The Johns Hopkins University Press, 1987, p.21.

义哲学从与马克思主义哲学产生发展进程相关联的时空中抽离出来当作唯一科学的、顶峰的、封闭自足的理论体系，把人类思想史上优秀的思想成果仅仅在把它当作马克思主义哲学产生发展的前史的意义上来理解，把与马克思主义哲学同时代的西方哲学当作资产阶级反动哲学与马克思主义哲学绝对对立起来，甚至把西方马克思主义当作是对马克思主义哲学的修正和反动而将之与我们所理解的马克思主义哲学绝对对立起来，把它们当作批判的靶子，而拒斥与它们的对话、交流和互补，这严重地窒息了马克思主义哲学发展的生命力。事实上，马克思主义哲学的本性是开放的。这种开放性意味着它不是一种封闭的、自足的理论体系，而是向历史的和同时代的各种思想、学说、理论开放，在与它们的相互联系、相互作用的辩证的、有机的关联中形成发展起来的；这种开放性意味着它向社会生活和实践开放，在与丰富多彩变化发展着的生活和实践的相互联系、相互作用中来检验其真理性，充实或修正其理论内容，实现其功能和价值；这种开放性意味着它向时代和未来开放，在与时代的相互联系、相互作用中把握时代的精神、特点和发展趋势而与时俱进地走向未来；这种开放性还意味着它在空间上不是某种狭隘的地域性的理论，而是在与世界上不同的国家、民族的国情、文化、实践的相互联系、相互作用中成为"放之四海而皆准"的普遍真理，实现其普世价值，并使自身获得具有不同民族、地域特点的表现形式和创新性的内容。马克思主义哲学的中国化必须在与中国哲学、现当代西方哲学、国外马克思主义哲学以及各种哲学思想的比较借鉴、对话交流、融会贯通中使自身更富有发展的生命力。

开放性的哲学必然是多样性的哲学。这种多样性既表现在对马克思主义哲学内容和逻辑的不同的理解和诠释上，也体现在马克思主义哲学的表现形式上。事实上，马克思主义哲学就是丰富多彩的人类思想史花园中的一朵奇葩，马克思主义哲学的中国化也是马克思主义哲学发展史中的多样化发展形态中的一种。马克思以后的马克思主义哲学史，是人们对马克思哲学的理解诠释史，这当然也包括马克思主义哲学中国化——中国人对马克思主义哲学的理解、诠释与实践。我们过去总是追求着一种绝对的、唯一的、单义的、纯而又纯的马克思主义哲学，并把自己对马克思主义哲学的理解和诠释自诩为这种正统的百分之百的马克思主义哲学，而把他人对马克思主义哲学的理解，不是把它当作是修正主义对马克思主义哲学的篡改，就是把它当作是资产阶级对马克思主义哲学的反动。实践证明，这种排除异己、唯我独"马"、别无分店的态度严重地阻碍甚至窒息了马克思主义哲学的发展。单一的、封闭的马克思主义哲学只能导致马克思主义哲学的僵化和衰亡，而开放的、多样的、发展的马克思主义哲学才是马克思主义哲学生命力的体现。中国化的马克思主义哲学正是马克思主义哲学开放性的一个成果，多样性的一个样态。同样，马克思主义哲学的中国化也必然要求自身具有开放性与多样性的特点。随着时代的发展进步，在对马克思主义哲学诠释和建构的"世界视野"和"中国视野"的交融互动过程中，中国人对马克思主义哲学的理解和诠释也已经呈现出开放性与多样性的趋势。

这种多样性，是与实证的思想史或古典诠释学相对而言的多样性，因为实证的思想史或古典诠释学所追求的命意是忠实于思想家原典的纯客观的描述和诠释，是成为客观的思想史的马克思的马克思主义哲学，在这个意义上，它拒斥多样性，追求客观的一元性，就如同线性方程一样只追求一种解，而反对有多种解。这里讲的多样性，并非在相对主义的意义上来主观随意地诠释马克思哲学并赋予这些诠释以合理性的"多元的马克思哲学"。这里讲的多样性，有着现代实践诠释学的意谓，是与马克思哲学的开放性、批判性（革命性）、实践性、发展性的理论品质内在关联的多样性；是与各个国家不同的文化、国情、实践相结合而实现的理论内容上的创新发展和形式上的民族特色的多样性；是基于时代的生活与实践的特点和发展要求，并依据于马克思哲学原典和精神来展开马克思主义哲学的学术研究和争鸣，来修正、补充、发展马克思主义哲学的多样性；是马克思主义哲学研究和探索中具有个性化和创新性特点的多样性。唯有这样的多样性，才能使马克思主义哲学中国化的发展既没有离开马克思哲学的精神园地，又使这一精神园地呈现出绚丽的色彩。

（原载《东南学术》2011年第6期）

# 论资本时代的发展问题

何建津

我们仍处于从资本主义向社会主义过渡的历史大时代，不过20世纪前期的战争与革命的主题已为和平与发展的主题所取代，是资本仍在发挥历史作用的时代。中国特色社会主义是科学社会主义的基本原则和我国实际、时代特征相结合的马克思主义中国化的新成果，是有资本和市场的社会主义[①]。眼下正在蔓延的世界金融危机将使我们这样一个社会主义国家第一次真正面临由资本带来的这种危机的考验；而且往后的相当长一段历史时期，资本仍将是我们无法回避的生存方式，也是我们求解发展难题，真正实现科学发展必须直面的现实问题。为此，我们必须从马克思的实践哲学和历史唯物主义出发，并结合当代实际，对资本的本质及其历史作用做出新的科学解释，以探索资本条件下实现科学发展的现实路径。

## 一 从马克思实践哲学和历史唯物主义出发理解资本的本质及其历史作用

自从人类进入资本时代以来，对资本的本质及其历史作用揭示得最深刻、全面的人当属马克思。而马克思确立自己对资本的独特理解是与其"把感性理解为实践活动的唯物主义"即实践哲学联系在一起的，是同他所自述的"用于指导我的研究工作的总的结果"即历史唯物主义基本原理联系在一起的。

---

① 吴元梁：《比较视野下的中国特色社会主义》，《中国社会科学》2008年第1期，第21页。

马克思在 1845 年《关于费尔巴哈的提纲》这一标志马克思天才世界观萌芽的著作中，第一次明确地提出和论述了科学实践观，并据此对旧唯物主义的纯粹客体化思维、直观思维和唯心主义的纯粹精神抽象思维这三种旧哲学思维方式进行了批判。而这三种旧哲学思维方式曾经支配着人们对资本的错误理解。对此，马克思在《1844 年经济学哲学手稿》（以下简称《手稿》）中就进行了分析和批判。例如重商主义和货币主义将某种可以为人直接感知的资本表现形式如商品、货币等当作资本本身，体现了一种纯粹客体化的思维方式。重农学派将全部财富归结为土地和农业劳动，并把农业劳动当作唯一的生产劳动。这种观点在一定程度上接近于抓住财富的主体本质；但农业劳动毕竟还不是可以从普遍性和抽象性上来理解的劳动，因为农业劳动还是同一种作为它的材料的特殊自然要素——土地结合在一起的。从这个意义上说，重农学派并没有彻底摆脱对资本的客体思维方式。

国民经济学将私有财产的主体本质归结于工业劳动，而在工业劳动中，虽然人首先摆脱不了自身作为自然存在物的受动性，但人在与自然关系中的主体性，已经发生质变，因为自然力完全置于人力控制之下，人的本质力量在工业生产中被充分地对象化了。正如马克思所讲："工业的历史和工业的已经生成的对象性的存在，是一本打开了的关于人的本质力量的书，是感性地摆在我们面前的人的心理学"[1]。虽然目前的工业劳动还是以异化的形式出现，人们对它还没有从它与人的本质的联系来理解，而总是仅仅从外在的有用性这种关系来理解。但从人与自然的关系来看，在工业中，人的主体性已经摆脱了对特定自然属性的依赖，而表现出相对独立性。因此，马克思说，工业劳动是一种完成了的劳动。从这个意义上说，当国民经济学家将私有财产的主体本质归结于工业劳动时，已彻底摆脱了客体思维方式。但是，国民经济学家所代表的阶级利益，却注定它要掉入对资本的直观思维，正如马克思指出的那样，"它把私有财产在现实中所经历的物质过程，放进一般的、抽象的公式，然后把这些公式当作规律。"[2] 这主要表现在，国民经济学无批判地、非历史地对待了以资本形式

---

[1]《马克思恩格斯全集》第 3 卷，人民出版社，2002，第 306 页。
[2]《马克思恩格斯全集》第 3 卷，人民出版社，2002，第 266 页。

存在的私有制，描述了资本运动的规律，却掩盖了资本增殖的本质，并把资本这种只在历史发展某一特定时期内才具有合理性的历史运动当作永恒的历史规律。这种哲学思维方式，使国民经济学家遇到了理论与资本现实运动的矛盾。

黑格尔哲学将以资本形式存在的私有财产，理解为一种能够在对象化、外化过程中自我设定、扬弃异化、自我实现的辩证运动。这倒是既避免了对资本的客体化思维，又将以资本形式存在的私有财产的能动性揭示出来了，以自己独特的方式解决了国民经济学的直观思维所导致的理论与资本现实运动之间的矛盾。但这只是以抽象的、逻辑的、思辨的形式表达了资本增殖的运动过程，却找不到克服这种矛盾的现实途径。正如马克思所讲"全部外化历史和外化的全部消除，不过是抽象的、绝对的思维的生产史，即逻辑的思辨的思维的生产史"①，是一种纯粹精神抽象的思维方式，被马克思称为"神秘形式上"的辩证法，它也"似乎使现存事物显得光彩"②，而不能对现实世界的资本进行实践的、批判的、革命的考察和分析。

马克思在《手稿》中批判上述理解资本的旧哲学思维方式时，就表达过自己对资本的独特理解。马克思在《手稿》中通过劳动的外化、对象化的考察，明确了人的劳动对于自然界、感性的外部世界的依赖性，而通过对异化劳动的考察，明确了"通过异化劳动，人不仅生产出他对作为异己的、敌对的力量的生产对象和生产行为的关系，而且还生产出他人对他的生产和他的产品的关系，以及他对这些他人的关系"③，马克思在考察劳动的外化、对象化、异化的过程中，还多次直接使用了"实践"这个范畴，如说"实践的人的活动""人在实践上和理论上""通过实践创造对象世界"等。这些论述表明，马克思正在形成自己的科学实践观，同时也在力图用形成着的科学实践观对资本、私有财产、异化劳动做出自己的独特分析。在《手稿》中马克思曾经提出一个非常重要的观点：尽管在社会生活中，私有制和外化、异化劳动表现为相互作用的关系，"但确切地说，它是外化劳动的后果"，它们的关系可以概括为："私有财产表现为外化劳动

---

① 《马克思恩格斯全集》第3卷，人民出版社，2002，第318页。
② 《马克思恩格斯选集》第2卷，人民出版社，1995，第112页。
③ 《马克思恩格斯全集》第3卷，人民出版社，2002，第276页。

的根据和原因",同时"又是劳动借以外化的手段,是这一外化的实现"①。马克思将"私有财产的起源问题变为外化劳动对人类发展进程的关系问题"②。主张"从外化劳动与人类发展进程的关系"来思考"私有财产的起源",实际上就是主张从人的劳动、实践的历史发展中把握社会历史的发展变化,去思考私有财产、资本、异化劳动的产生、发展及被扬弃的运动规律。

马克思在《手稿》中从资本、土地、劳动的分离、对立这一经济事实出发,最后将资本私有制基础上的一切后果归结于异化劳动,则已经超出国民经济学水平,是对被国民经济学当作出发点和既定前提的资本私有制的进一步反思、批判,而且这种反思与批判在哲学上的进一步提升,就是不久之后他在《关于费尔巴哈的提纲》中明确提出的科学实践观和实践哲学思维方式,即对事物、现实、感性,要当作人的感性活动,当作实践去理解,包括对人自身也要理解为只有通过实践活动才能存在的存在物,是在实践基础上人的自然存在和社会存在的辩证统一、转化和发展的过程,人的本质在其现实性上是一切社会关系的总和。③ 于是,由人组成的全部社会生活在本质上是实践的,而人类社会的历史发展不过是人类的实践发展史、劳动发展史。马克思、恩格斯就是在劳动发展史中找到了理解全部社会发展史的钥匙的。

当然,马克思在《手稿》中并没有进一步对"人怎么使他的劳动外化、异化",即外化劳动表现为异化劳动的根源做出回答,只是对外化劳动与异化劳动做出区分(不像黑格尔将外化劳动等同于异化劳动,认为外化的过程同时也是异化的过程),并将外化劳动理解为实现人的本质力量、表现人的类特性的自由自主活动,而将异化劳动理解为仅仅服从于资本利润,以占有外物为目的的劳动,并用前者来批判后者。但是,这一区分与马克思后来对商品社会中劳动二重性的揭示有直接关系,而劳动二重性的发现是马克思在政治经济学上超越国民经济学的关键节点。

正是在这种思维方式的支配下,马克思在《德意志意识形态》中不但在社会的结构运行机制的意义上,确立了物质资料生产对于政治、法律和

---

① 《马克思恩格斯全集》第3卷,人民出版社,2002,第277页。
② 《马克思恩格斯全集》第3卷,人民出版社,2002,第279页。
③ 《马克思恩格斯选集》第1卷,人民出版社,1995,第54、56页。

观念意识形态的优先地位和决定性意义，而且在社会的历史发展规律的意义上，顺理成章地把一定生产力水平基础上的物质生产方式更替作为社会历史发展变化的内在依据。① 这样，一种以历史唯物主义命名的社会历史哲学成为马克思实践哲学具体化的理论产物。

而从实践哲学和历史唯物主义去理解资本，意味着以下两个方面的思考。

第一，资本不仅是一种物质生产方式，同时还是一种生存方式，更是人的本质力借以实现的特定实践活动方式。对资本的理解可以从经济学、政治经济学、历史唯物主义和实践哲学这四个层面来认识。在经济学层面上，资本是一种能带来更大收益的生产要素，从这个意义上研究资本的学科，被马克思称为发财致富的学问。而马克思政治经济学上的资本研究则是在物质生产方式的意义上从财富生产、交换、分配、消费的运动过程，揭示资本增殖秘密的科学；虽然这个意义上的资本研究仍然局限于经济领域，但是，马克思并不像国民经济学家一样，把物质生产领域的经济事实看作是既定的、同质的，并以为该领域的经济事实不沾染任何意识形态，而具有绝对中立性。相反，马克思在物质生产方式的意义上，洞穿了国民经济学所谓"非意识形态的客观描述"的意识形态本质，深刻揭示了资本的经济逻辑，戳穿了资本在经济学上的神话，在为资本"祛魅"的过程中完成了对资本的批判。而马克思之所以能在政治经济学批判过程中，从资本主义意识形态的包围中超拔出来，在于马克思是从实践哲学和历史唯物主义高度进入政治经济学研究的。历史唯物主义认为人们的生产方式"在更大程度上是这些个人的一定的活动方式，是他们表现自己生活的一定方式、他们的一定的生活方式"②，他们是什么样的，既同他们生产相一致，又同他们怎样生产一致。因此，资本不仅仅是一种物质生产方式，还是制约整个社会生活、政治生活和精神生活的具有本体论意义的人们的生存方式；资本作为人们的生存方式，不是抽象的、超历史的，而是一种仅仅同一定的现实条件相联系的生存方式。更为根本的是，马克思之所以能将资本把握为一种具有本体论意义的人的生存方式，因为马克思是在实践哲学

---

① 《马克思恩格斯选集》第 1 卷，人民出版社，1995，第 92 页。
② 《马克思恩格斯选集》第 1 卷，人民出版社，1995，第 67 页。

的意义上，将资本理解成人的本质力量借以实现的特定实践活动方式。从这个高度来把握资本，马克思才能跳出对资本的分析，洞察到资本时代前后人的生存方式的发展变化，即从"人的依赖关系"到"以物的依赖性为基础的人的独立性"，再到"个人全面发展和自由个性"的阶段。西方结构主义的马克思主义代表人物阿尔都塞说："不借助于马克思主义哲学就不能真正阅读《资本论》"①，诚哉斯言！

第二，与国民经济学家"总是置身于一种虚构的原始状态"不同，历史唯物主义主张，分析人类社会及其历史进程，必须从现实前提出发，即从现实的个人，从他们所从事的现实的活动和从事这种活动所依据的现实条件出发。因此，不能脱离具体的历史条件，特别是现实生产力的发展水平，而仅仅以抽象的道德尺度和价值准则论说资本存在的现实合理性与否，或者把资本当作一种无条件存在而加以肯定或否定的意识形态来对待。在《共产党宣言》中，马克思通过分析资产阶级生存和统治的根本条件，提出了"两个必然"的论断，否定了资本的永恒性；② 但是，马克思也认为，社会形态的变革与更替是一种自然史的过程，认为"一个社会即使探索到了本身运动的自然规律，……它还是既不能跳过也不能用法令取消自然的发展阶段"③，"无论哪一个社会形态，在它所能容纳的全部生产力发挥出来以前，是决不会灭亡的；而新的更高的生产关系，在它的物质存在条件在旧社会的胎胞里成熟以前，是决不会出现的。"④ "两个必然"和"两个决不会"这两个看似矛盾的结论，其实都统一于马克思的历史唯物主义，即后资本主义社会"不是应当确立的状况，不是现实应当与之相适应的理想"，而是基于现有的前提，来消灭资本主义状况的现实运动。换句话说，资本的历史合理性不是基于某种历史想象而是基于历史发展的现实条件，我们只能根据历史发展的现实条件而提出实际的任务。揭示资本的两重性、对资本历史作用的肯定或批判都必须始终从展现人的本质力量的现实实践活动状况及其发展要求出发，从现实社会的生产力和生产关

---

① 〔法〕路易·阿尔都塞、〔法〕艾蒂安·巴里巴尔：《读〈资本论〉》，李其庆、冯光文译，中央编译出版社，2008，第80页。
② 《马克思恩格斯选集》第1卷，人民出版社，1995，第284页。
③ 《马克思恩格斯全集》第23卷，人民出版社，1972，第11页。
④ 《马克思恩格斯选集》第2卷，人民出版社，1995，第33页。

系、经济基础和上层建筑的矛盾运动的实际进程出发。以此为依据，一方面，资本"是生产的，也就是说，是发展社会生产力的重要的关系"，另一方面，资本迟早会成为"这种生产力本身发展的限制"①。正因如此，所以"资本既不是生产力发展的绝对形式，也不是与生产力发展绝对一致的财富形式"②，"而只是一种历史的、和物质生产条件的某个有限的发展时期相适应的生产方式。"③ 同时，在批判资本的时候，作为批判武器的理论批判代替不了作为武器批判的实践批判。形形色色停留在意识形态层面的现代性批判，作为批判的武器，虽然能多视角地展示资本时代现代性问题的表现形式，拓宽并加深人们对现代性问题的理解，但克服资本所造成的诸多二律背反，最根本的还是实践活动批判，即武器的批判。但是在现阶段，武器的批判，不应再像过去那样，简单地等同于暴力革命，等同于用军事的、政治的、行政的手段消灭资本，在无产阶级已经掌握国家政权的处于发展中的社会主义国家，应该广义地理解为建设实践的批判，即在建设实践中，从是否有利于生产力的发展、是否有利于综合国力的提高、是否有利于人民生活水平的提高出发来对待资本，在继续发挥资本的历史作用、保留资本文明成果的同时，用经济的、政治的、法律的、行政的、道德的手段对资本进行控制、调节和规范，限制其对剩余价值的恶性追求，尽量减少由于这种追求所造成的负面的、消极的作用和影响。

## 二 当代资本运行条件与危机形式的新变化

马克思在实践哲学和历史唯物主义的背景下对资本的本质和历史作用所进行的最具穿透力的分析，无疑是我们今天面对资本世界时仍然要坚持的基本观点。但是，我们也要看到马克思之后的130多年来，资本运行的条件已经发生很大改变。第一，从资本运行的经济条件来看，生产力和生产关系的社会化程度都有了很大提高。从生产力来看，社会化的主要标志就是在新科技革命带动下出现的经济活动和社会生活的电子化、信息化、网络化、数字化潮流迅猛发展，并且其地域范围已波及全球，使生产的各

---

① 《马克思恩格斯全集》第30卷，人民出版社，1995，第286页。
② 《马克思恩格斯全集》第30卷，人民出版社，1995，第396页。
③ 《马克思恩格斯选集》第2卷，人民出版社，1995，第466页。

个环节日益呈现出全球化的大协作。从生产关系来看，私人资本不仅发展为社会资本，而且社会资本大量股份化，而股份资本又职工化、大众化、分散化、全球化。① 此外，金融业日益成为经济体系的心脏，而且其国际化程度迅速提高，以各种金融创新产品和金融衍生工具形式出现的所谓"以钱生钱"的虚拟经济快速发展，它既推动着实体经济发展，同时又使经济的泡沫化程度和风险越来越大。第二，从资本运行的政治条件来看，国家的社会职能大为增强。在当代资本主义发达国家，不论是资产阶级右翼政党还是左翼政党执政，虽然各自都仍然保有国家的政治职能，但是，国家的社会职能越来越突出，国家在某些方面已经变成全民利益的重要协调器和各种社会矛盾的关键磨合器，国家不得不越来越加强经济文化的发展，协调社会的进步，缓解社会矛盾，维护社会稳定，为全社会提供公共产品和公共服务。第三，从资本运行的社会条件来看，社会主义因素在逐步增长。这表现在工人自己集资、自己管理的合作企业或职工持股公司，农民自己组织的各类生产、供销、信贷合作社，城乡居民的消费合作社数量增多；② 国家普遍加强了对国民经济的宏观调控，尽力减少市场经济的自发性、盲目性、投机性和破坏性，国家采取措施不断完善社会保障和社会福利措施，使劳动和资本能够共享发展成果。第四，从资本运行的文化条件来看，个人主义的价值观日益受到社群主义制约，自由主义的意识形态不断受到质疑，资本和企业的社会责任成为社会舆论密切关注的热点问题，发展慈善、环保等公益事业也成为社会大众对资本、企业和政府的迫切要求，"资本无道德、财富无伦理、企业无责任"的财富观正在被抛弃。第五，从资本运行的国际条件来看，经济全球化的深入发展使国家之间、区域之间的合作与对话成为主流。总之，资本主义发达国家的社会基本矛盾及由基本矛盾所制约的资本运行逻辑与马克思、恩格斯在世时相比，出现了许多新变化、新情况、新特点。在我国社会主义初级阶段，资本是在与资本主义发达国家完全不同的经济、政治、文化、社会的条件下运行的，这自然也使它的运行具有不同于资本主义发达国家的情况和特点。

资本运行条件的变化，一方面使资本创造出大量新的文明成果，使社

---

① 高放：《当代资本主义六大新特征》，《中国青年报》2001 年 4 月 15 日。
② 高放：《当代资本主义六大新特征》，《中国青年报》2001 年 4 月 15 日。

会生产力得到了进一步的释放，有效地缓解了各种社会矛盾；另一方面资本追求剩余价值的内在本性并没有根本改变，它所固有的矛盾也没有在根本上得到解决，资本引发的危机正以新的形式出现，并产生出一些新的矛盾和危机。如由 2007 年初美国次贷危机所引起的、目前正向全球蔓延的金融危机便是资本经济危机的最新表现形式。对于这场危机的原因，人们可以从纯经济学和马克思政治经济学两个层次进行反思。从纯经济学的层次来分析，这场危机的原因不外乎在市场经济运行过程中政府"监管缺位""政策失误""低估风险"等几个方面，最多再往深处追溯到人性贪婪的"原罪"。这种分析自然有它的道理，但它更多的是局限于资本制度框架以内寻找危机的根源。而如果我们能在此基础上进一步从马克思主义政治经济学层次对危机的根源进行反思，也许有助于我们理解市场经济的本质，提高驾驭市场经济的能力。

现在看来，这场危机最初的导火索是由于美国民众和政府透支消费，引发经济领域违约率不断上升，最终导致信用崩溃。① 也就是说，危机的原因是"有效需求过度"，而非马克思所讲的"生产过剩"危机，因为生产过剩往往是有效需求不足所致。因此，有人认为马克思的理论对于 1929 年及之前的古典经济危机有较强解释力，而对今天的金融危机已不具有说服力。但是深入分析，我们可以发现，透支消费、有效需求过度不过是化解资本固有的生产过剩危机的权宜之计，而危机的深层次原因仍然是资本主义制度本身所造成的矛盾，经济运行过程中的周期性危机是资本生产方式不可能从根本上解决和克服的顽症。

为了避免或应对资本的生产过剩危机，资本所有者曾经采取削减产量或倾倒过剩产品的办法，1929 年大萧条之后，凯恩斯主义逐渐成为应对危机的办法之一，即在私人购买力不足的情况下，通过扩大政府公共支出，来应对生产过剩。这一方法在一定程度上缓解了危机，但是使经济出现"滞胀"。于是一些发达国家通过采取有利于劳动者减轻负担、增加收入的财政税收政策，以刺激需求缓解生产过剩危机，但这一政策往往被资本所有者视为用公平牺牲效率，有损社会的竞争活力；于是以分期付款、贷款消费、信用卡购物、次级房贷等为形式的透支消费，成为应对生产过剩危

---

① 赵磊：《为什么马克思又时尚》，《人民论坛》2008 年第 21 期。

机的主要办法,以透支未来的或虚拟的收入支撑今天的消费,成为某些发达国家流行的生活方式。① 这种方式用"有效需求过度"暂时化解了资本生产过剩的问题,但是一旦消费者对未来出现悲观预期,以至于没有未来可以透支的时候,生产过剩危机仍然会如约而至。因此,在资本主义制度框架内,生产过剩问题是无法根除的顽症,人们只能在与生产过剩斗争的过程中,在利用资本提高生产社会化程度、创造更多新型文明成果的同时,使资本固有的矛盾越来越深化,使资本危机的破坏面越来越大、破坏程度越来越深。

资本运行条件的变化除了使经济危机以新的形式出现外,还产生了一些新的矛盾和危机。例如,从人与人的关系来看,资本作为一种实现人的本质力量的社会关系形式,它极大地解放了劳动者,但是由于资本的存在以劳动者丧失客观劳动条件为前提,因此,劳动与资本的对立、穷人与富人的分化,是资本主义社会的必然现象。与早期资本主义时代所不同的是,随着资本社会化程度提高和资本向全球扩张,这种分化与对立,从一国内部的阶级、阶层分化,进一步发展为国与国之间的贫富分化,成为滋生族群冲突、恐怖主义等社会危机的重要根源。再如,在应对生产过剩危机的过程中,为了配合和推动透支消费,资本利用电视、广告等大众媒介宣扬消费主义的文化价值观和生活方式,控制人的需要的内容,把整个社会引向消费主义方向,使人们对经济增长和物质生活水平的提高产生一种习惯性期待,使人们只根据疯狂的消费活动来确定人的幸福,沉溺于消费被当代人当作幸福和自由来体验,全社会盛行享乐主义的价值观。② 而当资本将人类需要的满足完全导向商品消费,将需要的满足独断地理解为对商品的消费和占有时,消费主义泛滥所引起的暴殄天物、穷奢极欲,消耗了大量自然资源,使资本在生产过剩危机之外,制造了另一种危机——生态危机。此外,在资本主导的现代主义文化冲击下,人类社会原来的"意义系统"被不断解构,各方神圣都被一个个打倒,表面上追求独立个性、自我表达、自我满足的现代人类,落入了被煽动起来的、过度消费的陷阱。但是,人类并没有因为财富的增加和商品的极大丰富而变得幸福,反

---

① 赵磊:《为什么马克思又时尚》,《人民论坛》2008年第21期。
② 王雨辰:《反对资本主义的生态学——评西方生态学马克思主义对资本主义社会的生态批判》,《国外社会科学》2008年第1期。

而对需求的本质以及满足需要的形式越发困惑,而各种感性的、短暂的快乐和体验之后,是心灵的空虚、恐慌,人们在变幻莫测的现实面前,变得不知所措。这无疑成了现代人类精神危机的内在根源之一。

总之,资本制造出一个充满了风险、矛盾和二律背反的世界:在资本条件下,人类创造的物质财富在不断以几何级数增长的同时,贫穷、饥饿、贫富悬殊、恐怖主义、族群冲突乃至战争却始终纠缠着我们;人类通过日益进步的科技手段在利用自然方面不断取得单项突破的同时,整体自然所呈现的、威胁人类可持续存在和发展的反常自然现象日趋严重;人类整体在生存、发展手段上获得了前所未有成就的同时,越来越多人类个体对于自身存在的目的、人之为人的意义、价值前所未有地陷入了困惑和迷茫。资本既是当今世界最美的福音,也是当今世界最深层的祸根,它既是打破前现代枷锁的最有力武器,也是造成现代性问题的罪魁祸首;没有资本,社会化大生产不可能真正产生,人与人之间的普遍性交往关系不可能形成;有了资本,人的一切又不得不服从资本的权力。而各种新发展观的出场,就体现了人类对资本文明成果的自觉反思,对扬弃资本文明成果的种种历史性自觉诉求。这种诉求实际上表现为两个层次:一种是最终扬弃资本的理想层次,马克思、恩格斯当年提出的科学社会主义理想就属于这个层次;一种是在承认资本作用的现实前提下讨论实现可持续发展的问题。正如前面分析所表明的,资本运行过程中所造成的矛盾和问题提出了转变传统发展模式的必要性,而资本运行的社会历史条件及其本身所发生的变化又为转变传统发展模式提供了可能性,正是这种必要性和可能性之间的张力为资本时代转变发展模式提供了理论和实践的空间,并规定着这种转变的历史限度。

## 三 资本时代科学发展的现实条件与实践策略

所谓发展,从最终意义来看,是指人在自身的实践活动中把人的创造性潜能或本质力量从自然、社会和精神的束缚中解放出来的过程。而资本时代的科学发展,就是一方面利用资本解放人的创造性潜能,另一方面又逐步破除资本对人的全面、自由发展的束缚。由于发展本身是一个自然的、现实的历史运动过程,因此,在资本时代,发展过程的后一方面只能在前一方面充分展开的前提下才可能进行。而后一方面之所以必要，又因为资本在推动发展的过程中既有伟大的文明作用又有明显的历史局限性，即资本历史作用的两重性。

资本的伟大文明作用表现在：首先，它第一次使人类实践活动超越了自然特殊性和社会特殊性的限制，而完全在资本逻辑的支配下被抽象化。这种抽象化表现为，人的一切经济交往活动都必须在等价交换的原则下化约为精确的数量化的经济价值；人的一切社会交往活动都必须排除身份、地位、文化程度、民族、种族、肤色等社会因素和自然因素的差异，而表现出形式上的平等。其次，从经济发展来说，在生产力发展水平的现阶段，资本是最有效的经济发展方式。[①] 它以雇佣劳动为基础，使人摆脱了政治的、地域的、宗教的人身束缚，使人的自由度获得了极大提升；它通过交换而非强制的方式把包括一切人力、物力在内的生产要素组合为社会化机器大生产力；它在追求相对剩余价值的竞争过程中，发展了交通、通信、信贷，激励教育、科学为直接的生产过程服务，使社会生产力获得了极大发展；它通过竞争，瓦解着一切传统的生产方式和生活方式，激发起一切人的致富欲，并把市场交换推向全世界，加速了人类文明的传播。总之，资本在充分利用物的有用性机制上，找到了充分利用人的有用性机制，使人的实践活动能力得到极大解放。

但是，从实践活动主体的人的意义上去评价资本，其历史局限性同样一目了然。这主要表现在，虽然资本在存在论的意义上囊括了人与人的关系、人与物的关系、物与物的关系，并极大地激发了人的本质力量，但是在资本条件下，人与人的关系是建立在形式平等而实质并不平等的雇佣劳动关系基础上，人与物的关系是建立在物对人的有用性这种单一价值尺度关系上，物与物的关系则仅仅是从商品的交换价值关系维度上反映人与人的关系。因此，在资本条件下，人的本质力量只是在经济动物的意义上得到体现，物的存在意义只是以交换价值的形式存在着。总之，资本造就了单向度的人和异化的现实世界，而实践活动中应当具有的人的本质力量和意义世界的丰富性则被遮蔽了。

---

① 孙承叔：《关于资本的哲学思考：读〈1857～1858年经济学手稿〉》，《东南学术》2005年第2期。

鉴于资本的伟大文明作用和历史局限性，在历史发展的当前阶段，一方面，我们要总结20世纪所积累起来的历史经验和机制，有效发挥资本的积极作用。从社会心理上说，要形成一种新的资本观；从经济体制上说，要形成有利于发挥资本积极作用的企业内部管理和市场调节的微观机制和宏观调节机制；从政治体制上说，也要形成发挥资本积极作用的相应机制；从发展方式上说，要有新的科学的合理的发展观念、发展战略、发展模式，要转变经济发展方式，就是说要善于用好资本，要通过市场和政府配置好资本。

另一方面，我们要保持对资本的批判态度：要看到资本自身和市场自身存在的问题和矛盾；要看到虽然资本全球化发展速度很快，但在国际范围内还没有来得及形成能监管和制约资本的国际政治经济新秩序、新体制；要看到金融市场上金融创新快于金融监管的完善；要看到由于历史条件的变化，现在，无论是在国内还是在国际上，由资本对利润的追求所引起的矛盾，显得更加错综复杂，兼顾眼前和长远、局部和全局、国内和国际的难度极大地增加了；要看到，从根本上说，彻底解决资本所造成的矛盾，就是要像马克思设想的那样彻底扬弃资本，但20世纪的历史只提供了资本主义发达国家在自由主义和凯恩斯主义之间来回摆动和交替中发展的经验，科学社会主义第一个实践模式没有提供这方面的成功经验，我们现在的中国特色社会主义也还处在初级阶段，如何在发挥资本积极作用的同时，管好、调控好资本，还没有一套成熟的经验，还需要在总结自己经验和国际经验的过程中逐步成熟起来。特别是如何走出自由主义和凯恩斯主义交替循环的圆圈，实现马克思彻底扬弃资本的科学社会主义理想，是当代马克思主义者所面临的时代性的新课题。

当然，发挥资本的积极作用和批判、防止、消减资本的消极作用，是很难完全地、绝对地分开的。因为积极作用和消极作用实际上是紧密地联系在一起的，是一枚硬币的两面。所以，发挥积极作用的措施往往也是限制消极作用的措施，反之亦然。

由于资本历史作用的两重性，因此，在仍然需要资本发挥历史作用的时代，人们只能在以资本为主导的前提下追求有限度的科学发展。今天所讲的以人为本、全面、协调、可持续的发展，仍然是以资本为主导意义下的科学发展。这意味着在今天追求科学发展，一方面，任何社会单元都必须以积极的姿态融入资本主导的国际体系,利用资本,瓦解各种前现代生产与生活方式,让人类共同享受资本带来的积极文明成果,而不是从全球化时代倒退到前资本时代的小国寡民生存方式,人类已经历的多次"试错"已证明,要在今天的历史条件下,匆忙步入后资本时代,只能重复前资本时代的故事,"重新开始争取必需品的斗争","全部陈腐的东西又要死灰复燃"。另一方面,为了遏制资本的消极作用,我们必须避免陷入对资本和市场的迷思,而要从经济上、政治上、法律上、道德上、文化上约束资本的原始性、破坏性,约束市场的自发性、盲目性和负外部性,在资本条件下"既要发挥市场这只看不见的手的作用,又要发挥政府和社会监管这只看得见的手的作用"①,同时还要让包括环保、女权和劳工运动等各种新社会运动充分发挥制约资本霸权和市场的作用;更重要的是,世界各国政府必须加强沟通与协调,"应该对国际货币金融体系进行必要的改革,建立公正、公平、包容、有序的国际金融新秩序,努力营造有利于全球经济发展的制度环境"②,在应对资本带来的如气候变化、南北差距等全球性问题上,克制狭隘的民族国家利益,采取协调一致的行动,共同承担相应的责任与义务,着力解决资本全球化与全球无政府主义状态之间的矛盾,和资本生产的无限扩大与资源有限性之间的矛盾,而不是以邻为壑,将发展代价转嫁给别的国家。

就中国意义上的科学发展观来说,它所面对的社会历史背景远比资本主导的现代化二律背反的境况复杂。例如在现实发展进程中,由于沉重的传统包袱,和区域之间、城乡之间的巨大发展差距,在大部分地区和族群当中,经济、政治和思想文化观念上的前现代因素仍然是阻碍发展的主要障碍;但与此同时,资本现代性问题和资本全球化所造成的全球性问题,同样困扰着我们;此外,也有少数社会群体罔顾中国在某些实践层面的落后与停滞,却在概念层面奢侈地进行后现代主义的超前消费。也就是说,前现代、现代和后现代三类不同性质的问题正在共时性地缠绕着我们的社会实践活动。

但是,当我们义无反顾地将市场经济锁定为我们通向现代化的现实路

---

① 温家宝:《用发展的眼光看中国——在剑桥大学的演讲》,新华网,2009年2月3日。
② 温家宝:《用发展的眼光看中国——在剑桥大学的演讲》,新华网,2009年2月3日。

径，并选择融入资本主导的国际体系时，我们将只能在逻辑顺序而非时间顺序的意义上来思考前现代、现代、后现代的诸多矛盾。换句话说，我们除了要对现代社会给中国人生存方式带来的改变保持一种"瞻前顾后"式的清醒之外，更须像大地呼唤春风一样呼唤以资本为主导原则的现代社会，拒绝任何对资本主导下的现代性基本原则做出脱离实际历史运动的抽象否定或抽象肯定。这是我们从马克思实践哲学来理解资本条件下的科学发展时所得出的一个基本结论。因为自从中国在近代被动地卷入资本主导的世界历史发展进程以来，我们发展的成就也好，发展的问题也罢，秘密和出路都隐藏于资本的逻辑当中。与那些过度发展的国家所不同的是，中国作为一个后发的社会主义性质的国家，我们要在高度压缩的时间内，承受资本给人类文明带来的一切积极成果和消极因素。因此，它给社会关系和人们的思想观念、心理感受所造成的剧烈冲击前所未有，问题的复杂程度前所未有。

具体来说，在资本条件下，追求科学发展，我们必须直面以下问题。第一，资本现代性所必然带来的普遍性矛盾和二律背反在中国社会的具体表现，即资源配置效率的提高与资源环境危机共存；综合国力显著增强与社会矛盾复杂共存；人性的巨大解放与精神信仰危机共存等。第二，资本的一般逻辑，以及资本的正反效应，在中国特殊的文化传统和政治关系架构下，所表现出的特殊问题。首先，传统儒家文化的深远影响，使得资本在中国的活动大多闪现着家族血缘和裙带关系的影子。资本借助血缘纽带能形成强大的向心力和激励力，这在一定范围内，有利于高效地调动资源，减少交易成本。但是家族血缘关系基础上的资本，往往产权不明晰，系统相对封闭，而且家族血缘信用的半径有限，不利于资本向更大的信用半径扩展；同时，资本活动在裙带关系制约下，影响人力资本的配置效率。其次，特殊的政治权力结构，使得资本在中国的活动多少闪现着权力的影子。政治权力运用得当，可以有力地集中资本，保证快速发展和社会稳定，弥补市场缺陷，甚至可以用国家信用弥补家族间信用的缺乏，扩大信用社会，促进市民社会发展。但是，政治权力如果运用不当，有可能扭曲市场交易行为，加大交易成本，使市场在经济资源配置中的基础性作用受到抑制，降低经济效率。尤其当资本与体制弊端所衍生出来的不端势力相互勾结的时候，政治权力甚至会被资本腐蚀，沦为资本作恶的工具，导致资本的文明面还没来得及充分展现，而资本的野蛮性却肆虐无阻，资本的巨大能量尚未充分地释放，而资本非人的一面却得到最充分的暴露。还需注意的一点是，即便从正面来审视资本与权力的关系，我们也不得不担心，在资本为权力创造政绩，权力为资本扫除障碍的过程中，"强强联合"形成牢不可破的利益同盟，进而成为阻碍科学发展的巨大阻力。

面对上述问题，中国作为拥有深厚历史文化传统的发展中社会主义国家，有条件利用现实政治和传统文化中的积极因素，为资本条件下的科学发展做出独特贡献。首先，作为以马克思主义理论武装起来的执政党，中国共产党应该站在马克思实践哲学和历史唯物主义的高度，对资本的积极作用和历史局限，达到越来越全面、充分的历史自觉，对资本采取越来越实事求是的态度，避免脱离现实历史条件的抽象否定或无批判地肯定，在实践中把握好发展资本和规约资本的尺度。其次，作为社会主义国家，我们在承认、保护资本发展的基础上，有条件地利用政治、法律、行政、道德、文化等手段，对资本权力进行恰当的约束，在生产力发展的基础上使劳动和资本共享发展成果，形成相对和谐的劳资关系，避免资本盲目作用引起的各种危机。同时，作为社会主义国家，在承认、保护资本发展的同时，应该避免社会资本化，即避免资本成为社会最高原则，并转换成其他领域内过分的特权或控制因素，而应该在目前资本的私有化、家族化、国有化等形式的基础上，通过股份制等多种形式逐步推进资本的社会化，尤其要避免资本的权贵化。再次，面对资本引发的生态危机，从治标的层面上看，我们可以通过国家战略和宏观政策的引导，借助资本对科技发展的促进作用，为人类开辟更为广阔的生存与发展空间，通过制定有关法律和政策，将资本生产所造成的社会成本和生态成本内化为资本的生产成本，促使资本在生产中探索和运用更加节能环保的科技；从治本的层面上看，追求价值增殖，是资本的本性，因此，即便在社会主义条件下，也不可能在微观的层面主观地要求资本生产以使用价值为中心，以满足人民群众日益增长的物质文化生活的需要为目的；相反，受生产决定消费的规律制约，人民群众的需要和欲望，反而受资本增殖逻辑、市场交换逻辑的支配，成为消费社会的动力。为了抵消因过度消费引起的生态危机和精神危机，我们可以借助于消费对生产的反作用，促进资本生产的目的与人自身的合理需求相适应。为此，必须借助于文化教育提高人文素质，使人们从片面追求物质的占有和花费，转向更多的精神追求和享受，让商品的交换价值服从于人的精神目标、审美体验和高雅的文化追求，而不是让人的精神世界彻底服从资本与市场的逻辑。① 通过文化和消费的反作用，资本生产将把文化等非物质因素渗透到传统物质商品，或生产出更多非物质形态商品，从而在一定程度上缓解资本生产无限扩大与自然资源有限性的矛盾，同时，消费者在精神取向的消费中，汲取知识、交流思想、陶冶情操、传达情感，既是愉悦的消费过程，也是精神生产力和知识生产力的再生产过程，这无疑有利于人的自由、全面发展。

总之，在资本条件下实现科学发展，需要我们遵循历史辩证法，直面资本，对资本始终保持清醒、自觉，并在马克思开辟的道路上，将共产党人的最高纲领和最低纲领统一于现实的实践活动中，广泛吸收西方现代性批判理论和本国传统文化中的有益养分，从深度和广度上丰富、拓展对资本的认识，既为资本的发展提供有利环境，又要坚持对资本的理论批判和实践批判，反对资本永恒论和资本万恶论的偏颇，使资本从一种盲目的自发力量，转变成受人自身的发展逻辑支配的自觉力量。

（原载《哲学研究》2009 年第 4 期）

---

① 韩震：《论商品记号的价值取向的转换——关于消费活动精神性转向的哲学思考》，《哲学研究》2006 年第 10 期。

# 重释马克思两个"必然"的现实依据及意义

周前程[*]

## 一

社会主义必然战胜资本主义是马克思根据社会发展规律和资本主义社会的矛盾状况得出的科学结论，核心就是回答人民"为什么要建设社会主义"这一根本问题。这个问题之所以重要，一方面，它是建设社会主义的逻辑前提，是建设社会主义无法回避的根本问题。因此自社会主义诞生以来，人们一直在回答这个问题。另一方面，回答这一问题是共产党人说服民众、争取民众的过程。因为任何一个时代、一个国家或民族对建设社会主义都有自己的理由。从生存论本体论的角度而言，"为什么要建设社会主义"这一问题是在社会主义的研究之前，也是在逻辑上必须先行予以解决的前提性问题。诺齐克认为，"政治哲学的基本问题，即一个先于有关国家应如何组织之问题的问题，是任何国家是否应当存在的问题。"[①] 因为生存先于逻辑，虽然回答"为什么"必须搞清楚"是什么"，但是如果我们撇开"为什么要建设社会主义"而只问"什么是社会主义"，就必然会陷入知识论哲学的窠臼，原因是我们在问"是什么"的时候问题已经在场了。这一提问方式通过把日常生活的提问方式转入到社会主义的研究中，

---

[*] 周前程（1971~  ）湖南隆回人，男，汉族，中共福建省委党校哲学教研部讲师，哲学博士，主要从事马克思主义哲学和政治哲学研究。

① 〔美〕罗伯特·诺齐克：《无政府、国家与乌托邦》，何怀宏等译，中国社会科学出版社，1991，第1页。

把社会主义变成了一种纯粹的求知活动,遮蔽了人的生存和生活的意义,必然使我们对社会主义的研究脱离生活世界,脱离人民群众的实践。另外,从人类思维的一般逻辑上讲,西方管理理论认为我们在做任何事情的时候都要问"为什么,是什么,要做什么,怎样做",这也是人力资源管理中所强调的3W1H理论,有的还加上"什么时候开始,什么时候结束",构成5W1H理论,不管怎么说,"为什么"是我们做任何事情的前提,不管我们有没有意识到这一点。人们对待马克思主义也是如此。也就是说,马克思主义也是由"为什么要建设社会主义,什么是社会主义,怎样建设社会主义(这个问题也可分解为建设社会主义需要做什么、怎么做两个问题)"等三个问题组成的既相互独立又统一的理论体系。后两个问题就是中国特色社会主义理论体系和实践的主题,这在中国已经是众所周知的了。对这个问题的探索也已经取得了十分丰硕的成果,基本形成了完整的中国特色社会主义的理论体系。但是,在建设中国特色社会主义的过程中,我们忽视了对"为什么要建设社会主义"这个问题的科学探索和解答。而这个问题同样是建设社会主义所必须解决的重大理论和现实问题。邓小平同志在1989年的"政治风波"后说,"我们最大的失误在教育,对年轻娃娃、青年学生教育不够。……许多思想工作没有做,好多话没有讲清楚。"[①] 其实质就是指我们在回答"为什么要建设社会主义"这个问题上没有做好。因为没有解决好这个问题,我们就不能使青年学生自觉地接受社会主义思想,他们就不可能树立正确的世界观、人生观和价值观,就容易受各种腐朽思想的侵蚀和欺骗。因此这个问题能否解决得好,是一个关乎社会主义盛衰成败的重大问题。这个问题如果没有得到很好的解决,后面的两个问题就不再是人民关心的了,人们甚至不再去追问,也不会关注。苏东国家的人民之所以对社会主义的命运漠不关心,就在于他们认为没有建设社会主义的必要了。所以,任何国家的社会主义建设都面临一个前提预设:为什么要建设社会主义?如果不解决好这个问题,它就会异化成另一个似乎相关的问题:"凭什么要建设社会主义?资本主义不也很好吗?"这正是资产阶级和其他思想家向社会主义国家的人民进行意识形态争夺战的突破口,通过灌输这一问题,他们突破了社会主义国家的广大青

---

[①] 《邓小平文选》第3卷,人民出版社,1993,第327页。

年和其他群众的思想防线,捕获了他们,从而使之对社会主义信仰产生了动摇。邓小平对此指出,"要特别教育我们的下一代下两代,一定要树立共产主义的远大理想。一定不能让我们的青少年作资本主义腐朽思想的俘虏,那绝对不行。"① 20 世纪 80 年代末的"政治风波"、封建残余思想以及其他腐朽思想的沉渣泛起都是因为这个环节出了问题。目前部分青年学生对马克思主义、社会主义的理论、宣传乃至实践产生的抵触情绪,也是由这一问题引起的。因此,这不是一个小问题,也不仅仅是一个理论问题,而是关系到社会主义前途和命运的重大问题,必须引起重视并切实加以解决。

我们知道,社会主义必然取代资本主义,即为什么要建设社会主义,这个问题是由马克思和恩格斯做出过科学的回答和论证的。在此基础上,他们才提出了科学社会主义的思想和理论。但是,马克思、恩格斯并不认为他们已经一劳永逸地解决了这一问题。恩格斯在 1890 年 8 月 5 日给康·施米特的信中指出运用他们的理论的基本要求:"必须重新研究全部历史,必须详细研究各种社会形态的存在条件,然后设法从这些条件中找出相应的政治、私法、美学、哲学、宗教等等的观点。"② 对在中国建设社会主义的必然性问题的回答,也不可能是一劳永逸的,同样要不断结合国际国内的实际情况重新予以解释,光靠老祖宗是不够的。第一,经过一百多年的发展,当代的资本主义与马克思所批判的资本主义已经有很大的不同,如资本,社会主义国家中也有;市场经济,社会主义也在发展;剥削,社会主义国家中也允许在一定程度上和范围内存在。我们现在所做的与国际接轨,就实质而言,就是有条件地、在不损害我国的根本利益的情况下接受资本主义国家所制定的那些游戏规则。所有这些,都需要我们在理论上重新做出说明。第二,中国的社会主义的实践与马克思、恩格斯所设想的社会主义差别较大。马克思、恩格斯所设想的社会主义是在发达资本主义国家首先获得胜利的,因而它们可以在资本主义创造的发达的生产力的基础上进行社会主义建设,马克思、恩格斯对社会主义的原则构想都是以此为基础的。但历史的事实是,社会主义首先在落后的东方国家建立起来,中

---

① 《邓小平文选》第 3 卷,人民出版社,1993,第 111 页。
② 《马克思恩格斯文集》第 10 卷,人民出版社,2009,第 587 页。

国更是在半封建半殖民地的基础上开始建设社会主义的。这就意味着社会主义国家面临的任务远比马克思、恩格斯所设想的复杂得多：发展经济、改善民生、改变旧的生产关系、建立新的生产关系，所面对的不仅有资本主义的腐朽思想，还有封建主义的思想残余。尤其是在社会主义生产力落后于资本主义国家的情况下，如何解释社会主义的优越性和建立社会主义的必然性，是这些国家的马克思主义者所必须解决的紧迫问题。第三，"东欧剧变"导致世界范围内产生了对社会主义的信仰危机。许多人对社会主义的信念动摇了，一些信奉社会主义的人退缩了、转向了；一些原来信仰社会主义的人甚至掉转枪口，大肆攻击社会主义。以致资产阶级的一些思想家高兴地欢呼资本主义的这一胜利，宣称历史已经终结了。如何深入剖析这些现象，也是马克思主义者必须认真面对并加以合理解释的现实问题。第四，近年频频发生的群体性事件，以及在处理这些事件的过程中的不恰当做法，使人民群众对政府的信任产生了危机。这从根本上说，也就是人民群众对我们是不是在搞社会主义的信仰危机。第五，国内思想界的不同声音。一方面，所谓的"新右派"认为中国面临的问题是市场化不够造成的，要求政府完成放开市场，减少干预。而所谓的"新左派"则认为政府管得太少，放任市场尤其是新资本家对人民进行剥削，要求政府重新回到维持人民利益的立场上来。这两种思想中前一种看到了市场的作用，但没有看到市场化的本质是资本化，而资本是能吃人的，除非法律禁止它吃人。社会主义正是为了把吃人的资本变为为人的全面发展服务的资本的一种社会政治体系。所以市场化虽然是中国改革的方向，但中国的市场只能是社会主义的市场，也就是有控、有序的市场经济，而不是自发的市场经济。后一观点看到了市场对人的压迫的一面，但没有看到市场还有解放人的一面。没有市场，中国的封建思想是很难清除的。中国现在部分农村中迷信活动的死灰复燃就说明了这一点。所以中国改革的方向是社会主义市场化，是以人为本而不是以物为本的市场化。

这些新情况使我们已经不能简单地引用马克思所用的论证材料和用这些论证材料得出的结论来教育青年了。为什么要建设社会主义，必须由中国的马克思主义者结合国际国内的具体情况重新进行解释。这就意味着，马克思的论证材料及其结论并不能简单地搬到现代社会中来并要求人们简单地加以接受，这是不可能的。恩格斯说："我们对未来非资本主义社会区别于现代社会的特征的看法，是从历史事实和发展过程中得出的确切结论；不结合这些事实和过程去加以阐明，就没有任何理论价值和实际价值。"①"实际的社会主义则是对资本主义生产方式各个方面的一种正确的认识。"②因此，在这些事实已经改变的情况下，简单地照搬过去的结论，是不可能说服人的。必须根据新的情况，根据社会主义建设中面临的新的问题，根据资本主义的新的发展，在马克思、恩格斯论证的基础上，运用他们的立场、观点和方法，实事求是地吸收当代社会的新成果，重新论证和解释马克思的"两个必然"，回答中国为什么要建设社会主义这一问题。而且可以断言，只要社会主义没有一统天下，只要世界上还存在资本主义和其他非社会主义的甚至反社会主义的思想和理论体系及其实践，我们就始终必须这样做。只有人民接受了建设社会主义的必然性，才会认真地去解决什么是社会主义和怎样建设社会主义这些问题。回答"为什么要建设社会主义"这个问题，实际上是争取民心的问题，是与其他思想争夺群众的问题。只有首先解决了民心问题，只有把人民群众争取到社会主义阵营中来，我们才能建设成社会主义。因为社会主义是"绝大多数人的、为绝大多数人谋利益的运动"，没有绝大多数人的参与，没有以绝大多数人的利益作为目的，它就不是也不可能成为社会主义的运动。

当然，说不能简单地照搬马克思的结论，并不是否定马克思的结论，更不是说马克思的结论是错误的，而是说在新的时代，我们对马克思的结论应该有新的写法。马克思对资本主义本质的认识，对资本本性的认识，对资本主义发展规律的认识等许多思想仍然是十分正确的。其在当代资本主义社会中一再表现出来就证明了这一点。因为马克思的理论目标，证明方法和理论的基础是完全正确的。第一，马克思的论证方法是科学的方法，如辩证的方法，逻辑与历史统一的方法，从具体到抽象，再从抽象回到具体的方法等，在社会科学中目前还没有出现比他所用的方法更合理更科学的方法。第二，马克思所探讨的问题是人的解放和自由而全面的发展，实现一个没有剥削、没有压迫、人与人和谐相处的社会，这也是人类一直在追求的目标，是符合社会历史发展规律的。第三，马克思理论的出

---

① 《马克思恩格斯选集》第 4 卷，人民出版社，1995，第 676 页。
② 《马克思恩格斯选集》第 3 卷，人民出版社，1995，第 223 页。

发点是现实的人,现实的人也就是生活中的人,活生生的人,只有这种人才能为理论的建立提供一个牢固的基础。因为一个理论的价值在于对现实发生影响。所谓发生影响,就是对活着的人的思想和行为产生影响。而对活人的影响,就是对他们的生活状况的影响,改变或影响他们的生存需要,探讨他们需要什么,在思考什么,正在做和准备做什么,只有把人的所需、所思、所为与他的生活环境和条件结合起来考察的时候,这个人才是真实存在的人,才是现实的人,才是理论的科学出发点。因此,没有比马克思的论证更坚实的基础。我们要做的是按照马克思的方法和逻辑,重新得出马克思的结论。而且,只要我们严格按照科学的方法去做,一定会得出与马克思相同的结论;必然会得出社会主义必然胜利、资本主义必然灭亡和中国只能走社会主义道路的结论。所以,"为什么要建设社会主义"实际上是说服人民群众,以争取人民群众投身于建设社会主义的伟大实践之中。正如毛泽东所说:"马克思列宁主义的基本原则,就是要使群众认识自己的利益,并且团结起来,为自己的利益而奋斗。"[①] 从中国革命和社会主义的实践来看,人民群众的需要是推动中国革命和建设的根本动力,也是中国共产党领导的新民主主义革命和社会主义革命成功的根本保障,是社会主义现代化建设的前提、动力和目的。因此,根据实际情况的变化,按照马克思主义的立场、观点和方法,科学地解答为什么要建立社会主义,就是争取和动员广大人民群众积极主动投身于建设社会主义现代化的实践,是建设中国特色社会主义的重要一环,事关社会主义在中国的前途和命运。

## 二

"两个必然"所回答的问题——为什么要建设社会主义——是建设中国特色社会主义的逻辑前提。根据时代的发展和社会条件以及人们思想状况的变化科学地解答这一重大问题,对我们坚持马克思主义在中国的指导地位、对建设中国特色社会主义、引导或指导人们坚持社会主义道路的实践,对社会主义在中国的兴衰成败都具有十分重要的意义。

---

① 《毛泽东选集》第4卷,人民出版社,1991,第1318页。

一是有利于坚持中国共产党的领导。做好中国的事情，关键在党。社会主义在中国能不能成功，关键在于坚持中国共产党的领导。或者说，中国共产党的领导是与中国人民走社会主义道路紧密联系在一起的。毛泽东认为："社会主义不是平静的河流，应当有领导指引方向。"① 没有中国共产党的领导，中国的社会主义将不再成其为社会主义。另一方面，中国共产党在全国人民中始终只占一小部分，社会主义是中国人民自己的事业。离开了人民群众的支持和参与，是建不了社会主义和共产主义的。因此，根据变化了的新情况重新解释马克思的"两个必然"，不仅是群众了解党的路线方针政策的重要渠道，也是群众进行社会主义实践的理论先导。其实质是告诉、说服人民：只有社会主义才能发展中国，动员和吸引最广大的人民群众参加到社会主义现代化建设中来。

二是坚持马克思主义指导地位的需要。没有革命的理论，就不会有革命的运动。任何成功的实践都是在一定理论指导下的实践。尤其是在国际国内情况纷繁复杂的当今社会，科学理论的重要性日益突出。社会主义是无产阶级的解放运动，必须始终坚持马克思主义的指导。马克思主义作为科学的世界观、方法论，如果它不为人民群众所理解，就不可能发挥其对实践的指导作用。然而，马克思主义并不是教条，而是科学的理论指南。这就要求掌握其理论的精神实质，而不是现成的结论。"马克思这些老祖宗的书，必须读，他们的基本原理必须遵守，这是第一。但是，任何国家的共产党，任何国家的思想界，都要创造新的理论，写出新的著作，产生自己的理论家，来为当前的政治服务，单靠老祖宗是不行的。"② 不坚持马克思主义的基本原理，就不能坚持和发展马克思主义；不依据马克思主义的基本原理对新情况、新问题做出新的符合实践的新结论，也不能坚持和发展马克思主义。

三是建设中国特色社会主义的现实需要。建设中国特色社会主义，简单地说，就是运用马克思主义的立场、观点和方法，有针对性地解决群众生产生活中面临的实际问题，使马克思主义的基本原理与人民群众的生活实践结合起来。因为只有在实践中才能检验出理论的正确与作用之大小。

---

① 参见〔南〕卡德尔《苏南会议·莫斯科宣言·会见毛泽东》，《世界历史研究动态》1980年第12期。
② 《毛泽东文集》第8卷，人民出版社，1999，第109页。

中国特色社会主义事业是全新的事业，没有先例可循，这就决定了我们不能简单地把马克思、恩格斯等经典作家的结论照搬到实践中来，决定了我们必须时时结合自己的实践、形成自己的新理论，用来指导新的实践，不断回答人民关切的关于社会主义的重大理论和实践问题，以吸引人民积极主动地参与到建设中国特色社会主义实践中来。所以，根据人民大众的实践研究、发展、检验马克思主义的理论研究成果，重新解释其结论，解决群众实践中面临的突出问题，是巩固马克思主义对中国特色社会主义实践的阐释和影响力的需要，是马克思主义理论体系的活力之源，也是说服和吸引群众参加到中国特色社会主义现代化建设中来的基本方法。

四是落实、实践科学发展观的基本要求。当前，中国的社会主义现代化建设已经发展到了一个新的阶段，随着社会主义运动的深入发展和人民知识水平的提高，以往靠灌输进行社会主义宣传教育的方式已经不行了。科学发展观作为关于发展的世界观和方法论的集中体现，其本质就是要求我们根据人民群众的需要来进行社会主义的理论创新与实践，充分发挥并维护人民群众在国家和社会中的主体地位，发挥人民群众建设中国特色社会主义的主观能动性。正如毛泽东指出的，人的主观能动性对人的行为的影响是巨大的。他在解释"千里之行，始于足下"这句俗语时说："不想到前途，不想到远景，那还有什么千里旅行的兴趣和热情呢？"① 人民群众对建设社会主义的态度也是这样，有意愿才会有行动。因此毛泽东指出，共产党的工作原则有两条："一条是群众的实际上的需要，而不是我们脑子里头幻想出来的需要；一条是群众的自愿，由群众自己下决心，而不是由我们代替群众下决心。"② 这正是落实和实践科学发展观的基本要求，也是阐释马克思主义的基本依据和意义所在。

五是有助于及时总结社会主义现代化建设的成功经验，丰富、发展马克思主义。邓小平认为，建设中国特色社会主义，"需要根据新的丰富的事实作出新的有充分说服力的论证。这样才能够教育全国人民，全国青年，全国工人，解放军全体指战员，也才能说服那些向今天的中国寻求真理的人们。这是一项十分重大的任务，既是重大的政治任务，又是重大的

---

① 《毛泽东文集》第 8 卷，人民出版社，1999，第 136 页。
② 《毛泽东选集》第 3 卷，人民出版社，1991，第 1013 页。

理论任务。这决不是改头换面的抄袭旧书本所能完成的工作，而是要费尽革命思想家心血的崇高的创造性的科学工作。"① 人是一种有思想的存在。如果只讲空洞的理论，当然不能让人民相信为什么要建设社会主义。但是，光做不说，同样也不能让人民弄明白为什么要建设社会主义。特别是我们当前的改革开放，所遇到的问题极其复杂，社会主义建设中采用的一些方式和方法好像是社会主义的，也好像是资本主义的。如果不向群众讲清楚，人们就会认为这是走资本主义的成果。国外一些资产阶级思想家也是以此来为资本主义优越于社会主义做辩护的，而且这种观点在国内还有不少市场。一些青年甚至认为中国搞资本主义会更好，他们说台湾不是很好吗，至于台湾为什么会发展起来，他们就不去追问了。因此，联系社会主义现代化建设实践，及时总结其中的成功经验，丰富、发展马克思主义，才能说服人心，争取和教育广大人民更好、更主动地投身到社会主义建设的实践中来。

总之，为什么要建设社会主义是一个重大的理论和实践问题，是进行社会主义现代化建设必须首先解决的问题，能否团结和带领广大人民群众进行中国特色社会主义建设，关键要看我们能否用实践和理论成功地向人民诠释清楚这一问题。马克思的"两个必然"为我们回答这一问题提供了经典的范例，但马克思主义者只有不断结合新的实践对这一问题做出解答才能保持马克思主义的活力和吸引力；只有当人民群众对这一问题有清醒的认识的时候，我们的社会主义才能不断得到巩固和发展，才能真正立于不败之地。

（原载《甘肃理论学刊》2011 年第 1 期）

---

① 《邓小平文选》第 2 卷，人民出版社，1994，第 180 页。

# 邓小平党和国家领导制度改革的三个维度思想[*]

——兼论邓小平《党和国家领导制度的改革》的主要内容

田恒国

社会主义应该是比资本主义优越的社会制度。经济上应该更能够迅速地发展社会生产力,从而不断提高人民的物质文化生活水平;政治上应该创造出比资本主义国家更为真实的民主政治;组织上则应该更有利于人才辈出。但是,我国的社会主义实践走了弯路,特别是发生了"文化大革命"这样严重的错误,导致国民经济几乎处于崩溃的边缘,民主法制遭到严重破坏,干部人才队伍出现严重断层。究其原因,在于党和国家领导制度不科学。邓小平深刻指出:"我们今天再不健全社会主义制度,人们就会说,为什么资本主义制度所能解决的一些问题,社会主义制度反而不能解决呢?""这种制度问题,关系到党和国家是否改变颜色,必须引起全党的高度重视。"为此,邓小平向全党发出了党和国家领导制度改革的号召。党和国家领导制度的改革,需要有改革的顶层设计。邓小平在1980年8月18日中共中央政治局扩大会议上发表的《党和国家领导制度的改革》的讲话,对此进行了整体性思考,从领导制度改革、组织制度改革和工作制度改革三个维度,论述了改革的路径选择,为党和国家领导制度的改革指明了方向。

## 一 领导制度改革维度

党和国家领导制度的改革,具体到操作层面,包含了党自身领导制度

---

[*] 本篇文章的全部引文都引自邓小平《党和国家领导制度的改革》,《邓小平文选》第2卷,人民出版社,1994。

的改革、国家领导制度的改革以及党对国家的领导制度的改革三方面的具体内容。

党自身领导制度的改革，是要通过党的民主集中制的实行，真正建立起各级党委集体领导和个人分工负责相结合的领导制度。邓小平认为，中国共产党在历史上曾经非常注意集体领导制度建设，但是后来种种原因使这种制度遭到了破坏。他指出："从遵义会议到社会主义改造时期，党中央和毛泽东同志一直比较注意实行集体领导，实行民主集中制，党内民主生活比较正常。可惜，这些好的传统没有坚持下来，也没有形成严格的完善的制度。"他举例指出："党内讨论重大问题，不少时候发扬民主、充分酝酿不够，由个人或少数人匆忙做出决定，很少按照少数服从多数的原则实行投票表决，这表明民主集中制还没有成为严格的制度。"由此，邓小平分析了党的民主集中制遭到破坏的原因在于党内民主没有搞好，容易造成权力过于集中的现象。他指出："权力过分集中的现象，就是在加强党的一元化领导的口号下，不适当地、不加分析地把一切权力集中于党委，党委的权力又往往集中于几个书记，特别是集中于第一书记，什么事都要第一书记挂帅、拍板。党的一元化领导，往往因此而变成了个人领导。"从而揭示了造成权力过分集中的原因。对于权力过于集中造成的危害，邓小平也进行了深刻的阐述。他指出："权力过分集中于个人或少数人手里，多数办事的人无权决定，少数有权的人负担过重，必然造成官僚主义，必然要犯各种错误，必然要损害各级党和政府的民主生活、集体领导、民主集中制、个人分工负责制等等。"因此，邓小平把权力过分集中视为需要进行党和国家领导制度改革的重要原因，主张通过加强党内民主建设来克服。

党内民主建设，首先要在党内建立同志之间的平等关系。邓小平指出："不论是担负领导工作的党员，或者是普通党员，都应以平等态度互相对待，都平等地享有一切应当享有的权利，履行一切应当履行的义务。"如果这种平等关系遭到破坏，就容易造成家长制。家长制的后果，就是担负领导工作的领导人的权力很难受到制约，甚至形成对他们的人身依附关系。这样，在党内就很难形成广大党员之间平等讨论的风气和氛围，就容易滋长"一言堂"、个人专断的作风。其次，要在党内建立集体讨论和表决制度。党内同志之间的平等关系，主要体现在集体讨论和决定问题时的平等发言权和平等表决权。没有平等发言权，就很难发挥集体智慧。没有平等表决权，就很难制约个人权力。因此，邓小平指出："重大问题一定要由集体讨论和决定。决定时，要严格实行少数服从多数，一人一票，每个书记只有一票的权利，不能由第一书记说了算。"再次，要建立严格的责任制并加强监督。邓小平指出："集体决定了的事情，就要分头去办，各负其责，决不能互相推诿"。这就是要求党委领导班子在坚持集体领导制度的基础上要建立严格的个人分工负责制。在明确哪些问题应当由集体讨论的基础上，要进一步明确哪些问题应当由个人负责，并且对于失职者进行责任追究。为了落实责任制并加强监督，邓小平要求各级党委的第一书记要成为集体领导的第一责任人，对日常工作要负起第一位的责任。

国家领导制度的改革，是指要建立高效运转的国家政权机关以及其他企事业单位的工作系统。对于国家政权机关来讲，关键是要真正建立从中央到地方各级政府从上到下的强有力的工作系统。邓小平指出："今后凡属政府职权范围内的工作，都由国务院和地方各级政府讨论、决定和发布文件，不再由党中央和地方各级党委发指示、作决定。"这样就可以有效提高政府的工作效率。对于其他企事业单位来讲，则要建立企事业单位的现代法人治理结构，形成现代管理体制，实现企事业单位管理的专业化、技术化和现代化。邓小平指出："有准备有步骤地改变党委领导下的厂长负责制、经理负责制，经过试点，逐步推广、分别实行工厂管理委员会、公司董事会、经济联合体的联合委员会领导和监督下的厂长负责制、经理负责制。还有党委领导下的校长、院长、所长负责制等等，也考虑有准备有步骤地加以改革。"他指出："实行这些改革，是为了使党委摆脱日常事务，集中力量做好思想政治工作和组织监督工作。这不是削弱党的领导，而是更好地改善党的领导，加强党的领导。"同时，他指出："各企业事业单位普遍成立职工代表大会或职工代表会议。这是早已决定了的，现在的问题是推广和完善化。职工代表大会或职工代表会议有权对本单位的重大问题进行讨论，作出决定，有权向上级建议罢免本单位的不称职的行政领导人员，并且逐步实行选举适当范围的领导人。"通过这些措施，可以在国家政权机关和其他企事业单位建立起能够独立高效运转的领导制度。

党对国家的领导制度的改革，则是要捋顺党与国家和社会的关系问题。中国共产党作为中国唯一的执政党，如何领导国家政权机关，如何领导社会，关系到党的领导方式和执政方式是否科学。过去，由于片面强调党的一元化领导而造成的权力过于集中，使党的活动直接渗透到国家政治生活和社会生活的方方面面，一方面影响了党自身功能的发挥，另一方面也影响到国家和社会自身功能的发挥。邓小平指出："我们历史上多次过分强调党的集中统一，过分强调反对分散主义、闹独立性，很少强调必要的分权和自主权，很少反对个人过分集权。过去在中央和地方之间，分过几次权，但每次都没有涉及到党同政府、经济组织、群众团体等等之间如何划分职权范围的问题。"因此，需要通过改革，使党通过科学的方法和途径，实现对国家和社会的领导。

邓小平首先思考了党与政府的关系问题，指出党与政府的关系，突出的问题是党政不分、以党代政的问题。为了克服这一问题，作为对政府领导制度改革的第一步，邓小平建议中央一部分主要领导同志不兼任政府职务。通过减少党委在政府任职，使党委能够集中精力管好党内事务，并使党委能够通过党的路线、方针、政策，实现对政府的领导。同时，使政府可以真正建立起自上而下的强有力的工作系统，管好政府职权范围内的工作。其次，邓小平思考了党与其他国家机关的关系。他在讲话中谈到调整国务院领导成员的变动后，还谈到了人大和政协的问题。邓小平指出："人大常委会副委员长和政协副主席的人选，经过与有关各方协商，也准备建议做一些变动。"因此，邓小平在思考党对国家的领导制度的改革问题时，思考的是如何捋顺党与整个国家政权机关的关系问题。此外，邓小平还思考了党与社会的关系问题。他指出："工厂、公司、院、校、所的各级党组织，要管好所有的党员，做好群众工作，使党员在各自的岗位上发挥先锋模范作用，使党的组织真正成为各个企事业的骨干，真正成为教育和监督所有党员的组织，保证党的政治路线的执行和各项工作任务的完成。"由此可以看出，邓小平反对党直接干预企事业单位的具体事务。各企事业单位业务内的事务，要通过各企事业单位自身的法人治理结构和管理体制，实现企事业单位的自主管理。党与社会的关系，主要是通过发挥各企事业单位中的党组织作用，做好群众工作，教育和监督党员，通过发挥党员的先锋模范作用，间接实现党对社会的领导功能。

## 二　组织制度改革维度

组织制度改革的核心问题，是如何为党和国家领导机关选拔和使用优秀的领导人才问题。西方国家一般实行两党制或多党制的政党制度，竞争性的选举制度解决了政权的更迭和领导人的选举问题。中国共产党是长期执政的党，如何选择好接班人，解决好交接班的问题，是一个关系到保持党和政府领导连续性、稳定性的重大问题，必须从战略上高度重视。

"文化大革命"期间，干部工作遭到严重破坏，致使"文化大革命"结束后的干部队伍出现了普遍老化和断层的问题。因此，当时急需解决的紧迫问题，是如何解决干部领导职务终身制和实现领导人员的专业化、年轻化的问题。邓小平在思考这一问题的同时，还面向未来，从战略高度思考了如何通过组织制度改革，实现党和国家领导干部人才的制度化选择问题。他指出："从长远着想，解决好交接班的问题。……这是保持党和政府正确领导的连续性、稳定性的重大战略措施。"

为了解决干部领导职务终身制和实现领导干部专业化年轻化的问题，邓小平极力倡导废除干部领导职务终身制，实行干部领导职务的任期制。邓小平指出："任何领导干部的任职都不能是无限期的。"他指出，中央正在考虑设立顾问委员会，作为妥善解决老同志有序退出领导岗位的过渡措施，从而为年轻干部的提拔使用创造必要条件。针对当时对于提拔使用年轻干部的种种顾虑，邓小平深刻指出："人才问题，主要是个组织路线问题。很多新的人才需要培养，但是目前的主要任务，是善于发现、提拔以至大胆破格提拔中青年优秀干部。这是国家现代化建设事业客观存在的迫切需要，并不是一些老同志心血来潮提出的问题。"领导干部的成长一般需要一定时期实践的磨炼和经验的积累，因此就需要沿着一定的台阶向上升迁。但是，在选拔年轻干部时如果唯资历唯台阶，就不利于年轻领导人才迅速地成长。为此，邓小平深刻地指出："干部要顺着台阶上，一般的意义是说，干部要有深入群众、熟悉专业、积累经验和经受考验锻炼的过程。但是我们不能老守着关于台阶的旧观念。"这就为打破资历，破格提拔有实践经验而又德才兼备的年轻干部提供了条件。同时，他还指出：

"干部的提升，不能只限于现行党政干部中区、县、地、省一类台阶，各行各业应当有不同的台阶，不同的职务和职称。随着建设事业的发展，还要制定各个行业提升干部和使用人才的新要求、新方法。将来很多职务、职称，只要考试合格，就应当录用或者授予。"这样，邓小平就为扩大领导干部人才选拔视野，丰富领导干部人才选拔方式创造了条件。邓小平还大声疾呼要"打破那些关于台阶的过时的观念，创造一些适合新形势新任务的台阶，这才能大胆破格提拔"。邓小平的这些论述，为大胆提拔使用年轻干部营造了良好的政治环境，创造了必要的政治条件。

在致力于解决当时最紧迫问题的同时，邓小平也在思考长远的组织制度改革问题。他指出："目前的问题是，现行的组织制度和为数不少的干部的思想方法，不利于选拔和使用四个现代化所急需的人才。希望各级党委和组织部门在这个问题上来个大转变，坚决解放思想，克服重重障碍，打破老框框，勇于改革不合时宜的组织制度、人事制度，大力培养、发现和破格使用优秀人才，坚决同一切压制和摧残人才的现象作斗争。"对于组织制度的改革，他深刻指出："关键是要健全干部的选举、招考、任免、考核、弹劾、轮换制度，对各级各类领导干部（包括选举产生、委任和聘用的）职务的任期，以及离休、退休，要按照不同情况，作出适当的、明确的规定。"邓小平的论述，为建立领导干部队伍制度化的进入、使用、退出机制指明了方向。在进入机制上，要建立选举、招考、委任和聘用等多层次多形式的制度。在使用机制上，要建立考核、轮换制度。在退出机制上，要建立弹劾机制等。

## 三 工作制度改革维度

工作制度改革要解决的是党和国家工作的依据问题。工作没有明确的依据，没有章法，就容易使封建主义和资本主义腐朽的东西死灰复燃。邓小平详细分析了封建主义和资本主义残余对我国党和国家工作制度的不利影响，同时也分析了我国原有体制对工作制度带来的不利影响，并对解决这些问题的办法进行了深入的思考。

在封建主义残余影响方面，主要是家长制作风、特权思想、宗法观念等在党和国家工作制度中表现出来。家长制作风的主要表现，是在党和国家工作中,部分领导逐渐形成了个人高度集权,个人凌驾于组织之上,甚至使组织成为个人的工具。邓小平指出:"家长制是历史非常悠久的一种陈旧社会现象,它的影响在党的历史上产生过很大危害。"他指出:"从一九五八年批评反冒进、一九五九年'反右倾'以来,党和国家的民主生活逐渐不正常,一言堂、个人决定重大问题、个人崇拜、个人凌驾于组织之上一类家长制现象,不断滋长。"特权思想的不良影响,就是一些干部颠倒了主仆关系,不是把自己看作人民的公仆,而是把自己看作人民的主人。邓小平指出:"搞特权,特殊化,引起群众的强烈不满,损害党的威信,如不坚决改正,势必使我们的干部队伍发生腐化。"关于宗法观念的影响,主要表现在任人唯亲、任人唯派的恶劣作风。邓小平指出:"拿宗法观念来说,'文化大革命'中,一人当官,鸡犬升天,一人倒霉,株连九族,这类情况曾发展到很严重的程度。甚至现在,任人唯亲、任人唯派的恶劣作风,在有些地区、有些部门、有些单位,还没有得到纠正。一些干部利用职权,非法安排家属亲友进城、就业、提干等现象还很不少。可见宗法观念的余毒决不能轻视。要彻底解决上述这些问题,还需要我们付出很大的努力。"

在资本主义不利影响方面,主要是受资产阶级损人利己、唯利是图以及其他腐化思想的影响。邓小平指出:"现在有些青年,有些干部子女,甚至有些干部本人,为了出国,为了搞钱,违法乱纪,走私受贿,投机倒把,不惜丧失人格,丧失国格,丧失民族自尊心,这是非常可耻的。"他对各种生活腐化现象也保持了高度的警惕。他指出:"近一两年内,通过不同渠道运进了一些黄色、下流、淫秽、丑恶的照片、影片、书刊等,败坏我们社会的风气,腐蚀我们的一些青年和干部。如果听任这种瘟疫传布,将诱使许多意志不坚定的人道德败坏,精神堕落。各级组织都要严肃地注意这个问题,采取坚决有效的措施,予以查禁、销毁,坚决不允许继续流入。"同时,他还对经济生活中的一些不正常现象予以关注。他指出:"在国内经济工作中,歪曲现行经济政策,利用经济管理工作中的漏洞而进行各种违法活动的个人、小集团甚至企业、单位,也有所增加。对于这种反社会主义的违法活动和犯罪分子,也必须严重警惕,坚决斗争。"此外,邓小平还提醒全党,对小资产阶级的极端个人主义和无政府主义也要保持高度警觉。

邓小平对于我国高度集权的管理体制对党和国家工作制度的影响，也有清醒的认识。在党和国家工作制度的弊端中，最集中的表现就是形形色色的官僚主义。邓小平认为，我国的官僚主义既不同于旧中国的官僚主义，也不同于资本主义国家中的官僚主义，它有自己的特点。他进而认为，新中国成立后形成的官僚主义，是同长期实行的高度集权的管理体制有关。他指出："我们的各级领导机关，都管了很多不该管、管不好、管不了的事，这些事只要有一定的规章，放在下面，放在企业、事业、社会单位，让他们真正按民主集中制自行处理，本来可以很好办，但是统统拿到党政领导机关、拿到中央部门来，就很难办。谁也没有这样的神通，能够办这么繁重而生疏的事情。这可以说是目前我们所特有的官僚主义的一个总病根。"同时，他指出："官僚主义的另一病根是，我们的党政机构以及各种企业、事业领导机构中，长期缺少严格的从上而下的行政法规和个人负责制，缺少对于每个机关乃至每个人的职责权限的严格明确的规定，以至事无大小，往往无章可循，绝大多数人往往不能独立负责地处理他所应当处理的问题，只好成天忙于请示报告，批转文件。"由此可以看出，高度集权的管理体制，妨碍了党和国家各项工作制度的建立，从而妨碍了党和国家各项工作的正常运转。解决这些问题，必须建立系统的工作制度才能解决。

对于如何建立科学的工作制度，邓小平总的思路是要做到党有党纪，国有国法，方方面面都要建立起科学的规章制度，实现由"人治"向"法治"的转换。邓小平指出："旧中国留给我们的，封建专制传统比较多，民主法制传统很少。解放以后，我们也没有自觉地、系统地建立保障人民民主权利的各项制度，法制很不完备，也很不受重视……"。因此，必须高度重视具体的工作制度建设。在党的工作制度方面，要高度重视以党章为核心的工作制度建设，做到党员在党章和党纪面前人人平等。邓小平指出："谁也不能违反党章党纪，不管谁违反，都要受到纪律处分，也不许任何人干扰党纪的执行，不许任何违反党纪的人逍遥于纪律制裁之外。"同时，他还指出："对各级干部的职权范围和政治、生活待遇，要制定各种条例，最重要的是要有专门的机构进行铁面无私的监督检查。"在国家的工作制度方面，最重要的是要加强民主法制建设，做到公民在法律和制度面前人人平等。邓小平指出："人人有依法规定的平等权利和义务，谁也不能占便宜，谁也不能犯法。不管谁犯了法，都要由公安机关依法侦查，司法机关依法办理，任何人都不许干扰法律的实施，任何犯了法的人都不能逍遥法外。"这样，广大人民群众就享有了民主权利，可以有效监督领导干部，他指出："要有群众监督制度，让群众和党员监督干部，特别是领导干部。凡是搞特权、特殊化，经过批评教育而又不改的，人民就有权依法进行检举、控告、弹劾、撤换、罢免，要求他们在经济上退赔，并使他们受到法律、纪律处分。"此外，邓小平还对建立干部的选举、招考、任免、考核、弹劾、轮换制度也提出了明确的要求，指出："对各级各类领导干部（包括选举产生、委任和聘用的）职务的任期，以及离休、退休，要按照不同情况，作出适当的、明确的规定。"这样，党和国家各项工作，均能够做到有章可循。

（原载《党史研究与教学》2012 年第 5 期）

# 理解社会主义文明的新视角

## ——试论社会形态演进的客观必然性与社会制度构建的主体选择性及其相互作用

林 建

20世纪社会主义制度的建设，开创了人类文明的新纪元。然而20世纪末社会主义运动的巨大挫折导致了人们对社会主义前途的担忧、对社会主义理论的困惑。在新千年中，社会主义的命运如何？社会主义是不是人类社会中最高类型的文明？这些是社会理论工作者必须思考的问题。本文拟从区别"社会形态"和"社会制度"这两个概念出发，从人类历史发展是主客体交互作用的过程这一历史唯物主义角度，探索人类社会发展的必然规律，分析社会主义在人类文明中的历史地位。

## 一 明确区分"社会形态"和"社会制度"的异同

政治上的坚定来自理论上的清醒。20世纪80年代末以来，人们对社会主义前途的担忧不仅因为现实的挫折，更是源于理论上的模糊认识。人们常常把作为"社会形态"的社会主义和作为"社会制度"的社会主义混为一谈。这就混淆了人类历史发展中客观必然性和主观能动性的区别，抹杀二者的辩证关系，从而导致人们对社会主义制度在现阶段建立的必然性产生怀疑，对社会主义的信念产生动摇。因此，准确把握"社会形态"和"社会制度"的含义，正确区分二者的异同，深刻理解社会形态演进的客观必然性和社会制度构建的主体选择性之间的辩证关系，对认识社会发展进程、指导建设中国特色的社会主义、推动人类文明的进步具有重要意义。

## (一) 社会形态与社会制度的含义

在马克思那里,"社会形态"的前身是"社会形式"。1846 年底,马克思致安年柯夫的信中,对"社会形式"作了如下描述:"社会——不管其形式如何——是什么呢?是人们交互活动的产物。人们能否自由选择某一社会形式呢?决不能。在人们的生产力发展的一定状况下,就会有一定的交换[Commerce]和消费形式。在生产、交换和消费发展的一定阶段上,就会有相应的社会制度、相应的家庭、等级或阶级组织,一句话,就会有相应的市民社会。有一定的市民社会,就会有不过是市民社会的正式表现的相应的政治国家。"① 可见,马克思认为,"社会形式"就是一种社会类型。不论哪一种"社会形式",都包括一定的生产力和生产关系,一定的经济基础和上层建筑。

"社会形态"一词,在马克思著作中首次出现于 1851 年底至 1852 年初写的《路易·波拿巴的雾月十八日》一文中。文中写道,"旧的法国革命时的英雄卡米耶·德穆兰、丹东、罗伯斯比尔、圣茹斯特、拿破仑,同旧的法国革命时的党派和人民群众一样,都穿着罗马的服装,讲着罗马的语言来实现当代的任务,即解除桎梏和建立现代资产阶级社会。……新的社会形态一形成,远古的巨人连同复活的罗马古董……就都消失不见了。"② 这里所谓"新的社会形态",就是资本主义社会。显然,在这里,"社会形态"取代了原来的"社会形式",用以说明一种社会类型,表明人类社会发展的不同历史阶段。"形态"一词,德文为 Formation,原为地质学术语,意思是岩层,层系是表述区别于地质系统或其他地层的一个地层单位,并不是表述其内部结构。马克思认为任何社会都是具体的、历史的,正如不同的地壳岩层形成的历史时期是不同的一样,因此为了表述每一个"历史层"构成人类历史中相互区别的社会,为了表述一定社会处于人类历史中的一定发展的这一"层"明确区别于其他阶段的社会,马克思借用这一术语引申于社会学说,创造出"社会形态"这一概念,以取代"社会形式"的说法。后来,马克思为了强调其划分社会类型的标准是社

---

① 《马克思恩格斯全集》第 47 卷,人民出版社,2004,第 440 页。
② 《马克思恩格斯文集》第 2 卷,人民出版社,2009,第 471 页。

会最本质的特征生产关系、经济关系，在论及社会形态时又常用 okonomische Gesllschaftsformation 即"经济的社会形态"来表述。

在马克思、恩格斯、列宁的著作中，使用"社会形态"或"经济的社会形态"（即我们所译的"社会经济形态"）时，有时也指"社会经济结构""生产关系总和""生产关系体系"等，但每当论及社会形态的发展时，都是上连上层建筑，下连生产力，从生产力、生产关系、上层建筑的相互作用来分析社会形态的发展过程。马克思在1857年至1858年写的《经济学手稿》中说："人的依赖关系（起初完全是自然发生的），是最初的社会形式，在这种形式下，人的生产能力只是在狭小的范围内和孤立的地点上发展着。以物的依赖性为基础的人的独立性，是第二大形式，在这种形式下，才形成普遍的社会物质变换、全面的关系、多方面的需求以及全面的能力的体系。建立在个人全面发展和他们共同的、社会的生产能力成为从属于他们的社会财富这一基础上的自由个性，是第三个阶段。"① 可见马克思所讲的社会形态包括生产力、生产关系、上层建筑各种社会要素。列宁在讲到社会形态的发展是一种自然过程时说："还由于只有把社会关系归结于生产关系，把生产关系归结于生产力的水平，才能有可靠的根据把社会形态的发展看作自然历史过程。"② 很显然，在这里列宁是把生产力、生产关系、上层建筑都包括在社会形态之中的。列宁在讲到资本主义社会形态时指出，马克思在《资本论》中，"虽然他完全用生产关系来说明该社会形态的构成和发展，但又随时随地探究与这种生产关系相适应的上层建筑，使骨骼有血有肉。《资本论》的成就之所以如此之大，是由于'德国经济学家'的这部书使读者看到整个资本主义社会形态是个活生生的形态：有它的日常生活的各个方面，有它的生产关系所固有的阶级对抗的实际社会表现，有维护资产家阶级统治的资产阶级政治上层建筑，有资产阶级的自由平等之类的思想，有资产阶级的家庭关系。"③ 可见列宁认为社会形态不仅包括一定的生产关系，还包括该社会中人们的生活习惯，在阶级社会中还包括阶级划分及阶级对抗的具体表现，包括政治上层建筑、社会意识形态、家庭关系等等。列宁反复强调，如果把上述这些社会

---

① 《马克思恩格斯全集》第30卷，人民出版社，1995，第107~108页。
② 《列宁选集》第1卷，人民出版社，1995，第8~9页。
③ 《列宁选集》第1卷，人民出版社，1995，第9页。

要素统统排除在社会形态之外，认为社会形态只包括生产关系，社会形态就成了只有骨骼、没有血肉的僵死的、贫乏的东西了。

通过以上的考察可以看出，在马克思、恩格斯、列宁的著作中，社会形态虽然是个多义的概念，但其最根本的含义是表明一种社会类型，表明人类社会发展的一定的历史阶段。社会形态不是社会某一局部现象的概念，而是社会整体的概念，不是指某一单个的社会，而是指一种社会类型；不是描述某一社会的内部结构，而是表明人类社会发展的不同历史阶段。区分不同社会形态的根本标志是生产力水平。人们无法主观地选择社会形态，社会形态的发展是个"自然历史过程"，其演进表明了社会规律对人类历史发展的客观制约性。

那么什么是社会制度呢？社会制度与社会形态是否同一概念的不同表述呢？这首先必须了解什么是一般意义上的制度。在汉语中，"制"有节制、限制的意思，"度"有尺度、标准的意思，这两个字合起来表明"制度"是节制人们行为的尺度。大多数研究者都从作为人们社会行为的规范体系和作为人们社会关系的规范体系两个角度加以界定。因此，制度是人们社会关系和社会行为的规范体系。

最早明确、完整地提出"社会制度"这一概念是18世纪末法国空想主义者巴贝夫。他提出必须进行"人民革命"，建立"人民统治"，由此建立"未来新型的社会制度"，其社会制度的内涵是指社会根本政治制度。英国的社会学家 H. 斯宾塞则是最早从社会学的角度研究社会制度。在1862年所著《第一原理》一书中，他用社会制度一词来描述履行社会功能的机构，强调社会制度的实体方面。美国社会学家 W. G. 萨姆纳提出制度由概念和结构组成，认为制度是由民俗、民德（道德）发展起来的。美国社会学家 C. H. 库利和 K. 戴维斯认为制度是大量规范的复合体，是社会为适应其需要用合法形式建立起来的，强调社会规范的重要性及制度在社会结构中的地位。这种观点一直沿袭下来，并为许多社会学家所接受。之后，有学者提出社会制度是行为规范的形态，是社会发展的形式，是组成社会结构的基础，是由意识和具体行为规范建立起来的，并在社会上具有合法性和重要地位。人民出版社1992年版的《马克思主义百科要览》中指出：社会制度是社会关系和与此相联系的社会活动的规范体系。台湾龙冠海认为，"社会制度可说是维系团体生活与人类关系的法则；它是人类在团体生活中为了满足或适应某种基本需要所建立的有系统的有组织的并为从众所公认的社会行为模式。"郑杭生教授主编的《社会学概论新编》中说:"社会制度指的是在特定的社会活动领域中围绕着一定目标形成的具有普遍意义的、比较稳定和正式的社会规范体系。"他们在这里对作为制度的社会规范体系加上了"具有普遍意义的""比较稳定和正式的"限定词。王格在《政治制度化：社会主义社会政治稳定的重要机制》一文中，把某一社会形态中那些具体的社会生活制度，界定为"为了满足人类的生存需要而形成的社会关系以及与此相联的，并受到人们普遍尊重的社会生活规范系统"。马克思主义经典作家虽然没有专门论及"社会形态"与"社会制度"的异同，但从其同时论述社会形态和社会制度的表述中，可以十分清楚地看到，在他们那里社会制度与社会形态这两个概念绝不是等同的。

（二）"社会形态"与"社会制度"之间的区别和联系

1846年马克思致安年柯夫的信中说道："社会——不管其形式如何——是什么呢？是人们交互活动的产物。人们能否自由选择某一社会形式呢？决不能。在人们的生产力发展的一定状况下，就会有一定的交换[Commerce]和消费形式。在生产、交换和消费发展的一定阶段上，就会有相应的社会制度、相应的家庭、等级或阶级组织，一句话，就会有相应的市民社会。有一定的市民社会，就会有不过是市民社会的正式表现的相应的政治国家。"① 在此，"社会形式"即指社会类型，社会制度则是从属于社会形态，是社会形态在某一国家范围内的具体体现。

1855年恩格斯在《路易·波拿巴的雾月十八日》第三版"序言"中说道："法国在中世纪是封建制度的中心"②。众所周知，"中世纪"指封建生产方式在世界上占统治地位的时期，即指封建主义的社会形态。可见，在恩格斯看来，社会制度并不等同于社会形态，是比社会形态更具体的范畴。

列宁1894年在《什么是"人民之友"以及他们如何攻击社会民主主

---

① 《马克思恩格斯全集》第47卷，人民出版社，2004，第440页。
② 《马克思恩格斯文集》第2卷，人民出版社，2009，第468页。

义者?》一文中对"社会形态"和社会制度作了极其明确的区分,列宁指出,运用唯物史观去观察历史。"立刻就有可能看出重复性和常规性,把各国制度概括为社会形态这个基本概念。只有这种概括才使人有可能从记载(和从理想的观点评价)社会现象进而以严格的科学态度去分析社会现象,譬如说,划分出一个资本主义国家和另一个资本主义国家的不同之处,研究一切资本主义国家的共同之处。"① 因此,列宁认为马克思的伟大功绩在于:"他并不限于评论现代制度,评价和斥责这个制度,他还对这个制度作了科学的解释,把这个在欧洲和非欧洲各国表现得不同的现代制度归结为一个共同基础,即资本主义社会形态"②。

由此可见,社会形态是指一定历史阶段上的社会类型,是对同一历史阶段各国制度"共有的东西"的"概括",是"重复性和常规性"的抽象。但人类社会不是抽象地存在着,社会制度正是抽象的社会形态存在的具体形式,是一定社会形态下各国制定的社会关系和社会行为的规范体系,是建立在特定生产力水平基础上的经济基础和上层建筑的统一,是表现这一社会形态内在本质的根本制度,社会制度的建立不能脱离生产力水平的制约,但它本身并不包含生产力在内。判别社会制度类型的尺度是生产关系及其制度,而不是生产力水平。社会制度的建立在生产力水平制约下是以制度建构者的接受和选择为前提的,因此社会制度的更替体现了人类在社会规律面前的主观能动性,或者说主体选择性。

社会形态是对同一历史阶段各国制度共有的东西的概括,是共性,是一般;社会制度是一定社会形态下各国制定的社会关系和社会行为的规范,是具体在一定国家范围内的个性,是个别。共性寓于个性之中,任何"一般只能在个别中存在,只能通过个别而存在。任何个别(不论怎样)都是一般。"③ 在一定社会形态下,随着生产力的发展,适应新的生产力的生产关系的形成,与此相适当的新的社会制度建立表明原有的社会形态已发生了部分质变;由于社会制度是其特定社会形态的本质体现,因而,社会制度的更新,同时也表明了新的社会形态的诞生。与此同时,代表落后的社会形态的社会制度的建构者不甘心退出历史舞台,往往要与代表新的

---

① 《列宁选集》第1卷,人民出版社,1995,第8页。
② 《列宁选集》第1卷,人民出版社,1995,第25页。
③ 《列宁选集》第2卷,人民出版社,1995,第558页。

社会形态的社会制度的建构者进行殊死搏斗,其间可能有曲折或反复,但最终必然是新的社会制度战胜进而全面取代旧的社会制度,人类社会由此进入新的更高类型的社会形态。所以,从理论上讲,是社会形态决定社会制度,社会制度体现社会形态;而在实际演进过程中,则是社会制度改变社会形态。人类社会正是通过代表前后相继的两种不同社会形态内在本质的两种不同社会制度之间反复的较量、斗争和更替,逐渐从低级向高级渐次演进。

## 二 正确认识社会主义在人类文明中的历史地位

正确认识社会形态和社会制度的区别和联系之后我们可以看出,社会形态的演进表明了人类社会发展的客观规律和必然进程,而社会制度的更替则体现了人类在社会规律面前的主体能动性。所以,从社会形态演进的历史制约性和社会制度构建的主体选择性的交互作用中探视人类社会历史进程,是一个崭新视角。只有站在这一高度解剖人类历史的发展进程,才能理解社会主义进程的曲折,才能真正认识社会主义在人类文明中的历史地位,坚定社会主义的信念。

### (一)深刻理解社会形态演变的客观必然性和社会制度构建的主体选择性

1. 社会形态演进的客观必然性

社会形态演进的客观必然性就是指社会形态的不可选择性和不可违逆性。生产力是全部历史的基础,生产力决定生产关系并归根结底决定其他一切社会关系,决定社会形态的发展,是社会发展的最终决定力量。而生产力是一种世代相继的力量,每一代人从事创造活动都是面临着前辈人创造的结果。马克思在《资本论》第一版序言中说:"我的观点是:社会经济形态的发展是一种自然历史过程。"[①] "无论哪一个社会形态,在它所能容纳的全部生产力发挥出来以前,是决不会灭亡的;而新的更高的生产关系,在它的物质存在条件在旧社会的胎胞里成熟以前,是决不会出现的。

---

[①] 《马克思恩格斯全集》第23卷,人民出版社,1972,第12页。

所以人类始终只提出自己能够解决的任务,因为只要仔细考察就可以发现,任务本身,只有在解决它的物质条件已经存在或者至少是在生成过程中的时候,才会产生。"① 而且"一个社会即使探索到了本身运动的自然规律,……它还是既不能跳过也不能用法令取消自然的发展阶段。但是它能缩短和减轻分娩的痛苦"②。所以,社会形态是不可选择的,社会形态更替的次序是不可逾越的。

社会形态演进的客观必然性决定了人类对社会制度选择的界限、范围、方向和主体。第一,社会形态发展规律为社会制度的选择限定了范围,规定了可能与不可能的基本界限,使社会制度的更替大体上有一个必须遵守的界限和秩序,即只能在既定的生产力水平上考虑如何构建适合于生产力发展水平的社会制度。不论社会制度更替的实际过程怎样复杂多变,也不论存在着多少具体的可能性,这个范围、界限和秩序都是不可逾越、不可违背的。第二,社会形态的发展规律对社会制度的选择规定了基本趋势,指出了根本方向,它要求社会制度的更替最终要按照这个趋势或方向向前演进,而不能背离这一趋势或方向。不论社会制度更替的历史进程多么曲折,也不论出现多少暂时的偏离和倒退,社会形态运动的客观规律终究是要为自己开辟道路的。第三,社会形态发展的规律还规定了选择社会制度的社会主体。社会主体是历史的产物。充当选择和建构社会制度的"剧作者"本身,是被历史条件预先决定和造就了的"剧中人",他们是不能被选择的,只能依据他们的现实状况来考虑如何建构适合于他们需要的社会制度。

2. 社会制度构建的主体选择性

在指出人类社会发展的客观规律性的同时,历史唯物主义还强调,社会发展规律不是纯粹的社会物质条件的因果必然性,而是社会规律客观性与人类的主体能动性共同作用的结果。人们的活动也并非受纯自然的外在必然性驱使,而是受到理想目标、价值观念的内在调节。恩格斯指出:"社会发展史却有一点是和自然发展史根本不相同的。在自然界中(如果我们把人对自然界的反作用撇开不谈)全是没有意识的、盲目的动力,……

---

① 《马克思恩格斯选集》第 2 卷,人民出版社,1995,第 33 页。
② 《马克思恩格斯选集》第 2 卷,人民出版社,1995,第 101 页。

都没有任何事情是作为预期的自觉的目的发生的。相反，在社会历史领域内进行活动的，是具有意识的、经过思虑或凭激情行动的、追求某种目的的人；任何事情的发生都不是没有自觉的意图，没有预期的目的的"①。正是这种有意识、有目的的活动构成人类社会的历史。人类社会发展的客观规律必须通过人的活动来实现。马克思、恩格斯在谈及社会制度的变革、发展时，一再强调不能把社会发展看成是纯经济过程。恩格斯在1890年致约·布洛赫的信中写道："根据唯物史观，历史过程中的决定性因素归根到底是现实生活的生产和再生产。"②"归根到底"四个字是恩格斯用黑体加以强调的，以表明生产力作为历史过程的决定因素只是在终极意义上讲的。他紧接着指出："如果有人在这里加以歪曲，说经济因素是唯一决定性的因素，那么他就是把这个命题变成毫无内容的、抽象的、荒诞无稽的空话。"③ 他还在另一封信中说："政治、法、哲学、宗教、文学、艺术等等的发展是以经济发展为基础的。但是，它们又都互相作用并对经济基础发生作用。并非只有经济状况才是**原因，才是积极的**，其余一切都不过是消极的结果。"④ 因此他始终把历史事件的发生看作无数个互相交错的力量所形成的合力的总结果。1891年致考茨基的一封信中，恩格斯指出："如果政治权力在经济上是无能为力的，那么我们何必要为无产阶级的政治专政而斗争呢？"⑤ 可见，马克思主义经典作家在指出人类历史发展具有不以人的意志为转移的客观规律的同时，强调人类历史发展规律的实现离不开人的主观能动性的发挥。而人的主观能动性反映在社会历史发展过程中就是在生产力水平制约下对社会制度的主体选择。

　　社会制度的主体选择性就是指作为社会主体的人类在历史发展的过程中能够根据自身的需求和理想对社会制度做出定向的理解、评价、设计和选择，而不是被动地接受历史的决定。社会主体不仅可以能动地通过对社会制度的价值评价而做出取舍，在多种制度模式中选定和确立与自己的价值观念、理想目标相符合的制度，而且可以能动地通过对制度的设计、重

---

① 《马克思恩格斯文集》第4卷，人民出版社，2009，第301~302页。
② 《马克思恩格斯选集》第4卷，人民出版社，1995，第695页。
③ 《马克思恩格斯选集》第4卷，人民出版社，1995，第696页。
④ 《马克思恩格斯选集》第4卷，人民出版社，1995，第732页。
⑤ 《马克思恩格斯选集》第4卷，人民出版社，1995，第704页。

构，形成对新制度的改造性实施方案，实现新制度的结构和功能的最优化。因此特定历史条件下形成的新的社会制度，是人们改造社会的成果，是人的主体选择性的体现。最初的原始人囿于当时极为低下的生产力水平，出于自我保存的直接需要，在血缘意识的指导下，形成了以血缘关系为基础的氏族制度。后来人们学会了按照"经济原则"——选择耗费最小收益最大的最佳方式来组织劳动，建立制度。在社会发展的特定历史阶段，新兴的剥削阶级代表人们的普遍利益和适应当时的生产力发展要求，建立起私有性质的社会制度。尽管这种制度也包含了广大劳动人民的某些利益，但在实质上它是剥削阶级实现自己最大利益的手段。在社会发展的高级阶段，人们为最大限度地满足自身的物质文化生活需要，根据高度发达的生产力水平，自觉地建立起以生产资料公有制为基础的社会制度。所以，在生产力水平的制约下，在特定社会形态允许的范围内，作为主体的人完全可以根据自己的意志和愿望去进行能动的选择，既包括社会制度存在的具体形式乃至不同性质的选择，也包括社会制度更替的具体道路和过程的选择；既包括促进社会形态发展规律实现的积极选择，也包括阻碍社会形态发展规律实现的消极选择。无论是积极的还是消极的选择，都体现了人类在社会规律面前的主观能动性。任何进步的社会制度都是当时人们改造社会的实践活动的结晶，都体现了人类在历史发展中的主体选择作用。社会主义制度的建立，正是人类社会发展规律主体性特点的突出体现，是人类对社会发展规律自觉地认识和运用的第一次实践。

（二）充分认识社会主义制度建立的必然性

社会形态的演进，人类文明的发展，是由客观规律决定的自然历史过程。而社会历史发展的客观规律，必须通过人们有意识的活动和能动的实践才能实现。人类既不能脱离客观的社会规律活动，客观的社会规律也不可能脱离人的活动而自然实现。一方面，作为主体的人的社会实践活动必须遵循社会历史发展的必然规律，否则必然受到历史的惩罚；另一方面，主体的社会实践活动又不是对历史必然性的机械的、绝对的服从，而是能动地、科学地利用客观规律趋利避害，即在社会物质提供的可能性空间中合理地做出选择。也就是说，人类历史发展既不是纯客体的、不依赖人的活动的过程，也不是纯主体的、不受客观条件制约的过程，而是主客体交互作用的过程。正是在这个意义上，马克思指出，人们既是自己历史的"剧中人"，又是"剧作者"。社会形态演进的客观必然性与社会制度建构的主体选择性正是体现了这一辩证关系。只有运用这一辩证关系进行分析，才能深刻理解现阶段社会主义制度建立和发展的必然性和合理性，才能正确认识社会主义在人类文明中的历史地位。

纵观历史长河，在人类社会的漫长征途中，任何国家、民族都是在社会形态演进的客观必然性和社会制度建构的主体选择性的交互作用中向前发展的。正因为社会形态不可超越，而社会制度可以选择，人类社会才会出现所谓的"跨跃"现象。社会形态的更替是在整个人类社会的范围内在整个世界体系的变更中进行的。当人类走过自己发展的某些阶段，经历了某种社会形态之后，对于发展滞后的民族来说，不仅丧失了经历这些阶段的必然性，而且连必要性也最终丧失了。对他们来说，或迟或早地跳过剩下的阶段，过渡到整个人类已经达到的最高阶段，不仅是可能的，而且是不可避免的。正是在这种历史条件下，人类社会发展才可能发生某种"跳跃"：斯拉夫民族、日耳曼民族和阿拉伯民族，没有经过典型奴隶制度而选择了封建制度；北美大陆在资本主义已在欧洲确立的历史条件下未经过封建制度而选择了资本主义制度……。如果整个人类尚处在原始社会的母系氏族时代，日耳曼等民族绝不可能选择封建制度；如果整个人类社会都处于奴隶社会，北美大陆同样不可能选择资本主义制度。可见社会制度的"跳跃"选择不但没有否认社会形态演进的客观必然性，而且恰恰是受客观必然性制约的结果。所以，只有从社会形态演进的客观必然性与社会制度建构主体选择性的辩证统一中才能正确认识历史。如果把二者割裂开来，用客观必然性去反对、取代主体选择性就会导致历史宿命论和历史预成论的解释，把本来应当由人类承担的从各种灾难和迷误中解放人类、创建新的制度自觉推动人类文明进步的神圣责任，完全推卸给"命运"和"上帝"的安排，这是违背历史唯物主义的。例如，中国和印度原来具有相近的生产力水平和相似的社会条件，中国人民选择了社会主义制度，印度则选择了资本主义制度，这就不是纯粹的历史条件决定的结果，而是参与了人的能动的价值选择和自觉意识作用的结果。中国人民和当代其他社会主义国家的人们都是在当时特定的历史背景下，各自利用自己所处的环境，抓住历史所赐予的种种机遇，通过发挥巨大的历史主动性和创造性，摆脱了资本主义的命运，走上了社会主义道路。这是人类历史上最富有智慧和创造的伟大一页。同时，如果用主体选择性排斥、取代历史制约性，就会导致唯意志论的解释，把本来属于历史必然产物的东西，统统归功于"强者""智者"的作用，这同样是违背历史唯物主义。例如，当年法国空想社会主义者曾经煞费苦心地建立"共产主义新村"，设计社会主义制度的精巧模型，但是，由于历史条件不成熟，缺乏必要的社会基础而终于落空。可见，对社会制度的选择不能单纯凭借主观意志，它最终要受制于社会形态演进的客观必然性的决定作用。

根据历史唯物主义，社会形态发展的基本次序是原始社会——奴隶社会——封建社会——资本主义社会——共产主义社会（社会主义社会是它的初级阶段）。20世纪初的俄国在"资本主义链条"的薄弱环节率先建立社会主义制度，是人类社会发展规律主体性特点的突出体现，是人类对社会发展规律自觉地认识和运用的第一次实践。中国共产党领导中国人民，以马克思主义为指导，充分发挥人类对社会规律的能动作用，在半封建半殖民地的中国，选择了先进的社会主义制度，这是一次具有深刻历史意义的历史选择。在人类文明由资本主义向共产主义（社会主义）过渡的时代，中国共产党的这一选择不仅符合社会发展规律的客观要求，而且生动体现了作为社会主体的人类创造历史的伟大力量。十一届三中全会以来的改革政策，不是对社会制度性质的选择，而是对同一社会制度不同模式（即具体形式）的选择，是中国共产党发挥社会制度主体选择性的又一次实践。

综上所述，对于社会主义在人类文明中的历史地位，必须站在历史唯物主义的高度，从社会形态演进的客观必然性和社会制度构建的主体选择性的相互作用出发加以分析和理解。因此，在新千年中，共产主义者必须充分认识社会发展的必然规律，坚定社会主义信念，同时要充分发挥人类在社会发展过程中的主观能动作用，促进社会主义事业的发展，自觉地推动人类社会尽快向高级社会形态演进，自觉推动人类文明的历史进程。

（原载《科学社会主义》2012年第6期）

# 也谈柯瓦列夫斯基笔记主题

## ——与林锋先生商榷

叶志坚

拜读林锋先生的《柯瓦列夫斯基笔记主题新探》[①]（以下简称"林文"）一文，有启发，但更多的是疑虑与困惑。笔者不敢苟同"林文"所言柯瓦列夫斯基笔记[②]主题"是探索人类历史即原始社会、文明起源问题"[③] 的说法。因为通读"林文"，丝毫也看不到有说服力的材料来证明其论点的正确性，却常常发现"林文"对柯瓦列夫斯基笔记的误读。以下就围绕柯瓦列夫斯基笔记的主题，同林锋先生商榷并求教学界同人。

一

"林文"主要由三大部分组成。第一部分介绍柯瓦列夫斯基从事公社及其所有制问题研究，进而创作《公社土地占有制，其解体的原因、进程和结果》（以下简称《公社土地占有制》）一书的"思想动力""研究思路""研究目的"[④] 等问题。这些问题尽管也很重要，但毕竟是属于柯瓦列夫斯基，而非马克思的问题。可以说，这方面的考察对于柯瓦列夫斯基笔记主题而言，只能是属于外围方面的探索。

而"林文"的第三部分，实际上也是离开对柯瓦列夫斯基笔记文本

---

① 林锋：《柯瓦列夫斯基笔记主题新探》，《人文杂志》2008年第1期。
② 所指与"林文"相同，即《马·柯瓦列夫斯基〈公社土地占有制，其解体的原因、进程和结果〉》（第1册，1879年莫斯科版）一书摘要》。
③ 林锋：《柯瓦列夫斯基笔记主题新探》，《人文杂志》2008年第1期，第36页。
④ 林锋：《柯瓦列夫斯基笔记主题新探》，《人文杂志》2008年第1期，第36~37页。

的考察，重点在于论述柯瓦列夫斯基笔记与马克思晚年其他笔记①的关系上。

"林文"真正涉及柯瓦列夫斯基笔记文本的是在第二部分。这一部分共有七个自然段，却有五个自然段并非从柯瓦列夫斯基笔记文本来进行"主题新探"的，只是到了这一大部分的最后两个自然段，才触及柯瓦列夫斯基笔记的文本。就是在这最后两个自然段中，在总共只有四个引文中，真正只有两个引文是来自柯瓦列夫斯基笔记，但这两个也仅仅是马克思摘录而非马克思写下的评注。而另外两个，一个是引自柯瓦列夫斯基的《公社土地占有制》一书；另一个没有完整引自柯瓦列夫斯基笔记，只是作为"参见"而已。②

笔者拜读"林文"并对照柯瓦列夫斯基笔记，发现即使是"林文"仅有的两处引文，却存在着对马克思摘录本意的误读。

"林文"是这样引述的："比如，在印度，'公社所有制不是某个地区独有的，而是占统治地位类型的土地关系'，'除印度以外，保存下来的古老形式的土地所有制痕迹要算阿尔及利亚最多。在这里，氏族所有制和不分居家庭所有制是占统治地位的土地所有制形式'"③。在引述柯瓦列夫斯基笔记的上述两段话后，"林文"就得出这样的结论："马克思对这些国家的公社及其土地所有制的材料作大量摘录，其意图十分明显，就是试图以这些国家的公社及其所有制形式中大量残存的原生公社、原始土地公有制痕迹为线索和依据，来揭示和还原人类原生公社及其土地制度的本来面目和基本特征。"④ 在此，笔者不赞成这种为达到论证自己观点而近乎用断章取义的方式来对文本进行引用与解读。其实，如果我们认真研读柯瓦列夫斯基笔记，就不难发现"林文"所引第一段的引文，马克思在作摘录时，其真正"意图"并非"林文"所言。

---

① 所指范围与"林文"相同，即《路易斯·亨·摩尔根〈古代社会〉一书摘要》《亨利·萨梅纳·梅恩〈古代法制史讲演录〉（1875年伦敦版）一书摘要》《约·拉伯克〈文明的起源和人的原始状态〉（1870年伦敦版）一书摘要》《约翰·菲尔爵士〈印度和锡兰的雅利安人村社〉（1890年版）一书摘要》。以下分别简称为"摩尔根笔记""梅恩笔记""拉伯克笔记""菲尔笔记"。
② 林锋：《柯瓦列夫斯基笔记主题新探》，《人文杂志》2008年第1期，第39~40页。
③ 林锋：《柯瓦列夫斯基笔记主题新探》，《人文杂志》2008年第1期，第40页。
④ 林锋：《柯瓦列夫斯基笔记主题新探》，《人文杂志》2008年第1期，第39页。

"林文"第一段引文的那一段话,在柯瓦列夫斯基笔记的"Ⅱ·英属东印度"的"(E)英国人的专横统治及其对印度公社土地所有制的影响"①中。只有忠实于文本,才能对引文做出正确的解读。笔者在此不妨引用几段马克思的相关摘录与批注,其实更应该引起我们重视的是马克思的批注,这也许会较为真实地探究出马克思的本意。

马克思在摘录"公社所有制不是某个地区独有的,而是占统治地位类型的土地关系"这段话时,前面特意加了个评注:"英国'笨蛋们'逐渐意识到。"②这表明马克思对英国统治者的蔑视。因为印度在被英国征服之前,还完整地保存着大批的农村公社。"这些团体往往都是由同一世系和共同占有而联合起来的数千人组成的。"③而现在,英国的统治者"出于政治的和财政的考虑"④,却要蓄意地破坏公社土地所有制。英国人首先采取旧土地登记和土地局部订正的措施,对农民进行直接的掠夺。表面上看,"其目的是在扩大公社土地占有制的原则;进行订正的出发点也不是私人土地占有制,象以前那样,而是把公社土地占有制当作统治地位的类型。占有的时效被承认是土地属于农村公社的不可争辩的证据,而对于声称对土地有所有权的私人,则要求他提出购买土地或穆斯林政府赐予土地的文字契据。"⑤但实质上,正如马克思批注所指出:"于是,公社所有制原则上得到承认;实际上被承认到何种程度,过去和现在总是要'英国狗'认为怎样做才对自己最为有利。"⑥英国政府是用强制手段把农村公社分为分区的,而且在大多数公社中采取各种措施,"明确规定各人在耕地中应有的份地和每个纳税者在公社应纳的总税额中所占的份额。"⑦英国人之所以把公社按区分割,就是要削弱互相帮助和互相支持的原则,"这是公社——氏族团体的生命攸关的原则。"⑧

因为"地广人多的公社,特别有能力减轻旱灾、瘟疫和地方所遭受的

---

① 《马克思古代社会史笔记》,人民出版社,1996,第79页。
② 《马克思古代社会史笔记》,第90页。
③ 《马克思古代社会史笔记》,第91页。
④ 《马克思古代社会史笔记》,第91页。
⑤ 《马克思古代社会史笔记》,第90页。
⑥ 《马克思古代社会史笔记》,第90~91页。
⑦ 《马克思古代社会史笔记》,第91页。
⑧ 《马克思古代社会史笔记》,第92页。

其他临时灾害造成的后果，往往还能完全消除这些后果。他们由血缘关系、比邻而居和由此产生的利害一致结合在一起，能够抗御各种变故，他们受害只不过是暂时的；危险一过，他们照旧勤勉地工作。遇到事故，每一个人都可以指望全体"①。英国人正是看到了这一原则对于公社成员的重要性，才把公社分割为面积小得可怜的分区。接着，英国政府又"把大多数公社和分区耕地也分割为各个家庭的私有财产"②。土地私有制的确立，使公社原有的共同责任和亲属原则被破坏殆尽。马克思写下批注评论说："这种情况，在农村公社被强制分割以后就完全消失了。"③ 马克思在此主要是摘录柯瓦列夫斯基原著中有关描述英国殖民者是如何采取各种手段破坏印度公社所有制的，同时还表明了他的看法。应该说，马克思在柯瓦列夫斯基笔记中，自始至终都充满了对外国殖民主义者破坏公社的野蛮行为的严厉谴责。所以，在柯瓦列夫斯基笔记中，把柯瓦列夫斯基原书内的小标题"英国在东印度的土地政策及其对印度公社土地占有制解体所产生的影响""法国征服时期阿尔及利亚土地占有制的各种形式"④，统统改成"英国人的专横统治及其对印度公社土地所有制的影响""法国人的专横统治及其对当地集体土地占有制衰落的影响"⑤。这一点，马克思在这一部分摘录中表现得尤为明显。因此，"林文"所引述的马克思那一段的摘录，决非要表达"林文"所断言的"意图"。

在"林文"第二部分的最后一个自然段中，"林文"提出这样的看法："马克思在这一笔记中，还运用比较研究法，探索了原始公社在人类历史上的演进轨迹、解体过程以及土地私有制的起源过程。在运用上述方法揭示原始公社的发展轨迹及土地私有制的起源过程上，马克思和柯瓦列夫斯基具有一致性。"⑥ 笔者根本无法赞同"林文"的上述看法。

因为，第一，柯瓦列夫斯基《公社土地占有制》一书的主旨根本就不是"揭示原始公社的发展轨迹及土地私有制的起源"。关于这一点，"林

---

① 《马克思古代社会史笔记》，第 92 页。
② 《马克思古代社会史笔记》，第 92 页。
③ 《马克思古代社会史笔记》，第 92 页。
④ 〔俄〕马·柯瓦列夫斯基：《公社土地占有制，其解体的原因、进程和结果》，李毅夫、金地译，中国社会科学出版社，1993 年，第 115、114 页。
⑤ 《马克思古代社会史笔记》，第 79、109 页。
⑥ 林锋：《柯瓦列夫斯基笔记主题新探》，《人文杂志》2008 年第 1 期，第 39 页。

文"的第一部分中就存在着错误看法。"林文"的第一大部分着重引用《公社土地占有制》一书"前言"中的三段话,说明"柯瓦列夫斯基研究公社及其土地所有制问题、创作《公社土地占有制》一书,主要是与他探索原始社会、文明起源问题的理论初衷、研究目的有关"①。笔者认为"林文"所引《公社土地占有制》一书"前言"的三段话并不是柯瓦列夫斯基"研究公社及其土地所有制问题、创作《公社土地占有制》一书"的目的。柯瓦列夫斯基对于自己著作的主要任务的表达并不在"前言"中,而是在该书的"绪论"里。柯瓦列夫斯基在"绪论"里明确写道:"我一次又一次地研究过我们通常称之为封建化过程的那种复杂历史过程中的重要因素。封建化过程,并没有构成某个民族或种族绝无仅有的特点。如果说这一过程对于日耳曼-罗曼世界以外古老生活方式的解体所产生的影响,至今还没有弄清楚的话,那只是因为西欧大多数历史学家和法学家,对于欧洲东部以及世界其他地区土地关系的发展进程,都还了解不够的缘故。为了在某种程度上填补这一空白——这就是我出版本书第一分册的任务。"② 这就明白无误表明,柯瓦列夫斯基创作《公社土地所有制》一书其主旨就是指出:世界上其他地区的公社土地所有制在不同程度上都经历了与西欧一样的封建化过程。

第二,马克思运用的方法与柯瓦列夫斯基的根本不同。柯瓦列夫斯基为了论证其理论主旨,常常把亚洲、非洲、美洲各古老民族的社会历史的演变同西欧作机械类比,而这是马克思所坚决反对的。马克思在作摘要时常常采用如下的方式进行处理。一是予以删除。马克思在写作柯瓦列夫斯基笔记时,就全部删去了柯瓦列夫斯基原著中的"绪论",以后凡是遇到柯瓦列夫斯基作这种比附的地方,马克思就将其予以删除。例如:马克思删去了柯瓦列夫斯基在描述14世纪印度菲罗兹统治时期赏赐土地给军官、行政官员、僧侣和慈善机构所说的一段话:"由此可见,在菲罗兹统治时期印度在封建制度方面所完成的变革,与加洛林王朝秃头查理所进行的变革大体相同。"③ 二是提出批评。马克思在对柯瓦列夫斯基"封建化"问题上批评最多。特别是,当柯瓦列夫斯基把公元8至18世纪印度的阿拉伯统

---

① 林锋:《柯瓦列夫斯基笔记主题新探》,《人文杂志》2008年第1期,第37页。
② 〔俄〕马·柯瓦列夫斯基:《公社土地占有制,其解体的原因、进程和结果》,第9页。
③ 〔俄〕马·柯瓦列夫斯基:《公社土地占有制,其解体的原因、进程和结果》,第100页。

治者和莫卧儿王朝封赠军功田（采邑），实行公职承包制、荫庇制、柴明达尔制都说成是"封建化"的时候，马克思写下了大段的评语对柯瓦列夫斯基进行了批评。① 三是进行改写。柯瓦列夫斯基对于印度土地所有制的封建化过程有个结论性的表达："我只是想说明：在英国人占领时期印度的封建化过程还远远没有完成。"② 马克思在作摘要时，就把"封建化过程"改写为"所谓封建化"③。

二

笔者认为，要正确解读柯瓦列夫斯基笔记的主题，首先还是要以文本作为主要依据。柯瓦列夫斯基笔记由三大部分组成。第一部分是柯瓦列夫斯基原著中的前两章，马克思将原著中两章的标题分别改写为："美洲红种人（他们的公社土地占有制）"与"西班牙在西印度的土地政策及其对西印度群岛和美洲大陆公社所有制的瓦解所产生的影响"④，然后分两小节进行摘录。第二部分是柯瓦列夫斯基笔记的主干部分，它包括了柯瓦列夫斯基原著的第三至七章的丰富内容，马克思用"Ⅱ．英属东印度"⑤的标题作为统揽，然后分为（A）（B）（C）（D）（E）五个小节进行摘录。第三部分是摘录柯瓦列夫斯基原著的最后两章，马克思冠之以"阿尔及利亚"⑥的标题，然后分为两小节进行摘录。以下就以柯瓦列夫斯基笔记上述三大部分的划分为序，试探求其主题。

在柯瓦列夫斯基笔记第一部分第一小节中，马克思首先摘录有关人类社会的原始群状况。记下："人类社会的原始群状况，没有婚姻和家庭；他们之间的关系是：共同生活和相同的营生（如战争、狩猎、捕鱼）；另一方面，则是母亲及其亲生子女之间的骨肉关系。"后来"由于这种状态逐渐自行瓦解，就发展出氏族和家庭"。"随着单个家庭的组成，也产生了

---

① 参见《马克思古代社会史笔记》，第78页。
② 〔俄〕马·柯瓦列夫斯基：《公社土地占有制，其解体的原因、进程和结果》，第111页。
③ 参见《马克思古代社会史笔记》，第79页。
④ 《马克思古代社会史笔记》，第1、10页。
⑤ 《马克思古代社会史笔记》，第25页。
⑥ 《马克思古代社会史笔记》，第100页。

个人财产,而且最初只限于动产。"① 如马克思所批注的,随着岁月的流逝,时间的推移,私有财产的范围日益扩大,由衣物、工具、武器发展为个人驯养物、个人猎获物,包括战俘、奴隶、妻子等等。② 但值得注意的是,在私有财产产生的初期,土地并没有被私有。接着马克思从土地占有制形式来考察人类原始群状态中的土地占有制。发现在整个墨西哥和秘鲁定居的红种人部落中,在其被西班牙征服之前,土地占有制的最古老形式是"氏族公社"③,这种公社称为"卡尔普里"。"卡尔普里的土地是全体居民的共同财富。"④ 氏族土地占有制瓦解的重要因素是"份地"形式的出现。当然,"份地"并不是一开始就有的,直到苏里塔时代才出现"份地"。⑤ "份地"的出现促使原土地占有形式的瓦解,这种情况,在西班牙人来之前就已存在,西班牙人的到来只是加速其瓦解的进程。

柯瓦列夫斯基笔记第一部分的第二小节也就是柯瓦列夫斯基原著第二章的内容。马克思在此的摘录,集中于两个方面的问题:一是西班牙在西印度群岛的土地政策;二是西班牙的这些政策对西印度群岛和美洲大陆公社所有制的瓦解所产生的影响。"西班牙人的最初政策,目的在于消灭红种人。"⑥ 到了16世纪初,迫于形势和利益的需要先后推出"瓜分制"和"监护制"。"根据瓜分制度,整个墨西哥在16世纪下半叶被划分为80个区。""瓜分制度,换言之,即将印第安人变为奴隶,现在则代之以监护地制度。"⑦ "监护地制度"就是西班牙当局在原来按等级品位而划分的大小不同占领区内,增派特别联络员,它是由西班牙"皇家印度事务委员会"⑧ 派驻各占领区的"特使"。无论是瓜分制还是监护制,都是在承认西班牙殖民当局最高统治的前提下,强占殖民地的领土,宣布为西班牙所有。或是划区独占,或是在各级占领者之上、之外再增派监督员,其目的就是尽可能多地使钱财、税贡进入国库和殖民者的私囊。马克思在此部分的摘录

---

① 《马克思古代社会史笔记》,第1页。
② 《马克思古代社会史笔记》,第2~4页。
③ 《马克思古代社会史笔记》,第6页。
④ 《马克思古代社会史笔记》,第7页。
⑤ 《马克思古代社会史笔记》,第7页。
⑥ 《马克思古代社会史笔记》,第10页。
⑦ 《马克思古代社会史笔记》,第11、12页。
⑧ 《马克思古代社会史笔记》,第14页。

中，特别注意西班牙人的政策对西印度群岛和美洲大陆公社所有制的瓦解所产生的影响。"早在16世纪中叶，在墨西哥和秘鲁的许多地方，农村公社已不复存在了。但它还没有完全消失。它存在于查理二世的立法中：'公社财产包括由该居留地的印第安人占有之财产，这种财产应当用之于公，保存在该地并应予以增加'。公社也出现在现在旅行者的记述中。"①在马克思看来，农村公社之所以能够保存下来，"其原因一方面是由于印第安人眷恋这种最适合于他们的文化阶段的土地所有制形式，另方面是由于在殖民者的立法中（与英属东印度不同）没有使公社成员能够出让属于他们的份地的法令。"②

柯瓦列夫斯基笔记的第二部分也可说是其主要与重点部分，它涉及柯瓦列夫斯基原著中的第三至七章，共计五章的丰富内容。马克思用"英属东印度"的标题作为统揽，分为五个小节，围绕公社土地所有制这一核心问题，摘录、考察了其演变历程、土地关系、社会性质及其发展道路等问题。

——概述演变历程。马克思在摘录柯瓦列夫斯基原著的第三章时，首先将其原标题的"土地占有制"③改为"土地所有制"，用"（A）按历史上发生的顺序看印度现代公社所有制的各种形式"④作为小节标题。在摘录这小节的最后部分，马克思对公社的演变历程进行了概括性的复述和补订。马克思写道："总之，过程如下：（1）最初是实行土地共同所有制和集体耕种的氏族公社；（2）氏族公社依照氏族分支的数目而分为或多或少的家庭公社［即南方斯拉夫式的家庭公社］土地所有权的不可分割性和土地的共同耕作制在这里最终消失了；（3）由继承权［即由亲属等级的远近］来确定份地因而份地不均等的制度。战争、殖民地等等情况人为地改变了氏族的构成，从而也改变了份地的大小。原先的不均等日益加剧；（4）这种不均等的基础已不再是距同一氏族首领的亲属等级的远近，而是由耕种本身表现出来的事实上的占有。这就遭到了反对，因而产生了：（5）公社土地或长或短定期的重分制度，如此等等。起初，重分同等地包

---

① 《马克思古代社会史笔记》，第21页。
② 《马克思古代社会史笔记》，第21~22页。
③ 〔俄〕马·柯瓦列夫斯基：《公社土地占有制，其解体的原因、进程和结果》，第50页。
④ 《马克思古代社会史笔记》，第25页。

括宅院（及其毗连地段）、耕地和草地。继续发展的过程首先导致将宅旁土地［包括毗连住所的田地等等］划为私有财产，随后又将耕地和草地划为私有财产，从古代的公共所有制中作为 beauxyestes 保存下来的，一方面是公社土地［指与已变成私有财产的土地相对立的］［或者原先只是附属地的土地］，另一方面则是共同的家庭财产；但是这种家庭在历史发展的过程中也越来越简化为现代意义上的私人的（单个的）家庭了。"①

——考察土地关系。马克思在柯瓦列夫斯基笔记第二部分的"Ⅱ.英属东印度"（B）（C）两个小节中着重对印度的土地所有制关系进行了考察。（B）小节主要是从土地关系史层面进行考察。其跨越时间很长，从公元前9世纪"直到莫卧儿帝国时期（1526～1761年）"②。而（C）小节则侧重于对土地关系中的主要类型——教田和军功田（采邑田），尤其是对军功田进行了重点考察。马克思之所以重视对军功田有关资料的摘录，这是因为在柯瓦列夫斯基看来，军功田特别是地亩税促进了印度的封建化，马克思对此持不同看法。柯瓦列夫斯基笔记较详细地摘录了有关军功田的资料。军功田大致有三类。第一类军功田"把土地或有一定收入的项目分配给受田人，作为其完全独有的财产"③。这类军功田的特点是以被征服田、荒地为基础，宣布其归征服者国家所有，再由伊玛目分赠给有功军民，占有者只需缴纳一定的地亩税就可以了。第二类军功田也是由伊玛目所恩赐，归军功人员个人所有，但权限范围、时间期限都有限制。这类军功田，"在最优惠的情况下，亡人的家庭也只能指望从当局方面领取终身的赡养费。"④ 第三类军功田是指在一定领地上的一定特权，比前二类则更为逊色。按规定受田人"有权与领地管理机关一起享有下述设施：（1）采矿工业，（2）盐、石油、硫磺等矿产地，（3）道路、集市、磨坊。这些设施中，有一些设施的享用权只是以征收某种款项的方式实现的；例如，集市、道路等等就是这样"⑤。对于军功田在印度历史上所起的作用，马克思没有同意柯瓦列夫斯基的观点。柯瓦列夫斯基认为，在穆斯林征服统治之

---

① 《马克思古代社会史笔记》，第36~37页。
② 《马克思古代社会史笔记》，第42页。
③ 《马克思古代社会史笔记》，第59页。
④ 《马克思古代社会史笔记》，第61页。
⑤ 《马克思古代社会史笔记》，第61页。

下,军功田的授予使先前的土地"占有者由自由人变为依附人,同时,他们的占有也由对自主地的占有变为封建的占有"①。马克思对这种说法不能接受,认为:"柯瓦列夫斯基整个这一段都写得非常糟糕。"②

——揭示社会性质。柯瓦列夫斯基笔记第二部分"(Ⅱ).英属东印度"部分的(D)(E)和第三部分"阿尔及利亚",涉及了对一些古老亚、非国家社会性质的揭示。农业社会的性质主要是由土地所有制的性质决定的。柯瓦列夫斯基考察亚、非等一些古老国家的公社土地所有制的演变过程,认为这些变化是封建主义性质的。作为欧洲中心论者的柯瓦列夫斯基,照搬西欧模式,认为印度的封赠军功田(采邑),实行"公职承包制"和"荫庇制",就是西欧意义上的封建主义。对此,马克思写下了晚年笔记中最长的一段批注,对柯瓦列夫斯基提出了严厉批评:"由于在印度有'采邑制'、'公职承包制'(后者根本不是封建主义的,罗马就是证明)和荫庇制,所以柯瓦列夫斯基就认为这是西欧意义上的封建主义。别的不说,柯瓦列夫斯基忘记了农奴制,这种制度并不存在于印度,而且它是一个基本因素。(至于说封建主不仅对非自由农民,而且对自由农民的个人保护作用,那么,这一点在印度,除了在教田方面,所起的作用是很小的);(罗马-日耳曼封建主义所固有的对土地的崇高颂歌,在印度正如在罗马一样少见。土地在印度的任何地方都不是贵族性的,就是说,土地并非不得出让给平民!)不过柯瓦列夫斯基自己也看到一个基本差别:在大莫卧儿帝国特别是在民法方面没有世袭司法权。"③那么,像印度这样的一些亚、非古老国家究竟是什么性质的社会呢?马克思把印度视为"实行非资本主义生产并以农业为主的国家"④。而在谈及阿尔及利亚时,则用"非资本主义生产方式的国家"⑤来表达。可见,马克思是反对柯瓦列夫斯基根据一些非本质的特征把亚、非一些古老国家的社会比附为西欧的封建社会形态。这就是马克思在柯瓦列夫斯基笔记中对这些国家社会性质的揭示。

——谴责殖民行径。柯瓦列夫斯基笔记的"Ⅱ.英属东印度"中的

---

① 《马克思古代社会史笔记》,第63页。
② 《马克思古代社会史笔记》,第63页。
③ 《马克思古代社会史笔记》,第78页。
④ 《马克思古代社会史笔记》,第94页。
⑤ 《马克思古代社会史笔记》,第117~118页。

(E）部分是马克思对柯瓦列夫斯基原著第七章的摘录。在这里，马克思指出"英国人的专横统治"①并没有促进新的社会因素的产生，而是给被压迫的国家与人民带来深重灾难。英国统治者在印度人为地破坏公社所有制，扶植大土地所有制，实行"土地整理"等政策，除了使当地居民陷入破产，迫使"农民举行一系列的地方性起义"②之外，根本就没有在农业中发起什么资本主义经济，他们在长期的"专横统治"中"任何有利于农业的事都没有做"③。而且，由于英国统治者破坏了公社土地所有制，使得公社所有者分裂成了"原子"，"也就人为地破坏了公社的人员组成和公社的建立在邻里关系上的团结原则"④，他们由此而失去了原有的公社和其他各种统一体的依托，加上侵入公社的"高利贷者尽其所能在公社社员中支持并挑起新的纠纷"，使当地居民深陷无休止的"法律战争"⑤之中。马克思认为，英国殖民者对印度公社制度的破坏，将使印度社会开始了"一切人反对一切人的战争"⑥。这场战争无疑将使印度社会进入一个漫长的痛苦过程。尽管马克思的这些话是在摘录有关印度情况时写下的，但无疑是对柯瓦列夫斯基笔记所涉及亚、非国家历史命运的写照。这难道就是它们未来的命运吗？而这个问题始终萦回于晚年马克思的脑际。

柯瓦列夫斯基笔记的第三部分包括柯瓦列夫斯基原著最后两章的内容，马克思冠之以"（Ⅲ）阿尔及利亚"⑦的标题。此部分马克思着重在于摘录、考察阿尔及利亚的公社占有制以及法国殖民化带来的影响。它由两小节构成。在第一小节"（A）阿尔及利亚在被法国征服时期的各种土地占有制"⑧中，马克思首先考察了阿尔及利亚残存的公社土地所有制。马克思记下："除印度以外，保存下来的古老形式的土地所有制痕迹要算阿尔及利亚最多。在这里，氏族所有制和不分居家庭所有制是占统治地位的土地所有制形式。阿拉伯人，土耳其人，最后还有法国人长达若干世纪的

---

① 《马克思古代社会史笔记》，第79页。
② 《马克思古代社会史笔记》，第83页。
③ 《马克思古代社会史笔记》，第84页。
④ 《马克思古代社会史笔记》，第86页。
⑤ 《马克思古代社会史笔记》，第99页。
⑥ 《马克思古代社会史笔记》，第98页。
⑦ 《马克思古代社会史笔记》，第100页。
⑧ 《马克思古代社会史笔记》，第100页。

统治——如果不算最近的一个时期，即从官方说自1873年法律以来的时期——都没有能够摧毁血缘组织和以血缘组织为基础的地产不可分和不可出让的原则。"① 这表明，原始公社土地占有制在非洲大陆同样存在过，也同样的漫长，同样地符合规律。马克思认为："如任何地方一样，各种集体形式的土地占有制的解体是由内部原因引起的；在阿尔及利亚的卡比尔人和阿拉伯人中，这种解体过程由于16世纪末土耳其对该地的征服而大大加速。"②

在第三部分的第二小节"（B）法国人的专横统治及其对当地集体土地占有制衰落的影响"③中，马克思首先驳斥了法国殖民者认为在阿尔及利亚确立私有制是他们历史功德的荒谬观点。马克思在摘录"确立土地私有制，是政治和社会领域内任何进步的必要条件"这一句话的中间，插入了"在法国资产者看来"④ 这个批注，表明了马克思的看法和立场。"法国人在征服阿尔及利亚部分地区以后所关心的第一件事，就是宣布大部分被征服的领土为（法国）政府的财产。"⑤ 而且，法国殖民者还通过各种结合使阿尔及利亚的氏族土地全部落入其囊中，这才是法国资产者所宣扬的在阿尔及利"确立"私有制的实质。法国人入侵阿尔及利亚所实行的一系列政策，遭到阿拉伯人、卡比尔人的强烈反对，反对殖民者破坏他们的宁静生活和残酷掠夺，反对形式是多种多样的，但斗争的焦点是土地。也正是由于这种斗争和复杂的现实，法国人"觉察到仍然具有充分生命力的公社——氏族土地所有制这一事实"⑥。这样，瓦解、摧毁公社占有制就成了法国殖民政策的目标。

通过上述对柯瓦列夫斯基笔记的大致梳理、概述，不难看出柯瓦列夫斯基笔记所要研究、探讨的主题根本就不是"林文"所言的"探索人类历史的即原始社会、文明起源问题"⑦。马克思在此着重研究的是亚、非等古老国家的土地演变、土地制度、社会性质及其发展道路等问题，这实际上

---

① 《马克思古代社会史笔记》，第106页。
② 《马克思古代社会史笔记》，第109页。
③ 《马克思古代社会史笔记》，第109页。
④ 《马克思古代社会史笔记》，第109页。
⑤ 《马克思古代社会史笔记》，第110页。
⑥ 《马克思古代社会史笔记》，第113页。
⑦ 林锋：《柯瓦列夫斯基笔记主题新探》，《人文杂志》2008年第1期，第36页。

就蕴含着思考和探讨落后国家的发展道路、未来前景等问题,关于这一点,笔者将在本文的第三部分作重点论述。

## 三

"林文"的第三部分提出了这样的看法,认为"晚年马克思正是以摩尔根笔记为核心,以其他四个笔记为辅助,全面、系统地探索原始社会、文明起源问题","柯瓦列夫斯基笔记与梅恩笔记、拉伯克笔记、菲尔笔记一样,其实都是马克思晚年最后时期为实现'根据世界人类学最新成果,系统探索和制定唯物史观——原始社会、文明起源理论'的宏伟研究计划而作的重要辅助性笔记。"① 笔者不赞成"林文"的这种说法。因为这不仅是对柯瓦列夫斯基笔记主题的误读,同时也降低了对柯瓦列夫斯基笔记重要意义的认识。

笔者认为,对于柯瓦列夫斯基笔记主题的把握,在注重文本考察的同时,还必须把马克思在这一时期其他的读书札记以及一些已发表的和未发表的文献、没有寄出的信件结合起来考察,并联系当时的时代背景进行分析,② 才能充分认识柯瓦列夫斯基笔记的主题与重要意义,才能把这份遗产中的精华筛选出来,并融会贯通,从而探索出一位老革命家在他的暮年仍孜孜不倦地苦心攻读的真正用意所在。

根据现有的文献资料来看,与柯瓦列夫斯基笔记联系紧密的材料有如下几个。

(1)《印度史编年稿》。它是与柯瓦列夫斯基笔记穿插地写在同一本笔记上的。③ 马克思在摘录《公社土地占有制》一书的第四章"印度土邦罗阇时代的土地关系史"之后,中断了对该原著的摘录,而转向对印度历史书籍的阅读并写成《印度史编年稿》。之后又回到《公社土地占有制》的研读和摘要。马克思之所以对印度史进行涉猎,是同他研究《公社土地占有制》一书有直接联系的。"马克思在研究印度土地所有制形式交替时,

---

① 林锋:《柯瓦列夫斯基笔记主题新探》,《人文杂志》2008 年第 1 期,第 40 页。
② 参见叶志坚《"国家与文明起源笔记"称谓质疑——与王东、林锋先生的学术对话》,《马克思主义研究》2008 年第 2 期,第 114~115 页。
③ 《马克思古代社会史笔记》,第 551 页。

编写了编年史,以便扼要地陈述这个国度广袤的领土上的历史事件的具体进程。""在编年稿里,马克思就印度18世纪后半期和19世纪前半期以土地关系和英国统治对印度土地关系的影响作了极详尽的叙述和分析。"①"马克思在摘要中经常用编年稿中的材料同柯瓦列夫斯基著作中的材料作对比,订正柯瓦列夫斯基的材料。"②

(2)"菲尔笔记"。由于菲尔的著作同马克思对东方社会特别是东方村庄的长期关注直接相关,所以马克思于1881年8~9月对菲尔的《印度和锡兰的雅利安人村庄》一书作了仔细的研究,写下了"菲尔笔记"。"菲尔笔记"把原书分成三大部分:第一部分是孟加拉现时的农村生活。第二部分是锡兰的农业经济。第三部分是印度雅利安人社会土地制度的演化。由于菲尔用一些十分具体的材料描述了雅利安人村社的基本轮廓(如家庭经济账目、地产登记册、税务表格和财产目录),因此,马克思主要是从菲尔那里撷取一些关于东方社会的具体材料,同时对他的一些错误观点进行了批评。菲尔对村社情况的描述令马克思满意,但马克思也同样对菲尔的"西方中心论"进行了批判。菲尔在论述东方农村中的家庭和公社的关系时,把东方的公社和社会的关系看作封建主义,马克思对此批评道:"菲尔这个蠢驴把村社的结构叫做封建的结构。"③应该指出的是,"菲尔笔记"和柯瓦列夫斯基笔记,其重点都是在于探讨亚洲、非洲、美洲国家的土地制度、村社结构和社会生活等一系列社会发展问题。因此,它们都不应该列在"探索原始社会、文明起源问题"的"辅助性笔记"中。

(3)《关于俄国1861年改革和改革后的发展的札记》。写作时间为1881年底至1882年。马克思在这篇札记中不仅利用了官方公布的材料、俄国作者的许多著作,还引用了已经系统化了的实际资料,对俄国1861年改革和改革后发展的一些根本问题做出重要的结论。这篇札记不仅揭示了俄国1861年改革的历史过程,更揭示了所谓(农民)解放的真正实质。马克思指出:"从前在农奴制时期,地主关心的是把农民当做必要的劳动力加以支持。这种情况已经成为过去了。现在农民在经济上依附于他们原

---

① 《马克思印度史编年稿》,张之毅译,人民出版社,1957,第11、8页。
② 《马克思古代社会史笔记》,第551页。
③ 《马克思古代社会史笔记》,第385页。

先的地主。"① 因此，与其说是改革，不如说是掠夺。

（4）《给〈祖国纪事〉杂志编辑部的信》。它写于1877年10月至11月间。尽管这是一封并未寄出的信，但承载着马克思深刻的理论思考以及对俄国发展道理的研究分析。马克思反对将《资本论》所述的西欧资本主义起源的模式生搬硬套到俄国等其他非欧洲国家头上。在这封信中，马克思严厉批驳了米海洛夫斯基对他思想的曲解。马克思指出："他一定要把我关于西欧资本主义起源的历史概述彻底变成一般发展道路的历史哲学理论，一切民族，不管它们所处的历史环境如何，都注定要走这条道路，——以便最后都达到在保证社会劳动生产力极高度发展的同时又保证每个生产者个人最全面的发展的这样一种经济形态。但是我要请他原谅。他这样做，会给我过多的荣誉，同时也会给我过多的侮辱。""因此，极为相似的事变发生在不同的历史环境中就引起了完全不同的结果。……但是，使用一般历史哲学理论这一把万能钥匙，那是永远达不到这种目的的，这种历史哲学理论的最大长处就在于它是超历史的。"② 在1881年3月8日给查苏利奇的信中更是明确指出：《资本论》所描述的资本主义产生的历史必然性"明确地限于西欧各国"③。而且在《给〈祖国纪事〉杂志编辑部的信》中，马克思还对俄国发展道路做出具体分析。"为了能够对当代俄国的经济发展做出准确的判断，我学习了俄文，后来又在许多年内研究了和这个问题有关的官方发表的和其他方面发表的资料。我得到了这样一个结论：如果俄国继续走它在1861年所开始走的道路，那它将会失去当时历史所能提供给一个民族的最好的机会，而遭受资本主义制度所带来的一切灾难性的波折。"④ 这实际上，暗示了马克思关于东方社会有可能超越资本主义历史阶段的基本设想。

（5）《给维·伊·查苏利奇的信》。1881年2月16日，俄国女革命家维·伊·查苏利奇写信给马克思，说马克思《资本论》在俄国革命者中极受欢迎，同时也引起了热烈争论，特别是土地和农村公社问题的争论。她请求马克思能够拨冗谈谈对俄国农村公社命运以及俄国发展前景的看法。

---

① 《马克思恩格斯全集》第19卷，人民出版社，1963，第463～464页。
② 《马克思恩格斯选集》第3卷，人民出版社，1995，第341～342页。
③ 《马克思恩格斯选集》第3卷，人民出版社，1995，第774页。
④ 《马克思恩格斯选集》第3卷，人民出版社，1995，第340页。

"假如你能说明，你对我国农村公社可能有的命运以及世界各国由于历史的必然性都应经过资本主义生产各阶段的理论的看法，给予我们的帮助会是多么大。"① 查苏利奇在信中表示，期待马克思写出一篇较长的文章，或是一本小册子，实在不可能则写一封信，对他们提出的问题给予回答。为了解开俄国发展前景的历史之谜，马克思先后为回信起草了三份长篇草稿，真可谓殚精竭虑、数易其稿。尽管马克思正式的复信很短，但三份草稿同样蕴含着丰富内涵，成为重要的历史文献。在这里，马克思提出一个新颖闪光的思想：俄国有可能跨越"资本主义制度的卡夫丁峡谷"。马克思在给查苏利奇的信中认为，俄国"农业公社固有的二重性使得它只可能是下面两种情况之一：或者是私有成分在公社中战胜集体成分，或者是后者战胜前者。一切都取决于它所处的历史环境"②。正是基于上述的考察，马克思进一步得出结论："现在，我们暂且不谈俄国公社所遭遇的灾难，只来考察一下它的可能的发展。它的情况是独一无二的，在历史上没有先例。在整个欧洲，只有它是一个巨大的帝国内农村生活中占统治地位的组织形式。土地公有制赋予它以集体占有的自然基础，而它的历史环境（资本主义生产和它同时存在）又给予它以实现大规模组织起来的合作劳动的现成物质条件。因此，它可以不通过资本主义制度的卡夫丁峡谷，而吸取资本主义制度所取得的一切积极成果。"③

（6）《共产党宣言》1882年俄文版序言。1882年1月，马克思、恩格斯为在日内瓦出版的第二个俄译本写下序言。马克思、恩格斯在此再一次就在一定历史条件下，跨越"资本主义制度的卡夫丁峡谷"问题提出看法。马克思、恩格斯指出："但是在俄国，我们看见，除了迅速盛行起来的资本主义狂热和刚开始发展的资产阶级土地所有制外，大半土地仍归农民公共占有。那么试问：俄国公社，这一固然已经大遭破坏的原始土地公共占有形式，是能够直接过渡到高级的共产主义的公共占有形式呢？或者相反，它还必须先经历西方的历史发展所经历的那个瓦解过程呢？对于这个问题，目前唯一可能的答复是：假如俄国革命将成为西方无产阶级革命的信号而双方互相补充的话，那么现今的俄国土地公有制便能成为共产主

---

① 《马克思恩格斯选集》第3卷，人民出版社，1995，第857页。
② 《马克思恩格斯全集》第25卷，人民出版社，2001，第478页。
③ 《马克思恩格斯全集》第25卷，人民出版社，2001，第479页。

义发展的起点。"① 这就是说，如果有西欧无产阶级革命的帮助，俄国可以不经过西欧那样的资本主义发展阶段，这是晚年马克思关于社会历史发展理论中的一个重要思想。

从上述所列的材料看，它是一组相对独立的研究系列的读书笔记，其称谓可以定为：俄国与印度等国家公社土地制度、社会性质、发展道路笔记。它是在柯瓦列夫斯基笔记的基础上发展起来的，有着自己明确的、独立的研究重点与对象。其研究重点与对象是探索俄国、印度等国家公社土地制度、社会性质、发展道路以及跨越"资本主义制度的卡夫丁峡谷"的社会革命道路等问题。所以，它不应归属到以摩尔根笔记为"核心笔记、首要笔记"的"探索原始社会、文明起源问题"②中，若是那样，只会造成对柯瓦列夫斯基笔记主题的误读，并降低了对柯瓦列夫斯基笔记重要意义的认识。就柯瓦列夫斯基《公社土地占有制》一书而言，它广泛地涉及东方社会的一个核心问题：公社土地所有制。因此，柯瓦列夫斯基笔记的主题就是探究东方社会的公社土地制度和未来发展道路问题。这样看来，与其将柯瓦列夫斯基笔记主题说成是"探索人类原始社会、文明起源问题"，不如看成是"探讨世界资本主义体系中东方落后国家的发展道路、未来前景问题"③，还更为贴近柯瓦列夫斯基笔记主题的本意。

（原载《东岳论丛》2010 年第 8 期）

---

① 《马克思恩格斯选集》第 4 卷，人民出版社，1995，第 443~444 页。
② 林锋：《柯瓦列夫斯基笔记主题新探》，《人文杂志》2008 年第 1 期，第 40 页。
③ 林锋：《柯瓦列夫斯基笔记主题新探》，《人文杂志》2008 年第 1 期，第 36 页。

# 青年公务员：思想政治教育的重要对象

孙秀艳

  思想政治教育是一种关于人的对象性的活动，是人类教育活动的重要组成部分。一般而言，思想政治教育的对象就是实践活动的主体认识和施加可控性影响的客体。由于人的"思想活动"与生命共存，因此从广义上理解，凡是有人群的地方就应该有思想政治教育活动、全体社会成员都是思想政治教育的对象。[①] 但是对象的广泛性不等于主次不分，不论是历时态考察，还是共时态比较，青年的本质特征及其在社会发展进程中的重要地位和历史作用决定了他们势必成为思想政治教育的主要对象。由于"真正建立共产主义社会的任务正是要由青年来担负"[②]，马克思主义者总是坚持把培养和教育青年作为无产阶级特殊的历史使命。马克思指出："但是工人阶级中比较先进的那部分人则完全懂得，他们阶级的未来，因而也是人类的未来，完全取决于新一代工人的成长。"[③] 长期以来在第一线的思想政治教育工作者从没有放松对青年，特别是未成年人和大学生的思想政治教育工作，这种侧重和强调是必然而又必要的，但常常在无形之中窄化了思想政治教育的主要对象——青年的范围。

  作为生命过程的一个阶段，青年主要是以年龄作为划分界线的相对概念。由于经济社会的发展、人类寿命的延长、人口老龄化的趋势等诸多因素，不同国家、不同组织对青年的界定范围各异。即使在相同的年龄界定

---

[①] 张耀灿、郑永廷、刘书林、吴潜涛等：《现代思想政治教育学》，人民出版社，2001，第216页。
[②] 《列宁选集》第4卷，人民出版社，1995，第281页。
[③] 《马克思恩格斯全集》第21卷，人民出版社，2003，第270页。

中，青年也涵盖了不同阶层、不同群体、不同身份地位的年轻人，并不能简单地和大学生画等号。不可否认，未成年人、大学生始终是思想政治教育的主要对象，但是形势和任务的变化会使思想政治教育的重点对象发生相应变化，尤其要加强领导干部的思想教育工作是不争的事实。思想政治建设始终是领导班子和干部队伍建设的核心和灵魂。作为青年和领导干部的复合体，青年公务员理应成为当代思想政治教育工作的重要对象，需要引起高度重视。

## 一 青年公务员思想政治教育之必要性与紧迫性

坚持以马克思主义为指导、重视对全党和全国人民的思想政治教育，既是中国共产党的政治优势，又是我们党一以贯之的优良传统。1988年党的十三届三中全会通过的《中共中央关于加强和改进企业思想政治工作的通知》，初步对党的思想政治工作的优良传统做出了理论概括，主要包括：紧紧围绕党的中心任务的传统、实事求是的传统、群众路线的传统、平等待人的民主传统、干部以身作则的传统和全党做思想政治工作的传统。[①] 在新的历史条件下，加强对青年公务员的思想政治教育是思想政治工作优良传统的内在要求，其必要性与紧迫性主要体现在以下几个方面。

第一，是新时期党的中心任务发展变化提出的新要求。

思想政治教育必须服务于党的中心任务。党的中心任务在不断变化发展的社会历史条件下、在不同的历史时期会不断调整和发展，不仅思想政治教育的对象、实践会随之发生转变和发展，而且思想政治教育的概念、范畴、理论也会随着实践领域的日益扩大、社会条件的日益复杂、挑战机遇的日益增多而不断形成、发展、丰富、完善。

新世纪新阶段，我们党的中心任务就是全面贯彻落实科学发展观，又好又快地实现全面建设小康社会、构建社会主义和谐社会的宏伟目标。这是党执政兴国的历史阶段性要求，党的建设，包括党的思想政治教育，只有紧紧围绕这个中心任务展开，才能实现新的历史飞跃，展现更大的时代

---

① 张耀灿主编《中国共产党思想政治教育史论》，高等教育出版社，2006。

意义和价值。特别是当代的思想政治教育尚存在着覆盖不到位、形式太陈旧、成效不明显等问题，强化思想政治工作的责任意识和阵地意识，保证思想政治教育渗透到社会的每个角落，既是对思想政治工作的迫切要求，也是思想政治工作着力追求的目标。作为执政兴国的希望所在和中坚力量，青年公务员思想政治教育的必要性和重要性不言而喻。党的十七届四中全会的《决定》强调加大培养选拔优秀年轻干部的力度，重点也是加强年轻干部的党性修养和实践锻炼。青年公务员要想让自己的思想及时适应新情况、新要求，就得加强学习，特别是提高自身的思想政治素质。

第二，是青年公务员特殊身份地位的必然要求。

从政者和青少年历来就是中国传统道德教育的主要对象，青年公务员同时拥有这两种身份角色。在当代中国公务员队伍中，35 岁以下的青年公务员超过一半，占到了 56.8%，[1] 对其展开行之有效的思想政治教育可谓重中之重。作为我国干部队伍的主要成员，公务员是"依法履行公职、纳入国家行政编制、由国家财政负担工资福利的工作人员"[2]，这一特殊的社会群体，其作风作派关系着党和政府的凝聚力与号召力，反映着党和政府的执政能力与执政水平；其角色规范、道德水平不仅直接影响着党和政府的形象，而且直接影响着整个社会道德的建设、社会风气的好坏。

"政者，正也。""子帅以正，孰敢不正。"因此，从政者，特别是领导干部的思想政治教育问题古往今来都备受关注。中国共产党历届党中央始终高度重视干部队伍的思想教育问题，毛泽东同志指出，政治路线确定以后，干部就是决定因素，强调要加强对干部的思想和世界观的改造；邓小平同志指出，中国的事情能不能办好，关键在人，关键在党内，对干部进行思想教育被摆上重要的位置；江泽民同志提出"严重的问题是教育干部"，把建设高素质的干部队伍作为党的建设的重要目标。以胡锦涛同志为总书记的中央领导集体，注重建设善于推动科学发展、促进社会和谐的高素质干部队伍，坚持把思想理论建设放在党的建设的首位；坚持德才兼备、以德为先的用人标准，明确指出要从政治品质和道德品行等方面完善

---

[1] 胡献忠：《论〈公务员法〉对青年公务员现代政治人格的塑造》，《天中学刊》2008 年第 4 期。

[2] 参见《公务员法》，该法于 2005 年 4 月 27 日第十届全国人民代表大会常务委员会第十五次会议通过。

干部德的评价标准。①

第三，是解决当前干部队伍中突出问题、深化干部人事制度改革的迫切需要。

在当今世界大发展大变革大调整的时期，中国也处在新的历史起点上。由于国际国内环境的相互影响不断加深、市场经济法则与行政权力法则相互交织错综复杂，我们的干部队伍不仅面临着长期的、严峻的执政考验，以及改革开放、市场经济、外部环境的考验等，而且在工作中接触的资源、面临的诱惑也越来越多。早在20世纪80年代初期，于光远同志就提出"严重的问题是教育官员"，可惜后来并没有引起人们广泛的注意。②随着改革开放在社会各个领域的深入进行，尽管干部队伍的总体状况是良好的，但是也必须清醒地承认：一些干部对自身要求不严，思想作风不符合党的性质和宗旨，能力素质不适应新形势新任务的要求；一些地方和部门在干部管理上失之于宽、失之于软，致使一些干部身上的小毛病演变成大问题，有些小事酿成大事。③贪污受贿、权钱交易、买官卖官等现象，在一些地方和少数部门屡禁不止，已成为损害党和人民关系最突出的问题之一。④中国社会科学院2006年和2008年两次调查的结果显示，我国大部分居民在回答"我国各个社会群体之间是否有较大冲突"时，选择有一点冲突、较大冲突、严重冲突的居民都在50%以上，而且分别有24.7%和23.6%的公众，认为最容易发生冲突和矛盾的群体就是穷人和富人之间、干部和群众之间。⑤2009年1月至11月，我国纪检监察机关处分的县处级以上干部就多达3743人。⑥

这一系列的数据为我们一次次敲响警钟：党要管党、从严治党，关键是从严管理干部队伍。重视干部队伍的思想政治教育工作、深化干部人事制度改革，这是政治体制改革的核心要求之一，是深入贯彻科学发展观、实现全面建设小康社会奋斗目标的现实要求，也是解决当前干部队伍中突

---

① 《中共中央关于加强和改进新形势下党的建设若干重大问题的决定》，人民网，2009年9月28日。
② 刘智峰主编《严重的问题是教育干部》，中国社会科学出版社，2000。
③ 《中共中央办公厅印发〈关于进一步从严管理干部的意见〉》，新华网，2009年12月4日。
④ 李源潮：《共产党的干部必须清正廉洁》，人民网，2009年10月22日。
⑤ 《2009年〈社会蓝皮书〉发布暨中国社会形势报告会》，中国网，2008年12月15日。
⑥ 《中国去年处分3700多名县处级以上干部》，中国新闻网（北京），2010年1月7日。

出问题、建设马克思主义学习型政党的迫切需要。

第四，是当代青年公务员生活状态和自身发展特征的特殊需要。

年龄和职业的双重特殊性使青年公务员处于人生最复杂、压力最大的阶段。其身心特点、社会行为、自我发展与社会发展间，现实存在与未来前景间的诸多矛盾，让青年公务员的思想政治教育工作有着特殊的必要和意义。

比如，青年公务员不仅面临着事业成败、仕途升迁问题，而且承担着赡养老人、抚养孩子等一系列重担，往往由于不堪重负而导致心理抑郁或焦虑，出现各种心理问题，甚至严重影响他们岗位职责的履行。2004年12月8日，中国人力资源开发网（www.Chinahrd.net）公布的中国"工作倦怠指数"调查情况显示，在所有受调查职业中，"公务员"有54.88%的人出现了工作倦怠，是工作倦怠比例最高的职业。2007年，《广东省青少年发展报告》调查结果是：50.3%的广东省直机关青年公务员经常感到有压力，31.2%的青年公务员感觉太累，1.6%的人有时甚至会想到自杀。2009年上半年，中央国家机关团工委问卷调查的统计显示，青年公务员对于"目前所从事工作的压力如何"，多数人坦言压力感较强，有57.9%的人选择了"压力较大"，13.6%的人选择了"压力很大"，27.5%的人选择"压力一般"，仅有2.7%的人选择"压力较小"，1.6%的人选择"压力很小"。而产生压力的主要原因，48.9%的人是由于"事务繁杂，工作量大"，28%的人是因为"本职工作要求知识不断更新"。

除了青年公务员普遍存在的生活压力和心理压力之外，有些青年公务员在学习中不求甚解、理论根基较浅，在工作中不够务实、说得到做不到，在挑战面前思想不坚定，在挫折面前畏缩不前等现象，归根到底都是党性不强、思想浮躁的种种表现，也需要引起思想政治教育工作者的足够重视。

## 二 对青年公务员思想政治教育的若干思考

如何深入开展青年公务员的思想政治教育工作，使党的历史任务、中心工作和青年公务员的个体需求、实践行为间实现有效的、良好的结合，是摆在思想政治教育工作者面前的首要问题。笔者结合自身的工作与学习，试从以下几个方面做一些抛砖引玉的探讨。

1. 形塑社会认同是青年公务员思想政治教育的主要目标

"社会认同"是社会心理学的一个基本范畴，该理论的奠基者泰弗尔（Tajfel）和他的学生特纳（Turner）明确区分了个体认同（personal identity）和社会认同（social identity），将社会认同定义为："个体认识到他（或她）属于特定的社会群体，同时也认识到作为群体成员带给他的情感和价值意义。"国外学者通常把社会认同作为自我概念的组成部分，认为它源于个体的社会群体成员身份，以及与此身份相关的价值观和情感;[①]是我们对于自己是谁和其他人是谁的理解，以及其他人对于他们自身和他人（包括我们）的理解。[②]

近年来，国内使用社会认同的频率日渐升高，但是在内涵的界定上仍然比较宽泛，在社会学中主要是作为社会成员共同拥有的信仰、价值和行动取向的集中体现。[③] 但是，这里的"认同必须区别于传统上社会学家所说的角色（roles）和角色设定（role-sets）"。因为角色"是通过社会制度和组织所构建的规则来界定的"，它对人们行为的影响程度取决于个人与这些制度和组织之间的协商和安排；而认同作为"人们意义（meaning）与经验的来源"，内在包含着自身个体化（individuation）过程的建构。[④]

思想政治教育是一定的阶级、政党、社会群体用一定的思想观念、政治观点、道德规范，对其成员施加有目的、有计划、有组织的影响，使他们形成符合一定社会、一定阶级所需要的思想品德的社会实践活动。其全部工作的直接目的和专门任务，都是为了把本阶级、本社会对人们的思想政治品德要求变成人们实际的思想品德，使人们从"现有"状态向"应有"状态转变，即思想政治教育的政治性和阶级性并不能掩盖它的一般社会价值。由于"思想政治教育主要是做人的思想工作，它不是简单地将主流价值观念传播给受众即可"，其目的"最终在于影响或改变受众的思想，

---

[①] 〔美〕S. E. Taylir, L. A. Peplau, D. O. Sears：《社会心理学》（第十版），谢晓非等译，北京大学出版社，2004。
[②] 〔美〕理查·詹金斯：《社会认同》，王志弘、许妍飞译，巨流图书有限公司，2006。
[③] 孙秀艳：《社会认同：协调社会利益的新视角》，《中共福建省委党校学报》2007年第6期。
[④] 〔美〕曼纽尔·卡斯特：《认同的力量》，曹荣湘译，社会科学文献出版社，2006。

实现受众对一定社会、国家、阶级基本要求的认同，从而达到维护社会秩序的目的"①。可是"无论一种正义观念在其他方面多么吸引人，如果它的道德心理学原则使它不能在人们身上产生出必要的按照它去行动的欲望，那么，它就是有严重缺陷的"②。事实上，比"法律内容及其贯彻情况更为重要的是在人们尊重法律和习俗的现象背后存在的观念"③。特别是随着经济的转轨、社会的转型、全球化进程的加快，人们的思想观念呈现空前的多样化态势。思想观念变化的影响因素不断增加，信息来源与信息传播途径纷繁复杂，所谓的主流也不完全由传播者决定，更多情况下实际上决定于"受众"的选择。④ 因此，要实现思想政治教育的最终目的，只有通过客体内在的思想矛盾运动，自主地将教育者输出的教育信息内化为信念、外化为行动时，即思想政治教育的客体处于社会认同状态时才能达到。

也就是说，社会认同注重群体的归属感，本质上是一种集体观念，不仅更具稳定性，而且是社会行为更深层的动因。因此，可以把青年公务员思想政治教育的主要目标理解为形塑该群体应有的社会认同。这至少包括两个层面的含义：一是引导青年公务员对自己的身份、地位、角色、职能等有明确的认识和理解。作为行政组织中的一员，遵守行政伦理、认同组织规则是前提性的要求，但仅止于此还远远不够，还必须把自己转变为合理行为的道德主体，认识到自己有责任将应有的行政伦理、组织规则等付诸行动。因为实践行为往往折射着主体的社会认同程度，是衡量主体社会认同的最终尺度。二是规约并促使这个特殊群体获得社会广大民众认同的形象、举止和行为。任何人的生活信念与价值观都离不开社会的滋养，都"深深地与社会基础精神内在地保持着一致性的关系"，会"从心底里期待着社会的认同、肯定和支持"⑤。因此，社会对青年公务员的形象、行为价值的公认，会在无形中极大地形塑着、强化着青年公务员的社会认同感。积极"营造一个相信行政人、尊重行政人的社会文化氛围"，无疑有利于青年公务员形成"我们通常所做的是值得做的"这样一种内在信念。

---

① 李合亮：《思想政治教育探本：关于其源起及本质的研究》，人民出版社，2007。
② 〔美〕约翰·罗尔斯：《正义论》，中国社会科学出版社，1997。
③ 〔法〕米歇尔·福柯：《性经验史》，上海人民出版社，2000。
④ 任勇：《中国社会认同的现代化转型：政治与文化的向度》，《辽宁大学学报》（哲学社会科学版）2009年第5期。
⑤ 李春成：《行政人的德性与实践》，复旦大学出版社，2003。

2. 提升青年公务员思想政治教育内容的针对性和系统性

青年公务员作为年轻干部，其思维活跃，但也容易受到不良风气的侵蚀，世界观、人生观、价值观等比较容易发生偏差，因此必须根据形势的发展变化，分层次、分类型、分角色地设计思想政治教育的内容，通过提升教育内容的针对性，兼顾系统性，以增强教育的有效性。从总体上看，青年公务员思想政治教育的内容必须同时满足组织和个体两个层面的需求，才能达成形塑社会认同的目标。满足组织需求的内容主要包括党的基本理论和路线方针政策、党内制度和规范、各级党委和政府组织的有关精神和规范等；满足个体需求的内容既要丰富多样、留有选择余地，又必须紧跟时代的步伐、符合时代发展的要求，可以将诸如现代科技和现代管理知识、社会主义市场经济理论、法律法规、心理卫生、信息技术运用知识以及其他有利于提高青年公务员综合素质的知识和上级及本单位的发展战略、发展目标等充实到教育内容之中。[1] 具体而言，主要包括以下几个方面。

第一，保持政治上的清醒，是对干部、对青年公务员第一位的要求。如果政治上犯糊涂，工作上、廉洁上就难保不出问题，不仅工作要误事，干部要误身，而且终将导致误党、误国、误民。因此，必须把保持政治上的清醒与坚定、提高政治敏锐性和政治鉴别力，作为青年公务员思想政治教育培训的首要任务和核心内容。这在信息云集、泥沙俱下的时代显得尤为重要，关键是要结合青年公务员业务工作的不同特质，有的放矢，而绝不能流于摆形式、走过场。

第二，廉政教育无论何时都是青年公务员思想政治教育的必要内容，应列入其教育培训规划之中。廉洁奉公是我们党80多年来赢得民心的重要法宝，也是我们党永葆先进性的本质要求。青年公务员特别需要加强理想信念教育和廉洁从政教育，但不能简单说教，可以探索一套"历史经验借鉴和现实事例分析结合，法制法规宣传与道德情感教化结合"的新路径，大力加强以完善惩治和预防腐败体系为重点的反腐倡廉建设。

第三，倡导良好的生活作风和健康的生活情趣是青年公务员思想政治

---

[1] 程显煜：《加强党内思想教育的中心任务和实现途径》，《成都大学学报》（社会科学版）2006年第3期。

教育的一个重要内容。必须按照"讲党性、重品行、作表率"的要求，着力培养健康生活情趣，保持高尚精神追求，为解决当前干部管理中失之于宽、失之于软的问题奠定良好的基础。

第四，加强中华优秀文化传统教育，引导青年公务员带头弘扬以爱国主义为核心的民族精神和以改革创新为核心的时代精神，自觉践行社会主义荣辱观，持续不断地修炼品行，保持昂扬奋发的精神状态，把牢作风关口。

3. 与时俱进，创新青年公务员思想政治教育的形式载体

教育形式的多样化、教育手段的现代化是提高教育质量的重要保障。传统的思想政治教育主要采用课堂讲授式、集中报告式等方法，大多是单向灌输式的教育模式。这种方法在思想政治教育中依然发挥着不可替代的作用，但是也存在着诸多不足之处。最明显的就是难以形成教育者和受教育者之间的有效互动，往往是一人台上讲，众人台下听；讲课者侃侃而谈，听课者各行其是；讲课者"口干舌燥"，听课者"食之无味"。当"老式的宣传方法"已日渐无力时，我们急需联系实际、围绕党的中心工作，与时俱进地创新思想政治教育的形式和载体，在实践中说明问题、解决问题。

第一，全面推进干部教育培训的理念、内容、方式，特别是体制机制的改革创新。党的十七大报告指出，要充分发挥党校、行政学院、干部学院和国民教育体系在建设马克思主义学习型政党中的重要作用。作为干部培训的主渠道，党校、行政学院和干部学院要认真研究贯彻落实大规模培训干部的措施，抓好重点对象、重点领域、重点工作的培训。特别是要针对十七届四中全会《决定》中强调要提高几种本领和能力的要求，紧紧围绕提高培训质量和培训效益，坚持改革创新，不断增强干部教育培训的生机和活力，为广大干部提供高水平的培训服务。

第二，善于根据思想政治教育的不同内容和教育对象选择适合的教育形式。青年公务员不仅有别于其他的青年群体，而且自身内部也来自不同的行业和部门，有着不同的背景和要求。采用多样化的、接受度高的教育方法是收到良好教育效果的有力保证。思想政治教育工作者必须立足于创新课堂教育这一思想政治教育的基本形式，广泛吸收其他学科的理念与方法，主动探索讨论式、互动式、案例式、现场教学等现代教育形式的运用

等。特别是在党性党风党纪教育中，可以有针对性地采用示范教育、警示教育、岗位廉政教育等教育方式。此外，青年公务员都是成年人，思想政治教育工作的开展功在平常。因此，大力开发课堂教育之外的教育形式和资源，比如组织开展谈心交流、读书演讲、知识竞赛、影视欣赏、社会交往、参观访问、文体活动等，妥善处理好课堂教育与课堂外多种教育形式之间的关系，也都是创新教育形式不可避免的重要问题。

第三，注重思想政治教育手段的现代化。扩大思想政治教育的影响和效果，需要及时采用大众喜闻乐见的现代化手段。大众媒体作为现代社会强有力的一种思想政治教育工具，可以在很大程度上引导着社会舆论，甚至左右着社会公众（包括青年公务员）的价值评判标准。因此，开发运用好这一工具，发挥其积极作用显得尤为重要。当代的大众媒体既包括电视、电台、报纸和杂志等"传统手段"，也包括日益普及的"第四媒体"——互联网和以短信息方式广泛影响社会的"最新媒体"——手机。前者在现阶段依然是青年公务员思想政治教育工作可以依托的强大阵地和重要手段。但是互联网作为20世纪的一项重大基础性科学发明，它所引发的人类社会生产方式和生活方式的深刻变化，已经对经济、政治、文化和社会发展产生了重大而深远的影响。互联网的高速发展，不仅使人们能够迅速地了解信息、拓宽知识领域、丰富文化生活，为我们更好地宣传党和政府的方针政策、决策部署，更好地了解社情民意提供了有利条件，也对思想政治教育工作的开展提出了更高要求。青年公务员无论于公于私都是使用网络的主要群体之一，思想政治教育工作者只有创新理念思路，充分认识新形势下思想政治教育网络信息工作的重要性，深入研究互联网等新型传媒的运作规律、影响方式、监管机制等，才能不断提高做好网络信息工作的能力和水平。比如，网络在反腐倡廉建设中的重要作用开始日渐显现。思想政治教育工作者可以加强反腐倡廉网络信息的收集、研判和处置工作；通过网络及时了解把握情况，准确判断舆情的发展趋势，掌握工作的主动权；利用网络广泛宣传党中央关于反腐倡廉的方针政策、重大决策部署，宣传反腐倡廉工作进展和取得的成效，宣传先进典型；通过网络积极回应网民对大案要案的关切以及群众关心的其他反腐倡廉的热点问题，及时发布权威信息，解疑释惑；加强纪检监察系统互联网的阵地建设，通过开办互联网站、反腐倡廉网页等形式，巩固和扩大网上舆论阵地，推动网络廉政文化建设等。① 这些既是青年公务员思想政治教育的重要方面，也是其可资借鉴的途径方式。此外，随着手机在中国的普遍使用，手机短信也成为传播简短信息最方便快捷的方式。如果青年公务员乃至我们党内的思想政治教育能够充分、大胆地把互联网和手机这两个新阵地和新手段利用好，无疑将极大地拓展宣传教育的覆盖面、极大地提高思想政治教育的社会认同度。

4. 建立各种确保思想政治教育实效性的制度机制

青年公务员思想政治教育要达到形塑社会认同的目标，除了提升内容和创新形式之外，还需要构建一个有利于督促行政人自我不断向上的制度规则体系。缺乏确保青年公务员思想政治教育实效性的各种制度机制，是思想政治教育工作流于形式的一个重要因素。

第一，大力建设各种具有"合法性"的制度机制。合法性，即为"公民普遍接受的程度"②。确保青年公务员思想政治教育实效性的各种制度机制，其合法性就是青年公务员对这些制度机制的普遍接受程度，这是它们有效运作的前提性条件。比如，建立健全各项监督、预防和惩治腐败的制度体系是反腐倡廉的重要内容。当前在建立健全防止利益冲突制度、建立腐败现象易发多发领域调查分析和专项治理制度等的同时，还需要建立健全决策权、执行权、监督权既相互制约又相互协调的权力结构和运行机制，健全诸如权力运行监控，廉政风险防控，腐败案件的及时揭露、发现和查处等机制。③ 青年公务员对这些制度机制建设的普遍接受和积极参与，既是思想政治教育的重要内容，又是其有效性的具体体现。

第二，切实加强制度的宣传教育，增强青年公务员的制度意识。加强和改进各项制度的宣传教育培训工作，着力在领导干部特别是中高级领导干部中树立法律面前人人平等、制度面前没有特权、制度约束没有例外的意识，教育引导领导干部带头学习制度、严格执行制度、自觉维护制度，这样才能筑牢青年公务员遵纪守法的思想基础，才能提高思想政治教育的科学性、规范性和有效性，真正促使青年公务员把制度转化为自身的行为

---

① 《贺国强考察中央纪委监察部网络信息工作》，人民网，2009 年 11 月 18 日。
② 〔美〕西摩·马丁·李普塞特：《政治人——政治的社会基础》，张绍宗译，上海人民出版社，1997。
③ 《胡锦涛谈反腐：干部在制度面前没有特权》，新华网，2010 年 1 月 12 日。

准则与自觉行动。

第三，着力提高制度的执行力，增强制度本身的实效性。制度的执行力是制度建设的重要抓手，光有挂在墙上的"制度"仅是形式上的制度建设。早在延安时期，党中央就提出，在鉴定干部的时候，学习情况如何应作为鉴定标准之一；《干部任用条例》和《干部教育条例》也都有这方面的相关规定，而如何抓好贯彻落实则是关键所在。可以进一步细化公务员的考核评价办法，探索把青年公务员的思想政治学习情况纳入考核评价体系，将干部学习培训情况作为评价干部的重要依据；可以努力创造青年公务员爱读书、读好书、善读书的氛围，以形成抵御低俗、崇尚学习的良好风气。

此外，青年公务员的健康成长，离不开组织的严格要求、严格教育和严格管理。组织要把干部监督工作贯穿于青年公务员培养、选拔、使用的全过程，定期对其党性修养和作风状况把脉问诊，深入查找青年公务员在党性观念、思想作风、遵章守纪、道德品行等方面存在的突出问题，帮助他们及时整改，树立起正确的地位观、权力观和利益观；注意掌握和分析青年公务员的成长状况和需求情况，建立关心、关爱机制，真正重视、真心爱护他们，帮助解决工作、生活中的实际问题；进一步畅通监督渠道，注重发挥新闻媒体和网络监督的作用，时刻关注青年公务员"八小时以外"的生活圈、社交圈，使不良作风不敢为、不能为。①

综上所述，源源不断地培养大批优秀年轻干部是关系党和国家事业的根本大计。青年公务员思想政治教育的重点是加强这些年轻干部的党性修养和实践锻炼，使他们切实做到忠诚党的事业、心系人民群众、专心做好工作、不断完善自己。面对这一思想政治教育的重要对象，只有做到目标、内容、制度与方法等因素的有机结合、系统构建，才能促使每个青年公务员真正成为"公务员精神"的实践者和体现者。

（原载《福州大学学报》（哲学社会科学版）2010年第2期）

---

① 龚红勇：《年轻干部作风养成机制与路径》，中国共产党新闻网，2009年11月27日。

# 中共党史/党的建设

# 二十世纪二十年代中共"小资产阶级"观念的起源

郭若平

从观念史角度考察中共党史中的某些关键性术语的形成与变迁,可以被认为是中共党史研究中"语言学转向"的特例。观念史研究近来颇受学界关注,但在党史研究领域似乎"不动声色"。实际上,在中共历史文献中,隐藏着丰富的、可供挖掘的关键性术语。对此详加考察,亦可呈现中共历史的另一面相,此即史学家陈寅恪所谓考释一字,可作一部文化史之意。在中共党史的各种论述中,有些术语往往不证自明地被任意使用,也就是说,一个术语的使用,没有考虑到它在文献中出现时的历史语境状态,结果通常是无法分辨出该术语被如何定义、为何而表述、用于何种目的、支持或强化什么观念,以及所承载观念的变迁等。鉴于这种现象的存在,中共党史研究有必要加强对建立在关键术语基础上的观念史进行研究,本文仅从中共党史的角度,对"小资产阶级"(以下简称"小资")一词在20世纪20年代的起源时期展开考察,期待以此个案显示观念史研究在中共党史研究中的作用。

## 一 语际跨越:中共"小资"观念的语义生成

"小资"并非汉语固有之词,它是从英语"Petty bourgeoisie"翻译而来。[①]。考察"小资"观念的起源与演变,字面的英汉对译并不绝对重要,

---

[①] 据德国汉学家李博的提示,英语的"小资"一词"无论是日语还是汉语的翻译都是借译"。参见〔德〕李博《汉语中的马克思主义术语的起源与作用》,中国社会科学出版社,2003,第359页。实际上,汉语用字来源于日语,属"出口转内销"。

重要的是，这个后来成为一个通用的名词，在跨越英汉彼此语境时，各自所表达的符号意义是什么，也就是说，"在建构语言之间'对应关系'的过程中——做了一些什么事？意义是如何给定的？是谁给定的？"以及这种语际跨越"揭示了一种怎样的历史想象？"[①] 从语义学的角度看，"小资"一词的意蕴在晚清即已出现，只不过不是"小资产阶级"这样一种汉语字面形式。"小资"在观念演变上的意义指涉，是在与"资产阶级"或"无产阶级"[②] 这两个概念的关系结构中定位的。晚清时人看待"小资"仅从经济角度观察，并且是从"资本家"一词中分离出来的。1903年梁启超说："自机器大兴，生产力骤增，而消费力（即买物者）岁进之速率，不足以应之，于是生产过羡，物价下落，不知所屈。小资本家纷纷倒闭，而大资本家亦綦惫矣。"[③] "小资本家"——"小资"的早期雏形，它的社会身份此时被定格在拥有一定个人财产，但这是在与"资本家"——其后的"有产阶级""资产阶级"相比较而言的，并且仅仅是以个人的姿态出场，尚未被看成是一种特殊的社会阶层，也就是说，还不是"阶级"意义上的概念。至于"小资"在与"无产阶级"的关系结构中被定位，则是较后的现象。

寻找"小资"命名的诞生期，只能在"资产阶级"命名成熟之时，以及中国社会阶层分析需要有新的术语来表达之际才有可能。在20世纪初的几年里，"资产阶级"在中国的马克思主义理论术语中就已定型化了。这个术语定型化，深刻地改变了中国人对社会结构的认知方式。以"资产阶级"这个词为中心主轴，其后又衍生种种扩张性术语，以作为更具细致的分析性概念，以满足对中国社会阶层的深入观察，"小资"一词就是其中一个涵盖模糊但又使用方便的用语。

就像"剑桥学派"思想史家斯金纳强调的那样，"概念有自己的历史，或者更进一步说，我们所用来表达概念的名词包含着历史"[④]。"小资"作

---

① 刘禾：《语际书写》，上海三联书店，1999，第29~30页。
② "资产阶级""无产阶级"都是较晚出现的汉语译名。"资产阶级"的早期汉语译名形式有诸如"豪右""富绅""有产者""资本家""中产阶级"等，而"无产阶级"则有诸如"平民""劳民阶级""劳动者"等。二词都有语义学上的意义，此不追溯。
③ 《饮冰室合集》第2册（文集第14卷），中华书局，1989，第35页。
④ 〔英〕昆廷·斯金纳：《政治的视界》，转引自〔芬兰〕凯瑞·帕罗内《昆廷·斯金纳思想研究》"中文版序言"，华东师范大学出版社，2005，第5页。

为一个新名词闯入中国思想界，它的功能当然是为了表达中国社会中那些可称之为"小资产阶级"的阶层，但这种"表达"却有着历史语境背景之下的"史前"与"史后"的故事。它的"史前"首先遇到的是萨义德所称的"理论旅行"问题——当一种理论或观念，穿过种种语境压力之后，来到一个新的时空之中，"它的新用途、新位置使之发生某种程度的改变"①。从语际跨越看，中国人接受"小资"这个中文符号，至少经过英、法、俄、日四种语言通道。1920年陈望道从英文版译出《共产党宣言》，其中将"Petty bourgeoisie"译为"小资本家"或"小资本阶级"②，以此来对应马克思、恩格斯的如下表述："在现代文明已经发展的国家里，形成了一个新的小资产阶级，它摇摆于无产阶级和资产阶级之间，并且作为资产阶级社会的补充部分不断地重新组成。"③ 1921年2月，时在法国的蔡和森给陈独秀的海外飞鸿称："我认定全国人民除极少数的军阀财阀资本家以外，其余不是全无产阶级，就是小中产阶级，而小中产阶级就是无产阶级的候补者。"④ 蔡和森"不是……就是……"的中国经验是否可靠，姑且不论，但他的所谓"候补者"之说，为后来中共有关"小资"的作用开了先河。

有研究者提示，中文使用"小资产阶级"这一完整名称，是出现在1920年左右有关列宁作品的俄文中译本里。⑤ 确实，列宁是讨论"小资"问题最多的马克思主义经典作家之一，中共后来也从中受到最多的教益。1920年7月28日，共产国际第二次代表大会传出了列宁的声音："一个国家愈是落后，这个国家的小农业生产、宗法性和闭塞性就愈加厉害，也就必须使最深的小资产阶级偏见，即民族利己主义和民族狭隘性的偏见表现特别厉害和顽固。"⑥ 在列宁的表述里，"小资"已和"偏见""狭隘""顽固"等修饰语联系在一起。中国早期共产主义者张太雷参加了这次大会，

---

① 〔美〕爱德华·W. 萨义德：《世界·文本·批评家》，三联书店，2009，第227页。
② 参见《陈望道文集》第4卷（上），上海人民出版社，1990，第26~29页。
③ 《马克思恩格斯选集》第1卷，人民出版社，1995，第297页。
④ 蔡和森：《马克思学说与中国无产阶级》，《新青年》第9卷第4号，1921年8月1日。
⑤ 〔德〕李博：《汉语中的马克思主义术语的起源与作用》，第359页。
⑥ 列宁：《民族和殖民地问题提纲初稿》，载中共中央党史研究室第一研究部编《共产国际、联共（布）与中国革命文献资料选辑（1917~1925）》（2），北京图书馆出版社，1997，第118页。

他肯定听到了列宁的"声音"。会后他将这种"声音"带回国内,在一定程度上影响了中国人,特别是早期共产主义的信仰者,如以共产主义宣传为宗旨的中共青年团报纸《先驱》,在 1922 年 1 月创刊号上便摘要刊载了列宁有关"小资"论述。① 也就在此前后,"小资"一词已被早期共产主义者所使用,像张太雷这样的政治活动家,显然习惯于使用"小资"这个词,因为次年(1921 年)6 月,共产国际第三次代表大会召开,张太雷不但与会,而且事先准备了一份发言报告,其中提到中国农民的特点时称:"他们之中有许多殷实户,头脑里充满小资产阶级思想意识。"② 考虑到日后中共与共产国际的特殊关系,中共从俄国的马克思列宁主义理论中接受有关"小资"的论述,应该是符合"理论旅行"的基本逻辑。③

一个新词的译介,甚至最后的定名,既需要时间成本,也需要本土化的可能,这是语际跨越是否成功的前提。文献显示,20 世纪 20 年代,"小资"一词已在中土安营扎寨,并在其后激荡的革命年代里大行其道。作为马克思主义理论的经典术语之一,"小资"的理论阐释功能,在其"史前"需要借助对"资产阶级"概念的分析,而"史后"则需要由"无产阶级"概念来定义,也就是说,在用"小资"概念分析社会问题的话语系统中,"无产阶级"首先是主体者、发言者,是问题的"审判官"。"小资"无法自我定义,它只能在"资产阶级"或"无产阶级"存在的前提下才能产生意义。正是在这种结构关系的主奴位置中,以"无产阶级"的口吻论述"小资",显然来得更有说服力。1922 年的《先驱》所载文章中频频出现"小资"字样,有意无意中都显示站在"无产阶级"立场,拥有对"小资"的解释优先权。有篇文章指认中国社会现状"政治上乃完全是封建的,反动的,纷扰的武人政治;经济上仍然是小资产阶级的经济生产,阶级上则因大生产没开设,工业的资产阶级,和工业的无产阶级还没有坚确的形成;思想上则还是小资产阶级的思想盛行"④。问题是中国的,也是新

---

① G. S.:《第三国际对民族问题和殖民地问题所采的原则》,《先驱》第 1 号,1922 年 1 月 15 日。
② 张太雷:《致共产国际第三次代表大会的书面报告(1921 年 6 月 10 日)》,载《共产国际、联共(布)与中国革命文献资料选辑(1917~1925)》(2),第 169 页。
③ 关于此问题的接受渠道以及接受方式,是一个需要深入探讨的问题,因为它关涉中共"小资"观念的形成与演变的内在逻辑,但笔者掌握的史料有限,此处只好付之阙如。
④ 励冰:《〈共产党宣言〉的后序》,《先驱》第 3 期,1922 年 2 月 15 日。

出现的,至少在20世纪20年代前后是这样,解释"新问题"需要新的概念,"小资"在这里派上了用场。1905年,著名学者王国维觉察到,近代中西交通后,产生了这样一种文化现象:新词汇的引进——成功的语际跨越,意味着新思想的移入。"小资"一词在中国政治理论中的出现以及使用,就是这样一种文化现象,而这种文化现象后来又铸造了中共党人观察中国社会问题的思维方式。

## 二 中共"小资"观念的初期指涉

政治角逐是20世纪20年代中国社会的特征,1921年夏季中国共产党的横空出世,深刻地改变了这种政治场域的角逐格局。中共的出现,并非酒后论英雄的作品,它实际上是革命现代性的产物。作为现代型政党,中共在革命洪流旋涡中,需要一套足以有效解释中国社会问题的基本理论,中共找到了马克思列宁主义。在现代中国,当革命被视为不得不为之的伟业时,革命力量的定位、重组、划分等,就成了中共首先考虑的重大问题,而马克思列宁主义理论的基本原则以及包括大量理论术语的引入,建构了这种"考虑"的理论基础。

实际上,一个概念的"某些表述的连续性并不意味着这些表述用以回应的问题的连续性,也无从说明不同的作者在使用这些表述时的意图是一致的"[1]。"小资"一词的使用,虽然见证并记录了中共"考虑"有关中国革命一系列政策和策略的观念历程,但这并不意味着这种"见证"或"记录"具有同质性,它只在不同的社会、政治、文化等历史语境下被表述,也就是说,"小资"的意蕴差异总是按照赋予它身份的不同语境来确定的。

那么,"小资"是谁?——何种社会阶层可以确认其为"小资"身份?可以肯定,中共成立时的第一个纲领并未提及"小资",但在早先成立的北京共产主义小组的一份文献中,记录下一个日后与"小资"有着千丝万缕关联的对象——知识阶层。这个文献已开始指责知识分子"把无产阶级看作是很无知的、贫穷而又软弱的阶级,因而可以利用他们来达到自己的

---

[1] 〔英〕昆廷·斯金纳:《观念史中的意涵与理解》,载丁耘、陈新主编《思想史研究》(第1卷),广西师范大学出版社,2005,第74页。

目的。知识分子认为自己非常重要，而无产阶级则微不足道，他们的这种倾向极为明显，结果就成了工人革命运动的极大的障碍"[1]。中共虽然此时尚未将知识分子纳入"小资"范畴，但事隔不久，将两者挂钩的意图便显现出来。1922年5月，学界的蔡元培、王宠惠、胡适等16人在《努力周报》上发表宣言，宣称要建立一个"好政府"[2]。中共随即在6月发表的对时局的"主张"中指出，在军阀统治之下是不可能实现"好政府"的，"好政府主义者"的主张，只是"小资产阶级的和平主义"，而这批人也只是"小资产阶级的学者政客"[3]。但冠与学界名流以"小资"名号，并不表示中共斥逐"小资"于革命大门之外，也不表示"小资"只限于"学者政客"。

中共作为"小资"论述的主体者，首先将"小资"看作与自身不同的"他者"，而"学者政客"在风云激荡的革命年代，显然不能代表这种"他者"的整体形象。中共的青年组织在1922年5月的一次全国代表大会上曾如是说："组织中国社会的最多数重要的分子，还是农人，小商人，小工厂主或工厂主以及智识者等小资产阶级。"[4] 但是，如此宽泛的社会群体，如何把握其中的主要代表呢？或者可以问："小资"的政治代表是谁呢？中共在"二大"上提出："中国的工人、农民和小资产阶级要建立一条民主主义的联合战线"[5]。就此时的中国政治生态而言，能够代表"小资"政治势力的，显然就是以孙中山为领袖的国民党。中共的这种"小资"观念持续了相当长时间，其缘由很大程度来自共产国际的判断。在共产国际看来，"国民党在劳动群众中和在小资产阶级中比任何其他党都赢得了更大的同情。"[6] 共产国际代表鲍罗廷也曾说，孙中山等国民党人

---

[1] 《北京共产主义组织的报告》，载中央档案馆编《中共中央文件选集》第1册，中共中央党校出版社，1989，第12~13页。
[2] 《我们的政治主张》，《努力周报》第2号，1922年5月14日。
[3] 《中国共产党对于时局的主张》（一九二二年六月十五日），载《中共中央文件选集》第1册，第42~44页。
[4] 《中国社会主义青年团第一次全国代表大会纪略》，《新青年》第9卷，1922年7月1日。
[5] 《关于"国际帝国主义与中国和中国共产党"的决议案》，载《中共中央文件选集》第1册，第63页。
[6] 《索科洛夫—斯特拉霍夫关于广州政府的报告》，载中共中央党史研究室第一研究部译《联共（布）、共产国际与中国国民革命运动（1920~1925）》（1），北京图书馆出版社，1997，第63页。

"虽然都具有小资产阶级的动摇性和理论与实践相背离的种种毛病,但在目前和很长时期内他们还是能够领导中国国民运动的唯一代表,对此不应有任何怀疑"[①]。共产国际在一份正式"决议"中也认定:"中国唯一重大的国民革命集团是国民党,它一方面依靠自由资产阶级民主派和小资产阶级,一方面又依靠知识分子和工人。"[②] 这种"认定"合理性有多大姑且不论,但"小资"因素被看作构成国民党内部成分则是明确的。对于共产国际的这些看法,中共并没有简单化地回应。虽然中共同样认为,"小资"是构成国民党政治集团的主要成分之一,但中共把握了三条原则:其一,承认国民党是"革命的民主派""小资产阶级革命的党派",因而是"民主的联合战线中重要分子"[③]。其二,区分国民党的左、中、右三派,而"国民党中派,是些小资产阶级知识阶级中革命分子,他们在数量上虽不甚重要却站在国民党领袖地位"[④]。其三,中共在民主联合战线中,不能成为"小资产阶级的附属物"[⑤]。在整个大革命时期,中共之所以可以与国民党合作,共同反对帝国主义和封建军阀,除了中国革命的任务、共产国际的要求等原因之外,对"小资"性质与构成的判断则是一大因素。

至少在国共合作时期,中共对"小资"并未投去蔑视或恶意的眼光,而是将其视为一种政治势力——一种可被"联合"的社会力量。虽然国民党此时也以"革命"号召于天下,但在共产国际看来,国民党中"由小资产阶级知识分子组成"的那些人,"今天他们玩弄社会主义,而明天就玩弄法西斯主义,今天伪装革命,而明天就转到资产阶级方面"[⑥]。在这里,以知识分子为主体的"小资",是一种摇摆不定、两面讨好的形象,而在中共党人的观念意识里,这种形象同样被"理论"地塑造。这种"塑造"衍化为对"小资"的一般化认知。陈独秀虽然意识到,中国革命的推

---

① 《鲍罗廷关于华南形势的札记》,载《联共(布)、共产国际与中国国民革命运动(1920~1925)》(1),第371页。
② 《共产国际执行委员会关于中国共产党与国民党的关系问题的决议》,载《中共中央文件选集》第1册,第577页。
③ 《中国共产党对于目前实际问题之计划》,载《中共中央文件选集》第1册,第121页。
④ 《对于民族革命运动之议决案》,载《中共中央文件选集》第1册,第338页。
⑤ 《中国共产党第二次全国大会宣言》,《中共中央文件选集》第1册,第116页。
⑥ 《鲍罗廷的札记和通报》,载《联共(布)、共产国际与中国国民革命运动(1920~1925)》(1),第457页。

进,"应该提携中立的小资产阶级,引导他们上革命的路,增加革命的势力"①。但陈独秀对"小资"的不可靠性抱有警觉心,在他看来,"小资产阶级的知识阶级,他本没有经济的基础,其实不能构成一个独立的阶级,因此他对于任何阶级的政治观念,都摇动不坚固,在任何阶级的革命运动中,他都做过不少革命的功劳,也做过不少反革命的罪恶。"② 邓中夏为了证明"小资"不可能成为中国革命的主导者,举出这样的理由:"小资产阶级有革命要求和倾向,惟势力不能集中,只能为革命的助手。"而"势力不能集中"源自"小资"固有的特质。邓中夏将"小资"分为三种类型,即手工工业家和小商人、农民(雇农除外)、智识阶级。第一类有"浪漫的革命心理",但因组织歧纷,不能集中力量;第二类有革命的可能,但因居处散漫,安土重迁,力量也不能集中;第三类也倾向革命,"并且因其有智识之故又往往为各阶级革命势力间之连锁,褒然为革命之中心人物",但因没有经济实力,且"富有浪漫,自由,无政府种种思想"③,同样不能集中力量。职是之故,"小资"只能安置在中国革命的配角地位之上,别无选择。

中共书写"小资"的特质与功能,目的固然出于革命年代"求其友声"的需要,因为中共认为,"中国民族德谟克拉西运动之发展,与工人农民及城市中小资产阶级普遍的参加为正比例。"④ 但在思想史上,这种认知成为一种观念符号,以至于"小资"概念在日后的政治操作或思想表述中,仿佛"海报"式的话语叙事,随着政治局势的转移而张贴。

## 三 "小资"成分的转移与意义冲突

在中共"小资"观念的起源时期内,"小资"内涵的确定通常随着政治或文化语境的变化而变化,并在这种变化之中而充实。1925年发生的五卅运动,为中共考察"小资"提供了另外一个机会。五卅运动表征着中国民族革命运动的高涨,工人阶级显示了它的革命能量。在这种历史语境之

---

① 陈独秀:《资产阶级的革命与革命的资产阶级》,《向导》第22期,1923年4月25日。
② 陈独秀:《中国国民革命与社会各阶级》,《前锋》第2期,1923年12月1日。
③ 邓中夏:《我们的力量》,载《中共中央文件选集》第1册,第626~627页。
④ 《对于民族革命运动之议决案》,载《中共中央文件选集》第1册,第334页。

下，中共把对"小资"的观察视野转移到产业工人相对集中的城市。五卅运动后，中共发现，参加五卅运动的"城市群众"，居然是"几百万城市小资产阶级的群众"，其中包括"城市小资产阶级革命的智识阶级"[①]。在此之前，中共文献并无显示对这块"新大陆"发现的记载，"城市小资产阶级"话语叙事的产生，完全得益于五卅运动的发生。就在这一年底，毛泽东在《革命》半月刊上发表了《中国社会各阶级的分析》，对"小资"成分结构作了经典剖析。其中在"小资"与革命的关系上，毛泽东观察的结果是："即到革命潮流高涨、可以看得见胜利的曙光时，不但小资产阶级的左派参加革命，中派亦可参加革命，即右派分子受了无产阶级和小资产阶级左派的革命大潮所裹挟，也只得附和着革命。"[②] 这个观察的现实依据，毛泽东自称就是五卅运动。要特别注意的是，此时中共的"革命"关注点是在城市而不是农村。有论者提及，毛泽东后来把农村的中农排除出"小资"行列，将其归入"农民"之中，这样，"小资"成分出现转移，剩下的只是"城市小资产阶级"了。[③] 其实，"小资"内涵转换的端倪，在毛泽东这时的观念中，已隐约是一种征兆和信号。这种征兆与信号隐喻着另外一个问题，即城市与现代知识生产的关联性。知识阶层在其后的革命洪流中成了与"小资"互为指代的符号即将诞生。

城市是一个制造各色群体的巨型机器，是现代知识的生产场所，当然也是一个包罗万象的生存空间，城市的"小资"就游走穿梭于其间。城市孕育着现代知识阶层，也生产了"小资"。城市因有了"小资"知识者这个混合符号，才显得像个城市——一个制造"小资"趣味、情调、气息等的家园。但是，"革命"来了，"城市"是欢迎，还是拒绝？缩小个表述，"革命"要求"城市小资产阶级"摆出选择姿态。结果可能是浪漫迎上，可能是恐惧躲藏，也可能是其他，但"革命"可以不必理会，单刀直入，拽着"小资"列队往前奔。这样，"城市小资产阶级"成了革命的"同路人"——"是革命的很好的同盟者"（毛泽东语）。问题是，这个"同盟

---

① 《中国现时的政局与共产党的职任议决案》，载《中共中央文件选集》第1册，第461、468页。
② 《毛泽东选集》第1卷，人民出版社，1991，第6页。
③ 〔德〕李博：《汉语中的马克思主义术语的起源与作用》，第369页。同时参见《毛泽东选集》第2卷，第640~642页。

者"生活在一个硕大的阴影之下,这就是城市"现代性"。"现代性"造就了现代资本主义文明所能生产的一切,同时也造就了"个人的、主观的、想像性的绵延,亦即'自我'的展开所创造的私人时间"①。城市的"小资"正是"现代性"的孪生子。但矛盾的是,"现代性"所诱导、所规训的一切,又是城市的人们无法拒绝的。"现代性"绘制的"新世界"图像,确实撩惹心魂。中共政治活动家们——同样是"现代性"的政治表现形式,敏感地发觉,追求"现代性"似乎不见得是一种罪过,这种追求反而使"十余年来的中国,产业也开始发达了,人口也渐渐集中到都市了,因此,至少在沿江沿海铁路交通便利的市民,若工人,若学生,若新闻记者,若著作家,若工商业家,若政党,对于言论,集会,结社,出版,宗教信仰,这几项自由,已经是生活的必需品,而不是奢侈品了"②。一大串"市民",后来除个别之外,大都被归入"小资"行列。即使工人,其某些成员,也曾被指责存在"小资"思想。至于政党,组织可能规整,但其中感染"小资"意识的人员,同样可以"搜查"出一批,犹如抖落一册旧书中的纸鱼。但在总体上,能够挤入"小资"阵营的,往往具有一个共同特征,即知识者的形象。中共"五大"对知识阶层的"小资"历史渊源作了这样的观察:"一九一九年(民国八年)的五四运动的主力,就是城市的民权派,当时的领导者是小资产阶级式的智识界,特别是学生。"③但由于"小资产阶级的自身不能找到革命的路径以图自救。只有和无产阶级联盟,在无产阶级影响之下,小资产阶级才得到解放。五四运动最重要的建树,就是小资产阶级在客观上(不是自觉的),趋向于无产阶级去了"④。这是后"五四"时代的论述——一种"回头看"的历史叙事,借助"五四"的文化想象,"小资"不证自明地充当了历史的操演者,于是在观念上,知识阶层与"小资"就构成了循环互证的关系,其后甚至转化为互为替代的符号。

显然,在知识者与劳动者之间划出一条二元分割的鸿沟,使知识阶层

---

① 〔美〕马泰·卡林内斯库:《现代性的五副面孔》,顾爱彬、李瑞华译,商务印书馆,2002,第11页。
② 《本报宣言》,《向导》第1期,1922年9月13日。
③ 《中国共产党第五次全国代表大会宣言》,载《中共中央文件选集》第3册,第96页。
④ 《中国共产党第五次全国代表大会宣言》,载《中共中央文件选集》第3册,第98页。

在通常情况下,被视为"小资"阶层。尽管在逻辑上这并不完全恰当,但中共文献中就这样表述了:"我们人民自古就分为士农工商四个阶级。在这四个阶级当中,士是专门读书的人,他们以知识擅长,可以称他们是知识阶级。……农工都是以劳力谋生的,本是四民中的劳动阶级。"① 这种二元结构思维,轻易地就可将知识阶层与"小资"挂上钩,尤其是在革命遇上挫折的时候,这种"挂钩"就成了追究责任的理由。1927年大革命的失败,就是一个典型的范本。

在大革命失败前后,中共党内的瞿秋白与彭述之曾因"中国革命问题"而发生争论,其中如何对待"小资"是争论的问题之一。1927年2月,瞿秋白写出长文《中国革命中之争论问题》,主要讨论"中国革命的性质及前途,中国革命的党纲策略战术等问题"②。在"小资"问题上,瞿秋白区分了"小资"的职业差别,认为"中国小资产阶级极大部分是农民",它与手工业小商人等城市小资产阶级一样,都"具有原始的排外主义"③。由于他们自身的经济处境,当革命到来之际,他们"自然是普遍的群众的革命化"。而"我们应当做一个火车头……拖着他们往前冲"④。至于"智识阶级",瞿秋白认为他们不是一个阶级,鄙夷地将他们看作与工匠小资产阶级"相像",是一群生活上绅士般的"穿长衫"者,心理上的"书生主义"者或"投机的政客主义"者。⑤ 而在与瞿秋白的争论中,彭述之同样涉及"小资"与"智识阶级"。在彭述之看来,"小资产阶级,总是摇摆于资产阶级与无产阶级之间,他的政治态度,总是动摇不定的。"但在"半殖民地的民族革命中,小资产阶级往往有特殊的作用。"⑥ 对于"智识阶级",彭述之一方面肯定他们在中国革命中"有他特别的使命",另一方面又对他们作了负面评价,认为这个阶层"没有固定的经济基础,总是时常动摇不定的。因此,这个阶级特别富于投机性,特别看重自己的利益和别人的势力,'事秦事楚'都是可以的,只要于他

---

① 《告农民书》,载《中共中央文件选集》第1册,第509页。
② 中国共产党党报委员会:《中国革命中之争论问题·序》,载中共中央书记处编《六大以前——党的历史材料》,人民出版社,1980,第670页。
③ 瞿秋白:《中国革命中之争论问题》,载《六大以前——党的历史材料》,第676页。
④ 瞿秋白:《中国革命中之争论问题》,载《六大以前——党的历史材料》,第708~709页。
⑤ 瞿秋白:《中国革命中之争论问题》,载《六大以前——党的历史材料》,第709页。
⑥ 彭述之:《中国革命的根本问题》,载《六大以前——党的历史材料》,第777页。

有利"①。

瞿秋白与彭述之争论的焦点是在中共的革命策略上,"小资"问题并不是重点,与其说他们有什么差异,还不如说,他们共同绘制了一幅以"智识阶级"为典型的"小资"负面图像。"小资"以"智识阶级"为主体叙事的负面历史,开始从这里生成。瞿彭之争发生在"四一二"反革命政变前后,中国革命应当如何推进,中共党内的不同意见,顿起波澜。而在此时,"小资"问题——一个始终缠绕中国革命"同盟者"的话题,现在成为判断其可靠性与否的问题。这种怀疑与担忧,其后很快地就反映在中共的正式文件中,例如称"小资产阶级的政治家……见着革命发展便吓慌了""小资产阶级必然是动摇犹豫,徘徊于互相斗争的阶级及革命与反革命之间"② 等。这些都是在革命遇上麻烦时,对党内革命失败原因检讨的思想流露,但也因此强化了"小资"负面形象在中共党内的存在。

在大革命失败的历史语境下,中共对"小资"的认知开始发生重大的转变。"小资"意义指涉因革命的失败而改变,其中的意义冲突,显性的表征在"小资"名称的变化,隐性的表征则在"小资"主体指认的转换。前一方面,在大革命失败前,中共文献中通常将"小资"与"智识阶级"并列或分别使用,即便是为了应对革命危机而召开的"八七会议"上,也仅提到"党的指导机关里极大多数是智识分子及小资产阶级的代表"③。但在 1927 年 11 月中共中央临时政治局扩大会议后,这两个词突然间合并了起来,形成一个新的用语:"小资产阶级智识分子"④。后一方面,这个新用语用来专门针对中共内部成员,"小资"原本的"他者"身份,现在明确地转移到中共自身上来了。

中国大革命的失败,其原因固然极为复杂,对其进行检讨完全必要,但将革命失败的责任推到党内的"小资产阶级智识分子"身上,其实是掩盖了真正的问题。将"小资产阶级智识分子"置于中共组织结构中,并指认它会产生主导作用,结果推导出这样一种"小资"观念:"本党领

---

① 彭述之:《中国革命的根本问题》,载《六大以前——党的历史材料》,第 780 页。
② 《中国共产党中央执行委员会告全党党员书》,载中央档案馆编《中共中央文件选集》第 3 册,中共中央党校出版社,1989,第 250、258~259 页。
③ 《中国共产党中央执行委员会告全党党员书》,载《中共中央文件选集》第 3 册,第 265 页。
④ 《最近组织问题的重要任务议决案》,载《中共中央文件选集》第 3 册,第 469 页。

导干部并非工人,甚至于非贫农而是小资产阶级智识分子的代表。……中国共产党的指导作用,竟留在小资产阶级出身的分子手中,当时这一部分革命的小资产阶级,仅仅受着最初一时期革命高潮的冲动,并未经过马克思列宁主义理论的锻炼,并不知道国际无产阶级运动的经验,并且是站在工人贫民的阶级斗争之外的,他们不但没有能改造〈成〉澈底的无产阶级革命家,反而将自己在政治上不坚定,不澈底,不坚决的态度,不善于组织的习性,以及其他种种非无产阶级的小资产阶级革命者所特有的习性,习气,成见,幻想……带到中国共产党里来。"① 这段叙述建构了一种新的"小资"文本,而其中的"习性""幻想"等用词,在后来的语义演变过程中,逐步把"小资"身份叙述转化为一种意识的表征符号。②

## 四 非实体想象:"小资"观念的意识化

在中共思想史上,对"小资"认知的观念,只是构成中共思想系统的经验因素之一。在这其中,"小资"一词被用来表达某种意义,或者用来思想交锋,或者用于文本书写,无论出于何种用途,它都只能分别在各类语境前提下进行意义再生产。这种意义再生产显示,中共"小资"观念的起源经历了经济与政治意义上的阐释之后,它的文化意义形态也同时显现了出来。那么,"小资"观念的文化意义形态是如何表述的呢?

当"小资"被想象为一种特有的"习性""幻想""成见"时,或者其他种种可以赋予"小资"以思想特性的修饰语,并被用于解释"小资"的表现时,"小资"就被纳入文化解读的范畴——一种非实体的意义理解。之所以会如此,那是人们用一种带有意义的用词,替代性地表示"小资"的特征——思想特征或意识特征,而不论何种"思想"或"意识",在解释学意义上总是文化性的——它必须经过语言编码才能产生意义。在中共文献中,真正将"小资"较完整地表述为"小资产阶级的意识",是在中共六大之后。1928年11月,中共在一份转发各级党部的"告全体同志书"

---

① 《最近组织问题的重要任务议决案》,载《中共中央文件选集》第3册,第469~470页。
② 据美国解释学家格雷西亚称,古德曼等人认为,"符号不过是短小的文本"。参见〔美〕格雷西亚《文本性理论:逻辑与认识论》,人民出版社,2009,第20页注⑤。

第四部分称：党内存在"许多小资产阶级的意识"，并且"这种小资产阶级意识还有大大发展的可能"①。为何将"小资"这个原本属于社会阶层的概念，当成一种思想中的"意识"来论述呢？这就要追溯到一年前大革命失败后，中共生存状态的历史语境中来考察。大革命的失败，使中共面临着生存与发展的巨大考验。在"八七会议"上，中央临时政治局提出要"改造各级党部的机关"②，此后又提出要将党"造成真正布尔什维克的指导"③的党。在总结南昌起义后叶挺、贺龙的"南征"失败教训时又称："我党必须深切的认明：下极大的决心，重造我们的党——在思想上组织上澈底肃清小资产阶级的机会主义，造成真正群众的，革命的，阶级的，布尔什维克的党，然后才能担负起现时所负的重大使命。"④"改造党"和党的"布尔什维克化"的提出，在"小资"观念中引入了一个要素，即"思想"或"意识"可以作为"小资"的替代符号而被使用。

"小资"观念由此不得不进入一个范围更广的文化阐释空间。"告全体同志书"强调：党内不正确思想的来源，除了客观原因外，主观上"党的组织还没有布尔什维克化，包括许多非无产阶级的意识也是一个主要原因"。因此，必须"坚决洗刷一般动摇的分子"，"坚决的反对小资产阶级的意识"⑤。此时的"小资"，即便是一种"意识"，指涉对象已不是别人，而是中共党内的人了，也就是说，在中共的"小资"观念中，"小资"的"他者"概念被置换成"自称"概念。那么，"小资"意识只需向党内寻找而不必他求了。为此，"告全体同志书"列出了十种"小资"意识，如"极端民主化的倾向""反机会主义的认识上的错误""个人的义气之争""小组织的倾向"⑥ 等。这种"小资"观念，一方面是中共党内现象的描

---

① 《中国共产党中央委员会告全体同志书》，载中央档案馆编《中共中央文件选集》第4册，中共中央党校出版社，1989，第704页。据《周恩来选集》编委会所作题解称，这份文件的第四部分是周恩来起草的，现以"坚决肃清党内一切非无产阶级的意识"为题收入《周恩来选集》上卷，人民出版社，1980，第8~13页。
② 《党的组织问题议决案》，载《中共中央文件选集》第3册，305页。
③ 《中央通告第一号——八七会议的意义及组织党员讨论该会决议问题》，载《中共中央文件选集》第3册，第311页。
④ 《中央通告第十三号——为叶贺失败事件》，载《中共中央文件选集》第3册，第405页。
⑤ 《中国共产党中央委员告全体同志书》，载《中共中央文件选集》第4册，第704页。
⑥ 参见《中国共产党中央委员会告全体同志书》，载《中共中央文件选集》第4册，第704~707页。

述,另一方面可能来自列宁的论述。在此之前,中共悉知列宁有关"小资"的论述,无疑有多种信息渠道,报告文件、报刊译介等都是载体,如曾作为以李大钊为主的北方区委机关报《政治生活》,译载过列宁对"小资"的评论云:"在半殖民地中国之社会里,……小资产阶级的整个阶级性并不稳固,因此,他们在革命变化中的态度也不能一致。"[①] 但从接受理论角度论,当以原作相对完整的中译本出现为准。列宁写于1920年的著名作品《共产主义运动中的"左派"幼稚病》,1927年有了中文译本[②]。列宁对"小资"有段经典的论述:"他们用小资产阶级的自发势力从各方面来包围无产阶级,浸染无产阶级,腐蚀无产阶级,经常使小资产阶级的懦弱性、涣散性、个人主义以及由狂热转为灰心等旧病在无产阶级内部复发起来。"[③] 这些"旧病"特征,列宁还有其他种种表述,如"幻想与空想""自由散漫""小贵族情绪""发狂心理"等。这一系列语言符号,建构了"小资"形象的文化叙事,而这种文化叙事在日后中共的"小资"观念中被延续了下来。

赋予"小资"以"意识"特征,是与中共强调提高阶级意识、清除非无产阶级思想相关联的。被看成西方马克思主义"始祖"的卢卡奇,对"阶级意识"的重要性作过这样的评论:"最终决定每一场阶级斗争的问题,是什么阶级在既定的时刻拥有这种能力,拥有这种阶级意识。"[④] 在中共看来,无产阶级的阶级意识强弱,关系到党是否具有战斗力。因此,对"小资"意识的危险性、颠覆性与瓦解性,中共显得相当注意。大革命失败后,中共从强化党的组织战斗力的需要出发,强调应当在党内加强无产阶级的阶级意识,以应对时局的变化。因此,对党内的"小资"意识的批判,就构成了中共"小资"观念中的一个重要因素。就中共的"小资"观念史而言,"意识"因素进入"小资"范畴,"小资"观念的意识化就产生了。这种演变过程显示,"小资"从原本作为社会阶层的分析概念,开

---

① 列宁:《斥小资产阶级反革命派》,(无署译者名),《政治生活》第29期,1925年2月1日。
② 该书由吴凉翻译,书名是《"左派"幼稚病》,1927年上海浦江书店出版。
③ 《列宁选集》第4卷,人民出版社,1995,第154页。应当说明,列宁在1905年和1918年分别写过《小资产阶级社会主义和无产阶级社会主义》《论"左派"幼稚性和小资产阶级性》,对"小资"的特征与表现作了深刻的剖析,但中译本何时出现尚待考,此处从略。
④ 〔匈〕卢卡奇:《历史与阶级意识》,杜章智、任立、燕宏达译,商务印书馆,1999,第109页。

始转换为思想意识的分析概念。

## 五 余论：中共"小资"观念的后续状态

中共"小资"观念从原本一种经济与政治意义上的社会阶层分析概念，最终上升为一种意识层面的思想分析概念，这意味着中共"小资"观念的最后定型化或模式化。其后的概念演变及其具体运用，都是在这种定型化或模式化的框架内的展开。

实际上，作为一种思想意识观念，它的起源完成形式并无绝对的时间界限，因此，中共有关"小资"意识的观念，在20世纪30年代与20世纪40年代依然继续衍化与扩张。例如，1930年12月"古田会议"做出的"决议案"，就对"非无产阶级意识"——大都针对"小资"意识，作了深刻的剖析。对党内各种"非无产阶级意识"的存在，认为"完全是小资产阶级个人主义意识的表现"[1]。由"小资"特性表现出来的种种"意识"，在中共有关"小资"观念的论述中，实际上成为一种观念传统。延安时期，中共的这种"小资"观念，在思想理论系统内，已然建构为一套话语秩序或知识秩序。凭借这种话语或知识秩序的解释能力，中共观察"小资"意识的"所作所为"，就合理地进入了思想认知层面，人们对此不但不会感到惊愕或困惑，而且还形成集体无意识的认同[2]。1942年6月，史学家范文澜在一篇批判性的文章中就坦然承认："当我们这一群所谓知识分子没有参加共产党以前，我们只有一种意识，即小资产阶级意识，只有一个立场，即小资产阶级立场。"后来尽管参加了共产党，但头脑中依旧存在两个"我"——"一个是无产阶级意识的新我，一个是小资产阶级意识的旧我"[3]。"小资"意识成了缠绕人们思想的恼人蝇虫，久久挥之不去。

---

[1] 《中国共产党红军第四军第九次代表大会决议案》，载中央档案馆编《中共中央文件选集》第5册，中共中央党校出版社，1990，第805页。

[2] 关于"意识"的"无意识"现象，马克思曾在《资本论》中说："他虽然没有意识到这一点，却把它说了出来。"卢卡奇对此又作了这样的阐释："阶级意识——抽象地、形式地看——同时也就是一种受阶级制约的对人们自己的社会的、历史的经济地位的无意识"。参见《历史与阶级意识》，第108页及注释②。

[3] 范文澜：《论王实味同志的思想意识》，载刘增杰等编《抗日战争时期延安及各抗日民主根据地文学运动资料》（上），知识产权出版社，2010，第335~336页。

历史地看,"意识"因素渗入中共的"小资"观念中,到延安时期至少有近十年的思想积累。这种思想积累对于延安时期中共对"小资"问题的分析,起到了一种如马克思所说的"好像是一个先验的结构"① 的作用。1945年,为了总结中国革命的历史经验而做出的"历史决议"②,对"小资"问题的分析,正是"小资"观念"意识化"的文本。这个"历史决议"在总结中共历史上"左"倾错误的政治、军事、组织和思想四个方面的表现后,试图找出产生这些表现的社会根源,结论是:"半殖民地半封建的中国,是小资产阶级极其广大的国家。……小资产阶级思想在我们党内常常有各色各样的反映,这是必然的,不足为怪的。"③ "小资"简便地成为社会分析术语,并且隐喻着一个"汪洋大海"的世界。在这个"世界"里,无须其他更为复杂的证据,中共党内的"小资"意识——"小资产阶级思想"的存在,就足够印证"小资"是如何的庞大,以及是如何地危及党的政治肌体。

"小资"意识必须被还原,还原为一种思想表现或思想主导之下的行为,不然就无法证实"小资"意识会在党内"反映"。因此,"历史决议"以特有的语言表述,将"小资"意识管辖在三种范围之内:其一,"小资"观念在思想方法上"基本上"会外化为"观察问题时的主观性和片面性",加上"小资"固有的"狭隘性、散漫性、孤立性和保守性的限制",其结果,要么制造教条主义,要么产生经验主义。其二,因为"小资"生活方式即经济地位的不稳定性,所以在政治倾向上"容易表现为左右摇摆",并且"好走极端、华而不实、投机取巧",于是关门主义、冒险主义、悲观主义、逃跑主义、投降主义等,都从这里出笼。其三,"小资"在组织生活上"容易表现为脱离群众的个人主义和宗派主义",那么,"官僚主义、家长制度、惩办主义、命令主义、个人英雄主义、半无政府主义、自由主义、极端民主主义、闹独立性、行会主义、山头主义、同乡同学观念、派别纠纷、耍流氓手腕等"④ 都会以各种方式登台表演。总之,三个

---

① 《马克思恩格斯选集》第2卷,人民出版社,1995,第111页。
② 即《中国共产党中央委员会关于若干历史问题的决议》(一九四五年四月二十日中国共产党第六届中央委员会扩大的第七次全体会议通过)。
③ 《中国共产党中央委员会关于若干历史问题的决议》,载《六大以来——党内秘密文件》(上),人民出版社,1981,第1197页。
④ 以上引自《中国共产党中央委员会关于若干历史问题的决议》,载《六大以来——党内秘密文件》(上),第1198~1199页。

方面的"小资产阶级思想"无处不在,随时都会挑逗人们健康的心智。在中共"小资"观念史上,尽管上述词汇符号在描述"小资"特性时,不断被"单数"(个别表现)或"复数"(多重表现)地使用,但再也没有比这里的概括,更经典地囊括"小资"意识的绝大部分特征了,这里的每一项"主义",都可以作为"小资"的意识表现而被搬上理论"论述舞台",尤其在思想文化领域更是如此。

从思想文化角度观察"小资",在相当长的时期里是中共有关"小资"问题分析的特点。1942年5月,毛泽东在讨论"文艺运动中的一些根本方向问题"时,虽然肯定"在'五四'以来的文化战线上,文学和艺术是一个重要的有成绩的部门"。但这个部门是这样一个"王国":"他们是站在小资产阶级立场。他们是把自己的作品当作小资产阶级的自我表现来创作的。"有时"衣服是工农兵,而面孔却是小资产阶级"。总之"屁股还是坐在小资产阶级方面"①。毛泽东继而推高了这个"王国"的政治企图,认为它会通过种种手段(当然包括文化的)来达到"按照小资产阶级知识分子的面貌来改造党改造世界",其结果"就有亡党亡国亡头的危险"②。此后,"小资"观念在各种论述领域又被作了具体化的后续阐释。

"小资"观念的后续阐释出现了这样一种现象:原本由多种成分构成的"小资"群体,现在俨然成为知识界的独家符号。说它"俨然",是因为在这个时期,中共中央所发文件涉及"小资"问题,在一般情况下均为统称,并不特指,就像《解放日报》在一篇总结整风期间学习运动的社论中明确强调的那样:"整顿三风运动的性质,正如毛泽东同志所说:是无产阶级思想与小资产阶级思想的斗争。""一定要把这个思想改造工作进行到底。不惜精力、时间、费用,达到无产阶级思想在全党内克服小资产阶级思想的目的。"③说它"独家",是因为在这个时期的大量词汇表达中,尤以"小资"的"劣根性"用词为最,而"小资"的"劣根性"大都隐喻社会出身的遗留物——一个被称为"尾巴"的东西。"尾巴"语境背后的实体承担者就是文化知识界,特别是一个个知识分子个体。工农出身的

---

① 毛泽东:《文艺问题》,解放社,1943,第10页。注:《文艺问题》是毛泽东《在延安文艺座谈会上的讲话》最早版本的书名之一。
② 毛泽东:《文艺问题》,第27页。
③ 《延安一个月学习运动的总结》,《解放日报》1942年6月5日。

虽然可能染上"小资"习气，但由于"出身"的关系，他们更容易被改造成为去掉了"非无产阶级思想"的群体。虽然这肯定是一种悖论，但被大多数人无意识地认同了："有许多文艺工作者，他们本身既是属于小资产阶级的知识分子的阶层，他们的作品也表现着同一阶层的思想与感情，并且也在同一阶层中找到自己的读者。"①"小资产阶级出身并在地主资产阶级教养下长成的文艺工作者"，常常会脱离实际并妨碍群众革命斗争，这是"有历史必然性的"②。在社会心理层面上，人们完全有理由从"既是属于""历史必然性"等用语中读出意义：知识分子与"小资"作为互代符号，似乎是合理的。

那么，在中共的"小资"观念中，锁定"小资"文化性具有何种实用功能呢？第一，它可用来批评文化知识界存在的脱离实际、脱离群众的思想偏向，特别是在强调以工农大众为主体的文化政策背景下，"小资"的所有"劣根性"为这种批评提供了立说依据。第二，它可以促使文化知识界人士进行思想反省，以达到自我改造的目的。改造知识分子思想中的"小资"意识，构成中共"小资"观念中的目的性对象，而大多数文化知识界人士也自认为完全有这种必要。1942年5月以后，这种认知几乎形成一种舆论气候。这种"气候"在新中国成立之后依旧存在，1951年毛泽东关于"思想改造，首先是各种知识分子的思想改造"的提出就是一个标志。当"改造"成了思想变革的主题，"小资"不论作为社会阶层，还是作为思想意识，毫无例外地都要列入被改造的对象。尽管中共在新中国成立初期曾提出"团结、教育、改造"的方针，但随着"极左"思潮的泛滥，"小资"也随同资产阶级一道被纳入了政治批判的行列，如同毛泽东所说的"我们同资产阶级和小资产阶级的思想还要进行长期的斗争"③。其后，包括十年"文革"在内，"小资"总是在"阶级斗争"框架内被观察或被叙述的。

长久以来，"小资"像是一个会施魔法的巨型符号，尤其它被看成"意识"的时候，任何阶层的个体，一不小心，都有可能被贴上这个符号，

---

① 《从春节宣传看文艺的新方向》，《解放日报》1943年4月25日。
② 《中共中央宣传部关于执行党的文艺政策的决定》，《解放日报》1943年11月8日。
③ 毛泽东：《在中国共产党全国宣传工作会议上的讲话》，《毛泽东文集》第7卷，人民出版社，1999，第281页。

这显然是不正常的。但事情居然发生了变化，1976年10月以后，中国进入了政治、经济、思想、组织等全方位的拨乱反正时期。1978年10月至11月，中共中央组织部分批召开落实知识分子政策座谈会，宣布"我们党在建国前后提出来的，以旧社会过来的知识分子为主要对象的团结、教育、改造这个方针，现在已经不适用了"①。此后，知识分子终于归于正果，是工人阶级的一部分，是"人民"的范畴了。如此一来，从逻辑上说，中共原有的"小资"观念就将失去知识分子这个主体成分，更谈不上两者的互为替代，"小资"淡出历史已无可避免。但历史是会开玩笑的，理论在"高兴"之余，实践找"麻烦"来了。经过改革开放30年来的经济发展，中国人民富了起来，社会主义市场经济又进一步推动社会结构的变化，新的社会阶层正在形成之中。黄宗智观察到，"中国小农业人数和其持久性具有悠久的历史，乃是中国基本国情之一。……在21世纪的今天，它仍然是小农阶级占大多数的社会。"所以，"今天中国的所谓'白领''中产阶级'（亦可称作'新''小资产阶级'），其实在小资产阶级全体之中只占一个比较小的比例。"② 即便如此，"新小资"的出现已是不争的事实。在这种新的历史条件下，中共的"小资"观念以及它的理论形态，是否还具备解释能力？还需要有何创新性的突破？这已不是一个可有可无的问题了。

(原载《中共党史研究》2011年第4期)

---

① 中共中央组织部、中共中央文献研究室编《知识分子问题文献选编》，人民出版社，1983，第48~49页。
② 〔美〕黄宗智：《中国的小资产阶级和中间阶层：悖论的社会形态》，《中国乡村研究》第6辑，福建教育出版社，2008，第5、6页。

# 1930年6月下旬~7月毛泽东对"进攻战略"的态度探析

欧阳小松

1930年6月下旬,毛泽东率新组建的红一军团,自闽西长汀出发北上江西,7月部队展开了进军南昌等重大军事行动。红一军团北上江西出于实施中央"进攻战略"的需要。接到中央执行"进攻战略"指示后,1930年6月下旬~7月毛泽东对"进攻战略"持有怎样的态度?此问题,学界虽有论及,但尚缺深入分析。在本文中,笔者尝试运用社会心理学的态度[①]与双重态度[②]概念,结合解读毛泽东北上江西期间所作的《蝶恋花》一词,在"微观研究"的意义上,对毛泽东的态度问题作一探析。

## 一 1930年6月下旬~7月毛泽东接受"进攻战略"的背景及主要表现

按社会心理学的双重态度理论,笔者认为,1930年6月下旬~7月,

---

[①] 态度是社会心理学的核心概念。按社会心理学的相关观点,可将其定义为:主体内在的以对某一对象评价为特征的心理反应倾向。态度既有一定的持续性也有一定的情境性。构成态度的主要心理成分有:情(感)、(认)知、意(向)。参见郑雪主编《社会心理学》,暨南大学出版社,2004,第119~121页。

[②] 双重态度理论是态度理论的前沿内容。在双重态度理论中,双重态度是指,人们对同一态度客体能同时具有两种相异的反应(也称评价),一种表现为外显态度,另一种则为内隐态度。双重态度理论认为,从双重态度发生的角度看,当态度产生改变时,即人们由旧的态度改变到一种新的态度时,旧的态度仍可留存在人们的记忆中并潜在地影响着人们的行为,这就导致了"双重态度"。对于"双重态度"中的内隐态度,虽然态度持有者有时能意识到,但由于情境压力等原因,往往难以对其作公开表达甚至无法言明。当态度持有者意识到这种态度具有威胁性或难以被接受时还往往会对其进行主动压抑。参见张林、张向葵《态度研究的新进展——双重态度模型》,《心理学》2003年第7期,第15~16页。

毛泽东对"进攻战略"的态度具有外显与内隐的双重特征。接受"进攻战略"为其外显态度，怀疑"进攻战略"为其内隐态度，下面就毛泽东接受"进攻战略"的有关背景及主要表现作一论述。

1930年以来，国际国内形势出现了有利于中国革命力量迅速发展的变化。当时中共中央主要领导李立三等人，据此判断中国革命高潮即将到来。中国革命高潮到来之际，就是中国共产党组织全国性的武装暴动推翻国民党政权之时。从这一固有观念出发，在李立三等人的主导下，中共中央决策层，于1930年2月的中央《第七十号通告》中，向全党提出了旨在迅速夺取全国政权的"争取一省或几省首先胜利"行动方针。[①] 李立三等人在分析中认为，以武汉为中心的湘鄂赣三省更有首先胜利的可能，故"争取一省或几省首先胜利"方针在当时的中央文件里，也称作"争取以武汉为中心的湘鄂赣等省首先胜利"（方针）。

在"城市中心论"观念的支配下，李立三等人视中心城市的工人武装暴动为"争取一省或几省首先胜利"的关键。为进一步促进革命高潮，配合城市工人暴动，中央决策层要求活跃于南方各省区农村根据地的红军部队迅速改变以往的游击战术，加紧实施中央于1929年12月在《第六十号通告》中所提出的"进攻战略"。[②] 进攻战略的基本原则是红军应最大限度地扩大和集中兵力，积极展开外线作战，向国民党统治区域发展，进攻并夺取中心城市。1930年2月以来，在中央文件中，李立三等人多次阐述了红军实施"进攻战略"的意义，并突出强调了"进攻战略"原则的核心——进攻并夺取中心城市。

自1930年5、6月份，红军各部队按中央的要求，正式实施进攻战略。但随后的事实很快证明，进攻战略缺乏持续实施的主客观条件，具有"左"倾冒险的错误性质。事实同时也说明，处于当时复杂的历史条件下，广大红军指战员，要充分认识这一战略的错误性质，需经实施之具体途径。即使是在中国革命道路问题上极富探索精神的毛泽东，也难以例外。

1930年5月上旬和下旬，中共中央在上海分别召开了全国红军代表会议和全国苏维埃区域代表会议。在农村根据地全面贯彻"进攻战略"是会

---

[①] 中央档案馆编《中共中央文件选集》第6册，中共中央党校出版社，1990，第27～34页。
[②] 中央档案馆编《中共中央文件选集》第5册，中共中央党校出版社，1990，第568～571页。

议的主要精神。

1930年6月中下旬,毛泽东在闽西长汀县的南阳,主持召开了中共红四军前委和闽西特委联席会议(史称南阳会议亦称汀州会议)。在此期间,中共中央特派员涂振农到会传达了全国红军代表会议和全国苏维埃区域代表会议精神,并要求以毛泽东为首的红四军前委立即转变原有立场坚决执行中央的"进攻战略"。在"打下武汉"的"总目标"下,率部向江西发展,"打下吉安","进攻南昌,九江"①。

如前所述,"进攻战略"最早可见于中央《第六十号通告》中的有关表述。1930年1~2月间,毛泽东率红四军向赣西南发展时,曾得到《第六十号通告》,因此毛泽东在涂振农传达之前,对中央"进攻战略"的基本内容已有所知。在此前提下,毛泽东对由涂振农所传达的"进攻战略"表示了怀疑。②

从现有资料看,笔者认为,毛泽东对"进攻战略"之所以表示怀疑,主要是因为当时,毛泽东与中央主要领导李立三等人在红军促进革命高潮,配合工人武装暴动问题上存在明显的分歧。分歧并不在于红军要不要"促进"和"配合",而在于如何"促进"和"配合"。

1930年以来,毛泽东也认为中国革命高潮很快就要到来。③ 在这一形势下红军应积极促进革命高潮,配合城市工人武装暴动,毛泽东对此也无异议。但在如何"促进"和"配合"这个关键问题上,毛泽东与李立三等人有着不同的认识。

红军应采取什么方式促进革命高潮?1930年1月,在给林彪的信中,毛泽东将自己数年的思考作了总结。

毛泽东认为,要使红军在促进革命高潮上发挥应有作用,红军的高级指挥员就必须要有"建立赤色政权的深刻观念",也必须要有"由这种赤色政权的深入与扩大去促进革命高潮的深刻的观念"④。毛泽东指出:"红军游击队及苏维埃区域之发展","无疑义的它是促进全国革命高潮的重要

---

① 中共中央文献研究室编《毛泽东年谱》(上卷),中央文献出版社,1993,第310页。
② 〔美〕艾格妮丝·史沫特莱:《伟大的道路》,梅念译,三联书店,1979,第315~317页。
③ 《毛泽东给林彪的信》(一九三〇年一月五日),载《中共中央文件选集》第6册,第553~555页。
④ 《毛泽东给林彪的信》(一九三〇年一月五日),载《中共中央文件选集》第6册,第553~555页。

因素"。红军必须执行"有根据地的,有计划地建设政权的,红军游击队与广大农民群众紧密地配合着……深入土地革命的,扩大武装组织……政权发展是波浪式向前扩大的政策"①。毛泽东认为这样的政策"是无疑义地正确的"。他强调说"必须这样,才能树立全国革命群众的信仰……才能给统治阶级以极大的困难,动摇其基础而促进其内部的分解,也必须这样才能创造真正的红军","总而言之,必须这样,才能促进革命的高潮"②。

1930年5月,受毛泽东委托,红四军军委代理书记熊寿祺出席了全国苏维埃区域代表会议,并向与会者作了《红军第四军状况》的报告。在红军如何配合城市工人武装暴动等问题上,阐述了毛泽东的主张。报告写道:"四军党对于时局的估量,虽然认识国内外统治阶级一天天崩溃,全世界尤其是全中国一天天走向革命高潮,但是对于应对时局的方针,还是遵守着过去的路线"③。这个路线是:"发动广大群众,广泛地在农村建立群众基础,深入土地革命……扩大土地革命影响于全国"④。同时,"普遍的建立小块赤色政权,赤色武装,使小块苏维埃与零星的红色武装,继续发展,渐次汇成一个总流","然后配合着城市暴动夺取政权"⑤。报告将实行这一路线称为红四军党的一种"信念","有了这种信念,红军的任务也在此信念下确定了"⑥。

从以上史料清楚地看到,无论是促进革命高潮,还是配合城市工人暴动,毛泽东都主张红军应将行动的重心放在农村,确切些说,放在农村根据地的建设上(建立、巩固、发展)。其内容包括政权建设、土地革命、组织地方武装等。毛泽东认为,唯有如此才能促进革命高潮,也才能为配合城市工人暴动打下坚实的基础。显然毛泽东意识中的"促进""配合",是以农村根据地的巩固发展为前提的。

这些主张,在给林彪的信中,毛泽东称之为"深刻的观念",评价为

---

① 《毛泽东给林彪的信》(一九三〇年一月五日),载《中共中央文件选集》第6册,第553~555页。
② 《毛泽东给林彪的信》(一九三〇年一月五日),载《中共中央文件选集》第6册,第553~555页。
③ 熊寿祺:《红军第四军状况》,《党的文献》1999年第2期。
④ 熊寿祺:《红军第四军状况》,《党的文献》1999年第2期。
⑤ 熊寿祺:《红军第四军状况》,《党的文献》1999年第2期。
⑥ 熊寿祺:《红军第四军状况》,《党的文献》1999年第2期。

"是无疑义地是正确的";而熊寿祺在《红军第四军状况》中则称为红四军党的"信念"。这些语词的出现,明白无误地告诉人们,毛泽东绝不会将这样的主张轻易改变,确立了这些主张,面对与这些主张在观念上相冲突的"进攻战略",毛泽东要对其表示怀疑,就不仅是可能而且是必然。

怀疑,作为一种外显态度,在当时的条件下,很难持续。继怀疑之后,对"进攻战略",毛泽东又做出了与怀疑相异的另一种反应。这种外显的心理反应,笔者沿用《伟大的道路》一书中朱德的提法,称其为"接受"。① 在《伟大的道路》一书中,朱德的完整提法是:"我们别无选择,只有接受"。相类同的语句,书中还有:"我们在原则接受了命令","我们只好接受"等。关于接受,现代汉语词典的释意是:"接纳而不拒绝"②。在日常交际语境中,"接受"一词在使用上,往往还带有被动的意味。③ 笔者以为毛泽东接受"进攻战略"也有此意味。

接受"进攻战略",作为毛泽东的一种外显态度,在随后的时间里,通过红一军团北上江西的军事行动,获得了相应的表现。表现的内容可概述如下。

按照中央集中兵力实施"进攻战略"的指示,毛泽东、朱德等决定以红四军为基础,对闽西、赣南红军进行了混合整编。红四军、红六军(后称红三军)、红十二军正式整编为红军第一路军(不久改称红一军团),朱德任总指挥,毛泽东任政治委员;同时成立中共红军第一路军总前敌委员会,毛泽东任书记。部队总人数1万多人。④ 6月下旬,毛泽东率部在长汀召开北上誓师大会。红一军团北上的目的,在涂振农所公布的带自中央的《中国革命军事委员会为进攻南昌会师武汉扩大斗争通电》中,有明确的表述:"向南昌进发,与红军第二、第三军团会师武汉,夺取湘鄂赣数省首先胜利,以推动革命高潮"⑤。

1930年6月22日,毛泽东、朱德签发命令,提出了红军第一路军(红一军团)北上的阶段性任务:"配合江西工农群众夺取九江、南昌以建

---

① 〔美〕艾格妮丝·史沫特莱:《伟大的道路》,梅念译,第315~317页。
② 《现代汉语词典》(2002年增补本),商务印书馆,2002,第642页。
③ 《现代汉语规范词典》,外语教学与研究出版社,2004,第664页。
④ 中共中央文献研究室编《毛泽东年谱》(上卷),第310页。
⑤ 中国革命军事委员会:《为进攻南昌会师武汉扩大斗争通电》(1930年6月25日),载《江西党史资料》(第6辑),1988,第51页。

设江西政权"①。6月28日,毛泽东、朱德率红一军团总部及直属部队离开长汀,途经广昌、瑞金,于7月9日到达兴国。7月11日,红一军团总部决定向南昌发起试探性进攻,于江西兴国发布《进攻樟树的命令》。《命令》称:"本军团决进略樟树,窥袭南昌,以响应武汉工人暴动,扩大政治影响"。同时诱敌"弃置吉安,退回与我野战,使赣西群众武装得以趁间占领吉安"②。7月下旬红一军团的红四军等部在赣西南根据地的永丰与活跃于赣西南的红六军黄公略部会合。7月21日,红一军团(含红六军)离开永丰,"照原来任务……北上"③。7月22日,红一军团"照原北上第三期计划攻取樟树",并于7月24日一举攻克樟树镇,歼灭国民党军第十八师之一部。占领樟树后,红一军团又西渡赣江至高安。7月29日"向南昌方向移进"④。部队于7月30日进抵"离南昌城30里一带的万寿宫、生米街"⑤。8月2日,红一军团"为求迅速完成北上任务起见,决诱敌离开巢穴而歼灭之"⑥,主动撤围南昌,进至安义、奉新一带。之后红一军团由赣入湘。红一军团在江西以进军南昌为主要特征的军事行动遂告一段落。

闽西、赣南红军按中央要求集中整编,红一军团离开闽西根据地,以夺取南昌、九江,会师武汉为目的向江西发展。红四军等部在赣西南根据地与红六军黄公略部会合后,红一军团主力悉数继续北上进军南昌,部队直抵南昌城郊。毛泽东接受"进攻战略"之意从中显而易见。

当然,值得指出的是,虽然毛泽东等人率部以夺取中心城市为目的进军江西,但在如何夺取中心城市问题上,并没有将强攻(阵地攻坚战)作为唯一的战术,而是选择诱敌出城、歼敌于运动之中的运动战术作为红军夺取吉安、南昌等中心城市的主要作战方式。在南昌城外,部队几番诱敌不成,毛泽东等人仍然不改运动战术,直到部队由赣入湘也未对南昌守敌施以强攻。这表明毛泽东等人并没有因为接受"进攻战略"而丧失敌强我弱的清醒意识,在攻打中心城市的问题上显得行事谨慎。

---

① 《江西党史资料》(第6辑),1988,第48页。
② 《江西党史资料》(第6辑),1988,第52页。
③ 《江西党史资料》(第6辑),1988,第55页。
④ 《江西党史资料》(第6辑),1988,第67页。
⑤ 《江西党史资料》(第6辑),1988,第80页。
⑥ 《江西党史资料》(第6辑),1988,第69页。

## 二 1930年6月下旬~7月，毛泽东对"进攻战略"的怀疑态度解读

这里，笔者需要提出一个问题：当接受表现为毛泽东对"进攻战略"的外显态度后，原先的怀疑态度是否就不存在了？对此，笔者的观点是，怀疑态度并未消失，它仍然存在，只不过因不合时宜，受到接受这一外显态度的遮蔽而成为一种内隐态度。说毛泽东对进攻战略的怀疑，以一种内隐的方式存在，这一观点，虽受益于社会心理学双重态度理论的启发，但更来自笔者对毛泽东写于1930年7月的《蝶恋花》一词的解读。

笔者以为解读毛泽东写于1930年7月的《蝶恋花》一词，须具备相应的解读意识。笔者所谓的解读意识主要是指：（1）版本（意识）。毛泽东创作于1930年7月的《蝶恋花》一词，今天可见的版本主要有二：一为《蝶恋花·进军南昌》[①]，另一为《蝶恋花·从汀州向长沙》。[②] 前者为原稿，后者为发表于20世纪60年代的发表稿。若将原稿与发表稿作一对比，即可知发表稿是在对原稿作较大改动的基础上形成的。如原稿中的"欲打南昌必定汀州过""十万工农齐会合""统治阶级余魂落"等，在发表稿中分别改为"万丈长缨要把鲲鹏缚""百万工农齐踊跃""狂飙为我从天落"等。由于作者对原稿作了较大修改，这就使原稿与发表稿意境有别，且发表稿难免融入作者修改原稿时所感发于当下的新情志。虽然就艺术性而言，发表稿大大高于原稿，但本文并非艺术赏析，而是意在求解真实态度，故采用原稿为解读文本。

（2）语境（意识）。解读诗词，重在解读诗词中的字、句含义，字、句含义可作字面义和超字面义（寓意）之分。言语的字句寓意存在于相关的语境之中[③]，这是语用学的一般常识。也就是说解读诗词字、句寓意时，

---

[①] 宋垒：《千锤百炼，满眼辉煌——毛泽东对〈词六首〉的改定》，《中流》1993年7月号。

[②] 《蝶恋花·从汀州向长沙》全文："六月天兵征腐恶，万丈长缨要把鲲鹏缚。赣水那边红一角，偏师借重黄公略。百万工农齐踊跃，席卷江西直捣湘和鄂。国际悲歌歌一曲，狂飙为我从天落。"这首词最早发表于《人民文学》1962年5月号，以词牌为词题，未标明写作时间。1963年12月人民文学出版社出版《毛主席诗词》时，作者增加了词题，并标明写作时间："一九三〇年七月"。参见吕祖荫《毛泽东诗词解读》，同心出版社，1999，第327页。

[③] 朱永生：《语境动态研究》，北京大学出版社，2005，第1页。

须借助语境，不可作孤立求解。通常，语境可分内外语境。所谓内语境即是指字、句的上下文。所谓外语境则是指言说者言说时或创作者创作时所处的情境与背景。笔者认为解读《蝶恋花·进军南昌》一词也应具备语境意识，适当把握该词作的内外语境不失为解读要径。

（3）问题（意识）。诗词作者的情、知、意即态度，表达于作品相关的字、句义中，但这并非是说，作者的态度就简单地等同于作品的字、句含义，而是说作者的态度与作品的字、句义存在某种内在联系，只有揭示这种内在联系才能通过作品字、句义的解读达到认识的目的。为保证揭示这种内在联系的有效性，笔者在《蝶恋花·进军南昌》词的解读中，采用的主要方法是：根据字、句义提出相应的问题并结合内外语境作合理解答。如此，将字句解读转化为态度认识。

蝶恋花
进军南昌

六月红军征腐恶，　　　　十万工农齐会合，
欲打南昌必定汀州过。　　席卷江西，直捣湘和鄂。
赣水那边红一角，　　　　国际悲歌歌一曲，
偏师借重黄公略。　　　　统治阶级余魂落。①

"六月红军征腐恶"。此句意思显豁易知，指作者于1930年6月下旬率红一军团（红军）自长汀出征，讨伐腐朽凶恶（腐恶）的国民党统治势力。进军目标之一，已为词题所点明：南昌。

"欲打南昌必定汀州过"。对于此句，有论者以为："这句话只是反映了当时我军的进军路线，没有更多的含义"②。笔者认为该说法失之于简，此句大有深意。

其实，仅就字面意思而言，就可提出以下问题，欲攻打南昌，为何必须且一定（必定）要经过长汀（汀州）？句中的必定一词，显然具有强调意味。作者作此强调，用意何在？

---

① 陈安吉：《从传抄稿到发表稿——谈毛泽东〈词六首〉版本的形成》，载王希文主编《毛泽东诗词研究》，黑龙江人民出版社，2003，第149页。
② 季世昌：《毛泽东诗词的审美理想和审美追求》，载中国毛泽东诗词研究分编《井冈山道路与毛泽东诗词》，中央文献出版社，2008，第544页。

笔者以为只要明了作者在句中运用了诗词创作中常见的借代手法，并借助于相关语境，便可确切回答以上问题。

诗词创作，讲究修辞，其中借代为常用手法，借代有"借特征代事物，借部分代全部……借专名代通称"等。① 笔者以为，"欲打南昌必定汀州过"，句中自有借代之意在。作者所用的借代，可归为借专名（南昌、汀州）代通称之列。如果再联系到相关语境（外语境）即可确定所代的通称，应指什么。当时中央要求红军集中兵力攻打中心城市，而毛泽东则认为红军的行动应以巩固和发展根据地为重。将此内容视为相关语境，不仅易知专名（南昌、汀州）所代指者为何，而且不难解读出该句的寓意。

很明显，在这样的语境里，句中的"南昌"，不仅实指南昌而且也代指一般意义上的中心城市。而汀州（长汀）由于属闽西根据地的组成部分，因此既代指闽西根据地又可进而代指一般意义上的农村根据地，与中心城市相对举。

明确了"南昌"与"汀州"的代指意，对"欲打南昌必定汀州过"的寓意不难作如是解读：红军要攻打南昌等中心城市，必定要经过一个阶段，这就是：巩固和发展农村根据地阶段。与此相关的言外之意是，如果不完成巩固与发展农村根据地工作，红军就不应攻打中心城市。

通过解读"欲打南昌必定汀州过"含义，可知毛泽东虽迫于中央压力率军北上，但仍然坚持以往的立场：攻打中心城市必须以巩固发展根据地为前提。既然坚持此立场，在进军南昌途中，毛泽东对否定此立场的"进攻战略"仍心存怀疑，也就理所当然。

"赣水那边红一角，偏师借重黄公略。"此二句在20世纪60年代的发表稿中原封不动。按通常注释，"赣水"指赣江。"红一角"指当时的赣西南根据地。"那边"意指作者于闽西向江西途中，眺望位于赣江以西的赣西南根据地，故有"那边"之语。②

在通常注释中，"赣水""红一角"所指均已明确。然句中的"那边"一语，笔者以为应不止眺望赣西南之一义。《蝶恋花·进军南昌》一词，创作时间已知为1930年7月，但具体创作于7月的何日则无法确知。观词

---

① 赵仲才：《诗词写作概论》，上海古籍出版社，2002，第147~148页。
② 蔡清富、黄辉映编著《毛泽东诗词大观》，四川人民出版社，2007，第122页。

作者1930年7月活动,既有率部重返赣西南之旅,又有离开赣西南进击白区之举。因此,我们未尝不可将句中的"那边"视为作者率部由赣西南根据地进入国民党统治区域后回望赣西南之语。

与"那边"相对举的语词是"这边"。无论作者身处的"这边"是离开赣西南根据地后的白区,还是正向赣西南进发的途中某地,"赣水那边红一角"句意都与作者的感慨相系。感慨什么?感慨根据地地域尚属狭小,革命力量仍为薄弱,笔者以为此即"赣水那边红一角"之含义。

承接"欲打南昌必定汀州过"句义,笔者认为,作者写下"赣水那边红一角",正好回答了一个问题。这个问题是:既然进攻中心城市必须经过农村根据地的巩固发展阶段("欲打南昌必定汀州过"),那么作者现率部"欲打南昌",是否意味着巩固发展根据地的工作已经完成?从"赣水那边红一角"的句义,我们分明听到作者的回答:不!此时根据地尚处弱小,革命力量并非强大,巩固发展根据地的工作远未完成!既然巩固发展根据地的工作远未完成,那也就是说目前攻打中心城市的条件尚不具备,作者在"赣水那边红一角"句中的言外之意是,攻打中心城市并不适宜。分析至此,作者对进攻战略的怀疑态度已不难见及。

按"赣水那边红一角"句意,此时根据地尚属弱小,为何作者却又要率部进军南昌?此问题的答案就在下句"偏师借重黄公略"中。按通常解释,"偏师":"即不是主力军,而只是军队以担任侧翼的一部分"。[1] 句中的"偏师"指黄公略所率的红六军,因红六军非红一军团主力,故有"偏师"之称。[2]"借重":"借助、倚重的意思"。

将"偏师"所指解为黄公略所部红六军,显属字面解释,若索解此句寓意,则不可拘泥于此。将"偏师"之意与红一军团受命进攻中心城市这一背景相关联,即可知在此语境中,"偏师"除喻指黄公略的红六军外,也有喻指红一军团以及红军(通名)之意。在"偏师"喻指红一军团及红军这一层面上,偏师的借重者当指中共中央无疑。明乎此,问题的答案也就清楚——作者率部进军南昌,盖在于中央要借重红一军团(红军),借重红一军团为何?攻打中心城市。

---

[1] 蔡清富、黄辉映编著《毛泽东诗词大观》,第122页。
[2] 蔡清富、黄辉映编著《毛泽东诗词大观》,第122~123页。

作者使用"偏师"一词,其用意,在"偏师"喻指红军的层面上,可读解为二。其一,红军本应以巩固与发展农村根据地为主,在这方面红军作用非凡,自当以主力视之,若红军放弃根据地工作,以攻打中心城市为重,因其实力不足,作用有限,则有偏师之喻。其二,中央要求红军进攻中心城市,夺取全国胜利,然此举需要更为强大的工农革命力量方能完成,与完成此重任的革命力量相比,目前红军究其实力,只能归于"偏师"之列。

理解了作者使用"偏师"一词的用意,也就易于理解"偏师借重黄公略"之寓意。对此句,笔者的解读内容可表述为:进攻中心城市具有夺取全国革命胜利之意义,如此重大的战略任务,本需要强大的工农革命力量来完成,然中央却倚重在攻打城市方面实力不足,作用有限的"偏师"(红军)全力为之,这样的战略是否偏颇,不能不令人怀疑。毛泽东对"进攻战略"的怀疑态度于此句中亦可见一斑。

为加深对毛泽东怀疑态度的认识,有必要探析《蝶恋花·进军南昌》中的词牌《蝶恋花》与作者情志的内在联系。我们知道,旧体词创作并不要求词牌与作者情志相关。一首《浪淘沙》,作者尽可抒发凌云壮志而无须关乎浪,也不必提到沙。一首《忆江南》尽可写征战豪情而不必言及江南风光。但作者在创作上,有时也会有意选择某些词牌借以表达自己的情志,从而使词牌与情志构成某种内在联系并使词牌带有隐喻性。

纵观毛泽东的旧体词作品,有部分词牌与词内容中作者所表达出的情感明显具有关联,如《虞美人·枕上》《蝶恋花·答李淑一》《水调歌头·游泳》《沁园春·雪》等。对此已有论者作专文论及。[①] 这也就是说,毛泽东在词作构思上,对采用哪一词牌最能表达自己的情意有时颇为用心。这一特点,笔者以为也表现在《蝶恋花·进军南昌》的创作上。

《蝶恋花》词牌历来多被词人用以写别绪离愁、抒缠绵之情,为何毛泽东在众多词牌中单选它来写《进军南昌》这样的征战题材?是否是《蝶恋花》词牌的字面义,恰好暗合了毛泽东北上江西率部进军南昌途中的某种情感?若是,这又是怎样一种情感?

---

① 张仲举:《毛泽东诗词中几首词的词牌与词意的内在联系》,《延安大学学报》1997年第3期。

我们知道，自1927年开创井冈山根据地以来，毛泽东对农村根据地的存在与发展表现出始终如一的高度重视。然在农村根据地建设工作远未完成、急待加强之时，毛泽东却迫于中央主要领导李立三等人的重压，于1930年6月下旬离开根据地率部北上江西实施进攻战略。在这样的境遇里，在与根据地渐行渐远的征途中，心中对根据地必有眷恋。感念凶险易见、胜负难料的恶战前景，这种对根据地的眷恋之情当有增无减。

一旦将解读目光聚焦于毛泽东对根据地的眷恋，也就明了毛泽东在众多词牌中选择《蝶恋花》之用意。前已说到《蝶恋花》词牌历代多被用于抒写离绪别愁、缠绵之情。这一背景知识，熟知古典诗词的毛泽东自当了然。选择《蝶恋花》为词牌，笔者以为就在于此背景知识与毛泽东心中对根据地的眷恋之情颇为吻合。尤其是《蝶恋花》的字面义——蝶、恋、花，用以表达对根据地的难以割舍之情，可谓是恰到好处。在作者看似无意实则有心的选择下，《蝶恋花》词牌也就具有了隐喻的意味，隐喻着作者对根据地的眷恋之情。

在毛泽东并不情愿离开又不得不离开根据地的特定情境中，从《蝶恋花》词牌意所流露出的眷恋根据地之情，与弥散于"欲打南昌必定汀州过"等句中的对进攻战略的怀疑，显然存在某种内在联系：彼此相生相随，相容相洽，相互强化。或者也可以这样说，寓有作者眷恋根据地之情的《蝶恋花》词牌为我们识别作者对进攻战略的怀疑态度，提供了一种必要的语境氛围。

"十万工农齐会合，席卷江西，直捣湘和鄂"。在下阕的此三句中，我们突然听到一种与怀疑全然不同的声音：豪迈、雄壮，一往无前、势不可挡。这声音不仅由"席卷""直捣"等力度极强的动词所引出，而且也来自"十万"一语。

浏览中国古代征战诗词，常见"十万"一语，以数字"十万"入诗（词），带有诗词创作上的夸张意味，多用于形容出征将士威武雄壮，极言其势不可挡。[①] 毛泽东古典诗词修养深厚属众所周知，《蝶恋花·进军南

---

[①] 参见明余庆"十万且横行"（《从军行》）；王珪："神兵十万忽乘秋"（《闻脂川大捷》）；郑成功："雄师十万气吞吴"（《出师讨满夷》）；张煌言："楼船十万石头城"（《师次观音门》）等；郭春鹰、孙丕任：《中国古代军事诗歌精选（上）》，解放军文艺出版社，2005，第11、113、524、530页。

昌》又为作者率军征战的感发之作，故可知"十万工农（红军）"中的"十万"一语与古代征战诗词中的"十万"用意相仿。"十万"一语既出，红一军团出征将士的一往无前的英雄豪气，便在"十万工农（红军）齐会合，席卷江西，直捣湘和鄂"词句中，尽显无遗。

毫无疑问，从"十万工农齐会合，席卷江西，直捣湘和鄂"句中，我们读不到对"进攻战略"的任何怀疑，反倒能够感受到对"进攻战略"的某种共鸣。然而，由于怀疑态度与"席卷江西，直捣湘和鄂"句中的必胜豪情形成强烈反差，因此，这后一种声音（必胜豪情）对词中作者所表达的怀疑态度也就起到了很好的反衬作用，从而使人更能确定它（怀疑态度）的存在及存在于词中的何处。

"十万工农齐会合，席卷江西，直捣湘和鄂"。作者心中腾起如此充满激情的声音，并非难以理解。如果要将进攻战略实施下去，红一军团广大将士就需要这种声音，红一军团的主要领导人毛泽东也需要这种声音，他们需要相互激励使队伍保持着高昂的士气，显然进攻战略必须进行下去。同样并非难以理解的是，红一军团要按"进攻战略"行事即要席卷江西直捣湘之长沙、鄂之武汉，毛泽东就必须压抑心中对进攻战略的怀疑，由"席卷江西，直捣湘和鄂"句中所表达出的无往不胜的激情正可视为作者对自己怀疑态度的压抑，确切地说，是一种主动性的压抑。

然而压抑怀疑的结果却是正如有论者所指出的那样："作者的心情突然从'席卷'、'直捣'的豪迈转向沉郁，悲怆一路"[1]。于是出现了这样的词句——"国际悲歌歌一曲，统治阶级余魂落"。无论是在单句中（"国际悲歌歌一曲"），还是在上下句中（"国际悲歌歌一曲，统治阶级余魂落"），"悲"都是最为醒目的字眼，对这里的悲字，有人释为"悲怆"，有人释为"悲愤"，更多的人则解释为"悲壮"。悲壮（也含有悲怆、悲愤）之情何来？自然是来自当时严峻的现实。敌强我弱的态势并未发生根本改变，而红军却又必须坚决执行以以小击大、以弱搏强为特征的进攻战略，面对这样的现实，对"进攻战略"早有怀疑的毛泽东，心生悲壮之情，实不足为奇。

必胜的豪情与悲壮之情是两种相异的情调。如果说，必胜豪情是对怀

---

[1] 陈晋：《文人毛泽东》，上海人民出版社，1997，第91页。

疑态度的一种压抑，那么，悲壮之情则可视为是对必胜豪情的再压抑；同时，它是对怀疑态度的一种呼应。虽然从结尾"统治阶级余魂落"句意看，作者似犹有续接必胜豪情之意，但由于该句过于直白，有诗词创作所忌的口号入诗之嫌，缺乏应有的艺术感染力，因此其句意，既难以冲淡"国际悲歌歌一曲"中的悲壮也难以续接"席卷江西，直捣湘和鄂"中的豪迈，能令人回味无穷的依然是一个"悲"字，是一种悲壮之情。

总之，笔者认为毛泽东写于1930年7月的《蝶恋花·进军南昌》一词，为我们解读作者当时心态提供了一个富含信息的语义场。从中我们可以读到作者对根据地的眷恋之情、悲壮的征战之情，同时可以读出他对"进攻战略"难以抑制的怀疑。在率军北上江西进军南昌途中，正是有这种怀疑，笔者以为，才使毛泽东在攻打中心城市的问题上，保持着为众多研究者所称道的那份冷静与谨慎。

（原载《党史研究与教学》2009年第1期）

# 抗日战争时期新四军的伪军政策再研究

侯竹青

中共的伪军政策是一个老生常谈的题目。不过,在大陆,以往的相关论作主要侧重从两面派或两面政权的角度来探索八路军的伪军政策所取得的成效,且以静态研究为主,对其具体演变过程的考察过于简略,或有意无意地忽略一些较为敏感的史事;对新四军的伪军政策亦较少涉猎,缺乏系统的研究,难以窥见中共伪军工作的全貌。研究较为深入的是台湾学者刘熙明的《伪军:强权竞逐下的卒子》一书,然而在探讨中共的伪军工作方面,它的分析较为简略,缺少政策和实践彼此间互动的研究,其"中共对伪军的政策是和平收编为主,和平不成,再以武打或武吓等强硬措施"[①] 的结论显然和本文研究的结果不同。其实,关于中共的伪军政策,中央虽然有总的精神,但各地往往有着更为具体的解释和规定,如新四军的伪军工作曾经一度只是就事论事,缺乏长远性的考虑,具有滞后性,从一定程度上体现了中共独特的斗争理念、实践的特殊性,并对当时当地党政军的处境产生了不可忽视的影响,进而促使中共在实践和政策间进一步互动并不断完善相关政策。本文以新四军[②]为视角,就中共的伪军政策及实践彼此间的互动关系进行前后贯通式的考察,以管窥其演变过程,加深对这段历史的了解。

---

① 刘熙明:《伪军:强权竞逐下的卒子(1937~1949)》,稻乡出版社,2002,第224页。
② 新四军的编制大致以皖南事变为界,之前主要称为支队,之后改编为师,为了行文方便,本文没有作严格的区分。各师的成立时间如下:1941年2月,新四军苏北指挥部及所辖部队改编为第一师;同月,第二师由原江北指挥部及所辖部队改编组成;同月,八路军第五纵队改编为新四军第三师;同月,八路军第四纵队改编为新四军第四师;同月,新四军第六师由苏南的新四军部队编成;4月,豫鄂挺进纵队改编为新四军第五师;5月,新四军第七师由无为游击纵队、第三支队挺进团和皖南事变突围部队编成。

一　酝酿拉，力主打

　　1938 年春，根据中共中央关于向敌人后方发展的指示，国民革命新编第四军各支队先后挺进敌后，开展游击战。此时，日军已在占领区组建了一些伪军以维护治安、清剿抗日力量。因此，伪军工作是新四军必须首先面对并需要解决的一个紧迫问题。为此，同年 7 月 26 日，新四军政治部即发布了《敌军政治工作纲要》，强调了敌军工作的重要意义，明确了敌军工作的策略和方法。当时新四军实际上的最高领导人项英在谈到伪军工作时也认为，对伪军政治工作，等于是一种不流血的武装斗争，同战斗一样，要运用战术，很好地指挥。[1] 这反映出新四军决策层在思想上对伪军的政治工作有一定的认识，但该设想并没有应用到对伪军工作的实践中，新四军对伪军采用的是军事打击政策。

　　其原因一方面与新四军到达苏南时的情况有很大关系。

　　江南地区虽有名目繁多的"抗日"游击队伍，但相当多的队伍并不打日军，反借抗日之名行"扰民之事"，破坏了整个抗日队伍的名誉，被民众贬称为"游吃队""小日本"，"恨之入骨"[2]。虽然新四军是一支真正的抗日武装，但初来乍到，群众对其并不认同："不惟看见我们就跑，而且实行坚壁清野，有些强悍的地方，则不准我们住房子、买粮食，甚至向我们开起枪来"[3]。即使民众对新四军的抗日立场有一定的了解后，情绪仍旧低落，对武器落后的新四军仍是充满疑虑和不信任："怀疑我们是否能够打日本。……因此，他们对我们仍然表示出不理睬，连粮食也不愿意卖给我们。"[4] 抗日势力的沉寂使伪化气氛充斥着整个社会。甚至离敌人百数十里之地，"亦组织维持会，替日寇办粮食，送猪牛、鸡蛋，尤其有些地方（如朱门、陶吴、谷里等处）强迫人家幼女集中维持会中，以备欢迎日军奸淫"[5]。这种媚日行为使日本势力更加肆无忌惮："交通线外五六十里有

---

[1] 参见陈信琼《新四军与抗日民族统一战线》，《党史纵览》2007 年第 11 期。
[2] 中国人民解放军历史资料丛书编审委员会编《新四军文献》(1)，解放军出版社，1994，第 257 页。
[3] 《新四军文献》(1)，第 257 页。
[4] 《新四军文献》(1)，第 258 页。
[5] 《新四军文献》(1)，第 257 页。

敌人十余个守兵，交通线内，简直百数里没有一个日军""敌人士兵三五成群，未带武器，也可到离其驻地至十里远近的乡下横行"①。所以新四军必须付诸严厉的军事打击行动才能激荡正气、鼓舞人心、唤醒国民的抗日意识；才能消除民众的疑虑和戒备，取得民众的信任，立稳脚跟；才能打击日军的嚣张气焰。

另一方面，当时的政治、军事形势亦为新四军的军事打击政策提供了便利。一是在抗日战争相持阶段到来之前，华中"伪军很少"，仅有零星伪军。二是国民党的敌后力量（韩德勤、冷欣、李品仙）亦未组织起来，国共矛盾尚未凸显。三是日军正大举西进，"对敌后顾不了，所以那时在敌后很和平，差不多有两年的时间没有大的'扫荡'"②。这种相对宽松的环境有利于实行军事打击政策且易取得成效，新四军挺进苏南后杀伤敌人的比例高于华北八路军即与此有关。

此外，与中央缺乏明确的伪军政策亦分不开。国共第二次合作后不久，为了应对时局，1938年3月初中共中央召开了政治局会议以讨论抗战形势与如何进行抗战等议事，书记处成员王明初步提出了对伪军和伪军工作的认识：由于战线太长，兵力不足，因此"敌人现在用尽威胁利诱的方法，企图在已被他占领的区域内利用汉奸组织——中国人的伪军队来协助日军作战；虽然在有些地方，敌人曾经能够在汉奸帮助之下，组成以日本人作军官中国人当士兵的军队来助战，但无疑义地，这些少数中国同胞受欺骗受威胁是暂时的"，认为"只要我们进行艰苦的政治争取工作，他们早迟是会掉转枪头去攻打中华民族公敌的"③。从战争的实况看，此时王对伪军的认识并不全面、客观，提出的对策亦是笼统和模糊的，缺乏针对性和可操作性，但这是中共高层首次从政治角度看待伪军问题，理论上意义重大。然而，在全国抗战的热浪中，或者考虑到的政治影响，当时中共中央关于对汉奸、伪军的政治争取工作尚没有形成明确的政策，这不能不束缚下级部队争取伪军工作的手脚。

---

① 《新四军文献》（1），第256页。
② 中国人民解放军历史资料丛书编审委员会编《新四军文献》（3），解放军出版社，1988，第109页。
③ 中央档案馆编《中共中央文件选集》第11册，中共中央党校出版社，1991，第437~438页。

各种因素导致当时一种非常普遍的现象是：许多部队"只知从军事上去打击伪军，而忽视从政治上去瓦解敌伪军"①。显然，新四军的伪军政策主要是依据实地情况做出了军事打击伪军的选择，而伪军的政治政策条令形同一纸空文，仅停留在政策层面，并未贯彻到实践中去。

## 二 尝试拉，坚持打

1938年10月，日军占领武汉、广州后，抗日战争转入战略相持阶段。日本的战略中心由前方战场转到"扫荡"敌后和加强对敌后的控制。国民党中央也发出了"政治重于军事"的应对措施，开始做伪军的政治工作。②同年10月中旬中共中央在《关于抗日民族统一战线与党的组织问题》一文中提出了对各种汉奸的基本方针，发出了对于动摇和被迫的汉奸应争取其"同情抗日，帮助抗日"的指示。③虽然这并不是针对伪军工作的指示，但毕竟为新四军的伪军工作提供了依据（伪军是汉奸的一种）。1939年2月，新四军政治部据此提出了对敌伪军进行组织建设的总方案："健全对敌伪军工作的组织与系统，实施新的编制，并在各级服务团中培养五人至七人的敌工组，受政治机关之直接指导，以后严禁任意调敌工人员做其他工作。"④

与此同时，一些部队根据形势的变化开始将伪军的政治工作付诸实践。在争取伪军的宣传工作上初步有了收获："士兵学会了对敌喊话""散发了一些宣传品"⑤。此外，在争取伪军反正上亦迈出了第一步。首次取得成效的是陈毅领导的第一支队。1939年3月，金坛发生了震动敌我双方的事件：在地方士绅的协助下，直溪桥和镇江卫岗160余名伪军反正（即"三月事件"）。虽然这次事件是在士绅牵线的情况下促成的，反正人数亦不多，但政治意义重大，动摇了日伪间所谓的亲密合作关系，日军开始怀疑伪军的忠诚，"杀了百多伪军"⑥。更主要的是它鼓舞了新四军的政治工

---

① 《新四军和华中抗日根据地史料选》第3辑，上海人民出版社，1984，第169页。
② 《新四军和华中抗日根据地史料选》第1辑，上海人民出版社，1984年，172页。
③ 中央档案馆编《中共中央文件选集》第11册，第673页。
④ 《新四军文献》（1），第736页。
⑤ 《新四军和华中抗日根据地史料选》第2辑，上海人民出版社，1984，第258页。
⑥ 《新四军和华中抗日根据地史料选》第1辑，第303页。

作人员,加强了他们对伪军政治工作的信心。政治部主任袁国平于1939年5月发表了《论江南伪军工作》一文,对江南伪军的情形、争取其反正的意义和方法以及"三月事件"的经验教训作了分析和总结。① 这是新四军第一篇在实践并在进一步调查研究的基础上较系统的关于伪军工作的报告,初步提出了对伪军"采取宽大的政策"以及比较具体翔实的操作方法。这反映出新四军的某些高级干部对伪军工作有了进一步的认识。

然而,整体而言,各地新四军并没有给予应有的重视。表现之一是开展的宣传工作存在不足。不仅"伪军的宣传品太少",且存在种种缺陷:喊话口号长,"不能喊得清楚",影响口号效果;② 宣传品的种类太少,仅"一种两种";内容单一,缺乏变化,"老是一套中国人不打中国人"说法,不善于根据具体条件和环境加以变化,令人乏味;对敌伪的情况缺乏调查研究,宣传品散发"随便",造成了不必要的浪费等。③ 更为重要的是,"争取伪军工作更未进行"④ 是新四军各支队都普遍存在的问题。

可以说,在1940年之前,新四军的伪军政治工作仅处于萌动的状态,成效甚微,在当时的环境中,仍然采取军事打击政策。新四军之所以采用这种政策,主要与下列因素有关。

与华北伪军不同,汪伪上台之前,华中伪军虽有增加,但数量仍不多,易于解决,未能引起新四军对其政治上的重视。新四军敌工部部长林植夫曾检讨说:"下面对敌情没有报告,所以我们对这一工作没有进行具体的布置,部队方面也还没有注意到把伪军工作当作重要工作。"⑤ 新四军政治部的报告也可反证这一点:"须深入部队中对敌伪军工作"进行宣传教育,"切实克服轻视倾向"⑥。更主要的是,此时的伪军主要"由大城市敲诈勒索的流氓领导的人数不多、组织严密的匪群"构成,其成员主要来源于流氓化的失业群众,有着深厚的历史渊源和相当的社会基础(从清末漕运废除后就形成的组织延续到民国);组织严密,这些"流氓群众均有头目率领,系统分明,具有长期斗争经验","极其反动,难以争取";为

---

① 《新四军和华中抗日根据地史料选》第1辑,第160~176页。
② 《新四军和华中抗日根据地史料选》第1辑,第184页。
③ 《新四军和华中抗日根据地史料选》第3辑,第313页。
④ 《新四军和华中抗日根据地史料选》第2辑,第246页。
⑤ 《新四军和华中抗日根据地史料选》第2辑,第257页。
⑥ 《新四军文献》(1),第736页。

了维护他们自身的利益,没有职业和政治操守,为了巩固取得的"统治地位","东风大随东风,西风大随西风",投靠力量强的一方。① 日军利用这一点,在其控制范围内"收编土匪,滥下委任",借这些武装来扰乱抗日后方,钳制抗日力量。② 在力量弱小、前途未卜的情况下,新四军很难吸引伪军或准伪军的注意,对伪军的政治工作亦极难进行。下面的例子即可旁证。为了防止土匪投靠日本,新四军曾仿效华北八路军,采取"政治手段,分化瓦解土匪,争取其下层投向人民"的政治策略,但遭到失败,最终土匪投靠了日本。③ 土匪兼伪军又验证和加重了新四军对汉奸的厌恶心理。

其实,除了匪群伪军外,还有因其他种种原因不得不投靠日本的伪军,也就是说伪军并非是均衡的和同质化的统一整体,其中不乏具有民族意识、并非真心投降敌人的人员。但在民族主义者尤其是高举民族大义旗帜的中共眼里,伪军即汉奸(时称"二鬼子"),彼此间并无差别;且伪军一般是"土著",对当地的风土人情比新四军"还熟悉",是日军的帮凶和"扫荡"的急先锋,对新四军威胁最大的即是这些人,"比鬼子还讨厌"④。可以说,热烈的爱国革命精神和惨痛的遭遇使新四军对伪军的痛恨和仇视成为一种近乎本能的反应,打击伪军的政策亦更易获得他们的认同。

此外,群众工作也未开展起来。新四军与日军、伪军、国民党军队犬牙交错,环境比八路军复杂,为了避免授国民党军队以把柄,各项工作的开展不得不慎之又慎。日本占领武汉、广州之前,抗战处于第一阶段,全国人民同仇敌忾,国共合作也处于蜜月阶段;而华中是国民党关注的焦点,为了避免给国民党以口实,个人性格和作风拘谨、严肃的项英对国民党的规定不敢越雷池一步,对中共中央开展各项工作的指示未能灵活地加以执行,群众工作尚未全面开展。林植夫分析敌工薄弱的原因时说:"始终没有开展成为群众运动,不仅没有动员民众参加",甚至"没有动员全体指战员的参加","部队参谋、民运、敌工没有取得很好的联系,民众、敌工组没有普遍的组织起来,所以就更加影响到对伪军工作的开展"⑤。对

---

① 《陈毅军事文选》,解放军出版社,1996,第248页。
② 《新四军和华中抗日根据地史料选》第2辑,第96页。
③ 〔美〕爱泼斯坦:《人民之战》,贾宗谊译,新华出版社,1991,第225页。
④ 中共江苏省委党史资料征集研究委员会苏中史编写组编《苏中抗日斗争》,江苏人民出版社,1987,第265页。
⑤ 《新四军和华中抗日根据地史料选》第2辑,第248、257页。

于善于运用民众力量的中共而言,不能不是一种无奈和遗憾。

客观地说,采用军事打击政策有其积极的一面。它和当时的情形基本上是相适应的,取得了较好的效果,打击了日伪的嚣张势力。从挺进苏南到日伪清乡这段时间,新四军共消灭敌伪 12.9 万多人,[①]树立了新四军的军威、鼓舞了志气、赢得了民心,也动摇了伪军与日军间彼此的信任。陈毅在挺进江南一年后总结经验说:"几次汉奸伪军均被我干脆解决的教训下,一面日寇更不相信伪军,增加对伪军的压迫,一面全国战争的影响,终于打动伪军的心,造成起民族觉悟",反映了当时的事实。军事上的胜利和力量的壮大也使一部分伪军为了维护自己的利益开始对新四军暗送秋波,钟期光说:"有一个据点被我们毁灭或某一部伪军被我消灭或者我们反扫荡胜利的时候,伪军伪组织都会很恐慌,希望和我们改善关系。"[②] 打击政策为新四军伪军政治工作的开展奠定了基础。

然而,事情的另一面是,伪军政治工作的薄弱使新四军的武力打击政策并不能取得最大最理想的效果,这与八路军、国民党军队对伪军工作取得的成果进行比较即可证明。冀东敌伪政权的摧毁和冀察热抗战根据地的建立,是八路军策动冀东伪军反正响应的胜利果实;国民党在南京、平汉路之良乡等地区先后争取数万名伪军反正。在全国的伪军反正潮流中,华北地区"先后已在几十次以上(1939 年 6 月止——引者按),有成团成师以至成军的全部哗变过来",而新四军的伪军工作,虽然发生了伪军投诚的"三月事件",新四军亦"常常大批捉到伪军俘虏"[③]。但总体而言"过去江南的这一方面(伪军的反正——引者按)还是很沉寂的,我们只常常不幸的听到,某地游击队叛变到敌人方面去,可是从来没有听到有伪军反正过来"[④],明显落后于友军和八路军。

更为主要的是,由于伪军的地方特性和抗战的持久性,仅凭武力、忽视或轻视政治工作易于把伪军推向不归路,无异于为渊驱鱼,增加自己的敌人,壮大敌人的力量。邓子恢所在的津浦路东苏皖边区对瓦解敌伪军工

---

① 叶剑英在《中国共产党抗战一般情况的介绍》中记载新四军毙伤敌伪 124252 人,俘虏敌伪 5392 人,参见中国人民解放军历史资料丛书编审委员会《新四军文献》(5),解放军出版社,1988,第 537 页。

② 《苏中抗日斗争》,第 301 页。

③ 《新四军和华中抗日根据地史料选》第 1 辑,第 303 页。

④ 《新四军和华中抗日根据地史料选》第 1 辑,第 164 页。

作"没有很好的去进行，敌伪军官兵对我们不了解，以为被我俘虏后就要抽筋剥皮，所以在战场上顽强抵抗，死不缴枪，并经常出动骚扰，使我们的部队疲于奔命，民众跑反"①。不利后果初步暴露。而日军利用新四军对伪军政治工作不足的缺陷，加强自己的政治工作，将新四军妖魔化并放大性地对伪军进行欺骗性宣传，严重破坏了新四军的形象，引起了那些对中共政策心存疑虑、处于观望中的伪军的强烈心理反弹和对抗，"伪军被其（日军——引者按）利用"，在战斗中"死不缴枪，拼命抵抗"，导致新四军"不能取得更大胜利，遭受不必要的伤亡"②。而且，过分的军事进攻刺激了敌人和"暴露了自己"，是新四军在苏南战局形成困境的重要原因之一。③ 在形势的逐渐变化下，僵硬的伪军政策所造成的消极影响日渐暴露出来，适时调整伪军政治工作是当务之急。

## 三 发展拉，调整打

如果说北上之前新四军使用军事打击、忽略政治工作是与当时的形势相吻合的，但自 1939 年冬始，随着新四军开始陆续渡江北上，原有的政治、军事环境优势已逐渐丧失，特别是黄桥战役之后，新四军的力量在华中由第三位跃居第二位，由国民党军队、日伪军忽视的对象变为两者联合打击的敌手，所处环境日益恶劣。而且，此时伪军的格局也发生了质的变化。据日寇夸大的数字，1939 年江苏省的伪军包括正规军、地方性的民团以及尚不能算上"纯粹伪军"的不脱离生产的伪军，共有 18030 人，苏浙皖共 44135 名。④ 而伪国民政府（1940 年 3 月）成立后，汪精卫开始大量招募伪军，国共摩擦中失败的大批国民党军队也不断投敌，特别是集团伪军的出现使伪军力量剧增，仅苏中地区伪军鼎盛时即达 5 万人，80% 是国民党军叛过去的。⑤ 这些伪军与之前的小股伪军不同，具有相当强的战斗力，是敌寇"清乡"根据地的主要力量，对新四军的威胁最大。但这些伪

---

① 《新四军和华中抗日根据地史料选》第 3 辑，第 168 页。
② 《新四军和华中抗日根据地史料选》第 2 辑，第 246 页。
③ 《陈毅军事文选》，第 254 页。
④ 《新四军和华中根据地史料选编》第 1 辑，第 168 页。
⑤ 《苏中抗日斗争》，第 389 页。

军也存在被争取的有利条件,与先前顽固不化的汉奸不同,这些伪军原是与中共有联系的友军转化,多数"尚留恋抗战"①,政治态度复杂;且由于人数众多和战斗力较强,对国民党军队、日军和共产党军队三方力量的消长有着举足轻重的影响,而国民党军队从战争进入相持阶段后即已开始加强伪军的政治工作,"以争取伪军的反正"②,比中共早先一步。因此,开展伪军政治工作对中共而言已是刻不容缓。

面对局势的改变,中共中央于1940年4月下达了关于瓦解敌军和伪军工作的指示,并于7月在《关于目前形势与党的政策的决定》中再次强调,不仅要求各地方拿出具体实施方法,而且下达了任务,要求各部队"必须在今后一年中表现瓦解敌伪军的成绩"③。这是自抗战以来中共中央首次对各军的伪军工作提出任务要求,表明伪军政治工作在中央层面上开始给予了高度的重视。在中共中央的督促下,新四军一些部队的伪军政治工作初见成效。黄克诚部开赴豫皖苏边界后,"建立了一个敌军工作委员会,四个敌军工作站,有几十个工作人员在工作""最大的工作是宣传工作……对伪军的传单较多。"④ 活动在淮南津浦路的二师:"对伪军争取,最近有不少成效,仪征、来安、嘉山、天长等已有数股有了联络,做到了不侵犯、送情报、联络其他伪军等。这一工作现在迅速推进中。近来已减少了伪军骚扰,部队得抽空整训。我们策略是一打一拉,又打又拉,集中力量扑灭与顽方有联系之伪军"⑤。这些成就反映了新四军某些部队的伪军工作开始发生变化。但整体而言,新四军仍没有探索出适时和长远性的伪军政策。活动在兴(化)东(台)泰(州)地区的"联抗部队""采取了相反的与伪军对立的政策"⑥。中共中央对新四军"某些地区虽有一些初步的成绩,然而更多的地方还没有引起应有的注意"⑦ 的批评也说明地方实践和中央政策相脱节。其原因主要与干部的思想观念和军政素质有关。

---

① 《新四军文献》(3),第28页。
② 《新四军和华中抗日根据地史料选》第1辑,第161页。
③ 《新四军和华中抗日根据地史料选》第2辑,第23页。
④ 《新四军文献》(3),第422、423页。
⑤ 中国人民解放军历史资料丛书编审委员会编《新四军文献》(2),解放军出版社,1988,第455页。
⑥ 《新四军文献》(3),第218页。
⑦ 中央档案馆编《中共中央文件选集》第13册,中共中央党校出版社,1991,第182页。

新四军由南方八省的游击队改编而成,三年游击战争期间,因散处各地,"政治工作不能得到总的领导",新四军军部成立后,"又开往前线","又是小部队分散游击"①,仍无法贯彻统一领导,政治教育缺乏。而新四军中工农干部尤其是农民干部占相当大的比例,他们虽具有工作经验,但文化水平低,敌我之间你死我活的斗争观念根深蒂固,②面对新的"环境和对象",不能及时转换已有的观念。③而且从抗战以来新四军与伪军之间的斗争进一步加深了这种观念,打击伪军的政策亦更易获得他们情感上和心理上的认同并在实际中得到坚决贯彻执行,其他政策则遭到无形抵制。

不仅仅如此,在紧张的战事环境中,部队中还普遍存在重军事轻视政治的倾向,政治工作处于边缘化的境地。抗战后,形势的发展需要大量干部,在各方用人、干部奇缺的情况下,干部的配备往往是由岗位的缓急决定的,能力"比较差"的干部往往被配给到"无足轻重"的政治部门。由于对政治工作的轻视,敌工部门往往成为救火队,即使少量的干部也不能全身心进行政治工作,有经验者时常被调去其他岗位救急,致使敌工部门的力量更为薄弱:"所有工作人员更缺乏经验"④。而伪军工作是一种集政治、军事等多方面于一身、复杂微妙的策略斗争,它需要高质量的干部队伍,远比单纯的打击政策复杂。显然,这是许多政治干部无法理解的,更无法胜任,致使工作成效大打折扣。尽管新四军曾编发了对敌工作纲领、优待俘虏方法、对敌伪军工作课程,以及连队对敌工作教材、口号、标语等,但因"工作人员缺乏敌工知识与经验",致使"工作不大"⑤。

此外,中共中央虽然有明确的伪军政治政策,但缺乏解决干部思想顾虑的配套措施。虽然就中共的政治理念而言,共产党员是无产阶级的先锋,应具有献身精神,但不管是土地革命时期出身于农民的党员还是抗战后新吸收的党员,他们离这种高度的政治理念仍有很大差距,对一些敏感问题顾虑重重,特别是对伪军的政治争取工作,相当多的干部认为和伪军

---

① 《新四军和华中抗日根据地史料选》第2辑,第234页。
② 新四军挺进敌后之前,中央一再告诫新四军干部要转换土地革命时期的思维,争取更多同情者,扩大和巩固自己的力量。参见《新四军和华中抗日根据地史料选》第1辑,第24页。
③ 《新四军和华中抗日根据地史料选》第2辑,第248页。
④ 《新四军和华中抗日根据地史料选》第2辑,第248页。
⑤ 《新四军和华中抗日根据地史料选》第2辑,第258页。

进行联系将来会说不清楚,因而不敢放手去做伪军政治工作。如国民党军官颜秀五投敌后,惠裕宇曾想与其恢复联系,但考虑到他的伪军身份而犹豫不决,不敢越雷池一步,后来得到陈毅"惠裕宇可大胆前往"的明确指示,才于1942年春前去做颜秀五的工作。①

这些因素严重影响到新四军的伪军政治工作的开展,带来了消极的影响。1941年国共摩擦时:"顽固派常常是用各种方法把伪军工作做好,在敌伪区建立根据地,与我们斗争。比如这次程道口战役(1941年8月发生的与韩德勤部的摩擦),离众兴集只有十二三里,离洋河三四里,当我追击的时候,这些小顽固派就躲避到伪军里面去。平时也常是挂起伪军符号。反共军在津浦路的两侧到处委官,要伪军援助东进。"② 特别是日军和国民党军队联合对付新四军的时候,由于长期以来对伪军政治工作缺乏长远性的考虑,在突如其来的"扫荡"面前,新四军措手不及,遭受了不应当的损失。1941年,在日伪的"清乡"下,苏南抗日根据地遭受到严重的损失,被日寇几乎全部伪化。③ 苏中根据地也曾"有一时期专打伪军,愈逼愈反,乃造成伪军死心塌地帮助敌人"④。可以说,新四军对伪军政治工作缺乏长远战略,在形势的改变下带来了严重的后果。

## 四 完善拉,灵活打

面对着日益严峻的形势,中共中央不得不再次发布《中央关于敌伪军伪组织的工作决定》,提出了"熬时间储力量"的敌后抗战总方针,要求各地除了军事活动外,"更重要的是开展反敌伪的一切政治活动",其中,"对敌伪军伪组织的工作",便是这种政治活动的最重要任务之一。⑤ 而切身的经历也使新四军对伪军的工作有了全面的认识。陈毅说:"在军事上制服伪军,在政治上控制伪军,就等于粉碎敌人的'清剿'、'扫荡'。"其伪军政策的具体转变过程,粟裕在与王必成、江渭清的电报中有所记

---

① 中共江苏省委党史工作委员会、江苏省档案馆编《苏中抗日根据地》,中共党史资料出版社,1990,第546页。
② 《新四军文献》(3),第112页。
③ 《苏中抗日根据地》,第439页。
④ 《陈毅军事文选》,第257页。
⑤ 《中共中央文件选集》第13册,第182页。

载:"作战部队仍不应主动进攻敌人,以免过于刺激敌人引起报复而增加自己的困难,博望地区的情况就是明证。一九四一年苏中日寇指使全部伪军及残留顽军同我斗争,使我在严重的军事斗争中虽然经受了锻炼,提高了战斗力,但不得不付出相当的代价。去年我们转变方针,不主动进攻敌、顽,而只集中力量打击最坏的顽固伪军,并加强敌军工作……"①。该史料表明,经过1941年的残酷斗争,新四军的伪军政策在1942年前后开始发生重大变化。为了使政策能取得成效,中央和新四军做了大量的工作。

针对抗战以来组织不健全的现象,1941年秋中共中央提出了敌工组织结构的指导方针:根据地由党政军成立统一的敌伪工作委员会,分区亦设立同样的委员会,其任务是总结工作经验,确定工作方针,制订工作计划;军队中设立敌伪工作部,受前述委员会领导,地方党成立一些对敌伪工作站;在接近敌伪地区,设立敌伪工作站。② 根据该精神,新四军各根据地建立起了一套完整的敌工机构,并能因时、因地制宜。日伪进攻重点苏中地区的敌工机构比其他地区复杂即是一例。敌工机构的一部分任务是利用各种渠道同伪军建立内线关系,职责分工明确。当时规定:团一级以上关系由分区和地委敌工委员会掌握;营连级关系由县委掌握;连以下关系由区委掌握。③ 新四军正式把伪军的政治工作提上了工作日程。

由于伪军工作的特殊性、复杂性和危险性,对敌工人员的素质要求极高,除了高度的政治觉悟外,还要考虑到个人的军事素质和社会活动能力等,能否具备这些条件是伪军政治工作成败的关键。面对抗战以来敌工队伍不稳、人员能力低下等问题,华中局明确指示:"应当抽调得力的与有秘密工作经验的干部以大力去开展敌占区及争取城市中伪军、伪组织及人民中的工作。"④ 指示下达后,引起了各战区的重视,均加强了对敌工工作的组织和领导。一是派一大批优秀干部充实敌工部门。如一师师长粟裕下令"大力挑出最好的干部去进行这一工作,并经常加以检查……抽调大批忠实可靠面目未暴露的干部,到伪军、伪组织中加强工作和取得其掩护"⑤。

---

① 《新四军文献》(3),第760页。
② 《中共中央文件选集》第13册,第187页。
③ 《苏中抗日斗争》,第574页。
④ 《新四军文献》(3),第44页。
⑤ 《新四军文献》(3),204、259页。

"只要适合于做伪军工作者不惜调团县级干部充任,以开展伪军工作。"①苏中三区地委敌工委员会,由具有丰富统战经验的朱克靖、陈玉生分别担任正副主任。一旅、三分区政治部的敌工科由曾任新四军政治部服务团社会调查组副组长的盛华担任科长。②建阳县敌工站于1942年2月改为敌工科,由三师七旅二十团敌工股长刘彦德调任。盐城县敌工科首任科长是军部军发处的陈少健。三师廉纯一担任了淮安县敌工部部长。二是全面培训敌工工作人员,提高其政策水平和业务素质。所有被选拔出来的人员,在上岗前需经过特别培训,甚至那些经验丰富、党性强的高素质干部也不例外。例如,1942年9月和10月,新四军政治部敌工部,从一师、三师等部抽调一批连以上干部,又从地方选调一批年轻干部(约30人),分别举办两个敌工干部训练班,培养敌工干部。课程包括情报工作、内线工作、交朋友工作等,由经验丰富的老干部敌工部长刘贯一、军敌工部调查研究科科长高原等亲自授课。受训后,原部队干部大都充实到各县敌工部及县敌工站,地方干部则被分派到县敌工部。因地方干部熟悉当地的风土人情,往往被派遣到相应的敌区、敌伪据点,搜集情报,瓦解伪军组织,争取爱国进步分子,做内线工作。③新四军的先头堡苏中地区先后派出惠浴宇、朱克靖、黄逸峰、夏征农等人,去做李长江、颜秀五(伪第一集团军副司令)、杨仲华的工作。④此外,党还加大了对普通干部的教育力度。截至1942年底,新四军办了5所抗大分校和大量培养地方干部的党校,并在干部间掀起了形式多样、内容丰富的学习运动。⑤经过教育后,普通干部把握政策的能力有了很大的提高。陈毅总结道:"干部政策教育有些收获,一般已引起干部对政策的注意。对伪军、对士绅、对友军的政策,上级干部都有一些认识""各师时事教育有很大的进步"⑥。机构的健全和一大批具有理论和实践经验人员的加入为新四军伪军工作的开展奠定了组织基础。

---

① 《新四军文献》(3),第290页。
② 《叶飞回忆录》,解放军出版社,1988,第261页。
③ 中共江苏省委党史工作办公室、江苏省新四军研究会编《黄克诚与抗日根据地》,中共党史出版社,2002,第405~408页。
④ 《叶飞回忆录》,第260页。
⑤ 新四军各部开展干部教育运动的进度并不一致,有的迟到1943年才开始,主要与战事有关。
⑥ 《新四军文献》(3),第1015页。

与此同时，相关的配套政策和措施也陆续而出。

华中地区，帮会组织多，不仅下层民众，包括社会上的上层人士、工商业者、开明士绅以及地方实力派中，许多人都是帮会成员，他们和伪军、国民党军队中的上层军政官员有着朋友、师徒或把兄弟关系。[1] 新四军挺进苏南后即开始做帮会工作，但因中央没有明确的政策和指示，许多干部心存顾虑，未敢放手去做。如苏中三分区委敌工部长陈玉生开始做敌伪工作时，认为"开香堂收徒弟"的建议是封建迷信，甚至连过去的老关系也拒绝加以利用，直到层层上报到华中局，这件事才得以解决。[2] 陈玉生作为华中区党的高层干部心理压力尚且如此，普遍党员干部的疑虑可想而知。所以，当时大部敌工人员仅做一些初步的工作，如登门拜访或通过关系与之交朋友等方式，宣传党的抗日主张和政策，虽有成绩，但仅能自保，不能利用帮会充分地为抗战服务。针对这一情况，中央于1941年冬做出了关于开展青洪帮和三番头子工作的指示，同意"旧瓶装新酒"：在敌占区，经上级批准，县长可以收学生，不过所收的学生接受共产党的领导，真心抗日。此政策消除了工作人员的后顾之忧，激发了他们的积极性，迅速打开了局面。苏中三分区伪军工作的开展，即是由陈玉生开香堂迈出了第一步，当时一次就有上千人给陈玉生送帖子，其中不乏伪军头子。[3] 苏中的经验于1943年被党委总结成《关于反"清乡"斗争中掌握青洪帮的指示信》[4] 一文加以推广。苏南地区，丹北韦永义、山北县县长赵文豹、山南县县长吴翼、扬中县县长施光前、武进县县长顾维衡、铁道工委书记董必成都收过学生。[5] 利用帮会这种旧形式成为新四军进行伪军政治工作的一个重要渠道。

上述措施为新四军的伪军政治工作提供了组织、思想和技术上的保障，而伪军间日益激化的矛盾则为共产党人的纵横捭阖提供了良机，兹以苏北、苏中为例。

1941年，日军开始"清乡"时，新四军在苏北、苏中面对的伪军主要

---

[1] 中共江苏省委党史工作委员会、江苏省档案馆编《苏南抗日根据地》，中共党史资料出版社，1987，第491页。
[2] 《叶飞回忆录》，第266~267页。
[3] 《叶飞回忆录》，第266页。
[4] 《叶飞回忆录》，第267页。
[5] 《苏南抗日根据地》，第491~492页。

有四股军队，其中势力最大的当属原国民党苏鲁皖边区游击纵队副总指挥李长江部，其次为原江苏省保安第八旅杨仲华部。由于日本采取"以华制华"、分而治之的策略，1941年秋苏北行营成立后，汪精卫便扶植杨仲华部以抗衡李长江部。该政策不仅没能增强对伪军的控制，反而导致各派系间矛盾重重，不听伪中央调遣，对日本亦心存疑虑，暗地与国共两党保持联络。日军为了"加强其控制力，铲除其反抗意识"，1942年8月逮捕了杨仲华，缩编了李长江部。① 其结果反而在苏中伪军中造成了强烈的震动和极大的恐慌，普遍产生了"怕整编、怕调防、怕打前锋"② 的三怕思想。1943年，日寇欲"将满洲、华北伪军的经验用在华中"③，12月下旬，以明升暗降的方式剥夺了李长江和颜秀五的军权，将苏北伪军统一编为第五集团军，委任积极反共的项致庄为司令，④ 这一改编，更是引起了伪军的强烈反抗，日伪矛盾更加激化。无独有偶，此时地方上伪军的派系斗争亦愈演愈烈。

1942年中由苏南调来的"南浦旅派"开始在苏中、苏北强化整编伪军，引起了地方实力派与南浦的斗争，以上两派时称旧派。日伪在苏南"清乡"取得成功后，李士群将坚决执行日本对华新政策的张北生由苏南调往江北，时称"新派"。随着苏中、苏北"清乡"的开始，在旧派间争夺的同时新旧间也展开了斗争。⑤

敌伪和伪伪矛盾交织在一起，加剧了伪军的离心力，亦为新四军实施谋略提供了良机。政治上，地方实力派与南浦斗争时，新四军即在伪军中"提出了'维持现状反对改编'的口号，并帮助他们想办法出主意""许多伪军均在这口号下靠向我们，孤立了南浦"⑥。不仅杨仲华被捕后其部下与新四军进行联络，"李长江正式与我一分区专员去谈判，表示过去一切可以取消，今后应彼此合作对付敌寇'扫荡'，且于谈判时，自动撤退两伪据点，以示诚意"⑦；张北生的新派到来后，新四军根据情形及时提出了

---

① 《叶飞回忆录》，第261页。
② 《粟裕军事文集》，解放军出版社，1991，第172页。
③ 《新四军文献》（3），第28页。
④ 《叶飞回忆录》，第261页。
⑤ 《新四军文献》（3），第257页。
⑥ 《新四军文献》（3），第289页。
⑦ 《新四军文献》（3），第993页。

"专打新派,不打南浦与老伪军"等口号,制造和扩大敌人之间的矛盾,"不仅使伪军站在我们这边,而且连南浦对伪军强化这个工作亦消极了,希望伪军帮他同来反对新派。"① 且新四军在利用伪军内部的矛盾时,注重制衡策略的运用,表现出了高超的政治手腕:"利用旧派,打击新派;利用旧派又不使其完全胜利,打击新派又不使其完全失败,使两派力量相互对消"②。

新四军的伪军政策的变化极大地改变了1941年秋夏前的被动局面,粟裕对此评价说,苏中地区"自去年(1942年——引者按)1月以来,除夏季敌情较为严重外,其余时间苏中部队均处于比较安定的环境,深入了地方工作,加强了部队训练,把敌人孤立我们变为我们孤立敌人"③。活动在淮南津浦路的二师:"近来已减少了伪军骚扰,部队得抽空整训"④。并能利用伪军关系为新四军服务。1942年江渭清的六师汇报说:"伪军都与我们有关系",产生"大量两面派"⑤。1943年,活动在江南的十六旅"在敌伪顽的夹击中,在敌据点梅花桩的复杂环境中,我们过封锁线能够通行无阻。我们军工部就在湖熟镇敌据点里搞了个兵工厂,造手榴弹、地雷,许多重伤员也常常送到伪军据点群众家里休养。"⑥ 淮南的二师利用伪军"建立了连接路东、路西两地区的交通线,变敌伪据点为我之联络站、情报网,变敌封锁线为我'安全走廊'"⑦。甚至皖南事变后才成立的、人员最少的七师的伪军工作也做得有声有色:"利用伪军关系替我们搞情报,买枪支、子弹,或掩护我们在日寇统治区采购布匹、机器、电料、纸张、医药等用品。由于我们的群众工作一直深入到敌伪军据点内,因此,能够及时、正确地掌握敌伪各种情况。"⑧ 在日伪"清乡"的最残酷时段(1942~1943年),新四军不仅由被动变为主动,而且从丧失根据地到扩大根据地,

---

① 《新四军文献》(3),第289页。
② 《苏中抗日根据地》,第442页。
③ 《新四军文献》(3),第760页。
④ 《新四军文献》(2),第455页。
⑤ 《苏南抗日根据地》,第210页。
⑥ 《苏南抗日根据地》,第467~468页。
⑦ 中国人民解放军历史资料丛书审委员会编《新四军回忆史料》(1),解放军出版社,1990,第571页。
⑧ 中国人民解放军历史资料丛书审委员会编《新四军回忆史料》(2),解放军出版社,1990,第437页。

并最终站稳了脚跟，取得了反"清乡"斗争的胜利，这与伪军政治政策的成功实施是分不开的。

以上所做的分析并不是说新四军放弃了打击政策，相反，新四军对其非常重视，只不过将打和拉两种策略灵活地结合在一起，形成了"又打又拉、打中有拉、拉中有打"的伪军政策。① 对于使用两种策略的环境，粟裕曾有精辟的论述："进行伪军工作，是以革命的利益、民族的利益、群众的利益、坚持斗争的利益为前提的。凡于我们有利的事情，应用各种不同的策略去争取，凡于我们不利的事情，就应采取各种斗争方法和手段予以打击"②。对于二者的关系和作用，粟裕也认为：打是拉的前提和基础，因为不打不足以立"威"，"如果我（新四军）无实力，对他（伪军）无威胁，他就不会同我接近，要争取他也就更为困难"③。但与以前不加区别的打击政策不同，而是带有很强的针对性和策略性："注意掌握打击的主要方向和主要对象，要分别轻重缓急大小先后，而不能乱打……我们给予伪军的打击，有的是为了战略意图，有的是为了威慑他们以达到争取的目的，最终是为了达到坚持斗争的胜利"④。例如，1943年反"扫荡"时，新四军军事上"打击最顽固的伪军"，但在"清乡人员大部分已不敢再胡作非为，逃跑的逃跑，消极的消极"⑤ 时，就改为以争取为主。打击对伪军"普遍产生了威慑作用"，为新四军树立了"威"，而打击中的政治工作，又建立了"信"，双管齐下促使伪军向我方靠拢。可以说，经历了1943年的反"清乡"斗争，新四军的伪军政策已经成熟，实施起来亦得心应手，以后只是随着局势的变化具体方式加以变化而已。如1944年，针对党中央发出的以各种方式争取伪军反正⑥的要求，新四军适时地在根据地掀起了群众性的伪军工作运动（最为出色和成效最大的是红黑点工作和"叫夫索子"运动），从而形成了党政军民一体化的伪军政治工作。

在打与拉两种手段的运用下，新四军在对伪军人员的消灭和策反上取

---

① 《苏南抗日根据地》，第478页。
② 《粟裕军事文集》，第177页。
③ 《粟裕军事文集》，第177页。
④ 《粟裕军事文集》，第178页。
⑤ 《新四军文献》（3），第298页。
⑥ 从1944年到1945年中共高层多次发布策反伪军的文件，如《关于加强伪组织政治攻势的指示》《中共中央华中局、新四军政治部关于伪军、伪组织工作的指示》等。

得了很大成绩。据不完全统计，8年抗战中，新四军消灭敌人约35万，其中争取反正伪军54000余人，占歼灭伪军总数的15.4%，并掌握与控制了一些伪军、伪组织，孤立了日军和那些对日军死心塌地的伪军，加剧了日伪之间的矛盾，促使伪军进一步分化动摇，削弱了伪军的战斗力，有力地配合了对日伪军的攻势作战，是加速抗战胜利的一个重要因素。①

## 五　结论

抗日战争为中共的发展带来机遇的同时，也带来了前所未有的挑战，伪军工作即是中共应对时局的重要举措之一。由于伪军具有人数多、无政治立场等特点，决定了他不可能成为一支独立的政治力量，而是将成为影响国、共、日三方力量对比的一个重要变量，中共的伪军政策正是在这一背景下逐渐形成的。新四军的伪军工作的实践也离不开这个大环境，既与中共中央对伪军工作的指示或精神有很大关系，体现了中共伪军政策的演变过程；但并非亦步亦趋，又体现了实践自身的特殊性。

大致以1942年为界，之前新四军对伪军不加区分地主要采用军事打击政策，政治政策被忽视或被轻视，成效不大。从客观上讲，这固然曾与初期伪军的反动性和力量有关。然而，仅仅从该角度去探索，尚不能充分说明问题，因为在1940年形势已经改变、中央政策已出台的情况下，新四军的伪军政治工作仍落后于形势的发展。事实上，共产党人固有的思想观念是当时不能忽视的原因。在阶级斗争和革命思维的影响下，多数共产党人已形成了对敌毫不妥协进行斗争的观念，使他们难以逾越思维定式对敌采用温和的政治方式，因而造成对伪军政治工作的不重视，而这进一步影响到政治干部的培养和配备，结果导致伪军政治工作的滞后性，并对战事产生了不可忽视的影响。在严峻的形势面前，新四军的伪军政策才得以彻底转变，这既与中央的一系列指示有关，亦与新四军的切身遭遇分不开，特别是后者。至此，中央的伪军政治政策和新四军的伪军政治工作实践才趋于一致。新四军也才最终形成并能灵活运用"又打又拉、打中有拉、拉中有打"的伪军政策，并显示出来巨大的成效。

---

① 陈信琼：《新四军与抗日民族统一战线》，《党史纵览》2007年第11期。

可以说，从抗战初期僵硬的伪军政策到灵活、成熟的伪军政策，从初期的军队参与到党政军民参与，新四军走了一段较长的路，虽然此期间有种种的不足和失误，但就整体而言，其成效是值得肯定的。这个过程表明政策和实践间并非亦步亦趋的，实践有自己的特殊性，历史本身更是丰富多彩的，在对历史问题进行探讨时，不应仅停留在政策层面，还要深入考察实际运作的情形，只有如此，才能离真实的历史更近一步。这个过程也表明，尤其是当形势发生变化、问题日益暴露时，中共中央和新四军在寻求正确解决途径时所做出的努力，体现了中共在复杂局势面前的务实态度和孜孜不倦的探索精神。正是在这种精神的指引下，中共在政治上日趋成熟，伪军工作到了出神入化的地步，为取得"反清乡"的胜利与根据地的巩固和发展奠定了基础，乃至为解放战争的胜利奠定了基础。

（原载《中共党史研究》2012 年第 9 期）

# 论抗日根据地兵器工业的建立与兵工企业之运作

曹敏华

抗日战争时期，中国共产党领导的敌后抗日根据地在艰苦的条件下建立了一定规模的兵器工业，各兵工企业在发展过程中，遵循军事经济规律，通过建立相应的生产组织体制和规章制度，规范军工企业运作，取得了明显的成效。关于抗日根据地兵器工业问题，国内外学术界已有所探讨[①]，但尚不能反映其全貌，相关问题还有待于作深入研究。鉴于抗战初期中共领导的各抗日武装修械所的基本情况、根据地兵工企业的运作特点及管理机制等至今未见有专门的实证研究，笔者拟对这些问题作一论述，敬请方家指正。

---

[①] 相关的研究成果有：耿秉强、王亚明等《新四军军工生产的光辉业绩》，《新四军纪念馆史料研究集刊》1988年第1期；王德中、程树武《抗日战争时期的中国军事工业》，《中州学刊》1988年第5期；赵保佑《抗日根据地军事工业发展史概述》，《中州学刊》1995年第6期；笔者3篇拙文《抗日战争时期陕甘宁边区军事工业述评》，《中共福建省委党校学报》2003年第11期；《抗日战争时期晋冀豫根据地的兵器工业》，《党史研究与教学》2004年第6期；《抗日根据地兵工技术人才的汇集与兵工技术的进步》，《党史研究与教学》2008年第1期；胡军《山西抗日根据地的军工业》，《沧桑》2004年1~2期合刊；江峰《抗日战争时期我军的兵工生产》，《国防科技》2004年第8期。由中国人民解放军历史资料丛书编审委员会编著的史料集《军事工业·根据地兵器》（解放军出版社，2000），概述部分用了一定的篇幅叙述了抗战时期根据地兵器工业发展的情况。李滔、陆洪洲编《中国兵工企业史》（兵器工业出版社，2003）第七章"根据地的兵工企业（1931～1949）"，述及抗战时期根据地兵工企业及其产品。中国新四军和华中抗日根据地研究会编撰的《华中抗日根据地史》（当代中国出版社，2003）第二十三章第三节专门论述了华中抗日根据地军工生产的概况。日本学者宍戸寛等撰写、河出书房新社1989年出版的《中国八路军、新四军史》第三部第一章第二节"武器、装備"简要介绍了抗日根据地兵器生产的概况。

## 一 抗日根据地兵器工业的建立

早在土地革命战争时期,中国共产党就曾在各革命根据地先后创办过约 80 个修械所和兵工厂,生产武器弹药。① 党在这一时期积累的组织兵工生产经验和培育的艰苦创业精神,对后来抗日根据地兵器工业的建设和发展有着重要的影响。

1937 年 7 月全面抗战爆发后,根据中共中央确定的开展独立自主的游击战争的战略方针,八路军深入敌后,发动群众,开辟抗日根据地。起初,八路军"没有正式修械所的组织,只有师属修械班。凡作战后损失的枪支或掳获中不完备枪支而需要修理的都是送各师属修械班修理;有的是随地找地方修枪工人修理;也有的请求友军修械所修理"②。旋根据前线作战的需要,八路军、新四军部队及各地人民抗日武装先后建立了 40 多家修械所和炸弹厂(所),为根据地兵器工业的建立奠定了基础。其概况见表 1。

表 1 抗战初期八路军、新四军及各人民抗日武装建立的修械所和炸弹厂概况

| 单位名称 | 成立时间 | 职工来源 | 职工人数 | 主要产品 |
| --- | --- | --- | --- | --- |
| 八路军第 115 师晋豫边支队修械所 | 1938 年初 | 河南手工造枪工人 | 30 余人 | 大刀、7.9 毫米步枪、手提式冲锋枪 |
| 八路军第 115 师晋豫边支队平顺炸弹厂 | 不详 | 不详 | 不详 | 麻尾手榴弹、木柄手榴弹 |
| 八路军第 115 师晋豫边支队壶关杨威炸弹厂 | 不详 | 不详 | 不详 | 木柄手榴弹 |
| 八路军第 115 师第 344 旅修械所 | 1937 年 2 月 | 大部分系从山西五台县、定襄县、崞县等地招收的太原兵工厂工人 | 100 余人 | 红缨枪、7.9 毫米步枪 |

---

① 中国人民解放军历史资料丛书编审委员会编《军事工业·根据地兵器》,解放军出版社,2000,第 9 页。
② 《第十八集团军总部军工部简史》(1942 年),载《中国近代兵器工业档案史料》编委会编《中国近代兵器工业档案史料》第四辑,兵器工业出版社,1993,第 39 页。

续表

| 单位名称 | 成立时间 | 职工来源 | 职工人数 | 主要产品 |
| --- | --- | --- | --- | --- |
| 八路军第 115 师供给处修械所 | 1938 年 | 山西乡村工匠、城市返乡技工 | 不详 | 不详 |
| 八路军第 120 师修械所 | 1937 年 8 月 | 原红军兵工厂职工及部分来自工厂的技工 | 数十人 | 法国哈其开斯式机枪 |
| 八路军第 129 师先遣支队梁沟修械所 | 1938 年 9 月 | 河南省安阳六河沟煤矿、冀西煤矿和平汉铁路的工人及部分手工业匠人 | 约 120 人 | 刺刀、汉阳式 7.9 毫米步枪、捷克式 7.9 毫米步枪 |
| 八路军第 129 师先遣支队梁沟炸弹厂 | 1938 年 | 不详 | 不详 | 麻尾手榴弹、木柄手榴弹、地雷 |
| 八路军第 129 师供给部修械股 | 1937 年 11 月 | 原红军兵工厂职工和从山西阳泉、和顺一带招收的技工 | 20 余人 | 红缨枪、大刀、刺刀、手榴弹、驳克枪（毛瑟 7.63 毫米手枪）枪套及零件、麻尾手榴弹 |
| 八路军第 129 师骑兵团修械所 | 1937 年 2 月 | 河北南宫县工人 | 30 余人 | 不详 |
| 八路军第 129 师骑兵团南宫武村炸弹厂 | 不详 | 不详 | 不详 | 麻尾手榴弹、木柄手榴弹、地雷 |
| 八路军第 129 师杨家庄炸弹厂 | 1938 年 | 不详 | 不详 | 麻尾手榴弹、木柄手榴弹 |
| 八路军第 129 师补充团修械所 | 1937 年 11 月 | 国民党军孙殿英部修械所工人 | 30 余人 | 不详 |
| 八路军第 129 师高峪修械所 | 1937 年 2 月 | 正太铁路煤矿修理工人 | 80 余人 | 刺刀、马掌 |
| 八路军第 129 师高平修械所 | 1938 年 2 月 | 晋城兵工厂工人 | 60 余人 | 不详 |
| 陕甘宁边区机器厂* | 1938 年 3 月 | 原红军兵工厂职工 | 数十人 | 机床、7.9 毫米步枪 |
| 八路军总部修械所 | 1938 年 9 月 | 原八路军各部修械所职工 | 380 人 | 汉阳式 7.9 毫米步枪 |

续表

| 单位名称 | 成立时间 | 职工来源 | 职工人数 | 主要产品 |
| --- | --- | --- | --- | --- |
| 八路军总部军工部柳沟铁厂 | 1938年4月 | 山西省武乡县工匠、八路军总部调集的专业技术人员、第129师辽县杨家庄炸弹厂和第115师壶关县杨威炸弹厂工人等 | 460多人 | 手榴弹、地雷、炮弹壳 |
| 晋察冀军区供给部修械所（后改称晋察冀军区供给部第一修械所） | 1937年11月 | 不详 | 不详 | 不详 |
| 晋察冀军区供给部第二修械所 | 1938年11月 | 不详 | 不详 | 刺刀、7.62毫米手枪、7.9毫米步枪 |
| 晋察冀军区第三军分区修械所 | 1937年11月 | 不详 | 不详 | 不详 |
| 豫南人民抗日自卫团修械所 | 1937年12月 | 不详 | 不详 | 不详 |
| 新四军军部修械所 | 1937年12月 | 安徽省徽州私营兵工厂工人 | 约30人 | 汉阳式步枪、手枪 |
| 河北人民自卫军修械所 | 1938年2月 | 河北各地技术工匠 | 400余人 | 27式步枪（仿中正式和捷克式马步枪）、手榴弹 |
| 河北人民自卫军第二团修械所 | 1938年1月 | 河北各地工匠 | 不详 | 不详 |
| 河北省游击军修械所 | 不详 | 不详 | 不详 | 不详 |
| 冀中军区供给部修械所 | 1938年5月 | 河北各抗日武装3个修械所和1个迫击炮弹制造部的职工 | 近1000人 | 大刀、刺刀、步枪、手榴弹、82毫米迫击炮弹、地雷 |
| 山西青年抗敌决死队第一纵队修械所 | 1938年 | 不详 | 不详 | 不详 |
| 山西青年抗敌决死队第三纵队修械所 | 1938年 | 不详 | 不详 | 不详 |
| 山西青年抗敌决死队工人武装自卫旅修械所 | 1938年4月 | 不详 | 145人 | 7.9毫米步枪、手榴弹 |
| 山东人民抗日救国军第3军修械所 | 1937年12月 | 民间技工及兵工厂工人 | 20余人 | 手榴弹 |

续表

| 单位名称 | 成立时间 | 职工来源 | 职工人数 | 主要产品 |
| --- | --- | --- | --- | --- |
| 山东人民抗日救国军第3军第2路修械所 | 1938年3月 | 民间技工 | 约20人 | 不详 |
| 胶东抗日游击第3支队修械所 | 1938年3月 | 不详 | 不详 | 小炮 |
| 山东人民抗日救国军第3军第3大队兵工厂 | 1938年3月 | 各工厂工人和四区保卫团修械工人 | 500余人 | 汉阳式7.9毫米步枪、子弹、迫击炮及炮弹、手榴弹、地雷 |
| 八路军鲁东游击支队指挥部兵工局 | 1938年4月 | 山东各地技工 | 200余人 | 马鞍架、捷克式轻机枪、75毫米迫击炮及炮弹 |
| 八路军山东抗日游击第3支队炸弹所 | 1938年6月 | 不详 | 8人 | 手榴弹 |
| 山东抗日游击队第3支队修械所** | 1938年秋 | 山东各地技工 | 50余人 | 手榴弹 |
| 八路军山东抗日游击第3支队供给处修械所 | 1939年初 | 不详 | 不详 | 不详 |
| 八路军山东抗日游击第3支队供给处子弹所 | 1939年冬 | 不详 | 不详 | 子弹 |
| 八路军山东抗日游击第3支队寿光县独立团修械所 | 1939年5月 | 不详 | 不详 | 不详 |
| 八路军山东人民抗日游击队第4支队修械所 | 1938年7月 | 不详 | 不详 | 手榴弹 |
| 八路军鲁中抗日游击队第7、8支队总指挥部兵工局 | 1937年 | 私营企业工人 | 200余人 | 75毫米迫击炮及炮弹、轻机枪、地雷、手榴弹 |
| 八路军山东纵队第6支队供给处修械所 | 1938年11月 | 原山东泰西区人民抗敌自卫团修械组工匠 | 20多人 | 不详 |
| 八路军山东纵队第6支队供给处炸弹所 | 1939年夏 | 济南兵工厂技工 | 不详 | 手榴弹、地雷 |

注：* 该厂实为兵工厂，其前身系红军兵工厂，1938年3月从延安附近的柳树店迁往安塞县茶坊，改名陕甘宁边区机器厂。

** 为1938年12月，改称山东八路军纵队第一兵工厂。

资料来源：中国人民解放军历史资料丛书编审委员会编《军事工业·根据地兵器》，解放军出版社，2000；吴东才主编《晋冀豫根据地》（革命根据地军工史料丛书之一），兵器工业出版社，1990；《中国近代兵器工业档案史料》编委会编《中国近代兵器工业档案史料》第四辑，兵器工业出版社，1993；北京军区后勤部党史资料征集办公室编《晋察冀军区抗战时期后勤工作史料选编》，军事学院出版社，1985。

从表 1 我们不难看出，抗战初期敌后根据地修械所和炸弹厂（所）的规模小者不足 10 人，大者近千人，除了修理军械外，已具备一定的生产能力，可生产冷兵器、弹药及仿制各种枪炮。因受原材料、技术力量和机器设备欠缺等因素的制约，产品种类还不多。但毕竟形成了兵器工业的雏形，为以后根据地兵器工业的发展准备了必要的条件。

抗日战争进入相持阶段后，根据中共中央关于"每个游击战争根据地都必须尽量设法建立小的兵工厂，办到自制弹药、步枪、手榴弹等的程度，使游击战争无军火缺乏之虞"[1]的决定，各抗日根据地先后成立军工机构，在原有修械所和炸弹厂（所）的基础上组建兵工企业，扩大兵器生产规模。

1938 年 3 月 10 日，陕甘宁边区政府设立了军事工业局（以下简称军工局），接管原红军兵工厂，选调技术专家和政工干部，招收了一批原在山西、河南、四川等地兵工厂工作的技术工人和边区本地的农民，并从部队抽调部分战士，组成边区兵工队伍。在军工局的领导下，陕甘宁边区的军工企业经过调整和扩充后，向着专业化方向发展。军工局 1 厂专门制造机器设备；2 厂主要制造枪械；3 厂负责复装子弹、制造手榴弹和生产酒精。1940 年又建成化工厂，生产硫酸、盐酸、雷汞、硝化棉以及双基无烟火药等产品。

在晋察冀根据地，1939 年 4 月，晋察冀军区司令部成立了工业部，任命曾在日本留学的机械专家刘再生为部长，负责筹划兵器工业建设。之后，工业部将分布在北岳、冀中的若干修械所集中起来，增加工人，承担武器弹药的生产任务。

就晋冀豫根据地而言，1939 年 6 月，八路军前方总部[2]组建了军事工业部。同时将总部修械所迁至山西黎城县，成立军工部第 1 所（亦称黄崖洞兵工厂）。另在平顺县西安里村、辽县高峪村和昔阳县里沙窑村建立军工部第 2、3、4 所。1940 年和 1941 年，八路军总部军工部又先后在黎城

---

[1] 《论新阶段》（1938 年 10 月），载中国人民解放军军事科学院编《毛泽东军事文选》（内部本），战士出版社，1981，第 167 页。

[2] 1937 年 9 月，按全国统一的战斗序列，八路军改称国民革命军第十八集团军，本文按照习惯沿用八路军名称。抗战时期，除八路军延安总部外，还设立了八路军前方总部，本文所涉及的八路军总部均指后者。

县下赤峪村建立子弹厂,在武乡县显旺村建立锻工厂(将钢轨改制成各种钢料毛坯,供1所生产兵器)。①

在冀鲁豫根据地,从1940年4月起,冀鲁豫军区各军分区也组建小型兵工所,除了修理枪械外,还生产迫击炮弹、手榴弹、地雷、军用电池以及火药等。该根据地炸弹所研制出多种手榴弹和10多种地雷,如踏雷、连环雷、化学雷和电雷等,有力地支援了抗日军民开展爆破运动。

在晋绥根据地,1940年5月初,八路军第120师后勤部将师修械所和山西青年抗敌决死队工人武装自卫旅修械所合并,于陕西省葭县(今佳县)建立师修械厂,从事兵器制造。

地处华北东翼的山东抗日根据地,于1941年4月成立胶东兵工生产委员会,下辖5个兵工厂,除复装步枪子弹、制造手榴弹等外,还生产捷克式轻机枪、82毫米迫击炮弹和120毫米迫击炮弹。此外,渤海地区兵工厂也出产了65毫米迫击炮、子弹、炮弹发射药和黄色炸药等军工产品。②

在华中根据地坚持抗战的新四军亦十分重视兵器生产。1938年4月,新四军军部修械所迁往太平县,后又移至泾县小河口,在此一直坚持生产到1940年底北撤。③ 从1938年至1940年,新四军各支队都组建了修械所。军部修械所和各部队修械所起初主要修理枪械,同时制造轻机枪、刺刀、大刀、手榴弹等。

皖南事变后,国民党当局停止了对新四军的武器弹药供应,新四军军部遂决定成立军工部,自力更生发展兵器工业。1941年1月,新四军军工部成立后下辖7个兵工厂。8月,鉴于敌人加紧"扫荡",根据地不断缩小,军部认为在敌后作战不宜建立大兵工厂,决定撤销军工部,将设备和人员分散到各师,组建小兵工厂,自主开展军工生产。此后,新四军各师和浙东游击纵队分别建立了军工机构,派人到敌占区秘密购买机器设备和原材料,从南京、上海、淮阴、淮安等地招聘技术工人,从事兵器生产。

---

① 刘鼎:《太行兵工》,载中国人民解放军历史资料丛书编审委员会编《八路军·回忆史料》(2),解放军出版社,1989,第306~307页;《第十八集团军总部军工部简史》(1942年),载《中国近代兵器工业档案史料》第四辑,第43页。
② 李雨轩、赵永顺:《渤海兵工发展概况》,载《军事工业·根据地兵器》,第482~484页。
③ 朱遵三:《皖南新四军军部修械所》,载《军事工业·根据地兵器》第407页。

表2 新四军各部兵工生产概览

| 部队番号 | 兵工厂数量 | 员工人数 | 主要产品 |
| --- | --- | --- | --- |
| 第1师 | 8个 | 800余人 | 刺刀、步枪、子弹、掷弹筒、迫击炮及炮弹、地雷、手榴弹 |
| 第2师 | 7个 | 1400余人 | 刺刀、大刀、子弹、信号弹、枪榴筒及枪榴弹、50毫米掷弹筒、37毫米口径平射炮及炮弹、迫击炮及炮弹、地雷、水雷、手榴弹、黑色炸药 |
| 第3师 | 20个 | 700多人 | 刺刀、子弹、枪榴筒、枪榴弹、37毫米平射炮、平曲射两用迫击炮、炮弹、地雷、手榴弹、黄色炸药 |
| 第4师 | 20个 | 1000多人 | 刺刀、大刀、机枪、山炮、掷弹筒及掷弹筒弹、平曲射两用迫击炮、炮弹、手榴弹、地雷 |
| 第5师 | 3个 | 300多人 | 刺刀、手枪、步枪、轻重机枪、火药、雷管、枪榴弹、手榴弹、信号弹、地雷 |
| 第6师 | 7个 | 900多人 | 刺刀、子弹、60毫米迫击炮、62毫米迫击炮、平曲射两用迫击炮、枪榴弹、手榴弹、地雷 |
| 第7师 | 8个 | 800多人 | 步枪子弹、枪榴弹筒及枪榴弹、手榴弹、地雷、掷弹筒 |
| 浙东游击纵队 | 2个 | 近400人 | 大刀、刺刀、马枪、子弹、枪榴弹、平射小炮、平曲射两用迫击炮、炮弹、手榴弹、地雷、炸药 |

资料来源：中国人民解放军历史资料丛书编审委员会编《新四军·文献》（4），解放军出版社，1995，第929~954页；中国人民解放军历史资料丛书编审委员会编《新四军·回忆史料》（1），解放军出版社，1990，第63~77页；新四军军工史资料征集委员会、江苏省国防科学技术工业办公室编《新四军军事工业史料》（第三辑），1988，第276页。

随着人力、财力、物力的不断投入和兵工技术的日益进步，至抗战后期，华中抗日根据地的兵器工业有了长足的发展。1945年7月，仅新四军第2师的军工产品种类，就由原先的7类12种增加到14类43种，产量也大幅度上升，1945年上半年的产量就超过了过去一年的总产量。① 抗战胜利前夕，新四军具有一定规模和固定厂房的兵工厂超过了50个②，为部队提供了大量军火。

---

① 王新民：《苏南、淮南和渤海的军事工业》，载《军事工业·根据地兵器》，第429页。
② 孙象涵、吴运铎等：《新四军的军工生产》，载中国人民解放军历史资料丛书编审委员会编《新四军·回忆史料》（1），1990，第76页。

表3 抗日根据地生产的主要武器统计表

| 产量<br>地区＼产品 | 刺刀（把） | 枪支（支） | 枪榴弹筒（个） | 50毫米掷弹筒（门） | 迫击炮（门） |
|---|---|---|---|---|---|
| 陕甘宁边区 |  | 130 |  | 400 |  |
| 晋察冀根据地 | 47618 | 340 |  | 2201 |  |
| 晋冀鲁豫根据地 | 21837 | 8762 |  | 2500 |  |
| 晋绥根据地 | 3300 | 296 |  | 1070 |  |
| 山东根据地 | 3086 | 441 |  | 169 | 2 |
| 华中根据地 | 48001 | 1110 | 2196 | 311 | 906 |
| 总　计 | 123842 | 11079 | 2196 | 6651 | 908 |

说明：本表数据系不完全统计。晋察冀根据地的产量仅包括1942年5月以前和冀热辽军区1944年7月至1945年8月的产量；山东根据地的产量仅为胶东军区1944年的产量；晋冀鲁豫根据地的产量包括冀鲁豫军区的产量；晋冀鲁豫根据地50毫米掷弹筒的产量仅为冀鲁豫根据地的产量。

资料来源：中国人民解放军历史资料丛书编审委员会编《军事工业·根据地兵器》，第762页；吴东才主编《晋冀豫根据地》，第170页。

由上可见，抗日根据地兵器工业经历了从创办随军修械所到建立一定规模的兵工厂的过程。广大兵工技术人员和工人自力更生，艰苦创业，克服原材料、技术资料匮乏等种种困难，使分布各地的兵工企业逐步形成生产能力，制造出数量可观的武器装备，为敌后根据地军民坚持抗战提供了物质条件，也为战时中国兵器工业的发展做出了重要的贡献。

## 二　抗日根据地兵器工业运作的特点

敌后根据地兵器工业随着抗日战局的推展而逐步发展，其运作呈现如下若干特点。

其一，中央军委、八路军总部、各根据地的军事机关及抗日民主政府注重颁布有关军事经济的法规、规章等，规范兵工生产，确保根据地兵器工业的有序运作。

兵器工业作为制造军事装备的工业部门，在管理体制上需要以规范性、指令性文件解决实际运作中的相关问题。抗战时期，中央军委、各根据地的军事机关及抗日民主政府先后颁布有关军事后勤工作的条例和兵工生产的训令，使之成为组织、管理兵工生产的重要依据和主要手段。如1940年2月18日，中央军委颁布了《八路军、新四军供给工作条例》，其中第二章第八条规定：按照自给自足的原则，根据不同的环境，开办各种炸弹厂、修械所，"并收集弹壳复造子弹，这些工厂的设立，一般的应以建立中等的后方为原则。"该章第十条规定，团以上的供给部（处）设立军实科，其工作任务之一是研究武器弹药制造并提出意见。[①] 在此前后，八路军和新四军建立了主管兵器生产的专业机构——军工部或工业部。又如，1941年5月19日，晋察冀军区转发了八路军总部关于收集弹壳、黑铅、铜元的通令，规定各军分区和有关部队应在一年之内完成总部下达的收集口径7.9毫米、6.5毫米步枪弹壳及黑铅、铜元的任务，分批送往军区供给部。[②] 再如，1943年12月20日，晋冀鲁豫边区政府和太行军区也就收集生铁、生铜和组织火硝生产问题联合发布命令，明确规定了太行军区各分区必须完成收集生铁、铜元、生铜的数量、期限，钢材、铜料的收购价格，以及火硝买卖的具体办法。[③] 由于有了硬性规定和任务指标，促使各部队和相关部门尽力而为，这对于在物资匮乏的条件下，保证兵器工业的发展起了很大的作用。

为稳定兵工队伍和调动兵工厂工人的生产积极性，1940年5月1日，八路军总部军工部还颁布了《兵工厂工人待遇新办法》，规定兵工厂工人以供给制和工资制相结合的办法保证工人的生活待遇达到一定的水准。[④] 同年6月，八路军总部政治部又公布了《战时劳动保护暂行条例》，对工厂工作时间、工资发放制度、招收学徒、生产安全和工人福利待遇以及社会保险等均作了详细的规定。此外，抗战胜利前夕，八路军总部和总部军工部又接连发布《关于军工工人待遇的规定》《军工部关于变更工人津贴的通知》，对兵工厂工人津贴的提高和调整作了明确的规定。

上述这些规范性文件的颁布，使抗日根据地的兵器生产从机构设置、原料收购，到兵工企业工人的劳保福利及工资待遇等都有法可依，有章可

---

① 北京军区后勤部党史资料征集办公室编《晋察冀军区抗战时期后勤工作史料选编》，军事学院出版社，1985，第41、42页。
② 《中国近代兵器工业档案史料》第四辑，第24~25页。
③ 《军事工业·根据地兵器》，第96~97页。
④ 《军事工业·根据地兵器》，第553页。

循，从而保证了抗日根据地兵工事业沿着规范化、制度化的道路稳步发展。

其二，通过表彰先进和开展劳动竞赛活动，进行精神鼓励，为根据地兵器工业的发展营造奋发向上的氛围。

抗日战争时期，根据地兵工厂的广大员工努力工作，取得了优异业绩，涌现了一大批先进模范人物，根据地抗日民主政府和军工部门及时予以表彰和精神鼓励，从而形成一股强有力的动力，推动根据地兵工事业的发展。1939年5月，延安举办第一届工业展览会，陕甘宁边区兵工厂生产的武器弹药作为展品参展。制枪能手刘贵福、孙云龙荣获"劳动英雄"称号及毛泽东题字的奖状。[1] 1944年5月，陕甘宁边区召开边区厂长暨职工代表会议，军工系统有6人被评为特等劳动英雄、14人被评为甲等劳动英雄。同年11月，军工局各厂评出117名积极分子和劳动英雄，有400名职工受到奖励。12月，在边区群英大会上，军工系统的沈鸿、钱志道、赵占魁等又一次被评为特等劳动英雄，郝希英也再次被评为甲等劳动英雄。[2] 通过开展评先进活动，大大激发了广大兵工员工的荣誉感和使命感，促使兵器生产稳步发展。

开展劳动竞赛活动，是战时根据地兵工厂进行思想政治工作，调动员工生产积极性的另一个主要形式，也是促进军工生产的又一个重要动力。1942年陕甘宁边区开展了一个以赵占魁名字命名的劳动竞赛运动，对推动各抗日根据地兵器工业的发展产生了重大影响。赵占魁系山西省定襄县人，1938年到延安兵工厂工作。他忘我工作，成绩突出，成为边区工人的先进模范人物，多次被评为边区劳动英雄。1942年9月11日，《解放日报》发表了《向模范工人赵占魁学习》的社论，号召边区工人以赵占魁为榜样，发扬埋头苦干、大公无私的精神，以新的劳动态度大力发展工业生产。10月12日，边区总工会发出关于开展"学习赵占魁运动"的通知。随着此运动的开展，兵工厂员工在边区公营工厂展开的劳动竞赛活动中表现出色。1944年，边区兵工企业的产品产量较之1943年有了大幅度提高，如双基药增长150%，掷弹筒增长350%，机器增长192%，复装子弹增长140%。[3] 与

---

[1] 薛幸福主编《陕甘宁边区》（革命根据地军工史料丛书之一），兵器工业出版社，1990，第226页。

[2] 薛幸福主编《陕甘宁边区》，第234~235页。

[3] 薛幸福主编《陕甘宁边区》，第7页。

此同时,胶东军区各兵工厂也开展学习赵占魁运动,涌现了 105 名劳动模范。① 在晋冀豫根据地,八路军军工部 1 所车工甄荣典因生产的炮弹壳量多质优,创造了班产 480 发的生产纪录,荣获边区"新劳动者"生产竞赛运动第一号旗手的光荣称号,被誉为"炮弹王"。1943 年军工部各兵工厂积极响应晋冀鲁豫边区政府号召,广泛开展"学习甄荣典运动"②,有力地推动了军工生产。抗战后期,为配合前线部队战略反攻,加紧兵工生产,根据地军工企业又开展了"新英雄主义运动",使兵器工业得到进一步发展。上述情况充分表明,在艰苦的条件下,开展劳动竞赛活动,确实能发挥巨大的精神鼓励作用,给根据地军工生产注入了生机和活力。

其三,从实际出发,贯彻兵工建设以弹药为主、枪械为辅的方针,满足群众性抗日游击战争的需要。

1941 年 4 月,中央军委提出"我兵工建设只能充实我军技术装备,即补充弹药(步机枪弹与大量制造手榴弹)、改善枪械"③。6 月 23 日,朱德、彭德怀在给各兵团《关于大量制造地雷的训令》中指出:"在保卫根据地防御进攻,阻止敌人到处烧杀,封锁敌人据点,破坏敌寇交通等方面,地雷有极大的作用;……各军区、军分区、工厂应迅速研究,按具体环境大批制造各种式样的地雷和鱼雷,并普遍的训练部队和游击队民兵使用。"④ 同年 11 月 7 日,中央军委在《关于抗日根据地军事建设的指示》中又指出:"在敌我工业技术水平悬殊与根据地极不巩固之条件下,我们的兵工生产当然处于劣势地位,欲求山地敌我装备平等,大规模建设军事工业及希望新式武器之生产等,都是无实现可能的空想。在目前条件下,兵工生产的基本方针应当是修理枪械、翻造子弹、特别是大量生产手榴弹、地雷等,大量发给军队、民兵及居民,以便到处与敌斗争,以量胜质。"⑤ 根据上述这些重要指示,各抗日根据地投入了不少人力、物力生产子弹、枪榴弹、掷弹筒弹、手榴弹、地雷及炸药,其产量统计见表 4。

---

① 《胶东军区关于兵工建设的总结》(1944 年),载《中国近代兵器工业档案史料》第四辑,第 106~107 页。
② 刘鼎:《太行兵工》,载《八路军·回忆史料》(2),第 319 页。
③ 《中央军委关于兵工建设的指示》(1941 年 4 月 23 日),载《军事工业·根据地兵器》,第 77 页。
④ 《军事工业·根据地兵器》,第 81 页。
⑤ 《军事工业·根据地兵器》,第 86 页。

表 4 　抗日根据地生产的主要弹药统计表

| 产品＼产量＼产地区 | 子弹（发） | 手榴弹（枚） | 地雷（个） | 枪榴弹（发） | 50毫米掷弹筒弹（发） | 炮弹（发） | 无烟药（公斤） | 炸药（公斤） |
|---|---|---|---|---|---|---|---|---|
| 陕甘宁边区 | 2460000 | 360611 |  |  | 20000 |  | 2400 |  |
| 晋察冀根据地 | 674997 | 688157 | 5050 | 25000 |  | 2975 |  | 3500 |
| 晋冀鲁豫根据地 | 3345544 | 1234152 | 46933 | 10070 | 200570 | 66214 | 5103 | 7751.5 |
| 晋绥根据地 | 2500 | 282909 | 12691 |  | 129651 |  |  |  |
| 山东根据地 | 231418 | 248685 | 19612 |  | 3992 | 2659 | 226.3 | 509.5 |
| 华中根据地 | 1081000 | 1660000 | 108180 | 284900 | 23050 | 212773 |  |  |
| 总　　计 | 7795459 | 4474514 | 192466 | 319970 | 377263 | 284621 | 7729.3 | 11761 |

说明：本表数据系不完全统计。晋察冀根据地的产量仅包括1942年5月以前和冀热辽军区1944年7月至1945年8月的产量；山东根据地的产量仅为胶东军区1944年的产量；晋冀鲁豫根据地的产量包括冀鲁豫军区的产量。

资料来源：中国人民解放军历史资料丛书编审委员会编《军事工业·根据地兵器》，第762页。

## 三　抗日根据地兵工生产组织体制与兵工企业的管理

抗日战争时期敌后根据地可供兵器生产的原材料和技术资料匮乏，且财力拮据。为了使有限的资源要素得到合理配置，以较低的成本生产出尽可能多的优质产品，必须建立相应的生产组织体制，实行科学严格的管理，切实提高兵工企业的效益。

就生产组织体制而言，根据地实行的是军区、军分区和县武装部三结合的兵工生产体制。抗战时期，敌后根据地各大军区军工企业的技术力量和生产条件优于基层兵工厂，主要承担枪炮和弹药的生产任务，产品供主力部队使用，同时负责指导地方部队兵工厂的生产活动。而军分区和县武装部的兵工厂则主要生产手榴弹、地雷等，为地方部队和民兵提供武器。这种兵工生产体制是三结合人民武装力量体制在兵工生产领域的体现，有利于调动各方面的积极性，齐心协力地推进根据地的兵器工业。

抗日根据地兵工企业的生产管理经历了从无到有的过程。据历史文献记载，1940年之前，八路军总部军工部所属的各兵工企业的生产基本上无计划，"每月生产，只由所长按上月生产多少，本月即按上月加多少数目，向各生产干部提出，生产干部则提请减少"，"既不按生产工具状况，亦不详细计算生产能力，含糊提出，亦含糊请减，互相争论，最后得出一个折中数来即为本月的生产计划。"① 在人员管理方面，起初实行军事化管理，工作人员按班、排、连建制组成生产单位，"早出操，晚点名，集中进行政治学习，职工自由支配的时间很少，生活待遇也与部队相同，实行供给制，外加一点技术津贴，最高津贴每月9元，学徒每月一元五角。"② 实践结果表明，这种管理办法不适应兵工企业的生产经营活动，改革势在必行。

1940年4月，彭德怀副总司令到总部军工部和兵工厂视察工作，提出兵工厂要改变军事化管理的办法，应根据工厂的特点建立生产劳动制度，并成立工会，颁布劳动保护、工厂管理等条例、规章，发挥工会作用，一些工种岗位可实行计件工资制。③ 根据这些指示精神，1940年5月1日，八路军总部军工部召开首届工人代表大会，成立工会，确定兵工厂由津贴制转变为以计件工资为基本内容的工资制。同年6月，八路军总部兵工厂厂方代表刘鼎与工人代表张世杰签订了《军工部集体合同》，内容包括兵工厂工人工资标准、学徒学艺时间、工作时间、劳动保护、优待家属等事项。④ 从1940年至1942年，八路军总部军工部所属兵工厂逐步提高工资标准。⑤ 后来根据实际情况，又进行了相应的调整，使从事兵工生产的职工得到适当的报酬。

制订生产计划是保证兵工生产有序进行的首要环节。自1940年开始，八路军总部军工部所属兵工企业开始制订生产计划。具体情形是：军工部根据工人生产能力、机器设备状况、仓库器材存量以及可能购买到的器材数量，制订生产计划，确定各厂产品生产指标。

制定企业管理的各项规章制度是兵工企业正常运作的制度保证。1940年6月，八路军总部政治部、军工部制定公布了《战时劳动保护暂行条

---

① 《第十八集团军总部军工部生产行政工作的建设》（1942年），载《中国近代兵器工业档案史料》第四辑，第67页。
② 郑汉涛：《总部军事工业的生产管理》，载吴东才主编《晋冀豫根据地》，第121页。
③ 《彭德怀对军工部工作的指示》（1940年4月6日），载吴东才主编《晋冀豫根据地》，第348~350页。
④ 《中国近代兵器工业档案史料》第四辑，第18~20页。
⑤ 《第十八集团军总部军工部生产行政工作的建设》（1942年），载《中国近代兵器工业档案史料》第四辑，第67~69页。

例》《军工部工厂规则》《军工部各项管理办法》《军工部的工程工作》等条例、规章。其中《军工部的工程工作》，对兵工厂厂长、工务科长、记工员、产品收发员、检验股和检验登记员在生产过程中的管理职责，以及工务表格的填写等事项作了明确、详细的规定。

根据地兵工企业不仅建立了较为完备的规章制度，而且注重在生产活动的每个环节落实管理制度。如八路军总部军工部所属的兵工厂建立了计划编制、原料采供、生产调度、考勤记工、产品检验、财务核算、经费报销等管理制度。

建立管理部门是保证兵工企业正常生产的又一重要措施。抗战时期各根据地都建立了专门机构对兵工企业实行垂直管理。在陕甘宁边区，实行军工局—科（处）—厂三级管理。陕甘宁边区军工局以下的机构及其名称虽屡有变更，但三级管理的体制始终没有改变①。具体负责组织兵工生产的机构是工程处、材料处、总务处等职能部门。在晋冀豫根据地，军工部起初直接隶属于八路军总部，后划归八路军总部供给部领导。从1939年底至1941年底，该根据地军工企业实行军工部各职能部门（处）—所（厂）两级管理体制，即军工部的总务处、器材处、工程处、政治处②分工负责各企业的生产经营活动和职工思想政治工作。从1942年到1943年底，实行军工部—所—厂三级管理体制；1944年至1945年8月，又改为军工部—厂两级管理。③ 为加强管理工作，每个企业单位由所长或厂长、政委或指导员，加上工会主席组成管理委员会，重大问题由该委员会讨论决定，厂长有部分否决权，对管理委员会的某些决定，厂长认为与上级行政部门的决定有出入时，可以拒绝执行。

八路军总部军工部所属企业的生产主要由总务处、工务处、器材处、工程处等四个职能部门各司其职，分头实施。

总务处分管文书、会计、后勤等业务，这些业务工作是在实践中逐步确定的。起初，八路军总部军工部无供给管理机关的组织，凡资财的领

---

① 1939年12月至1944年军工局组织机构图，参见薛幸福主编《陕甘宁边区》，第241～244页。
② 1940年5月1日成立军工部总工会，撤销了政治处，兵工厂职工的思想政治工作由工会负责。旋又恢复政治机关，设立政治部。
③ 1939年底至1945年8月军工部组织机构图，参见吴东才主编《晋冀豫根据地》，第335～341页。

取，账目的报销，皆由所、厂直接与供给部发生关系。1939年10月，"始设立总务处，下设供给管理两科"，供给科负责办理各厂（所）给养之供给报销事务，管理科则负责军工部行政单位之管理工作。①

工务处主管生产经营和生产技术工作，包括编制计划、生产调度、工艺技术和产品检验等。各所、厂设有工务科，实行记工考勤、产品检验等一整套工务制度。记工员负责登记工人每日出勤的情况、核实工资，并提出奖惩意见。生产活动的记录和统计，按月上报，经所、厂综合后报军工部工程处。这样，军工部便能全面掌握各单位生产活动的统计资料，并以此作为统筹安排生产的基本依据。此外，工务科还负责"学徒技术教育的管理及升级的考核"、收发成品与半成品、检验产品是否合格。② 为了确保兵工产品的质量，1943年八路军《军工部工厂集体合同》规定："工人每日所出之生产品，须按样子及规定之质量点交。如有质量粗糙，不照规定制造者，即应退回本人改做，在改做之过程中，所需之时间，固定工资不发给，并追究其原因，如系故意者，本人应负赔偿之责。"③ 工务制度的实行，对于保证军工产品的质量发挥了重要作用。

再看器材的管理工作。起初各兵工厂的规模都不大，没有设立专门的器材供应机构，"每个兵工厂从负责人到工人，既是武器装备的修理者和制造者，也是器材的收集者和采购者。"④ 八路军总部军工部建立后，为统一采购与分配材料，先是成立材料科，后又扩大为材料处，主管材料采购、运输、保管、供应等业务。1940年冬再分为采办处、器材处两处，前者专司原材料的采购与搜集，后者负责保管、分配器具材料。同时建立了填报预算表和消耗计算表、办理报销等制度，一改"过去有料无帐，有帐无料、有料无用的现象"⑤。

各所、厂设置器材科或器材股，负责器材的保管、发放和使用工作。

---

① 《第十八集团军总部军工部生产行政工作的建设》（1942年），载《中国近代兵器工业档案史料》第四辑，第75页。
② 《第十八集团军总部军工部生产行政工作的建设》（1942年），载《中国近代兵器工业档案史料》第四辑，第71页。
③ 吴东才主编《晋冀豫根据地》，第413~414页。
④ 奇正、梁一笠、潘志强：《军工器材的采购和供应》，载吴东才主编《晋冀豫根据地》，第174页。
⑤ 《第十八集团军总部军工部生产行政工作的建设》（1942年），载《中国近代兵器工业档案史料》第四辑，第72页。

器材科（股）员和采购员，"负责零星材料之购买以及本地土产材料之购买"①。经过多年的摸索，使器材管理工作的各项具体内容，诸如"器材的预算、采购、报销、领取、消耗、结存"等都有了统一的规范制度，② 从而有效地加强了器材供应管理工作。

至于工程处，则负责制订各所、厂的生产计划，管理生产，并负责产品质量检验和新产品的试验。各兵工厂设有工部（车间），工部设工长、指导员。工部之下设工组，由领工（相当于组长）具体组织生产和负责行政工作。

在华中抗日根据地，新四军兵工厂也十分注重"严密的科学分工，确定每部门及各个人的生产标准，尽量消灭消极怠工现象"③。正是由于实行严格管理，注重把好质量关，保证了抗日根据地兵工企业的产品质量不断提高。

关于战时根据地兵工企业产品的质量究竟达到何等水准，我们不妨举若干实例加以说明。

就步枪而言，1940年8月1日，八路军总部军工部技术人员刘贵福等设计制造出一种口径7.9毫米的新式步枪——八一式步马枪。它博采捷克式、日本三八式、陕甘宁边区无名式以及汉阳式等步枪之众长，枪体轻巧、坚固，外形美观，射击精度高，锋利的刺刀紧连在枪筒口部，不用时折叠在枪杆上，肉搏时能迅速脱钩弹出展开，其战斗性能优于日本三八式步枪，颇受前方将士欢迎。④

根据地生产的枪榴弹和掷弹筒之质量也相当好。如新四军第3师军工部为提高枪榴弹的杀伤力，研制出延期空炸引信，同时改进黑色炸药的生产工艺，大大增强了爆炸力。这种枪榴弹用7.9毫米步枪发射后能在敌人头顶上空10多米处爆炸，破片量多且散布面广，具有很大的震撼力和杀伤力。⑤ 另外，几经改进，1941年八路军总部军工部兵工厂仿制的掷弹筒不

---

① 《第十八集团军总部军工部生产行政工作的建设》（1942年），载《中国近代兵器工业档案史料》第四辑，第72页。
② 奇正、梁一笠、潘志强：《军工器材的采购和供应》，载吴东才主编《晋冀豫根据地》，第174页。
③ 《新四军关于军工部成立经过及经验教训给叶剑英、左权的报告》（1941年10月），载《军事工业·根据地兵器》，第84页。
④ 《概述》、刘鼎：《太行山上的军事工业》，载《军事工业·根据地兵器》，第14页、294页。
⑤ 姚大伦：《枪榴弹和枪榴筒的研制》，载《新四军军事工业史资料（第三师）》，新四军军工史资料征集委员会、江苏省国防科学技术工业办公室1988年编印，第164～166页。

仅弹轻易爆，而且射程达到 700 米（超过日制掷弹筒），还能通用自制与缴获的炮弹。经实战检验，性能优于日制掷弹筒。①

从迫击炮弹来看，晋冀豫根据地兵工厂生产的 82 毫米迫击炮弹可用于多种规格口径的迫击炮，且穿透力较强。据八路军总部军工部火工技师教逢春工作笔记中的《八二迫击炮弹说明书》记载：此弹适用于 82.5 至 84 毫米口径的迫击炮，"质量佳，威力大。""在 100—150 米尺平射时，加三个药包可穿一般的土墙，加四个药包时，可穿一般的砖墙工事，加六个药包，可穿进工事内爆炸"②。

再看手榴弹的质量。早先抗日根据地制造的手榴弹填充的是黑火药，爆速低、杀伤力小。后为提高其质量，陕甘宁边区紫芳沟化学厂通过调整硝硫混酸的配比，生产出强棉（即含氯量高的硝化棉），将其装入手榴弹，大大增强了杀伤力，且爆炸声巨响，具有极大威慑作用。③ 又如胶东兵工厂生产的手榴弹产品合格率达到 95%，甚至在水里浸泡 4 小时后仍可使用。④

综上所述，全面抗战爆发后，为解决枪械修理和武器短缺问题，中国共产党领导的抗日武装先后建立了 40 多家规模不等的修械所和炸弹厂，继而在各抗日根据地建立了数十家兵工厂，从事军火生产。根据地军工部门通过建立合理的组织体制和严格的管理制度，对兵工企业的生产活动进行调度和监管，从而保证了兵工企业的产品质量。兵器工业的稳步发展，为抗日根据地军民提供了大量的轻武器和弹药，对支撑敌后战场作战做出了不可磨灭的贡献。

（原载《抗日战争研究》2009 年第 1 期）

---

① 刘鼎：《太行兵工》，载《八路军·回忆史料》(2)，第 314~315 页；刘鼎：《太行山上的军事工业》，载《军事工业·根据地兵器》，第 295 页。
② 吴东才主编《晋冀豫根据地》，第 369~370 页。
③ 李强：《中央军委领导下的陕甘宁边区军事工业》《紫芳沟化学厂》；马斌等：《战斗在紫芳沟化学厂》，载薛幸福主编《陕甘宁边区》，第 124、208、172 页。
④ 《胶东军区关于兵工建设的总结》（1944 年），载《中国近代兵器工业档案史料》第四辑，第 103 页。

# 新中国成立以来中共城乡关系政策的演变及其经验研究

江俊伟

## 一 城乡关系：问题、文献与述评

从广义上看，城乡关系是指城市与乡村作为一定区域内共同存在的两个空间实体，在政治、经济、文化等领域的相互联系、相互制约的互动关系。城乡关系是"二战"后发展中国家从理论到实践亟待解决的难题，也是国内外学术界普遍关注的理论问题，并形成了有代表性的三类理论发展模式：一是发展经济学中的二元经济结构论。其中又以刘易斯（W. Arthur Lewis）在《劳动无限供给条件下的经济发展》（1954年）一文提出的"二元经济"模式为典型。该模式主张，加速城市工业部门的发展，加快城乡人口流动，尽快把二元经济变为一元经济，实现工业化。该模式对发展中国家工业化进程产生的系列问题有较强的阐释力。二是城市经济学和城市地理学中的城市空间发展论和城市边缘区理论。其中代表性的观点有赖特的广亩城、芒福德的城乡发展观等。芒福德在《城市发展史：起源、演变和前景》（1961年）一书主张，通过分散权力来建设新的城市中心，实现一个更大区域的统一体，促进区域整体发展，避免特大城市发展过程中的困扰。该模式对于解释拉美现象具有较强的说服力。三是马克思主义的城乡关系理论。该理论认为，城乡关系的分离、对立、融合是与生产力发展水平的不同阶段相适应的。随着社会经济的发展，城乡之间的对立必定会消除，城乡融合必然会实现。上述三类理论模式是构建新型中国城乡关系的重要理论来源。

在国内，20世纪50年代中国关于城乡关系的研究尚停留于为赶超战略作合理性解释的层面，千家驹的《土地改革后新的城乡关系》为其代表作。改革开放后，城乡关系的研究方法出现了多学科互相借鉴和交叉融合的局面。其中费孝通提出的"小城镇，大战略"思想，影响了众多的研究者乃至政府的决策。90年代，学界对城乡关系关注的重点投向制度的作用和城乡之间的土地利用问题，代表性论著有：郭书田、刘纯彬的《失衡的中国——城市化的过去、现在与未来》（1990年）、中国科学院国情分析研究小组的《城市与乡村——中国城乡矛盾与协调发展研究》（1996年）、周叔莲等的《中国城乡经济及社会协调发展研究》（2002年），等等。这些论著均认为：中国城乡不平等的制度根源包括二元的户籍、教育、就业、分配以及社会保障制度，等等。进入21世纪，城乡关系问题成为区域经济、社会学研究的热点。代表性成果有曾菊新的《现代城乡网络化发展模式》、张平军的《统筹城乡经济发展》，等等。同时，党史、国史学界关于城乡关系的研究也取得了丰硕的成果。其中段应碧主编的《工业化进程中的城乡关系研究》，从理论和实证两个层面研究了中国农业发展进入新阶段后城乡关系的主要矛盾及应对策略。张化的《建国后城乡关系演变刍议》（《中共党史研究》2000年第2期）考察了新中国50年"城乡关系由不大协调到逐步得到改善"的历史，认为"中国终于找到了一条改善城乡关系之路"。武力的《1949～2006年城乡关系演变的历史分析》（《中国经济史研究》2007年第1期）较为细致地分析了工业化进程与城乡二元结构的形成、发展及逐步解构的内在关系；高伯文在《当代中国工业化进程中城乡关系的制度创新》（《党史研究与教学》2009年第5期）、《一九五三年至一九七八年工业化战略的选择与城乡关系》（《中共党史研究》2010年第9期）两文中亦持同论，并从制度创新及中共对社会主义建设规律认识深化等视角作了新的阐释。辛逸、高洁在《从"以农补工"到"以工补农"——新中国二元体制述论》（《中共党史研究》2009年第9期）提出，新中国城乡关系政策经历"以农补工"到"以工补农"两个阶段，"既符合世界同类国家经济社会演变的规律，也是新中国社会经济发展的要求使然。"这些研究者的一个共识是：在中国工业化过程中"工占农利"有其历史必然性。

然而，有论者则对"现代工业是靠挤压剥夺农业获得原始积累才得以发展"的所谓"普遍规律说"提出了质疑,指出,"只有经济发展到一定水平,才能进入'工业反哺农业'阶段,也才可能根本改变农业落后状况"的观点"是一个违背历史常识说法"[1];相反,"对中国而言,长期经济活动的一个基本特点就是,任何'非农'产业都不可能在损害农业农民农村的经济前提下得到真正的发展……只有切实认识到这一点,才不致将在中国实行对三农的扶持,视为解决短期经济问题(如启动内需)的权宜之计,也才有助于人们去探索什么是中国国情的基本特点,应如何把握中国现代化所必须注意的基本规律"[2]。质言之,该论点与学界的主流观点并无分歧,但是其长时段的研究方法,在卷帙浩繁的城乡关系论著面前确实让人耳目一新。

在梳理并借鉴前人研究成果基础上,本文以历史文献和档案为依据,侧重于对中共各个时期制定城乡关系政策的社会历史背景及绩效的考察与评估,在此基础上,全面总结中共把治理城乡关系与探索党的执政规律、社会主义建设规律和人类发展规律有机地联系起来,形成有中国特色的治理城乡关系的基本经验。这对于政府统筹城乡发展,构建城乡和谐仍有一定的借鉴意义。

## 二 新中国成立以来中共城乡关系政策的历史演变及其绩效评估

**1. 1949~1952 年:实施"四面八方"政策,促进城乡自由流动,为工业化准备了必要的物质条件**

新中国成立之初,由于长期战争造成的交通不畅、城乡阻隔、通货膨胀、巨大的财政赤字等问题,阻碍了城乡两种物质空间、工农两大部类交换的实现。1949 年,新中国全年财政收入 303 亿斤粮,支出 567 亿斤粮,财政赤字占支出的 46.4%。[3]物价飞涨,在 10 月一个月内,全国物价平均上涨 44.9%。[4]金融秩序混乱,民不聊生。有鉴于此,党和政府坚持"四面八方"政策,力图尽快构建互助、互惠的新民主主义城乡关系。

首先,以城市领导乡村,促进城乡贸易发展。早在在中共七届二中全会上毛泽东就提出,中国"开始了由城市到乡村并由城市领导乡村的时期。……城乡必须兼顾"[5]。随后,周恩来对此作了更具体的阐释。他说:"今天我们确定了城市领导乡村、工业领导农业的方针",然而,"城市与乡村、工业与农业都是辩证的两方面，决不能取消或忽视任何一方面。……目前的任务首先要恢复农业生产，然后再进一步发展农业生产"[6]。因此，新中国成立之初，中央政府灵活地利用市场和计划两种手段，迅速平抑了城乡物价，统一全国财政收支、统一全国贸易和物资管理、统一全国现金管理。"三统一"保障了国家"有重点地分别轻重缓急，支配开支"[7]，连续三年在金融、税收、管理等方面采取有力的措施，调动公私两个方面的积极性。开展城乡物资交流大会。在金融方面，通过资金调拨、汇率7折优待、代理汇兑、代收税款、代理储蓄、保险等政策扶持[8]，引导私人行庄游资投向生产；"在税收政策和税收手续上给予适当的照顾"[9]；在管理方面，"对私商的运销手续及运输条件，应给予充分的便利"[10]。这些措施"对于解决城市公私关系，解决农民出售土产品的要求，巩固物价的继续稳定，均属十分必要"[11]。

其次，平衡工农业生产，照顾各方关系，缩小工农产品"剪刀差"。新中国成立之初，政府的主导方针是平衡工农业的负担，规定工农产品以及各种主要农产品的比价，在1951年11月，1952年2月、9月和12月先后四次提高了粮棉价格，降低纱布及工业品的价格，国家对"若干经济作物、出口土产和小土产的收购价格，是偏高的"[12]，有力地缩小了工农产品"剪刀差"。

再次，城乡分离就业。一是在农村完成了土改，基本实现了"耕者有其田"，依靠合作社组织农民发展农副产品加工业和手工业，在农村就地就业。二是在城市扶持私人企业复工，促进部分工人就业，对离乡不久或有条件回乡务农的失业人员，提供旅费和一些安家费，鼓励还乡就业。三是有计划有步骤地组织城乡剩余劳动力向东北、西北和西南地区移民垦殖。

综上所述，新中国成立头三年，党和政府贯彻落实"四面八方"政策，实施多种经济成分并存的混合所有制结构，兼用计划和市场两种调节手段，构筑城乡互动、互助的平台，促进新民主主义经济的恢复和发展，为国家工业化创造了必要的条件。

第一，工农业结构有所改善。工业和农业产值占工农业总产值的比重，分别从1949年的30%和70%，改善为1952年的43.1%和56.9%。[13]

第二，城乡居民收入明显提高。1952年，"全国各地区职工的平均工资比一九四九年分别增长百分之六十至百分之一百二十。……同时期各地农民的收入一般也增长了百分之三十以上。"[14]

第三，工农产品剪刀差缩小。从 1950 年到 1952 年底，农副产品收购价格提高 21.6%，农村工业品零售价格提高了 9.7%，工农业商品综合比价指数 1950 年为 100，1952 年为 90.2%。[15]

2. 1953~1957 年：向社会主义过渡，实行统购统销政策，逐步限制城乡自由流动

新中国成立伊始，执政的中国共产党就认定："优先发展重工业的政策，是使国家富强人民幸福的唯一正确政策"[16]。由此决定了，以混合所有制和兼顾"四面八方"利益为主要特征的新民主主义社会，向传统的单一公有制和计划经济体制为根本特征的社会主义社会过渡，乃至实施农产品统购统销，都是人口膨胀而资源短缺的中国启动工业化不可回避的历史选择。

1953 年是制订和实施"一五"计划的第一年，据估算，国家需要掌握 700 多亿斤粮食，除了农业税可以解决 275 亿斤以外，还需要收购 431 亿斤（上一年度实际收购 243 亿斤），"光靠市场要收购到这么多粮食是不可能的"[17]。新民主主义经济体制无法在短期内解决资金短缺和资源配置的问题，已经不能适应优先快速发展重工业战略的需要。于是，通过社会主义改造，确立社会主义公有制和计划经济体制，以便为赶超战略提供制度保障，就成为历史的必然。与此同时，政府通过了《关于农业生产合作社统购统销的规定》，要求"农业社在进行社内粮食分配的时候，必须保证完成国家核定的粮食征购任务"[18]。这样合作化后国家在农村统购统销的户头，就由原来的一亿几千万简化成了几十万个合作社，有效地降低了国家获得工业化资金积累的交易成本。

需要指出的是，这一时期中共中央力图探索一条有别于苏联的社会主义工业化道路，提出要"兼顾国家和农民的利益"[19]，"实行工业与农业同时并举，逐步建立现代化的工业和现代化的农业"[20]的战略构想。因此，"一五"计划期间国家工业化进程加速发展，工业和农业的总产值年平均增长率分别为 18% 和 4.5%[21]，是历史上最好的时期之一。工农业产品价格剪刀差有所缩小，以 1952 年为 100，1957 年全国农产品采购价格为 122，全国农村工业品零售物价为 101.6[22]。由于这一时期尚未实行严格的户籍

制，城市化与工业化协调发展，大量农村人口流向城市，城镇人口由1952年的7163万人增加到1957年的9949万人，全国净增城镇人口2783万，其中由农村迁入城市的人口为1500万，平均每年300万左右[23]，城镇人口比重由1952年的12.5%，上升为1957年的15.4%[24]。

3. 1958~1978年：实施城乡二元户籍制，杜绝城乡自由流动，固化了近代以来形成的城乡二元结构

1958~1978年是新中国工业化初期，国家的核心任务是实施赶超战略，并以"一个体制、三套马车"（即计划经济体制与农产品统购统销制度、人民公社制度和户籍管理制度）作为制度保障。

首先，是在农业合作化的基础上实施人民公社制度，进一步改造传统的小农经济。截至1958年底，加入人民公社的农户达1.2亿多户，占农户总数的99%以上。经历了"大跃进"和人民公社化运动挫折后，1962年2月，人民公社制度退回并稳定在"三级所有，队为基础"的高级社形态。实践证明，人民公社制度虽有其局限，但在其存续的24年间，国家通过23630个农村人民公社[25]有效地降低了与高度分散而且剩余极少的亿万小农的交易费用，每年为国家提供了200多亿元的建设资金[26]，并以低水平的平均主义制度高效地维持农村社会井然有序地运行。

其次，实施城乡二元户籍制度，进一步强化对城乡流动人口的限制，确保城乡两个系统在高积累过程中的社会稳定和避免两极分化。1958年，国家颁布了《中华人民共和国户口登记条例》，以法律的形式将中国居民户口划分为农村户口和非农村户口，实行城乡分割的二元户籍管理体制。随后，又将户籍登记管理与粮食购销、就业、人事、住房、教育、医疗和社会保障等挂钩在一起。对城市的非农户口实行严格的计划调拨体制和科层体制，不同的社会等级享有不同的社会福利。对农民实行土地集体所有制和农村医疗合作制，土地成为农民衣食住行的最主要保障。这就制止了城乡人口的自由流动，又确保了城乡两个系统长期在较低平均生活水平基础上的社会稳定。

人民公社制度、城乡二元户籍制、城乡二元的社会保障制等配套制度的实施，虽然解决了小农业和工业化的矛盾，确保了"工占农利"战略的实施，为中国在短时期内建立完整的国民经济体系和工业体系做出了重要贡献。同时，也付出了产业结构严重扭曲，城市化与工业化严重脱节，市

场缺失，人们生活水平长期徘徊不前等代价。1958～1978年20年间，全民所有制单位职工年平均工资从637元增长为644元[27]，几乎停滞不前，1978年农民人均年收入只有133.57元[28]；1958～1978年，工业总产值占工农业总产值的比重从65.7%上升为72.2%[29]，但是城市化率只从16.2%上升为17.9%[30]，城市化远远滞后于工业化，三次产业的从业人员从58.2∶26.6∶15.2变为70.7∶17.4∶11.9[31]，大量人员积压在第一产业，人地矛盾加剧，导致了农业的长期低效率。

4.1979～2002年：实施市场化取向的城乡改革，城乡二元结构逐步松动

1979～2002年是中国向工业化中期过渡时期，亦即城乡二元结构松动和改革时期。国家实施了"工农均衡"发展战略。一方面，以改革为动力，以工业养工业，推动国家向工业化中期发展；另一方面，以市场化为发展方向，以农业养农业，推动农村改革沿着放权让利的路径展开，主要改革"一个体制、三套马车"，促进城乡二元结构逐步松动。

改革开放初期中共中央和国务院5个"一号文件"肯定了家庭联产承包责任制，并规定了一系列有利于多种经营的政策，农村经济突破了单一集体经济、单一投资主体的约束，开创了集体、民营、外资等多种所有制经济共同发展的新局面。乡镇企业的异军突起，为农村剩余劳动力的转移找到了出路。1984年，中共中央和国务院"一号文件"，允许务工、经商、办服装业的农民自带口粮在城镇落户。此后，国家加快了户籍制的改革步伐，逐步放宽进城务工人员的落户条件。1985年，国家取消农副产品统购派购制度，实行双轨制。1996年，进行粮食流通体制改革，粮食定购价格与市场价格并轨，当市场价格低于定购价格时，国家按保护价敞开收购。至此，国家农产品流通体制从统购统销为工业化提取农业剩余，转变为保护粮食生产和增加农民收入。这些改革从根本上变革了农村经济的运行方式，使市场在资源配置中的基础性作用得以有效发挥，有效地提高了农村经济的活力和效率，逐步缩小了城乡差距。

20世纪90年代，改革重心从农村转向城市，国民经济进入新一轮的高速增长时期，投资需求急剧扩张，在城乡二元体制作用下，农村大量资源外流，农村和农业的剩余不再通过工农产品"剪刀差"，而主要是通过金融和投资渠道源源不断流入城市，并且仅在1978～2001年就以2万亿

元[32]的土地价格剪刀差（计划内低价征用农民土地和市场上高价拍卖土地之间的差额）为工业化和城市化发展降低了成本，"工农均衡"发展战略实际上被扭曲为新的"工占农利"战略，城乡差距从缩小又转向扩大。1978 年农民家庭人均纯收入与城镇居民家庭可支配收入比为 1∶2.57，1985 年缩小为 1∶1.85，1995 年扩大为 1∶2.71，2002 年进一步扩大为 1∶2.90。[33] 城乡关系陷入新的失衡，工农业增长落差加大，农村改革和发展明显滞后，形成了日益尖锐的"三农"问题。

5. 2002 年至今：统筹城乡发展，深化城乡二元体制改革，促进城乡二元结构向一元结构转化

2002 年，中国工业化进入中期阶段。[34]党和政府的核心战略是统筹城乡发展，逐步消解城乡二元结构，建立以工促农、以城带乡的长效机制，开创城乡经济社会一体化发展的新格局。

首先，统筹城乡发展，构建以工促农，以城带乡的长效机制，逐步缩小城乡差距。

2004~2010 年，中共中央和国务院连续出台了 7 个指导农业和农村工作的"一号文件"，其核心思想就是城市支持农村、工业反哺农业，多予、少取、放活，增加农民收入，给农民平等权利，给农村优先地位，给农业更多反哺，初步构建新型城乡关系的政策体系，逐步形成了以工促农，以城带乡的长效机制。2004 年中央"一号文件"，以"两减免、三补贴"为突破口，启动了城市反哺农村的历史性转变。胡锦涛总书记在中共十六届四中全会上首次提出了"两个趋向"论。随后政府又制定配套政策来保证"两个趋向"论的贯彻落实。2005 年中央"一号文件"提出对农业实施"多予、少取、放活"方针，开始培育农业的核心竞争力。2006 年中央"一号文件"提出全部取消农业税和牧业税，同时决定，要"扩大公共财政覆盖农村的范围，建立健全财政支农资金稳定增长机制"[35]，形成支农资金的稳定投入渠道。2007 年中央"一号文件"提出，要建立"三农"投入增长机制、健全农业支持补贴制度、建立农业风险防范机制，建立促进农业建设的投入保障机制，按照建立公共财政体制的要求，要调整财政支农资金的使用方向，转变补贴方式，建立对农民收入的直接补贴制度。充分利用世界贸易组织的"绿箱"政策，增加农业科研和推广、质量安全和检验检测、农产品流通设施、农民培训等方面的投入。2008 年中央"一

号文件"提出,要"加快构建强化农业基础的长效机制",按照统筹城乡发展要求,推动国民收入分配切实向"三农"倾斜,大幅度增加对农业和农村投入。2009年中央"一号文件"提出:"加大农资综合补贴力度,完善补贴动态调整机制",较大幅度增加农业补贴。2010年中央把"加大统筹城乡发展力度"作为"一号文件"的主题,明确提出:"健全强农惠农政策体系,推动资源要素向农村配置。"

其次,实施农村综合改革,以社会主义新农村建设为根本途径,逐步建立促进城乡经济社会发展一体化的制度。

2006年,中央"一号文件"提出,要"进一步深化以农村税费改革为主要内容的农村综合改革"。随后,党和政府把新农村建设作为统筹城乡发展、以工补农的现实平台,作为促进人的全面发展、落实科学发展观、全面建设小康社会、构建社会和谐的根本途径。为此,国务院一再强调,要调整国民收入分配结构,扩大公共财政覆盖农村的范围,不断增加社会主义新农村建设的投入,要做到新增教育、卫生、文化等事业经费主要用于农村,国家基本建设资金增量主要用于农村,政府征用土地出让收益主要用于农村,要加强政府对农村的公共服务,逐步缩小城乡居民享有的公共服务和生活水平的过大差距,逐步实现城乡基本公共服务的均等化,推动农村现代化,加速城乡一体化的历史进程。

综上所述,进入工业化中期发展阶段后,以户籍制为表征,以社会福利和保障制为核心的城乡二元体制,在没有得到革命性变革之前,仍然严重扭曲着城乡关系政策,大大消减了政府支农惠农政策的绩效。以城市偏好的金融体制为例,改革开放30年来,在城乡金融资源配置上城市占80%,农村占20%,在2007年中国全部金融机构人民币贷款总额中只有不到6%投向农业部门[36],其结果是,城市深受流动性过剩的困扰,通货膨胀压力较大,另外,农村的金融基础设施严重短缺,流动性不足,发展乏力。无疑的是,随着党和政府统筹城乡发展,"以工补农,以城带乡"战略紧锣密鼓地实施,城乡一体化发展的良好态势已在形成和发展之中。

## 三 新中国成立以来中共制定和落实城乡关系政策的基本经验

如前所述,学界已经从不同的学科对新中国治理城乡关系的经验进行总结，事实上，从任何一门学科出发的概括都会有其独到的视角和见解，同时也不可避免地带有其局限。因此，本文试图以历史的分析为基础，同时借鉴经济学、社会学、法学和哲学等学科的方法，对中共治理城乡关系与国际因素、制度因素、人的因素、思想路线因素等的内在关联进行分析，归纳出如下的互相联系、互相补充的7条基本经验。

1. 必须坚持理论联系实际，不断推进马克思主义城乡关系理论中国化的历史进程

学术界普遍认为，马克思主义城乡关系理论的核心思想是城乡关系从属于生产关系，并最终决定于生产力的发展水平[37]。马克思、恩格斯认为，在生产力和生产关系矛盾统一规律支配下，城乡关系发展经历了否定之否定历程，从一个侧面折射了人类文明由低级向高级形态演进的历史图式：与生产力低水平的原始氏族社会相联系的是城乡浑然一体；与生产力发展不足相伴随的是社会分工、私有制和国家的出现及城乡分野与对立；生产力高度发展，必将为人类全面自由的发展及城乡融合创造条件。[38]

新中国成立以来，中共坚持把马克思主义城乡关系理论与中国地少人多、生产力落后的国情，以及外有列强政治、经济、军事封锁的世情联系起来，选择了赶超战略，制定了"以农补工""以乡支城"政策，在短期内建立了完整的国民经济体系和工业体系，虽然固化了近代以来形成的城乡二元经济结构，但这是生产力落后的中国实现工业化、城市化不得不付出的制度成本。[39]

改革开放后，鉴于中国已经建立了独立的国民经济体系和工业体系，城乡经济社会结构单一，市场缺失，工农业关系失衡，城市化进程滞后于工业化进程，人们生活水平长期徘徊不前的国情，中共适时实施了"工农均衡"发展战略，以工业养工业，以农业养农业，启动了市场化取向的改革，推动农村改革沿着放权让利的路径展开，全面改革人民公社体制、农产品流通体制、城乡二元户籍制，等等，促进城乡二元结构逐步松动。

进入21世纪以来，根据中国虽然已经进入工业化中期发展阶段，但是国家的城乡关系政策不同程度地受到城乡二元体制的扭曲，无法遏制城乡差距进一步拉大的趋势，同时，国家已经具备了工业反哺农业的物质基础的现实，中共决定统筹城乡发展，全面实施"以工补农，以城带乡"战略，在坚持市场对资源配置的基础性作用的前提下，充分发挥政府宏观调

控的作用，打破国民收入与社会事业发展不同步、城市化滞后于工业化的现象，促进整个社会资源的合理流动和有效整合，保证城乡低收入人群享受改革发展的成果，逐步实现经济发展同社会事业协调发展，推进城乡社会各项事业健康发展，加快城乡一体化的进程。这是对马克思主义城乡关系理论结合中国国情和时代特征的科学运用。

2. 必须坚持以科学发展观为理论指南，增强制定城乡关系政策的科学性

发展观是从哲学角度对发展的诠释，是人们对经济社会发展的总的看法和根本观点。国外学界先后出现了经济增长论、增长极限论、综合发展观、循环经济发展观、以自由看待发展的发展观、可持续发展观等6种发展观。[40]这些发展观对中国各个时期发展观的形成有着深刻的影响，并成为中共十六届三中全会提出的科学发展观的重要理论来源。本文认为，新中国成立以来在追求工业化的过程中，中共的发展理念，经历了赶超发展观、改革发展观和科学发展观的历史嬗变，成为中共制定不同时期城乡关系政策的理论依据。

在工业化准备期和初期，党和政府选择赶超发展观。发展的目标是建设"一个强大的社会主义国家"[41]，其内涵从单一的工业化演变为工业、农业、国防和科学技术"四个现代化"。在发展动力上，认为只有人民"才是创造世界历史的动力"[42]，形成了"抓运动，促生产"的动员方式；在发展方针上，强调独立自主、自力更生、艰苦奋斗。

在向工业化中期过渡期，党和政府提出了改革发展观。认为，改革是"社会主义发展的动力"；发展的本质，就是解放生产力、发展生产力、消灭剥削、消除两极分化，最终实现共同富裕；发展的模式，就是要探索并建立社会主义市场经济体制。发展的方针，一是坚持四项基本原则，二是搞社会主义现代化建设。

在工业化中期发展阶段，中共中央提出了以人为本的科学发展观。强调，发展的中心，是"坚持聚精会神搞建设、一心一意谋发展，不断解放和发展生产力"[43]；发展的要求，是"全面协调可持续发展"[44]；发展的根本方法，是统筹兼顾，统筹城乡发展、经济社会发展、人与自然和谐发展、国内发展和对外开放；发展的"核心是以人为本"[44]，人既是发展的实践主体，也是发展的根本目的；发展的政治保证是党的基本路线；发展的动力是改革开放。

中共执政以来发展观的历史演进，表明中共对党的执政规律、社会主义建设规律和人类社会发展规律认识的不断深化，增强了其统筹城乡发展，制定行之有效的政策的科学性。

3. 必须坚持解放思想、实事求是、与时俱进、开拓创新的思想路线

坚持实事求是的思想路线，是中国共产党不断制定出符合中国实际的城乡关系政策的重要前提。

新中国成立后，毛泽东坚持实事求是的思想路线，多次指出，马克思这些老祖宗的书必须读，他们的基本原理必须遵守，但是"马克思主义一定要向前发展，要随着实践的发展而发展，不能停滞不前。停止了，老是那么一套，它就没有生命了"[46]。毛泽东力图把马克思主义与中国的社会主义建设相结合，探索出一条有别于苏联的工业化道路：强调不能像苏联那样"把农民挖得很苦"，"又要马儿跑得好，又要马儿不吃草"[47]，提出了"工农业并举"的战略构想。虽然由于种种因素的影响，1957年后毛泽东一度偏离了这一思想路线，使社会主义事业遭遇了挫折，但他所倡导的实事求是的思想路线为改革开放后的拨乱反正提供了思想武器。

十一届三中全会后，邓小平指出，只有解放思想，实事求是，不断突破对社会主义的教条主义认识，才能引导社会主义建设走进柳暗花明的新境界。反之，"一个党，一个国家，一个民族，如果一切从本本出发，思想僵化，迷信盛行，那它就不能前进，它的生机就停止了，就要亡党亡国"[48]。邓小平以"实践是检验真理的唯一标准"问题的大讨论，拉开了解放思想和改革开放的序幕，随后又提出了"三个有利于"标准、社会主义本质论等一系列新思想、新观点，形成了邓小平理论，突破了苏联模式的窠臼，引领中国走出一条以农村改革带动城市改革的道路，让群众在"帕累托改进"中普遍获得实惠，逐步增强心理承受力，拥护改革向着市场化方向发展，开创出农村多种所有制经济蓬勃发展、城市国企改革生机勃勃的新局面，使原来僵化隔绝的城乡关系渐渐松动起来，产业结构也渐趋合理。

20世纪末期，以江泽民为主要代表的中国共产党人，坚持解放思想、实事求是、与时俱进，敏锐地把握国际国内形势的发展变化，提出"三个代表"重要思想，把党的建设同当今世界和当代中国的发展趋势，同实现中国特色社会主义的宏伟目标联系起来，初步确立了社会主义市场经济体

制，提出了依法治国方略，使市场在资源配置中起了基础性作用，推动国家综合国力迈上新的历史台阶。在世纪之交城乡差距由缩小转为扩大之际，强调要加强宏观调控，通过调整国民收入分配结构向农业、农村、农民倾斜，以弥补市场自发调节的不足，遏制城乡差距进一步扩大的势头。

进入21世纪以来，鉴于城乡二元体制已经成为城乡差别持续扩大、农村经济社会发展严重滞后的深层原因，以胡锦涛为总书记的党中央，坚持解放思想、实事求是、与时俱进、开拓创新，提出并落实"两个趋向论"，统筹城乡发展，并以科学发展观统领社会主义和谐社会建设。强调要加快改革攻坚步伐，完善社会主义市场经济体制机制，特别要合理调整国民经济分配格局，着力提高城乡中低收入居民收入，着力构建城乡均等的公共产品供给制、社会保障制度，加快中国从城乡二元社会结构向一元结构的转化进程。

4. 必须遵循依法治国的方略，依法整合城乡社会关系，促进城乡社会和谐

新中国成立以来，中共依据工业化各个时期城乡关系问题的时代特征，先后制定了一系列法律法规确保了"以农补工"和"以工补农"战略的实施，初步形成了依法整合城乡社会关系的良好态势，开通了依法治国，促进城乡社会和谐的现实通道。

在工业化准备期和初期，国家先是颁布、实施了《共同纲领》（1949年）、《中华人民共和国土地改革法》（1950年）、《中华人民共和国宪法》（1954年）等法律法规，确认了土改和农业社会主义改造的成果，对于保护农民的土地权益、促进农村生产力发展起了积极作用；随后又颁布了《农村粮食统购统销暂行办法》（1955年）、《中华人民共和国农业税条例》（1958年）、《农村人民公社工作条例草案》（1961年）等法律和政策确保了人民公社体制和"工占农利"战略的实施。此后，由于走进了"抓运动，促生产"的歧途，法律虚无主义、工具主义盛行，城乡关系失调。

在向工业化中期过渡阶段，政府先后制定、修改了《中华人民共和国土地管理法》（1986年第一次颁布，1998年第四次修订）、《中华人民共和国农业法》（1993年第一次颁布，2002年修订）、《中华人民共和国乡镇企业法》（1996年）、《中华人民共和国农村土地承包法》（2002年），等等，逐步构建起城乡工作法制化的法律框架，为依法治理城乡关系提供了必要

前提。更为重要的是，中共十五大明确提出了依法治国方略，成为依法治理城乡关系的里程碑，标志着中共执政方式的根本转变。

进入工业化中期阶段，政府制定了一系列有利于改变城乡二元体制和与世界贸易组织贸易规则对接的农业法律法规，逐步构建起有利于构建城乡一体化的农业法律框架，确保国家"以工补农""以城带乡"战略落实的规范性，并把坚持党的领导、人民当家做主和依法治国有机统一起来，揭开了中国依法治国、依法治理城乡关系的新篇章。

5. 必须不断提高执政党调查研究、理论结合实际的水平，增强制定城乡关系政策的针对性和前瞻性

重视调查研究，是中共的优良传统。坚持理论与实际相结合，由此制定和执行正确的城乡关系政策，是中共长期执政的重要法宝。

毛泽东把调查研究作为领导工作的首要任务和制定政策的基础。早在革命战争年代，就提出了"不做调查就没有发言权"，"不做正确的调查同样没有发言权"的著名论断[49]，并据此开辟了一条农村包围城市，夺取新民主主义革命胜利的道路。新中国成立以后，毛泽东又通过调查研究，写出了许多像《论十大关系》那样的经典文献，做出了许多科学的决策，对探索中国式的社会主义道路做出了卓越贡献。尽管毛泽东晚年一度偏离自己倡导的调查研究的工作方法，制定出超越实际的城乡关系政策，使城乡社会生产长期徘徊不前，给全党带来了深刻的教训。但是其倡导的调查研究、理论和实际相结合的工作方法，成为中共长期执政的重要法宝。

改革开放后，邓小平重新恢复了毛泽东倡导的实事求是的调查研究方法，提出："按照实际情况决定工作方针，这是一切共产党员所必须牢牢记住的最基本的思想方法、工作方法。"[50]并且在聆听群众心声之后，先后肯定了包产到户、乡镇企业、农业产业化经营，推动农村面貌发生了天翻地覆的变化，让一部分农民先富了起来，缩小了城乡差距。1992年，经过调查研究之后，发表了南方讲话，提出了社会主义本质论，推动社会主义实践再上历史新台阶。江泽民做出了"没有调查就没有决策权"[51]的新论断，强调"加强调查研究不仅是一个工作方法问题，而且是一个关系党和人民事业得失成败的大问题"[52]。并于2000年2月视察广东高州、深圳、顺德等地后，提出了"三个代表"重要思想，深化了党对执政规律、社会主义建设规律和人类历史发展规律的认识。

中共十六大以来，胡锦涛强调"调查研究是我们的谋事之基、成事之道。各级党委、政府和领导干部要切实加强对本地区本部门和谐社会建设有关情况和工作的调查研究，全面分析和把握社会建设和管理的发展趋势，为制定政策、开展工作奠定坚实的基础"[53]。大力倡导求真务实之风，科学分析、准确把握我国发展面临的国际国内环境和阶段性特征，提出了树立和落实科学发展观、构建社会主义和谐社会、加强党的执政能力建设和先进性建设等一系列重大战略思想，为统筹城乡社会发展、构建城乡和谐提供了指导方针。

历史和现实的经验都表明，重视和加强调查研究，是共产党人坚持辩证唯物主义和历史唯物主义世界观、方法论的必然要求，是实现理论与实际相结合、正确制定方针政策的根本途径。

6. 必须坚持以人为本，调动城乡不同社会阶层的积极性和创造性

新中国成立以来，中共在治理城乡关系过程中对人本身的认识，经历了"理想中的人""现实中的人""制度中的人""执政目标中的人"的历史轨迹，成功地引导社会各阶层聚精会神搞建设，一心一意谋发展，推动中国城乡关系从二元结构向着一元结构发展。

新中国成立头三年，党和政府贯彻落实"四面八方"政策，促进城乡生产恢复，改善了民生。但是，从实施"二五"至"六五"计划的20年间，中共对人本身的认识发生了偏差，把群众视为"理想中的人"——把群众等同于党员。认为群众的社会主义积极性高于个人积极性，通过"抓运动，促生产"高扬社会主义积极性，消泯个人积极性，让群众为国家工业化做出长期的牺牲，走共同富裕的道路。以此为指导思想制定的城乡关系政策，虽然缩短了工业化的历史进程，却长期忽视了城乡居民的消费需求、农村基础设施建设和农业现代化，导致国家的工业化和人的现代化没有同步发展，国民经济结构、城乡结构、产业结构、就业结构严重失调。

改革开放后，中国共产党深化了对人本身的认识，把群众视为"现实中的人"——既有社会主义理想信念，又有自身利益追求的理性经济人。以此为依据制定的城乡关系政策，强调效率兼顾公平，让一部分人通过合法劳动先富起来，消灭剥削，先富带动后富，避免两极分化，最终实现共同富裕。国家对城乡群众放权让利，引入了市场机制，恢复了多种所有制，推动城乡人流、物流、信息流畅通，人们生活水平节节攀升，国民经

济结构、城乡结构、产业结构渐趋合理。

世纪之交,中国共产党进一步深化了对人本身的认识,把广大群众视为"制度中的人"——法律制度面前人人平等,以法律和制度调节公民的权利与义务。以此为理论依据,国家制定了一系列调整城乡关系的法律法规,鼓励城乡居民依法致富,保护私人物权,规定高收入群体有依法纳税的义务、低收入群体有从国家获得救济和扶持的权利,国民经济收入第一次分配强调效率,第二次分配突出公平,有效地遏制了城乡差距迅猛扩大的势头,迈出了依法治理城乡关系的关键一步,标志着中共执政方式的根本转变。

进入21世纪,中国共产党提出了以人为本的科学发展观,把广大群众视为"执政目标中的人"——群众是中共执政、服务和奋斗的目的,而非实现理想的工具。"要始终把实现好、维护好、发展好最广大人民的根本利益作为党和国家一切工作的出发点和落脚点,尊重人民主体地位、发挥人民首创精神,保障人民各项权益,走共同富裕道路,促进人的全面发展"[54]。关于人的全面发展的思想,马克思、恩格斯在《共产党宣言》里就作过科学的预测:未来的共产主义社会"将是这样一个联合体,在那里,每个人的自由发展是一切人的自由发展的条件"[55]。以人为本的科学发展观,把马克思、恩格斯的科学预言与中国特色社会主义的实践相结合,强调经济社会和人的全面发展,让发展的成果惠及全体人民,体现了中共全心全意为人民服务的根本宗旨和立党为公、执政为民的根本要求,为中共制定城乡关系政策提供了理论指南。

7. 必须处理好国际国内两个大局的关系,为制定、落实城乡关系政策创造良好的外部环境

马克思指出,"由于开拓了世界市场,使一切国家的生产和消费都成为世界性的了。"[56]在生产和消费全球化的时代,主动融入全球化者荣,消极回避者损,已经成为国际共识。"二战"后,以美国为首的西方资本主义国家汲取资本主义大危机的教训和吸取苏联社会主义前期计划经济的经验,致力于资本主义改革,在国内加强宏观调控,在国际上创建和运用一整套促进经济全球化的国际组织(GATT、WTO、IMF等),成为现代国际金融秩序和国际贸易体制的主导者和得利者,也使资本主义社会的科技、生产力和世界市场得到长足发展。

相反，苏联及东欧社会主义国家却在同一时期故步自封，无视或者拒绝社会主义改革，而且陷入同美国军备竞赛的误区，为其走向解体埋下了隐患。与之相比，改革开放前，中国虽然在西方列强封锁下，被迫采取了"一边倒"的外交战略，未能突破苏联模式，城乡关系长期失调；但是中共始终重视国际国内两个大局，强调要吸取近代以来闭关锁国、落后挨打的教训，要处理好"中国和外国的关系"，"学习资本主义国家的先进的科学技术和企业管理方法中合乎科学的方面"要搞"一万年"[57]。正因如此，毛泽东在20世纪70年代抓住了国际局势变化的契机，改善了同西方国家的关系，为改革开放创造了条件。

改革开放后，邓小平做出了和平与发展是当今世界的主题的判断，抓住了由信息革命引发的第三轮经济全球化的机遇，丰富并发展了毛泽东的国际国内两个大局观。他说，"现在的世界是开放的世界"[58]，"中国的发展离不开世界"[59]，要处理好国际国内两个大局的关系，"对内经济搞活、对外经济开放"[60]，学习和引进国际上先进的技术、管理经验和资金，尽快缩小与发达国家间的差距。因此，中国改革的事业从农村延伸到城市，计划的范围不断缩小，市场的作用不断扩大，城乡生产要素渐渐自由流动起来，推动国民经济结构、城乡产业结构、就业结构渐趋合理。

十三届四中全会以来，中国"坚持'引进来'和'走出去'相结合，积极参与国际经济合作和竞争，不断提高对外开放水平"[61]，较好地利用国际和国内两个市场、两种资源，成功顶住了国内"政治风波"，避开了"东欧剧变"多米诺骨牌的连锁效应，随后又实施投资、消费双拉动政策，扩大内需，成功地抵御了亚洲金融风暴，初步确立起社会主义市场经济体制。2001年加入世界贸易组织以后，中国加快拓宽了与世界经济接轨的速度与范围，出口、投资和消费成为推动经济高速发展的"三驾马车"。2004年，中国贸易对外依存度达到60%，出口对工业增长的贡献率达1/4左右，对经济增长的贡献率达到1/5左右[62]；投资增长明显快于GDP增长，成为国民经济增长的主要动力。中国发生金融风险的概率提高了，国家处理国际国内两个大局的难度增加了。

有鉴于此，中共十六大以来，中共中央适时提出了互相联系、互为条件的"五个统筹"思想，其中就包括了统筹国内发展和对外开放。这是对新中国成立以来中共国际国内两个大局观的新概括。它强调，要处理好国内发展和国际环境的关系，既利用好外部的有利条件，又发挥好我们自身的优势，利用国际国内两个市场、两种资源，把扩大内需与扩大外需、利用内资与利用外资结合起来，努力实现国内改革发展和对外开放相协调。这就为贯彻工业反哺农业、城市支持农村的方针，推动城乡二元结构向一元结构转化，促进城乡和谐，创造了良好的外部环境。

## 四　结论

新中国成立以来取得的进步是全方位的，党和政府治理城乡关系的经验也是多层面的：从制度层面看，初步构建了适应市场经济发展的社会主义政治、经济和文化体制，并且在改革和完善之中；从认识路线看，已经形成了解放思想、实事求是、与时俱进、开拓创新的思想路线；从改革路径看，坚持渐进式的改革，并在改革中兼顾发展和稳定；从对人本身的认识来看，经历了"理想中的人""现实中的人""制度中的人"到"执政目标中的人"的演变，进而提出以人为本的执政价值取向；从治理的模式看，已经从"抓运动，促生产"，发展为依法治国；从发展的理念看，已经从赶超发展观，演变为改革发展观，再演化为科学发展观；从对计划和市场的认识看，已经把市场看作一种手段，而非资本主义制度的本质属性，资本主义可以用，社会主义也可以用，等等。这些互相联系、互为补充的经验归结为一点就是：坚持中共领导的中国特色社会主义道路，是构建城乡和谐的必由之路。

（原载《党史研究与教学》2010 年第 6 期）

## 参考文献

[1] [2] 林刚：《良性互动与恶性循环——关于城乡关系历史变动的再思考》，载〔美〕黄宗智主编《中国乡村研究》第五辑，福建教育出版社，2007，第 24、43 ~ 44 页。

[3] [4] [14] 房维中主编《中华人民共和国经济大事记（1949 ~ 1980）》，中国社会科学出版社，1984，第 9、2、87 页。

[5]《毛泽东选集》第 4 卷，人民出版社，1991，第 1427 页。

[6]《周恩来选集》下卷，人民出版社，1984，第 8~9 页。

[7]《当代中国财政》编辑部编《中国社会主义财政史参考资料（1949~1985）》，中国财政经济出版社，1990，第 49 页。

[8][9][10]《1949~1952 中华人民共和国经济档案资料选编·工商体制卷》，中国社会科学出版社，1993，第 868、868、868 页。

[11]《陈云文集》第 2 卷，中央文献出版社，2005，第 150 页。

[12] 中国人民解放军国防大学党史党建政工教研室编《中共党史教学参考资料》第 19 册，内部印行，第 598 页。

[13][15][24][25][27][29][30] 国家统计局编《中国统计年鉴（1983）》，中国统计出版社，1983，第 20、455、104、147、9、20、20 页。

[16] 全国人大财政经济委员会办公室等编《建国以来经济和社会发展五年计划重要文件汇编》，中国民主法制出版社，2008，第 618 页。

[17] 薄一波：《若干重大决策与事件的回顾（上）》，中共中央党校出版社，1993，第 258 页。

[18] 中华人民共和国国家农业委员会办公厅编《1949~1957 农业集体化重要文件汇编》上册，中共中央党校出版社，1981，第 628 页。

[19]《毛泽东选集》第 5 卷，人民出版社，1977，第 274 页。

[20][46][47][57]《毛泽东文集》第 7 卷，人民出版社，1999，第 310、281、29~30、24 页。

[21] 中国社会科学院、中央档案馆编《1953~1957 中华人民共和国经济档案资料选编·工业卷》，中国物价出版社，1998，第 1147 页。

[22] 刘国光主编《中国十个五年计划研究报告》，人民出版社，2006，第 108 页。

[23] 陆学艺、李培林主编《中国社会发展报告》，辽宁人民出版社，1991，第 284 页。

[26] 辛逸：《实事求是地评价农村人民公社》，《当代世界与社会主义》2001 年第 3 期。

[28] 陆学艺主编《当代中国社会阶层研究报告》，社会科学文献出版社，2002，第 165 页。

[31] 国家统计局编《中国统计年鉴（1988）》，中国统计出版社，1988，第 157 页。

[32] 万朝林：《失地农民权益流失与保障》，《经济体制改革》2006 年第 3 期。

[33] 国家统计局编《中国统计年鉴（2005）》，中国统计出版社，2005，第 335 页。

[34] 中国社会科学院经济学部课题组：《我国进入工业化中期后半阶段——1995~2005 年中国工业化水平评价与分析》，《中国社会科学院院报》2007 年 9 月 27 日。

[35]《中共中央国务院关于推进社会主义新农村建设的若干意见》，《人民日报》2006

年 2 月 22 日，第 1 版。

［36］潘林：《反思金融改革三十年：困境与出路》，《调研世界》2009 年第 1 期。

［37］孙成军（《马克思主义城乡关系理论与我们党城乡统筹发展的战略选择》，《马克思主义研究》2006 年第 4 期）、周志山（《从分离与对立到统筹与融合——马克思的城乡观及其现实意义》，《哲学研究》2007 年第 10 期）等，均持此说。

［38］江俊伟：《马克思主义城乡关系理论的两个维度及其当代启示》，《黑龙江史志》2009 年第 4 期。

［39］温铁军：《"三农问题"的世纪反思》，《读书》1999 年第 12 期。

［40］《发展观的历史沿革和发展——国际上的几种发展观》，《求是》2004 年第 5 期。

［41］《建国以来重要文献选编》第十九册，中央文献出版社，1998，第 505 页。

［42］《毛泽东选集》第 3 卷，人民出版社，1991，第 1031 页。

［43］［44］［45］［54］胡锦涛：《高举中国特色社会主义伟大旗帜，为夺取全面建设小康社会新胜利而奋斗——在中国共产党第十七次全国代表大会上的报告》（2007 年 10 月 15 日），人民出版社，2007，第 15 页。

［48］［50］《邓小平文选》第 2 卷，人民出版社，1994，第 143、114 页。

［49］《毛泽东选集》第 1 卷，人民出版社，1991，第 18 页。

［51］［52］《江泽民文选》第 1 卷，人民出版社，2006，第 304、304 页。

［53］《决策探索》2005 年第 2 期，第 4 页。

［55］［56］《马克思恩格斯选集》第 1 卷，人民出版社，1995，第 294、276 页。

［58］［59］［60］《邓小平文选》第 3 卷，人民出版社，1993，第 64、78、77 页。

［61］江泽民：《全面建设小康社会开创中国特色社会主义事业新局面——在中国共产党第十六次代表大会上的报告》（2002 年 11 月 8 日），人民出版社，2002，第 8 页。

［62］王子先、王雪坤：《如何评估我国的对外贸易依存度》，《红旗文稿》2006 年第 4 期。

# 群众路线与现代中国的
# 国家建构
—— 纪念中国共产党成立九十周年

郭为桂

随着1964年10月16日中国第一颗原子弹的爆炸,一位研究中共党史的西方学者很快就撰文指出,这标志着当代中国政治从原先非技术取向的、以群众路线和群众运动为特征的大众主义阶段进入了技术取向的、以官僚政治为特征的精英政治阶段。[①] 显然,这种在原子弹强烈震荡波波及之下的夸张论调,早已被历史所证伪。群众路线,特别是当时作为群众路线之实践形式的群众运动,在作者武断预测之后不久,即以其极端的形式继续支配着中国政治。不过,撇开作者的过度解读与意识形态偏见不论,这种论调背后所隐含的现代国家建构的一般原理,倒有其"真理"的成分。这一"真理"的最著名的阐述者无疑是马克斯·韦伯。韦伯政治思考的基本背景是19世纪后期大众社会与大众民主时代的到来。在此背景之下,国家治理形态如何?韦伯所给出的答案是:官僚化的民主。[②] 韦伯说,"在大型国度里,无论在什么地方,现代民主都日益在变成官僚化的民主。只能如此……"[③] 在韦伯看来,科层官僚制不仅是一种现代性的必需品,也是一种现代进步的标志。他说,"正如自从中世纪以来,所谓的迈向资本主义的进步是经济现代化唯一

---

① Hyobom Pak, "Chinese Politics: The Nature of Its 'Mass Image' Technique", *Asian Survey*, Vol. 5, No. 4 (Apr., 1965).
② 参见郭为桂《现代性与大众民主的逻辑——马克斯·韦伯的政治社会学分析》,《东南学术》2007年第3期。
③ 转引自 Paul Edward Gottfried, *After Libertism: Mass Democracy in the Managerial State*, Princeton University Press (Princeton, New Jersey), 1999, p.48。

的尺度一样，迈向官僚体制的官员制度的进步是国家现代化的同样是明白无误的尺度……"①

在中国现当代史的语境之中，大众主义与官僚制也是思考现代国家建构的一对基本参照范畴。中国共产党成立以来的探索与实践，辉煌与挫折，都与如何处理把握这一对范畴不无关联。在纪念中国共产党成立九十周年的时候，从群众路线与官僚制相映照的视角探讨其国家建构的基本经验，对发扬中国共产党的优良传统，廓清中国共产党治国理政的思路，进一步探索中国现代国家建构和政治发展的路径，具有很强的现实意义与理论价值。本文循着中国共产党历史发展脉络，分三个部分论述群众路线与国家建构之间的关系及其变化。第一部分主要阐述革命时期群众路线与革命建国之间的关系，第二部分主要阐述毛泽东治理之下的中国，运动治国与对国家建构的影响，第三部分主要阐述改革开放新时期以人为本的亲民、惠民路线对国家建构的意义以及尚且存在的问题，并从检视群众路线内在限度的视角提出建立与群众联系制度的任务。

## 一 民族主义、大众动员与革命建国

政治现代性的核心主题是民族国家建构（nation‐state building）。民族国家是当今国际社会公认的基本单位，不管是作为"想象共同体"，还是作为在特定区域内垄断了治权的政治实体，民族国家的建构一直是现代性焦虑的源头之一，对于后发国家尤其如此。虽然说民族国家是现代国家的基本形式，但从历史上看，国家建设与民族形成并不同步。查尔斯·蒂利严格区分了政权建设（state building）与民族形成（nation building）之间的不同。18世纪欧洲的"政权建设"主要表现为政权的官僚化、合理化、渗透性，实质是国家汲取社会资源能力的增长，而民族形成则主要体现在公民对民族国家（nation‐state）的认可、参与、承担义务及忠诚。蒂利认为，欧洲各国的这两个过程并不同步，强大的民族国家的出现先于民族的形成。对于近代中国而言，在从传统向现代转型的过程中，民族国家建构

---

① 〔德〕马克斯·韦伯：《经济与社会》（上下卷），林荣远译，商务印书馆，1998，第736页。

与欧洲不同，是在民族主义以及现代化的招牌下进行的。① 在近代中国，民族国家的建构面临着一个特殊的问题：首先是必须实现从"天下观"到"民族国家"观的转变，也就是"从一个落后的儒家普世帝国，转变为一个在国际大家庭中拥有正当席位的近代民族国家"②。毫不奇怪，伴随着近代中国社会的全面危机以及传统秩序的全面崩溃，这种转变内蕴巨大的心理落差和强烈的亡国灭种的焦虑，在这种情况下，民族主义，也只有民族主义，才能作为一个最大公约数，起到凝聚人心的作用。不过，这里应该注意的是，在中国的语境之下，以汉族为核心的华夏民族早已形成，因此其"民族形成"更多的时候不是文化或者人类学意义上族群身份的建构，而是政治意义上的主权国家的建构。换句话说，中国的"民族形成"，实质是一个有着悠久文明和辉煌历史的民族，在西方现代性冲击之下追求民族自决和民族复兴的过程。

另外还值得注意的是，在近代世界的时空背景之中，民族主义常常与大众主义的"民主"诉求纠结在一起。从现代化先行的西方国家的视角来看，19世纪末期到20世纪中叶的世界政治格局，一方面表现为其内部政治结构从个人主义到大众民主的转变，也就是"从注重门第、财产和权势的自由主义向大众民主的转变"，另一方面表现为亚非拉各国民族主义运动的兴起。③ 这并非两种毫无联系的趋势。实际上，二者都是以平等主义

---

① 参见〔美〕杜赞奇《文化、权力与国家——1900~1942年的华北农村》，王福明译，江苏人民出版社，2004，第1~2页。徐勇曾著文对现代国家建构的历史及逻辑进行了文本解读。他指出，相对于传统国家的现代国家具有两个基本特性：一是民族－国家，一是民主－国家，前者是现代国家的组织形式，以主权为核心；后者是现代国家的制度体系，以主权在民为合法性基础。参见徐勇《"回归国家"与现代国家的建构》，《东南学术》2006年第4期。

② 〔美〕徐中约：《中国近代史——1600~2000中国的奋斗》，计秋枫、朱庆葆译，世界图书出版公司北京公司，2008，第9页。

③ 参见英国历史学家杰弗里·巴勒克拉夫《当代史导论》第五章、第六章，张广勇、张宏宇译，上海社会科学院出版社，1996。相对于韦伯的客观冷静和巴勒克拉夫的平和公允心态，西班牙思想家奥尔特加·加塞特对这两种趋势进行了激烈的批评，在其《大众的反叛》一书的第一部分，加塞特以19世纪议会制的自由民主为理想参照，对新时代的大众人、大众民主进行了严厉的批判，而在书中第二部分，加塞特一方面愤慨于诸多大众民族反抗那些伟大的、具有创造力的民族，"也就是了创造了人类历史的那邦少数几个民族"（第134页），另一方面感慨于欧洲文明的衰弱，并期待欧洲文明的复兴以重掌世界的领导权。参见〔西〕奥尔特加·加塞特《大众的反叛》，刘训练、佟德志译，吉林人民出版社，2004。

为根本诉求的大众社会的产物。从西方内部的视角来看，大众主义与民族主义是二位一体的观念和运动形式，其矛头直指资产阶级及其所建构的特权与霸权秩序，加塞特所创造并加以诋毁的大众民族（mass peoples）一词，很大程度上反映了一部分欧洲精英对平等主义新世界的抗拒。而对于广大后发国家来说，面对内部传统秩序的崩溃与外部帝国主义霸权势力的支配，只有把大众主义与民族主义结合起来，才能迸发出改天换地的巨大能量。

现代中国的国家建构，正是在民族主义与大众主义汇合的历史潮流之中展开的。只有顺应这种潮流的政治势力，也就是只有融合了民族主义与大众主义的政治势力，才有可能完成国家建构的历史使命。中国近代以来民族主义运动的历史处处说明了：缺乏大众主义力量支撑的民族主义运动，是无法完成民族国家的建构任务的。按照巴勒克拉夫的说法，亚洲和非洲民族主义运动的发展表现为三个阶段，第一阶段表现为对西方列强冲击的本能反应，这种反应一方面表现为对西方文明和西方势力的憎恨和仇视——中国的义和团运动是其中的典型，一方面表现为对传统信仰和制度的怀疑，并唤醒了需要适应新世界以求得民族生存的意识——中国的维新运动就是这样的一场民族主义运动。第二阶段是资产阶级领导的民族主义运动——孙中山先生在清末民初所从事的革命运动，就是这方面的典型。第三阶段，"因工人和农民追随一个大众组织，反抗外国殖民列强的基础得到了扩大，并在领导者和群众之间形成了联系。"[1]

显然，在上述三个阶段，能够融合这两种潮流的，只有在第三阶段。彼时，中国的民族主义运动一旦与大众主义运动结合起来，中国的革命面貌焕然一新。而完成这种融合是高度组织化的革命政党。此前，中国已经有了政党，但都没有完成近代中国国家建构的历史任务，其原因是，"自有政团以来，都是没有民众作基础的政团，政团不过是读书绅士阶级的专用品。……清颠覆后，所有的政党都与民众不生关系，都成了水上无根的浮萍，在势都没有成功的希望。"[2] 中国革命先行者孙中山只有在 1924 年

---

[1] 〔英〕杰弗里·巴勒克拉夫：《当代史导论》，第 158~159、174 页。巴勒克拉夫明确指出，"在中国，民族主义发展的三个阶段可以等同于康有为、孙中山、毛泽东三位人物，他们所带来的后果分别表现为 1898 年的百日维新、1911 年的辛亥革命和 1924 年对国民党的改革和改组。"

[2] 李剑农：《中国近百年政治史》，复旦大学出版社，2002，第 328 页。

对国民党所进行的以"联俄、联共、扶助农工"为主要内容的改组以后才使中国国民党一度成为统一中国的主导力量,而在此之前不论是局部的武装起义,还是议会内的斗争,由于没有建立起高度组织化的政党,更因为没有获得大众力量的支持,因此都没有实现奋斗的目标。中国共产党作为一支民族解放的力量,其胜利的奥秘,也在于把以农民为主体的中国人民大众组织起来。"大众组织的政治意义在于,它是决定共产党成功而国民党失败的首要因素。"① 毛泽东在总结共产党成功的经验时十分精到地指出,"我们有许多宝贵的经验。一个有纪律的,有马克思列宁主义的理论武装的,采取自我批评方法的,联系人民群众的党。一个由这样的党领导的军队。一个由这样的党领导的各革命阶级各革命派别的统一战线。这三件是我们战胜敌人的主要武器。"② 在党的领导、武装斗争和统一战线三大法宝中,高度组织化的政党是关键,是武装斗争、统一战线的领导力量。实际上,高度组织化的大众政党,不仅是中国现代国家建构的需要,它还是现代世界的一种普遍趋势,而这一趋势同样是大众社会的产物:"……大众社会的到来瓦解了政治社会的现存结构。今天我们生活在一个新的政治时代。在整个当代世界——在西欧的民主国家,在共产主义制度的国家以及在亚洲或非洲的原殖民地地区——现在到处都能看到,高度组织的政党占据着政治结构的中心位置,这是因为在 19 世纪末以来崛起的大众社会的形势下,政党是体现人民大众的政治目的的唯一有效手段。"③

高度组织的政党之所以成为国家建构的前提要件,与现代中国的社会结构特点也有着莫大的关系。从阶级分析的视角来看,现代中国的社会结构以所有阶级的软弱性为标志。④ 由于没有哪一个阶级能够独自担负起重构秩序的重任,这就需要一种强大的以军事为后盾的政治势力,通过大规模政治动员,组织最大多数的民众起而抗争,完成民族自决的历史任务。张闻天在 1930 年 1 月 3 日写的一篇文章中明确指出,中共"能够在多大程度上解决中国革命的基本问题",要"从它能够在多大程度上在其领

---

① 参见 Ping-Chia Kuo, *China, New Age and New Outlook*, revised ed., Penguin Books, 1960, p. 63。
② 《毛泽东选集》第四卷,人民出版社,1991,第 1480 页。
③ 〔英〕杰弗里·巴勒克拉夫:《当代史导论》,第 148 页,着重点为引者所加。
④ 〔美〕莫里斯·迈斯纳:《毛泽东的中国及后毛泽东的中国——人民共和国史》,杜蒲、李玉玲译,四川人民出版社,1989,第 7~11 页。

导下动员群众来判定"①。毛泽东从青少年时代就信奉"民众大联合"所蕴含的伟力,他深信,"因为革命战争是群众的战争,只有动员群众才能进行战争,只有依靠群众才能进行战争。"② 后来,以毛泽东为首的共产党人创造性地提出了"一切依靠群众,一切为了群众,从群众中来,到群众中去"的群众路线,成为中国共产党的根本路线。正是这条路线,一方面成为"共产党战胜国民党的最根本的原因"③,另一方面,也是理解中国民族国家建构的基本范畴:与西方以抽象的天赋权利(公民权)为建构国家的指导思想不同,"中国革命建国的指导思想是'群众'的观念。群众要求的不是抽象的人权,而是社会、经济上的权利,例如要土地,要求男女平等。中国革命是从争取社会经济权利开始的,进而要求政治权利,要民主。……总之,中国革命和建国的过程是以'群众'这个概念开始而不是从'公民'这个概念开始。"④

归纳起来,中国民族革命的逻辑以及中国"民族形成"的逻辑,最终落实到高度组织化的中国共产党身上。中共之所以能够完成革命建国的使命,其根本原因是借助大众主义和民族主义的政治动员路线,这条路线主要以群众为政党决策与行动的"参考群体"。

## 二 运动治国与国家一体化

韦伯说过:"国家是这样一种人类共同体,它在一定领土之内(成功地)宣布了对正当使用物理暴力的垄断权。"⑤ 这一论断包含了现代国家建构的两个层面的内容:一是统治正当性的建构,二是政治能力的建构。前者涉及国家这一政治实体中支配—服从关系的理据,后者涉及维护这种关系的手段。对于前者,韦伯归纳出历来支配—服从关系的三种理据:传统型,超凡魅力型,法理型。这一类型学的命题众所周知,自不待言。而对

---

① 张培森主编《张闻天年谱》上卷,中共党史出版社,2000,第80页。
② 《毛泽东选集》第1卷,人民出版社,1991,第136页。
③ 邹谠:《二十世纪中国政治——从宏观历史与微观行动的角度看》,牛津大学出版社,1994,第4页。
④ 邹谠:《二十世纪中国政治》,第17页。
⑤ 〔德〕马克斯·韦伯:《以政治为业》,载〔英〕彼得·拉斯曼等编《韦伯政治著作选》,阎克文译,东方出版社,2009,第248页。

于后者，蒂利上述所谓的现代国家建构中"政权的官僚化、渗透性、分化以及对下层控制的巩固"，说的就是政治能力的建构，其中的官僚制，就是实现支配的必备手段。韦伯说，"一切有组织的支配都需要持续的行政管理"①，也就是通常所谓的科层官僚制。吉登斯所观察到的现代国家"反思性监控"的全面化以及国家控制能力的大大增强，其所依靠的手段也主要是官僚机器。在吉登斯看来，只有现代民族国家的国家机器才能成功地实现垄断暴力工具的要求，而且也只有在现代民族国家中，国家机器的行政控制范围才能与这种要求所需的领土边界直接对应起来。②

中国的现代国家建构，其实可以从清末统治阶级内部应对西方挑战所做出的一系列反应（洋务运动、维新变法、预备立宪等）开始的。帝制瓦解之后的军阀割据，说明传统中国"没有能力使自己适应现代世界"③，反而生发出一种"逆现代化"的政治局面。1928年国民政府形式上统一了中国，但"由于局限于现代城市基础，1927年之后的国民党也就从来没有打破始终困扰着20世纪中国所有军阀政权的恶性怪圈：财政收入赤字与中央政治控制乏力。国民党政府只不过是在更大范围内——表面上是全国范围——重演了旧军阀的政权模式"④。从这个意义上说，国民党从未有效地治理过中国，不论是合法性建构还是国家能力建设，都是问题丛生。反观中国共产党，在1927年之后转向农村，通过以土地为中心的社会革命，动员基层农民，获取兵源和财源，⑤最终获得了民族民主革命的胜利，为国家建构创造了历史前提。新中国成立之后，部分因为革命过程中的政治动员已经把以农民为主体的大众有效整合到政权体系之中，部分因为苏联高度集权的体制的影响，中国政府的国家能力得到了前所未有的提高，"中国革命经过革命高潮时期的阶级斗争与政治斗争，催生了一个更为庞大、

---

① 〔德〕马克斯·韦伯：《以政治为业》，载〔英〕彼得·拉斯曼等编《韦伯政治著作选》，第250页。
② 〔英〕安东尼·吉登斯：《民族—国家与暴力》，三联书店，1998，第20页。
③ 〔英〕杰弗里·巴勒克拉夫：《当代史导论》，第160页。
④ 〔美〕西达·斯考切波：《国家与社会革命——对法国、俄国和中国的比较分析》，何俊志、王学东译，上海世纪出版集团，2007，第300页。
⑤ 共产党依赖农民获取兵源自不必待言，财源也主要依靠向农村汲取，正如毛泽东所说的那样："只有坚决地广泛地发动全体的民众，方能在战争的一切需要上给以无穷无尽的供给。"参见毛泽东《论持久战》（1938年5月），《毛泽东选集》第2卷，人民出版社，1991，第492页。

更加强有力、更加官僚化的新型政权。负责行政管理的政府与负责决策、协调以及监督的政党一起形成了一种有区别但密不可分的组织层次体系。这一体系以北京为中心，中间经过许多层次，深入到每一个村庄、工厂、学校和居民区。"① 罗兹曼等认为，中华人民共和国同旧中国决裂的最有意义之处，显然就在于建立了一个强大的中央政府。统一的中央政府的建立，最直接的结果就是为经济高速增长调动了各种技能和资源。中国共产党在调动和扩大资源供给上表现出非凡的能力。②

但是，与一般国家在现代化过程中主要借助科层官僚制的控制不尽相同，中国共产党在前三十年的国家治理中所引入的一种引人注目的做法，是发动一次又一次的群众运动。③ 尤其是毛泽东，对于建立科层官僚制似乎没有多大兴趣——事实上，毛泽东本人对现代官僚体系有一种几乎出于本能的"反感"，毛泽东治国理政所主要依凭的，是被称为"扁平化管理"模式的群众运动。④ 比起科层官僚制，毛泽东更崇尚运动治国。在毛泽东那里，运动治国包含两个层面的内容。第一个层面是用群众运动式"大民主"的办法，反对官僚主义。但问题在于，他"在反对官僚主义的同时，也反掉了现代大规模社会的国家建构所必需的科层官僚制"⑤。毛泽东在建国的不同场合，多次流露出对以法律规章和文书档案为主要手段的科层官僚制运作模式不以为然的态度。在1958年8月北戴河会议上毛泽东说过这样的话，"不能以法律治多数人，民法刑法那么多条谁记得了。宪法我是参加制定的，我也不记得……我们各项规章制度，大多数90%是司局搞的，我们基本不靠那些，主要靠决议，开会，一年搞四次，不靠民法、刑法来维持秩序。人民代表大会，国务院开会有他们那一套，我们还是靠我们那一套……法律这个东西没有也不行，但我们有我们的一套……"⑥ 在

---

① 〔美〕西达·斯考切波：《国家与社会革命——对法国、俄国和中国的比较分析》，第314页。
② 参见〔美〕吉尔伯特·罗兹曼主编《中国的现代化》，江苏人民出版社，2003，第6页；转引自胡鞍钢《中国政治经济史论：1949～1976》，清华大学出版社，2007，第90页。
③ 根据胡鞍钢在《中国政治经济史论（1949～1976）》一书的附录中所提供的资料，在这期间仅全局性的群众运动就达60余起，至于地区性部门性的群众运动更是不计其数。
④ 田力为：《从"根据地经验"看中国社会主义新传统》，《开放时代》2008年第5期。
⑤ 郭为桂：《建国之后毛泽东探索"民主新路"的历史考察》，《党史研究与教学》2009年第5期。
⑥ 转引自全国人大常委会办公厅研究室编《人民代表大会制度建设的四十年》，中国民主法制出版社，1991，第102页。

这里，毛泽东不仅把国务院及其司局、把人大等现代官僚政治机器看作"他者"，而且对其运行方式也不太认同，就连宪法、法律和规章也不在话下。在同年早些时候发表的《工作方法六十条（草案）》中，毛泽东反对设秘书制度，他说，"不可以一切依赖秘书，或者'二排议员'。要以自己动手为主，别人帮助为辅。不要让秘书制度成为一般制度，不应当设秘书的人不许设秘书。一切依赖秘书，这是革命意志衰退的一种表现。"① 对于现代科层官僚制所赖以运转的薪给制，毛泽东也十分反感，多次表示要废除，恢复革命时期的供给制。②

运动治国的第二个层面，是指通过大规模的群众运动的办法，进行社会主义经济建设的"大跃进"。《工作方法六十条（草案）》中有一条鲜明地表现出了这一层意思："十年决于三年，争取在三年内大部分地区的面貌基本改观。其他地区的时间可以略为延长。口号是：苦战三年。方法是：放手发动群众，一切经过试验。"③ 从这里可以看出，"大跃进"的实质就是高速度加群众运动，高速度是追求目标，而群众运动是实现目标的基本手段。而以运动作为发展经济的手段，势必要打破规章制度的诸多条条框框。在《工作方法六十条（草案）》中，毛泽东还说过这样的一句话："应该作出这样一个总的规定，即是在多快好省地按计划按比例地发展社会主义事业的前提下，在群众觉悟提高的基础上，允许并且鼓励群众的那些打破限制生产力发展的规章制度的创举。"④ "大跃进"期间《人民日报》的一篇社论更是十分形象地描述了运动治国与正规的科层官僚制之间的扞格："组织大辩论，成立指挥部，书记亲自上前线，组织战役，全党全民、各行各业编成钢铁师、运输营、采矿队等各种野战军、后勤部，昼夜突击，突破一点，创造高产纪录，开现场会议，推动大面积丰收等等。这一套革命的领导方法是同所谓'正规化'对立的方法，没有这种革命的领导方法，不敢向'正规化'挑战，就没有群众运动，就没有高速度。"⑤ 生产形同打仗，书记亲自上"前线"指挥，开现场会，直接指挥各种生产

---

① 《建国以来毛泽东文稿》第7册，中央文献出版社，1992，第61页。
② 参见杨奎松《从供给制到职务等级工资制——新中国建立前后党政人员收入分配制度的演变》，《历史研究》2007年第4期。
③ 《建国以来毛泽东文稿》第7册，第49页。
④ 《建国以来毛泽东文稿》第7册，第55页。
⑤ 《关键在于大搞群众运动》，《人民日报》1958年9月24日。

事宜。这样，日常性的工作机构某种意义上就成为多余的设置了，"正规化"显然也没有市场了。

大呼隆式的群众运动和"大跃进"，诚然招来后人的深刻批评和反思，但它在现代国家建构上，并非毫无意义。按照吉尔伯特·罗兹曼等人的归纳，在毛泽东时代，中国共产党发动了四次群众性运动的浪潮，不断调整其对中国社会的控制。这四次浪潮包括：新中国成立初期以土地改革运动为主的第一次浪潮，在获得土地的贫困农民的支持下，"国家在每个村庄都获得了立足之地"；第二次浪潮主要以社会主义改造运动为主，结果是，"到50年代中期，妨碍资源再分配以及建设新体制的障碍甚至更少了"；第三次浪潮以反右派运动和"大跃进"运动为主，"尽管'大跃进'（第三次改革浪潮）和后来的补救政策都失败了，前两次改革浪潮的成果却基本上没有被破坏"；第四次浪潮以"文化大革命"为主，"决定把城市作为进一步施加管理压力的主要战场"。从现代国家建构的角度看，正是通过这几次大规模的群众性运动，使得中国共产党在20世纪50~60年代掌握了借以控制社会的关键要素，即对土地、劳动力、收入以及教育等要素的分配。"无论共产党在其前30年的统治中有过什么样的政策失误，由于认识到要适当地保持各级地方之间的平衡，它始终十分重视如何控制社会、积累资源、发展经济和国家一体化等问题。中国共产党同样面临着1949年以前阻碍中国进行现代化建设的各种问题，尽管付出了高昂的代价并在许多领域受挫，但它还是基本解决了这些问题。"[①]

我们可以从现代国家建构的角度来审视运动治国的这两个层面。发动群众，以大民主的形式反对官僚主义，意在保持人民政权的本色，[②] 可以说是现代国家建构中的合法性层面——我们暂且不论其实际成效；通过群众运动快速发展经济，借由群众运动实现对社会资源分配权的控制，这是现代国家建构中政治能力的建构。很显然，相对于现代化先行国家主要以民主制、科层官僚制、法治、市场经济以及对外殖民掠夺来实现现代国家

---

① 〔美〕吉尔伯特·罗兹曼主编《中国的现代化》，第468~473页。
② 毛泽东在《一九五七年夏季的形势》（1957年7月）中把党群关系提高到社会主义制度生死存亡的高度，他说，"党群关系好比鱼水关系。如果党群关系搞不好，社会主义制度就不可能建成；社会主义建成了，也不可能巩固。"参见《建国以来毛泽东文稿》第6册，中央文献出版社，1992，第547页。

建构，这是一条中国特色的现代国家建构之路。不论今天的人们如何看待这条道路，其客观结果是，基本实现了国家政权对中国社会的高度动员和深度控制，其结果是在中国建立起一套高度统合的社会管理体制；①同时，主要通过其实质是社会制约国家的群众运动"大民主"，②毛泽东时代的中国，始终保持着一支比较廉洁的干部队伍。但是，从政治建设的视角来观察，群众运动更多时候并非群众自主参与的活动，而是魅力型领袖贯彻其强力意志的一种手段，归根结底是一种人治手段，是运动群众。它既没有解决秩序或者权威的合法性问题，也没有给大众带来实质性的自由和民主权利。其主要教训是，在反对官僚主义的同时，也反掉了现代大规模社会的国家建构所必需的科层官僚制；运动式的治国方略，延缓了民主的制度化和法制化进程，最终伤害了民主自身；过度发动群众运动耗竭了共产党的组织能量，最终削弱了共产党的威信。③

　　运动治国是特殊时代背景之下群众路线的一个变种，归根到底，它的推动需要饱满的革命意志与革命激情，"扁平化"的管理模式需要人们在物质财富面前保持自我克制和自我牺牲，④而革命热情和自我牺牲终究无法长久维持："作为一个普通的人，在伟大事业和群众运动的激情鼓舞之下，带着必胜的信念，在一个很短的时期内，他可以为了集体而不惜牺牲个人，但他不可能永远这样。激情过后，他仍然要回到日常生活之中，关心自己的工作、所做出的牺牲以及相应的物质福利。此时，从整个社会而言，最重要的是通过物质奖惩来鼓励人们更好地生活和工作。"⑤这样，随着毛泽东时代的结束，群众运动的治国模式也就难以为继了。邓小平在《党和国家领导制度的改革》中明确否定了运动治国："历史经验证明，用大搞群众运动的办法，而不是用透彻说理、从容讨论的办法，去解决群众性的思想教育问题，而不是用扎扎实实、稳步前

---

① 20世纪50年代建立的户籍制度以及其他控制人口流动的政策、城市里的单位制等，使得中国人民的活动空间大大萎缩，跨区域的社会横向联系大为减少，客观上把人民群众区隔在狭小的空间里。
② 参见郭为桂《建国以后毛泽东探索"民主新路"的历史考察》的结论部分。
③ 郭为桂：《建国以后毛泽东探索"民主新路"的历史考察》，《党史研究与教学》2009年第5期。
④ 参见田力为《从"根据地经验"看中国社会主义新传统》，《开放时代》2008年第5期。
⑤〔匈〕雅诺什·科尔奈：《社会主义体制》，张安译，中央编译出版社，2007，第26页。

进的办法，去解决现行制度的改革和新制度的建立问题，从来都是不成功的。"① 在邓小平的倡议下，1982年的《宪法》删除了有关"大民主"的条款。至此可以说，运动治国走入了历史的博物馆。

## 三 以人为本与执政兴国

如果说近代中国社会以所有阶级的弱小为它的主要特征的话，那么到毛泽东时代结束的时候，"中国的社会历史状况十分有助于构建一个持续快速增长的自主的国家官僚结构，它比以往任何时候都要更高地耸立在社会之上。""毛泽东时代，社会主义的动力来自上层，反对官僚自我膨胀的动力亦来自上层，主要来自毛自身。但继任者不可能做到这一点。他们是体制的既得利益者，也是群众政治冷漠的既得利益者。如果可以用不断革命来标示毛泽东时代的话，那么后毛时代则可能是一个官僚牢牢控制社会的时代。"② 很显然，迈斯纳在1977年毛泽东刚去世不久所作的这个判断，至多只对了一半。确实，改革开放以来国家机器日臻完善，各种官僚机制也已经比较完备，与此同时，在没有建立起有效的防控官僚自我膨胀的体制机制的情况下全盘放弃"大民主"所蕴含的社会制约国家的合理要素，使得权力的腐化大面积蔓延开来。但是，迈斯纳所没有想到的是，伴随三十多年的改革开放进程的是，资源支配权的日益市场化，与之相应的是中国人民获得了日益广阔的自由活动的空间，中国社会的力量也在不断地释放。有人将近三十年来中国所取得的举世瞩目的成就，归因社会活力的迸发："几十年来中国由封闭而开放，既暗合'社会'从'国家'体制中逐步获得解放，同样见证了'社会'从'社会主义'中被发现的过程……即三十年来中国所取得的举世瞩目的成就，正是拜解放思想与解放社会之所赐。"③ 今天，我们虽然还不能说国家—社会之间已经建立了相对平衡且良性互动的关系，但明眼人都可以感受得到，社会活力的迸发，过去三十多年是、今后仍然是中国进步的动力源。

---

① 《邓小平文选》第2卷，人民出版社，1994，第336页。
② Maurice Meisner, "The Maoist Legacy and Chinese Socialism," *Asian Survey*, Vol. 17, No. 11 (Nov., 1977).
③ 熊培云：《重新发现社会》，新星出版社，2010，第6页。

这一切都有赖于中国共产党对中国现代化发展方略的调整：从"以阶级斗争为纲"到以经济建设为中心，从计划经济到市场经济，从运动治国到依法治国。随之而来的是中国国力的快速提升，国家法治化水平的不断提高。① 撇开其他因素不论，从现代性的视角来看，改革开放三十多年中国之所以能够取得如此辉煌的成就，是现代化建设回归历史逻辑和人性逻辑的结果。在第一代领导人告别了历史舞台之后，中国社会主义事业开始逐步摆脱魅力型领导人的强力支配，回归社会历史发展的应然逻辑。新时期的中国共产党人已经大不相同了：他们不相信传统的教条，而是探索中国进入现代化之路；他们不再唱共产主义的高调，而是脚踏社会主义初级阶段的实地；他们不追求出身纯之以纯，而是团结吸收最广泛的人们，为中华民族的伟大复兴和建立一个富强、民主、文明的现代化国家而奋斗。中国的现代国家建构，正朝着理性化与常规化的道路前行。

诚然，新时期中共的执政理念与执政路线已经十分清晰，其对实现现代化的战略部署也已经十分明确。② 如果说20世纪80年代和90年代中国的中心任务是发展经济，追求GDP的增长，那么，进入20世纪之初，在仍然坚持发展经济的同时，更多的注意力转到建设社会和改善民生上来。按照中国共产党的战略部署，第二阶段的任务要到2020年左右基本完成。如果一切进展顺利，那么，以法治化和民主化为核心内容的政治建设将成为从2020年到2050年的30年时间国家建构的重点。据此，中国现代化道路将大体上循着先经济后社会再政治的发展轨迹；③ 果然，以"群众"概

---

① 2011年3月24日，国家统计局发布的报告显示，中国国内生产总值（GDP）占世界的比重2010年达到9.5%，首次超过日本，成为世界第二大经济体。参见国家统计局国际统计信息中心《国际地位稳步提高　国际影响持续扩大——"十一五"经济社会发展成就系列报告之十七》，国家统计信息网，http://www.stats.gov.cn/tjfx/ztfx/sywcj/t20110324_402713791.htm。在法治建设方面，全国人大常委会委员长吴邦国在2011年3月召开的十一届全国人大四次会议上宣布，"中国特色社会主义法律体系已经形成"。参见《中国特色社会主义法律体系形成丰富人类法律理论和实践》，新华网，http://news.xinhuanet.com/politics/2011lh/2011-03/10/c_121171155.htm。

② 中共十六届六中全会提出，到2020年建成社会主义和谐社会；2010年9月23日，温家宝在纽约联合国总部出席第六十五届联合国大会一般性辩论并发表讲话中提出，"中国的战略目标是到本世纪中叶，基本实现现代化。"

③ 当然，这不是说一个时期只能做一件事情，也不是说以经济建设为中心，就完全忽略了社会建设和政治建设的任务，以此类推。这种粗略的中国现代化路线图，只是表明各个阶段的工作重心各有侧重而已。

念开始的中国国家建构的路线图,将如邹谠先生所言,"是从争取经济社会权利开始的,进而要求政治权力,要民主。"但问题是,这条路能否走得顺遂通畅?

从现实来看,中国通往现代化的道路并非坦途。与其他国家现代化进程一样,中国在转型中面临着愈来愈多"成长的烦恼"。对此,执政党对此也有清醒的认知。胡锦涛就曾指出,"我国正处于并将长期处于社会主义初级阶段,由于经济体制深刻变革、社会结构深刻变动、利益结构深刻调整、思想观念深刻变化,由于发展不平衡、不协调、不可持续问题短期内难以根本解决,人民内部各种具体利益矛盾难以避免地会经常地大量地表现出来。"[1] 近年来群体性事件层出不穷,党群关系日益疏远,权力腐败愈演愈烈,正是胡锦涛上述关于中国社会问题之判断的佐证。学界对此也有诸多深刻的反思。社会学家孙立平将中国的问题归结为"社会的断裂",甚至社会的溃败。[2] 社会溃败则是社会肌体的细胞坏死,机能失效。社会溃败最核心的是权力的失控。"在过去30年改革的过程中,尽管建立起市场经济的基本框架,但权力仍然是我们社会的中枢。因此社会的溃败首先表现在权力的失控,腐败不过是其外在的表现……权威基础削弱,前几年就有所谓政令不出中南海一说,地方性权力、部门性权力已经成为既无上面约束,又无下面监督,同时还缺少左右制衡的力量,这意味着国家权力的碎片化;官员不能负责任地进行工作,为保官升官不惜牺牲体制利益(不要说社会利益了)。在此背景之下,腐败已经处于失控和'不可治理状态'"[3]。

从国家建构的视角看,不论是利益矛盾"经常地大量地表现",还是社会断裂、社会溃败,或者政权碎片化、腐败的不可治理,[4] 都十分尖锐

---

[1] 胡锦涛:《扎实做好正确处理人民内部矛盾工作 为经济社会发展创造良好的社会环境》(2010年9月29),《人民日报》2010年9月30日。

[2] 孙立平关于中国社会断裂这一主题的著作主要包括:《断裂——20世纪90年代以来的中国社会》,社会科学文献出版社,2003;《失衡——断裂社会的运作逻辑》,社会科学文献出版社,2004;《转型与断裂——改革以来中国社会结构的变迁》,清华大学,2004;《博弈:断裂社会的利益冲突与和谐》,社会科学文献出版社,2006。

[3] 孙立平:《对中国最大的威胁不是社会动荡而是社会溃败》,爱思想网站,http://www.aisixiang.com/data/detail.php?id=25083。

[4] 赵树凯认为,当前我国基层政府运作体制呈现"碎片化"的态势,主要表现为价值的碎片化、体制的碎片化和政府职能的碎片化。参见赵树凯《论基层政府运行体制"碎片化"》,中国选举与治理网,http://www.chinaelections.org/NewsInfo.asp?NewsID=206712。

地提出了中国国家合法性的流失和治理能力的弱化问题，也昭示着中国社会政治制度转型的"历史三峡"并没有过。① 从中国共产党的角度来看，上述问题显然一直引起足够的重视。除了不断调适各种政策和法规之外，历届中央领导人都一而再再而三地警诫各级干部，要联系群众、走群众路线，并把是否能够坚持走群众路线看作决定中国共产党生死存亡的根本大事。② 群众路线也被赋予了新的内涵：以人为本和执政为民。③ 在2011年初，胡锦涛在省部级主要领导干部社会管理及其创新专题研讨班开班式上

---

① 历史三峡理论是台湾历史学家唐德刚先生关于中国社会政治制度转型的理论，于20世纪90年代提出，此理论集中反映在其著作《晚清七十年》里，但在其后出版的《袁氏当国》一书中有更具体的探讨。唐先生把社会政治制度的变化作为历史发展的最为重要的标志。在历史的潮流中，前后两个社会政治形态的转换，其间必然有个转型期，此转型期就是个瓶颈，是个"三峡"。在唐先生看来，先秦以来的中国社会政治制度变迁分为"封建、帝制与民治"三个大的阶段，共出现两次转型。第一次大转型，自公元前4世纪"商鞅变法"起至汉武帝和昭帝之间，实现了从封建转帝制，历时约300年。第二次大转型，发端于鸦片战争之后的辛亥革命，此一转型时间至少为200年，顺利的话，到21世纪中叶方能基本完成。此说与上述中国共产党所规划的中国现代进程暗合。参见唐德刚《晚清七十年》，远流出版公司，1998；《袁氏当国》，广西师范大学出版社，2004。

② 邓小平在改革开放之初所作的《贯彻调整方针，保证安定团结》的讲话中就提出警示，共产党必须与群众打成一片，决不能同群众对立："如果哪个党组织严重脱离群众而不能坚决改正，那就失去了力量的源泉，就一定要失败，就会被人民抛弃。"参见《邓小平文选》第2卷，人民出版社，1993，第4页；江泽民在2000年所作的《关于改进党的作风》（2000年10月11日）的讲话中也警示："历史和现实都表明，一个政权也好，一个政党也好，其前途与命运最终取决于人心向背，不能赢得最广大群众的支持，就必然垮台。"参见《论"三个代表"》，中央文献出版社，2001，第72页；2005年胡锦涛在一次讲话中提出，"离开人民群众的拥护和支持，党的执政能力和执政地位就会成为无源之水，无本之木。能否始终保持党同人民群众的血肉联系，是对党的执政能力和执政地位最根本的考验。得民心者得天下，失民心者失天下，这是为人类社会发展所反复证明的真理。"参见胡锦涛《在中央纪律检查委员会第五次全体会议上的讲话》（2005年1月11日），载《十六大以来重要文献选编》（中），中央文献出版社，2006，第593~594页。

③ 中共十七大报告把"以人为本"确立为科学发展观的核心，并且对以人为本的内涵作了权威界定："全心全意为人民服务是党的根本宗旨，党的一切奋斗和工作都是为了造福人民。要始终把实现好、维护好、发展好最广大人民的根本利益作为党和国家一切工作的出发点和落脚点，尊重人民主体地位，发挥人民首创精神，保障人民各项权益，走共同富裕道路，促进人的全面发展，做到发展为了人民、发展依靠人民、发展成果由人民共享。"总的来说，在新的时代条件下，群众路线已经发展成为亲民路线和惠民路线，强调要"真诚倾听群众呼声，真实反映群众愿望，真情关心群众疾苦，多为群众办好事、办实事，做到权为民所用，情为民所系，利为民所谋"。它很大程度上改变了以往发展中只见物不见人，片面强调国家利益、集体利益而忽视个人利益的状况，强调要用看得见摸得着的好处取信于民；以往笼统的群众和抽象的人民，现在被具化为活生生的"人"和"民"。

就提高社会管理科学化水平作了专题发言,其着眼点和落脚点依然是党群关系。① 应该承认,从执政党高层的意识来看,对坚持走群众路线的意义的认识已经足够充分的了。但为什么中国社会仍然问题不断,为什么党群关系依然紧张,为什么群体性事件愈演愈烈?除了胡锦涛所归纳的那些原因之外,恐怕还得从群众路线本身来进行进一步反思。

首先,从"群众"概念本身来说,与"公民"的概念不一样,并非总是积极的行动主体。虽然在中共的经典表述中,群众的积极性、主动性和创造性一再被强调,但主要还是从党的领导角度看问题的,要求的是党对群众主动性、积极性和创造性的"尊重""支持"或者"保护"。在"从群众中来、到群众中去"的决策路线中,群众的意见也被认为是零散的、不系统的,如果不被说成是"错误的"或者"褊狭的"的话。因此,有论者认为,"当代的'群众'概念更多地继承了传统语境下'民'的概念的消极、被动、受治者的涵义,在权力结构中处于在下者地位的涵义……我们看到,群众概念的内涵常常是在几对关系中被定义的,如政党—群众、政府—群众、领导(领袖)—群众、干部—群众等。这几对关系都属于上下关系,群众总处于在下者的地位。"② 在这些相对的范畴之中,群众是被领导、被代表、被服务、被教育、被解放等的对象,群众主体性地位的发挥与否,主要取决于在上位者是否信任、是否放心群众,是否能够放下架子向群众学习。而在上位者之所以能够领导、代表群众,其中就包含着他们"掌握了真理与规律"的逻辑预设。也就是说,先掌握了真理的少数人承担起了某种历史使命,并构成了特定的代表理论——党掌握了先进的理论武器,能洞察社会历史发展的规律,因此能最充分地代表人民群众的利益。③

其次,群众路线作为一种决策程序和领导方法,具有其内在的局限性。按照用政治系统论来看作为决策程序和领导方法的群众路线,那么它

---

① 胡锦涛:《扎扎实实提高社会管理科学化水平》,新华网,http://news.xinhuanet.com/politics/2011-02/19/c_121100198.htm。
② 丛日云:《当代中国政治语境中的"群众"概念分析》,《政法论坛(中国政法大学学报)》2005年第2期。
③ 景跃进认为,群众路线的认识论中内蕴两个论证,一个论证是"规律—真理"假定,另一个论证是"真正利益不同于感觉到的利益"假定。参见其《"群众路线"与当代中国政治发展:内涵、结构与实践》,《湖南科技大学学报》(社会科学版)2004年第6期。

只涵盖政策输入和政策输出两个环节,作为决策之中枢的政策加工环节,则在这一程序和方法中尚付阙如。政策的加工对群众来说多数时候是个暗箱,只见其表,不见其里。近年来,信息公开、程序正义、政策的透明度、各种听证会虽然一再被强调,在政治过程和政策过程中也起到一定作用,但总体进展并不令人满意,各地区各部门各单位之间也不平衡,很大程度上仍取决于领导者的自觉和自律。退一步说,就是在政策输入环节和政策输出环节,仍然存在着主观主义、命令主义、官僚主义和尾巴主义等问题,导致一方面很多时候群众真实的愿望和诉求无法进入决策过程,长官的喜好和意志仍然是决策的主要依据,另一方面政策实施的评价机制也经常的主要的是一种表扬与自我表扬、肯定与自我肯定的事情,群众答应不答应、满意不满意、高兴不高兴,缺乏有效的机制与渠道来衡量。再者,一旦做出错误的决策,群众路线本身也没有立即纠偏的机制。像毛泽东晚年那样,脱离群众、脱离实际搞"无产阶级专政下的继续革命",将自己的意志冠以群众的名义来强迫实施,使群众运动变成"运动群众",也只有到毛泽东去世以后才得以纠正,但系统性的错误已经造成了,代价已经付出了。遇到这种情况,"群众路线本身并没有提供技术性的处理手段"[①]。

再次,群众路线在实际操作中停留在领导人作风的层次,缺乏有效的制度依托。作为中国共产党的根本的政治路线,群众路线诚然体现在党所制定的大政方针符合民意、顺应潮流,但更多的时候体现在日常的领导工作和决策部署当中。就这一点而言,目前的体制无法确保所有的领导干部都能一体遵行。"党如何联系群众,除了多党合作和政治协商制度外,并无更具体更广泛的制度上的规定,特别是在联系社会上普通群众方面。群众路线对于共产党与其说是一种制度,还不如说是一种作风。虽然就传统而言共产党员联系群众的方式是多样的,如调查研究、蹲点、倾听群众意见等,党可以通过自身的系统实施群众路线,但就一个党员或党的领导干部而言,他是否联系群众以及多大程度上联系群众更多地取决于他个人的民主作风而非制度。"[②] 作为一项根本的政治路线,却缺乏基本的制度依托

---

① 胡伟:《政府过程》,浙江人民出版社,1998,第78页。
② 胡伟:《政府过程》,第78页。

和机制保障,这不能不说是群众路线一个最大的缺憾。这也是中央历届领导要屡次三番语重心长反复强调群众路线的道理所在,因为在缺乏制度依托的情况下,它的运作具有很强的随意性和很大的偶然性,需要上层不断的警示以求得中下层领导干部的重视和遵行。

现代国家建构的一个基本目标是国家与社会之间的良性互动。其运作的基础在于国家权力建构的人民主权原则——合法性来源于人民的同意;以此作为逻辑起点,有意竞逐权力的政治组织通过充分吸纳民众的利益、价值和诉求,并加工为政策主张向社会"兜售";一般来说,只有那些提供有效的政策主张的政治组织(通常是政党)才有机会竞得权力。通过这样的良性互动,现代国家的合法性和有效性才能有机结合起来。[1] 所以说,现代国家建构不仅表现为国家能力的增强,也不仅表现为国家权力机构的合法化,同时还表现在国家与社会关系的合理化。从这个层面上看,群众路线确实是架设在中国共产党、中国政府与中国社会之间的一座桥梁。只要得到认真执行,只要权力主体运作得当,政权的合法性与有效性就基本有保证。但正如前面我们所看到的那样,群众路线内在的一些缺陷,使得它在充当国家与社会互动路径方面时有窒碍。正是这种窒碍,滋生出国家政权合法性与国家治理有效性的诸多问题。这说明,从群众概念入手的现代中国国家建构,如果要凭借群众路线这个"传家宝"来实现目标,群众路线停留在惠民的政策层面与亲民的作风层次是不够的,需要从制度上解决与群众的联系问题。

(原载《东南学术》2011年第4期)

---

[1] 关于合法性与有效性的不同组合及其对国家制度稳定性的影响,见〔美〕西摩·马丁·李普塞特《政治人——政治的社会基础》,第59页。

# 古田会议开启中国共产党
# 建设科学化的历史征程

李新生

中国共产党建设科学化思想的形成有其深刻的历史发展轨迹与理论演进渊源。1929年12月在福建省上杭古田召开的中国共产党红军第四军第九次代表大会（即古田会议）是中国共产党建设史上一次重要会议。毛泽东同志在这次会议上，首次提出了"教育党员使党员的思想和党内的生活都政治化，科学化"①的著名论断，由此开启了中国共产党建设科学化的历史先河。在纪念中国共产党成立90周年之际，我们回顾和总结古田会议对党的建设科学化初步探索的历史经验，对于进一步提高党的建设科学化水平具有十分重要的理论价值和现实意义。

## 一 古田会议是中国共产党建设科学化的历史起点

毛泽东同志曾经指出："既要革命，就要有一个革命党。没有一个革命的党，没有一个按照马克思列宁主义的革命理论和革命风格建立起来的革命党，就不可能领导工人阶级和广大人民群众战胜帝国主义及其走狗。"②毛泽东提出的这个问题，是一个决定革命成败的根本问题。党要领导中国革命取得最终胜利，必须首先做到科学建党，不断提高党的建设的科学化水平。古田会议正是中国共产党针对这个复杂问题而召开的，会议通过的《中国共产党红军第四军第九次代表大会决议案》（以下简称《古田会议决议》），是马克思主义建党理论同中国的基本国情、中国共产党的

---

① 《毛泽东选集》第1卷，人民出版社，1991，第92页。
② 《毛泽东选集》第4卷，人民出版社，1991，第1357页。

自身特点相结合的产物，是中国共产党建设科学化的历史起点。

古田会议回答了中国共产党建设科学化的基本问题。科学化，是指符合规律、遵循规律。党的建设科学化，就是使中国共产党的建设不仅要符合马克思主义政党建设的客观规律，同时还要符合中国共产党自身建设的特殊规律。中国共产党在创立初期，是作为工人阶级革命政党来建设的，主要提倡从产业工人中发展党员。在中国这样一个半殖民地半封建社会里，按照这样的目标来建设党，必然会遇到许多其他国家无产阶级政党所不曾遇到的特殊而复杂的难题。然而由于党对于中国的社会状况、历史传统、中国革命的特点和规律等问题了解不够深入，因而从总体上中国共产党在建党初期主要是模仿俄国布尔什维克党、按照共产国际的某些规定来进行建设的。可是，在半殖民地半封建的中国，产业工人数量很少，大约只有200万，占全国人口的比重只有0.5%，人口中的绝大多数是农民。尤其是在大革命失败后，党被迫到农村去开展土地革命，进行武装斗争。1928年4月，毛泽东率领的秋收起义部队与朱德、陈毅率领的南昌起义部队在井冈山会师，成立红四军。党活动环境的变化直接导致了党员结构的极大变化。党到农村建立根据地才半年多时间，党内农民成分就占了76.6%，而工人成分只占10.9%，知识分子占7%，其他成分占5.5%。这时的中国共产党已由工人出身的党员为主变成了农民出身的党员占绝大多数，这使红四军党内的非无产阶级思想突出地表现出来，成为党的自身建设和中国革命事业的严重障碍，"若不彻底纠正，则中国伟大革命斗争给予红军第四军的任务，是必然担负不起来的。"[①] 为了解决如何在中国特殊的历史条件下保持党的工人阶级先锋队性质这一根本问题，古田会议提出了一系列重要思想：必须把加强党的思想建设放在首位，坚决反对各种形式的主观主义；必须教育党员用马克思列宁主义的方法分析政治形势和估量阶级势力，由此来决定斗争的策略和工作方法；必须在加强党的思想建设的同时，加强党的组织建设，坚持民主集中制，反对极端民主化、非组织观点等错误倾向等重要思想观点。古田会议的主要精神，集中概括起来，就是深刻系统地回答了在党员以农民为主要成分的情况下，如何保持和巩固党的先进性，顺利完成党所承担的历史任务等一系列涉及党的建设科学化的基本问题。正

---

① 《毛泽东选集》第1卷，人民出版社，1991，第85页。

因如此，古田会议准确地抓住了中国共产党建设科学化的基本问题，开启了中国共产党建设科学化的光辉起点，已成为中国共产党建设科学化的理论基础和思想源头，奠定了它在中国共产党建设史上重要里程碑的历史地位。

古田会议指导了中国共产党建设科学化的实践探索。古田会议是毛泽东关于党的建设思想形成的重要标志，是对马克思主义建党学说丰富和发展的重要节点。正如邓小平同志指出的："把列宁的建党学说发展得最完备的是毛泽东同志。在井冈山时期，即红军创建时期，毛泽东同志的建党思想就很明确。大家看看红军第四军第九次代表大会的决议就可以了解。"[①]《古田会议决议》不但在红四军中实行了，后来各部分红军都先后遵照古田会议的精神开展党的建设，使它产生了全局性的影响，对中国共产党的建设起到了指导作用。古田会议之后，中国共产党围绕着"建设一个什么样的党，怎么建设党"这一核心问题，党的建设开始逐步走上科学化的轨道。形成党的建设科学化的一系列理论成果。延安时期是毛泽东建党思想臻于成熟、具有完备的理论形态的时期，同时也是中国共产党探索党的建设科学化的关键时期。毛泽东在1939年的《〈共产党人〉发刊词》中，明确提出党的建设是伟大工程，并以伟大工程来谋划党的建设科学化。为了实现这个目标，中国共产党集中精力开展了以整顿"三风"（反对主观主义以整顿学风、反对宗派主义以整顿党风、反对党八股以整顿文风）为主要内容的延安整风运动，把《古田会议决议》列为整风必读材料之一，毛泽东同志指示八路军留守兵团要把《古田会议决议》"当作课材、加以熟读"，着力实现以思想建党统领党的建设科学化。新中国成立以后，中国共产党从一个为夺取政权而奋斗的党转变为掌握全国政权的党，从领导革命战争为主，转变为以领导社会主义建设为主。党自身所处的地位、环境以及所面临的中心工作都发生了根本性的变化。党中央针对全国胜利后党组织在大发展中出现的思想作风不纯问题，一些领导干部、党员中存在的骄傲自满、严重的命令主义作风以及少数人的贪污腐化、颓废堕落和违法乱纪等问题，进行了历时三年的整党整风运动。1956年9月召开的党的八大，针对当时党内存在的主观主义、官僚主义、宗派主义的思想和作风，提出了在全党开展整风的重要任务，旨在防止干部特殊化和脱离人民

---

[①] 《邓小平文选》第2卷，人民出版社，1994，第44页。

群众，其目的是以党的严密组织和优良作风来推进党的建设科学化。改革开放以后，以邓小平为代表的中国共产党人，高度重视党和国家的组织制度和领导制度建设，并强调以解放思想促进党的建设，以制度建设保障党的建设，把党的建设科学化的重点放在执政党建设上。党的十三届四中全会以后，以江泽民为代表的中国共产党人，高度评价"古田会议是我党我军建设史上的里程碑"，要求我们"继承和发扬古田会议精神，加强党和军队的建设"，深化了对建设一个什么的执政党、怎么样建设这个执政党的认识，形成了"三个代表"重要思想，阐发了党的建设科学化的一系列新思想。实践中，采取分层次开展一系列党的建设活动，如在农村开展了后进基层党组织的建设与整顿工作；在机关领导干部中开展了"三讲"教育活动，以基层组织和执政骨干支撑党的建设科学化。进入21世纪以来，胡锦涛总书记强调指出，我们要继承和发扬古田会议精神，充分发挥思想政治工作这个优良传统和政治优势，确保党的政治任务的顺利完成。同时，党中央要求在全党开展以学习实践"三个代表"重要思想为主要内容的先进性教育和科学发展观教育活动以及"创先争优"活动，取得了丰富的理论成果、制度成果和实践成果，使党的建设科学化的理论和实践得到了丰富发展。90年来的实践证明，无论是革命党还是执政党，古田会议提出的马克思主义建党思想，以及确立的一系列方针、原则和制度，都是我们极其宝贵的精神财富，为当前和今后进一步探索和提高党的建设科学化水平指明了方向。

## 二 古田会议奠定了中国共产党建设科学化的理论雏形

党在土地革命战争时期，大批农民和小资产阶级出身的革命分子加入中国共产党，既壮大了党的队伍、扩大了党的群众基础，也带来大量的非无产阶级思想，在一定程度上造成党内思想混乱、党员队伍素质下降的问题。这是包括红四军在内的整个中国共产党面临的一个急需解决的任务。为了解决这个问题，毛泽东提出必须"有计划地进行党内教育，纠正过去之无计划的听其自然的状态，是党的重要任务之一"[①]。80多年来，我们

---

[①] 《毛泽东文集》第1卷，人民出版社，1993，第94页。

党始终坚持古田会议开创的建党思想的理论雏形，并在新的形势下加以创造性地丰富和发展，从而保证了党的建设科学化的正确方向。

中国共产党建设科学化需要重视科学理论。思想建设是马克思列宁主义建党学说的基本原则和工人阶级政党建设的共同经验。把思想建设放在党的建设的首位，是古田会议精神的核心，它正确地反映了无产阶级政党建设的客观要求，同时也反映了中国独特的社会历史条件和中国共产党自身的特点。在落后农村要建设一个强有力的无产阶级政党，并保持工人阶级先锋队的性质，不能采取排斥农民和其他小资产阶级中的先进分子入党这种办法，只能使用无产阶级的科学理论和思想去教育和改造我们的党员。古田会议客观地分析了红四军的组成和所处的农村环境，指出："红军党内最迫切的问题，要算是教育的问题。为了红军的健全与扩大，为了斗争任务之能够负荷，都要从党内教育做起。"[①] 党内教育，最根本的是解决世界观的问题，从资产阶级、小资产阶级的世界观转变为无产阶级的世界观，成为一个名副其实的共产党员。古田会议把党内思想教育作为最迫切的任务，并把"党内教育"作为单独的一部分写进了会议的决议，强调要有计划地对党员进行马列主义基本理论的教育和党的路线教育，使党员从理论上划清无产阶级同各种非无产阶级思想的界限，克服非无产阶级思想，提高党员的思想水平和政治水平，使党员的思想和党的生活都政治化和科学化。会议还从当时的客观实际出发，详细列出了教育党员的材料，有政治分析、组织常识、上级指导机关的通告、马克思列宁主义的研究等十余种，这些资料大部分都与提高党员的政治素养密切相关，具有普及与提高相结合，理论学习、探讨与实际工作相结合，目前斗争目标与革命发展前途相结合等特点，基本上包含了党员教育的方方面面，丰富了党的建设的内涵。同时《古田会议决议》还规定了哪些材料适合党员领导干部，哪些适用于一般党员。《古田会议决议》规定的这些材料，基本上构成了适合当时红四军党员状况的政治思想教育材料体系。这些生动活泼、贴近实际的内容和方法，既是对创建红军两年多来思想政治工作新鲜经验的科学总结，又为后来进行党内教育起了示范作用，开创了人民军队建设的崭新局面。正是通过这些行之有效的思想教育途径，保持了广大党员在思想

---

① 《毛泽东文集》第 1 卷，人民出版社，1993，第 94 页。

上、理论上、政治上的先进性。当然，马克思主义理论和党的路线的具体内容，也会随着时代的变迁而不断丰富与发展，但是，坚持从思想上建党，用科学理论教育党员，是提高党的建设科学化水平的永恒主题。

中国共产党建设科学化需要建立科学制度。制度是无产阶级政党的各级组织和每一个党员都必须共同遵守的行为规范，是党的建设长期经验的科学总结和提炼，反映了党自身存在和发展的客观规律。从制度化、规范化的要求，来加强党的建设，保证党的建设得到长期性和稳定性的发展，这是古田会议的一个显著特点。古田会议针对"单纯军事观点"和"盲动主义残余"等错误思想，明确提出要"从制度上和政策上纠正盲动的行为"①。为此，必须"编制红军法规，明白地规定红军的任务，军事工作系统和政治工作系统的关系，红军和人民群众的关系，士兵会的权能及其和军事政治机关的关系"②。为了解决党内教育无计划的状态，古田会议将党内教育工作列为党组织的重要工作，建立了一系列加强党内教育的规范化制度，比如党小组会、支部大会、支委联席会以及政治讲座会等，改变了过去对党内教育无序、任其自然的状况。同时，古田会议中开展的党内思想教育和政治生活中许多经验，也作为党的原则、体制、规范确定下来，成为全党遵循的制度。比如，党内教育与执行政治任务相结合；有计划地开展党内教育，开展正确的党内思想斗争；把经常性教育与适当的集中教育相结合；思想教育与组织处分相结合等制度。把一定时期内党内政治生活中的成功经验和优良传统进行系统总结并加以固定，既可以指导和规范当时党的建设，又可以为将来党组织总结自身的新鲜经验奠定稳固的基础。从这个意义上说，古田会议确立的一系列基本制度为中国共产党建设科学化的长效机制奠定了基础。

中国共产党建设科学化需要探索科学方法。方式方法是否科学，直接关系到党的建设的实际成效。古田会议初步总结探索出了一套党内思想教育的科学方法，大大推动了党的建设的科学化水平。这集中地体现在《古田会议决议》这份珍贵的历史文献。《古田会议决议》中不仅规定了党内教育的 10 个方面的内容，而且归纳和总结出了党内教育的 18 种方法，其

---

① 《毛泽东文集》第 1 卷，人民出版社，1993，第 88 页。
② 《毛泽东文集》第 1 卷，人民出版社，1993，第 81 页。

中包括舆论导向、读书学习、集中培训、开展批评与自我批评、个别谈心与各级党组织会议、政治讨论会等，形成了一整套适应不同文化水平、不同职务的党员和各级党组织的思想教育方法。值得注意的是，《古田会议决议》针对党内存在的思想问题，提出了通过开展批评与自我批评的党内教育方法来纠正错误思想，缩小、解决认识上的分歧。《古田会议决议》指出："党内批评是坚强党的组织、增强党的战斗力的武器"[1]，要"使党员明白批评的目的是增加党的战斗力以达到阶级斗争的胜利，不应当利用批评去做攻击个人的工具"[2]。同时，"党内批评要防止主观武断和把批评庸俗化，说话要有证据，批评要注意政治"[3]。这在党的建设史上是比较早提出运用批评和自我批评的科学方法来解决思想认识问题。应当指出，尽管古田会议之前，红四军党内领导层在一系列问题上的争论是比较激烈的，但是，争论各方都能够充分发扬党内民主，坚持批评与自我批评的原则。当时的中共中央特派员涂振农根据其在红四军的亲身观察和体验，比较深地感受到红四军领导人的民主作风。他在给中央军委的报告中是这样评价的：朱德坦诚地承认了自己在争论中的错误，毛泽东也对自己的方式和态度作了自我批评。"要说到四军党内虽有争论，但都是站在党的立场上，在党的会议上公开讨论，虽有不同意见，但没有什么派别的组织，只是同志间个人的争论，而不是形成了那一派和这一派的争论。"[4] 批评与自我批评的武器成为健全党内生活、保持党的生机和活力的有力武器，成为加强党的思想建设的一条基本经验。古田会议不仅在党的宣传工作、学习、政治训练等问题上提出卓有成效的方法，更为重要的是，会议还从制度上作了一系列的规定，使党内教育和党的思想政治工作逐步走向规范化、制度化。尽管这些具体制度和做法是针对当时的思想实际，但是它为党内思想政治教育积累了宝贵经验，成为中国共产党建设科学化的活水源头。

中国共产党建设科学化需要加强科学管理。改革党内、军内的管理方法，用科学的管理方式处理内部问题，是古田会议对党的建设科学化的一

---

[1] 《毛泽东文集》第 1 卷，人民出版社，1993，第 82 页。
[2] 《毛泽东文集》第 1 卷，人民出版社，1993，第 83 页。
[3] 《毛泽东文集》第 1 卷，人民出版社，1993，第 85 页。
[4] 中共中央文献研究室编《毛泽东传（1893～1949）》上，中央文献出版社，第 208 页。

个重要探索。《古田会议决议》提出:"这应该加紧我们的责任,努力于说服精神和自觉遵守纪律精神的提倡,去克服这个违反斗争任务的最恶劣的封建制度。"[1] 用文明废止了肉刑,取而代之的是说服教育,这种科学的管理方法体现了以人为本的精神。同时还确立了"支部建在连队"和政治机关、政治工作在红军队伍中的地位。红军中的政治机关是对党员干部进行党员教育的专职工作机构。关于红军中政治机关的地位和作用问题,在古田会议召开前一直存在争论和分歧。其中有一种单纯军事的观点,主张把政治机关隶属于军事机关,认为军队以抓军事为主,"军事好,政治自然会好;军事不好,政治也不会好",政治领导与教育应该处于从属地位,也就是"司令部对外"。这实际上削弱了政治机关和思想政治工作的地位和作用。《古田会议决议》批评了这种单纯军事的错误观点,指出这种思想发展下去,红军便会有离开无产阶级领导的危险,党和人民的军队就可能蜕变为旧军阀。因此,古田会议明确规定,红军必须实行政治委员制度,把宣传工作作为"红军第一个重大工作"[2]。这不仅确立了党对红军的绝对领导,而且确立了红军中的政治机关和政治工作的重要地位和作用,为切实有效地开展党内教育科学化提供了组织保证。

## 三 古田会议为中国共产党建设科学化指明了方向

中国共产党 90 年的建设史证明,古田会议精神找准了党的建设科学化的核心领域和关键问题,是革命先辈留给后人的一笔弥足珍贵的精神财富。正如江泽民同志第一次瞻仰古田会议旧址时所指出的:"古田会议决议是个宝,至今还有强大的生命力。要温故而知新,学而时习之。"我们在建党 90 周年之际重温古田会议,就是为了总结和继承它对党的建设科学化所做出的开创性、奠基性的历史贡献,为新形势下推进中国共产党建设科学化指明前进方向。

坚持思想建党是中国共产党建设科学化的根本要求。古田会议针对党和红军中存在的种种非无产阶级思想及其危害,在党的建设史上第一次提

---

[1] 《毛泽东文集》第 1 卷,人民出版社,1993,第 110 页。
[2] 《毛泽东文集》第 1 卷,人民出版社,1993,第 96 页。

出了思想建党的原则，强调要加强党内教育特别是党的正确路线的教育和开展党内的正确批评，用无产阶级思想改造和克服各种非无产阶级思想，为我们指出了党的建设科学化的根本途径。早在 20 世纪 40 年代，毛泽东就严肃地指出："有许多党员，在组织上入了党，思想上并没有完全入党，甚至完全没有入党。这种思想上没有入党的人，头脑里还装着许多剥削阶级的脏东西，根本不知道什么是无产阶级思想，什么是共产主义，什么是党。……有些人就是一辈子也没有共产党员的气味，只有离开党完事。"①从今天来看，毛泽东同志批评的这种现象至今仍然存在，因而坚持思想建党原则更具深远的现实意义。当前，人们的思想活动的独立性、选择性、多变性、差异性明显增加，社会思想文化呈现出日益多样化和复杂化的趋势，形形色色错误的、落后的思想观念随时可能侵蚀到党内。比如，有的理想信念不坚定，对建设中国特色社会主义信心不足，甚至存在"信仰危机"；有的忘记了全心全意为人民服务的宗旨，私欲膨胀，甚至跌入腐败的泥坑；有的组织纪律观念淡薄，不讲党性，不讲原则，热衷于讲交情、拉关系；有的缺乏政治敏锐性和政治辨别力，在大是大非问题上分辨不清，等等。这些都给党的思想建设科学化带来了新挑战，加强党内思想教育更加必要和迫切。当前在全党开展学习型党组织建设中，一定要更加重视思想教育，始终把思想建设放在首位，从思想教育入手，把加强党内马克思主义基本理论教育，坚持不懈地用中国特色社会主义理论体系武装全党，作为提高党员的理论水平和思想觉悟的根本路径。

保持先进性是中国共产党建设科学化的核心价值。古田会议告诉我们，先进性建设是党的根本性建设。在经济文化落后的半殖民地半封建的中国社会，在农村革命战争的环境中，在党和军队的主要成分是农民的条件下，如何克服来自农民和小资产阶级及其他非无产阶级的思想影响，把党建设成为无产阶级先锋队，把军队建设成为无产阶级政党领导的新型人民军队，这是关系中国革命成败的根本性问题。古田会议启示我们，解决这一问题，必须通过思想、组织等手段，加强党的先进性建设。当今世界正处在大发展大变革大调整时期，当代中国正在新的历史起点上向前迈进，我们党拥有 370 多万个基层组织、7500 多万名党员，领导人民在一个

---

① 《毛泽东选集》第 3 卷，人民出版社，1991，第 875 页。

拥有13亿人口的发展中大国建设中国特色社会主义，面临着执政考验、改革开放考验、市场经济考验、外部环境考验，管理好、建设好这样一个大党的任务仍然十分艰巨。党的先进性既不是与生俱来的，也不是一劳永逸的，过去先进不等于现在先进，现在先进不等于永远先进。当前全党开展的"创先争优"活动是加强党的先进性建设的重要载体。只有紧紧抓住党的先进性建设这个核心不放松，才能使党始终站在时代前列，永葆生机活力。

增强党的团结是中国共产党建设科学化的重要动力。古田会议特别重视党的团结，既要求在党内开展积极的思想斗争，进行党内批评达到党内团结的目的；又要求加强民主集中制，"厉行集中指导下的民主生活"[1]，以实现党的团结和统一。当时，在红四军党内存在着要求实行"由下而上的民主集权制"等极端民主化的倾向，以及少数不服从多数的非组织观点。对此，毛泽东提出了严肃的批评，主张通过实行"集中指导下的民主生活"来消除非组织化倾向。特别强调要正确处理好上下机关的关系，党的领导机关要有正确的指导路线，遇事要拿出办法，以建立领导的中枢；上级机关要明了下级机关的情况和群众的生活情况，解决问题不要太随便，一成决议，就必须坚决执行；下级机关和党员群众对于上级机关的指示，要经过详尽的讨论，以求彻底地了解，并决定执行的办法；至于党员个人要树立少数服从多数的观念，少数人在自己的意见被否决后，必须拥护多数人所通过的决议，除必要时得在下一次会议上再提出讨论外，不得在行动上有任何反对的表示。这些内容既反映了民主集中制的基本精神，也体现了党内团结是党的建设科学化的内在动力。

维护群众利益是中国共产党建设科学化的检验标准。全心全意为人民服务是我们党的宗旨，毛泽东指出："我们所做的一切，都是为人民服务"[2]。党的决策和决策的执行是否符合人民的愿望、是否关心和维护人民的根本利益、解决群众的实际问题，这是检验党的建设科学化的根本标准。古田会议特别强调党和红军要重视做群众工作，认为红军"除了打仗消灭敌人军事力量之外，还要负担宣传群众、组织群众、武装群众、帮助

---

[1] 《毛泽东选集》第1卷，人民出版社，1991，第89页。
[2] 《毛泽东文集》第3卷，人民出版社，1996，第243页。

群众建立革命政权以至于建立共产党的组织等项重大的任务[①]",同时在"三条纪律和六项注意"中提出不拿群众一针一线,等等。这些都体现了群众观点、群众路线,体现了党的根本宗旨。正是因为坚持了这一点,我们党才能够在各种政治力量的长期斗争和反复较量中脱颖而出,发展壮大,成为执掌全国政权并长期执政的党。今天尽管我们党所处的地位和面临的形势发生了深刻变化,但是,只要党的工人阶级先锋队性质不变,全心全意为人民服务的根本宗旨,密切联系人民群众的优良传统,从群众中来,到群众中去的根本工作路线就永远不能变。特别是在党长期执政的情况下,既取得了更好地服务于人民的条件,也增加了脱离群众的危险。党的建设科学化归根到底,就是要实现好、维护好、发展好最广大人民的根本利益。这也是检验党的建设科学化的根本标准。

(原载《党建研究》2011年第7期)

---

[①] 《毛泽东文集》第1卷,人民出版社,1993,第79页。

# 新时期新阶段党内民主发展途径研究

杨小冬

党内民主是马克思主义政党的本质要求之一。中国共产党历来高度重视党内民主问题，特别是改革开放以来，我们党在发展党内民主方面取得了丰富的理论成果和重要的实践进展。在新时期新阶段，进一步深入研究党内民主的发展途径，把增强党内民主意识、完善党内民主制度、健全党内民主程序和优化党内民主发展环境作为一个系统工程来加以统筹思考，坚持突出重点和整体推进，是在新的历史条件下实现党内民主健康协调有序发展的必然要求。

## 一 增强党内民主意识：发展党内民主的重要前提

党内民主意识的增强既有助于抑制领导者的集权专断，也有利于反对极端民主化的倾向，既可促进党内民主制度的发展和完善，也是建设和落实党内民主制度的思想基础。为了进一步有效地增强党内民主意识，从当前来看，迫切需要解决好以下三个问题。

1. 坚决清除封建主义政治文化影响，努力建构符合国情、顺应潮流的民主法治型政治文化

众所周知，中国封建社会有着两千多年漫长悠久的历史，这就使得封建主义政治文化在我国长期占据主导地位，影响深广。新中国成立后，我们党领导人民创立了社会主义民主政治制度。但是，由于意识形态相对独立性的作用，加之改革开放前我们对肃清封建思想文化残余缺乏足够重视，致使其消极影响不仅对我国民主建设曾造成严重破坏，而且迄今依然

在相当程度上存在。从党内民主的视角来看，其主要表现：一是权力崇拜意识的影响。例如，一些领导干部热衷于搞家长制、一言堂，等级观念、"官本位"意识浓厚，一些党员则民主意识薄弱，对参与党内事务讨论、决策、监督持冷漠态度，甚至把一言堂、官本位等视为天经地义。二是封建宗法观念的影响。例如，一些地方和部门的领导在选拔干部时，违背党的任人唯贤的干部路线和德才兼备的干部选拔标准，任人唯亲、任人唯派，甚至毫无忌惮地大搞裙带关系，肆意提拔自己的亲属担任要职。三是重人治轻法治观念的影响。其消极影响在干部的选拔任用上，突出表现为领导者往往以个人好恶来决定其下属的升迁，而被提拔的下属则对上司抱有感恩图报的心理乃至人身依附，并形成诸如干部只对上负责不对下负责、被动盲从、能力短缺等种种非正常状况。

因此，要进一步增强党内民主意识，首先就要坚决清除封建主义政治文化的消极影响，以马克思主义党内民主理论为指导，坚持辩证分析的科学态度，在认真研究我国传统政治文化中的民主性因素和深刻总结新中国成立后政治文化建设成功经验的同时，科学借鉴西方国家在依法治理、权力制衡、政治参与、公平竞争等问题上的有益经验，努力建构符合我国国情、顺应时代潮流的民主法治型政治文化，为进一步推进党内民主发展奠定必要的政治文化基础。

2. 认真克服片面强调党员义务和组织本位的传统思维定式，不断强化全党的党员主体意识

毋庸讳言，长期以来，我们党无论是在观念形态、心理习惯上，还是在党内机制、党建模式上，都或多或少、自觉不自觉地存在着一种漠视党员主体地位的倾向。从党内民主意识的视域来审视，其一，党员主体基本上还只是作为被教育、被管理的对象即党内客体而存在，很少能以党的主人翁身份和党的建设能动主体出现，致使不少党员尤其是普通党员缺乏使命意识、责任意识、权利意识、忧患意识和独立思考的意识，一味服从、无能为力的消极情绪弥漫党内。其二，一方面，在党建理论研究中"组织本位"长期占据主导地位，主要研究组织的性质、纲领、路线、结构、制度、干部、作风、纪律等内容，而对党员主体地位的研究则直至近些年才开始兴起；另一方面，在实际工作中，不少党的领导机关和领导干部对普通党员往往偏重义务、服从、统一意志，善于对党员提要求、派任务，却

有意无意地忽视党章和党内其他法规所规定的党员的各项民主权利。一些党员领导干部更错误地认为"组织让我干，就得我说算"，"官高一级，智胜一筹"，唯我独尊，作风霸道，唯己正确，一言九鼎，大事小事一人说了算，排斥和打压不同意见，把领导意志变成组织意志，强加于广大党员，甚至把手中的权力异化为谋取私利的特权。

因此，要进一步增强党内民主意识，还必须以马克思主义党内民主理论为指导，通过广泛深入的宣传教育，使每位党员尤其是领导干部都明确认识到，党员主体地位是指广大党员是党的组织、党的生活、党的建设和党的事业的主体，认真克服以往那种片面强调党员义务和组织本位的思维定式，不断深化和增强全党对党员主体地位的科学认识，促进全党特别是领导机关和领导干部牢固树立培育和发展党员主体意识的自觉性、积极性和坚定性。

3. *加快推进我国改革开放和社会主义市场经济建设，着力促进党内民主意识的内生和发展*

社会存在决定社会意识，这是历史唯物主义的基本原理。它清楚地昭示我们，民主从来都是具体的、历史的，其产生和发展固然是多种因素作用的结果，但作为上层建筑和国家形态，它首先是经济发展到一定水平的产物，而且民主程度的高低在很大程度上取决于经济发展水平。而市场经济一方面使人们的利益出现了分化，形成利益多元化的格局，另一方面其自主特性又使人们在参与经济发展的过程中逐渐形成自主性、独立性的人格。为了维护和增进自身利益，各利益主体必然会产生利益驱动型的政治诉求，并在维护自身利益的过程中逐步加深参与意识、主体意识，促进参与能力和自主能力的不断提高。

因此，就党内民主意识的产生和发展而言，社会主义市场经济的建立和发展为党员主体意识的提高提供了重要基础，市场经济的自由、平等、竞争的原则反映到党内政治生活上就是党内民主的意识和诉求。从当前我国实际来看，社会主义制度的建立为人民群众包括广大党员充分享有和行使其民主政治权利和权力提供了基本的制度保证，但由于目前我国经济发展总体水平还不高，市场经济体制也远未达到完善的程度，加之长期以来，我国在经济上实行计划经济体制的影响、在政治上权力高度集中的影响以及如前所述的封建主义政治文化的影响，这就决定了我国民主政治的发展是任重而道远的，党内民主的发展也是如此。所以，广大党员特别是领导干部一定要积极响应党的号召，踊跃投身于改革开放的伟大实践中，以科学发展为主题，以加快转变经济发展方式为主线，不断推进社会主义市场经济体制的发展和完善，确保我国经济实现持续稳定快速的增长。随着我国改革开放的不断深入和市场经济的不断发展，必将有力地促进全党的党内民主意识得到极大的发展。

## 二 完善党内民主制度：发展党内民主的关键所在

邓小平深刻指出，领导制度、组织制度问题更带有根本性、全局性、稳定性和长期性。这同样指明了发展党内民主的关键所在——健全和完善党内民主制度。为此，就必须改革和完善党的领导体制、选举制度、决策制度、监督制度和权利保障制度。

### 1. 完善党内领导体制，纠正权力行使错位现象

党内领导体制是否科学直接关系到党内民主发展的全局。然而，毋庸讳言，在党内政治生活中，一些地方的党委会及其常委会实际代行了党代会才有权行使的决策权。为了纠正这一权力行使错位的现象，一要提高全党对党内权力配置行使的正确认识，使每位党员尤其是领导同志都牢固确立党代会是各级党组织权力机关、党委会和常委会是其执行机关的科学观念，并自觉以此指导工作实践；二要完善党代会代表任期制，包括明确党代表的权利和职责、完善党代表的联系和服务、增强党代表的代表性和先进性、加强党代表的培训和管理、提高党代表的履职能力和水平、改善党代表的工作条件和保障措施等；三要积极试行并逐步推广党代会常任制，通过认真总结各地试行经验，使之更加科学和规范，从而为在更大范围内、更高层次上逐步推广党代会常任制提供更充分的理论和实践依据；四要进一步完善党代会议事规则和程序，建立一套科学有效的会议制度和操作程序，使之在会期安排、会议准备、会议召开、领导机构组成、文件审议和通过等各方面都有明确具体的规定；五要进一步理顺全委会和常委会的权力授受关系，在工作机制安排和程序设计上充分体现全委会在同级党代会闭会期间的领导机关地位及其对常委会的权力授受关系，落实常委会向全委会和党代会报告工作并接受监督的制度。

## 2. 完善党内选举制度，根治选人用人不正之风

党内选举制度是党内民主的基础性制度。但目前仍有不少党内选举实际上是走形式的选举，公开选拔异化成由少数人选人和在少数人中选人。为了根治这种选人用人的不正之风，一要提高全党对党内选举的正确认识，使每位党员尤其是领导干部都清楚地认识到，党内选举是党内民主的起点和基础，选举制度实行得如何，直接关系到党内民主的发展程度；二要改进和创新候选人提名制度，切实将大多数党员的意愿和选择作为推荐候选人的基础，着力加大党员提名力度，逐步推广由党员推荐、个人自荐与上级推荐相结合的办法；三要探索与改进候选人酝酿办法，适当增加候选人酝酿时间，改进候选人介绍方式，规范和充实介绍的内容，特别是德能勤绩的情况，积极探索和稳步推进候选人的公示制度；四要坚持和完善差额选举制度，逐步扩大差额选举比例和范围，逐步扩大直选范围和层次，着力营造公正选举的条件和氛围，确保选举人不受各种干扰真实表达自己的意愿；五要建立和完善配套的有关制度，这主要包括任期制和罢免制。具体包括明确干部任期、杜绝随意调配、实行政绩考评，撤换不称职干部和制定细则确保罢免实效等。

## 3. 完善党内决策制度，克服独断随意盲目等现象

党内决策制度是党内民主制度的重要组成部分。但从当前来看，"一把手专断"现象在许多地方还普遍存在，拍脑袋决策、拍胸脯保证、拍屁股走人的"三拍"现象也比比皆是。为了克服上述违背党内民主决策的现象，一要加深对党委集体领导制度的正确认识，使每位领导干部都清楚地认识到，党委集体领导制度同行政首长负责制有着本质区别，它要求班子成员平等讨论问题，按少数服从多数原则进行决策；二要建立和健全征求意见和咨询论证制度，建立决策信息收集机制，广泛听取各方面意见，对事关全局的重大问题进行决策前，有针对性地咨询有关专家，并进行可行性论证和决策风险评估；三要健全和创新会议讨论和集体决策制度，进一步完善党委议事和决策机制，凡属重大决策都必须由党委集体讨论决定，并在决策表决方式上对重大问题决策和重要干部任用推行和完善票决制；四要健全和完善纠错改正和责任追究制度，这主要包括决策执行反馈制度和问责制度，以便在决策实施过程中根据反馈信息及时进行修改和完善，并切实增强责任意识和有效解决无人负责现象；五要建立和完善决策者培

训提高制度,这是实现党内决策民主化科学化必不可少的重要保证。为此就必须通过各种渠道各种形式的培训,有效提高决策者综合素质以确保决策的科学性。

4. 完善党内监督制度,提升党内监督力度和实效

党内监督制度是实现党内民主的重要保障。然而,从当前党内政治生活的现实来看,"上级监督太远,下级监督太险,同级监督太难,纪委监督太软,组织监督太短,法律监督太晚"等问题普遍存在。为了有效解决上述种种问题,一要大力提高全党对党内监督的正确认识,使每位党员特别是领导干部都深刻认识到,党内监督是党内民主的必要保障,是廉政建设的重要支撑,是促进和完善社会监督体系的有力杠杆;二要改革和完善党内监督领导体制,首先应推进纪检机构垂直领导,党委不再决定同级纪委的人事、待遇和经费,最终使纪委与同级党委平行,二者直接对党代会负责;三要建立和健全党内监督相关制度,包括常委会向全委会和党代会报告工作并接受监督,领导干部的考核、评议、审计、问责以及财产公示,党务公开与询问质询相结合,上级巡视和组织考察相结合,党内监督和党外监督、党纪监督和法律监督相结合等;四要健全和完善党内监督的运行机制,首先应着力解决目前党内监督主体相对分散、很难形成合力的问题,其次要抓紧制定《中国共产党党内监督条例》实施细则,可先重后轻,先主后次。即针对群众反映最强烈、党内呼声最大、最容易出问题的方面先制订。

5. 完善党员权利保障制度,确保广大党员的主体地位

党员民主权利保障制度是党内民主最直接的体现。但从目前来看,不仅存在着部分党员民主意识薄弱和一些领导干部官本位意识浓厚等问题,而且从制度层面来看,静态意义的制度安排、原则性规定固然重要,动态意义的机制构建、实施细则也不可缺少。为了更好地确保党员的主体地位,一要深化全党对党员主体地位的认识,使每位党员特别是领导干部都明确认识到,确立党员主体地位,通过权利规范予以维护和实现,既是发展党内民主的本质要求,也是其最深厚最可靠的基础;二要以保障党员权利为基础健全党内民主制度,包括领导体制、选举制度、决策制度和监督制度,因为党员民主权利实现有赖制度的建立和完善,而健全制度也必须从保障党员民主权利出发;三要拓宽党员参与会议和了解党内事务的渠

道，为此就应制定有关细则以确保广大党员参加符合其资格的各种会议和阅读有关文件，并健全党内情况通报制度和建立党员网站以推进党务公开；四要畅通党员参与政策讨论和发表意见的渠道，为此就应切实贯彻有关规定以确保党员有权参加政策讨论和提出意见与建议，并健全重大决策征求意见制度，规范和创新民主生活会具体形式；五要拓宽党员向组织反映情况和意见的渠道，为此就应通过完善相关制度，明确规定其程序、途径和反馈机制，并健全党内举报和信访制度，营造鼓励和保护党员讲真话的氛围。

## 三　健全党内民主程序：发展党内民主的有效载体

党内民主是党内实体民主和党内程序民主的统一，前者是党内民主的实体内容，后者则是前者得以实现的有效载体，其主要表现为党组织及其成员在党内生活中必须遵循的方式和步骤。从当前来看，为了进一步健全党内民主程序，亟须做好以下几项工作。

### 1. 坚决纠正重实体轻程序的错误观念，切实提高全党对党内程序民主重要意义的认识

认真考察当前党内民主的现实，就可以清楚地看到，尽管在改革开放以后，我们党在总结以往经验教训的基础上，建立了一系列发展党内民主的规章制度。然而，由于种种原因，尤其是受到长期存在的重实体轻程序错误观念的影响，虽然《党章》等党内法规对党内民主程序也有一些规定，但总体来看，还存在诸多罅漏。其一，《党章》等党内法规对党内民主的规定比较概括、笼统和原则，而缺少详细完备的具体规定，如具体的方法、步骤、形式、顺序等。比如，《党章》规定："凡属重大问题都要由党的委员会集体讨论，作出决定。"但在具体操作过程中，哪些问题属于重大问题？委员会是全委会还是常委会？讨论决定是面对面举手，还是背靠背投票？《党章》及其他相关条例并未说清。因而，在实践中，变形走样的情况屡屡发生。或将重大问题当作一般问题，不经集体讨论就个人拍板；或举行非正式会议，讨论通过重大问题；或在讨论过程中，一把手率先表态定调，其他成员因个人利害、碍于面子、维护团结等种种考虑而不得不违心地同意。其二，在党的根本组织原则民主集中制的问题上，其第

一条基本原则即"四个服从"的规定,也缺少严密科学的主从之分,极易导致理论认识上的模糊不清和实际运行中的变形走样。例如,当组织意见是反映了党内少数领导的意图时,究竟是个人服从组织还是少数服从多数?显然,正确的做法应当是少数服从多数。因为,只有少数服从多数才是党内民主的精髓所在,个人服从组织、下级服从上级、全党服从中央的必要前提应当是后者代表了多数、代表了全局、代表了全党意志。而现实中民主集中制异化为以集体领导的外表掩盖个人专断的实质,更是不少地方、部门、单位党内政治生活的常态。

因此,为了进一步健全党内民主程序,首先就必须坚决纠正重实体轻程序的错误观念,通过广泛深入的宣传教育,使每位党员尤其是领导干部都清楚地认识到,党内民主程序不仅具有工具和手段的辅助意义,更具有保障党内民主顺利发展的独立价值。因为党内民主程序是党内民主的启动机制,是党内权力运行的控制机制,是党员权利的保障机制,是党内决策的纠错机制,所以,党内民主程序的建设水平和发展程度决定了党内民主的发展程度和建设深度。

2. 坚持公开、平等、权威等三项原则,并将其切实贯穿于党内民主程序的设计之中

处理党内事务离不开一定的程序,但有程序未必有民主,因为即使在党内专制弥漫的状态下,处理党内事务也可能有一定的程序。从中国共产党成立以后的历史来看,这种现象不仅在过去曾经盛行一时,在当前的党内政治生活中,也屡见不鲜。

因此,要进一步健全党内民主程序,就必须坚持以下三项原则。其一,公开原则。党内公开即透过会议、文件、媒体等多种形式,逐级和及时地向党员通报党的代表大会的报告、党的各级组织对重大问题的讨论和决策情况;规范"先党内、后党外"制度,坚持重大事情党内先知道,重要文件党内先传达,重大问题决定党内先讨论,重大决策实施党内先发动,这不仅是为了保障党员的知情权,让广大党员对党内事务处理实施有效监督,而且是为了增强党员的荣誉感和责任感,调动党员的积极性和创造性。需要特别强调的是,党内公开不仅仅是结果的公开,更重要的是过程的公开、理由的公开。其二,平等原则。党内平等,是指所有党员包括党员领导干部,在党内都享有同等权利和履行同等义务,但在权力配置上

则因职务高低会有大小之分。需要特别指出的是，按照规定，在讨论决定党内事务时，同级领导集体成员之间拥有同等的表决权，即一人一票，少数服从多数。然而，从当前现实来看，在不少地方、部门、单位，集体领导往往演变成"一把手"领导。其重要原因之一就在于，正职的升迁并不是由党委集体决定，而副职和委员的升迁则很大程度上受"一把手"左右，从而形成"一把手"在党委内处于事实上的绝对领导地位。要改变这一现状，就必须在程序设计上做出相应创新。例如，凡是党委正职的提任，不仅要有上级党组织的提名，还应认真听取其他领导成员和党员代表的意见；而副职或委员的提任，既要听取正职意见，更需广泛听取所在党组织党员的意见。听取意见的方式则可分别不同情况采取不同形式，并逐步推广无记名票决的形式。其三，权威原则。为了确保党内民主程序的有效运行，还必须切实保证程序的稳定性和权威性。这主要是指，对党内事务的处理，特别是重大问题的决定、重大决策的制定、重要干部的任用，都绝不允许绕过应有的程序去搞所谓的"例外""内定"。进而言之，即使依照民主程序得到的结果并不如意，也要首先尊重和承认这个结果，然后通过进一步完善民主程序，以避免类似问题的重现。

3. 从党内权力的产生、赋予、行使、监督等各个方面，切实加强党内民主程序建设

党内民主运作必须有一套科学缜密的程序规范来保证，其基本目的是确保党内权力的产生赋予和运用行使既科学规范又有效制约，以促进党内民主沿着法制化有序化的轨道健康发展。从当前党内政治生活实际状况来看，首先应抓好以下两个大的方面。

其一，切实加强党内民主选举和正常运行的程序建设。为此，一是必须建立和完善自下而上的党代会代表提名制度和自荐报名制度，坚决纠正目前普遍存在的代表人选主要由上级提名的做法，在代表的产生过程中坚持公开、平等、竞争的原则，采取差额选举的办法，在党内逐步形成竞选机制。二是必须进一步完善党内差额选举的制度，坚决克服当前实际存在的差额选举走形式的现象，制定出切实可行的具体操作细则和方法以保障差额选举的真实有效，并逐步扩大差额选举的范围，最终实现完全的差额选举。三是必须按照党的十七届四中全会的要求，落实和完善党代表大会代表任期制和继续选择一些县（市、区）试行党代表大会常任制，并明确

规定和严格规范党代会定期召开的制度。四是必须严格规范党代会议事规则，积极探索党代会闭幕期间发挥代表作用的途径和形式，尽可能最大化地发挥党代会作为处理党内重要事务最高权力机构的作用。五是进一步理顺党代会、全委会和常委会的关系，完善常委会向全委会负责、报告工作和接受监督等制度，坚决纠正当前存在的党代会权力实际由党委会或常委会甚至是第一书记代为行使的不恰当做法。

其二，切实加强党内民主决策和民主监督的程序建设。一是在民主决策程序建设上，要制定和落实各项具体举措，抓紧解决好五个方面的问题，即"科学界定重大问题含义""法定会议上充分讨论""切实做好会前通报工作""遵守民主原则进行表决""建立健全投票保密制度"。二是在民主监督程序建设上，要按照党的十七届四中全会的要求，拓宽党员意见表达渠道，建立健全党内事务听证咨询、党员定期评议基层党组织领导班子成员等制度，并建立以上级纪委为主、同级党委领导为辅的新双重领导模式，创新和完善纪委的监督程序，确保纪委监督的相对独立性和权威公正性。对于党员领导干部则尤其需要建立健全科学缜密的问责程序，保障所有党员能够对其所在的党组织的领导干部的工作能力、领导水平、廉洁自律等方面进行常态而有效的问责。

## 四 优化党内民主发展环境：发展党内民主的必要条件

推进党内民主建设不可能脱离具体的发展环境。广义而言，党内民主发展环境包括了政治、经济、文化、社会等各个方面，鉴于前文对其中的有关内容业已作了较为详细的论析，此处着重阐述发展党内民主所需营造的良好社会环境、法治环境和内部环境。

1. 推动人民民主建设，为党内民主发展提供良好的社会环境

党内民主与人民民主具有内在的统一性、关联性和互动性，一方面党内民主对人民民主具有重要的示范和带动作用，另一方面人民民主建设的不断推进对党内民主发展也具有极大的推动作用。众所周知，人民民主的概念在现代政党产生之前就已经形成，马克思主义政党党内民主的观念和内涵就是参照人民民主所蕴含的国家和社会民主的概念和内涵而提出和形成的，所以二者在平等参与、推荐选举、事务公开、集体讨论、多数决定

等多方面都是相同或相近的。社会主义中国是人民当家做主的国家，中国共产党和人民群众在根本利益是一致的，因此，广大群众对于人民民主的追求必然会反映到同属人民群众一员的共产党员的意识和行动中，从而推动和促进党内民主的发展。从当前来看，为了更好地发挥人民民主对党内民主的推动作用，第一，要加快推进我国改革开放和社会主义市场经济建设。因为随着改革开放的深入和社会主义市场经济的发展，一方面会推进人民群众民主观念和民主诉求的不断发展，逐步形成整个社会自由、平等、民主意识不断增进的良好氛围，这就必然会增强广大党员的民主意识，从而促进党员更加自觉主动、积极有效地参与和管理党内事务；另一方面也会推动我国政治体制、文化体制改革的日益深入，这在客观上也会对执政党执政方式和领导方式的改革与创新形成良性的压力和动力，促使中国共产党顺应时代和形势发展的要求，大力发展党内民主，以有效保障其执政的政治合法性并带动人民民主健康有序发展。第二，要注重研究和科学借鉴人民民主建设的有益经验。邓小平早在党的八大《关于修改党的章程的报告》中就明确指出："党中央委员会在党章草案中，决定采取一项根本的改革，就是把党的全国的、省一级的和县一级的代表大会，都改作常任制，多少类似各级人民代表大会那样。"由此可见，现在一些地方进行的党代会常任制试点其实就是借鉴人大制度而来的。改革开放以来特别是近些年，在人民民主建设方面，人代会年会制、村委会海选制在许多地方已经取得了令人瞩目的成效，而"差额选举""公开竞选""质询问责""离任审计""诫勉谈话""罢免撤换"等制度进行探索后，党内民主也已在推进完善。因此，注重研究和科学借鉴人民民主建设的有益经验，为党内民主发展提供可资借鉴的制度模式和具体做法，这是我们党推进党内民主建设的宝贵经验之一。

2. 坚持依法执政原则，为党内民主发展提供良好的法治环境

党的十五大明确提出了依法治国的基本方略，党的十六大又提出了依法执政的原则，党的十六届四中全会则提出了"科学执政、民主执政、依法执政"的要求。我们党只有坚决按照这一要求来转变党的执政方式和领导方式，确保党在宪法和法律的范围内活动，推动国家的民主化、法治化进程，才能为党内民主的发展提供良好的法治环境。进而言之，人民群众的意志通过党制定的路线方针政策上升为国家法律法规和形成制度后，不

仅对于我们党所开展的活动能够起到制约和保障的作用，对于党内的民主程序和机制也能起到规范和保障的作用。从当前来看，要为党内民主的发展提供良好的法治环境，一要进一步完善以宪法为核心的中国特色社会主义法律体系，并在全社会大力弘扬社会主义法治精神，不断推进科学立法、严格执法、公正司法、全民守法的进程；二要进一步健全以党章为核心的党内法规，尤其要注重建立和健全权力运行制约和监督体系，保证党和国家机关按照法定权限和程序行使权力；三要全面落实科学执政、民主执政、依法执政的要求，实现三者的相互统一、相互促进，不断提高全党按照这一要求治党理国的能力和水平。

3. 科学界定派别活动，为党内民主发展提供良好的内部环境

对于党内派别活动，由于我党自建党后一直高度重视党的团结统一，坚决反对党内政治派别合法化与公开化，因而这一问题在我们党内并不突出。但必须指出的是，一方面近些年有一些人公开提出了"不允许党内政治派别的合法化和公开化也就是阻碍在党内发展民主"的错误观点，另一方面对于党的路线方针政策的不同意见和争论，这本应是党内民主的应有之义，但在党内实际政治生活中往往被扣上"搞派别活动"的帽子而横遭打击，某些党组织领导人更是打着这样的幌子压制党员群众提出批评建议尤其是申诉举报。因此，科学界定党内派别活动也是发展党内民主必须认真研究和解决的重要问题之一。在这个方面，列宁作为第一个马克思主义执政党的主要领导人，在深刻分析党内派别活动的严重危害及其铲除方法和措施的同时，也对何谓"派别"作了科学界定，即"具有各自的纲领，力求在某种程度上自成一派并规定内部纪律的集团"。在1906年11月发表的《同立宪民主党化的社会民主党人的斗争和党的纪律》一文中又强调指出："行动一致，讨论和批评自由——这就是我们明确的看法。只有这样的纪律才是先进阶级民主主义政党所应有的纪律。"这就清楚地告诉我们，第一，党的纪律包括两个要素，一是行动一致，这是党员应尽的义务，它能确保党的统一和战斗力；二是讨论和批评自由，这是党员应享的权利，它使党的肌体永葆活力。第二，马克思主义执政党为了维护党的团结统一必须铲除派别活动，但这绝不意味着要取消在党纲原则范围内的讨论和批评自由，因为这一自由是保证少数对多数的服从成为有价值的服从的必要条件。所以，发展党内民主与铲除党内派别活动是辩证统一、相辅相成

的，二者都是维护党的团结统一必不可少的重要条件。只有铲除党内派别活动，才能更好地发展党内民主，但把党内不同意见、不同观点的争论包括对一些重大决策的争论都归结为派别活动予以压制，只能造成高度统一的假象，既不符合列宁对党的纪律和派别活动的阐述，更不能说明党的纯洁，其结果只能是削弱党的活力和战斗力。

（原载《中共福建省委党校学报》2012年第3期）

# 努力形成充满活力的选人用人机制

李烈满

党的十七届四中全会通过的《中共中央关于加强和改进新形势下党的建设若干重大问题的决定》（以下简称《决定》）明确提出：深化干部人事制度改革，必须"形成充满活力的选人用人机制，促进优秀人才脱颖而出"。"形成充满活力的选人用人机制"，体现了在党的干部工作领域"推进党的建设科学化"的要求。

## 一 "民主、公开、竞争、择优"是形成充满活力的选人用人机制的关键所在

选人用人机制的功能主要决定于构成这一机制的制度及其安排，构成这一机制的制度及其安排又决定于制定和安排这一制度的原则，简言之，选人用人机制的功能主要决定于构建这一机制所依据的原则。那么，"充满活力的选人用人机制"的"活力"来自哪里呢？来自"民主、公开、竞争、择优"！

选人用人机制的活力源于"民主"。充满活力的选人用人机制是一种以民主为基本价值取向的机制。人民民主是社会主义的生命，党内民主是党的生命。在干部工作中坚持民主，是坚持和发展人民民主和党内民主的必然要求和重要体现，也是选人用人机制的活力源泉所在。

在选人用人上人民群众的民主权利（包括党员民主权利，下同）主要体现在对干部选拔任用上的"知情权、参与权、选择权、监督权"（以下简称"四权"）。这"四权"是群众的民主权利在干部选任过程中各个环

节的具体体现，它们是相互联系的、缺一不可的整体，其中"知情权"是前提，"参与权"是基础，"选择权"是核心，"监督权"是保证。倘若缺少任何一个环节上的权利，群众的民主权利都不可能有真正意义上的落实。因此，建立充满活力的选人用人机制，在制度设计和制度安排时，都必须体现全面落实人民群众在干部工作中的"四权"的要求；在选人用人的实际工作中，既要反对全然不顾这"四权"的做法，也要防止只顾其一、不及其余，或假借强调其一重要而排斥其他的倾向。人民群众包括党员只有拥有真正的而不是名义上的"四权"，才能从根本上保证人民群众在社会主义国家中的主人地位，才能彰显党员在党内的主体地位，唯有如此，在干部选拔任用过程中人民群众才会有热情和信心去选择自己的公仆，才能选拔出好的领导干部，人民群众和党员的参与积极性才会被激发出来，社会主义及共产党才有旺盛的生命力，选人用人机制才会充满生机活力。充满活力的选人用人机制必须以民主为基本价值取向。

选人用人机制的活力源于"公开"。充满活力的选人用人机制是一种以公开为基本要求的机制。民主与公开是不可分离的，因为民主的表现形式（如选举、民主测评、民主推荐、民主监督等）必须公开。接受民主，也就不能拒绝公开。其实，中国共产党所追求的民主政治，是光明磊落的政治，没有什么见不得人的地方，选人用人完全可以公开透明，公开透明是选人用人具有公信度不可或缺的基本条件。

党的十七届四中全会通过的《决定》把"推进党务公开，健全党内情况通报制度，及时公布党内信息，畅通党内信息上下互通渠道"作为保障党员主体地位和民主权利的重要内容加以强调，这表明我们党已经充分认识到公开对于实现民主权利的重要性，这也反映了在制度制定和制度安排上体现了公开的理念和要求。干部工作信息公开，无疑是党务公开的重要内容。人民群众在选人用人上的民主权利——"四权"的表现形式和实现途径都离不开公开。扩大干部工作的信息公开，进而确立"阳光选人制度"，提高选人用人公信度，这是满足人民群众真正拥有"四权"的需要，也是防止选人用人不正之风的最好办法。没有公开，就没有看得见的民主，就没有公信度，也就不能赢得人民群众的支持，选人用人机制也就失去了活力。充满活力的选人用人机制必须以公开为基本要求。

选人用人机制的活力源于"竞争"。充满活力的选人用人机制是一种以竞争为显著特征的机制。竞争是人类社会发展的普遍规律，社会主义自然也不排斥竞争。早期马克思主义者李大钊针对当时人们以为社会主义社会不会发生竞争的误解，曾经明确地提出："盖社会由竞争而进步，良好的竞争，是愉快而有味，无不可以行之。今社会主义毫无竞争，岂不令人枯死么？"① 社会主义的实践也证明，社会主义并不排斥竞争，相反，社会主义因有良好的竞争而充满活力。我国改革开放后因实行有竞争的社会主义市场经济，使社会主义经济发展充满活力。同样，选人用人作为社会主义事业的重要支撑，要充满活力而不"枯死"，无不可以有竞争。

在选人用人领域，由于领导岗位的稀缺和个人素质的差别，这就构成了竞争的客观基础。没有竞争，没有竞争机制，没有在条件面前人人平等，不以竞争选人用人，就跳不出狭窄视野的束缚，就难以做到唯贤是举，甚至出现用人唯庸。选人用人只有进行竞争——也就是良好的竞争，即在制度设计和安排上体现公开的、开放的、有群众参与评判的竞争的要求，竞争机制才有生机活力。由于是公开的竞争，就变实际上存在的不公平暗争为公开平等的明争，才能使竞争行为具有公信度；由于是开放的竞争，参与竞争的对象不讲出身门第、不分亲疏远近，才能调动广大干部和群众的积极性；由于是群众参与评价的竞争，孰优孰劣、孰贤孰奸，群众看得最清楚，才能赢得群众的信任。可见，竞争性的选人用人机制，适合国情、顺从民心、符合民意，也就能充分调动人民群众选择自己公仆的主动性、积极性，选人用人机制才会有生机活力。竞争是充满活力的选人用人机制的内在要求和外在特征。

选人用人机制的活力源于"择优"。充满活力的选人用人机制是一种以择优为导向的机制。党的事业需要有大批优秀人才来完成，党的性质决定了我们党有可能吸纳众多优秀人才集聚在党的旗帜下为党的事业而奋斗，也正因为如此，我们党把"任人唯贤"作为党的干部路线。任人唯贤充分反映了选人用人择优原则的内涵，或者说是选人用人择优原则在党的干部路线上的政策表达。任人唯贤也就是任人择优。坚持选人用人择优，才能源源不断吸纳优秀人才，选人用人机制才有生机活力。

我们党所强调的所谓"优"和"贤"，就是选人用人要坚持"德才兼

---

① 《李大钊文集》（下），人民出版社，1984，第374页。

备，以德为先"的干部标准；坚持和贯彻选人用人"择优"和任人"唯贤"，就是要坚持正确的用人导向。坚持"德才兼备，以德为先"，就是要按照我们党所制定的"优"和"贤"的条件来识别和评判干部；坚持正确的用人导向，就是根据"优"和"贤"的要求来任用干部，也就是要坚持我们党所倡导的"树立坚定信念、注重品行、科学发展、崇尚实干、重视基层、鼓励创新、群众公认的正确用人导向"[①]。在选人用人上只要坚持正确的选人用人标准和用人导向，优秀人才才会脱颖而出，选人用人才会有公信度，才会赢得广大人民群众的支持，选人用人机制才会充满活力。充满活力的选人用人机制必须以择优为基本价值导向。

"民主、公开、竞争、择优"，这四项原则是相互联系的，它们共同生成了选人用人机制所有活力的泉源，对于构建充满活力的选人用人机制是缺一不可的；在选人用人中坚持和贯彻"民主、公开、竞争、择优"，符合选人用人机制所具活力的生成机理，体现了干部工作科学化的要求，是形成充满活力的选人用人机制的法宝。

## 二 按照科学化要求，坚定不移地推进选人用人机制建设

面临干部制度"改革有风险，但不改革党就会有危险"[②]的紧要历史关头，如何扭转危险为兴盛、化解风险为平夷？科学的、明智的抉择只能是：改革不可放弃、不可不推进、不可不深化，但风险必须排除。建立和形成充满活力的选人用人机制，要走改革创新的路子。如何既能依靠改革促进选人用人机制的形成以转危为兴，又能化险为夷呢？这就是一切按照党的干部工作的规律办事，坚定不移地推进选人用人机制建设与干部制度改革，革故鼎新以促进充满活力的选人用人机制的形成。

### （一）选择正确的思路以引导选人用人机制建设

形成充满活力的选人用人机制，必须以正确的思路来引导干部制度改革，这是转危为兴、化险为夷的前提。"思路决定出路"。选人用人机制建

---

[①] 引自《2010—2020年深化干部人事制度改革规划纲要》。
[②] 李源潮：《坚持民主公开竞争择优推进干部人事制度改革》，《党建研究》2009年第11期，第20页。

设是一项复杂的工程,需要在科学理论的指导下,探索和选定符合选人用人规律的改革思路,以避免走弯路、瞎折腾,力求取得改革效果最大化。选人用人机制建设又是一项系统工程,选择深化干部制度改革的路径要有多维视角,要充分考虑到选人用人制度体系的复杂性,从多路径推进干部制度改革。干部工作民主化是时代发展趋势的要求,要在不断扩大干部工作民主化的进程中深化选人用人制度改革;党内民主与社会民主密切相关,要在党内民主与人民民主的互动过程中推进选人用人制度改革;干部制度是执政党得以实施执政的重要保证,要在适应党的执政方式转变的过程中深化选人用人制度改革;党的干部是市场经济的驾驭者,要在适应发展社会主义市场经济新要求的过程中不断深化选人用人制度改革;干部制度改革是一个系统、复杂而又艰巨的工程,要在坚持重点突破与整体推进的互动过程中推进选人用人制度改革;干部制度改革是对传统干部制度的扬弃,要在坚持继承与创新的过程中推进选人用人制度改革;干部制度改革要有利于提高选人用人的公信度,要在坚持正确的用人导向的实践中推进选人用人制度改革。总之,要用系统的思维来把握深化干部制度改革的路径,使选人用人机制符合科学化的要求。

### (二) 着力解决重点难点以带动选人用人机制建设

形成充满活力的选人用人机制,必须准确把握和着力解决干部制度改革的重点难点以破解改革难题、带动选人用人机制建设,这是转危为兴、化险为夷的关键。改革开放以来我国干部人事制度改革取得了重大进展,但是,由于认识和运用干部工作规律需要一个过程,也由于一些地方在干部改革问题上存在避重就轻倾向,甚至搞干部制度改革的"政绩工程""形象工程",这就严重削弱了干部制度改革的预期效果,以至于在干部制度上还存在诸如干部选拔任用的民主机制不够健全,干部选拔任用中拉票问题比较突出,干部竞争择优机制不够完善,干部约束激励机制不够有力,选人用人上的不正之风屡禁不止等问题,由此足见干部制度的"一些深层次矛盾和问题还未得到根本解决"[①]。深化干部制度改革、形成充满活

---

① 李源潮:《坚持民主公开竞争择优推进干部人事制度改革》,《党建研究》2009 年第 11 期,第 15 页。

力的选人用人机制以转危为兴和化险为夷,必须着眼于解决深层次矛盾和问题,抓准重点难点问题进行攻关。倘若重点得到突破,难点得以破解,其他问题也就迎刃而解。由于改革党内选举制度被党的十七大提上日程,也由于选举产生的领导干部(如地方党委和政府的主要领导人)所处地位的重要性,这就决定了今后干部制度改革与选人用人机制建设的重点必须是党内选举制度的改革创新;由于干部工作民主化的复杂性,也由于扩大干部工作民主、增强干部民主实现形式的真实性和科学性被党的十七大确定为扩大民主的要求,这就决定了今后干部制度改革与选人用人机制建设的难点在于如何提高干部工作的有效民主、提高选人用人的公信度。经验表明,抓准重点,才能事半功倍;突破难点,全盘皆活。如果说过去多年来干部制度改革与选人用人机制建设的重点是在公开选拔、竞争上岗等选拔方式的创新,难点主要是在推进干部工作的公开化,由此推进了干部选拔方式的多样化和干部工作的民主化,取得了阶段性的成果;那么,今后干部制度改革与选人用人机制建设的重点则要转到如何选择重要岗位领导干部的方式创新,其难点则要转向如何扩大干部工作的有效民主,这对于形成充满活力的选人用人机制乃至整个干部制度改革取得成功具有决定性的意义。

(三) 采取科学的方式方法以推进选人用人机制建设

形成充满活力的选人用人机制,必须采取科学的方式方法来推进选人用人机制建设,这是转危为兴、化险为夷的重要保证。中外改革的实践反复说明,以什么方式推进改革,不仅影响干部制度改革的成效,在一定意义上甚至决定改革的成败。干部制度改革亦如此,改革操之过急,毕其功于一役,欲速则不达;反之,坐而论道、隔靴搔痒,则丧失时机和信心。以改革创新精神推进干部制度改革与选人用人机制建设,是社会主义制度的自我完善,因而是一个循序渐进的过程。如同我国农村改革和经济体制改革都是渐进式的一样,干部制度改革也只能是渐进式的改革。但必须指出的是,渐进式改革不是无视重点,而是围绕重点,循序突破;不是回避难点,而是针对难点,攻坚克难,逐步破解。犹如农村改革把联产承包作为重点突破,使整个农村改革势如破竹;把扩大农民的自主权作为难点破解,使农村改革全盘皆活;干部制度改革也要紧紧把握党内选举制度这个重点,循序突破;把落实人民群众在选人用人上的民主权利作为难点,逐渐破解。倘若能在循序渐进中解决重要领导干部的授权机制问题,切实落实人民群众的选择权,干部选拔任用工作将别开生面,干部制度改革将成功在望。

转危为兴、化险为夷,形成充满活力的选人用人机制,同样必须采取正确的方法。毛泽东同志曾经把任务比喻为"过河",把"桥"或"船"比喻为完成任务的方法,并且认为"不解决桥或船的问题,过河就是一句空话。不解决方法问题,任务也只是瞎说一顿"①。要进一步深化干部制度改革以推进选人用人机制建设,也必须解决"桥"和"船"的问题,也就是要探索和运用新的、适宜的方法。比如,对于原来由领导"伯乐相马"指定竞争性领导岗位的人选而影响选人用人效果的问题,为何不敢以竞争性选拔(包括选举及公开选拔、竞争上岗)这一符合授权机理的办法取而代之呢?对于民主测评结果不公开而导致公信度低下的难题,为何不愿接纳把测评结果公开这一简便易行的办法呢?对于干部"带病提拔"的怪事,为何不懂采用在干部提任前公示其财产以接受百姓"检测"与"诊断"这一为一些国家和地区证明是行之有效的办法呢?对于领导干部多监督却难监督的老问题,为何不去推行网络监督这一由新技术革命而催生的新办法呢?由此看来,选人用人的方法问题,不只是能力和水平的问题,它还是对改革的认知和践行的问题。对于选人用人存在的诸多问题,只要我们的各级领导干部,特别是拥有用人决策权的领导干部能解放思想,真心拥护改革、敢于推进改革、善于完善改革,按照选人用人科学化的要求采取科学的方法——采取有益于贯彻"民主、公开、竞争、择优"原则的方法,许多看似很难的问题也就不难解决。

(四)营造良好氛围以保障选人用人机制建设

形成充满活力的选人用人机制,必须营造良好的氛围来呵护之,这是转危为兴、化险为夷的重要条件。选人用人机制是由相关制度构成的体系,构成选人用人机制的相关制度的确立以及这些制度的执行——按照既定原则运行以形成特定的功能,无不需要有良好的氛围。有了与充满活力的选人用人机制相适应的氛围,参与选人用人的群体(包括被选拔者、选

---

① 《毛泽东选集》第 1 卷,人民出版社,1991,第 139 页。

拔者、参与群众）才能以健康的心态对待选人用人问题，才可能主动接受选人用人有关规则的约束，选人用人机制才可能正常地运行。就现在干部工作中存在的"显规则"难以贯彻、"潜规则"却泛滥的问题而言，这固然有体制机制方面的问题，而不好的氛围无疑是选人用人"潜规则"得以横行的催化剂。近些年来，一批"官迷"不择手段，跑官、要官、买官、卖官、骗官、以色换官，或是求助于封建迷信，求仙拜佛，请巫师看"风水"，拜高师指点仕途，更有甚者不惜重金雇凶杀人，害命谋官，凡此等等形成的不好氛围极大地妨碍着选人用人机制的建设与正常运行。

营造选人用人的良好氛围，有许多工作要做，如在领导干部中倡导树立正确的选人用人观，从而领导干部能用好的作风选人；在全体党员、一般干部和群众中进行民主意识和选人用人相关政策的教育，从而社会成员能具有良好的民主素养和习惯；善于运用和引导媒体，从而形成正确的舆论导向，等等。然而，不破不立，要营造良好的氛围，当务之急，还务必痛下决心破除"官本位"意识，因为当前存在的选人用人上的不正之风无不与"官本位"密切相联系，正如江泽民同志所指出："一些共产党员和党的领导干部，也自觉不自觉地做了这种'官本位'意识的俘虏，于是跑官要官、买官卖官的现象出来了，弄虚作假、虚报浮夸、骗取荣誉和职位的现象出来了，明哲保身、但求无过、不思进取、一切为了保官的现象出来了，以权谋私的现象出来了。"[1] 在这里江泽民同志一连用了"四个出来了"来概括"官本位"的危害，揭示了"四个出来了"与"官本位"意识的内在联系，一针见血地指出了"官本位"意识的要害。可见，营造良好的氛围，"对于历史上遗留下来的'官本位'意识，必须狠狠批判和坚决破除。"[2] 追本溯源，批判"官本位"意识，驱逐"官至上"的价值观念，也必然要求进一步深入批判孕育出"官本位"意识的封建主义。只有扫除封建主义，才能破除"官本位"意识，只有破除"官本位"意识，才能确立好的意识形态，进而营造一个良好的氛围，为形成充满活力的选人用人机制提供有效的保障。

李源潮同志指出："解决当前干部工作中的突出问题，实现吏治清明，

---

[1] 《江泽民文选》，人民出版社，2006，第133页。
[2] 《江泽民文选》，第133页。

关键在改革,希望在改革,根本出路在改革。"① 与此同理,创新干部工作机制,实现选人用人科学化,关键也在改革,希望也在改革,根本出路也在改革。只要我们按照"民主、公开、竞争、择优"的要求来科学设计选人用人机制,以改革创新精神朝着科学化的目标来鼎力推进选人用人机制建设,就一定能形成充满活力的选人用人机制。

(原载《党建研究》2010年第5期)

---

① 李源潮:《坚持民主公开竞争择优推进干部人事制度改革》,《党建研究》2009年第11期,第15页。

经 济 学

# 升级预期、决策偏好
# 与产业垂直升级
## ——基于我国制造业上市公司实证分析

陈明森　陈爱贞　张文刚

## 一　引言

20世纪90年代以来，国际产业转移出现了以产业水平转移为主向以产业垂直转移为主演进的趋势，这为中国这样的发展中国家提供了以嵌入跨国公司主导的全球价值链模式参与国际分工的机会。但随着越来越多的发展中国家参与国际分工，专业化程度越来越高，发展中国家企业面临的竞争越来越激烈，发展中国家的产业无法实现更高层次的升级，被"锁定"在低附加值的制造、加工环节的现象也引起了学者极大关注（Schmitz, 1999; Bazan & Navas – Aleman, 2001）。

对于这个不争事实，全球价值链理论主要从两方面解释。一是全球价值链价值分配的非均衡性。Gereffi（1999）、Humphrey & Schmitz（2002）等在分析跨国公司推动不同环节在全球重组时，是基于Porter提出的公司内价值链概念，因此不同环节因其所含的技术和知识密集度不同，进入壁垒不同，由此价值增值也不同。随着这些不同附加值环节在全球重组，逐渐演变成居于全球价值链不同环节的不同国家的收益分配的差异，这使得发展中国家出现了出口或产出水平增加但收入持续下降的低端路径发展现象（Kaplinsky, 2000）。台湾宏碁集团前董事长施振荣（1996）提出著名的"微笑曲线"，形象描绘了在多数制造业价值链中不同环节附加值分布所呈现的"两头高中间低"的非均衡现象。台湾学者刘常勇（1999）认为，价值链微笑曲线一般存在于西方发达国家，在发展中国家或地区存在不同趋势，曲线两端的附加值反而不如居中的生产环节，而呈现为一种与微笑曲线相反的"哭泣曲线"，他认为正因此发展中国家企业被锁定在低端环节。

二是跨国公司市场势力及其在全球价值链治理作用。Humphrey & Schmitz（2004）指出，由于跨国公司拥有强大的市场势力，是全球价值链的实际领导者，能通过各种经济参数和制度安排，对位于价值链中的各个企业和各种经济活动实行非市场化的协调与控制，因此不同类型的价值链治理模式，决定了低端企业升级机会的不同。Messner（2004）认为，发展中国家的企业参与的是依附型（quasi‐hierarchical）的全球价值链，该治理结构和其中的非对称性力量，会导致发展中国家地方产业集群在升级过程中被锁定。

以上关于全球价值链价值分布与权力分配的非均衡性，虽然对发展中国家产业升级困境具有一定解释力，但是也存在很大片面性。其一，"哭泣曲线"在某种程度上描述了发展中国家的产业分工现状，但是将"微笑曲线"与"哭泣曲线"作为不同国家或地区（主要是发达国家与发展中国家）之间价值链走势差异，则存在诸多不妥之处。其二，发展中国家的产业升级，不仅取决于全球价值链领导者的市场势力，同时也取决于发展中国家本土企业产业升级能力（Isaksen & Kalsaas，2009），这两者博弈结果直接影响企业的升级预期和升级努力。

## 二 产业升级预期和决策偏好

上述关于"微笑曲线"与"哭泣曲线"的争议，并不反映发达国家和发展中国家的地域差异，而是反映考察问题的不同角度。"微笑曲线"论者是从价值链各个环节实际收益分布考察。价值链可分为研发设计、加工制造和营销品牌三个基本环节，其实际增加值分布确实存在着"两头高中间低"的非均衡现象。因为研发与营销属于资本与技术知识密集型环节，进入门槛较高，地理、企业分布的弹性系数较小，往往被锁定在少数实力雄厚的大企业，具有市场垄断性质因而其附加值也较高；而加工制造往往属于劳动密集型环节，进入门槛较低，地理、企业分布的弹性系数较大，企业数量多，市场竞争极为激烈，因而其附加值也较低。特别是近几年来，世界开放度不断扩大，越来越多的发展中国家或地区加入全球价值链低端环节的竞争，加工制造环节的附加值具有不断下降趋势（Kaplinsky，2000）。如果用 $M_1$、$M_2$、$M_3$ 分别代表在价值链中研发设计环节（ODM）、加工制造环节（OEM）和品牌营销环节（OBM）的实际输出值（用经济收益表示），根据上述分析，一般有 $M_3 > M_1 > M_2$。假定整个价值链的经济收益为 100 个单位，可能在加工制造环节仅有 10 个单位，研发环节 30 个单位，而在自创品牌环节则会高达 60 个单位，即在价值链坐标图呈现出 U 形曲线走势。无论是发达国家还是发展中国家或地区都是如此，概莫能外。只不过由于发达国家劳动力价格较为昂贵，作为劳动密集型的加工制造环节附加值相对更低，"U"形曲线更陡；而发展中国家或地区的劳动力价格较为便宜，在劳动密集型的加工制造环节具有比较优势，因而相对而言附加值也较高，其"U"形曲线较为平缓。这种"微笑曲线"反映了现实存在的价值链不同环节实际值的非均衡分布，是产业升级现状描述，是产业升级成功事件结果的输出值。

但是产业升级过程作为一种随机试验，成功结果并不是一种唯一的必然事件，而是一种随机事件，其间充满种种风险和不确定性，无论是进入加工制造、研发设计，还是营销品牌等环节，都存在着成功或者失败两种可能性。如果进入失败，则要承担一定沉没成本的损失。就沉没成本而言，营销品牌环节沉没成本最大，主要属于广告宣传支出，一旦进入失败血本无归；研发环节其次，而加工制造环节沉没成本较低，购买的厂房、机械设备不仅可以通过折旧逐步收回，即使企业经营失败遭到清算，也能通过打折拍卖出售，收回很大一部分。如果用 $C_1$、$C_2$、$C_3$ 分别代表进入研发、制造和营销等环节失败后的沉没成本（即失败事件的输出值），有 $C_3 > C_1 > C_2$。

在统计学和概率论中，随机试验的期望值与试验结果的输出值是两种不同范畴。事件输出值是事件发生后的实际值；试验期望值是事件实际值与概率乘积的总和，是随机试验各种结果实际输出值的加权平均值，产业价值链不同环节的期望值公式如下：

$$E(M_i) = M_i \cdot P(M_i) - C_i \cdot [1 - P(M_i)] \tag{1}$$

其中 $E(M_i)$ 为产业升级随机试验期望值，$M_i$ 为升级成功后实际经济收益（成功事件输出值），$C_i$ 为升级失败后沉没成本（失败事件输出值），

$P(M_i)$ 为进入成功概率。

产业升级存在诸多不确定性和风险,但不同环节风险分布具有非均衡性,其中加工制造环节风险最小,研发环节其次,而营销品牌环节风险最大。按照业界一般说法,加工制造环节是成七败三(假定风险系数为0.3),研发环节是成三败七(假定风险系数为0.7),而营销品牌环节则是成一败九(假定风险系数为0.9)。这就造成了产业升级中实际输出值与期望值的不一致性。按照上述假定,整个产业价值链的经济收益仍为100单位,其中沉没成本、风险概率以及经济收益的实际值、期望值在不同生产环节中分布见表1。

表1　发展中国家产业升级的输出值与期望值(估算值)

|  | 进入成功的实际输出值 | 进入失败的沉没成本 | 成功概率 | 失败概率 | 升级试验的期望值 |
| --- | --- | --- | --- | --- | --- |
| 研发环节 | 30 | 5 | 0.3 | 0.7 | 5.5 |
| 生产环节 | 10 | 2 | 0.7 | 0.3 | 6.4 |
| 营销环节 | 60 | 10 | 0.1 | 0.9 | -3 |

由此可见,如图1所示,在产业升级中成功结果实际值与升级过程中的期望值是不同的,后者不仅与实际输出值有关,还与产业升级风险与沉没成本有关。在产业升级中,尽管研发与营销环节的成功事件的输出值较大,但失败风险与沉没成本也大,因此整个随机事件的期望值反而较小;而加工制造环节输出值较小,但失败风险与沉没成本也小,因此其期望值反而较大。可见与产业升级成功后价值链不同环节实际输出值分布状况不同,其不同环节增加值期望值的分布呈现两头低中间高的倒"U"形状态,即"哭泣曲线",而且研发与营销的风险越大,沉没成本越高,凸度越大。但是发达国家由于具有相对技术优势和资金优势等,其产业升级的成功概率相对比较高,倒"U"形曲线的凹度较为平缓。而价值链期望值"微笑曲线",只是存在于能力强的个别企业或少数发达国家个别产业之中,就整体行业而言却不多见,因为行业期望值"微笑曲线"存在,意味着行业预期壁垒的消失,众多企业都能轻而易举进入高端环节,那么价值链不同环节增加值非均衡分布状况也就不复存在(陈明森,2001)。

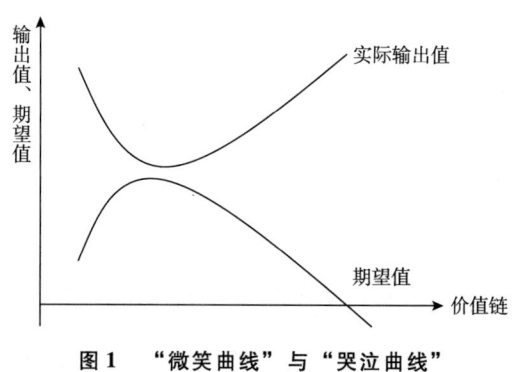

**图1 "微笑曲线"与"哭泣曲线"**

面对升级成功前的附加值期望值"哭泣曲线",企业升级路径如何选择,除了与期望值曲线走势有关之外,还与决策者风格和偏好有关。从对风险偏好程度看,影响决策者对产业升级战略选择的性格可分为风险厌恶者、风险中性者和风险偏好者。风险偏好者往往是以追求产业升级成功的实际输出最大值,作为其战略选择依据,所谓"明知山有虎,偏向虎山行",因此在一定条件下,他们会努力沿着"微笑曲线"向价值链高端攀升。风险厌恶者则以产业升级失败损失最小化,为其决策依据,进入制造环节是其必然选择;而风险中性者则以产业升级期望值最大化为其抉择依据,因此他们面对的是"哭泣曲线",进入产业升级风险系数最小、期望值最大的生产加工环节,无疑是一种理性选择。为此可以得出以下命题假说。

命题1:决策者的决策偏好,是产业升级重要因素。风险规避者,以追求期望值最大化为进入依据,进入风险系数最小、期望值最大的生产加工环节,成为一种理性选择;风险偏好者,以追求产业升级成功后实际输出值最大化为进入依据,偏好进入风险系数相对较高、实际输出值最大的研发与营销环节;在升级能力基本相似条件下,企业家的冒险精神在产业升级中起着决定性作用。

## 三 基于三维模型的升级能力提升和升级预期转换

上述分析表明,升级预期是影响企业升级的重要因素,而升级预期往往又取决于产业升级期望值。根据公式(1),影响期望值的主要有三个变量,即升级成功后实际输出值($M_i$)、沉没成本($C_i$)和成功概率[$P$

($M_i$)〕，而影响上述变量的主要因素有产业特性和企业自身能力。不同类型的产业所侧重的升级方向不同，升级所需要的能力也有所不同。

Humphrey（2004）指出，全球价值链的每一环节都对应着不同的技术层级，并将全球价值链形象地比喻为"技术阶梯"（technological ladder），指出价值链提升的一个关键要素就是技术能力的提升。Chandler（1990）认为，发达国家的先进企业之所以先进，是因其积累了在管理、技术和营销三方面使后来者难以复制的组织能力。Schmitz（2007）认为，从低端融入全球价值链的发展中国家企业在国际市场竞争中往往存在"技术缺口"和"营销缺口"。发展中国家企业的"技术缺口"主要是由于被隔离在产生创新的"生产者—使用者"循环之外，难以获得默示性技术，以及国家（地方）创新支持不够等原因而造成的。这些技术既包括体现在机械设备中的"硬"技术，也包括质量和供应链管理等"软"技术。"营销缺口"的形成则主要是由于发展中国家的代工企业通常与发达国家的顾客需求相分离，难以获得市场中时尚趋势变化的最新知识，以及建立能与国际大买家相抗衡的个体或集体品牌所需花费的巨额投资等。可见，要促进发展中国家产业升级，突破产业升级低端锁定，除了要激励企业家升级，改变其决策偏好；更重要的是要促进企业资源和能力的培育与积累，改变其产业升级预期，使其面临的附加值期望值"哭泣曲线"凸度变缓，甚至转变为附加值期望值"微笑曲线"。

产业升级能力涉及诸多方面，诸如生产制造能力、融资能力、研发设计能力、管理组织能力、网络拓展能力以及品牌运作与维护能力等。正如Schmitz（2007）所分析的，总体上可以归结为两大能力：技术能力和市场营销能力，因为技术能力可以涵盖制造技术、管理技术、研发技术等；市场营销能力可以涵盖市场网络拓展、品牌培育与维护等。而企业能力提升不但可能受到跨国公司的阻扰，还受自身知识基础限制（Isaksen & Kalsaas，2009），因此，作为发展中国家企业，选择与自身能力和行业特性相适宜的升级方向也很重要。

产业升级指标是多维度的，但是企业品牌应作为企业升级的重要标志。目前流行观点是把建立自主品牌（OBM）作为产业垂直升级的最高境界，实际上这是一种理论误区。因为在企业品牌中尚可分为诸多档次，从无品牌（如 OEM 或 ODM 等）到自主品牌意味着产业升级，而从一般品牌到区域品牌、全国品牌甚至是世界品牌,则是更高层次的升级。比起全国品牌乃至世界品牌,一般化的杂牌的技术含量和附加值都要小得多。

为此,可以把企业能力提升与企业升级的内在联系,用图 2 的三维坐标图加以描述。图中 $X$ 轴代表企业技术能力,从 $O$ 到 $X$ 代表企业技术能力不断提升过程;$Y$ 轴代表企业营销能力,从 $O$ 到 $Y$ 表示企业市场营销能力提升过程;$Z$ 轴代表企业品牌升级,从 $O$ 到 $Z$ 表示企业从无品牌(如 OEM)到杂牌、地区品牌、全国品牌乃至世界品牌等跃升、演进过程,它是产业垂直升级重要标志。处于价值链低端企业可

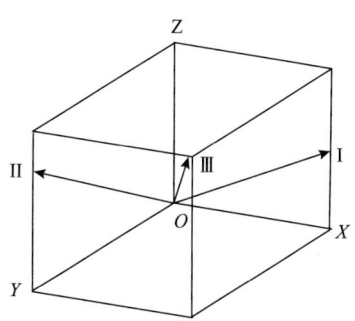

图 2　企业能力提升路线与产业升级的三维坐标图

以选择与自身能力和行业特性相适宜的升级方向,并着重提升该升级方向所需要的能力。

路线 I 为技术路线,即通过企业技术能力提升,改变企业升级预期,促进升级。技术路线是沿着价值链上游延伸,从简单加工组装工序开始往前推,循着复杂加工装配、关键零部件和主要原材料配套生产、研究与开发的轨迹逐步升级,其中研究又可进一步分为基础研究和应用研究,开发是指应用现有技术开发新产品。目前世界上多数国家的基础研究主要在国家支持下,在大学与科研机构中进行,但一些大型企业也会承担部分相关的基础研究任务。企业的技术进步是在追求利润最大化和市场激烈竞争的双重作用力驱动下,"干中学""学中干"的不断演进过程。但从技术升级路径入手,能否进一步引发品牌升级,即由代工上升为自主品牌企业,或由杂牌上升为地区品牌再上升为全国品牌或国际品牌,则具有不确定性,系由多种因素决定的,其中产业性质起着很大作用。

一般而言,重化工业是以制造中间产品为主,供给对象是生产者,属于 B2B 模式,供给者与需求者之间信息较为对称,购买厂商拥有强大的检测工具与手段,了解产品质量与性能信息,而且中间产品买主较为集中,产品销售往往是多次重复行为,买卖双方贸易联系较为稳定,市场营销不是传递产品信息的主要渠道,如钢铁、水泥、化纤等生产资料少有上大众媒体做广告,其原因就在于此。这类产业产品质量和产品性能在市场销售

中起着决定性作用，因此企业产业升级主要依靠企业技术能力提升。

路线 II 为营销路线，即通过提升企业市场营销能力，改变企业升级预期，实现升级。营销路线是沿着价值链向下游延伸，循着接单生产、销售、售后服务、渠道网络的建设、广告推广、品牌的建设与维护等方向发展。实施营销路线升级的企业主要集中在以生产消费品为主的劳动密集型的传统产业，如服装纺织、鞋帽箱包、食品饮料、玩具等，属于 B2C 市场模式，即生产者面对千千万万的消费者，二者之间存在着严重的信息不对称，消费者能观察到的仅仅是商品外在情况，而对商品的内在性能与质量，只能依靠产品的品牌与广告加以识别；特别是一些高档消费品，不仅用来满足一般消费，往往还是身份象征，品牌就显得更为重要。因此，对这些产业的企业而言，单纯的技术设计能力升级，不一定会自动引发企业品牌升级，营销网络和品牌成为全球价值链的高端环节。除了在代工情况下，企业在市场判断、接单、售后服务等营销活动可以游离于品牌建设之外，一般情况下，企业营销活动主要是为了提高企业产品的知名度、美誉度与忠诚度，与技术能力提升相比，营销能力提升，与企业品牌升级的联系更为密切、相关度也更大，表现为在三维指标图中 $YOZ$ 区间内产业升级曲线走势比起 $XOZ$ 区间更为陡峭。

相对于技术路线升级，营销路线升级的难度可能会更大些。主要原因如下。一是企业技术能力提升，主要涉及技术知识，既可以通过"干中学"过程加以逐步积累，也可以在学习、模仿基础上加以创新；而市场营销能力提升，需要面对千变万化、千差万别的市场需求，做出迅速的、准确的市场判断，厂商必须具备很强的市场理解力、市场敏感性与市场应变能力。二是与技术路线相比，基于营销路线的产业垂直升级，意味着本土企业从与跨国公司在全球价值网络体系中的垂直分工合作关系，演变成争夺高端领域的水平竞争关系，这种产业升级越是接近核心环节，与国际主导厂商的利益冲突越是激烈。跨国公司为了自身利益，必然进行严密封锁，国内企业在提升自主创新能力、塑造全球品牌、独立构建国内外销售终端渠道时，会遇到掌握核心技术（如专利和标准体系）和掌握国际市场终端网络和品牌的跨国公司的封杀。三是与技术路线相比，营销路线风险要大得多，因为营销费用多属沉没成本，一旦营销失败，广告推广等前期投入往往是血本无归。

路线Ⅲ为技术—营销混合路线，即企业通过同时促进技术能力和营销能力提升，改变企业升级预期，实现升级。这种混合升级路线较适于电子信息产业等，一方面电子信息产业属于高技术产业，产业升级需要一定研发、技术能力为保障；另一方面这些产品又多属于终端消费品（如家用电脑、电视机、VCD、打印机、手机、音乐播放器等），为了解决生产者与消费者的信息不对称问题，厂家必须拥有较强的营销能力。当然对于不同厂商而言，由于所面临的外部环境不同和战略风格差异，其能力培育的重点可能有所差别。如戴尔主打营销路线，主要发展全球直销网络，大力提升戴尔品牌价值；英特尔则主打技术路线，主要依靠研发力量，大力发展微处理器、芯片、主板等，占取获得全球PC的关键零部件市场垄断地位（目前，全球超过3/4的PC采用英特尔所产芯片）；而韩国三星则采取技术与营销的均衡战略，既注重研发，也注重营销与品牌建设，近几年三星的研发投入与营销费用均占销售收入的8%以上。

因此根据上述分析，可以得出以下命题假说：

命题2：产业升级动因源于产业升级期望值的估计，而期望值高低与产业升级能力密切相关，因此增强研发能力与营销能力，提升升级成功概率，转变升级预期，使价值链附加值期望值"哭泣曲线"凸度变缓，甚至转变为"微笑曲线"，是产业价值链垂直升级的关键因素。

命题3：不同产业升级所要求的资源与能力不尽相同，选择与自身能力和行业特性相适宜的升级方向可以改变企业升级预期。以重化工业为代表的生产者驱动型产业升级，主要取决于技术能力；以轻纺工业为代表的购买者驱动型产业升级，主要取决于市场营销能力；以电子信息产业为代表的混合驱动型产业升级，需要技术能力和市场营销能力同时兼备。

## 四 产业升级影响因素计量分析：基于我国上市公司数据

1. 数据来源与样本选择

本文以A股上市的制造业企业为样本，样本期间为2007~2010年。考虑到数据的完备性以及公司财务状况的稳定性，在样本的选择中剔除ST、*ST、PT公司和财务数据不可得的上市公司以及2007~2010年退市的公司，最终得到221家制造业上市公司的样本数据。公司财务数据主要来源于国泰安数据库，并从大智慧股票分析软件、百度、中国名牌网（http：//www.chinamp.org/）等一些门户网站获取部分补充资料，涉及品牌区域影响力的数据由笔者根据网上数据手工整理。

2. 变量选取与模型设计

（1）被解释变量。

产业升级程度。用企业品牌区域影响力 Brandlev 来表示。Brandlev 是离散变量，取值如表2所示。在买购网（http：//www.maigoo.com）十大品牌门户搜索到属于国际品牌的 A 股上市企业有5家（海尔、格力电器、青岛啤酒、中国石化、中兴通讯），占样本总数的2.26%；凡是属于中国驰名商标、中国名牌产品和行业十大品牌等都视为全国品牌，统计总共有98家，占样本总数的44.34%；凡是属于省/市驰名商标、省/市名牌产品等都视为省级品牌，统计总共有97家，占样本总数的43.44%。品牌等级在省市以下的，或者没有品牌，或者贴牌生产的，都视为杂牌或无品牌，总共有21家，占样本总数的9.96%。

（2）解释变量。

①技术能力和营销能力。本文用企业研发人员与营销人员绝对数来反映技术能力和营销能力，在其他条件一定的情况下，研发人员和营销人员越多，意味着研发能力和营销能力越强，越有利于提升企业的升级预期，促进企业升级。②冒险精神。企业家的冒险精神作为决策者的决策风格与偏好，不仅与决策者的个性与历练有关，还与企业文化传统与制度设计有关。本文选取研发与营销投入作为企业家决策偏好的量化指标，因为这些投入不仅失败概率大，而且沉没成本高，没有一定冒险精神绝不敢贸然投入。因此本文用研发与营销在销售收入中所占比重反映企业家的冒险精神。研发人员与研发投入、营销人员与营销投入，是两个既有联系，又有本质区别的范畴。研发人员与营销人员是存量范畴，他们的数量与素质是企业长期培育与积累的结果，绝不是短时期所能形成，在很大程度上可以反映企业研发与营销实力。而 R&D 投入与营销投入是流量范畴，尽管它是培育企业能力的关键途径，但二者不能完全等同，因为它也可能是一种低效甚至是无效的投入，它反映一种冒险精神，但不一定就能累积成一种能力。最典型的如曾经的央视"标王"孔府宴酒、秦池酒、熊猫手机等，投入大量广告费用，但并没有建立强大的营销能力，结果不久就在市场中

销声匿迹。③企业规模。长期以来关于企业规模与企业创新之间关系的争论一直不断。但从企业品牌升级角度考察，企业规模确实可以促进产业升级，因为大企业往往有能力对资本设备和人力资源进行巨大投资，贮存着大量的科学知识和复杂技术，具有较好的风险承担能力，因此企业规模对提升升级预期和促进升级具有极大的促进作用。④公司成立年限。任何一个品牌发展都是一个不断积累的过程，越是高层次品牌所需的时间越长，国际品牌的发展和壮大更是需要几十年甚至上百年的积累，如高露洁、飞利浦、可口可乐、诺基亚、宝洁等都有上百年的历史。因此在一般情况下，企业品牌级别与公司成立年限呈正相关关系。

（3）控制变量。

产业性质。根据前文研究，行业性质分为重化工业、轻纺工业、以电子信息业为主的高技术产业①。分别对重化工业、轻纺工业、电子信息业进行回归分析，考察各影响产业升级的因素的参数是否不同，进而对命题3的假说加以验证。

各变量的定义及其与企业升级之间的关系预测如表2所示。

表2 变量的名称及定义

| 变量名称 | 经济含义 | 变量定义 | 变量类型 | 预期符号 |
| --- | --- | --- | --- | --- |
| Brandlev | 品牌等级 | 根据品牌影响力评分，国际品牌4分，全国品牌3分，省级品牌2分，杂牌、无品牌或贴牌1分 | 因变量 |  |
| Risk | 决策者的冒险精神 | 2007~2010年研发费用占主营业务收入的均值与营销费用占主营业务收入的均值之和 | 自变量 | + |
| LnMP | 营销能力 | 2010年营销人员的自然对数 | 自变量 | + |
| LnTP | 技术能力 | 2010年技术人员的自然对数 | 自变量 | + |
| Lnsize | 企业规模 | 2007~2010年期末总资产平均值的自然对数 | 自变量 | + |
| Estage | 公司成立年限 | 公司成立到2010年的年数 | 自变量 | + |
| Indus | 行业类别 | 重化工业、轻纺工业和电子信息业 | 控制变量 |  |

---

① 在我国高技术产业总产值中，电子信息业产值占80%以上。

(4) 模型设计。

与通常被解释变量是连续变量的假设不同，本文被解释变量是典型的离散选择 (discrete choice) 问题，而且是有排序特征的多种选择，因此选用排序选择模型 (ordered choice model)。排序选择模型的一般形式：$y_i^* = \beta x_i + u_i^*$，$(i = 1, 2, \cdots, N)$，其中 $y_i^*$ 是不可观测的潜变量，通过观测 $y_i$ 对 $y_i^*$ 取值。$X_i$ 是解释变量的集合，$\beta$ 是待估计的参数。$u_i^*$ 为随机变量且独立同分布，设 $u^*$ 的分布函数为 $F(x)$，$y_i = 0, 1, 2 \cdots M$ 的概率为：$P(y_i = M \mid X) = P(y^* > \alpha_M \mid X) = 1 - F(\alpha_M - \beta X)$。根据 $u_i^*$ 分布函数 $F(x)$ 的不同可以有三种常见的模型：Probit 模型、Logit 模型和 Extreme value 模型。Logit 模型所假设的随机效用分布形式更适合于效用最大化时的分布选择 (McFadden, 1974)，所以该模型应用最为广泛，本文也采用排序多元的 Logit 模型：

$$\text{Brandlev}_i = \alpha_1 \text{Risk}_i + \alpha_2 \text{LnMP}_i + \alpha_3 \text{LnTP}_i + \alpha_4 \text{Lnsize}_i + \alpha_5 \text{Estage}_i + \alpha_6 \text{Indus}_i + \xi_i \qquad (2)$$

3. 计量检验

本文采用 ML - Ordered Logit 模型进行回归。首先将技术能力、营销能力、企业家冒险精神作为核心解释变量进行回归，然后逐步引进其余解释变量扩大估计方程，以便于检验估计结果的稳定性和精确性，避免解释变量之间的多重共线性对模型的影响。得到四个回归结果如表 3 显示，各模型 LR 统计值都很显著，三个临界点的估计值都呈递增趋势，表明所建立的模型整体拟合效果很好。

模型 1 回归结果表明，冒险精神、技术能力和营销能力对企业品牌升级具有正向影响，且均有 1% 水平的统计显著性。逐步加入其他解释变量后这三个解释变量依然显著。模型 2 回归结果表明，企业规模对企业品牌升级也具有显著的正向影响效应。但营销能力与技术能力的显著性水平下降，说明企业规模与研发能力、营销能力之间具有较强的共线性。其原因是大企业往往比中小企业具有更多的技术人员与营销人员，因而其研发能力和营销能力更强一些。根据对这三者的相关性分析，其 person 双尾检验比较显著，也与作者的解释不谋而合。

在模型 1 基础上加入企业成立年限变量后回归结果表明，公司成立年限对前面三个核心解释变量的显著性没有太大影响；但公司成立年限对企业品牌升级的影响不显著。在此基础上继续把企业规模引入，如模型4回归结果所示，其他解释变量都显著但公司成立年限依然不显著，主要原因可能是：传统产业的品牌升级往往需要较长时间的累积效应，公司成立年限一般对企业品牌升级有正向效应。但对于高技术产业不尽然，它们凭借信息技术快速发展，也能在较短时间里崭露头角，成为全国品牌乃至国际品牌，如谷歌、亚马逊、脸谱网站等。在沪深上市公司中很多企业是成立年限较短的高技术企业，企业品牌升级与成立年限不具有很强相关性。

本文进一步进行主成分分析，发现技术能力、营销能力、冒险精神这三个解释变量的方差累积贡献率高达90.09%，可见对中国这样的发展中国家，冒险精神、技术能力和营销能力是影响企业升级的最重要因素，其中技术能力和营销能力会影响企业升级预期，回归结果很好地验证了本文的命题1和命题2。反观我国产业升级现状，由于多数企业技术能力和营销能力偏低，导致升级失败概率偏高而期望值估计偏低，使得多数风险中性者或风险规避者，进入了风险系数最小、期望值最大的生产加工环节。而在跨国公司控制的全球价值链中，居于生产加工环节的企业很难获得核心技术，所获得的学习机会也有限，进一步阻碍自身能力提升。企业自身能力低下与冒险精神缺损之间相互作用、恶性循环，成为我国产业升级陷入低端锁定困境的主要原因。

表3 产业升级影响因素 ML – Ordered Logit 模型的回归结果

| 变量名称 | 模型1 | 模型2 | 模型3 | 模型4 |
| --- | --- | --- | --- | --- |
| Risk | 7.5224*** (3.0365) | 9.7514*** (3.5964) | 7.9995*** (3.0906) | 9.9215*** (3.5856) |
| Lnmp | 0.4623*** (3.0069) | 0.3281** (2.0227) | 0.4382*** (2.8113) | 0.3196** (1.9585) |
| Lntp | 0.5906*** (3.6989) | 0.4127** (2.4209) | 0.6095*** (3.7718) | 0.4340** (2.5058) |
| Lnsize |  | 0.4947*** (2.8593) |  | 0.4654*** (2.6442) |
| Estage |  |  | 0.0401 (1.399056) | 0.0247 (0.8452) |

续表

|  | 临界值 |  |  |  |
| --- | --- | --- | --- | --- |
| LIMIT_2：C（8） | 3.5315 | 12.7275 | 4.0568 | 12.4941 |
| LIMIT_3：C（9） | 6.4996 | 15.7272 | 7.0437 | 15.5062 |
| LIMIT_4：C（10） | 11.3602 | 20.9492 | 11.9380 | 20.7169 |
| Pseudo R-squared | 0.1809 | 0.1995 | 0.1852 | 0.2011 |
| Log likelihood | -186.7140 | -182.4673 | -185.7268 | -182.1082 |
| LR statistic | 82.4480 | 90.9414 | 84.4224 | 91.6597 |
| Prob（LR statistic） | 0.0000 | 0.0000 | 0.0000 | 0.0000 |

注：＊＊和＊＊＊分别表示在 0.05 和 0.01 水平（双尾检验）上显著相关，括号内为 Z 统计值。

为了更进一步考察不同特性的行业其影响产业升级因素的参数是否不同，本文分别引进分行业控制变量进行回归分析，结果如表 4 所示。表中显示 LR 统计值都很显著，三个临界点的估计值都呈递增趋势，表明所建立的模型整体拟合效果很好。在加入行业性质的控制变量后，产业升级影响因素的显著性水平发生明显变化：轻纺工业的营销能力对企业升级有显著的正向影响，技术能力的影响不显著；重化工业的技术能力和营销能力对企业升级都有一定程度影响，在加入其他变量后，营销能力对企业升级的影响不显著；电子信息业的技术能力对企业升级有显著的正向影响，营销能力的影响不显著；但在不同行业中，决策者的冒险精神对企业升级都有显著的正向影响，且有 5% 水平的统计显著性。计量回归结果较好地验证了本文所提出的命题 3，说明不同行业应具有差异化产业升级能力，实行差异化产业升级路线图。

当然，实证分析结论与理论演绎假说也存在一些差别。一是在重化工业中加入企业规模变量后，企业规模对产业升级具有极大正向影响，且具有 1% 统计显著性，而技术能力对推动企业升级的作用明显趋弱，且仅有 10% 显著性水平。这说明在我国重化工业中企业规模与技术能力具有高度相关的多重共线性，其原因在于重化工业是规模经济极为显著的行业，只有大企业才有能力对资本设备和研发资源进行巨大投资，才有能力进行大量的科技人才的培养与储备，所以在我国重化工业中，技术因素在很大程度上依赖于企业规模因素。二是在电子信息业中，技术能力对企业升级有显著的正向影响，营销能力的影响不显著，与命题 3 并不完全相符，可见我国电子信息业企业升级主要走的是技术路线。这可能与我国电子信息业企业以代工为主有关系。台湾学者瞿宛文（2007）指出，后进国厂商从OEM到ODM的演进有清晰内在延续性，但从OEM、ODM升级到OBM则必须改变经营模式因而产生某种断裂，这使得代工企业品牌升级面临着更大的困难。也就是说，技术能力提升与代工之间具有一定连续性，是一种延续性的学习过程；而营销能力则和制造能力属于不同范畴，对于代工企业而言，营销能力升级的诱因较低且难度较大。①

表4 分行业 ML – Ordered Logit 的回归结果

|  | 轻纺工业（32家） | | 重化工业（111家） | | 电子信息业（78） | |
|---|---|---|---|---|---|---|
| 变量名称 | 模型1 | 模型2 | 模型1 | 模型2 | 模型1 | 模型2 |
| Risk | 14.6334*** (2.7170) | 17.0757** (2.5136) | 8.8017* (1.7715) | 15.4809*** (2.7357) | 10.9621** (2.1211) | 11.8762** (2.2569) |
| LnMP | 2.1448*** (2.8725) | 1.9686** (2.5148) | 0.4510* (1.9332) | 0.1852 (0.7247) | 0.0908 (0.3197) | −0.0951 (−0.2987) |
| LnTP | 1.0124 (1.5338) | 1.0746 (1.4221) | 0.6338*** (2.7440) | 0.4236* (1.6820) | 0.7067** (2.2652) | 0.6134* (1.8208) |
| Lnsize |  | 0.6616 (0.8153) |  | 0.7393*** (2.6662) |  | 0.3507 (1.1382) |
| Estage |  | −0.0089 (−0.0745) |  | 0.0284 (0.6042) |  | 0.0251 (0.5242) |
| 临界值 | | | | | | |
| LIMIT_2: C（4） | 12.1905 | 25.8560 | 3.8677 | 18.2763 | 2.7034 | 9.1240 |
| LIMIT_3: C（5） | 18.8987 | 32.7404 | 6.4005 | 20.9522 | 6.0736 | 12.4833 |
| LIMIT_4: C（6） | 28.2862 | 42.5810 | 12.6194 | 27.7876 | 9.5604 | 16.1490 |
| Pseudo R-squared | 0.5566 | 0.5681 | 0.1873 | 0.2254 | 0.1329 | 0.1445 |

---

① 如台湾地区的鸿海集团、台积电、明基集团等，就是专注于代工，并没有向自主品牌升级。

续表

|  | 临界值 |  |  |  |  |  |
|---|---|---|---|---|---|---|
| Log likelihood | -14.1652 | -13.8002 | -91.0454 | -86.7810 | -69.5554 | -68.6273 |
| LR statistic | 35.5691 | 36.2990 | 41.9654 | 50.4941 | 21.3267 | 23.1828 |
| Prob (LR statistic) | 0.0000 | 0.0000 | 0.0000 | 0.0000 | 0.0001 | 0.0003 |

注：*、**和***分别表示在0.1、0.05和0.01水平（双尾检验）上显著相关，括号内为Z统计值。

## 五 结论与对策

本文理论与实证分析表明，企业家的冒险精神以及企业的技术能力与营销能力，是影响发展中国家企业升级战略的重要因素。但是技术能力、营销能力与冒险精神不是等量齐观的，企业家的冒险精神是影响产业升级的最关键因素[①]，其主要功能是改变企业决策偏好，使其将企业升级决策由追求期望值最大化转为追求升级成功后输出值最大化。同时，冒险精神又是产业升级最初始的驱动力，企业的技术能力与营销能力不是一蹴而就的，而是技术投入与营销投入长期积累沉淀的结果，没有一定的冒险精神，往往不敢在技术、营销方面投入，升级能力培育也就成为无源之水；即使技术能力、营销能力提升，但比起加工制造环节，从事研发、营销环节的风险仍然偏大，产业升级决策中仍需一定的冒险精神。因此必须在全社会倡导、培育冒险文化，形成崇尚冒险、容忍失败的社会氛围；加强对知识产权和企业品牌的保护力度，维护企业升级的既得利益；打破经济垄断和行政垄断，形成推动企业冒险的压力与动力；发展风险投资，分散企业升级风险等，都是有效提升企业家的冒险精神，改变企业升级战略决策偏好的有效途径。企业技术能力与营销能力的主要功能是提升企业升级成功概率，改变企业升级预期，使其面临的附加值期望值"哭泣曲线"凸度变缓，甚至转变为附加值期望值"微笑曲线"。企业技术能力和营销能力的提升必须以研发、营销投入为重要前提条件，但二者之间不能等同，关

---

[①] 在模型4的5个解释变量中，冒险精神对品牌升级的影响系数最大，并且具有1%水平的显著性。

键是要将这些流量投入物化为企业关键技术和关键装备,人格化为企业人力资本积累,顺利实现"研发/营销投入—研发/营销能力提升—企业升级预期转换—研发/营销投入增加"的正向循环。与制造能力提升不同,从低端环节嵌入全球价值链的发展中国家的企业研发/营销能力提升,必然要与跨国公司的核心利益发生冲突,会遭遇到跨国公司的结构封锁与战略阻隔,难以"干中学""出口中学",必须进行超越代工所需要的额外学习与投资,特别是人力资本的培育与储备。而这种长期投资往往是多数中小企业所难以承担的,因此需要政府根据各行业发展需要,出台相关的基础配套和激励措施,尤其应当加大基础技术研发投入,建设共性技术研发平台,为企业技术创新提供技术基础。

当然在能力的培育、提升方面,处于不同行业的企业应采取差异化策略:生产者驱动型产业应以技术路线为主,根据前文计量回归结果,重化工业的企业技术能力提升在很大程度上依赖于企业规模,而我国多数重化工业企业规模偏小,成为提升技术能力的主要瓶颈,因此积极推动重化工业企业兼并重组,增大企业规模,是提升重化工业技术能力重要路径。购买者驱动型产业应以营销路线为主,但从我国轻纺工业企业发展现状来看,营销能力主要局限于渠道、物流和广告投放等,关于市场开发、品牌维护、运营整合等更高层次的能力还相对不足,制约了品牌的影响力和高端发展,因此企业营销能力的层次升级(李海舰,聂辉华,2002),成为当前轻纺工业垂直升级的重要任务。以 IT 为代表的混合驱动型产业可相机选择或技术路线或营销路线或二者兼而有之,基于我国目前产业发展现状,近期可以侧重于技术路线[①]。但从长期考察,我国对 IT 的产业政策需要从"市场换技术"战略转变为市场和技术双重驱动战略,引导企业从专注国际市场转变为国际国内市场并重,充分利用我国的大国优势,依托于本土市场来培育自主品牌,并逐步从本土品牌走向世界品牌。

随着企业能力层次的不断提升,其所需要的知识复杂度也不断提高,此时仅仅依赖企业自身力量往往难以胜任,成为制约我国企业能力更高层次提升的重要障碍。从发达国家的跨国公司升级成功经验来看,除了依靠

---

① 根据我国电子信息产业振兴规划,近期我国电子信息产业发展主要任务:一是完善产业体系,加快电子元器件升级;二是立足自主创新,突破关键技术;三是强化信息技术在经济社会各领域的运用,以应用带发展。

自身资源和自身力量锻造升级能力，还注重借助其主导全球价值链进行整合、重组全球资源，使产业升级能力演变为主导的全球价值链条和价值网络的能力。因此，我国企业在参与全球价值链分工中，不仅要注重自身能力培育，还要通过价值链在区域间的传递和带动，积极链接、整合上下游资源，借力使力，在关键环节构建自身的核心能力，逐步成为区域乃至全球价值链的链主企业。

(原载《中国工业经济》2012 年第 2 期)

# 参考文献

[1] Bazan, L. and Navas–Aleman, L. The Underground Revolution in the Sinos Valley: A Comparison of Global and National Value Chains, paper presented at Workshop on Local Upgrading in Global Chains Brighton Institue of Development Studies, 2001.

[2] Chandler, A. D. *Scale and Scope*. Cambirdge, MA: Harvard University Press, 1990.

[3] Gereffi, G. "International Trade and Industrial Upgrading in the Apparel Commodity Chain," *Journal of International Economics*, 1999 (48).

[4] Humphrey, J. and Schmitz, H. How does Insertion in Global Value Chains Affect Upgrading in Industrial Clusters, Working Paper for IDS and INEF, 2002.

[5] Humphrey, J. and Schmitz, H. "Governance in Global Value Chains", in H. Schmitz (ed.), *Local Enterprises in the Global Economy*, Cheltenham: Edward Elgar, 2004.

[6] Humphrey, J. Upgrading in global value chains. International Labour Office working paper, No. 28, 2004.

[7] Isaksen, A. and Kalsaas, T. "Suppliers and Strategies for Upgrading in Global Production Networks: The Case of a Supplier to the Global Automotive Industry in a High–cost Location", *European Planning Studies*, 2009 (17).

[8] Kaplinsky, R. "Globalization and Unequalisation: What can be Learned from Value Chain Analysis?" *Journal of Development Studies*, 2000 (7).

[9] McFadden, D. "Conditional Logit Analysis of Qualitative Choice Behavior", IN Z. Paul (ed), *Frontiers in Econometrics*. New York: Academic Press, 1974.

[10] Messner, D. "Regions in the 'World EconomicTriangle'", in H. Schmitz (ed.), *Local Enterprises in the Global Economy: Issues of Governance and Upgrading*, Cheltenham: Edward Elgar, 2004.

[11] Schmitz, H. "Global Competition and Local Co-operation: Success and Failure in the Sinos Valley Brazil", *World Development*, 1999 (9).

[12] Schmitz, H. "Reducing Complexity in the Industrial Policy Debate", *Development Policy Review*, 2007 (25).

[13] 陈明森:《市场进入退出与企业竞争战略》,中国经济出版社,2001。

[14] 刘常勇:《后进地区科技产业的苦笑曲线》,《决策借鉴》1999年第1期。

[15] 瞿宛文:《台湾后起者能借自创品牌升级吗?》,《世界经济文汇》2007年第5期。

[16] 施振荣:《再造宏碁:开创、成长与挑战》,天下杂志出版社,1996。

[17] 李海舰、聂辉华:《全球化时代的企业运营——从脑体合一走向脑体分离》,《中国工业经济》2002年第12期。

# 深化改革中完善市场体制的几个方法论问题

余学锋

自罗宾斯（Robbins，1932）将经济学定义为一种"选择科学"以来，西方主流经济学基本没有关注特定的制度和社会结构，而是集中研究非制度性的、抽象的配置选择。市场采取了脱离制度的形式，即使不乏试图将经济与制度现象相联系的尝试，也没有统一的工具来精确区分不同类型的制度和切合地评价这些制度的内部发展。20世纪80年代以来，一些非主流经济学注重对市场的制度分析并强化了有效的概念在制度分析中的作用。新制度经济学创造了一个交易成本分析范式。在这个范式中，试图将所有的制度都视为市场，将所有的行为都视为交易成本的节约。新制度经济学将人与人的关系简化为契约关系，没有分析市场的制度基础，看不到不同制度中市场的差异，交易成本更是一个缺乏历史内涵和发展内涵的概念，难以充当现代市场制度分析的广泛基础。刘易斯（中译本，1990）、诺思和托马斯（中译本，1999）、青木昌彦（中译本，2001）发现，有效的制度结构的选择对经济效率和增长有深远的影响，其中刘易斯把制度看作是经济发展"内生变量"，强调了它与其他因素（如资本、知识）的相互关系，这一点是颇有创意的。但制度与制度之间的关系被忽视了，各个制度本身的特性被忽视了，因而对为什么会出现不同国家市场经济的发展差异的问题的解释难免有些片面化。Andrew Schotter（1981）和 Ken Binmore（1994）的博弈论及纳尔逊和温特（Nelson and Winter，1982）的演化理论都研究经济制度和规范，但博弈论和演化经济学由于一直没有摆脱"理性"困扰，并试图从给定的、非历史的个人出发，通过所谓的聚积过程建立一个经济社会的总体模型，走上一条充满错误的道路。在方法论上表现为原子论和还原论,因而难以建立经济学微观层面和宏观层面的联系;更为严重的是,它们不重视制度成长和消亡的过程,缺乏科学的人类历史发展观,同样也难以充当社会制度的经济分析的更广泛的基础。因而 Avner Greif(1998,2008[中译本])和 Geoffrey. M. Hodgson(1988,1999,2008[中译本])认为,市场是一个制度,一个历史过程。在这个意义上,市场作为制度的本质特征和历史特性问题被充分地认识到了,但一个社会—经济系统的特定历史现象具有不同分析层面,如何把一般性、抽象的分析同这些特定历史现象的不同分析层面链接起来,还有待于更深入的研究。

综上所述,大量的文献中使用了过于普遍性的"市场"概念,缺乏充足的、历史敏感性的理论基础。这种意义上的"市场制度"之间是没有内在的、必然的联系的,其结构必将是不完善的。因而对市场在不同阶段、不同国度的历史特性问题不予重视,结果是在评价不同制度的内部发展和解释不同市场的发展差异等方面就显得说服力不足。在中国,人们过分地强调了市场作为一种手段同资本主义一样,而弱化了市场作为制度的本质特征,这种近乎盲目地看待不同类型的社会制度的倾向,对深化社会主义市场经济改革将是一个阻碍。目前我国经济发展中存在着一些诸如制度不协调、制度歧视、制度缺位等弊端,在于对市场的本质还缺乏足够深入的认识,以及对市场制度的内在必然联系的低度开发所致。鉴于此,本文提出从方法论上来思考社会主义市场经济理论和制度问题,在深化社会主义市场经济的改革过程中解决几个不被传统经济学重视或还未妥善解决的带有方法论性质的问题。

第一,鉴于教科书对市场的中性的、内容含糊的定义,不同市场必然是相互孤立的,因此确立历史性和制度性的概念和原则来开发不同类型市场及其内在关系,建立不同市场之间的内在链接,是完善中国特色的社会主义市场制度结构的必要前提。主流经济学中对市场的定义经常是不精确的,[①] 而

---

[①] 教科书对市场的定义复杂而含糊。正如 Paul Heyne 等在一本非常流行和影响深远的《经济学的思维方式》中也认为市场的划分和定义是含糊的。比如说,对垄断的定义就是含糊不清的,因为在严格意义上,没有一个卖家是垄断者,因为任何东西的需求都不是完全无弹性的,任何卖家都不能使买家处于完全被动的地位。也就是说,任何商品都有替代品,因而不存在垄断。

且极少探讨市场的制度特征和开发市场之间的联系。因而传统意义上的市场是相互孤立、缺乏内在联系的，不同市场类型之间唯一的共性和联系就是"市场"自身。用"市场"概念来分析市场，这无异于同义反复，循环论证。

我们需要一种"突破常规的框框"想问题的知识技能。在一种具有方法论意义的创新思维指导下，对市场进行历史性的、制度性的定义。这个定义不同于新古典的意义，在于它能够准确地把不同制度环境中的特征进行抽象概括，区别不同市场类型和开发它们之间的内在联系。当代英国著名经济学家杰弗里·霍奇逊（中译本，2008）指出，虽然有一些主流经济学家将经济与制度联系起来，但由于他们"没有足够的、可见的工具来精确区分不同类型的制度"，更不用说切合地评价这些制度的内部发展了。因而霍奇逊从制度上来认识市场的本质特征，在他看来，市场在本质上是一种制度，一种社会关系，是"组织化和制度化的交换"。如此看待市场，这是非常重要的。霍奇逊的贡献在于区别了制度性市场与非制度性市场等概念及其意义，这不仅是进一步塑造市场制度环境的关键，也是与西方主流经济学分野的开始。它在理论上的意义是不言而喻的。它说明了准确的概念对建立一个系统的理论是重要的，对区分不同种类的制度和经济系统是必要的，它提供了一个方法论的基础。如果分类法没有涉及基础的结构性区别，那么它们就没有价值。因此，对市场的制度结构的关注以及对市场制度结构性的区别和理解，对正确认识市场和市场经济都是具有十分重要的意义的。

我们知道，在新古典的定义和分类情况下，即使各类市场（竞争—垄断）都"在位"，也不能说市场制度结构是完善的。所谓市场制度结构完善就是各类市场制度之间必然存在着内在的协调性、适应性和互补性，这些特性在新古典意义的市场类型中是不可能有的。从科学价值上来说，霍奇逊没有解决必要的概念和原则问题，况且"市场作为制度"的看法中包括了另外一个问题，即如何看待制度呢？虽然霍奇逊宣称要历史地、演化地看待制度，但他并没有提供一个科学的"制度"概念作为分析起点。在霍奇逊那里，"制度性市场"概念表达了市场作为制度的本质特征，但"制度"概念的不精确性使得它作为经济学理论分析基础的可操作性大为削弱，在实践意义上它并不比新古典市场或"交易成本"概念好到哪里去。进一步说，他的理论没有表达一个清楚的社会历史发展观——这是20世纪80年代以来一些非主流经济学的通病——因此难以充当现代市场制度分析的广泛基础。

当前的金融危机暴露出西方市场经济理论和"华盛顿共识"的许多致命点，因此有必要对传统经济学的"市场"及其经济形式进行反思，强调从历史的、制度的角度对中国特色的社会主义市场经济进行系统性的认识。这实质上是一个带有方法论性质的论题，也是完善社会主义市场经济基本制度的核心问题。对中国来说，怎样认识市场的本质特征是深化改革和完善社会主义市场经济制度的首要问题。在改革开放初期，人们已经认识到市场作为手段与社会主义制度的相容性，从而引发了学者们对市场效率和制度效率的集中研究。进入21世纪以来，胡锦涛提出了构建"和谐社会"的大战略，于是"制度和谐"就进入了一个全局性的制度讨论和全民性的伦理讨论范畴。一些学者对有效的制度安排为一个社会可持续发展提供动力的相关问题进行了广泛和深入的研究，大多数人都认为构建新的"和谐制度"是一个国家经济稳定增长的关键，它实质上蕴含着社会主义市场经济制度的本质是为着人的发展这个目标服务的。我国的改革开放已经30年了，还有不少的问题困扰着我们，关键是还有一些方法论上的东西亟待搞清楚。这在于人们在学习西方市场经济理论的同时，对市场的概念和本质缺乏一个历史性的、制度性的认识，过分地强调了市场作为一种手段同资本主义一样，而弱化了市场作为制度的本质特征。我们很难想象，一个抛弃了历史和现实制度的市场概念，是如何作为一个人类全新的事业——建设中国特色的社会主义市场经济的理论基础的。因此，确立历史唯物主义在社会主义市场经济建设中的指导地位，并在此基础上区分不同类型的市场或制度以及开发这些市场或制度之间的内在联系，建立不同市场或制度之间的内在链接，是加深了对"什么是市场"这个基本问题本质认识的基本方法，也是消除市场或制度"孤岛"现象的根本途径。

第二，建立经济学理论一般性和特定历史现象的不同分析层面之间的链接，使一般性和抽象的分析尽可能给我们提供详尽的、理论的或者经验的基本原理，为建设中国特色的社会主义市场制度结构提供理论依据和分析架构。各个国家之间存在的制度差异是历史发展的必然现象，不可能所有国家的制度都是一样的，发达国家也存在着不一样的情况。没有适合于所有国家和地区的制度，只有适合于不同国家和地区的制度。如果把一般性条件无限扩大化、简单化，不与各国、各地的历史文化、制度约束结合起来，就会像亚当·斯密那样把制度作为既定不变的前提一样，是无法解释为什么会出现不同国家的发展差异的。

熊彼特把"历史"看作是科学的经济学家和其他一切对经济课题进行思考、谈论和著述的人们的必须掌握的一类技巧。① 市场作为一种制度、一个社会过程，这就把对市场的研究引入到人与人之间的社会关系、制度关系及其结构特征上来。这就需要我们在研究市场的时候，有一个正确的历史观作为基础，在经济分析过程中把理论的一般性与历史特性结合起来。这个并不难理解的方法论在实践中却并不容易把握。关键是这个看似不难理解的方法论蕴含着复杂的、深刻的内涵。

从制度的角度来看，所有的市场都是层次密集的社会制度所组成的。每个特殊市场都与其他的制度相互交织，并且具有一个特殊的社会文化背景，每一个市场都依赖于它的内部惯例、文化规范和制度组成。制度、惯例和文化必须被纳入其中，否则用来决定结果的信息就是不完全的。如果就这个角度来要求理论的一般性与历史特性的结合，仍是把问题简单化。我们还要考虑到，现实经济是受制于永不停止的外部力量或者冲击的开放系统。经济现实既不是同质的，也不是静止的；它既非机械地运行，也不能精确地预测。因而现实经济是一个复杂的系统，这个系统一旦被纳入一个开阔的体系，它必然是与上层建筑密不可分的。这就是我们通常所谓的社会—经济系统。建立在现实经济开放系统基础上的一个社会—经济系统就是一个开放的、演进的、复杂的系统。对这个开放的、演进的、复杂的系统的各个部分进行仔细观察和研究，我们可以求助于系统论、复杂性理论和演进理论，寻求可以适用于所有这些复杂系统的概念和原则。但处于这样高层面的一般性和抽象的分析不可能给我们提供详尽的、理论的或者经验的基本原理，因为这里所缺少的就是关于一般性和特定历史现象的不

---

① 熊彼特认为，经济学家应当掌握的经济分析的技术可以分为三类：历史、统计和理论（后来又加上经济社会学）。他说："不具备适当的历史感或所谓历史经验，他就不可能指望理解任何时代（包括当前）的经济现象。其次，历史的叙述不可能是纯经济的，它必然要反映那些不属于纯经济的'制度方面的'事实；因此历史提供了最好的方法让我们了解经济与非经济的事实是怎样联系在一起的，以及各种社会科学应该怎样联系在一起。"（熊彼特，中译本，2001，第1卷，第31~32页）

同分析层面之间的链接。霍奇逊（中译本，2008）提到了这个链接问题，但他并没有把它作为分析市场及其制度结构的一个方法论而重视。而这个链接是理论的一般性与历史特性结合在实践中的症结。我们知道，每个国家的历史特性都具有不同层面的意义，仔细、详尽地了解各个层面的特性当然可以为我们提供更为完整的情况，而这些情况往往不被传统经济学所重视或视而不见。建立这个链接，使一般性和抽象的分析尽可能给我们提供详尽的、理论的或者经验的基本原理，为中国特色的社会主义市场经济理论和制度提供充足的理论证据和理论支持。这不仅可以丰富经济学的方法论，还可以对经济现象中的因果关系进行恰当的解释。

市场经济的历史特性问题是构建和完善中国特色的社会主义市场经济理论体系中遇到的一个根本性问题。在这个问题当中，关键是要深入地研究和探索一般性和特定历史现象的不同分析层面之间的链接问题。马克思为社会科学提供了一个非常基本的跨历史的分析框架。在这个框架中，马克思的历史分析方法特别注意对特定历史现象的不同分析层面进行深入的分析，在分析资本主义经济运行规律的时候，马克思不仅对资本主义的经济运行进行了分层次、分阶段的分析，也对同一层面、同一阶段的资本主义的社会学、政治学和伦理学等其他层面展开了深入研究。当代社会主义者借鉴西方市场经济的理论和经验的时候，对市场的研究多是从一般理论的角度来进行的，缺乏对市场制度的历史特性的研究，尤其是没有关于社会主义"社会和谐"、制度和谐和利益兼容为主线的市场结构的讨论，缺乏对中国经济发展的不同阶段的文化和历史惯性及其传承的内在规律的考察：一是在哲学上强调了理论的普遍性和特殊性，但在实际操作中忽视了具体经济事务背后的文化传统和历史惯性；二是以国度、地域和制度等差异而不是从历史特性的角度来解释中国特色的社会主义市场经济的合理性和必要性。这两种倾向实质上都是简化而不是发展中国特色的市场经济理论。像中国这样一个有着悠久历史和深厚文化的大国，特别是近代中国的社会制度的演变经历了错综复杂的情况，这些错综复杂的情况组成历史现象的不同分析层面，因而市场经济制度的形成发展具有内生性特点。这是我们分析中国模式的出发点。一个国家社会经济制度的形成，既是自己国家和民族特色长期演绎和变革的结果，同时，它们也不乏吸纳人类社会的文明、文化、政策和规则。因此，需要在科学的马克思主义的历史唯物主义的基础上，把一般性理论与我国社会主义发展的历史特性结合起来，深入研究真实的经济结构和经济过程，研究经济现象及运行规律。解决这个问题，也就等于解答了"什么是有中国特色的社会主义市场经济"等一系列邓小平回答过而又没有完全阐述的问题。

第三，在马克思的价值分析方法上消除传统经济学的宏微观之间的方法论矛盾，建立起微观市场机制与宏观制度结构之间的逻辑链接，是完善中国特色的社会主义市场制度结构的根本方法。在凯恩斯的经济学没有出现之前，人们并没有注意到宏观分析与微观分析的矛盾，它们和谐地共处于一个理论体系之中。当凯恩斯的宏观经济学出现以后，不少经济学家认为宏观经济学缺乏微观基础。由于把研究的对象确定为"生产关系"，一些学者也纷纷指责社会主义政治经济学缺乏一个微观基础。因此，研究这个问题就有一定的现实意义。从新古典综合学派开始，各个学派都在试图克服经济学的宏观与微观之间的矛盾。萨缪尔森采取的是把宏观理论与微观经济学结合在一起的办法。这种办法被指责为没有把微观经济学和宏观经济学建立在统一的假设前提条件下——经济人是理性的，没有保持微观经济学与宏观经济学的一致性和相容性。因而新凯恩斯主义吸纳了理性预期学派的理性预期假设，试图给凯恩斯主义宏观经济学奠定微观经济基础。制度学派通过人的认知来解释制度，即通过微观层面个体的认知特点，解释宏观层面制度化过程中的趋同现象；制度不是将一个先验的价值存在内化给个体，而是一个在个体互动的过程中被建构出来的产物（沃尔特·W.鲍威尔等，中译本，2008）。这样一种认知因素影响下的行动，无法用价值判断为基础的理性来解释。综观上述观点，可以看出这些学派均采用了个人主义的方法论。这种方法论主张，在宏观层面上以集结形式出现的结果，必须从微观层面上推导出个体利益，或者是对集结层面上的利益直接进行分析，而不讨论个体的策略行为如何形成这种集结。这是一个错误的方法论。

依据传统经济学从个体到整体的逻辑思路，拘泥于方法论的个人主义，所谓的微观经济学和宏观经济学的矛盾将不可消失，经济学的微观层面和宏观层面的矛盾也将随之永存。这说明要建立经济学的微观和宏观层面的链接，需要人们转换乃至确立一个新的思路、观念和体系。这个所谓的新思路其实并不"新"，因为马克思已经为我们提供了思考的线索。从人性的角度来看，马克思认为人是一切社会关系的总和，这个对人性的认识，绝不像新古典经济学所谓理性"经济人"那样拘谨，而为一个开放得可以容纳社会关系和制度的概念。从这个"人性"概念出发而推导或演绎的理论，是社会关系和制度的延伸，因而不存在传统经济学那样的微观与宏观之间的逻辑矛盾。马克思的价值概念也是一个可以把微观和宏观分析结合的切入点，但是大多数马克思主义者并没有意识到这一点。综观近代经济学发展的历史，新剑桥学派在处理宏观经济学的微观基础的做法值得借鉴。新剑桥学派批判新古典综合派用微观经济理论来"填补"凯恩斯宏观经济学的"空白"是拼凑、一个杂种的宏观—微观理论，他们主张经济理论应该与新古典经济学彻底决裂，创立具有客观物质基础的价值理论。斯拉法就尝试着再建渊源于古典经济学和马克思的价值分析方法，我们暂且不评价斯拉法的尝试成功与否。新剑桥学派的研究成果给了我们一个启示——在某种意义上，价值理论只不过是用来进行分析的一种构造——我们知道，在任何一种具有理性图式的纯理论中，价值作为主要的分析工具，必定总是居于关键性的地位。迄今为止的经济学都建立在价值基础上，并且价值作为一个分析工具始终贯穿于成功的经济学理论之中。马克思的价值理论本身就是一个非常好的跨历史、跨学科的理论和工具。价值理论是链接宏观经济学和微观经济学的枢纽：讨论价值问题，必然深入到生产成本、价格等基本的市场机制和国民收入分配的宏观变量及其经济制度。这就抛弃或跳出了传统经济学的从个体到整体的逻辑思路，开辟了一个新的途径。而且从价值理论上来建立微观理论和开拓宏观理论，是一个非常可行的事情。实质上，马克思已经为我们建立了一个跨历史、跨层面的框架，但其理论意义一直没有被充分地开发出来。那些认为社会主义政治经济学缺乏一个微观基础的观点，究其根源，是没有充分认识到马克思的价值理论和价值分析方法的科学价值。换句话说，传统社会主义经济学显然也没有对马克思的价值理论及其价值分析方法在构建社会主义市场经济理论体系中的科学价值进行充分的开发。本文提出在马克思的价值理论基础上建立微观市场机制与宏观经济制度之间的逻辑链接，不仅反映出马克思的价值分析方法在构建社会主义市场经济理论体系中的科学价值，也是一件彰显经济学科学本质的事情。

第四，最后还有两个不可忽视的带有实践性质的方法论难题：一个是计划与市场的内在链接，一个是社会主义市场经济与资本主义市场经济的外在链接，它们是完善中国特色的社会主义市场经济制度的落脚点。这两个"链接"不是新话题了。但由于这两个"链接"既带有方法论的性质，同时又具有实践性质，所以这两个"链接"其实并不如人们所想象的那么容易，至今都没有完全解决好。所以，构建和完善中国特色的社会主义市场经济制度，无论是理论上还是在实践上都需要开拓进取精神和创新思维。因为它们的内容在不断地变化，从而也决定了这两个"链接"的艺术性也在增强。所以从这个角度来看，它们仍然属于新的问题。这两个"链"如果接不好，就会影响改革开放的深入进行。

从实践性的角度来看，建立社会主义市场经济体制的核心问题是在解决好邓小平提出的计划和市场关系问题，全面灵活地用好市场这只"看不见的手"和计划（政府）这只"看得见的手"。胡培兆教授（2006）认为，现代市场经济包容性比过去的市场经济要大得多，不仅总体上包容了社会主义市场经济，突破市场经济专属资本主义的格局，而且过去被认为互相对立或互相替代的经济行为、市场机制都可以并行不悖地综合一体，发挥作用。因而提出国家干预这只"看得见的手"和市场这只"看不见的手"，同样是现代市场经济的范畴，更是中国特色的社会主义市场经济的范畴。这是一个具有创见性的认识，它将消除把国家干预排除在市场经济理论的研究范畴之外的错误做法。所以，除前面的三个链接外，还有个"计划"与"市场"的内在链接。另外，目前的世界经济格局是社会主义市场经济与资本主义市场经济并存，作为一个开放性的经济体系，社会主义市场经济面临着一些跨国交流、交易的实际问题，即有许多与资本主义市场经济打交道、做生意的外部事务。这样一来，社会主义市场经济与资本主义市场经济的外在链接也是完善社会主义市场经济制度中不可忽视的问题。这些链条接不好，就会断裂或成累赘。在深化改革过程中，对这两个"链接"进行深入的研究，就是进一步深化对"什么是有中国特色的社会主义市场经济"这个与中国改革息息相关的问题的认识，意义重大。

最后，我们有必要强调一下本文的基本观点：（1）不应忽视马克思的理论体系的跨历史分析框架和价值分析的方法论意义。尤其是提出在马克思的价值理论基础上建立宏观经济学的微观基础。这应当说，在某种程度上属于一个新观点，它将带来与传统经济学不同的理论与政策意义。

(2) 把"市场"与我国社会主义制度结合起来，就意味着赋予"市场"概念更特定的、历史性的含义。这就是用马克思主义的历史分析方法来分析经济现象，而不是用一般性的词汇涵盖所有历史现象。(3) 市场制度及其结构的优化不仅要注意一个国家社会经济制度形成的"内生性"和"移植性"，还要注意它们之间的链接性，更强调一个有效的制度结构安排为一个国家尤其是像中国这样一个大国的经济增长、可持续发展提供了动力机制和制度保障。

（原载《东南学术》2011 年第 1 期）

## 参考文献

[1]〔美〕阿瑟·刘易斯：《经济增长理论》，梁小民译，上海三联书店，1990。

[2]〔美〕道格拉斯·诺思、〔美〕罗伯特·托马斯：《西方世界的兴起》，厉以平、蔡磊译，华夏出版社，1999。

[3]〔日〕青木昌彦：《比较制度分析》，周黎安译，上海远东出版社，2001。

[4]〔美〕保罗·海恩等：《经济学的思维方式》，马昕、陈宇译，世界图书出版公司北京公司，2008。

[5] 阿夫纳·格雷夫：《大裂变：中世纪贸易制度比较和西方的兴起》，郑江淮等译，中信出版社，2008。

[6] 杰弗里·霍奇逊：《经济学是如何忘记历史的：社会科学中的历史特性问题》，高伟、马霄鹏、于宛艳译，中国人民大学出版社，2008。

[7]〔美〕约瑟夫·熊彼特：《经济分析史》第 1、2 卷，朱泱等译，商务印书馆，2001。

[8]〔美〕沃尔特·W. 鲍威尔等主编《组织分析的新制度主义》，姚伟译，上海人民出版社，2008。

[9] 胡培兆：《现代市场经济的现代性》，《经济学家》2006 年第 2 期。

[10] Ken Binmore, *Game Theory and the Social Contract* (Volume Ⅰ), Massachusetts: Massachusetts Institute of Technology, 1994.

[11] Avner Greif, "Historical and Comparative institutional Analysis", *American Economic Review* (Papers and Proceedings), 1998, 88 (2), May, pp. 80 – 84.

[12] Geoffrey M. Hodgson, *Economics and Institutions: A Manifesto for a Modern Institutional Economics*, Philadelphia: University of Pennsylvania Press, 1988.

[13] Geoffrey M. Hodgson, *Evolution and Institution: On Evolutionary Economics and the E-*

*volution of Economics*, Cheltenham: Edward Elgar, 1999.

[14] Richard R. Nelson and Sidney G. Winter, *An Evolutionary Theory of Economic Change*, Cambridge MA: Harvard University Press, 1982.

[15] Lionel Robbins, *An Essay on the Nature and Significance of Economic Science*, ($1^{st}$ed) London: Macmillan, 1932.

[16] Andrew Schotter, *The Economic Theory of Social Institutions*, Cambridge: Cambridge University Press, 1981.

# 发展对台离岸金融，构建两岸区域性金融服务中心

王建文

金融是现代经济的核心。近年来，在经济转型的加速进程中，各大城市争建金融中心的热潮一浪高过一浪。随着区域经济新政的不断出台，各区域经济发展上升为国家战略，而金融业发展又是其中的开路先锋，金融中心建设理所当然成了区域经济中心的首要选择，并形成"资金洼地"，释放金融聚集效应，成为带动地方经济发展的重要途径。目前我国经济的区域发展不平衡，空间很大，很可能需要形成几个金融中心，来对周边地区的经济进行辐射。深圳将和香港一起成为辐射我国华南乃至东南亚地区的金融中心。上海将成为辐射我国华东地区的金融中心。北京除了将成为全国的金融调控中心外，还将为华北地区提供金融支持。福建要在全国区域合作和区域经济一体化竞争中异军突起，就必须依靠地区优势，构建两岸区域性金融服务中心，提高其国际竞争力。

两岸的金融交流与合作正随着经贸的高速增长不断深化，2010年6月两岸签署《海峡两岸经济合作框架协议》（英文简称 ECFA），为进一步深化两岸金融业交流与合作创造了积极条件，福建作为对台交流合作的前沿，在两岸交流合作中发挥着重要的桥梁纽带作用。国务院发布的《关于支持福建省加快建设海峡西岸经济区的若干意见》已赋予海峡西岸经济区（以下简称"海西"）对台先行先试政策，明确表示支持海西推动对台离岸金融业务，拓展台湾金融资本进入海西的渠道和形式，建立两岸区域性金融服务中心，推动金融合作迈出实质性步伐。

## 一 发展对台离岸金融，构建区域金融中心的战略意义

（一）发展对台离岸金融，构建区域金融中心有利于为海西建设筹集资金

福建省正处于海西建设的关键时期，发展和利用对台离岸金融市场，筹集大量建设资金，是海西建设的迫切需要。筹资是金融市场的最原始功能，包括直接或间接吸引资金用于区域内；通过大额资金进出集散形成一定规模的资金存量，其中相当部分可用于区域内；通过吸引国内外金融机构进入，有利于活跃和丰富本地区资金流量和增加营运资金。

（二）发展对台离岸金融，构建区域金融中心有利于促进经济增长和结构调整

发展对台离岸金融，通过不断拓展金融服务领域来满足经济结构调整和经济增长方式的转变需要。如目前服务贸易方面的金融需求，航运金融、人民币跨境贸易结算，都属于结构调整和经济增长转变过程当中不断提出来的新的金融需求。同时，金融中心的构建所伴随的大量资金的聚集与流入，将极大地刺激经济的迅速增长及其相应的结构调整，同时促进如旅游、房地产、餐饮等相关行业的发展。如英国金融业 40% 以上的产值（增加值）是在伦敦创造的，金融业在伦敦经济总量中的占比接近 20%。政府可以从税收和离岸银行业利润以及其他费用收入中获得收入，增加财政收入，改善外汇收支状况，给经济的发展注入新的活力。2010 年两岸金融业务金额合计高达 4415 亿美元，比 2009 年大增四成，如果能通过对台离岸金融市场实现直接兑换，那么汇兑创造的 GDP 将超过 40 亿美元（假定汇兑手续费为 1%）。

（三）发展对台离岸金融，构建区域金融中心有利于扩大就业，吸引高素质人才

离岸金融业务的发展，金融机构的进入、开业和新业务的发展，需要大批当地配套的专业人员，如会计师、律师、银行管理人员和公司秘书、房地产商等高级管理工作人员和因此派生的一般工作人员，直接促

进就业。同时，金融中心所带动的经济增长则为扩大就业拓展了更广阔的空间，有利于吸引国内外各类优秀人才及与此相伴的先进理念，同时又会大大推进区域内金融从业人员及相关行业人员素质的提高和理念的更新。

（四）发展对台离岸金融，构建区域金融中心有利于推进金融创新实现两岸金融业的对接

离岸金融本身就是最大的金融创新，它进而又促进金融创新。对台离岸金融市场管制松、竞争激烈、风险大，为金融业的持续创新提供了较好的环境，刺激了大量国际清算和风险防范创新工具的产生，如实现新台币自由兑换、货币互换、远期利率协定、浮动利率债券等。这些创新的金融产品不仅丰富了金融市场的交易品种，同时有助于解决台湾企业在大陆"融资难"的问题，实现两岸金融业的对接，助推两岸经贸合作的新发展。

（五）发展对台离岸金融，构建区域金融中心有利于推动跨国公司国际投资的发展和中资企业实施"走出去"的发展战略

离岸金融市场的运作和发展，为跨国公司进行国际投资提供了很大便利。离岸金融市场资金成本低、快捷方便、提供的资金量大，自然成为发达国家跨国公司的重要融资场所；而跨国公司规模大、实力雄厚、信誉较高、贷款风险相对小等优势使得离岸金融市场愿意对它们放款。正是离岸金融市场提供的大量资金融通使得跨国公司在世界范围内的大规模投资、收购和兼并得以顺利进行。同时，离岸金融市场是中资企业实施"走出去"发展战略的重要平台。在我国金融业国际化水平相对落后的客观现实下，离岸业务在支持中资企业跨国经营中一直发挥着重要的作用，企业在离岸金融中心赚的钱在汇入国内前不用付任何税金，同时，境内的离岸中心的另一个好处是安全。借助中资企业在我国形成的良好信用关系，离岸业务可以在本土有效地满足企业的境外资金需求，解决了企业境外融资难的问题。同时，离岸银行可以帮助企业搭建境内外一体化金融服务的桥梁，满足跨国经营企业的高端金融服务需求。

## 二 福建发展对台离岸金融的优势

综观世界各国离岸金融中心发展历程，离岸金融中心的建立必须具备一定基本的条件，如社会政治形势稳定，经济对外开放程度高，与国际市场联系紧密、比较成熟和健全的金融法律制度和金融机构，经济地理位置优越，交通通信等基础设施完备，以及充足的国际金融专业人才。事实上，我国的离岸金融业务从1989年才开始发展，至今还未形成规模和市场。离岸金融业务需要大量的金融机构共同参与，如巴哈马、开曼等较小的离岸金融市场就有少则数百家，多则近千家银行从事离岸业务。因此，福建迫切需要培育和吸引众多的中外金融机构从事离岸金融业务，经过一定量的积累，可以选择厦门特区，集中优势金融资源，逐渐形成离岸市场，进而形成有影响的区域金融中心。

### （一）宏观条件已初步具备

厦门是我国的经济特区之一，在实行改革开放和现代化建设的进程中，政治稳定、社会安定、经济持续快速增长，厦门人均GDP已经达到1万美元。厦门作为开放型港湾城市，法规健全、税收优惠、出入境自由，通关手续简便，对外贸易快速增长，利用外资逐年递增，逐渐成为大量外汇的集散地。厦门保税区发展良好，目前厦门保税区已形成机电产品配送、进出口石材分拨和国际集装箱运输三大特色物流，是中国东南地区的现代国际物流园区。

### （二）金融业已初具规模

厦门已经形成一个以银行业为主导，证券、期货、保险、信托等行业逐步发展，其他相关金融配套行业为补充，功能较为完备、运行较为稳健的多元化金融服务体系。目前，厦门市拥有中、外资银行业机构各17家（含代表处）；证券公司1家、台资证券公司代表处2家、证券营业部32家、证券服务部4家、证券投资咨询机构4家；期货公司3家、期货营业部10家；保险公司主体28家、保险分支机构134家、专业保险中介机构26家。此外，厦门还拥有18家境内上市公司、53家担保公司、10家创投公司和 28 家典当行等，金融服务及其配套体系不断完善。"十二五"期间，厦门市金融业增加值将力争实现年平均增长 16%，从 2010 年的 145.89 亿元增加到 2015 年的 300 亿元左右。

（三）环境与区位优势

厦门是我国东南沿海重要港口风景旅游城市，自然环境优美，气候宜人，以和谐、温馨、宜居享誉海内外。厦门和台湾仅一水之隔，是祖国大陆离台湾最近的城市，在对台交往中始终发挥着先行先试和前沿平台的作用。在文化交流上，厦门与台湾同属闽南文化，有着密切的"五缘"联系；在经济合作上，厦门有着丰富的对台交往经验，是大陆台资企业相对较为集中的区域；在金融合作上，厦门是福建五个新台币兑入与兑出业务办理城市之一，目前已有多家台湾金融机构来厦门落户，进一步推动厦台金融服务产业对接的条件已经基本成熟。

（四）人才优势

厦门是金融人才的重要聚集地之一，不仅具有较扎实的金融研究基础，而且有着良好的金融文化氛围和金融人才储备，这些都为厦门金融服务产业集群的培育和发展提供了重要条件。同时，厦门毗邻台湾的地缘优势和华侨众多的人缘优势也为其金融人才的储备和引进创造了积极的条件。

（五）基础设施优势

特区建设 30 年来，厦门的基础设施建设已经十分完备。除了拥有便捷的公路、航空、海运、通信等公共基础设施外，厦门市的教育、科技、医疗卫生、体育、文化等社会性基础设施也日趋完善，厦门被世界银行等机构评选为"投资环境中国大陆金牌城市""跨国公司最佳投资城市"。特别是近年来，厦门依托软件园和企业高新区，积极推动金融后台服务产业建设，在岛内东北部规划了 18 平方公里的片区作为金融产业集聚区，并成立金圆投资集团，作为两岸金融中心的建设主体、两岸金融产业的对接平台及投融资的主渠道。

三 发展对台离岸金融，构建区域金融中心的路径选择

（一）发展模式

离岸金融模式的选择必须与我国的经济发展水平、金融业开放程度和金融市场发展水平相适应，发展的初期应该选择离岸账户和在岸账户相隔离的严格内外分离型模式，即在岸账户和离岸账户严格分开，账户之间不能混淆，禁止资金在两种账户之间流动，美国和日本属于此种类型。实施这种模式有利于保障我国的金融自主权和金融监管机构的监管，可以有效阻挡国际金融市场对国内金融市场的冲击，并减轻国际资本流动和国际金融风险对我国经济的冲击。等到离岸市场运行稳健、市场秩序稳定、监管法制成熟，并积累了足够的市场管理经验之后，有选择、有重点地适度发展有限制的渗透型市场。

（二）定位

一是打造对台离岸金融市场，促进两岸金融深化合作交流，包括实现新台币的全面自由兑换服务，拓宽大陆台资企业的融资渠道，参照 CEPA，降低台资金融机构准入门槛，吸引台资金融机构进入对台离岸金融市场开展离岸金融业务。建立两岸货币清算机制，协商确定两岸货币业务清算行，互设清算账户，实现直接、双向、畅通的货币结算和资金流动。二是建立境外外汇资金融通中心，在发展对台离岸金融业务中交易主体应以台资企业为主，同时兼顾欧美、东南亚及香港地区的外资企业；在交易币种上，新台币应是离岸金融市场主要的交易币种。与此同时，国际金融市场的自由兑换货币也可进入离岸金融市场进行交易，积极建立多币种、宽业务的离岸金融服务体系，促进各种外汇资金的融通，服务更多的中资海外企业及外商投资企业等。

（三）发展对台离岸金融的实施步骤

第一步，扩大两岸货币双向兑换范围。允许中国银行在离岸市场设立分支机构，并授权其扩大新台币兑换对象，由个人扩展到两岸正常经贸往

来的企业。将新台币视同港元、澳门元一样的货币，允许新台币在离岸金融市场公开挂牌兑换，允许其经授权可以设立新台币账户，并参照国际行情在一定幅度内自行套算人民币与新台币的买卖价。增加新台币兑换业务品种，由现钞延伸至现汇。按照双向对等的原则，推动台湾地区增加人民币兑换点，增加兑换品种，提高兑换限额，扩大兑换对象。争取获批开展闽台贸易以人民币计价结算试点，拓展以人民币计价的信用证、保函、托收等结算方式下的贸易融资业务，促进两岸贸易机构加快资金周转速度。推动闽台两岸金融机构采取直接或间接方式，进行货币资金结算和清算。发挥厦门经济特区优势，争取先行先试两岸人民币和新台币现钞调运业务，建立人民币和新台币现钞的供应和回流渠道。

第二步，加快两岸互设金融机构。按照同等优先适当放宽的原则，优先批准台资银行、保险、证券等金融机构在离岸金融市场设立营业性机构。放宽台资金融机构进入离岸金融市场的门槛，允许台湾地区银行不经代表处阶段而直接在离岸金融市场设立分行或法人机构，并将台湾地区银行提出设立分行或法人机构申请前一年末总资产降为60亿美元，允许离岸金融市场中的台资银行分行经营人民币业务不受开业时间限制。鼓励兴业银行等大陆金融机构到台湾设立分支机构、代表处或者投资参股。

第三步，建立两岸货币清算机制。在两岸签署"金融监理合作谅解备忘录"（英文简称MOU）的基础上，协商确定两岸货币业务清算银行，互设清算账户，实现直接、双向、畅通的货币结算和资金流动。在货币市场上，中国人民银行可以在对台离岸金融市场建立统一的新台币兑换人民币的实时全额支付清算系统，提供实时最终清算服务，建立安全、畅通、便捷的资金汇划渠道，为两岸经济融合发展提供重要的金融基础设施。

第四步，创新对台离岸金融产品。在新台币清算机制逐渐完善的基础上，进一步扩大新台币的离岸业务范围，如新台币的借贷业务、贸易融资等。在离岸业务的创新上，可以优先安排大陆台资企业融资业务的创新试点，如银团贷款，允许其发行新台币债券，发行股票等。

第五步，加速利用台资扩大融资渠道。在资本项目下增加以新台币计价结算，允许台资企业通过离岸金融市场将新台币兑换为人民币，然后以参股并购等形式投资于大陆企业，加速利用台资并拓展融资渠道。同时离岸金融市场可以开展与台湾地区银行间市场同业拆借等批发业务，创造条件发展与境外同业之间开展同业拆借、发行大额可转让存单业务等，加强同台湾银行间外汇资金交易的配合。

第六步，打造海峡两岸区域性金融服务中心。在离岸金融市场发展的基础上，促进各类金融机构尤其是台资金融机构的集聚与发展，搭建两岸金融服务产业对接平台和台商投资企业融资服务平台，改善海西金融生态环境，吸引和集聚各种专业人才，打造一个市场体系完备、功能配套齐备、创新能力较强、具有对台优势的两岸区域性金融服务中心。

## 四 加快对台离岸金融市场建设的政策建议

（一）借鉴新加坡政府推动市场形成的经验，争取国家给予政策倾斜，允许放宽外汇管制，实行弹性的金融政策

中国人民银行可以采取有效措施，一方面尽快建立起完全以市场供求为基础的统一规范的新台币兑换人民币交易市场，允许参与对台离岸金融市场的非居民交易不实行外汇管制，允许对台离岸金融市场中的货币自由兑换和资金在国际之间的自由转移，免除外币准备金；另一方面允许对台离岸金融市场业务不受国内金融政策（利率、汇率、存贷）限制。

（二）给予对台离岸金融市场以优惠税收政策

世界离岸金融发展史证明，税率优惠乃是离岸金融市场形成和发展的重要条件。如马来西亚纳敏国际离岸金融市场对那些一般从事离岸交易的公司，按其盈利的3%纳税，有的国家政府只收少量间接税，不征直接税。因此，在对台离岸金融市场发展过程中，应免征利息预扣税和银团贷款所得税；减征或免征交易营业税、印花税、贷款利息及海外收入预扣税；银行所得税低于15%，允许离岸行海外利润派息自由汇兑，离岸行及其职员收入可自由汇出，并及早解决双重课税问题。

（三）建议福建省政府及有关部门出台人才、土地等方面优惠政策

对于离岸金融市场引进的高管人员和专业技术人才，可在户籍管理、住房补贴、配偶就业、子女教育、医疗保障、保障性商品房配售等方面享

受相关优惠政策,对在离岸金融市场开展离岸金融业务的台资金融机构的业务骨干适当多办半年期多次赴台签证,以满足离岸业务人员往返台湾的需要。在对台离岸金融市场启动和试运行阶段,金融机构在场地租金、办公条件、工作人员居住条件方面给予优惠扶持。

(四)商请协助有关部门及时制定离岸金融业务的专门保密法规,切实做好离岸账户的保密工作

账户的保密性和资金的安全性往往是众多客户首先考虑的基本因素。因此,在构建对台离岸金融市场硬件建设的同时,要注重法规这个软件建设,以解决客户的后顾之忧,以完善的法制来吸引境外客户。

(原载《金融经济》2012年第1期)

# 参考文献

[1] 郝寿义:《国家综合配套改革试验区运行与前瞻》,《改革》2006年第9期。

[2] 皮黔生:《天津滨海新区综合配套改革的时代特征和总体设想》,《开放导报》2006年第5期。

[3] 黄运成、杨再斌:《关于上海建设国际金融中心的基本设想》,《管理世界》2003年第11期。

[4] 臧国华:《我国离岸银行业务发展中存在的问题和对策》,《上海金融》2005年第1期。

# 海峡西岸经济区创意产业发展构想

黄金海

## 一　创意产业的内涵

创意产业是 21 世纪新兴的朝阳产业。当今，美国、英国、日本等发达国家的创意产业已经成为这些国家国民经济发展的支柱产业。

德国著名的创意经济先驱熊彼特早在 1912 年就明确指出，"现代经济发展的根本动力不是资本和劳动力，而是创新，而创新的关键就是知识和信息的生产、传播、使用。"1986 年，著名经济学家罗默也曾撰文，新创意会衍生出无穷的新产品、新市场和财富创造的新机会，所以新创意才是推动一国经济成长的原动力。[1]

1997 年 5 月，英国首相布莱尔（Tony Blair）为振兴英国经济，提议并推动成立了"创意产业特别工作小组"。该小组于 1998 年最早对创意产业（Creative Industries）进行了界定，将创意产业定义为："源自个人创意、技巧及才华，通过知识产权的开发和运用，具有创造财富和就业潜力的行业。"根据这个定义，英国将广告、建筑、艺术和文物交易、工艺品、设计、时装设计、电影、互动休闲软件、音乐、表演艺术、出版、软件、电视广播等行业确认为创意产业。

随后，欧美日澳和其他国家发布的报告和研究成果进一步丰富和推进了关于创意部门和创意产业的新观点。文化经济理论家凯夫斯对创意产业给出了新的定义："创意产业提供我们宽泛的与文化的、艺术的或仅仅是娱乐的价值相联系的产品和服务。它们包括书刊出版、视觉艺术（绘画与雕刻)、表演艺术(戏剧、歌剧、音乐会、舞蹈)、录音制品、电影电视，甚至时尚、玩具和游戏。"

## 二 发展创意产业的现实意义

当今世界，创意产业已不再仅仅是一个理念问题，其作为知识经济的核心和动力，早已成为发达国家经济发展的支柱产业，成为世界经济增长的新动力。根据英国经济学家、世界创意产业之父约翰·霍金斯的说法，一般发达国家的文化创意产业（不包括旅游和软件业）的产值占到国内生产总值的 6%～12%，全世界创意经济每天创造的产值达 220 亿美元，并且以 5% 的速度递增。[2]

发展创意产业不仅可以全面提高农业、工业、服务业的水平和效益，加快产业高级化进程，通过产业链整合实现合理调整生产力布局，促进地区经济协调发展，而且通过发展创意产业，还能促进文化、科技、商业资源的集聚，从而实现城乡经济的良性互动，改善基础设施和生态环境，实现可持续发展。

我国的创意产业伴随着现代产业的蓬勃兴起，也开始在国家层面得到高度关注。香港、北京、上海、深圳、杭州、成都等城市都纷纷制定发展战略，积极推动创意产业的发展，已经建立了一批具有开创意义的创意产业基地。海峡西岸经济区（以下简称海西）发展创意产业也有其得天独厚的优势。海西主体——福建地处东南沿海，与台湾地区一水之隔，北承长江三角洲，南接珠江三角洲，风景秀美，自然资源丰富，文化资源极为深厚。其既是改革开放的先行区域之一，外向型经济历史悠久，又是我国沿海经济带的重要组成部分，在全国区域经济发展布局中处于重要位置。发展创意产业，对福建建设海峡西岸经济区、调整优化产业结构、转变经济增长方式、提高区域综合竞争力，都具有十分重要的意义。

## 三 发展海西创意产业的战略构想

海西创意产业的发展模式，既要借鉴国内外创意产业成功范例，寻找可利用资源，又要有别于其他城市，走一条富有特色的创意之路。下面提出几种战略构想。

(一) 从时间纬度构想,适时择机地发展创意产业

福建创意产业起步晚、规模小、资金缺乏、创意人才整体不足,因此发展创意产业不能急于求成,而应科学规划,分步实施。

第一,扶持投资少、见效快的创意产业。当下福建省创意产业宜优先考虑发展投资少、见效快的立竿见影项目。政府部门可以对废弃的旧厂房、旧街区、破仓库、小弄堂等进行有针对性的设计改造,"筑巢引凤",并对"入巢的凤"给予税费减免等相应政策扶持,催生创意产业发展。在开发建设创意产业时可根据海西创意产业整体规划和各地区的实际情况,因地制宜,因势利导,创新发展。诸如开设文化商店、文化长廊、创意商业街、创意风情街、创意商务区、创意设计园、休闲娱乐园、时尚生活馆、国际创意产业园区等各种类型。营造人人爱参与、个个乐创意、社会讲创新的良好氛围。

第二,重视已建成的创意产业园区发展。如福厦软件园,福厦动漫产业基地;武夷山创意动漫产业园,武夷山茶文化数字博览园;莆田"妈祖故乡,宜居港城",莆田工艺品展览城,仙游坝下工艺城,宝泉古典家具产业园;厦门东渡古玩城,唐颂古玩城;泉州市鲤城区源和创意产业园,"183"创意空间,六井孔音乐文化创意园和"T淘园"等文化创意产业园区。对这些已经建成的创意产业园区,政府应加强宏观指导,提升文化品位;加大投入,完善园区配套建设;加大扶持力度,尽可能给予最优惠政策,促进各创意产业园区做大做强。

第三,对旧项目进行创新改造。如福州市有"金山工业园区",随着福州城区扩大,污染问题日益突出,该园区几成福州金山新居民的一大心病,解决此问题的最好办法是直接改造成"创意产业园区"。如莆田市有"工艺品展览城",活动日一到商家云集,人山人海;而活动日之后,人去楼空,生意冷淡,场馆闲置较多,利用率不高。地方政府可以考虑将之设计成以"工艺品展览城"为中心、以周边特色产业为纽带的创意产业积聚区。如厦门市应把整个鼓浪屿建成创意产业岛。如泉州市应把鞋类加工、服装加工等产业与产品创意设计相结合,努力打造技术含量更高、文化内涵更深厚、创意意蕴更丰富的品牌产业,建立"国际高端品牌产业园"。

第四，创设新的创意产业园区。在"十二五"期间，福建省每个地级市都要建立一至两个创意产业园区，积极孵化，全力发展。新创设的创意产业园区建设要与城市发展、旅游开发有机结合起来。在创意产业园区的选址上，应配合小城镇建设，注重城乡接合部的荒山、野地、河川等贫瘠土地的利用开发。通过国际化的高端设计与建设，使新创设的创意产业园区成为未来艺术家的理想家园、旅游者的购物天堂、产品设计的智慧结晶，成为海西城市带的文化新名片。

## （二）从空间纬度构想，以中心城市为依托发展创意产业

创意是当今城市发展的一大主题，创意城市发展战略已是提高城市竞争力的重要途径。城市竞争力一般以硬环境和软环境两个指标来衡量，硬环境主要是基础设施以及产业配套等要素，软环境主要包括知识环境和文化环境。从知识创意方面来看，创意产业是衔接技术、设计、规划、艺术等方面的桥梁，能够促进知识功能的"新"突破；从文化创意方面来看，创意产业是提高城市品位和文化功能的重要载体，能够实现城市功能的"新"定位；从产业内涵上来看，创意产业是衔接现代生产性服务业、制造业和城市功能的重要环节，能够促进产业结构的升级。

发展创意产业对于产业结构换代升级、发展循环经济、提高城市能级、实施科技兴市、创造就业岗位具有重要意义。福建的中心城市（福州、厦门、泉州、莆田、漳州、宁德、南平、三明、龙岩）及平潭综合实验区均具有较深厚且丰富的发展文化创意产业所需的各种资源，具有强大的文化创意产品的产出能力，因此在发展创意产业时尤其要重视文化创意产业的发展。要以中心城市为依托，大力发展文化创意园区，使创意人才、信息、资金和创新意识等相关的资源要素呈现地理上的集聚态势，构成由众多独立又相互关联的文化创意企业以及相关支撑机构依据专业化分工和协作关系建立起来的创意产业组织。

在东部一些城市，可以考虑打造"艺术创意岛"。如在厦门鼓浪屿、福州平潭岛、漳州东山岛、莆田湄洲岛和南日岛等岛屿建设一批各具特色的现代抽象建筑和艺术园，让艺术家们休闲养生；利用原生态海岛休闲景观，让艺术家种地养花，品尝海鲜美食，进行艺术创作。

在中西部龙岩、三明、南平等城市，建议以"山"引"商"，建设不

同类型的度假山庄、创意峡谷、艺术家园、影视基地等,吸引海内外艺术家、旅游爱好者长期居住。实现"发现自然的文化价值、以产业化的形式发展文化、以消费的形式传播文化"的目标。还可以发展绿色生态创意农业、创意果业等,推动创意产业的进一步深化和延伸。

在重视城市创意产业发展的同时,应充分挖掘乡村文化资源,通过创意使富有特色的乡村文化转变为富含经济价值的文化创意产品,从而激活乡村经济。"在福建广大的农村地区,历史上遗存下来的乡村文化资源十分丰富,即便在现代化进程中一些原生态的乡村文化遭到不同程度的毁坏,但在山区交通不便、经济相对落后的境况下,许多极富地方特色的乡村文化还是被保留了下来。如畲族小说歌、畲族民歌、泉州拍胸舞、惠安石雕、武夷岩茶(大红袍)制作技艺、客家土楼营造技艺、惠安女服饰等等。"[3]这些乡村文化资源经过一定的改造、加工,就是独具特色的文化创意产品,可以打造成为闻名世界的文化品牌。

福建沿海城市(宁德、福州、莆田、泉州、厦门、漳州)及平潭综合实验区相互间距离不远,当它们向外扩展时,彼此间便连接起来,自然形成海峡西岸城市带。这些城市及区域间应该加强科学研究、技术创新以及科技成果转化的相互合作或协作,协同重点发展动漫、网游、传媒、艺术、演出娱乐、影视音像、出版、工业和建筑设计、咨询策划和时尚设计等创意产业。如此发展十几二十年,完全有可能将海西城市带打造成"中国南方创意走廊"。

(三)从产业纬度构想,以打造创意产业链和集群为主发展创意产业

"创意产业的发展不能仅仅依靠总体的动员与政策支持,还必须有在市场中成长的企业主体的发展。当前我国部分城市创意产业的发展面临的主要问题已不是理念转换,而是如何实际运作,推动文化创意企业的快速生长,并发挥集聚效应,培育创意市场,打造并完善创意产业链,形成新的产业发展群落。"[4]

首先,打造并完善创意产业链。目前,海西创意产业还处于市场不成熟、产业链不完整的培育期,还没有形成完整高效的产业链条。创意产业只有利用文化的经济效应,培育文化供应链、产业链和文化生产力的整体

效应，使杰出创意对口文化消费需求，进而成为可花钱购买的"文化经济提供物"，并且融入主流文化市场，才能实现创意的社会价值。"所以，创意能否得到有效的文化消费需求（包括专业需求和社会终端消费需求）的引导，能否得到资本的认知、认同和认购，能否被文化生产制作环节运作者接纳，能否以强势'文化经济提供物'的载体形态进入营销渠道，便成为创意能否发展为良性前行的产品系列和健康强势的支柱型产业的关键因素。"[5]而这一切都取决于完整高效的产业链条。海西创意产业只有形成完整高效的产业链条，才能对区域经济发展的升级效应、经济增长效应、产业的关联效应、就业效应充分挖掘出来。

其次，形成新的创意产业发展群落。产业发展群落亦即产业集群。产业集群是指在特定区域中，具有竞争与合作关系，且在地理上集中，由交互关联性的企业、专业化供应商、服务供应商、金融机构、相关产业的厂商及其他相关机构等组成的群体。比如，北京市目前已经形成了中关村创意产业先导基地、西城区德胜园工业设计创意产业基地、东城区文化产业园、朝阳798艺术区等6个文化创意产业集群。

海西创意产业近年来虽然取得了长足的发展，积极培育并打造一批具有福建风格和国内外有影响力的创意品牌及产业。如三坊七巷、寿山石文化、马尾船政文化、中华茶博园、印象大红袍、福安畲族银器、寿宁乌金紫砂陶、莆仙戏及十音八乐、妈祖文化等。2010年福建省创意产业增加值增长14.5%，占GDP比重为4.2%，[6]但海西创意产业集群的形成尚处于初发展阶段，与国内较先进地区相比仍有较大差距。有报道称，目前中国已初步形成6大创意产业集群：（1）以北京为核心的首都创意产业带；（2）以上海为龙头的长三角创意产业带；（3）以广州、深圳为聚集区的珠三角创意产业集群；（4）以昆明、丽江、三亚为中心的滇海创意产业集群；（5）以重庆、成都、西安为中心的川陕创意产业集群；（6）以长沙为代表的中部创意产业集群。[7]而海西（福建）榜上无名。

可喜的是，福建省从2011年开始，省级财政将连续三年每年统筹安排1亿元，设立省级创意产业发展专项资金，重点扶持创意产业园区（基地）、重点企业、公共服务平台、人才培养等；还将着力培育一批重点创意产业园区（基地），扶持园区设施建设，协助引进一批创意企业入驻，推动产业集聚发展，培育创意产业集群。[6]海西创意产业的产业集群形成必须借这一股东风乘势而上，先在条件比较成熟的福州、厦门、泉州等沿海中心城市发展。位于福州长乐的"海西动漫创意之都"就是创建产业集群模式的福建省创意产业重点建设项目。建设者——网龙网络有限公司计划未来在园区内建设能够容纳 8000~10000 人的场所。通过这个大平台，核心企业去承接国外的大单，而由小的团队去承接一些网龙的外包单，既可让小团队生存下去，积累经验，还可让他们有充足的时间推出自己的产品，壮大队伍，[8]最终形成以网龙网络有限公司为核心的创意产业集群。福建省应该大力支持、扶持诸如此类的创意产业集群发展，以形成若干个整体优势明显、区域特色鲜明、产业集聚突出、充满生机活力的创意产业集群。

（四）从视觉维度构想，以创意为核心、以高科技为支撑进行顶层设计

诺贝尔经济学奖获得者赫伯特·西蒙指出："随着信息的发展，有价值的不是信息，而是注意力。"在当今社会，吸引人们的注意力往往会形成一种商业价值，获得经济利益。而吸引大众注意力的重要手段之一，就是视觉上的争夺。注意力经济已经成为一种十分流行的商业模式。不管城市愿不愿意，商业化社会的进程必然将城市带入一个开放的市场交易平台，如果一座城市不想被淘汰，就必须像经营品牌一样来经营城市。研究表明：

近 20 年来世界城市美学表现出三种新趋向：争相建造世界级或国家级最高地标建筑，追求"眩晕"美学效果；争相建造功能最佳的生态建筑和垂直农业建筑，重建城市的生态和谐；争相建造最具视觉冲击力的城市景观空间，雅化城市视觉秩序。

城市是创意产业发展的根据地和目的地，是聚集统一体的美学符号。城市竞争力首先表现在城市形象力。海西城市处于粗放型、规模较小、建筑低矮、布局散乱、印象模糊，无法吸引人们的眼球。因此，海西城市应进行顶层创意设计，即根据自然和文化的不同特征，对城市环境、城市空间、城市文化、城市经济等进行科学合理艺术的设计，以期获得最大的注意力，赢取最大的商业利益。以福州为例，要彻底改变"三山一湖"的城市小格局，向"两江一海"的宏大气魄发展，并不断向周边辐射，把莆

田、宁德同城化（建议在建的地铁向莆、宁延伸），直至建成世界级大城市；闽江和乌龙江两岸应建设成如同上海黄浦江沿岸一样的壮美景观；福州城中应有若干座闻名全国乃至世界的摩天大厦或地标性建筑；早日建成海峡东西岸海底隧道（或海上桥梁）……想必这样的顶层创意设计，一定会激活城市的活力，集聚创意人才，提升福州城市的文化品位和整体形象。发展创意产业的关键就是创新，只有对城市形象不断地创新，积累无形资本，才能提高城市的核心竞争力。创意产业中的产品，也应根据不同时期大众的审美标准，及时进行更新创造。在产业结构上，要不断淘汰旧技术，采用新技术，使产业结构逐步向更高更新阶段转化，提升创意产业的竞争优势。

## 四 余论

创意产业是一个新的市场化程度很高的产业门类，海西现有创意产业发展的社会支撑体系尚比较薄弱，严重制约了创意产业的发展。因此政府要积极搭建公共服务平台，引导社会资源参与创意产业发展。必须采取各种措施，大力推进创意产业集聚区的规划、定位及建设工作；鼓励高校、企业及各类协会发挥专业优势参与创意产业集聚区建设；通过"政府引导、企业运作、功能完善、集群发展、品牌经营"的合作方式，构建多种功能、多种形式的产业载体，使之成为创意企业和创意人才的集聚地。应发挥各级政府的主导作用，整合社会资源，加快培育各类市场中介机构和服务体系，使其成为推动文化创意产业健康发展的重要力量。

创意产业是以知识或技术创新为发展动力的产业部门，要求能够快速、准确、全面地进行信息的收集和扩散；同时，创意产业与其他产业部门有很强的互动性，而这种互动很大程度上也是知识与信息的交流。因此，完善的创意基础设施，尤其是发达的信息基础设施是城市创意产业发展的不可缺少的前提。打造无界域国际化的"虚拟创意产业集聚区"或"文化创意信息数字交易港"是创意产业集聚区发展的高级形态和未来发展趋势。

创意产业种类繁多、产业关联错综复杂，产业的新模式层出不穷，对各行各业的渗透越来越深。福建应利用海峡西岸都市圈加速形成的机遇，加强创意产业资源的整合。加强与台湾的创意产业的合作及融合，加快新兴产业金融等现代服务业的合作发展，共同构筑创意发展大平台，建立两岸分工明确、产业链条完整的合作机制，全面提高原始创新、集成创新和引进消化吸收再创新能力。通过合作，引进境外创意产业先进的管理经验、经营理念和市场化运作模式。积极开拓国内、国际市场，不断进行科技创新，做实做大做强创意产业链，进而形成"航母战斗群"式的创意产业集群，使之在激烈的世界经济竞争中立于不败之地。

（原载《福建行政学院学报》2011年第4期）

## 参考文献

[1] 金元浦：《创意产业理念的提出与发展》，《社会观察》2005年第2期，第24页。

[2] 朱玲燕：《创意世界》，http：//www.abbs.com.cn/media/read.php？cate = 12&recid = 23755。

[3] 管宁：《导入产业意识 激活乡村文化——关于农村文化产业发展的一个视角》，《东岳论丛》2009年第10期。

[4] 金元浦：《文化创意产业的高端融合》，《中关村》2010年第11期。

[5] 胥悦红、段晓兵：《我国创意产业的发展模式探析》，《中国商贸》2009年第10期，第214~215页。

[6] 余潇、储白珊：《第九届"6·18"：海西创意产业发展正当其时》，http：//finance.66163.com/2011 - 06 - 23/527686.shtml。

[7] 吴思：《我国初步形成六大区域创意产业集群》，http：//www.chinahightech.com/Views_news.asp？NewsId = 6333238373。

[8] 徐钊、张日升：《打造福建动漫创意园区 网龙能否以龙头身份串联产业链》，http：//www.mszz.cn/InfoView.asp？InfoID = 8484&ClassID = 562。

# 资源环境约束和福建经济发展方式转变

郑少春

改革开放以来，福建省经济迅速发展，经济实力显著增强，社会全面进步。但由于长期实行高投入、高消耗、高污染、低效益的粗放型发展方式，资源环境问题日益突出，成为制约可持续发展的巨大障碍。如何通过技术创新，逐步转变发展方式，降低资源和能源的消耗增速，不断提高现有资源和能源的利用率，寻找和开发新的资源和能源，加大环境保护力度，对于建设科学发展先行区，显得极为紧迫。

## 一　问题的提出

资源环境与经济发展的关系问题，是世界工业化过程中的共同性难题。工业生产本质上是一个人类参与的物质资源的形态转化过程，即将自然资源加工制造成可用于消费或再加工过程的产品，消耗自然资源是工业生产的必要条件。同时，工业生产过程还会产生废料，对自然环境产生影响，所以，造成环境的改变也是工业生产活动的必然后果。问题是，无论是资源的消费还是环境的改变，都是有限度的。过度消费资源和破坏环境，不仅使工业生产无法持续进行，而且将破坏人类生存的基本条件。所以，大规模的现代工业生产受到自然资源和能源供应条件的约束将越来越强，这是人类工业化所面临的一个无法回避的矛盾。[1]为了解决这一难题，英国著名经济学家马歇尔在20世纪70年代首先提出了生产过程中的"外部不经济性"，发展了环境资源价值核算的外部性理论，将经济效益与生态效益联系起来，认为生产过程中的外部成本，即生态成本，应纳入国民经济成本核算体系中。尤其是进入 80 年代以后，资源的日益枯竭和环境、生态问题的愈加严重，引起了各国政府和多种组织研究机构、环境学家、经济学家的重视，对资源环境和经济发展问题进行了全方位的研究。

改革开放以来，我国近 30 年的经济高速增长主要是依赖投资扩张和资源消费实现的，是典型的高资源消耗和低劳动力成本推动型增长。随着资源日趋紧张和环境压力增大，经济发展越来越接近资源和环境条件的约束边界，我国工业化面临着严重的环境资源约束的挑战。转变经济发展方式，走新型工业化道路，则是应对这种挑战的唯一正确的战略转型。

福建过去的工业化发展道路基本上是成本推进型和粗放式的发展道路。这种发展模式必然受到资源、生态环境的约束。进入 21 世纪，随着福建区域经济发展战略的实施，福建工业化加深和城市化进程加快，资源环境压力上升的趋势越来越强化。这使得我们必须深刻地思考，随着工业规模的迅速扩大和工业的转型升级，我们必须对高资源消耗的工业增长模式进行反思；必须着手解决能源紧缺、生态环境破坏、可持续发展后劲不足等逐渐暴露出来的一系列深层次的矛盾和影响长远发展的问题。尤其是福建的资源禀赋不足，面对国内和国际资源和环境的压力，走新型工业化的道路，更是建设福建急需解决的问题。

## 二 福建工业发展的重型化趋向

改革开放以来，福建工业迅速发展，GDP 以年均 11% 的速度增长，经济社会取得了令人瞩目的发展。在经济快速发展的同时，产业结构也在发生深刻的变化。特别是 20 世纪 90 年代以后，钢铁、石化、汽车、造船、装备制造等为代表的重化工业发展迅速。产业结构日益趋向重型化。

### （一） 工业在三次产业结构中的比重持续攀升

一个国家或地区第二、三产业发展状况是衡量经济发展水平的重要标志，非农产业比重能够准确刻画工业化的水平。库兹涅茨对 57 个国家的原始资料进行综合研究，分析了 1958 年按人均 GDP 为基准的产业结构变化趋势，同时，他还进一步考察了 59 个国家 1960 年劳动力在三次产业中所占份额，得出工业化五阶段理论。库兹涅茨认为，在工业化起点，第一产业比重较高，第二产业比重较低；随着工业化推进，第一产业比重持续下降，第二产业和第三产业比重都有所提高，当第一产业比重降低到20%以下，第二产业比重上升到高于第三产业，工业化进入中期阶段。

从福建产业结构变动的趋势看，福建省已实现了由"一、二、三"到"二、三、一"的大跨越。1990~2007年，福建第二产业年均增长率达13%，在GDP中所占比重持续上升。按当年价格计算，1990年第二产业产值所占比重为38.0%，2007年为49.2%，上升11.2个百分点。与此同时，第一产业所占比重持续下降，1990年第一产业产值所占比重为32.2%，2007年下降到11.3%，下降20.9个百分点。第三产业产值所占比重有一定提高，2007年为39.5%，比1990年上升9.7个百分点。根据库兹涅茨理论，福建工业化水平处于中期阶段，工业已成为地区经济的主体。

（二）工业内部结构由轻型化向重型化转变

工业结构指各工业产业在工业总生产中的所占比重及其结合的状态。工业结构的演变顺序是：从农业社会开始，先是由轻工业开始起步，逐步使得轻工业得到充分的发展；由于轻工业发展的推动，基础工业开始发展，接着开始进入以原料和能源工业为重心的发展，这时工业化处于初期阶段；随着基础工业的发展，开始推动重化工业的发展，即进入以重化工业为重心的发展，这时工业化进入中期阶段；随着重化工业的发展，工业进入技术密集型加工工业为核心的发展期，并且伴随着现代服务业的大发展，这时工业化到后期阶段。考察工业结构可以使我们获得工业演变过程完整、全面的信息，掌握工业结构的演变规律和发展趋势，了解各工业部门在工业化过程不同阶段对推动经济发展所起的作用。以轻重工业比重来体现的霍夫曼比例，二者之比小于1，表明工业重化特征明显；以机械工业占制造比重10%、20%、30%和40%来表示工业化初级、中级、高级和后工业化阶段。

近几年来，福建正从轻加工工业向重化工业、高加工度工业转化，以钢铁、石化、汽车、造船、装备制造等为代表的重化工业发展迅速，正在成为拉动福建工业增长的主要动力，主导新一轮经济的增长。从福建轻重工业增加值看（见表1），霍夫曼比例都小于1，由霍夫曼法则表明，福建工业化中后期产业结构出现重工业化趋势，这是许多国家和地区工业化过程中的一个普遍规律。

表1　福建省2003~2007年规模以上轻重工业增加值

| 年 份 | 2003 | 2004 | 2005 | 2006 | 2007 |
|---|---|---|---|---|---|
| 轻工业（亿元） | 691.07 | 869.31 | 1034.15 | 1362.72 | 1630.82 |
| 重工业（亿元） | 770.33 | 976.39 | 1240.25 | 1382.86 | 1765.66 |
| 霍夫曼比例（%） | 0.90 | 0.89 | 0.83 | 0.99 | 0.92 |

资料来源：2003~2007年福建省统计年报。

将福建目前的经济结构指标与钱纳里和赛尔昆标准结构模式中不同发展水平的经济结构指标比较[2]，可以判定福建目前所处的工业化阶段，呈现的是一种相互矛盾的情况。根据2008统计年鉴数据计算，2007年福建工业产值占GDP的比例为49.2%，投资率为47.2%，进出口占GDP的比例为61.2%，2007年制成品出口占GDP的比例为38.4%。从工业产值占GDP的比例、投资率、进出口和制成品出口占GDP的比例等指标来看，福建已超越了传统工业化阶段。但是，从就业结构和人均收入等指标来看，2007年第一产业就业比例为32.7%，城镇人口比例为47.3%，这些指标又相当于标准结构模式中工业化刚起步的不发达国家的水平，仍处于传统工业化的初期阶段，而将福建工业内部结构指标与霍夫曼工业化经验法则比较[3]，情况则比较明确。从表1的数据并综合各方面因素判断，福建目前大体处于工业化中后期，进入重化工业阶段。

1985年以来福建机电产品出口额占出口总额的比重不断上升，1989年超过10%，2007年达到45%，按钱纳里标准此时已开始进入工业化高级阶段。但考虑到福建机电出口产品有相当部分是进口组装再出口的，这一比重存在一定的高估，但仍可判断已处于工业化中后期，进入重化工业阶段。

（三）福建工业化发展方向

依据福建产业结构动态比较优势、现有的产业基础、产业升级演进规律和产业链延伸的内在要求，可以确定重工业是福建工业的发展方向。目前电子信息、机械装备、石油化工三大产业已成为主导产业，而且还有很大发展空间。我们要以产业链和产业基地为切入点，以专业园区为承载体，通过强化技术的研发、引进吸收和创新，以及产业协同配套，促进主导产业集群进一步扩展，引领福建工业走进新一轮增长期，打造福建新兴的制造业基地。

## 三 福建工业发展面临着严重的资源环境约束

"十一五"期间,福建省人均地区生产总值从2000美元向3000美元甚至更高水平跃升。世界发展经验表明,人均GDP1000~3000美元的发展阶段,是居民消费结构升级、产业结构调整和工业化、城镇化进程加快的时期,也是人口、资源、环境等矛盾突出,瓶颈约束加剧的时期。重化工业属于高消耗、高污染的行业,而福建是资源相对短缺、环境相对脆弱的省份。长期以来福建工业发展呈粗放型发展模式,资源与环境问题日益突出,成为制约经济社会发展的巨大障碍。一方面,资源储备不足,供给能力减弱;另一方面,工业污染严重,生态环境恶化趋势尚未得到遏制,这些成为制约工业增长和经济发展的关键因素。综合分析国内外环境和福建的基础条件,"十一五"期间福建既面临加快发展的战略机遇,也面临着严峻挑战。

### (一) 福建工业的发展与资源承载力分析

福建是一个能源资源贫乏的省份。近年来,随着重化工业的持续快速发展,部分高耗能、高耗资源的产品增速呈现较快增长的趋势,使得在能源使用、节约资源以及保护生态环境方面都面临着新的挑战。2007年,在高耗能、高耗资源的产品中,钢材增长24.2%,水泥增长33.1%,铁合金增长21.4%,电解铝增长40.1%,化学纤维增长29.5%等,能源、原材料紧缺对工业经济发展的制约明显。

首先,从水和土地资源的利用情况看,2007年福建人均拥有水资源量为2996立方米,为全国人均拥有量的2.3倍[4],相对全国来讲福建水资源比较丰富。但随着经济社会快速发展,水资源出现了一些不容乐观的问题,经济相对发达地区的地表水资源拥有量相对较少,其中福州、泉州、厦门、莆田的地表人均水资源拥有量不到全省的一半。厦门的地表水资源拥有量最少,为20.26亿立方米,仅占全省地表水资源总量的1.25%。可见,全省水资源分布不平衡,沿海一些城市和开发区工程性和水质性缺水问题比较严重,成为这些地区工业化、城市化进程中一个硬性约束。从工业用地增长情况看,近年来福建省土地供需矛盾突出。2005年福建耕地面积比2000年减少了5.8万公顷。在工业化、城市化建设进程中，建设用地需求与耕地后备资源不足的矛盾比较突出。各地虽对征用土地资源采取了严格的控制措施，但近年来工业用地仍呈明显上升趋势，而工业用地紧缺的呼声也日趋提高。2008年10月，党的十七届三中全会通过的《中共中央关于推进农村改革发展若干重大问题的决定》提出，"坚持最严格的耕地保护制度，层层落实责任，坚决守住18亿亩耕地红线。""实行最严格的节约用地制度，从严控制城乡建设用地总规模。"福建省人多地少，人均耕地只有0.04公顷，是全国人均耕地最少的省份之一，低于联合国规定的人均0.053公顷耕地的最低警戒线。土地资源不足严重威胁福建工业用地的增长，制约着福建工业化进一步发展的空间。同时，由于工业化和城市化进程中"三废"滥排滥放，化肥、农药的大量使用，森林植被和矿产资源掠夺性开发利用及保养不善等，导致土地质量下降、土壤退化、土壤沙化和水土流失等。

其次，从能源的消耗和供给方面看，福建是缺煤少矿无油无气的省份，而目前又处在工业化和城镇化的重要发展阶段，以第二产业为主体的经济结构在一定程度上决定了工业是能源消费的最主要部门，对能源需求巨大，外购能源数量越来越大。2007年，三大产业的能源消耗比重为3.9∶72.1∶13.5，第二产业耗能比重最大且对能源的依赖十分突出。[5]2006年，在可供消费的能源总量中，煤占58.1%，油品燃料占20.8%，水电占14.7%，其他能源占6.4%。工业的耗能行业主要集中在火力发电业、非金属矿物制品业、黑色金属冶炼及压延加工业、化学原料及化学制品制造业、纺织业、造纸及纸制品业等六大行业。2007年这六大行业总产值占规模以上工业的29.6%，能源消耗总量达到3524.64万吨标准煤，占规模以上工业能源消费总量的84.8%，比总产值占规模以上工业的比重高55.2个百分点。"十五"以来，福建能源消费弹性系数均超过1，2001年全省能源消费3845.11万吨标准煤，2007年全省能源消费7596.84万吨标准煤，7年翻了近一番，7年来GDP年均增长11.8%，能源消费年均增长12%，高于经济增长速度。[6]福建人均煤炭储存量为31吨，是全国人均水平的1%，在全国居第24位。2007年生产煤炭1991.74吨，一次能源自给率约为40%，而60%以上要依靠外省调入，对外依赖程度较高，抗风险能力低，且能源供应过度依赖煤炭，这不仅加重了环境和运输的压力，而且可能导致安全事故的发生。福建大宗用量的石油、天然气资源短缺，2007年全省规模以上工业企业消费原油35.4万吨，全部需要从外省调入或国外进口。从2003年起，随着国际油价攀升，成品油价格一直在不断上调，企业利润空间进一步被压缩。

再次，随着重化工业的快速发展，福建高消耗资源的产品产量迅速增长，与2006年相比，2007年钢材产量增长26.9%，十种有色金属产量增长21.1%，汽车产量增长18.3%等，客观上造成资源紧张。我国从总量看是一个资源大国，但人均资源占有量很小。中国人均铁矿石、铜储量分别只有世界平均值的42%和18%，铝土矿只有世界平均值的7.30%，大宗矿产绝大部分都处于紧缺状态。对于快速增长的工业，我国矿产资源的保证度较差。据估计，45种主要矿产的现有储量，可以保证或基本保证2020年需求的有26种，不能保证的有19种。特别是铁、锰、铜、钾盐等大宗矿产，后备储量严重不足，已不能满足我国国民经济飞速发展的需要，供需缺口持续扩大。[6]为解决资源不足问题，我国越来越严重地依赖进口，目前约50%的铁矿石和氧化铝及60%以上的铜矿资源依赖进口。在全国矿产资源短缺的大背景下，福建不仅无石油、天然气资源，而且主要矿产资源与省外比较，也是资源相对贫乏的省份，如煤、铁、铜、铝土矿、水泥用石灰岩等都较为短缺。福建资源的短缺将严重约束着工业的发展。

最后，节能减排难度大。2007年福建万元GDP能耗0.876吨标准煤，比2006年下降3.5%。根据国家统计局发布的公报看，福建2006年万元GDP能耗0.907吨标准煤，相当于全国平均水平的75.2%，居全国第7位，万元规模以上工业增加值能耗1.37吨标准煤，比全国平均水平低1.16吨标准煤，居全国第5位。[5]这说明福建单位GDP能耗水平已在全国居前，虽然有节能的空间，但与兄弟省份比，降低能耗水平的难度更大。从规模以上工业耗能情况看，2005年福建规模以上重工业万元产值能耗为0.59吨标准煤，比规模以上轻工业万元产值能耗高0.44吨标准煤，比产业结构类似的广东省、江苏省分别高0.20吨标准煤和0.07吨标准煤。从重工业主要耗能产品单耗情况看，除供电标准煤耗和吨钢综合能耗比全国平均水平先进外，主要耗能产品如合成氨、水泥、烧碱、电石等单耗以及主要用能设备效率，均落后于全国平均水平。以石化产业为例，目前福建石化工业企业中多数化工企业生产规模小，生产设备老化，生产工艺落后，其中高耗能的化学原料及化学制品制造业万元产值能耗为 0.98 吨标准煤，比广东省和江苏省分别高 0.83 吨标准煤和 0.30 吨标准煤。关注重工业对能源压力，兼顾产业发展与资源可持续发展，是重化工业时代不可回避的问题之一。[7]

### （二）福建工业发展与生态环境的矛盾分析

福建重化工业发展提速标志着地区经济发展进入一个新的里程。从环境保护方面看，生产快速扩张与环境保护的矛盾较为突出。企业生产排放的污染物大量增加，对环境也造成了极大的压力，可持续发展面临现实威胁，成为影响工业增长的重要制约。主要有以下三个方面。

一是大气污染。随着工业特别是重工业的发展，废气排放量迅速增加。2005 年工业废气排放量为 6264.91 亿标立方米，比 2001 年增长 90%；工业二氧化硫排放量 43.91 万吨，比 2001 年增长 136%；工业烟尘排放量 11.8 万吨，比 2001 年增长 31%。在重工业生产过程中排放的污染物种类多、毒性高、数量大。2005 年福建省环保局对重点工业污染企业统计资料表明：石油加工炼焦及核燃料加工业、化学原料及化学制品制造业、非金属矿物制品业、黑色金属冶炼及压延加工业、有色金属冶炼及压延加工业、通用设备制造业、交通运输设备制造业、电力热力的生产和供应业排放工业废气 4093.68 亿立方米，占重点企业工业废气排放量的 65.3%；化学原料及化学制品制造业、非金属矿物制品业、黑色金属冶炼及压延加工业、电力热力的生产和供应业排放二氧化硫 3120 万吨，占重点企业二氧化硫排放量的 79.1%；非金属矿物制品业粉尘排放量为 16.22 万吨，占重点企业粉尘排放量的 93.4%，其中水泥制造业粉尘排放量为 15.55 万吨，占重点企业粉尘排放量的 89.5%；在福建省环保资料中，二氧化硫排放量、工业烟尘排放量、工业粉尘排放量、工业氨氮排放量等企业排序前 10 名中均为重工企业。特别是化工产品在加工、贮存、使用以及废弃物处理等各个环节都有可能产生大量有毒物质而影响生态环境、危及人类健康。福建石油加工炼焦及核燃料加工业、化学原料及化学制品制造业排放的挥发酚、氰化物、氨氮和石油类等主要污染物，分别占重点企业排放量的 52.8%、89.2%、37.5% 和 74.5%。关注重工业对环境压力，兼顾产业发展与环境保护，是重化工业时代不可回避的问题之一。

二是水资源污染不容乐观。工业发展也使废水排放大幅增加，2005年福建工业废水排放总量13.09亿吨，比2001年增长88%；电力热力的生产和供应业排放工业废水6.13亿吨，占重点企业工业废水排放量的49.3%。福建省每生产1亿元工业增加值需排放45.62万吨废水、排放2.18亿标立方米工业废气。由于能源以燃煤为主，而煤炭在燃烧使用时，不仅产生大量灰渣、尘烟，还会产生大量的二氧化硫形成酸雨。2007年福建省降水pH年均值为5.01，较上年上升了0.18个pH单位；酸雨出现频率为39.1%。全省海域一类、二类水质占53.9%，三类水质占7.7%，四类和劣四类水质占38.4%。闽江口局部海域沉积物中石油类、铜和有机碳含量超标；东山湾局部海域沉积物中石油类含量超标。2007年全年发现赤潮20起，累计面积451平方公里，主要出现在三沙湾、黄岐半岛、平潭沿岸、厦门同安湾及西海域、东山湾海域等。对福建22个重点贝类养殖区的检测结果表明，部分检测区贝类体内残留的铅、砷、镉、石油烃、铜、滴滴涕等有害物质含量超过《海洋生物质量标准》（GB18421—2001）一类标准。

三是工业固体废物产生和排放。2007年福建省工业固体废物年产生量为4816.37万吨，综合利用率70.49%，排放量2.75万吨，2001年分别是5133.09万吨、55%、9.61万吨。2007年比2001年分别减少18%、提高15.49个百分点和减少了71%。这几个数据表明，由于技术进步，近几年来工业固体废物排放量有所减少，综合利用率和利用量均有所提高。但是大量的工业固体废物依然对福建的生态环境构成威胁。如紫金矿业股份有限公司随着开采规模的不断扩大，年产生固体废物2668万吨，占福建省工业固体废物产生量的64.6%。福建石材行业也排放大量的固体废物，污染闽南地区的环境，使得生态环境进一步恶化和退化。

从广义上说，环境也是一种"资源"。工业化不可能完全不影响环境，但环境资源的再生成本是很高的，而且有些环境破坏是无法恢复的，因此，环境资源具有相当程度的不可再生性。从世界经济发展和工业化的历史过程来看，一国在工业化阶段，往往采取粗放型的工业经济增长模式，工业化和经济发展的速度比较快，但往往伴随的是资源、环境生态的高成本。福建的发展也不例外，比如闽江上游的沙溪是闽江污染最为严重的河段，三农、青纸、三化、麦丹、侨丹等企业的超标排放，成为污染沙溪以及影响闽江下游水环境质量的重要原因；相当数量"小而散"的企业形不成规模效益，严重浪费资源和能源，制约着福建省工业经济的可持续发展；因过度开发建设造成的生态破坏以及重大环境污染事故威胁福建省的环境安全。

## 四 缓解资源环境压力的福建发展模式

为缓解资源环境压力，世界上许多国家采取不同的发展模式，主要有三种类型。一是产业转移模式。一些发达国家凭借资本、技术优势，把资源消耗多、环境污染严重的产业转移到发展中国家和其他国家，把初级加工环节迁移到资源产地国，通过国际交换获得本国需要的资源型产品，满足自身需要。这种模式减少的是本国资源环境压力，牺牲的是他国的利益。二是资源国际化模式。这一模式的特点是一些资源缺乏的国家，通过与资源生产国联合开采、参股控股资源生产企业、国际市场购买等方式，在国外开辟资源生产基地，主要依靠国际市场保障本国工业发展和经济增长的资源供给。三是集约增长模式，即主要依靠技术进步、加强管理来缓解资源环境压力。联系福建发展的实际，笔者有以下看法。

第一，产业转移模式基本上不适合我们。经过改革开放30年的发展，2007年福建人均GDP为25580元，人民生活水平有了很大的提高。但与发达地区相比，我们还有很大的差距，必须在一定时期内要获得GDP的快速增长。因此，发展重化工业，着力建设福建先进制造业基地是我们的必然选择。必须以承接国际产业转移作为重点，争取在电子信息、机械装备、石化以及IC、光电子、软件、生物科技等新兴产业方面实现快速发展。在发展与环境保护的两难选择中，我们不可能把刚发展起来的重化工业转移到国外。当然，在20多年的持续高速经济增长后，福建经济实力和工业实力显著增强，对资源利用和环境保护的技术标准逐步提高并与国际接轨。在这样的条件下，耗费资源产业的竞争力必然显著下降，继续主要依靠耗费资源产业来支持工业竞争力的道路必然越走越窄。尤其是近年来福建一些地区的一些产业开始面临资源匮乏、土地数量减少、价格提高、市场饱和、工资上涨、投资回报率递减等问题，使得部分产业必须顺应发展的趋势向中西部地区转移，以提高福建的资源配置效率。[8]

第二，资源国际化模式应该考虑，但无法解决主要问题。经济全球化是当今世界经济发展的主要特征，经济全球化带来的益处是能够实现资源在世界范围内优化配置，但同时也使得国际社会对资源的争夺更加激烈。数据表明，在2006年，中国消耗了世界32%的钢材，25%的铝，23%的铜，30%的锌和18%的镍。在石油方面，随着中国石油进口的大幅提升，2006年的世界新增石油需求中，中国已经占据了31%。国际能源机构预测，中国将在2010年以后超过美国，成为世界最大的能源消耗国，成为标准的大宗商品进口国。因此，我们必须尽快制定和实施可行的利用国际资源的战略及对策，有效调控我国利用国际资源，特别是油气等战略能源消费的增长幅度，降低对国际市场的依赖。福建要加快推进福建制造业基地的建设，在各类资源严重短缺的条件下，必须实施利用国外资源的战略，这是福建经济社会可持续发展的必然选择。当然，从近年来国际市场资源产品价格暴涨暴跌的现实情况看，也决不能过分依赖国际市场。

第三，转变经济发展方式，实行集约增长是我们的必然选择。从工业发展的历史看，工业技术路线总体上是沿着从耗费资源损害环境的模式向节约资源保护环境的技术升级的方向不断进步。当耗费资源技术是工业化发展的主要来源时，工业发展处于初级阶段；而节约资源技术成为工业化发展的主要来源时，工业发展进入高级阶段。福建正处于重化工业发展阶段，正处于耗费资源损害环境的阶段向节约资源保护环境的技术升级的转型时期。我们必须在国家有关资源利用和环境保护的制度和政策下，积极推进工业整体升级和减少资源依赖。必须坚决淘汰高能耗、高污染的落后工艺、技术、设备和产品，从体制、政策、投入等方面支持资源节约新技术、新工艺的研发，完善节能、节水、节材技术服务体系，加快高新技术对传统产业的改造和渗透，增强自主创新能力，建设节能型产业结构，发展循环经济，完善可持续发展的政策体系。

加快转变经济发展方式，必须确立正确的指导思想，贯彻落实树立科学发展观，坚持走新型工业化道路，真正实现从粗放型增长向集约型增长转化，发展资源节约型环境友好型工业。笔者有以下建议。

（1）要构建资源节约型工业结构。福建工业结构属于偏重型的资源依赖型，原材料工业数量多，现代制造业比重低，高技术产业发展滞后，能耗物耗水平高，工业污染种类多、数量大，企业组织规模偏小。要加快工业结构调整，构建节约型工业结构，提高产业集中度，加强专业化协作，逐步建立起资源节约型工业结构。

（2）要培植新的主导产业与高新技术产业。要加强航空航天、汽车、通信设备、海洋油气、医药、生物技术制品和新材料等产业的开发，各类经济技术开发区和高新技术工业园应对本区的技术创新和产业发展起示范和引导作用，建立具有强劲创新开发能力的产业群。

（3）要加快技术进步，提高自主创新能力。过去福建技术进步过于依赖引进，企业的自主创新能力不足。衡量企业自主创新能力强弱的一个重要指标是 R&D 经费。国际发展经验显示，R&D 经费占 GDP 的比重小于 1% 的国家或地区，基本处于技术引进与应用层次；具有较强引进、消化、吸收能力的中等发达国家，一般在 1.5% 以上；自主创新能力较强的发达国家都在 2% 以上。2005～2007 年，福建 R&D 经费占 GDP 的比重平均为 0.87%，与中等发达国家相比存在较大差距。因此，要下大力气推进新一轮的设备更新和技术创新工作。

（4）要大力发展循环经济。要通过发展循环经济，严格控制资源需求和资源消耗。要倡导绿色生产和绿色消费理念，按照资源稀缺程度合理调整能源和资源性产品价格，全面降低全社会的资源消耗率和能耗水平，减少污染物排放，不断开辟新的资源利用领域，把资源总量和增长速度控制在合理的范围内。

（5）要创新管理模式。要充分发挥政府的作用，把"看得见的手"，和"看不见的手"结合起来，利用产业政策、税收政策等手段，实施有效的宏观调控。当前调控的重点是：提高部分高耗能、高物耗产业的准入门槛，坚决关掉那些小煤矿、小电厂、小化工、小水泥等能耗、物耗大户，坚决关闭不符合产业政策要求的高能耗高污染企业；强化环境约束的"硬度"，严格项目评估的环境要求，落实清洁生产要求，严惩违规排放、污染环境者，努力维护生态平衡；有效利用对地方政府考核的"指挥棒"，树立明确的导向标，促进经济发展方式的转变；进一步完善法律法规，充分发挥法律的约束效力，积极进行地方立法，为转变经济增长方式提供法律支撑。

（6）要建立具有区域特色的重型工业。应根据国家产业政策要求，结合实际，继续完善以产业政策为中心的宏观经济管理体系，研究制定福建综合产业结构政策，明确产业投资方向，制定出切实可行的工业经济结构调整方案。由盲目被动的适应性调整转向规范主动的战略性调整。要以重大项目为载体促进生产要素的集聚，建设若干个重要产业基地，做大产业群，形成产业链、产业群和产业带，促进经济结构的转型和升级。

（原载《中国科技论坛》2009 年第 9 期）

## 参考文献

[1] 金碚：《中国工业走向节约资源的发展道路》，《前线》2005 年第 10 期，第 125 页。

[2]〔美〕H·钱纳里、〔以〕M. 赛尔昆：《发展的型式：1950 – 1970》，李新华译，经济科学出版社，1988，第 31、32 页。

[3] 史东辉：《后起国工业化引论》，上海财经大学出版社，1999，第 30 ~ 31 页。

[4] 中华人民共和国水利部：《2007 年中国水资源公报》，http：//www.mwr.gov.cn/zwzc/hygb/qgszygb/200810。

[5] 福建省统计局：《节能降耗的难点与实现途径探讨》，《福建省统计分析报告》2007 年第 17 期，第 5、6 页。

[6] 刘云忠、王印华等：《中国工业化与资源环境问题研究》，《特区经济》2006 年第 9 期，第 43 页。

[7] 福建省统计局：《重工业发展路径思考》，《福建省统计分析报告》2007 年第 2 期，第 10 页。

[8] 李俊林：《我国西部地区承接东部地区产业转移的研究》，《科技情报开发与经济》2007 年第 17 卷第 36 期，第 124 ~ 125 页。

# 对分散环境污染
# 责任风险的路径探索

阚小冬

我国已经进入环境污染事故高发期,由于缺乏相应的污染损害赔偿机制,致使污染受害者和公共环境损害得不到应有的赔偿,已成为影响社会稳定、和谐的一大隐患。随着科学发展观的落实和构建环境友好型社会理念的深入人心,作为社会管理功能很强的环境污染责任保险,得到了前所未有的重视。但在具体实施的过程中,不能不正视环境污染责任的高风险,如果缺乏相应的转嫁机制,它不仅影响保险人的获利能力,甚至有可能导致保险公司破产。

## 一 建立多元的环境污染责任风险赔偿救助机制的必要性

### (一)重大污染赔偿责任风险凸显赔偿救助制度漏洞

目前我国的环境问题愈显突出,环境污染所造成的直接经济损失每年高达1200亿元人民币,约占每年GDP的7%,接近这几年中国的经济增长速度。[1]2004年沱江突发特大污染事故,直接经济损失达2.19亿元人民币,而作为事故责任人的四川化工股份有限公司仅有2000万元人民币的赔偿能力。[2]一年后,这个被称为近年来中国最大的污染损失事故纪录便刷新了,2005年11月,吉林石化分公司双苯厂发生爆炸,约有100吨化学品泄漏流入松花江。据专家估计,仅哈尔滨的直接损失就在15亿人民币元左右,如果算上间接损失,应该在几百亿到上千亿人民币之间。[3]松花江水污染事件的标志性意义,在于环境问题得到了全社会前所未有的重视,但并不意味着噩梦的结束。据国家环保总局的统计，2006年我国发生严重环境污染事故161起[4]，2007年，国家环保总局接报处置的突发环境事件是108起。[5]

伴随环境污染事故急剧增加而来的是纠纷居高不下，矛盾的焦点通常集中在经济索赔上，这已成为危及社会稳定的严重隐患。中国环保总局局长周生贤说，2005年全国发生环境污染纠纷5.1万起，因环境问题引发的群体性事件以年均29%的速度递增。[6]

### （二）稳定的污染损害侵权救济机制是社会和谐的保证

"利之所生，损之所归"，污染者追求利润的活动造成环境和他人合法权益的损害，理应承担赔偿责任。但突发污染事故往往会导致巨额责任的集中化，造成侵权责任人的赔付能力不足，而最终由政府、社会和个人承担环境事故损害后果。2005年，政府为重大环境污染事件支付赔偿金额高达118亿元[7]，环境损害赔偿与赔偿不能实现之间形成了一对难以克服的矛盾。随着市场和法律环境的健全，环境侵权企业的民事责任风险在加大，无论从总量还是给社会、企业或个人带来的潜在损失程度来看，都已成为一种越来越重要、频率越来越高的风险。若将环境污染责任风险完全交由企业承担，现有的环境侵权民事责任个别化的机制，决定了它在解决这类问题上的局限性。

世界上的主要发达国家，为确保受害人得到充分赔偿，都对从事有高度污染风险的企业实行强制性环境污染责任保险。为了保证受害人获得及时和充分的救济，维持社会稳定，促进社会的可持续发展，有必要借鉴西方的环境污染责任保险制度，完善我国的环境侵权损害赔偿机制。

## 二 环境污染责任保险的风险分散机制存在缺陷

### （一）环境污染责任保险是对我国现有环境侵权救济制度的必要补充

环境污染责任保险是指被保险人因从事保险合同约定的业务活动导致环境污染，而应当承担的环境赔偿或治理责任为标的的责任保险。作为一种预防体系，它通过整个社会平时的积累，汇集成保障基金，在污染突发事件来临而导致赔偿责任时,利用保险的渠道将巨额的赔偿金回馈于社会,从而实现损害赔偿的社会化。作为稳定的污染损害补偿保障机制,环境污染责任保险将立足于个别污染者对受害人的私人性损害赔偿,转化为社会性损害分担,分散了巨额赔偿风险,把集中于侵权人的风险转嫁给保险公司,使得巨额赔偿因为有相对强大的保险资金作后盾而得以实现,同时还强化了保险公司对企业保护环境、预防环境损害的监督管理。

环境污染责任保险在分散排污企业环境风险、保护第三人环境利益和减少政府环境压力等方面发挥着独特的作用,它既有利于对受害人的及时救济,切实保护环境污染受害者的合法权益,避免因此而产生的社会动荡;还能保障投保者的财务安全,使企业避免因污染损害事故遭受重大损失难以为继,招致破产的命运;还能减轻政府的财政负担,也是政府转型时期利用市场经济手段,履行公共服务职能的有益探索。

### (二) 环境污染责任保险所承保的风险缺乏有效的分散手段

"理想的可保风险"要求风险的发生具有偶然性、损失的不确定性、风险事件或风险单位的独立性和无巨灾损失。环境污染的责任风险则难以满足理想的承保条件。首先是环境污染损失过大,如沱江与松花江水污染事件的损失都超过 250 万美元,属于国际上公认的巨灾风险。[8]重大环境污染事件发生的频率不是很高,但突发的破坏性,会在短时间内猛烈冲击保险公司和保险市场,引起连锁理赔反应。其次是民事责任风险呈上升趋势,随着我国法律法规体系的完善,环境污染责任保险所承担的法律风险也相应增加,巨额索赔频繁见于报端,加大了保险公司的承保风险。再次是污染责任风险的可控性较弱,风险管理技术复杂。企业生产经营的各个环节都可能是风险点,如生产计划疏忽、员工违规操作和自然灾害诱发的事故等都可造成环境污染事件。而每一个企业的生产地点、生产流程各不相同,经营环节、技术水平各有特点,对环境造成污染的可能性和污染程度都不一样,每个保险标的所适用的保险费率千差万别,这就要求保险公司在承保时,有专门通晓环保技术的人员对每一个标的进行实地调查和评估,单独确定保险费率,增加了经营成本。另外,环境污染责任风险受限于再保险市场的承保能力,目前再保险市场缺乏足够的主体分保,即便是已接受了分保的再保险人,本身也面临着与原保险人相同的难题,即在不完全具备风险大量和风险同质，缺乏牢固的大数法则基础上，如何分散风险和维持自身财务的稳定。

环境污染责任风险所具有的特殊性和复杂性，决定了简单机械地套用一般财产保险技术，难以实现对环境污染风险的有效识别、计量以及损失控制，这将导致环境污染责任保险出现超高的赔付率和管理成本，对商业保险公司进入该市场缺乏吸引力，从而抑制环境污染责任保险的供给。即便已开展了该业务的保险公司，为了弥补偏高的成本常常会提高费率，如果超过投保人的承受能力，就将抑制市场的需求，这也是我国环境污染责任保险陷入困境的主要原因。

### 三　完善我国环境污染责任风险分散机制的路径和方法

#### （一）证券化是环境污染责任保险分散风险的可选择途径

环境污染责任保险在服务民生保障，构建和谐社会方面具有不可替代的作用，充分发挥它的经济补偿和社会管理功能，是国家政策的导向所在。随着承保技术及保险经营管理技术的进步，保险人承保环境污染责任风险已成为必然的趋势。但是既要发展环境污染责任保险这一业务，又必须正视环境污染风险对保险公司偿付能力的影响，这样才能让这个险种具有可持续性。

20世纪90年代，为了扩大保险资金来源、转移和分散巨灾风险，提高承保能力，国际资本市场上一种基于保险风险的金融创新工具应运而生，即保险风险证券化。它将缺乏流动性，但能够产生可预期的稳定现金资产，通过结构性重组，由中间机构发行基于保险风险资产的证券。保险业的风险通过金融有价证券向资本市场转移，风险的承担者由原来的保险人和再保险人转变为更广泛意义上的资本市场。如果保险公司或再保险公司将保险市场难以消化的巨额污染责任风险，通过有价证券转移到资本市场运作，投资者则可获益于较高的风险收益。风险证券化不仅能帮助保险公司或再保险公司转移所承保风险，还能利用资本市场对巨额风险的损失进行提前融资，保险风险证券化对弥补环境污染责任风险承保能力的缺口，无疑提供了一个很好的解决思路。

## （二）污染责任风险证券化产品的形式

### 1. 污染责任风险债券

保险公司或再保险公司通过发行收益与指定环境污染损失相联结的债券，将承保的污染责任风险，以不同的方式进行组合归类，投资者根据自己的风险承受能力和风险好恶程度选择适当的风险标准。如果在约定期限内发生指定的事故，且损失超过事先约定的限额，则债券持有人就会损失或延期获得债券的部分或全部利息或本金，而保险公司或再保险人则将发行债券所筹集的资金用于赔付超过限额的损失，而无须向投资者支付本息。如果在债券约定的期限内，污染事故没有发生或损失没有超过限额，则投资者就可以按照约定的较高利率收回本金利息，作为使用其资金和承担相应承保风险的补偿。不过只有当再保险价格相对较高，高风险的债券的票面利率高于市场平均利率水平时，才能吸引投资者。因此，污染责任风险债券的核心是定价和配置达到最优化，使参与各方都受益。[9]

### 2. 污染责任风险期权

巨额风险期权是以污染损失指数为基础而设计的期权合同，包括看涨期权和看跌期权。它将某次污染责任风险的损失限额或损失指数作为行使价，而涉及的损失风险既可以是某家保险公司的污染风险，也可以是几家保险公司的污染风险。如果保险公司买入看涨期权，则当合同列明的承保损失超过期权行使价时，期权价值便随着特定承保损失金额的升高而增加。此时如果保险公司选择行使该期权，则获得的收益与超过预期损失限额的损失正好可以相互抵消，从而保障保险公司的偿付能力不受重大影响。而巨额风险期权的卖方事先收取买方缴纳的期权费用，作为承担风险的补偿。利用期权特性来控制保险公司的经营风险，符合保险公司对动态偿付能力的需求。[10]

### 3. 污染责任风险期货

巨额风险期货是由美国最先推出的一种套期保值工具，其交易价格一般可与某种污染的损失率或损失指数相联结。这种期货合同通常设有若干个交割月份，在每个交割月份到期前，保险公司和投保人会估计在每个交割月份的风险损失率大小，从而决定市场的交易价格，而市场对污染损失率的普遍预期也会对期货交易价格产生影响。例如保险公司预计第四季度污染损失率将要上升，为控制该季度赔款，买入一定数量的 12 月份期货合约，如果届时污染事故确实发生，而且导致公司损失率上升，则第四季度后，在期货交易价格随市场预期损失率上升而上涨时，公司通过签订同样数量的卖出期货合约取消期货义务，获得期货买入卖出之间的差价，并用以抵消因实际损失率超过预期造成的额外损失。当实际损失率低于预期时，保险公司虽然在期货市场上遭受一定损失，但可以在保险的收益方面得到弥补。[10]

## 四 我国环境污染责任风险证券化亟待解决的问题

保险产品证券化对解决污染损失责任风险再保险供给能力不足、风险过大等问题，提高保险公司经营的收益性和稳健性有着积极作用，同时还可为证券公司、机构投资者提供新的投资工具，活跃证券市场，实现保险业与证券业之间的共赢。近年来，保险产品证券化在国际保险市场得到了长足的发展，它对实现风险隔离和降低融资成本起着解决的作用，为保险业务提供了巨大的发展空间。但环境污染责任风险证券化是一个复杂的系统工程，其成功的构建要受到经济、法律、市场等诸多环境因素的约束，现阶段在我国亟待解决的问题如下。

### （一）信息披露、市场诚信制度有待完善

传统再保险已成为一种规范的、广为接受的风险转移方式，污染责任风险证券化要想获得应有的效益，在损失的确认、条款的解释、理赔的公正等方面，必须达到再保险人的信息披露透明度和业务熟练程度。为投资者提供客观、公正的风险信息，有助于降低投资活动的不确定性，使这类金融产品更好地为人所了解，促进其规模发展。在现有的市场和监管环境下，校正保险公司和投资者信息不对称的制度并不完善，如何科学客观地厘定损失率，制定对双方都公平的证券合同还有待研究。

### （二）证券化产品的流动性难以保证

投资人进入这个市场，是为了获得较高的风险报酬，并有助于降低投资组合的总体风险，但前提是该证券化产品具有较强的流动性。如果在二级市场缺乏流动性，对投资人就会失去吸引力，污染责任风险证券化的规

模就难以扩大。

(三) 缺乏配套的法律法规体系

污染责任风险证券化机制复杂，实际操作过程中涉及保险、证券、财务、税收等各个领域，没有相应的法律体系作为支持，就很难规范市场主体的行为，市场参与者特别是投资者的合法权益得不到真正的保障，这个市场就很难实现健康、规范的发展，也不利于金融行业和社会的稳定。

污染责任风险证券化将投资者引入保险市场，降低了污染事故对一家或几家保险公司所带来的负面影响，给保险业的融资带来了战略性的益处，同时也为保险公司提供了更多规避风险的方法，与其他风险和资本管理工具互为补充，这对形成有价值的环境责任保险市场有着重要意义。虽然环境污染责任保险在我国刚刚起步，现阶段在我国全面开展污染责任风险证券化的时机还不成熟，但理论的先行研讨对将来的实践是有意义的。

(原载《华东经济管理》2009年第1期)

## 参考文献

[1] 沈迪:《污染赔掉118亿 保监会拟推"环强险"》,《法制晚报》2006年12月12日。

[2] 喻宁:《哈市大停水，损失谁埋单?》,《厂长经理日报》2005年12月5日。

[3] 刘树铎:《专家估测哈尔滨直接损失15亿元》,《中国经济时报》2005年12月1日。

[4] 蔡民、王道斌:《两个月报告45起环境突发事件 委员建言建立系统解决》,《广州日报》2006年3月3日。

[5] 《环保总局保监会联合建立绿色保险制度》,新华网, http://news.xinhuanet.com/newscenter/2008-02/18/content_7623609_1.htm。

[6] 郄建荣:《周生贤:环境问题已成引发社会矛盾的"焦点"问题》,中国新闻网,2006年4月20日。

[7] 崔帆:《强制环保险两年后启动 过渡期投商业保险》,《财经时报》2006年9月25日。

[8] 栾存存:《巨灾风险的保险研究与应对策略综述》,《经济学动态》2003年第8期。

[9] 施方、俞自由:《巨灾保险的资本市场选择》,《中国保险》2003年第6期。

[10] 肖文、孙明波:《西方保险风险证券化的运作方式》,《保险研究》2004年第3期。

# 碳锁定与技术创新的
# 解锁途径

王 岑

随着全球工业化的进程，人类生存的环境受到温室气体的威胁日益严峻。来自联合国政府间气候专业委员会（IPCC）的第四次全球气候评估报告（2007年）显示，到21世纪末因气候变暖全球气温将上升1.4～5.8℃。温度的升高与二氧化碳浓度的升高是同步的，近50年全球变暖主要由人类活动造成这种的可能性为90%，而此前2001年发布的报告指出这种可能性高于66%。[1]据世界银行统计，20世纪这100年人类共消耗煤炭2650亿吨，消耗石油1420亿吨，消耗钢铁380亿吨，同时排放出大量的温室气体，使大气中二氧化碳浓度在20世纪初不到300ppm（百万分之）上升到目前接近400ppm的水平，并且威胁全球的生态平衡。[2]有专家认为，如果人类希望把地球保持在现在这样一种文明发达和适合生存的状态，就必须至少把二氧化碳浓度从现在的385ppm降到350ppm。[3]地球的将来很大程度上仍然掌握在人类手中即气候变化的程度，取决于人类如何对待温室气体的排放。

世界上大部分的国家处于工业化阶段或者正进入工业化阶段，工业化发展过程中将不可避免导致二氧化碳排放量激增。有预测指出，到2050年世界经济规模比现在要高出3～4倍，而目前全球能源消费结构中，碳基能源（煤炭、石油、天然气）在总能源中所占的比重高达87%。由此可见，为了应对危及世界人民福祉的气候变化，发展低碳经济已刻不容缓。

我国正处于工业化阶段，二氧化碳减排任重道远。英国风险评估公司Maplecroft公布的温室气体排放量数据显示，中国是世界上二氧化碳排放量最大的国家，已超过美国，位居世界各国之首，中国每年向大气中排放的二氧化碳超过 60 亿吨。第二位是美国，每年排放的温室气体达到 59 亿吨，第三位是俄罗斯，第四位是印度。[4]虽然我国的二氧化碳人均排放量较低，但这是以我国巨大的人口基数为基础的。若以中国现有碳的生产力，即排放一吨二氧化碳所产生的 GDP 仅相当于发达国家的 1/4、1/5，届时国际社会施加压力将极大地压缩我国的发展空间。国际、国内的严峻形势表明，推行低碳经济已势在必行。

## 一 低碳经济与技术创新

### 1. 低碳经济的基本内涵

"碳"是一种化学元素，是生命的元素，地球上的生命都是以碳为骨架组成的。在地球生物圈，动物呼吸排放的二氧化碳（$CO_2$）是绿色植物光合作用的原料，而光合作用产生的氧气除了满足植物自身呼吸需要外还供给了动物，从而在动植物之间形成"碳循环"。在正常情况下，碳循环是平衡的。"碳"原本是人类的"朋友"，但由于工业化、城市化的迅速发展，人们无节制地消耗煤炭、石油等碳资源，不断地把地下的碳"搬"到了地上，使地层中经过千百万年积存的已经脱离碳循环的碳元素在很短的时间内被释放出来，打破了生物圈中碳循环的平衡，使大气中的 $CO_2$ 含量迅速增加，加之未能妥善地捕捉、储存、利用，使得大气中的二氧化碳浓度不断增加。由于 $CO_2$ 只允许太阳光进入大气层，却阻止其反射，从而产生温室效应，致使自然环境严重污染，全球气温不断上升，给人类带来了严重危机。因此，为维持生物圈的碳平衡、抑制全球气候变暖，需要降低生态系统碳循环中的人为"碳通量①"，通过减排 $CO_2$、减少碳源、增加碳汇，改善生态系统的自我调节能力。这是推行低碳经济的现实要求。

1992 年的《联合国气候变化框架公约》和 1997 年的《京都议定书》系统地对低碳经济进行了论述。低碳经济概念起源于 2003 年英国发表的《我们能源的未来：创建低碳经济》能源白皮书。2007 年联合国气候变化

---

① 碳通量（Carbon flux）是碳循环研究中一个最基本的概念，表述生态系统通过某一生态断面的碳元素的总量。例如：某河流的碳通量，就是流过河流断面的有机碳和无机碳的总量；某森林生态系统碳通量，就是该生态系统单位时间单位面积上的碳循环总量；海洋的碳通量，也就是单位时间和单位面积内碳增减的数量。

大会制定了"巴厘岛路线图",将低碳经济概念由国家范畴扩充到全球范围内,积极促进了低碳经济的发展。2008 年,G8 峰会 8 国表示将寻求与《联合国气候变化框架公约》的其他签约方共同达成到 2050 年实现全球温室气体排放减少 50% 的长期目标。

低碳经济是指在可持续发展理念指导下,通过技术创新、制度创新、产业转型、新能源开发等多种手段,尽可能地减少煤炭石油等高碳能源消耗,减少温室气体排放,达到经济社会发展与生态环境保护双赢的一种经济发展形态。低碳经济模式具有低能耗、低排放、低污染的特点。具体经济形态表现为低碳技术、低碳产业、低碳能源、低碳生活、低碳城市等。[5]它是生态环境代价和社会经济成本最低,能够实现全球生态系统自我调节能力的可持续发展经济模式。其实质是高能源效率和清洁能源结构问题,核心是能源技术创新和制度创新。

低碳经济是一种由高碳能源(基于化石能源)向低碳能源过渡的经济发展模式,是一种旨在修复地球生态圈碳失衡的人类自救行为。因此,发展低碳经济的关键在于促进经济增长与由能源消费引发的碳排放"脱钩",实现经济与碳排放错位增长(低增长、零增长或负增长),通过能源替代、发展低碳能源和无碳能源控制经济体的碳排放弹性,并最终实现经济增长的碳脱钩。

发展低碳经济的关键在于降低单位能源消费量的碳排放量(即碳强度),通过碳捕捉、碳封存、碳蓄积降低能源消费的碳强度,控制 $CO_2$ 排放量的增长速度。由于人为"碳通量"只占地球大气碳通量很小的比例,低碳经济旨在降低经济发展对生态系统碳循环的影响,维持生物圈的碳平衡,其根本目标是促进经济发展的碳中性,即经济发展人为排放的 $CO_2$ 与通过人为措施吸收的 $CO_2$ 实现动态均衡。因此,低碳经济本质上属于碳中性①经济。

2. 低碳经济与技术创新

技术创新是促进经济增长的原动力之一。不同的经济发展模式下,需要得到相适应的技术水平支撑。经济发展模式对于技术创新具有导向作

---

① 碳中性是指计算二氧化碳的排放总量,然后通过植树等补偿方式把这些排放量消化掉,不给地球增加额外温室气体排放(主要包括二氧化碳、甲烷等)的负担,达到环保的目的。

用，反之，技术创新又影响经济模式的发展方向。传统发展模式下的技术创新具有高能耗、低效率、高污染等特点。传统的经济发展方式注重量的增长，很少考虑甚至不考虑环境对经济发展的承载能力以及未来的可持续发展，认为市场机制通过技术创新能克服资源的局限性。

可持续发展理念对经济增长有了较为理性的认知，认为地球系统和生存空间存在实际的局限性，自然和社会资源并不可以被无限替代，其发展模式的重心从增长转向可持续发展，技术创新注重经济效率的同时也需考虑环境的承载能力和资源的有限性。

相对于可持续发展模式而言，低碳经济的目标更加明确且具有可操作性。具有低排放、低能耗、低污染特点的低碳经济发展模式，必然要求技术创新朝着节能、减排、增效的方向发展。倘若仍然停留在已有的技术水平上或者偏离低碳经济要求的方向，将不可能实现低碳经济的目标。低碳是技术创新的方向和指引，技术创新是实现低碳经济的内在驱动力。

## 二 我国经济发展的瓶颈之一——碳锁定

低碳技术主要指那些有助于降低经济发展对生态系统碳循环的影响，实现经济发展的碳中性的技术。例如碳捕获和储存技术、节能减排技术和可再生能源技术以及某些现在未知的技术。低碳技术创新成功与否依赖于其发展的路径。一种技术的市场份额不只取决于市场偏好和技术可能性，而且还依赖于报酬递增和历史小事件，两者联合作用可能导致次优技术占主导地位，从而产生某种锁定效应。[6]制度、设备和资金等也同样会出现这种问题。

碳锁定是一种产生于工业国家历史发展路径的状态，这种状态也称为"技术—制度复合体"（Tecno - Institutional Complex，简称 TIC），它是由技术系统和管理其扩散和应用的公共与私营机构组成的。技术和制度相互联系、互相依存地存在于系统之中，一旦稳定的技术—制度系统得以形成，就会要求保持稳定并抵制变化的发生。因此，受益于长期递增报酬的以碳为基础的能源系统可能会产生锁定效应，妨碍低碳、可再生能源等低碳技术的创新。同时，受益于现有制度的参与者将试图维持该种制度，这就进一步强化了现存技术系统的锁定。目前工业化国家以碳为基础的能源和运输系统形成了锁定的技术—制度复合体，相应地也是碳锁定。[6]

由于现代技术系统深深嵌入在制度结构之中，导致技术锁定与制度锁定的因素相互作用，加剧了技术锁定。有研究指出，工业经济处在碳锁定的状态，尤其是锁定在碳密集的化石燃料能源系统，这是由技术和制度共同演进的过程中路径依赖的报酬递增所引起的。

纵观近代科技发展，我们看到高碳的存在，有着更为悠久的历史传统和稳固的制度体系。以钢铁为例，从工业革命开始，到现在有两三百年的历史，庞大复杂的高碳工业的体系早已将它的触角延伸到世界的每个角落，根基牢固，不可动摇。石油、煤炭工业的蓬勃发展对低碳经济形成巨大的阻力。

在中国工业能耗中，最主要的能耗来自高耗能工业，如黑色冶金、有色冶金、非金属建材、化学原料等原料工业以及煤炭、石油、天然气、电力等能源工业。钢铁行业是典型的高耗能、高碳行业。钢铁行业过剩已经成为不争的事实，而且国家曾多次下达抑制过剩的调控政策。但是依然无法浇灭钢铁行业的高投资欲望。2010年4月国务院发展研究中心中国企业家调查系统发布的调查报告显示，仍有超过5成的企业计划当年增加投资额，尤其在制造业投资热点中，备受关注的钢铁行业依然榜上有名。中国这种高能耗工业的存在就是建立在一种巨大的投资基础之上的，如果单纯将这些巨大的投资报废，代价无疑是巨大的。所以，尽管钢铁行业是高碳行业，但依旧在哥本哈根峰会以后的2010年1~2月投资继续加大。这背后的支撑因素是什么呢？主要是一种高碳的锁定效应在作怪，直接导致了中国经济对高碳有着一种非常强的路径依赖。

中国制造业发展水平较低，当前一些制造业高速扩张，多数是对常规技术的简单复制。一些基础设施、机器设备、大件耐用消费品等资金技术一旦投入，其使用年限均在15年乃至50年以上，生命周期内不会轻易废弃，比如，据估算中国2006年到2030年间需要在能源部门累计投资3.7万亿美元，74%用于电力投资，其中很大比重属于火力发电投资。这种采用基于化石燃料的能源技术会产生积极反馈循环，从而形成对基于化石燃料的能源技术的持续再投资。伴随我国经济的快速发展和工业资本的不断增加，能源需求大幅上升，已出现了能源紧缺危机。能源得不到可靠保障会阻碍投资和工业化进程，因此我国也面临着原有的工业化政策带来的与之俱增的能源压力。这种正反馈过程会倾向于继续应用或投资于旧技术，最终可能形成碳锁定。

一份出自中国环境与发展国际合作委员会的"中国低碳经济发展途径研究课题"调查报告显示，中国未来的减排能力被现行的建设和生产模式碳锁定，并可能延续数十年，这将严重限制减排努力和技术的推广。如果中国不改变经济发展模式，到2030年人均二氧化碳排放量将达到8吨，石油对外依存度将超过80%。如果中国走低碳发展道路，中国可以将2030年的能源消耗降低20%，达到44.7亿吨，人均二氧化碳排放量为5.9吨。中国目前正处在快速的工业化和城市化过程中，在后20年里有大量的基础设施和设备投入运营。在大规模投资的背景下，如果不采用先进的技术、设备和发展理念，一旦建成，在其整个寿命周期内就被锁定在高能耗、高污染、高排放的路径上。

碳锁定会阻碍低碳创新技术的研发及其普及。首先，现有技术的支撑体系阻碍了低碳技术创新。能源系统和技术的相关基础设施的生命周期很长，而新技术通常依赖不同的基础设施和辅助技术的支撑。即便存在可供选择的更优的替代技术，政府、金融机构、供应商和现有的基础设施之间的正反馈系统仍支持和维护现有技术。其次，相比现有技术，低碳技术创新面临更大的风险性。现有技术经过长期演变发展，逐渐成熟，风险相应较小。而低碳技术大多是比较新的技术，面临较大的技术风险。再次，低碳技术创新研发成本高。低碳技术创新先期开发和能力建设成本较高，并且新技术的运转和维护也会产生高额费用。这使得低碳技术在成本上缺乏竞争力。

## 三　发展低碳经济，从技术创新上寻求解锁的途径

根据物质不灭定律，地球生物圈的碳储量是恒定的，大气中$CO_2$含量增加意味着非气态碳过多地转化为气态碳，使得单位时间内通过大气的$CO_2$量（即碳通量）超过了地球生态系统的碳平衡阀值，导致大气中的碳过剩。解决碳过剩问题的根本方法是降低大气的碳通量。从引发人为碳通量的物质动因看，问题主要出在大量的化石能源消费。只要消费石油、煤炭等含碳自然资源，就必然要排放$CO_2$，形成碳足迹。由于自然碳通量是

地球生物圈存在和发展的基础，我们只能通过降低人为碳通量来实现。因此，如何减少人为碳源、增加自然碳汇是"碳锁定"的解锁钥匙。解锁的关键在于技术创新及技术创新体系的支持，即最大限度地降低经济发展对生态系统碳循环的影响，实现经济发展碳中性的技术及相关的政策制度支持。

1. 解锁途径之一——调整能源结构，发展低碳能源及技术

发展低碳能源，在优化低碳能源的技术性和经济性的前提下用低碳能源去置换、替代传统的高碳化石能源。由于石油和天然气的单位热量消耗碳排放量较煤炭低10%~30%，必须加快国家能源消费从传统煤炭为主向石油和天然气为主的结构转变，加快传统化石能源为主向清洁和可再生能源为主的结构转变，通过化石能源内部和外部结构调整，有效减缓碳排放增长速度，促使我国能源结构向低碳能源方向发展。发展节能技术、无碳和低碳能源技术。建立绿色科技支撑体系，尤其要加快发展核能、风能、水能、太阳能、海洋能、生物质能等相关技术，争取克服关键技术问题，同时大幅度降低成本。

2. 解锁途径之二——促进碳平衡，积极研发低碳技术

从碳循环来看，我国应该大力发展节能与能效提高技术，加强对碳利用、碳捕捉和碳封存等技术的研发，提高煤炭、石油和天然气的清洁、高效开发和利用的水平。

发展碳吸收技术。通过碳捕捉和碳封存增加碳蓄积、减少地球生态圈的碳循环通量，促进碳平衡。碳捕捉和封存技术（Carbon Capture and Sequestration，简称CCS）可以在现有技术—制度框架约束下运作，也有利于促使当前主导企业和政府机构的利益与低碳经济的目标相一致，通过捕捉、封存和管理使用化石燃料所排放的二氧化碳来缓解气候变化危机。一般而言，碳捕捉主要是从火力发电厂等较为集中的碳源捕捉二氧化碳，碳封存可将二氧化碳注入地下，或者变成碳酸矿物。碳捕捉和封存技术保留了现有大部分能源基础设施，如电网、生产和传输设备以及终端技术，其在碳锁定的情况下是基本可行的。"富煤、少气、缺油"的资源条件决定了中国能源以煤为主，电力供应主要来源于煤炭发电，短期内从化石燃料转变为替代能源是不现实的。CCS技术兼顾了现实条件和各方需求，有利于形成广泛利益联盟，对于碳锁定条件下的低碳技术创新有推动作用。还

有包括 $CO_2$ 和甲烷等温室气体的排放控制与处置利用技术，生物与工程固碳技术，先进煤电、核电等重大能源装备制造技术。

发展碳利用技术。垃圾是放错了地方的资源。温室气体是逃逸的二氧化碳。如果将资源放对地方，在二氧化碳没有逃逸之前将其捕捉，采用化工新技术、新工艺变废为宝、化害为利，将是一件具有社会效益和经济效益的事业。而能够担当此项重任者非化工产业莫属。我国一些化工企业已经做出了尝试，并且取得了成功。比如，利用二氧化碳生产碳酸二甲酯技术可将工业生产中大量排放的二氧化碳变成碳酸二甲酯等精细化工产品。通过羰基合成等工艺技术，可使二氧化碳与氢反应生产甲烷、甲醇、碳纤维、工程塑料、沥青以及建筑材料等，不仅能减少二氧化碳的排放，还能拓宽氢能利用的空间。

增加碳汇。森林和土地可以起到自然碳汇的作用。通过植树造林、草原修复、湿地保护、农田保护和海洋管理等措施保护自然碳库，利用植物和土壤吸纳大气中的 $CO_2$，清除大气中的温室气体。停止对热带森林的乱砍滥伐、在土地贫瘠地区重新植树造林，以及通过变革农业耕作方式，在土地中封存更多的二氧化碳，将会增加碳的封存量。

3. 解锁途径之三——消除碳路径依赖，建立低碳技术的创新系统

建立有利于低碳经济的整体创新系统。创新系统填补了知识与其内在技术可能性之间的差距，并使这些技术可能性符合市场需求。低碳经济转型要求现存社会经济制度的创新，因此有必要设计一个迎合该需求的整体技术创新系统。低碳技术创新系统能指引低碳技术探索的方向；提供人力、物力和财力等资源；促进知识与信息的交流，创造外部经济；推动低碳技术及产品市场的形成。通过技术创新可以降低不确定性，提供替代方案，提高相关问题的解决速度并创造一系列正外部效应。所以，技术创新有助于克服系统中存在的碳锁定或解锁出更加清洁高效的新技术，即技术创新一方面受锁定效应的制约，一方面又有助于锁定效应的解除。

低碳创新系统主要有技术创新、制度创新。技术创新提升了向低碳经济转变的潜能。实行技术升级，提高资源的利用效率；研发可再生能源和新能源技术，用清洁能源替代化石燃料，以提供必需的低碳排放或无碳排放的能源服务。大力发展环保产业，为加大污染防治力度，腾出和扩大环境容量、促进绿色发展提供支撑。

制度创新就是建立整体的低碳创新政策体制，深化环境影响评价制度，从源头上控制推动低碳产业优化升级。健全环境法规政策，以环境成本优化资源配置。积极制定有利于低碳产业发展的产业政策。提高政策工具组合的连贯性和整体性，关注社会效益、环境效益与长远发展；设计向低碳经济转变的综合评价指标体系，健全减排统计、监测和考核体系。通过减排倒逼传导机制，促进经济发展方式转变和产业结构调整。同时积极发展低碳金融（绿色信贷）和低碳掉期交易、低碳证券、低碳期货、低碳基金、低碳保理等各种低碳金融衍生品，促进低碳经济。运用制度手段将低碳经济转变过程中产生的外部效益内部化。

4. 解锁途径之四——调整产业结构，积极为低碳产业提供技术支持

要改变碳锁定局面，重点是产业结构调整和重视发展低碳产业。首先，合理调整产业结构和工业行业内部结构，加快发展第三产业，在工业内部加快发展高附加值的高技术产业和低耗能产业，大幅度降低能源消耗强度和污染排放强度。其次，加强高耗能行业的结构调整，利用技术创新，淘汰陈旧设备，削减小型、分散、工艺落后的污染源，推广高新技术，大力提高能源利用效率和经济效益，控制能源消费总量的增长。具体做法是通过制度实施相关法规，制定和实施鼓励节能的技术、经济、财税和管理政策等综合措施，采取激励性和约束性的手段，引导、支持企业向低碳经济领域积极投资，参与开发清洁能源；建立起高耗能、高污染行业新上项目与地方节能减排指标完成进度挂钩、与淘汰落后产能挂钩相结合的机制。

大力扶持低碳产业的相关技术支持。低碳产业狭义上讲，是指提供以减少二氧化碳排放为标的的服务和产品的行业。广义上讲，是指有助于节能减排的所有行业类别，增加了通过提供节能技术服务间接减少二氧化碳排放的行业，如清洁生产技术和处理已经产生的二氧化碳的行业，如森林碳汇，还有服务于碳排放权交易市场的所有行业。综上所述，低碳产业是指以碳减排量或碳排放权为资源，以节能减排技术为基础，从事节能减排产品的研究、开发、生产的综合性的产业集合体，它是低碳经济时代的基础。低碳产业涉及电力、交通、建筑、冶金、化工、石化等部门以及在可再生能源及新能源、煤的清洁高效利用、油气资源和煤层气的勘探开发等各个领域，几乎涵盖了GDP的所有支柱产业，甚至还包括为低碳技术行业

服务的上下游产业。

工业、能源加工和转换部门及交通运输业将成为低碳产业的重要产生领域和服务对象。在提高汽车、建筑物和工业设备的能效方面，存在着大量的低碳产业的发展机会，如研制燃料能效更高的汽车发动机、保温隔热效果更好的建筑物，以及具有更佳能效控制的生产设备等行业。在将能源供给从化石燃料转换为低碳型替代燃料方面，存在着许多机会。主要的例子包括利用风能、核能或水力发电，以及在使用化石燃料的工厂中安装碳捕捉和封存（CCS）设备、用生物燃料替代运输工具使用的传统燃料。这些低碳型能源技术中，有几种技术目前成本过于昂贵，在没有财政激励措施的情况下，还难以大规模推广运用，这就凸现技术创新的必要性。[7]

面对中国工业化和城市化加速的现实，低碳产业在传统能源、工业、交通和建筑行业都存在很多发展机会，且我国相对减碳成本较低，更加有利于低碳产业发展壮大，抓住低碳产业发展机遇，将会提高我国的全球经济竞争力。

5. 解锁途径之五——减少人为碳通量，为营造低碳生活方式提供新技术

改变人们的高碳消费倾向和碳偏好，减少化石能源的消费量，减缓碳足迹，实现低碳生存。目前，中国的能源消费水平尚处在生存消费阶段，在全面建设小康社会的进程中能源消费还将继续增长。在个人消费方面，有人还崇尚追求奢侈消费。据调查显示，中国已经成为世界第一大奢侈品消费国，在公共消费方面，我国的公款消费和公共消费浪费问题突出，在高速公路上跑的小汽车多数是公车；办公大楼里，空调用电等浪费也很多。要培育全民低碳意识，创新低碳消费文化。低碳消费方式（包括生产消费和非生产消费）体现人们的一种心境、一种价值、一种文化。推行低碳消费方式是一个不断深化的过程。要从生产环节降低对碳资源的消耗，流通环节降低碳资源的污染，消费环节降低对碳资源的依赖。

研发低碳生活方式所需要的技术。如研发低耗能、低排放、少污染的新型汽车及新型的汽车能源。建造节能、环保的建筑及开发相关材料。开发节能的电灯，节能的空调……

充分利用信息网络技术。信息网络技术本身就是一种低碳技术，使人们在家办公成为可能，足不出户就能看电影、购物、炒股……这样就大大

减少了人们出行用车的机会，实现低碳生活。无纸化办公，节约了消耗木材来制造的纸张。

技术创新及技术创新系统支持是碳锁定的解锁钥匙，只有谋求技术及其相关制度的创新，才能最终实现我国低碳经济的发展目标。

（原载《中共福建省委党校学报》2010年第11期）

## 参考文献

[1] 威廉·柯林斯等：《证据确凿是人类活动让地球变暖》，《地球3.0（环球科学增刊）》2009年。

[2] 冯之浚：《依靠科技进步推动低碳经济新革命》，http://finance.ifeng.com/huanbao/qjny/20091019/1347982.shtml，2009-10-19。

[3] 迈克尔·D.莱蒙聂克：《二氧化碳浓度已超警戒线？》，《地球3.0（环球科学增刊）》2009年。

[4] 《世界二氧化碳排放量最大的国家排行榜》，中国节能产业网，http://www.china-esi.com/Industrial/HTML/9096.html，2009-12-19。

[5] 冯之浚、周荣、张倩：《低碳经济的若干思考》，《中国软科学》2009年第2期。

[6] 陈文婕、曾德明：《我国低碳技术创新中的锁定效应与对策——基于创新系统的视角》，《光明日报》2010年3月30日。

[7] 崔奕、郝寿义、陈妍：《低碳经济背景下看低碳产业发展方向》，《生态经济》2010年第6期。

# 论支农信贷与农村经济发展

陈国斌

"三农"问题的提出和农村经济的发展,为农村金融的发展创造更多的机遇,开拓更大的空间,当然也对如何更好地为"三农"服务提出新的要求和挑战。从2004年开始,每年的中央一号文件都对"三农"问题进行工作指导,提出并采取"多予、少取、放活"的方针政策,以期"三农"问题得到有效破解,而落实这些政策的关键在于资金的稳定投入及有效使用。

当前农村经济发展所需要的资金主要来源于财政支农资金、信贷支农资金、农村自有资金及外资等其他资金投入。其中,信贷支农资金一直是最主要的来源之一,并将是农村经济增长最重要的资金来源。

## 一 农村金融与农村经济发展的关系

对经济增长与金融发展的关系,国内外学者进行了大量的理论和实证研究,Gurley & Shaw(1955,1956)通过研究得出了经济发展阶段越高,金融作用越强的论断;Patrick(1966),Goldsmith(1969),Mckinnon & Shaw(1973),King & Levine(1993),Hellmann、Murdock & Stiglitz(1996)的研究形成了金融抑制、金融深化、金融自由和金融约束等理论。Goldsmith(1969)在金融发展与经济增长关系实证研究上,提出了衡量一国金融结构与金融发展水平的存量和流量指标即金融相关比率(FIR)等,证明了二者之间存在大致平行的关系;Kapur(1976)、Galbis(1977)、Fry(1978)和Mathieson(1980)等学者,在吸收当代经济学最新研究成果的基础上，建立了宏观经济模型，扩大了金融发展理论模型的分析视野和政策适用范围；King & Levine（1993）的实证研究对象包括发展中国家和发达国家，他发现，金融中介的规模和功能的发展不仅促进了经济中的资本形成，而且刺激了全要素生产力的增长和长期经济增长。[①] 国内学者对金融发展与经济增长也开展了大量的研究，如谈儒勇（1999）、宾国强（1999）、韩廷春（2001，2005）等。但将金融发展理论应用到农村金融领域的研究并不多，在这方面做过实证分析的有：徐笑波等（1994）、张元红（1999）、张兵等（2002）、姚耀军和和丕禅（2004）、安翔（2004）等。[②] 本文试图透过金融与经济发展的关系，分析现阶段我国农村信贷存在的问题，得出改革的政策建议，为支农信贷政策提供参考。

传统的经济理论认为金融发展水平是经济增长的结果，它的功能就是使自身不断地发展以满足经济实务部门的需要与发展；然而现代的经济观点则认为金融发展对经济发展起积极的促进作用。根据不同经济学家对金融发展与经济增长因果关系的研究结论，可以将金融发展区分为需求跟随型和供给引导型（Patrick，1966）。[③] 一种观点认为，相对于经济增长，金融发展处于一种需求跟随的地位（Patrick，1966），农村经济的增长对金融机构和金融资产必然产生额外的需求。金融部门为满足经济增长需求而跟进的金融服务将促进金融发展，也就是说，农村金融机构的建立、金融资产和金融负债的形成以及相应金融服务提供的水平和数量是由农村经济对金融的需求所决定的。从这个意义看，农村金融服务是农村经济发展催生的。所以，农村金融发展水平取决于农村经济发展状况，农村金融需求对农村金融服务体系的安排有着重要的影响。另一种观点认为，金融发展具有推动经济增长的作用，这便是 Patrick（1966）指出的供给引导型的金融发展。关于金融发展对经济增长的促进作用，许多文献（Patrick，1966；Porter，1966；Khatkhate，1972；Mckinnon，1973）都做了广泛研究，认为金融发展要先于对金融服务的需求，良好的金融系统和金融体制利于资本

---

① 米运生、贺虹、李永杰：《国外金融体系资本配置功能理论综述》，《金融理论与实践》2007年第3期。
② 林强：《我国农业信贷增长与农业经济增长的关系研究》，《福建论坛》2008年第8期。
③ 参见 Patrick, H. T. "Financial Policies and Economic Growth in Underdeveloped Countries", *Economic Development and Cultural Change*, 1966。

的积累和资源的优化配置,便于资金的融通储蓄向投资的转化,从而对经济增长起促进作用。其中部分经济学家,如 Goldsmith（1969）、Shaw（1973）,认为金融发展是经济增长的一个必要条件。

按照我国现阶段的情况看,金融和经济的关系是经济决定金融,金融影响经济。如果将金融视为只是为经济筹资的工具,认为金融必须支持经济,把金融看成是经济的附属而长期忽视金融的地位,无视金融对经济效益的要求,金融自身的可持续发展权将被剥夺,金融将行政化运行,成为国家集中资源的工具。进一步说,在城市化进程中,金融也就理所当然地成为从农业和农村将经济剩余转向城市的工具。农村金融本应是与"农村经济发展"的金融需求相对应、具有促进农村经济发展功能的"金融",然而,在现行的金融体制下,农村金融更多地成为国家金融在农村地区的延伸,而忽视农村经济对金融的现实需求,从而造成农村金融发展缓慢,农村金融需求得不到满足。

## 二 农村信贷存在的问题分析

银行信贷资金来源于公众存款,农村金融机构只有遵循农村信贷市场的供求规律,促进信贷资金在供求之间的顺畅流动,并使之进行良性循环,才能维持正常经营,才能建立可持续的支农信贷机制,从而为农村经济的发展提供不断扩大的资金来源。从目前的情况看,主要存在以下问题。

1. 农村信贷需求方面的问题

金融机构发放贷款,必须按照安全性、流动性、收益性的原则来经营,通常必须以借款人为第一还款来源——主营业务收入能够按时足额偿还本息为基本条件。农村的许多农户、个体工商户和小企业虽然有资金需求,但经营项目盈利较低,风险较大,缺乏保障,其经营情况很难达到金融机构发放贷款的标准。从信贷需求的角度看,存在的主要问题是:①农业是典型的弱质产业,经营项目盈利较低,风险较大,金融机构对农业贷款缺乏信心。我国大多数农村地区的农业仍属于传统农业,现代化程度低,农产品附加值低,由于政策上还没有对农业采取有力的保护和补贴措施,农业生产的赢利性普遍较低,加上近年来农药、化肥等生产资料价格不断上涨，产品的市场价格波动大，农民收入不稳定，存在较大的市场风险，许多农村金融机构担心农业贷款不能按期收回，对农业贷款缺乏信心，客观上造成金融机构不愿贷款。②农业保险发展滞后，支农信贷缺乏保障。因自然风险难以控制，农业受自然灾害影响比较大，但农村地区保险发展缓慢，涉农保险品种少。由于农业自然风险得不到有效分散和补偿，农业生产脆弱，也是农村金融机构不愿发放支农贷款的原因。③农村小企业和个体工商业经营风险相对较大，信贷风险难以控制。农村个私经济虽然有了长足的发展，有的地区也形成了自己的产业链和规模经济，但大多数地区尚未从传统农业中摆脱出来，有的地区虽已发展起来，但还处于初创阶段，生命力较弱，存在不可预测的经营风险。有关统计数据显示，小企业在成立 2 年内约有 20% 倒闭，4 年内有 50% 倒闭，6 年内约 70% 倒闭。由于农村经营环境和经营者的特有局限，农村小企业和个体工商户大部分原始资本积累不足，具有更高的失败率，相当一部分创业资金来自银行贷款或民间借款，一旦生产经营出现问题，没有足额资金归还贷款人，金融机构信贷风险难以控制，这也导致农村金融机构"进城"，更热衷于向城市地区的大中型企业发放贷款。④部分农村贷款户信用不佳。许多农村现在潜意识里存在一种"欠银行钱可赖"的想法。因此，拖欠贷款人本息，逃避银行债务，甚至出现恶意骗贷现象。许多农村小企业由于存在产权不清晰、治理结构不完善、财务信息不透明等问题，信用评级较低，严重制约了其获得贷款的能力。

2. 农村信贷供给方面的问题

长期以来，由于农村金融发展滞后，农村信贷市场缺乏有效竞争，导致农村信贷资金供给者的农村金融机构"官办"作风严重，[①] 无论是在管理体制还是经营机制，或者信贷资金供给数量上都难以适应农村经济发展的需要。①农村金融机构管理体制改革尚未到位。我国农村信用社基本完成了产权改革和统一法人社组建工作，达到了明晰产权的目标，但法人治理只是初具雏形，要真正破除"内部人控制"，转换经营机制还需相当长的一段时间，支农信贷还存在很多问题，还没有发挥支农主力军的作用。

---

① 参见甘肃省统计局《社会主义新农村建设中甘肃小城镇发展研究》，甘肃农业信息网，2006 年 12 月 21 日。

农业银行走商业化道路，将经营重心转移到城市。农业发展银行虽然近年来经营范围在逐步扩大，已进入粮棉油加工企业及粮食产业化龙头企业，但目前主要还是充当粮棉油收购、储运环节资金提供者的角色，其政策性功能并未发挥。邮政储蓄银行定位于为广大城乡居民提供个人服务的银行，但更多是充当向城里输送资金的"中继器"。②信贷机制不能有效适应农村需求特点。首先，由于轻农思想严重，许多农村金融机构在信贷工作中仍普遍存在"重城市、轻农村，重城关、轻乡镇，重企业、轻农户"的思想，① 农村金融机构管理人员和信贷业务人员出于个人利益和工作量考虑，宁愿发放额度较大的企业贷款，而不愿发放额度小、笔数多的农户贷款，导致有限的农村信贷资金向非农企业集中，导致很多对贷款有迫切要求的农户无法获得信贷支持。其次，为控制信贷风险，强化信贷管理，各商业银行普通采取了信贷审批权上收的措施，这造成了商业银行支农贷款的审批存在地域和规模的歧视，信贷审批权上收严重影响了基层银行支农信贷投入。再次，近年来，由于商业银行普遍严格的贷款问责制，导致部分县级以下分支机构及信贷人员在贷款发放方面存在"多做多错，少做少错，不做没错"的思想，宁愿不做贷款业务，而只吸收存款，通过存款上存，靠利差实现一定盈利，不合理的信贷考核机制造成农村资金大量外流。最后，由于农村信贷市场是卖方市场缺乏竞争，农村金融机构官办作风严重，市场营销观念淡薄，仍实行等客上门的信贷方式，缺乏细分市场、寻找优质客户的意识，信贷管理技术落后，而农村信贷具有额度小、笔数多、地理位置分散的特点，要做到既能准备识别风险，又能有效解决工作量大和达到适度经济规模问题，相对于城里的商业信贷管理技术要求更高。例如，农村小企业由于大部分处于初创期，风险较高，这就要求农村金融机构信贷管理机制重心下移，贴近客户，准确掌握小企业生命周期的规律，合理把握信贷的切入点和回收点，合理控制借贷数量。信贷管理技术落后，导致许多农村金融机构微观信贷不能适应农村信贷特点，存在较大的操作风险，也影响到农村信贷的有效投入。③信贷品种难以满足农村经济发展需要，表现为：贷款期限比较单一，大部分农村金融机构对农村客户只发放期限不超过一年的流动资金贷款，与农村客户的生产经营周

---

① 参见朱新峰《关于健全完善农村金融体系的思考》，《中国乡村发现》2008年第12期。

期不匹配，使贷款客户感到贷款不好使用、不好调配资金。此外，农村金融机构贷款成本高，加上烦琐的手续，导致许多需要资金的农户转而求助于民间借贷。

## 三 农村经济发展需要金融机构的有力支持

发展农村经济就必须着力提高农业的综合生产能力，提高农村服务保障能力，提高农业自我发展能力，确保农村生产能力的进一步提高，农村的物质文化生活条件进一步改善，农村社会面貌进一步改变。目前，我国农村经济的发展还存在许多困难，表现为：①整个农村经济发展滞后的局面没有得到根本的改变，工业化、城镇化的水平还不高，整体经济实力不强，以工促农、以城市带动农村的体制和机制尚未建立。②农业基础设施比较薄弱，防灾抗灾能力低。③农产品流通体系不完善，农产品出口受国际贸易壁垒和市场波动的影响较大。④城乡居民收入差距依然较大，农民持续增收的长效机制尚未形成。解决这些问题，需要多方面的政策支持，而加大资金的投入是关键，财政资金和信贷资金是当前推进农村经济发展的两大动力，而财政资金作为政府公共支出，主要用于农村公共领域和基础设施建设，真正能促进农村经济全面发展的，更重要的还是要发挥信贷投入对农业生产和农村工商业发展的推动作用。

我国农村经济的发展存在体制性和结构性问题，尽管短期内难以解决，但是，通过金融机构自身的机制创新，多方联动，可以解决"农村贷款难，银行难贷款"信贷机制问题，加大支农力度，确实疏通农村信贷渠道，发挥信贷手段和财政手段的协同放大作用，有效加大农村信贷供给，增强农村发展动力，促进金融机构在农村经济发展中的资金主渠道作用和资源配置的基础性作用。

1. 建立健全支农信贷的金融体系

①深化农村信用社管理体制的改革，进一步加快产权制度改革步伐，建立和完善激励有效、约束严格、权责明晰、奖惩分明的绩效考核机制，逐步实行信息披露制度，强化市场约束，把农村合作金融机构办成农民、农业和农村经济发展服务的社区性地方金融机构。按照中央专项票据兑付操作，据实做好央行专项票据兑付的各项准备工作，消化历史包袱，轻装

上阵，加快发展，进一步加强支农实力。②积极推动邮政储蓄银行改革。按照中央对邮政储蓄银行的职能定位，从服务"三农"的大局出发，积极调整经营理念和经营方式，深入进行市场细分，确定农村为主要的目标市场。在现有农村机构网点和基础上，调整优化网点布局，进一步向农村地区延伸，扩大对农村地区服务的覆盖面，充分发挥邮政储蓄银行的网络优势，完善城乡服务功能，以零售业和中间业务为主探索有效的信贷运营管理模式，强化内部管理和风险控制能力，增强核心竞争力，为广大农村提供各种金融服务，形成与其他农村金融机构竞争和互补的关系，支持和促进社会主义新农村的建设。③强化政策性银行信贷支农功能。各政策性银行应该根据其自身的特点，确定不同的贷款重心，在各自所长的基础上适当竞争，以更好地发挥政策性银行支农资金的效果。中国农业发展银行要进一步完善职能，加快以粮油收储信贷业务为主体，以农业产业化、农业科技、农业生产资料流通和农业开发性中长期业务为重点的发展格局，完善农产品收购融资功能，积极参与农业扶贫贷款业务，适时开办农业综合开发贷款、农村基本建设和技术改造贷款等。国家开发银行要重点支持农村基础设施建设和农业资源开发，加大农村基础设施建设资金投放力度，支持小乡镇建设、农村小企业发展及农村教育、卫生等社会事业发展，进一步开发和创新支农贷款模式，拓宽支农信贷领域。中国进出口银行要适时开展支农贷款试点，支持农产品出口创汇，运用通信手段，支持涉农企业实施"外联"战略。④引导多种所有制农村金融组织发展。在保证资本充足、严格监管和建立合理有效退出机制的前提下，鼓励引导社会资本建立直接服务"三农"的多种所有制的农村金融组织。一是积极探索建立更加贴近农村需要，由自然人、企业法人或社团法人发起的小额信贷组织，在不对外吸收存款的前提下，为农民提供小额信贷服务。积极引进世界银行等国际金融组织开办小额信贷项目，学习和借鉴国外的先进经验，规范小额信贷组织运作，探索有效的小额贷款模式。二是引导农户以农业生产合作组织和协会为载体，自发结合发展资金互助组织，实现资金互助与生产、技术、采购和销售合作相结合，为在市场机制下培育新的合作金融组织奠定基础。三是鼓励发展农村信贷担保机构，在注册资本充足、担保有效和规范动作的前提下，促进其为各类农村经济主体提供担保，切实解决农村"担保难"的问题。四是规范民间借贷，合理引导民间资金流向，发挥其活跃农村经济活动的积极作用,有效防范消极因素,促进非正规金融与正规金融适当竞争,提高农村信贷市场效率。

2. 改善农村金融机构与支农信贷管理机制

①农村信用社作为农村金融的主力军,服务"三农"是其天职,改进农村信用社的支农服务,建立有效的支农信贷考核机制,坚持效益考核与支农考核并重的原则,设定考核口径,建立有效的奖惩机制和有效的约束措施,合理调配资金资源,防止信贷资金向城里和非农产业集中,同时改进支农信贷方式,保证支农信贷资金安全有效投放。②创造条件,使商业银行根据农村信贷的特点,对县城和城市地区分支机构采用不同的业绩考核办法,改进县城分支机构经济资本管理办法,建立责权利相结合的信贷支农机制,调动分支机构拓展支农信贷业务的积极性,促进商业银行建立信贷支农机制。根据不同地区经济发展程度和信贷需求情况,制定个性化、符合区域特点的信贷政策,实行分类指导,提高信贷政策的有效性,开发符合农村信贷特点的客户评价体系,把广大农村地区的各类信贷需求对象列入信贷评价范畴,按照不同县城的信贷管理水平,核定信贷审批权限。同时,根据农村信贷特点,适当简化贷款审批程序,缩短贷款审批时间,对优质客户建立快速审批通道。③加快政策性银行支农信贷力度。农业科技和基础设施建设项目资金需求量大、时间长、回收慢,地方政府要积极创造条件,改善支农信贷环境,使农业发展银行和国家开发银行扩大业务范围和服务领域,开办农业科技开发贷款、粮食生产专项贷款、农村基础设施建设贷款和扶贫贷款等业务,增强支农服务功能,加快向以政策性金融为主、开发性金融与商业性金融并重的农业政策性金融转化步伐,增加信贷资金投入。

3. 拓宽支农信贷资金来源

①各级农村信用社要抓住建设社会主义新农村契机,主动与各级政府协调争取取消各种限制财政资金存放农村信用社的不合理规定,积极吸纳对公存款,促进财政资金通过存款渠道转化为支农信贷资金,向中国人民银行申请支农再贷款,加大对农村经济的实际投入。②商业银行、邮政储蓄银行应以服务农村为发展战略,减少上存资金,加大对农村的信贷投入,采取措施有效防止农村资金向城市转移。③政策性银行要深入农村,挖掘新农村建设的信贷,进一步拓宽信贷领域,积极推动中国农业发展银

行、国家开发银行和邮政储蓄银行贷款合作，充分利用政策性银行项目评估和管理优势，由邮政储蓄银行提供资金，政策性银行开展项目评审并提供担保贷款，委托政策性银行管理，通过联合贷款的方式将邮政储蓄资金有效地转化为支农资金，直接投入到农村经济建设中去。

4. 创新产品，改善支农信贷服务

农村金融机构要根据农村市场资金需求的特点，按照市场细分和产品匹配客户的原则，有针对性地设计和开发多样性农村金融产品，不断提高农村金融服务质量。在政策允许范围和风险控制能力以内开发多样化、系列性金融产品，以适应农村多元化的金融服务需求。要结合农村、农业、农户的实际需要，适时推出灵活便利、易于被农村消费者接受的消费贷款种类，重点推出农村建房、购买农机具、大宗耐用消费品、子女上学等贷款品种。要不断改进和优化管理，优化农村金融服务。要改变贷款"申报过严、手续过繁、时间过长、审批权过分集中"[①] 的现状，积极探索下放贷款审批权限，减少贷款审批环节，提高贷款效率，降低农民贷款成本，以满足农村的特殊需要。加强农村金融基础设施建设，加快农村现代化支付系统建设，提高大额和小额支付覆盖面，疏通汇划渠道，为县域、涉农企业和农户提供快速便捷的支付服务。增强农村信用社的结算功能，加大非现金支付结算工具在农村的推广力度，开发适合农村实际的金融结算服务品种。

当然，解决支农信贷和农村经济发展问题，仅靠农村金融机构和农村经济实体的自身努力是不够的，需要各级地方政府积极调控农村信贷市场的基础条件和运作效率，通过制定相关的法律，解决农村土地使用权、水权等资源要素合法流转问题；积极推动并建立农村保险保障体系，降低因自然灾害和意外事故给农民带来的损失；发挥财政资金的杠杆作用，提高资源配置和使用效率，创造良好的支农信贷环境，促进农村经济的发展。

(原载《宏观经济研究》2010 年第 1 期)

---

① 参见钟起煌《改善农村金融环境　发展农村金融市场》，中国网，2008 年 3 月 11 日。

# 参考文献

[1] 宾国强:《实际利率、金融深化与中国的经济增长》,《经济科学》1999 年第 3 期。

[2] 郭万家:《中国农村合作金融》,中国金融出版社,2006。

[3] 安翔:《我国农村金融发展与农村经济增长问题研究》,博士学位论文,浙江大学,2004。

[4] 谈儒勇:《中国金融发展和经济增长关系的实证研究》,《经济研究》1999 年第 10 期。

[5] 韩廷春、夏金霞:《中国金融发展与经济增长经验分析》,《经济与管理研究》2005 年第 4 期。

[6] 张杰:《解读中国农贷制度》,《金融研究》2004 年第 2 期。

[7] Shaw, E. S. *Financial Deepening in Economic Development*, New York: Oxford University Press, 1973.

[8] Gurley, J. G. and Shaw E. S. "Financial Aspects of Economic Development", *American Economic Review*, 1955.

[9] Patrick, H. T. "Financial Policies and Economic Growth in Underdeveloped Countries", *Economic Development and Cultural Change*, 1966.

[10] King R. G. and Levine R. "Finance and Growth: Schumpeter Might Be Right", *Quarterly Journal of Economics*, 1993.

# 构建中国特色绩效
# 审计模式研究

李四能

## 一 绩效审计模式研究概述

绩效审计产生半个多世纪以来，世界上许多国家都积极地推进了绩效审计实践，建立起适合本国情况的绩效审计模式。在这些绩效审计模式中，比较有特色的是美国、英国、瑞典、德国、澳大利亚和加拿大等国家的绩效审计模式。

美国的政府绩效审计经历了三个发展阶段：1946～1966年的起步阶段；1967～2004年的项目评估和政策评估阶段；2004年美国审计署更名为政府责任办公室（Government Accountability Office，以下简称GAO），标志着美国的政府绩效审计已进入了全面关注政府责任的第三阶段。其中，1972年6月美国审计署为了指导绩效审计实践，颁布了《政府组织、项目、活动及职能的审计准则》，1988年修改为《政府审计准则》，规定了绩效审计目标。2003年颁布的美国《政府审计准则》认为绩效审计就是对照客观标准，客观地、系统地收集和评价证据，对项目的绩效和管理进行独立的评价，对前瞻性的问题进行评估，对有关最佳实务的综合信息或某一深层次问题进行评估。从2004年开始，GAO主要围绕部门和个人职责履行、工作机制开展绩效考核，注重从管理制度、政策、机制等角度进行分析判断。近年来，GAO还日益重视对美国联邦政府有关政策，如教育、科研、能源、税收管理、防止犯罪、运输安全、国际利益、反恐怖活动能力等政策的执行情况进行审计，以协助国会监督和改进政府工作。同时对政府各机构的公营企业履行社会责任的情况，如环境保护、就业、消费者权益保护等进行评估，以促进政府关注公众正当权益，不断增强绩效审计的活力。

英国审计署将绩效审计称为货币价值审计（Value For Money Audit）。1983年英国《国家审计法》规定主计审计长可以"对任何组织（政府部门或者其他相关组织）为履行其职能而使用所掌握资源的经济性、效率性和效果性进行检查"，其绩效审计模式的特色主要包括：依据国家审计法设立绩效审计项目；绩效审计程序分为初步调查、全面调查和后续检查三个阶段；绩效审计报告中的审计建议不具有强制性；绩效审计机关具有独立性；等等。

瑞典把绩效审计称为效果审计（Effectiveness Audit），重点进行的是效果评估。瑞典审计长伯格伦（Berggren）对效果审计下的定义为："中央机关的效果审计是检查机构或活动的效果和生产能力，其目的是检查经营活动是否有效地、有组织地和经济地进行，对改进各级中央机关的工作提出意见，最终目的是促进公共机关的效果"。瑞典绩效审计采取"二分析、一评价"的模式进行审计，即对一个机构从目标分析、经营分析和系统评价三方面进行审计分析评价。瑞典的绩效审计模式特色包括：采用不同的法律制度；绩效审计属于非强制性业务；绩效审计侧重于被审计部门或机构的职能和任务的分析；对审计计划比较重视；实施两阶段调查分析法；等等。

德国将绩效审计定义为："主要是指对行政运作的经济效率、效果和经济性进行审计，主要目标是鉴别、改善政府部门的财务管理方法。由机关团体提供有关收益、支出与资源管理的独立而可靠的信息，以加强政府部门的决策，促使政府部门致力于建立通告经济、效率与效果以及是否符合其职责的报告程序。确保责任完成"。

澳大利亚的绩效审计模式特色包括：采用法律授权的方式为绩效审计实施提供法律保障；审计范围主要是公共部门绩效；实施特定对象绩效审计和跨部门绩效审计；着重于跟踪审计。审计机关也充分利用其民间审计发达的优势，在实施绩效审计时实现了政府审计与民间审计的有效结合和资源共享，审计署可根据需要有选择地将部分财务报表项目承包给私人会计公司，但审计长承担对审计报告的全部责任。

加拿大审计署将绩效审计叫作综合审计（Comprehensive Audit），其定义为：对政府活动进行有组织的、有目的的、系统的检查，并对上述政府活动进行效益评价，将评价结果报告议会，以促进加拿大政府活动的透明性，提高公共服务的质量。

上述在世界上开展绩效审计较早的国家，结合各自的国情总结出比较成熟的模式，可以为我国绩效审计的发展提供一定借鉴。

我国的绩效审计模式研究从20世纪80年代开始进行了初步探索，最近几年开始有组织有目的地推进绩效审计实践。目前国内专家学者对中国政府绩效审计进行专门研究的不多，而且对我国绩效审计应该采用何种模式没有定论，一些学者认为应采用多元模式（沈征，2008），也有的认为结果导向模式应成为主导模式（施青军，2006）。从实践运用的角度出发，多元模式的指导意义比较有限，而选择结果导向模式主要立足于审计资源的不足，在理论上未能深入证明。

研究我国绩效审计模式的主要有以下专家和学者：贝洪俊（2004）认为基于战略的企业绩效审计模式把企业战略放在绩效审计过程的核心地位。它从企业的内外环境、财务与非财务指标相结合的多元化角度对企业战略进行审计。管怀鎏（2005）阐述了绩效审计的含义与特点，分析了我国绩效审计的现状与存在的问题，着重探讨了中国特色绩效审计模式的主要内容，并强调了当前应做好的几项工作。刘淑媛（2007）在分析绩效审计的国际比较基础上，对我国绩效审计发展状况以及存在的问题进行了分析，力图以构建中国特色的绩效审计模式。沈征（2008）认为绩效审计与财务审计相比，其最大的特点就是多元化。我国正处于社会主义市场经济的探索阶段，绩效审计模式应采用多元模式，包括绩效审计的目标多元化、范围多元化、方法多元化、程序多元化、报告方式多元化等。李美娟（2009）从科学地选择效益审计项目，制订周密计划，采用多种方法，实施全程跟踪审计，提出审计建议，建立审计评价指标体系、审计方式和审计程序等方面对我国绩效审计模式进行了研究。刘玉娟（2009）对不同绩效审计模式进行了比较，在此基础上分析了免疫系统理论体系对政府绩效审计模式选择的影响，指出政府绩效审计模式应坚持风险导向，并阐述了风险导向模式在政府绩效审计实践应用中的基本构想。姜毅（2010）从结合型绩效审计模式的特点、目标和实现方式等三个方面提出在我国实施结合型绩效审计模式的基本构想。

此外，陈全民（2005）、崔晓雁（2006）、周云平（2007）、叶忠明（2008）、窦晓飞（2009）、刘卫华（2010）等对我国政府绩效审计模式进行了研究，分别提出了有参考价值的观点。

从现有的研究文献看，不少专家学者对我国绩效审计模式分别从不同角度进行了专门的研究，但对绩效审计模式研究的广度和深度有限，并且主要侧重于政府绩效审计模式研究，没有形成统一的绩效审计模式。为此，本文在分析了我国绩效审计的条件之后，借鉴国外成熟的绩效审计模式，从分步推进我国绩效审计发展的角度，提出适合我国国情的绩效审计模式，最后对绩效审计的实施提出了相关建议。

## 二 我国目前绩效审计模式分析

我国审计理论界在20世纪80年代初的国家审计制度建立不久，就开始对绩效审计（当时称为"经济效益审计"）进行探讨，并提出我国审计工作应该朝着绩效审计方向转变。在实践中，政府审计机关逐渐开始了对行业审计调查、离任审计、经济责任审计、专项基金审计及公共工程的绩效审计的实践探索，如2001年退耕还林还草试点工程资金审计、2001年组织的农村电网"两改一同价"审计、2002年组织的民航"一金一费"审计调查及重点机场项目审计，以及2002年深圳市审计局医疗设备采购审计等，这些审计中就包含有绩效审计的做法。但在2002年下半年，针对我国审计体制问题所开展的一次问卷调查结果显示，我国审计机关目前仍主要是以真实性和合法性审计为主，很少开展真正意义上的绩效审计。

2005年浙江省审计厅组织对省、市、县98个财政投资建设项目的投资绩效审计，并核减工程造价3.14亿元，这项绩效审计因为包含有一定的真实性和合法性审计，与英美等国的那种纯粹独立类型的绩效审计存在一定区别，但接近于加拿大的综合型绩效审计，也就是审计署所认为的财务审计与绩效审计相结合的具有中国特色的绩效审计，这类审计主要是以查处和揭露严重损失浪费和国有资产流失为主要目的和内容的专项资金审计。

从2006年开始，全国各地开展绩效审计的势头逐渐迅猛起来，其中：

河北省确定 62 个开展绩效审计的项目涵盖了行政事业、国有企业、工程建设、环境保护、公共卫生、社会保障和金融证券等；审计署南京办利用 AO 系统开展绩效审计，查出某分公司 1.7 亿元的"漏洞"；广西、湖北、黑龙江等地的审计机关也都努力探索开展绩效审计工作。但相对于国外绩效审计取得的成就而言，我国的绩效审计的收效甚微，现行的效益审计只是绩效审计的雏形，还是以传统的合规性审计为主，与西方开展绩效审计较早的国家相比，无论是绩效审计的内容、评价标准、组织模式、操作流程，还是开展范围及法律体系建设等方面都存在较大的差距。

2008 年，我国审计署颁布的《审计署 2008 至 2012 年审计工作发展规划》指出，"全面推进绩效审计，促进转变经济发展方式，提高财政资金和公共资源配置、使用、利用的经济性、效率性和效果性，促进建设资源节约型和环境友好型社会，推动建立健全政府绩效管理制度，促进提高政府绩效管理水平和建立健全政府部门责任追究制。"按照审计署的规划，我国审计界积极开展了对我国的绩效审计的研究。在这个探索过程中，我国的专家与学者在借鉴国内外审计实践经验的基础上，从不同角度对构建中国特色的绩效审计模式进行了专门的研究，提出以下几种不同观点。

（一）审计主体绩效审计模式

绩效审计按照审计主体分类可以分为政府绩效审计、企业绩效审计和社会绩效审计，因此，绩效审计模式应该分为政府绩效审计模式、企业绩效审计模式和社会绩效审计模式。

（二）行为过程绩效审计模式

借鉴西方政府绩效审计理论（"3E"审计），采用系统论的观点，从可能产生绩效问题的各个环节即"投入——过程——产出——影响"入手，从"行为"和"结果"两方面分析绩效问题，进而构建了"行为审计"（包括"投入审计"和"过程审计"）、"结果审计"（包括"产出审计"和"影响审计"）的审计内容框架。

（三）审计内容绩效审计模式

从绩效审计的目标与内容角度研究，主要包括：构建以促进经济平稳发展为目标的宏观绩效审计模式；构建以揭露问题为抓手的制度建设绩效审计模式；构建以关注民生为导向的社会效益绩效审计模式；构建以资金使用效能为基础的行政绩效审计模式；构建以专项资金调查为方式的调查绩效审计模式；构建以建设项目效益为内容的固定资产投资绩效审计模式。

（四）审计对象绩效审计模式

通过比较国内外审计实践可以看出，绩效是一个相对而非绝对的概念，不同地区、不同国家、不同时期对绩效的理解存在一定的差异。政府绩效审计最终目标是对行政机关履行职能情况进行评价，通过审计监督促进政府部门提高公共管理水平。在这一总体目标之下，与特定地区、时期的经济社会发展状况相适应，政府绩效也存在不同层次的理解，由此形成了三种不同类型的政府绩效审计模式。

1. 资金绩效审计模式

资金绩效审计模式是指将政府部门分配、管理、使用资金的绩效状况作为评价内容的一种模式，重点是对全部政府性资金运用的经济性、效率性和效果性进行评价，关注资金的分配是否经济合理，管理是否规范有序，使用是否高效安全等。资金绩效审计与财务审计联系很密切，因此成为我国目前政府绩效审计的主要实施模式。

2. 项目绩效审计模式

项目绩效审计模式是指将政府部门负责的公共项目绩效状况作为审计内容的一种模式，重点是对政府部门负责管理或直接投资的公共项目的经济性、效率性和效果性进行评价。在实际工作中，以重大建设工程为对象的审计项目应用比较广泛，但主要是对项目资金的经济性发表意见，较少涉及项目业务方面的效果。

3. 制度绩效审计模式

制度绩效审计模式是指将政府部门相关制度规范的绩效作为审计内容的一种审计模式，重点是对政府部门各项制度的规范性、有效性进行评价。我国社会主义市场经济体制正处在转型过程之中，许多公共管理、社会管理方面的制度规范仍不完善，难以保障政府部门有效履行相关职责。制度绩效审计就是要关注体制、制度和管理层面上的突出问题，促进建立保障政府部门有效履行职能的制度体系，这也是对政府部门进行全面、整体绩效评价的重要基础。

### （五）目标导向绩效审计模式

根据绩效审计目标的不同，绩效审计模式可划分为以下五种主要模式：结果为导向的审计模式、控制系统或程序为导向的审计模式、问题分析为导向的审计模式、责任为导向的审计模式以及"成本—效益"分析为导向的审计模式等。五种绩效审计模式，其审计的重点、内容范围、方法各有不同，分别体现了绩效审计的不同战略方法。

1. 结果为导向的审计模式

该审计模式主要是对被审计项目的结果，包括间接效果和非预期效果，进行分析、检查和评价。在这一审计模式下，审计人员主要检查被审计项目的业绩或结果，并将所发现的情况与既定的审计标准进行比较。由于政府职能和政策目标的多元性、独特性和多层次性，在绩效审计中，选择确定合适的绩效审计标准，成为这一模式应用的主要难点。

2. 控制系统或程序为导向的审计模式

该审计模式主要根据对实现关键结果的重要性来选择一些控制环节或管理程序进行审计。如果确定了主要的缺陷，审计人员将采取进一步的措施确定问题的原因和对预期结果的影响或潜在影响。由于政府部门控制系统和管理程序的复杂性，该模式的分析成本往往很高，另外，确定控制系统或管理程序缺陷对预期结果的影响，也是该模式经常面临的一个难点。

3. 问题分析为导向的审计模式

该审计模式主要关注问题的确认和分析，一般不需要预定的绩效审计标准。在这一审计模式下，缺点和问题是审计的起始点，而不是审计的结束。该模式审计的主要任务是核对问题的存在性，并从不同角度分析其原因。这一模式强调对问题要做出透彻分析，因而需要审计人员必须具备很高的专业素质和水平。

4. 责任为导向的审计模式

该审计模式将职责的履行作为绩效审计的中心内容，主要判断不同层次的负责人员在多大程度上实现了相关目标和要求，其重点是要发现是谁犯了错误和没有尽到应有的责任。相对于结果为导向的审计模式，这一模式在审计中更为容易实施。我国当前开展的经济责任审计，即属于这一模式的一个类型，它进一步扩展和深化了经济责任的内涵。

5. "成本—效益"分析为导向的审计模式

该审计模式主要是对被审计单位、项目或活动的成本和效益进行分析和比较。这里，"成本"指做一件事实际承担的各种代价，"效益"指实际取得的各种成果。这一模式主要适用于易于以货币量化计算"成本"与"收益"的项目。因此，其应用范围存在较大的局限性。

## 三 构建中国特色的绩效审计模式

我国现实的政治经济环境，要求绩效审计模式不宜照搬国外的模式，需要考虑我国当前和今后时期的政治经济发展的具体情况，中国特色的绩效审计实质上是传统财务审计走向成熟的绩效审计发展过程中必然经历的一个阶段。在这个长期的发展过程中，各级审计机关应该根据经济社会发展对审计的需求，结合审计资源制定绩效审计发展规划，确定不同时期的工作重点，分步骤推进绩效审计。从上述目标导向的 5 种审计模式看，都无法单一成为我国绩效审计的主导模式。笔者认为，我国绩效审计模式可以采用以结果为导向的战略规划绩效审计模式，在战略规划中分为过渡阶段型绩效审计模式和独立阶段型绩效审计模式。战略规划绩效审计模式的基本框架内容如下。

1. 以结果为导向，多元化结合的绩效审计目标

绩效是一个多维建构，观察和测量的角度不同，其结果也会不同，这就带来了绩效审计目标多元化、方法多元化和评价多元化等，根据我国目前的实际情况，以结果为导向要求审计多元化结合。在过渡阶段中，由于预算体制、法规建设和审计资源有限等原因，无法重点实施绩效审计，所以传统的审计以财务审计为主，主要查处违规违法问题，以合法性为价值判断标准，相应的技术方法主要围绕"查账"而展开，偏重于合规审计；同时要注重财务审计与绩效审计的结合，积极推广开展绩效审计。关注绩效审计的多元化内容、方法和评价体系，要通过审计实现预防、揭露、抵御功能，及时发现倾向性问题，及早感受风险，发挥预警作用；可以揭示

制度缺陷和管理漏洞，保障经济社会安全健康运行；对审计发现的问题进行深层次分析，增强"免疫力"，实现绩效审计由"3E"审计向"多E"发展，反映了审计内容由传统路径向深层次的拓展；在完成合规性审计的基础上，将审计重点放在风险的识别与规避方面，既充分利用有限的审计资源，又促进被审计单位和社会经济的可持续发展。

2. 分阶段推进绩效审计的发展模式

中国特色的绩效审计模式必然与中国特色的现代化发展模式相适应。从我国经济社会发展过程来看，我国的现代化是伴随着从传统的计划经济体制，逐步向完善的社会主义市场经济体制转轨的过程而推进的，这是一条以改革开放为主线的渐进式道路。因此，可以参照美国政府绩效审计的发展阶段（1946~1966年的起步阶段，1967~2004年的项目评估和政策评估阶段，以及2004年至今美国GAO全面关注政府责任的第三阶段）把我国绩效审计模式在发展规划中分为过渡阶段型绩效审计模式和独立阶段型绩效审计模式。

在今后一个较长时期内，我国经济社会体制仍处在不断完善过程之中，解决好体制、机制和管理上的矛盾与问题是当前市场经济体制建设的主要任务，这就决定了我国绩效审计的探索性。现阶段，我国的绩效审计必须围绕促进中国特色社会主义市场经济体制的健全和完善展开，重点是在总体上以解决制度和管理层面的问题为目标，属于过渡阶段型的绩效审计模式。

3. 过渡阶段型绩效审计模式以资金绩效审计模式为主，以项目绩效审计模式为辅，逐步走向独立阶段型绩效审计模式

开展完全脱离财政财务收支活动的绩效审计至少要满足以下条件：委托人的需要，对政府审计而言就是社会公众、人大和国务院等利益相关方的需要；审计项目有适宜的评价标准；有完善的法律授权。政治经济环境决定了我国当前和今后相当长时期的绩效审计模式属于过渡阶段型绩效审计模式。因此，从我国国情出发，现阶段我国审计机关应当在继续开展财政财务收支真实合法审计的基础上逐步推进绩效审计。现阶段我国政府审计的主要类型是合法、合规性审计，完全脱离财政财务收支活动"纯粹"的绩效审计还没有开展，效益审计和责任审计是目前我国绩效审计模式的现实选择。

首先，应当把绩效审计作为一个独立的审计类型进行探索，不能仅满足于在真实、合法性审计中发现一些绩效方面的问题；其次，我国目前的绩效审计还应以揭露问题为主，重点揭露管理不善、决策失误造成的严重损失浪费和国有资产流失问题，而不能像国外那样搞全面的效益评估；再次，绩效审计的范围主要是财政性资金，以促进提高财政资金的管理水平和使用效益为目的，如公共工程投资审计以及一些财政专项资金审计应以绩效审计为主，促进提高建设资金的管理水平和投资效益，等等。

4. 独立阶段型绩效审计模式以项目绩效审计模式为辅，以制度绩效审计模式为主，更加全面关注政府责任

绩效审计作为一种较高层次的审计活动，具有其独有的特征：审计范围的广泛性、审计过程的延续性、审计方法的多样性和审计结论的建设性等。近年来，随着我国政治体制的改革，人民群众参政议政热情不断高涨，公众不仅要求政府机构提供更多更好的服务，还关注政府机构提供的服务所耗费的财务和经济方面的资源以及提供的服务所产生的效果，更加关注政府的履责情况。现代审计的价值判断标准是多元的，审计技术方法灵活多样，审计内容更加集中在资源的有效管理与使用方面，财务审计和合规性审计难以满足公众要求，这就要求我们进一步加大绩效审计的力度。虽然现阶段由于政府机构及管理职责的复杂性，这一模式的审计目的（如发现存在的问题以及追究相应责任等）常常难以实现，从而限制了其作用的发挥，然而，审计随着社会的发展变化必将呈多元化的方向发展，从原来的财务审计到管理审计，再发展到绩效审计，审计职能范围也必将逐步扩大到经济、政治、军事、文化教育、社会和环境等各个领域，从而推动绩效审计向独立阶段型绩效审计的纵深发展。

## 四 推进绩效审计发展的若干措施建议

### 1. 财务审计与绩效审计相结合

现阶段，财务审计与绩效审计相结合是我国绩效审计的现实选择。这种结合不但可以适应审计的外部环境，而且也符合全面履行审计职责的需要，同时也是与当前审计机关和审计人员的情况相适合而开展的结合型绩

效审计。

　　资金绩效审计是目前政府审计部门开展绩效审计的主要模式，但在全国范围内存在明显的进展差异，应积极推广资金绩效审计先进经验，促进我国绩效审计的同步发展。同时，鼓励大胆创新试验，探索我国政府绩效审计进一步发展的路径。但由于资金绩效审计只是审计内容的一个选项，审计人员没有足够动力全力开展评价工作，不利于探索绩效审计的发展规律。随着审计部门人力资源和各方面准备工作日益充分，可以尝试对具有明确政策目标的资金、项目开展单独立项的绩效审计工作，集中精力解决目前面临的困难，为下一步开展项目绩效审计和制度绩效审计打下基础。

　　2. 选好审计项目，找准绩效审计突破口

　　在所有的绩效审计程序环节中，绩效审计项目选择立项的准确、恰当与否，绩效审计战略规划和项目计划制订的科学、合理与否，对绩效审计实践的成败具有决定性的作用和影响。因此，这一环节在绩效审计程序中最为重要，可以借鉴美国政府绩效审计项目选择的计划性和选择性，做到"小而勤"，在各个领域有计划地展开。2004年，时任国家审计署副审计长的刘家义指出："我国在今后将逐步推开绩效审计，对重大违法违规案件、因盲目决策造成的资源浪费和国有资产流失、单纯追求速度而片面提供优惠政策造成国家和人民群众利益受重大损害等三大领域将成为绩效审计的重点。"

　　在绩效审计项目的选择中：（1）尽量选择那些政府和人民群众关心，对本地区经济社会发展及环境保护有很大影响、资金规模较大的建设项目、公共设施、专项基金（资金）等；（2）要紧扣社会经济发展的大局，紧密联系当前的社会环境，紧密结合各级党委和政府的大政方针和战略部署来综合考虑；（3）所选项目是否是审计机关、审计人员人力物力所及、审计环境相对较好的项目，在实践中要注意"口子小一点，项目适当集中一点，但形式相对丰富一点"；（4）确定所选项目是否具有一定改进空间，问题的解决是否有利于经济、社会协调稳定发展，是否能够满足人民群众物质、文化、健康需要；（5）确定所选审计项目是否在一定范围内具有较多的同类（相同单位、相同项目、相同资金等），把握同类性，就为进行效益比较奠定了基础。

3. 重视调查研究，灵活运用各种审计方法

绩效审计人员在审计工作过程中，一般也要像财务收支审计那样审核会计资料，通过阅读有关法律、规章、决定、报告等文件资料，以及座谈、询问，掌握被审单位的基本情况，同时，更需要实地观察客观事物，访问相关人员，进行问卷调查以及进行统计和分析，了解被审单位的职能、资源和运作机制。调查研究是一种既简单又复杂的工具，它可以用来调查事实、收集信息，也可以用来收集对特定问题的不同观点。为执行一个特定审计项目而组成的审计组，必须与被审单位保持良好互动开展调查工作，努力将良好的合作关系贯穿于整个审计过程。

专项审计调查是当前开展绩效审计重要的方式方法。专项审计调查是具有中国特色的、解决当前审计工作一些突出问题的最有效的办法，也是绩效审计最常用、最有效的方法。专项审计调查具有程序简便、灵活机动、宏观目的性明确、工作时效性和针对性强、效果明显等特点，能够针对宏观管理中存在的突出问题，侧重于加强分析研究，提出审计建议，更有利于发挥审计监督的建设性功能。在将来的绩效审计实践中应逐步减少一般性财务收支审计项目，不断加大专项审计调查项目比重，使之在绩效审计实践中发挥更加积极的作用。

在绩效审计方法的运用上，由于审计目标和切入点的不同，绩效审计的方法要根据项目的具体情况而定，绩效审计在搜集和评价过程中除了运用财务审计的审阅、观察、计算、分析等技术和方法以外，更主要地运用了调查研究、统计技术和经济分析。由于绩效审计是面向未来的审计，审计人员在揭露问题的基础上，要进行趋势分析，并提出解决问题的方案。绩效审计的具体方法往往要综合运用多学科的知识，对审计目标进行分析评价，为审计结论提供科学依据。

4. 做好绩效审计成果利用工作

绩效审计报告是绩效审计成果的最主要表现形式。在目的上，绩效审计报告强调实现审计成果效能的最大化，努力提高成果使用者的满意度，力求从根本上促进被审单位的整改提高，推动有关制度规定的出台，乃至对全局性的政策方针的制定落实产生重要影响。因此审计人员从绩效审计一开始，就应树立实现审计成果最大化的强烈意识，把审计成果使用者的要求放在首位，力求提升审计成果的质量和水平。

国外绩效审计在审计成果利用上，非常注重审计成果的质量和影响力，如英国绩效审计的成果通过多种途径被有效地利用。美国审计署通过自己的审计成果，促进政府机构以及其公营企业的绩效管理水平的提高，从而间接为社会创造了巨大的经济社会效益。仅2003年，通过审计就为国会和政府带来了354亿美元的直接财政收入，相当于1美元换来了78美元的回报。另外，通过审计报告和建议能够使政府的运作和服务的效率得以提高，其社会效益更加难以计量。

审计机关在绩效审计成果的利用上要加强与政府、人大、法院等相关部门的沟通与联系，在审计成果的利用上坚持"分工负责、联动实施、强化监督、有责必究"的原则，为促进经济社会科学发展提供有力保证。实行审计通报与公告制度，审计机关对审计管辖范围内重要审计事项的内容、审计程序、过程、结果等，采用适当的方式向社会公众进行公开。在推行审计公告制上，审计署将重大的、社会公众关注的政府绩效审计项目的绩效审计报告刊登在重大报刊、电视或审计网站等媒体上，以舆论监督带动群众监督、行政监督和党内监督，还群众知情权和监督权，让绩效审计的建议得到落实。

5. 重视绩效审计的评价

从国外绩效审计发展历史看，一个完善的绩效评价指标体系是经过长期的绩效审计探索和实践过程建立起来的。开展真正意义上的绩效审计，就必须使审计机关能够做到独立、客观和公正地审查和评价。由于我国绩效审计历史较短，为了建立一套完善的绩效审计评价指标体系，需要积极地开展绩效审计探索和实践，在不断的摸索和尝试中筛选、确定、创立符合实际需要的评价指标，逐步形成较为科学合理、系统完善的绩效审计指标体系。

6. 完善绩效审计制度

目前我国还没有一套完整的法规体系适用于绩效审计，已出台的法律法规中涉及绩效审计的内容较少，除了一些地方制定的条例外，没有一套有权威的并适合我国审计的绩效审计操作指南。对此，我们要打破传统思维模式，在强调人大立法监督体系的前提下，在现有立法体系的基础上做好三个层面的工作：一是要制定有关的《政府绩效审计法》，从立法上给予规范，维护政府审计的权威性；二是制定《政府绩效审计准则》，通过一系列的标准、规则来规范政府绩效审计的实施程序,包括计划、执行、报告、评价等方面;三是制定《政府绩效审计执业规则》,加强对审计人员的业务能力、职业素养等方面的培训和教育,提高审计队伍的整体水平。

7. 关注绩效审计风险

绩效审计面临着更加复杂的风险,为了规避审计风险,可以从绩效审计主体、客体和环境等方面采取相应措施。在绩效审计主体方面,提高审计人员素质,加强职业道德建设,加强绩效审计宣传,增强审计人员的绩效审计理念、风险理念;在绩效审计客体方面,健全及完善预算管理制度,建立绩效预算制度,提高管理水平;在绩效审计环境方面,建立和健全绩效审计的审计法律法规和审计制度,严格规范绩效审计行为,推动审计体制改革以及加快构建和完善绩效审计评价标准等。

## 五 结论

本文通过分析国外和国内绩效审计模式,结合我国绩效审计现状,从我国当前国情和具体审计环境出发,构建了以结果为导向的战略规划绩效审计模式作为我国绩效审计模式,提出分阶段推进绩效审计的发展。参照美国的政府绩效审计的三个发展阶段,把我国战略规划绩效审计模式在发展规划中分为过渡阶段型绩效审计模式和独立阶段型绩效审计模式。过渡型绩效审计模式以资金绩效审计模式为主,以项目绩效审计模式为辅,逐步走向独立型绩效审计模式。独立型绩效审计模式以项目绩效审计模式为辅,以制度绩效审计模式为主,更加全面关注政府责任。

绩效审计的发展没有固定模式,我国绩效审计的发展必须积极学习西方先进的审计理论、审计方法和审计技术,但绝不能简单照搬照抄西方的模式。中国特色的绩效审计的开展必须符合我国的国情,与我国的客观环境及审计机关自身的资源、技术条件相适应。社会的进步为我国审计事业的制度创新和技术创新提供了难得的历史机遇,也将使我国绩效审计的逐步推广和健康发展成为必然。

(原载《宏观经济研究》2011年第11期)

## 参考文献

[1] 沈征:《中国特色绩效审计的多元化模式构建研究》,《现代财经》2008年第1期。

[2] 姜毅:《结合型绩效审计模式基本构想》,《中国内部审计》2010年第1期。

[3] 刘玉娟:《论我国政府绩效审计模式的选择》,《审计研究》2009年第5期。

[4] 施青军:《论结果导向的政府绩效审计模式》,《财政研究》2006年第10期。

[5] 于秋生:《建立绩效审计评价体系应遵循的原则》,《现代审计与经济》2009年第5期。

[6] 贾永华:《浅析我国绩效审计制度现状及完善措施》,《财会与审计》2009年第9期。

[7] 裴文英:《对政府绩效审计若干问题的探究》,《审计与经济研究》2005年第6期。

[8] 刘杰、姜昕:《我国政府绩效审计模式构建的初步分析》,《中国经贸》2009年第10期。

[9] 应登海:《浅谈中国特色政府绩效审计模式》,《会计文苑》2009年第10期。

[10] 冯炜:《绩效审计模式比较研究》,《上海审计》2009年第3期。

[11] 陈全民:《中国政府绩效审计模式研究》,博士学位论文,中国农业大学,2005。

管理学/社会学

# 治理群体性事件与加强
# 基层政府应对能力建设

肖文涛

当前我国社会发展进入了国际上公认的敏感时期,在面临新机遇的同时也面临着诸多新挑战,其中,社会矛盾日益凸显与公民权利意识日渐觉醒的双重交织,引发了越来越多的群体性事件,成为影响社会稳定的最突出的社会问题。由于大多数群体性事件最初都发生在基层,所以处在第一线、直接面对群体性事件的基层政府(本文主要指县、市、区和乡镇、街道两级政府),就面临着极大的挑战和考验,它们的应对能力至关重要。因此可以说,切实加强基层政府有效应对群体性事件的能力建设,不仅是维护社会和谐稳定的现实需要,也是有效提升我国政府执政能力的紧迫任务。

## 一 现阶段我国群体性事件的特征和基本态势

目前国内理论界对群体性事件的理解是多义的,往往因为学科视角的不同而有不同的阐释。从公共管理的视角来看,群体性事件是指在特定情景下,由一定数量的人组成的特定群体或偶合群体,为了维护自身权益,或表达某种诉求,或发泄不满情绪,采取超越国家法律法规并对政府管理和社会秩序造成影响的集群行为。

依照上述定义,可以把当前的群体性事件大致分为权益维护型和情绪发泄型两种。权益维护型事件亦称维权事件,是我国群体性事件的主要类型。从现已掌握的资料来看,此类事件占全国群体性突发事件的80%以上,其中又可以具体分为农民维权、工人维权及市民维权。[1]这种事件发生是因为政府和其他组织的某些不公行为妨碍了事件主体自身权益的实现和保障，事件主体在没有其他较好的利益诉求渠道的情况下，便以自己对社会公平的理解和方式去抗争，成为当前影响社会和谐稳定的突出问题。情绪发泄型事件是近些年才凸显出来的"无直接利益冲突"现象。这些事件参与者的自身权益并没有受到直接侵害，只因某些偶发事件激活了他们心底郁积已久的愤懑和不满，于是借机宣泄，以实现对政府的某种意愿表达。尽管他们的参与更多的是为了表达和发泄某种情绪，但在一定程度上反映了社会心理失衡和对政府有关部门的公信力的质疑，容易引发政府合法性危机，其后果和影响力尤其需要加以关注。当然，这种划分是相对的，现实中的许多群体性事件往往是上述两种类型的交织与混合。

与20世纪八九十年代发生的群体性事件相比，现阶段群体性事件呈现出若干新的特征和发展态势。

从发生数量看，呈现出阶段性高发频发的趋势。有关部门提供的数据表明，从1994年至2003年这10年间，群体性事件数量急剧上升，年平均增长17%，由1994年的1万起增加到2003年的6万起，增长5倍；规模不断扩大，参与群体性事件人数年平均增长12%，由73万多人增加到307万多人；其中百人以上的由1400起增加到7000起，增长4倍。[2]另据《瞭望》新闻周刊披露，群体性事件2005年上升为8.7万起，2006年超过9万起，并一直保持上升势头。[3]可见，当前我国群体性事件发生的频率在加快，规模在逐步升级，已经进入了群体性事件的高发期和多发期，意味着社会矛盾碰头叠加，社会风险因素增多，社会安全形势复杂严峻。

从参与主体看，愈益呈现出多元化的特点。在群体性事件数量和规模扩展的同时，所涉及的行业日益增多，已经波及各个省、自治区、直辖市的许多城市、农村、机关、学校、医院、厂矿企业等区域和组织，参与主体包括在职和下岗职工、离退休人员、农民、个体业主、教师、学生、复转军人乃至公务员等各阶层人员，几乎涉及社会的各个阶层、各个群体，社会成分复杂，其中大部分为弱势群体成员。应当关注的是，近年来有些地方呈现出"无直接利益冲突"的特殊现象，即群体性事件的众多参与者与事件本身无关，也没有切身利益关联，只是借机表达和宣泄一种情绪。

从涉及领域看，大多集中在农村征地补偿、城市拆迁安置、企业改制、欠资纠纷、军转人员安置、涉法涉诉、环境污染、灾害事故、社会保障等比较敏感、社会关注的几大领域。另外，这些年随着城镇化、工业化的推进，城郊接合部由于地理位置的特殊性，大量的土地征用、房屋出租、商品房建筑质量、物业管理等引发矛盾剧增，再加上各类工程建设和企业发展吸引了大量来自各地的务工人员，因各种利益冲突导致的社会纠纷层出不穷，因而城郊接合部往往是群体性事件的高发地。

从组织程度看，组织化倾向日益明显。除了少数因偶发因素聚众闹事属于自发松散型事件外，多数群体性事件表现出日益突出的组织化倾向。事件的聚散进退直接受组织者的控制和影响，尤其是一些参与人数多、持续时间长、规模较大的事件，一般在事前或事中都有较为周密的组织、策划。这些事件的组织者大致可以分为两类：一类是以自发群体行为为主的自我集体行动。这类行动的组织者一般是事件当事人，有较高的文化程度和政策水平，社会声望较高，有一定的号召能力。其集体行动方式往往采取制造社会骚乱或聚众向党政机关和厂矿企业施加压力，属于超越体制之外的政治参与形式，具有合理不合法的性质。另一类是通过正式组织及其领导出现的集体行动。这类事件的组织者往往是正式组织的成员，强调"遵纪守法"，坚持以合法的途径来解决问题，属于体制内的政治参与行为，具有合理合法的性质。有些组织者选择敏感时间来制造事端，在行动中统一口号和着装，打出标语，散发传单，极力造势向政府施加压力。此外，通过网络串联已成为近年来群体性事件聚集的新方式。个别利益诉求者通过在网络上发帖来聚集人员，倡议利益相关者在约定的时间、地点聚集闹事。这种通过网络方式聚集的事件组织者，信奉信息时代网络炒作的力量，因而利用互联网进行蛊惑、煽动，甚至以此寻求其他媒体的关注，尽量扩大事态，以期达到尽快解决问题之目的。

从冲突形式看，对抗性程度逐渐加剧。现在冲突的焦点已经由公众之间逐步向公众与党政机关和企业组织之间转移。有些公众抱着"不闹不解决，小闹小解决，大闹大解决"的心态，越来越多地采取了诸如冲击党政机关、堵塞公共交通、群体上访、示威游行等偏激行为，甚至采取打砸抢烧等暴力手段，向政府和有关部门施压，造成了恶劣的社会影响和重大人员财产损失。这种附加了对抗性的群体性事件，严重妨碍了局部地区的社会稳定，具有明显的违法性质。与此同时，近年来群体性事件也出现了一些新的特点，即在暴力程度加剧的同时，和平、理性的表达方式逐渐显现。与那些激烈的冲突方式相比，诉求者通过"非暴力不合作方式"表达自己的利益诉求，在行为方式上表现一定的克制和理智，希望通过谈判、协商、平和的方式解决问题，争取合法、正当的权益。

从诱发因素看，大部分群体性事件是由于不同阶层、不同群体、不同利益主体的利益差别、利益矛盾而引发的，利益是问题的核心所在。大量的事实表明，很多事件的起因涉及一些人的切身利益，而且都有一定的合理性，极易引起社会同情。如果其诉求得不到妥善及时解决，加上个别地区和单位领导在处理问题的方式和方法不当，致使参与者产生怨气，从而引发过激的群体行为。值得注意的是，社会心态失衡是造成群体事件的重要诱发因素。现实生活中，有些事件的诱因看似简单，具有很大的偶然性，然而事发却有其内在的必然性，它是当地深层次社会矛盾和问题累积的结果，是当地有些政府部门不作为、乱作为的必然产物。"一件普通交通事故，一起简单刑事案件，甚至于一句为壮胆而胡编乱造的谎言都可能酿成一场群体集体无意识的非理性发泄，这种对社会、政府和现实不满的心态可能比群体性事件本身更可怕。在社会转型过程中，群众对地方政府的极端不信任和公众社会心态极度脆弱是社会稳定最大的危险。"[4]

从处置方式及手段看，由于基层政府处理群体性事件的能力相当有限，普遍表现出"不适应症"，处置失当的例子比比皆是。许多基层政府和组织在冲突发生之初重视不够，往往错过最佳处理时机，是一种"体制性迟钝"，即走入"起因很小——基层反应迟钝——事态升级爆发——基层无法控制——震惊高层——迅速处置——事态平息"的怪圈，从而导致"小事拖大，大事拖炸"，它集中暴露基层政府应急能力的薄弱。[5]当然，从近期发生的一些群体性事件看，有些地方政府的处置能力有所提高，无论是处置思路和处置方式都有了明显的改进，取得了很好的社会效应。特别是针对那些以和平、理性的表达方式出现的群体性事件，当地政府和警方都表现出了很大的理解、宽容和克制，最后以官民互动的温和、协商的方式平息了事件，化解了矛盾和冲突，这是一个很大的进步。

从事件性质和演变趋向看，尽管现阶段诸多冲突中阶级矛盾依然存在，但大量的、占主要地位的是属于人民内部范畴的各种矛盾。体现在现实中的各种群体性事件，一般不涉及社会核心理念，当事人的要求大多是合情合理合法的，并不具有反对社会政治制度的目的，也极力避免被贴上"对抗政府"的标签，所以一般属于根本利益一致基础上的人民内部矛盾，具有非政治性的特征。但必须注意的是，近年来发生的群体性事件，不乏各种敌对势力、敌对分子和少数别有用心的人插手、煽动和挑拨，呈现出"寻求体制外解决问题"的倾向，特别是有些境外政治力量试图利用群体性事件造谣污蔑、恶意炒作，攻击中国政治制度，丑化党和政府的形象。因此，有些事件性质具有变异性，可能出现由非政治性问题转化为政治问题，存在着有些重特大群体性事件演变为骚乱、暴乱和社会动乱的可能性。

## 二 理性看待当前的群体性事件

群体性事件是社会群体性矛盾的外在表现，是社会关系不协调、不和谐的一种现象。从某种意义上说，群体性事件是一种反社会行为，它能在一定时间、一定范围内打破社会活动的有序性和社会关系的协调性，使社会生活处于波动之中，进而破坏社会的和谐稳定。特别是那些以高破坏性的形式表现出的群体性事件一再发生，具有很大的负面效应，可能造成非理性的冲动情绪在不同的群体间传递，引发强烈的社会动荡，甚至动摇政权的合法性基础，对国家安全和社会稳定构成持续威胁。正因为群体性事件与政权之间的密切关联，美国威斯康辛大学政治学教授贝辛格在其著作《民族主义动员和苏联的解体》中，通过收集苏联从 1987 年到 1991 年发生的所有规模不等的群体性事件，发现导致苏联解体的最初原因就是接连不断的群体性事件。[6]这种情况，必须引起足够的警惕。

当前的群体性事件，根植于我国社会转型和体制转轨的时代背景之中。经过 30 年的改革开放，我国社会进入了国际上公认的敏感发展阶段，处于一种"黄金发展"与"矛盾凸显"的并存时期。从总体上说，我国社会是和谐的，但由于我们过去片面追求经济的快速发展，忽视了社会发展的协调性，以至于现实生活中存在着不少影响社会和谐的社会矛盾和问题，并由此激化为群体性事件。况且，现代社会是一个多元的社会，多元社会存在社会冲突是正常现象。和谐不在于无冲突，而在于冲突在什么范围内、以什么方式来解决。当今市场经济条件下社会利益的多元化是客观趋势，因利益矛盾而引发冲突乃正常现象，再加上目前我国市场经济体系还不成熟，政治体制改革还未完全到位，利益分化的合理性与不合理性混杂交织，这些就必然使各种群体性事件处于一种阶段性的高发频发态势。可以说，"改革开放在释放社会生产力的同时，逐渐形成了多元社会利益的并存格局，多元利益主体的存在和多元利益意识的发育，造成了各种利益之间分庭抗礼的格局，并愈益趋向于采取公开博弈方式，以至于出现了诉诸公民集体行动的态势。这是市场经济和民主政治条件下的一种常态和常规，它在彰显社会活力、提示中国社会进步的同时，提供了各自利益表达和实现的非行政性管道，而拓展了各自利益的可能性空间，也为实现社会公平提供了另外一种可欲的机制。"[7] 对此，要有一种敢于面对群体性事件发生的勇气，那些试图对事实真相加以掩饰、扭曲的行为都无异于掩耳盗铃，不仅于事无补，还可能产生更多的负面影响。只有正视问题，迎难而上，才能获得化解矛盾的主动权、赢得公众的认可。

现代冲突理论认为，群体之间和群体内部既有和谐与一致，又有矛盾与冲突；群体之间的矛盾冲突，既有消极、破坏的负面作用，但也有增强群体适应性、促进群体整合的正面作用。对于群体性事件，我们既要看到它不利于社会和谐稳定的负功能，还要看到它对推动社会整合和社会进步的正功能。因为，它不仅反映了现代社会公民意识和权利意识的觉醒，社会公众政治参与意识的增强，而且还能释放出长期积聚的社会能量，使那些心理失衡的公众得以实现心理上的平衡，从而有助于调养社会身心，释放社会紧张，起到一种社会安全阀的作用。更为重要的是，它还是政府管控社会的风向标和警报器，表明社会上存在着某种利益的分化和失衡，表明有部分群众存在着利益诉求和对政府、社会的不满，表明政府的调节机制出了故障，甚至暴露出干部的官僚主义作风，以及基层组织社会控制能力的不适应，从而提醒政府根据这些信号，采取积极措施促进矛盾的化解，推动社会的发展进步。从这个意义上说，这些暴露出的社会矛盾比藏而未露的隐秘性社会矛盾对社会的危害有时更为可怕。[8]

其实，对于目前的各种群体性事件，除了极少数具有阶级性、敌我性外，基本上是属于市场经济和民主政治条件下的常规性的公民集体行动，换句话说，它是一种社会常态。而且可以预料，今后随着我国市场化改革的不断推进，社会分层和利益分化的加剧，以及民主政治生活的扩展，此类公民集体行动有可能越来越多发生，规模也有不断升级之势，并可能出现更多的趋于理性、平和与有序的行动方式。对此，需要新的开放思维来加以认识，认真把握社会转型期群体性事件的一般规律。既要摒弃过去那种"你死我活"的阶级斗争的思维定式，又要谨防胡乱定性，把一般性事件盲目上升到"政治高度"，把群众利益诉求"泛政治化"，要么认定是"一小撮别有用心的人煽动不明真相的群众闹事"，要么认定是有"黑恶势力组织操纵"，进而用专政手段对待参与者和围观者，人为地把党和政府与群众之间对立起来。这种思维和做法是需要认真反思并极力加以避免的。应当清醒地认识到，在我国现阶段社会条件下，群体性事件多属于人民内部矛盾的范畴，它是人民根本利益一致基础上的矛盾，是非对抗性的。

发达国家的社会治理经验表明，公民以和平方式表达集体诉愿，以公开博弈争取社会理解，以集体行动与利益同对方和政府进行沟通，甚至于向政府施压，实际上是一种让社会不同诉愿和平释放，理性对话，从而建设真正平安和谐社会的有效形式，也是一种社会成本较低的利益实现机制。各种游行、请愿行动几乎无日无之，不仅不是社会动荡、秩序崩解、四分五裂的征兆，相反，经由释放诉愿、表达不同主张，利益摩擦造成的社会紧张反而得到了一定程度的释放或者缓解。将冲突和裂痕暴露于光天化日之下，而求得程序性解决，从而重新配置资源与利益，将失衡的正义校正过来，恰是医治社会疾患，建设和谐人间的较为不坏的选择。这是发达国家早已验证了的社会治理经验，也是有关民主政治的法理常识。[1]

## 三 群体性事件凸显基层政府应对能力的薄弱与不足

透视近年来接连发生的群体性事件，虽然导火线不同，但其中的深层次原因大体雷同。那些颇具影响力的事件，几乎无不是由群众的合法权益长期得不到有效保障、政府部门对群众的合理诉求麻木不仁、有些领导干部违法违规行政甚至贪赃枉法、不恰当使用警力激化矛盾等所造成的。尽管其表现形式各异，但最终的指向都是政府特别是事发地的基层政府。这从一个侧面反映了有些基层政府应对群体性事件能力的明显薄弱与不足。概括地说，至少有以下几个方面。

一是法治理念淡薄，法律手段缺失。毋庸讳言，当前各级政府对群体性事件都是高度重视的，都要求从维护社会稳定的大局出发，认真做好各项预防处置工作，但许多基层政府干部往往不能从法治的视角来理性认识、正确处理群体性事件，过分依靠政治手段来处置，有的甚至一有群体事件，就用堵的办法、高压的措施来应对，造成了不良的社会后果。与此同时，目前我国在处理群体性事件的立法和法律建设方面仍存在诸多缺陷和误区。譬如，如何科学界定群体性事件？如何正确区分群体性事件与公民自由表达权的行使方式，进而妥善、合法处置群体性事件等，还缺乏清晰的法律条文。另外，至今尚没有一部全国性群体性事件处理的专门法律，以致执法机关不能很好地对发生的群体性事件的合法与否做出准确判断，甚至有些执法机关在处置过程中出现了执法犯法的现象。

二是角色定位出现偏差，公共权力行使方式欠妥。现代政府的角色定位，应如著名行政学家罗伯特·登哈特所说："服务而不是掌舵"，应该是公共利益的捍卫者、公共服务的提供者和公共秩序的维护者，能够公平、合理地处理利害相关者的矛盾和冲突。但现实中有些基层政府的决策随意性大，对涉及拆迁征地、企业改制、移民安置、收入分配等事关群众切身利益的大事，常常是暗箱操作，不尊重民意，而一旦出现事端，又怕承担责任，能捂则捂、能压则压、能拖则拖，千方百计掩盖事情的真相。还有些基层政府没有摆正自己的位置，在市场经济的利益博弈中严守"政府中立"原则，反而把自己和强势集团捆绑在一起，"执政为民"的宗旨被异化为"为老板服务""为资本服务"，漠视了群众的正当权益。更有甚者，有的基层政府官员把自己当作商人，不惜采取各种手段与民争利，追求垄断利益、部门利益和个人利益的最大化。这种状况，必然是官官相护、官商勾结，严重损害了公共利益和公平正义法则。

三是利益诉求渠道不畅，压制和扭曲社情民意。在当今利益主体多元化和利益分层加剧的情况下，需要建立有效的利益沟通协调机制，使不同利益主体的利益诉求得以有效整合，特别是当弱势群体的合法权益受损而又不能得到公正解决时，可以通过制度化的利益表达、沟通与协商渠道来寻求救济。但事实上，由于一些基层政府出于"政绩"需要或地区、部门、个人利益考虑，不惜采取欺上瞒下、堵塞言路等手段，压制社情民意，使得群众利益诉求意愿难以实现，弱势群体的呼声无法及时反映到上级政府那里。于是，一些群众为了自身的权益，容易采取过激过火行为，甚至纠结起来通过越级群访等形式发泄不满情绪，酿成了重大群体性事件，进而使社会公共秩序受到危害。

四是预警和应急机制不健全，现场处置不力。现代社会的预警机制至关重要，它是对社会运行状况发生信号，显示社会已经或即将发生无序现象的临界状态，以致引起社会管理者和社会公众的注意，及时采取对策，使社会运行状况不再继续恶化的一套制度和方法。[9]建立预警机制的意义在于形成一套快速反应的应急体系，以便为科学决策所必须快捷获取信息奠定必备的基础。但从现实情况看，很多地方的预警和应急机制还很不完善。由于种种原因，对群体性事件不报、漏报、瞒报、迟报的现象仍然存在，甚至有些官员为了逃避责任追究，想尽各种办法不让上级政府特别是中央政府知道下面的真实情况，以致那些根据不实信息建立起来的预警机制无法发挥应有的功能。在现场处置方面，相当一部分基层政府的应急能力和水平相当有限，许多本来在初始阶段就能化解的矛盾，由于处置不当或判断失误错失了良机，使事件大大扩大化了，造成了不应有的严重后果。特别需要指出的是，有些基层政府及其干部的信息获取能力和危机公关意识相当薄弱，与现代信息社会所要求的媒体应对能力极不相符，丧失了掌握信息、引导舆论的主动权，使得谣言凭借现代传播工具呈规模效应模式不断扩散，那些不明真相而又义愤填膺的群众迅速被高度情绪化的传言动员起来，容易产生"共振"效应，直至酿成了群体性事件。

五是有些基层干部作风简单粗暴，导致矛盾激化升级。目前有些基层政府存在的违法乱纪、执法不公、官僚主义现象，集中反映出一些领导干部漠视群众利益、听不进群众意见、高高在上当官做老爷的衙门作风，已经引发了群众的对立情绪，使一些基层政府失去了应有的凝聚力和向心力。在那些发生群体性事件的地方不难看到，有些干部对事关基本民生问题乃至生命安全的大事，往往视作"小事"，马虎应付，草率处理；面对那些错综复杂而又亟待解决的突出矛盾和问题，有的不敢管不愿管，明哲保身，或者避重就轻，逃避现实。此外，当前在处理一些社会矛盾和利益纠纷时，有些基层政府过度依赖于采取强制措施，甚至随意动用警力，采用暴力手段平息人民内部矛盾，这不仅不利于缓解和消除矛盾，反而不断制造矛盾，加剧了基层政府与民众之间的紧张关系。这种用专政手段来对待人民群众，尽管从表面上看事件是平息了，但怨气不断积累，不满情绪在潜滋暗长，可能为日后引发更大规模的冲突埋下隐患。

## 四 加强基层政府应对群体性事件能力建设的若干建议

不可否认,这些年来各级政府在治理群体性事件方面积累了很多经验,有能力对一些突发事件进行应急管理。但是,应急管理能力的提高并不表明能够消除产生大规模社会危机的根源,管理危机与消除危机根源是完全不同的两码事。如前所述,当前群体性事件根植于社会转型的大背景下,其深层次原因是错综复杂的,由此也凸显出基层政府在应对能力上诸多方面的薄弱与不足。正是基于此,处于直接面对群体性事件的基层政府应当采取综合治理的对策措施,切实加强自身的能力建设,努力做到标本兼治。

第一,规范基层政府行为,加快建设服务型政府。当今众多群体性事件的矛头最终都指向了政府首先是事发地的基层政府,基层政府往往成了社会矛盾和冲突的关键当事方,成为事件的最大风险所在。这在某种程度上说明了基层政府在执政理念、职能定位、制度建设、管理方式以及治理能力上存在的不适应性。对此,各级政府尤其是基层政府应认真审视自己的角色定位和职责履行方式,把群体性事件作为自身治理变革的一个契机和转机,切实转变公共管理理念,大力推进政府职能转换,积极改进行政管理方式。由于我国原有的政府管理模式基本上以政府为本位,很多制度安排和行为方式都是以方便政府管理的原则设计出来的,而在一个成熟的市场经济体制下,政府的角色应该是为市场竞争、社会发展提供规划和维护秩序的服务者,所以,必须调整政府与市场、社会以及政府与企业、公民的关系,规范权力运行,主动回应公众的关切和诉求。要大力推动从管制型基层政府向服务型基层政府的转变,建设公开透明的公共财政,保证财政投入向公共服务倾斜,缓解市场化改革进程中出现的公共需求凸显与公共服务不足的矛盾,努力增加公共产品供给。要稳步改革现有不合理的户籍制度和单位体制,避免公众之间和公众与所在单位的矛盾冲突演变上升为与基层政府的矛盾冲突,保证政府能以公共事务的管理者和公平正义仲裁者的角色出现,防止执法不公、与民争利,形成基本和谐的官民关系。

第二,完善基层政府决策制度,从源头上预防和化解矛盾冲突。事实表明，当前群体性事件的性质集中表现为各种经济利益冲突，不少群体性事件都是因为对涉及公众切身利益的重大决策、重大政策、重大项目和重大改革考虑不周或估计不足而引发的，其中不乏因决策失误、政策不当而激起民怨的。可见，改革和完善基层政府决策制度，切实将公众参与和专家论证、政府决策结合起来，提高科学决策、民主决策水平，是基层政府转变公共管理职能的重要内容。政府决策要更好地体现公众利益，必须有严格、系统的制度作保证，当前尤其要突出政府决策的公众参与性，努力实现从权力决策向民主决策、从经验决策向科学决策、从部门决策向公众决策的转变，对于那些涉及广大群众切身利益，可能因实施产生利益冲突的重大事项、改革举措，都应建立安全稳定风险评估制度。凡是得不到大多数群众理解与支持的坚决不施行，只有经过评估得到大多数群众认可的方案才付诸实施，这样才能从源头上预防和减少影响社会和谐稳定的隐患。

第三，加强法治建设，规范公共参与行为。当前群体性事件可以归结为转型社会中的参与性危机，它在一定程度上揭示了转型社会公众参与的特殊性。一般地说，公共参与作为公众通过自己的政治行为影响和改变政治过程的活动，是一个国家现代政治文明的标志之一，但在转型社会，由于缺乏系统而规范的公共参与准则，非制度的公共参与大量存在，在很大程度上影响到公共参与的积极作用。[10] 为此，要在充分保障宪法和法律赋予每个公民政治权利的基础上，对公众政治参与的内容、方式和途径等做出明确的规定，并以法律的形式固定下来，做到有法可依、依法参与。同时，要大力加强法制宣传教育，不断提高公民的法制意识和素质，教育公民在维护合法权益时，不得妨碍国家、集体和个人权益，引导群众以理性、合法、平和的方式表达诉求，逐步减少具有破坏性的群体性事件的表达方式。

第四，建立政府主导的维权机制，畅通民意表达渠道。美国政治学家亨廷顿认为，"发展中国家公民政治参与的要求会随着利益的分化而增长，如果其政治体系无法给个人或团体的政治参与提供渠道，个人和社会群体的政治行为就有可能冲破社会秩序，给社会带来不稳定。"[11] 由此可见，建立合理的民意表达机制显得十分重要。在社会利益格局激荡变化中，要着力构建体制内力量为主导、兼顾多元主体的维权新机制，建立健全畅通有序的利益表达渠道，及时沟通政府与广大群众之间的联系，努力协调和规范各群体之间的利益关系，避免具有破坏性的利益表达方式和行为方式。各个利益主体在政府主导和适当干预下，通过相应的组织形式和活动方式，彼此之间提出利益诉求，在达成共识的基础上协调解决矛盾，努力把各种利益诉求纳入制度化、规范化、法制化轨道，取缔非法的利益获取渠道，满足正当的利益诉求需求，对利益受损者给予合理的补偿，为弱势群体提供必要的保障，从而使利益关系趋向合理化，最终形成一套有利于社会和谐的利益分配体系。

第五，提高舆论引导水平，把握新兴媒体建设和管理的主导权。当今信息时代，网络和媒介形式为人们提供了表达诉求、提出建议、发泄紧张或不满情绪的重要载体，它对社会发展具有监测和引导作用，能够把握社会心理走向，实现人们不满情绪的有效纾解。因而，基层政府应学会与媒体打交道，不断完善群体性事件的新闻报道应急工作机制，充分保持对信息舆论的敏感性，努力抢占先机，赢得主动。要善于借助媒介力量获取和提供有效的信息，并通过媒介积极引导舆论，制定出科学有效的危机公共策略。随着我国手机用户和互联网用户的急剧增加，当前特别要发挥新兴媒体在教育、引导、塑造和谐心态与健康人格等方面的作用，准确把握网上舆论态势，避免出现庞大的"不明真相"的旁观者，防止社会崇尚的价值观与政府主导的价值观的错位与背离。

第六，改进干部绩效考核办法，完善以官员问责制为主的责任追查制度。诚然，群体性事件的发生具有多方面因素，但其中一个非常重要的原因，是政府部门自身工作存在问题，正是在这样的背景下，为强化官员的责任感并改进工作作风，以官员问责制为主的责任追查制度逐渐形成。但必须看到的是，由于有些群体性事件具有很强的突发性和高度的不确定性，如果不管什么原因，都把这些危机的发生与政府部门的绩效、与政府官员的行政责任挂起钩来，则有失偏颇，也不利于政府官员在其职责范围内勇于担当，不上交问题而转移责任。所以，不应当把事件发生与否作为官员的考核指标，而应当把如何预防事件及事件发生后行政官员的行为作为其考核指标。当然，如果政府部门及官员违法或者不当行使职权，应当依法承担法律责任，实现权力与责任的统一，做到执法有保障、有权必有责、用权受监督、违法受追究、侵权要赔偿。

第七，加强应急管理培训，切实提高基层领导者应对群体性事件的能力和水平。治理群体性事件的能力是一项综合能力，其能力建设是一项综合性的能力建设。各级政府特别是基层政府要把治理群体性事件的能力建设列入重要议事日程，加强应急管理的知识和技能培训，通过举办各种形式的研讨班和培训班，切实提高基层领导干部的制定公共政策能力、协调利益冲突能力、处理公共事务能力、开展群众工作能力、维护社会稳定能力、媒体应对能力、现场处置能力等，认真把握新时期群体性事件的特点和规律，建立健全领导体制和工作机制，及时解决重大问题和突出问题，为提高政府的执政能力奠定基础。

第八，借鉴国外经验，掌握现场处置群体性事件的原则和策略。西方国家在现代化过程中，也曾经历过集体行动、社会运动高发的年代。多年来，这些国家逐渐摸索出应对、处置集体行动和社会运动的一般原则和策略。我国有关专家在此基础上，通过长期的观察研究认为，从微观情景看，执政者化解社会冲突和社会抗议的要点在于：在介乎"妥协"和"压制"之间的灰色地带中拿捏的尺寸。[12] 大致说来，应把握的原则和策略是：一是主要负责人应第一时间亲临现场、靠前指挥。二是将参与者和旁观者分隔开来，以免人员混杂，出现更大范围的秩序混乱。聪明的行动者往往也会自我要求区隔，以防止他人"节外生枝"抹黑自己。三是保持信息畅通和公开。在"黄金24小时"内公布准确、真实的信息，避免不良消息的传播扩散。四是慎用警力、警械和强制措施，严防因用警不当、定位不准、处置不妥而激化矛盾。五是尽快恢复正常秩序。对理性、和平的非暴力行为一般持宽容和克制态度，而一旦出现违法犯罪行为则必须果断处置，迅速控制事态，同时注意把握好分寸，避免操之过急或过大可能造成的不良后果。

（原载《中国行政管理》2009年第6期）

## 参考文献

[1] 于建嵘：《中国的社会泄愤事件与管治困境》，《当代世界与社会主义》2008年第1期。

[2] 汝信等主编《2005年：中国社会形势分析与预测》，社会科学文献出版社，2004，

第 235 页。

[3]《"典型群体性事件"的警号》,《瞭望新闻周刊》2008 年第 36 期。

[4] 孙元明:《当前国内群体性事件及其发展趋势研究》,《江南社会学院学报》2008 年第 3 期。

[5] 本刊首席时政观察员:《群体性无直接利益冲突的应急和对策》,《领导决策信息》2008 年第 28 期。

[6] 郑永年:《中国越来越多社会群体性事件表明什么?》,www.tecn.cn/data/detail.php?id=4671 31K 2009-3-13。

[7] 许章润:《多元社会利益的正当性与表达的合法化》,《清华大学学报》(社会科学版) 2008 年第 4 期。

[8] 叶国兵:《用和谐理念指导群体性事件的预防与处置》,《公安教育》2008 年第 4 期。

[9] 丁水木等:《社会稳定的理论与实践》,浙江人民出版社,1997,第 282~283 页。

[10] 缪金祥等:《社会转型期农村群体性事件的理性分析》,《山东警察学院学报》2005 第 6 期。

[11] 赵守东:《群体性事件的体制性症结及解决思路》,《理论探讨》2007 年第 2 期。

[12] 单光鼐:《处置群体性事件的学问》,《瞭望新闻周刊》2008 年第 36 期。

# 社会心态失衡与治理对策研究

傅金珍

社会心态产生于每一个社会公众个体，又以一种整体的形态存在和影响着每一个社会公众，是社会变迁过程中的各种社会问题、社情民意、社会热点和社会公众情绪的折射和反映。

近年来随着我国社会发展与转型的不断推进，社会心态失衡问题逐步显现，并对我国社会发展与改革成效产生了消解作用。科学把握社会心态失衡问题，重视、加强和培育良好的社会心态已成为当前我国社会发展与转型必须面对的严重挑战。

## 一 当前社会心态失衡的主要表现形式

社会存在决定社会心态，社会心态映照社会存在。当今社会心态失衡，笔者认为呈现这样一些表现形式。

第一，因焦虑心理而引发的失意、迷茫、怨气、谩骂心态。曾经在事业中处于上层，掌握一定社会资源，拥有一定社会地位、政治影响、财富占有或文化创造，却由于某些客观或主观原因而今不再占据某种优势，并产生悲观心态的人群；虽然仍身处精英位置，但随着身份的变动、地位的升迁已与原来的情境或者离自己理想中的情境相距遥远，具有悲观心态的一类人；经过辛苦努力和个人能力希望成为精英人群，但现实达不到个人理想时而深感怀才不遇，空有抱负而无法施展的一类人群。这些群体，由于上述缘由而失意，又由于失意进而产生失望与怨气，他们当中的一部分甚至发展成为在网络上"骂国"，怨社会、怨政府、怨机制、怨他人，对社会产生消极影响。

第二，因非理性情绪滋生、蔓延而引发的群体性事件和异向行为。前者表现为，当个体与群体合理利益诉求遇阻或得不到满足，于是非理性情绪滋生蔓延，进而引发群体性事件，前些年贵州瓮安事件、重庆出租车罢运风波、湖北石首骚动等一系列事件，即是典型案例。后者则表现为表面上并不反对社会，事实上与社会发展方向相异或相悖，如日趋猖獗的封建迷信、地下赌彩、邪教，以及部分人在人云亦云和跟风传言中获得社会归属感。

第三，浮躁、急功近利心理而引发的不适应感、不耐烦、紧绷心态。随着工业化、城市化、市场化、全球化的推进，特别是在金融危机的背景下，无论是党政干部、公司白领还是专家学者，每个人的神经都处于一个紧张的状态。"紧绷"好像已经成为社会的常态。特别是人与人之间的关系，比如社会各阶层之间的关系、干群关系等，都绷了起来。[1]另外，则是"急躁与不耐烦"。有一篇题为"中国人为什么丧失了慢的能力"的网文，曾列举了种种"不耐烦"现象：上网，经常狂点"刷新"；跟帖，要抢"沙发"；寄信，一定得特快专递；拍照，最好是立等可取；坐车，首选高速公路、高速铁路、飞机，而且最好是直达；做事，当然要名利双收；创业，最好能一夜暴富；结婚，必须有现房现车。一旦遇挫，就会表现出愤怒甚至"抓狂"。

第四，因归属感、稳定感和公平感迷茫而引发和蔓延的弱势心态。据《人民论坛》杂志随机抽样调查显示，认为自己是"弱势群体"的党政干部受访者达45.1%；公司白领受访者达57.8%；知识分子（主要为高校、科研、文化机构职员）受访者达55.4%；而网络调查显示，认为自己是"弱势群体"的网民则高达七成。[2]这个调查结果尽管与身处底层的农民工、产业工人相比，受访者的"弱势感"也许更像是一个伪命题。但从中也反映出各个社会群体在面对自身的生存生态、在与其他社会群体阶层的利益对比中的实际心理状态。

社会心态说到底是个社情民意问题，是社会公众利益和愿望的问题。尽管我们列举出的四种社会心态失衡的表现形式，从全局看仍处于社会心态的非主流层面，但是，不能不看到这些非主流的社会心态，对我国的社会发展和改革转型的负面作用与影响有蔓延之势，因此决不能掉以轻心。

## 二 当前的社会心态失衡的缘由

社会心态失衡的凸显是当前我国进入新的发展时期的一个特征。从以往其他国家或地区的经验来看，在由发展初期向中期迈进时，往往伴随大量社会矛盾与社会问题的出现，社会心态失衡随之凸显。当前，我国所处的正是这样的时期。因此，我们认为，社会心态失衡凸显，既有客观因素，也有主观方面的因素。概括起来，有如下几个方面。

第一，急剧而持续的社会变迁。

从改革开放算起，30多年来我国经济状况不断改善，人民的生活水平日益提高；民主政治、法制建设持续推进，社会公众的个性自由和言论自由有了显著进步；社会改革与发展的方方面面都在有条不紊地向前推进。但与此相伴，各种不满情绪也不断滋生，部分群体的不满意度增加。急躁易怒、紧绷、失意迷茫、弱势感等似乎演化成一种社会常态。为什么会出现这样的状态？1922年美国社会学家奥格本（W. F. Ogburn）在其著作《社会变迁》中对这样的现象进行了分析。他提出了一种"文化堕距"（culture lag）的概念，并指出，在社会变迁过程中，非物质文化总是滞后于物质文化的发展，技术的进步快于观念和制度的变革，我们一直处于现代化的紧迫之中，被迫追求持续不断的除旧迎新。因而我们总是生活在不适应状态之中。显然，当前的社会心态失衡，并非改革的结果，也不是某个制度的设计出了问题，而是一种时代的焦虑症。这种焦虑症产生的真正根源在于急剧而持续的社会变迁。

第二，社会性和精神性需求上升。

如前所述，改革开放以来，随着我国经济建设取得巨大成就，人民的物质生活得到极大改善。2000年，中国总体上已经解决温饱问题。我国社会总体上已经进入了由温饱型社会向发展型社会的转化，这个发展是指社会的全面发展、人的全面发展。在这个过程中，人的需求发生了深刻的变化，由原来的生物性的温饱需求上升到安全的需求、归宿的需求、社会公平和尊重的需求、友爱的需求和自我价值实现等社会性需求。表现为人的物质性需求出现了边际递减，社会性和精神性需求大量地上升。有关研究部门对长江三角洲地区产业工人精神权益问题调查显示，被调查的外来农民工在物质生活和精神生活上，平均有66%的被访者选择了更看重精神生活。在他们列出的精神生活清单上，家庭生活、朋友交流、文化娱乐排在前列。一些地区的工会干部说：现在青年，不论是白领，还是农民工，他们对精神生活的要求之高超出了常人的想象。很多企业之所以会出现用工荒，是因为工人来了一旦发现工作不开心、不愉快，没有朋友和老乡交流，找不到归属感，没有机会提高自己的业务能力，没有时间发展自己的兴趣，不能实现个人的价值，他们也会离开物质条件比较好的企业，去追求自己的梦想和自我价值的实现。如果这些需求没有得到满足和很好的释放，也就有可能酿出各种社会性悲剧。[3]这种现象，已不是一个孤立的事情，它反映了当前我国社会发展的新特点，即社会公众的社会性、精神性需求上升。

第三，经济社会发展不平衡不协调。

世界经济社会发展实践表明，一个国家或地区的发展处于初期阶段时，由于贫穷与落后，主要任务是发展经济，这使得经济发展优先于社会发展。所以经济社会发展不协调在这一阶段有其客观性与合理性。但是，进入发展中期阶段以后，随着生产力落后状况得到显著改善，人们的温饱问题得到解决，对物质生活以外的精神文化需求和全面发展的需求越来越迫切。一些国家或地区及时调整经济社会发展关系，适时加大社会发展比重。由于政策把握得当，这些国家顺利闯关，成功迈向现代化的更高阶段。但是，也有一些国家没有协调好经济社会发展之间的关系，出现经济增长与社会进步的脱节，发展徘徊不前，甚至出现社会动荡和倒退。就我国而言，在过去30多年间，经济社会发展不平衡是基本特征。就经济建设诸项指标来看，2010年国内生产总值达到39万亿元，居世界第二，已经进入工业化中期阶段。但是从社会发展指标来看，我国还处于工业化的初期阶段，尤其是近年来由于公共物品的市场化，使得住房、教育、医疗等民生需求呈现恶化的态势。在这样的背景下，经济增长与民生需求满足二者之间日益脱节。比如一方面是高房价拉动的GDP增长，另一方面是住房问题困扰民生，很大一部分社会公众越来越形成了"经济增长与我无关"的心理感受，从而不满意感产生。与此同时，加之社会分化的加剧，资源与机会的配置越来越封闭并在很大程度上倾向于强势群体。由此社会冲突不断积累，社会矛盾加大，进而导致了社会心态失衡显化。

第四，部分群体从发展中受益的程度下降，对社会问题的心理承受能力减弱。

实践经验表明，社会公众的心理承受能力与其获得的资源和机会，进而改变自身的命运呈正相关。因此，只要从改革与发展中受益的程度大于出现的社会问题，社会公众对社会问题就具有较高的心理承受能力。我国自实行改革开放政策以来，社会公众从社会改革与发展中获得了前所未有的利益。主要表现为他们的生活有了显著的改善，大多数人获得了向上流动的资源与机会。但是，近年来在经济保持快速增长的同时，部分社会公众从发展中受益的程度开始出现下降了。一方面，人们收入的增长滞后于经济增长速度，但是民生的支出压力越来越大，如2011年房价依然坚挺、物价不降反升都导致了心理预期的巨大落差，社会公众的幸福感开始下降。另一方面，社会流动的资源与机会开始出现了集中的趋势，"富二代""官二代"与"穷二代""强者通吃"现象的出现，致使相当部分社会公众失去了向上流动的空间。上述两种现象的发生发展，必然削弱公众对于社会发展中出现的问题的心理承受能力。于是，抱怨与不满开始显化，社会心态失衡随之而至。与此同时，随着社会分化的加剧，劳资矛盾、房地产商与公众之间的利益冲突、地方政府中的官民矛盾成为引人关注的社会现象，社会群体之间的利益冲突强化，进而又推动了社会公众的心态失衡。当然，就当前来看，各种引发社会矛盾的现象，并不意味着阶层与阶层间的冲突与对抗，更多折射的是公众对富而不公、贪污受贿的憎恨，尤其是有些底层公众，联系自身的利益受损处境，这种心态会更强烈。

第五，政策调整不及时、执行不到位。

辩证法告诉我们，抓住主要矛盾，确立主要任务，就能纲举目张。改革开放之初，面对贫穷与落后的国情，我们坚决而果断地确立了以经济建设为中心的指导方针，并经过30多年来的矢志不渝的推进，极大地改变了贫穷与落后的面貌，综合国力显著增强。但是，我们必须承认这样的一个事实，矛盾的主要方面和次要方面是相互影响的，在一定条件下还会发生转化。就社会主义初级阶段而言，它不是静态的，而往往呈现出从发展初期到中期，再到现代化基本实现的若干个不同发展时期。在这个动态过程中，我们必须与时俱进，把握住各个发展时期阶段性变化的特征，抓住主要矛盾和主要任务的变化，才能更好地把我们的社会主义现代化事业健康地向前推进。总体上看，我国社会的主要矛盾依然是人民日益增长的物质文化需要同落后的社会生产之间的发展性矛盾，但同时也包括经济社会发展不协调，社会建设滞后于经济建设的结构性矛盾。从当前情形来看，正是由于对矛盾判断的滞后，一方面导致相关政策不及时。比如收入分配政策调整不及时，没有有效地抑制贫富差距的扩大，基尼系数继续攀升；收入增长低于GDP和物价增长，公众面临巨大的民生压力；社会福利保障政策调整不全面，导致相当部分公众并没有实现"学有所教、劳有所得、病有所医、老有所养、住有所居"[4]。

另外，一些政策虽做出了重要调整，但在实际执行中走样。比如在保障房建设上，首先是建设量达不到要求，其次是分配上往往又被权势部门或人物拿走，真正的保障对象中的一部分人游离于保障范围之外，甚至无处投诉，由此引发人们的抱怨与不满。当这种抱怨与不满积累到一定程度的时候，必然引发社会心态失衡。

第六，典型性案例不断爆发，社会生活底线频频失守。

当前，从媒体披露的负面消息来看，人们的抱怨情绪似乎越来越大，蔓延到各个群体，"端着碗吃肉，放下碗骂娘"的现象比比皆是，各行业的浮躁心理、焦虑心理、社会冷漠情绪等四处弥漫。我们的社会怎么会这样？笔者认为，比起如前所述的各种因素对社会公众心态的影响，各种典型性案例及由此引发的社会生活底线的频频失守，对社会公众心态的冲击更直接且更具杀伤力。比如，频频爆发的暴力与带血拆迁，往往是奸商与黑恶势力相互勾结所为，而事件发生后很难看到邪恶被惩处。更为典型的是，湖南嘉禾县的官员为了自身政绩肆意妄为，践踏民意，损害民利的"嘉禾事件"发生后，它不仅没有成为最后的经典案例，相反随后几年，全国又频频发生类似事件，甚至程度更深、损害更大。又比如，有一个省会城市，电视上经常报道身处社会底层的人群遭遇重大疾病时无钱就医的新闻，每次这样的事件发生后，电视总是呼吁社会爱心人士献出自己的爱。随后的跟踪报道要不就是筹得善款、要不就是救命钱仍无着落。而这一起起的案例中鲜见组织、政府的身影。再比如，瘦肉精猪肉、染色馒头、毒生姜事件，每一起安全事故往往与腐败相连，每一起腐败案件又往往与权钱交易、买官卖官相联系，每一起官员问责又与官员随后复出、风光再现相伴,而这些都又与社会生活底线被突破相联系、与牺牲弱势群体阶层的生存生态相伴。心理学告诉我们,社会公众的稳定感、安全感和公平感是在比较中产生的,是一种个体心理体验,既不与官员的一厢情愿的臆想为标杆,也不完全与媒体的宣传结论为准绳。尽管在这些案例中,官员尽可认为社会公众愚昧落后、思想有问题,但社会公众心态因此不断失衡是一个不争的事实。

## 三　社会心态失衡治理的路径思考

2011年2月9日,中共中央在中央党校召开了省部级主要领导干部高层研讨班,专门研究社会管理以及创新问题。胡锦涛总书记在他的讲话中提出,针对当前国内外形势的新变化和我国社会管理领域存在的问题,必须加强和创新社会管理。"十二五"规划明确提出了加快培育奋发进取、理性平和、开放包容的社会心态的历史任务。我们认为,要完成这个历史任务,当前首要的是加快社会公众心态失衡问题治理。

### (一)深入贯彻科学发展观,更加关注和重视民生

民生问题既涉及社会公众基本生存和生活的问题,又涉及社会公众自我发展和自我完善的问题。当前,我国民生问题依然比较突出,是影响社会心态良性发展的主要因素之一。因此,必须坚持以科学发展观为指导,加强以民生问题为重点的社会建设,着力加强惠及民生、改善民生、造福民生等相关领域的改革,促进社会心态良性发展。

首先,深化民生认识理念。谈及民生问题,最重要的是关注与社会公众的生存息息相关的物质性因素。但是正如前面所分析的,在我国步入中期发展阶段后,社会成员的社会性和精神性需求明显上升。有调查表明,当代中国人生活形态变化的背后有着强大的生活动力,并呈现一个相对稳定的多元化格局。其中九个主要的生活动力依强度渐次排序为:一是子女发展期望;二是个人利益追求;三是追求家庭幸福;四是追求人际优势;五是追求一生平安;六是尽力做好本分;七是实现自我价值;八是为社会做贡献;九是追求生活情趣。[5] 这就要求我们在民生问题的认识上,既要关注物质性因素,也要重视精神性因素,并把两者有机结合起来,相互

促进。

其次，健全利益保障机制和协调机制。利益是人们追求的生活目标。马克思主义告诉我们，无论在哪一个历史时期，人们的一切活动都是围绕着利益展开的，都是为了实现和满足自己的利益和需求而进行的。坚持相信群众、依靠群众，自觉践行"情为民所系，权为民所用，利为民所谋"的执政理念，就必须高度重视人民的利益保障与协调。

应当特别强调的是，当前弱势群体中的多数人并没有从我国经济的快速增长中获得多少实惠，这对一个社会的正常心态的培育和形成是极为不利的，要充分认识到这个问题的严重性。因此，必须在统筹兼顾社会各阶层利益的前提下，优先关怀弱势群体的生活状况，保障弱势群体的基本权利，切实保护弱势群体生存的社会生态。其中最重要的是着力提高低收入群体的收入水平，改善其在市场经济大潮中的机遇和地位，增强其面对挑战与机遇时的自我发展能力。要特别重视保障制度的建设，不断完善社会保障体系，努力实现经济发展与人民幸福指数同步提升。比如建立常态的应对物价上涨、重大疾病、失业等问题的援助体系，使社会成员在遇到困难时不仅可以得到政府的帮助，而且可以得到来自社区、民间组织、志愿者和专业心理援助等机构以及个人的帮助，从而缓解心理压力。再比如针对民众对食品、药品等方面的不信任，着力完善食品、交通、医疗等方面的监管体系，特别是减少和杜绝食品安全事件的发生等。

## （二）坚持加快和谐社会建设，更加重视社会公平正义

公平正义是人类社会具有永恒价值的基本理念和基本行为规则。社会公平正义是社会和谐的基本条件，也是培育健康社会心态的重要前提。社会公正则社会心态平和、心理平衡；社会不公正则往往导致社会心态失衡、心气不顺。因此，要培育健康社会心态，就必须把推动科学发展与促进社会和谐有机统一起来，将维护和促进社会公平正义放在更加突出的位置。

社会公平正义不仅涉及收入分配、利益调节等社会经济问题，而且涉及公民权利保障、政府施政、司法公正等社会政治问题。胡锦涛同志曾指出："实现社会公平和正义，涉及最广大人民的根本利益，是我们党坚持立党为公、执政为民的必然要求，也是我国社会主义制度的本质要求。"[6]

也就是说，逐步实现包括权利公平、机会公平、规则公平、分配公平在内的社会公平体系，是新形势下培育健康的社会心态的重要机制。因此，首先必须牢固树立以人为本的发展观，十分重视对公共政策的研究、制定和完善，从政策上、制度上努力营造公平正义的环境。包括社会各个群体在利益获取上机会平等，在利益谋取上规则平等，在利益分配上标准平等，在利益互惠上权利平等，等等。其次，坚持以平等的公民权利为基础，推进公共资源、发展成果的公民共享。十七大报告中特别提出了要建立"学有所教、劳有所得、病有所医、老有所养、住有所居"的社会福利体系，这是符合公平正义要求的。要特别注意教育公平，因为它被视为是实现社会公平"最伟大的工具"。再次，要进一步推进社会流动。保护和拓展社会流动渠道，既是实现社会公平的应有之义，更是优化社会分层结构的必由之路。改革开放以来的一个巨大变化，就是城乡之间和各阶层之间的流动，这是社会进步和充满活力的重要表征。当前，最重要的是突破以"官二代""富二代"为表征的社会流动闭合趋势，进一步拓展社会流动渠道、路径，为从根本上化解贫富冲突，协调社会利益关系，促进阶层和谐创造条件。最后，大力推进社会主义法治。要不断强化法治观念，依法办事，保证公民权利不受侵害。要坚持"有法可依、有法必依、执法必严、违法必究"，使社会各个社会群体的权利都能够通过法律途径得到保障，真正实现法律面前人人平等。

### （三）更加重视公众诉求，着力构建社会情绪疏导机制

不良社会情绪需要"出气口"和"减压阀"。当前我国正处在社会问题与矛盾的多发时期，社会问题与矛盾的表现形式日益多样化和复杂化。复杂多样的社会矛盾往往透过社会舆论、社会情绪等层面影响社会心态。这就要求我们更加重视公众诉求，着力构建社会情绪疏导机制，为社会心态的培育形成创造良好环境。

首先，要积极主动构建公众诉求表达渠道、网络和机制。只有形成能够充分反映不同社会公众的利益诉求的表达机制，才能使利益主体充分表达各自的要求和意见，从而在相互沟通中达到相互理解、减少冲突、达成共识。当前，要全方位拓展社情民意的表达渠道，特别是注意倾听弱势群体的心声，为弱势群体建立自己正常、规范的利益表达机制，不回避矛

盾，保证全体人民共享改革和发展成果，以推动经济社会更快更好地发展。要从制度安排入手，坚决革除一些党政干部面对群众利益麻木不仁的积弊，关心群众疾苦，理解群众的实际困难，尽力解决群众的实际问题。

其次，要高度重视媒体网络作用的充分发挥。我们身处信息与知识不断创新的时代，媒体对社会舆论、社会价值观的形成，进而对社会心态的形成具有强大的影响力。媒体的报道宣传无不体现和蕴含着一定的价值导向，无不对社会心态产生这样那样的影响。从当前的实践看，媒体网络对一系列重大突发事件的追踪报道与披露，促进了人们对事件真相的了解，有利于社会公众情绪的疏导。可以说，在今天培育健康社会心态的系统工程中，媒体的作用不可替代。当前要充分关注的是始终坚持正确的舆论导向，始终坚持客观、真实、全面、公正的报道原则，加强媒体网络对国际国内重大事件的真相揭露、追根究底和还原本质，以健康心态引导社会公众。同时也要充分注意大众媒体对社会突发群体性事件的报道过程中所引起的放大效应、诱发效应，甚至负面效应问题，坚决遏制一些大众媒体为吸引眼球、迎合部分受众的心理而渲染和炒作一些极端、非理性的宣泄。

（四）改进创新官员评价机制，规范官员行为规范

稳定、平安、公平、正义、民本等社会价值观，既由官员来示范，也由官员来维护。官员的行为和声誉对健康的社会心态形成具有重大影响。当前我国社会问题与矛盾问题凸显，特别是有的由非对抗性的人民内部矛盾转变成对抗性的矛盾，原因虽然多种多样，但其中重要的一个方面就是一些地方、一些部门官员在思想意识上、工作作风上、工作方式方法上存在的问题，他们有的面对群众的困难麻木不仁，有的甚至直接或间接侵害群体利益。可以说，一些社会心态正是受官员行为不端的影响而趋向畸形。不严格规范官员的行为，培育良好的社会心态的美好愿望就会成泡影。

首先要改进和创新官员评价机制。要根据科学发展、和谐社会建设和创新社会管理的要求，把官员所任职区域的社会公众的幸福指数、环境生态等纳入官员评价考核内容，从机制遏制官员的 GDP 崇拜和 GDP 主义，切实解决好一些官员面对问题与矛盾上的不作为，促进官员真正做到"为官一任，造福一方"。

其次要强化官员行为监督。1998 年，美国总统克林顿到中国来访问时

问西安的一个小女孩："你知道我是谁吗？"小女孩答："你是美国总统。"又问："你知道美国总统是干什么的吗？"女孩说："是管美国人的。"克林顿似有所指地说道："不对，我是被美国人管的。"[7] 应当说克林顿对官员行为的定位是正确的。现代政治文明最重要的成果就是实现了对官员的驯服和行为的监督。官员的贪污腐化、失职渎职、行为失范，已对社会心态产生了极大的负面影响。因此加强对官员的监督，是形成有利于培育健康的社会心态的良好社会环境的重要保障。

再次是强化官员行为的问责。即通过各种形式的责任约束，限制和规范官员行为。问责上要对官员的失职失误行为、违法违纪行为问责，也要对官员的碌碌无为、无爱民之心、无为民谋利之能等问责。当前的官员问责还要重点关注问责后的复出问题。一段时间以来，有的官员还未问责就已被异地安排使用，甚至异地提拔；有的仅以免职处置，一旦社会关注度过去，立即复职。所有这些，其社会负面影响极其不好，甚至引发了对官员及政府的不信任，有的还加剧了问题的复杂化，必须慎而又慎地对待。

### （五）加强教育引导，着力深植社会主义核心价值体系

不同群体、不同社会公众在价值取向、价值认知、价值评价上存在的差异是明显的，如何确立一个为社会公众所广泛认同的共同理念、精神支柱和基本道德规范，是培育健康的社会心态所必须面对和回答的问题。我们认为，这个答案就是社会主义核心价值体系。因此，培育健康的社会心态，必须不断加强教育引导，着力深植社会主义核心价值体系。

首先，要继续加大社会主义核心价值体系的宣传。社会主义核心价值体系为培育健康的社会心态提供了灵魂和方向，加强这个价值体系的宣传，就是要使这个价值体系在各个社会层面无所不至无所不在，在最广大的社会公众中家喻户晓、入脑入心，并进一步成为每一个个体、每一位公众的追求，从而为培育健康的社会心态奠定良好的基础。

其次，要完善和创新社会主义核心价值体系的载体。政府、社会、学校、家庭、媒体、制度、群众性创建活动等都是社会主义核心价值体系的载体，在深植社会主义核心价值体系上都肩负着重要责任、具有不同优势，应各负其责、各扬其长，努力为健康社会心态的培育建功。要把社会主义核心价值体系贯穿和渗透到社会公众的日常生活中，纳入社会公共道

德建设、未成年人思想道德建设的整个过程、各个方面。要在积极运用好各种行之有效的传统方式的同时，不断创新形式、创新手段，改变单纯依靠灌输的思路，充分利用重要的时间节点和重大事件开展相关主题活动或创建活动，充分发挥重点人群、社会公众人物的示范带动作用。

（原载《中共福建省委党校学报》2011年第10期）

## 参考文献

[1]《社会转型下的心态难题——人民论坛系列特别策划回顾》，《人民论坛》2011年第18期。

[2]《调查称：近五成受访党政干部认为自己是"弱势群体"》，中国新闻网，http://www.chinanews.com/gn/2010/12-06/2700911.shtml。

[3] 向春玲：《负面舆论场对社会管理的挑战》，《人民论坛》2011年第18期。

[4] 胡建国：《心态危机显化三大成因》，《人民论坛》2011年第18期。

[5] 王俊秀、杨宜音主编《2011年中国社会心态研究报告》，社会科学文献出版社，2011。

[6] 胡锦涛：《在省部级主要领导干部提高构建社会主义和谐社会能力专题研讨班上的讲话》，《人民日报》2005年6月27日。

[7] 宋伟：《美国人为何常有好心态》，《人民论坛》2011年第12期。

# 晋江市全面建设小康社会进程评估及其对福建的示范意义

林　红　王庆华

全面建设小康社会是我国实现现代化建设第三步战略目标必经的承上启下的发展阶段。从十五大报告首次提出建设小康社会的新任务，党的十六大具体明确到2020年全面建设小康社会的奋斗目标，到十七大报告进一步发展和丰富了全面建设小康社会的内涵，提出了新的更高的要求，中央始终高度重视小康社会建设，形成了从理论到政策不断丰富完善的体系。全国的全面小康社会建设的进程逐年加快，各地在实践过程中逐步探索出适合本地特点的评估体系，东部沿海部分发达地区近年来已宣布基本建成全面小康社会。从福建省内来看，全面小康社会建设进程也在不断提速。实践经验告诉我们，全面小康社会建设的关键和难点在于统筹城乡一体化的发展，富民强省，本文以全国百强县晋江市为例，试图通过对晋江全面建设小康社会评价指标体系的构建，力求能够较全面准确地反映晋江全面建设小康社会的现状与总体进程；同时，对晋江全面小康社会进程的测评及其经验分析，对福建全面建设小康社会发展目标制定和进程监测也有先行的示范意义。

## 一　国内外有代表性的全面建设小康社会评价指标体系述评

### 1. 国家统计局的指标体系

国家统计局的指标体系，用于监控全国小康社会建设进程，其评价体系跟随经济社会发展的进程和要求不断地调整。

国家统计局对小康社会的研究起步早，1992年国家统计局提出的第一套小康指标体系，分为宏观经济条件、生活质量和生活效果三个领域，共12个指标。1995年国家统计局会同国家计委等部门共同修订完成了新的小康指标体系（第二套指标体系），共有 25 个指标，评价内容更加广泛，如单独列出了精神生活和生活环境的内容，在指标的选取方面比前一次也更为简练和更具代表性。国家统计局 2008 年制订的《中国全面建设小康社会统计监测指标体系》（第三套指标体系），主要由经济发展、社会和谐、生活质量、民主法制、科教文卫、资源环境等 6 大部分 23 项指标组成。① 内容不仅包括物质文明和精神文明的内容，而且涵盖了小康社会目标与和谐社会目标的有机结合，反映出对全面小康社会理解的深化。

国家统计局统计科学研究所监测显示，中国全面建设小康社会的总体进程由 2000 年的 57.4% 上升到 2005 年的 68.2%，由 2007 年的 72.7% 上升至 2008 年的 74.6%，但区域差距依然存在。2008 年，东部地区全面建设小康社会的总体进程达到 83.5%，东北地区为 77.6%，中部地区为 72.4%，西部地区只有 66.3%。北京和上海的实现程度已达 90% 以上，基本实现全面建设小康社会的各项目标。

国家统计局这套体系便于全国各地采用同一个标准横向比较，也有助于从时间序列角度记录全国小康社会建设的进展。但由于基层（县级）的调查统计力量有限，很多指标获取困难，县级区域无法照搬国家统计局的体系，比如平均预期寿命、基尼系数这两个重要指标，县级统计局并没有统计，又比如，地区经济发展差异系数对全国和全省而言有较大意义，但对一个县级区域意义不大。

2. 江苏省委省政府的指标体系

2003 年，江苏省委十届五次全会通过《江苏全面建设小康社会的指标体系》，② 该指标体系由经济发展、生活水平、社会发展、生态环境 4 大

---

① 国家统计局第三套体系的 23 个具体指标是：城镇失业率、地区经济发展差异系数、社会安全指数、耕地面积指数、人均住房使用面积、平均预期寿命、环境质量指数、高中阶段毕业生性别差异系数、恩格尔系数、公民自身民主权利满意度、第三产业增加值占 GDP 比重、5 岁以下儿童死亡率、平均受教育年限、城镇人口比重、基尼系数、单位 GDP 能耗、人均 GDP、R&D 经费支出占 GDP 比重、城乡居民收入比、基本社会保险覆盖率、居民人均可支配收入、文化产业增加值占 GDP 比重、居民文教娱乐服务支出占家庭消费支出比重。

② 江苏省 18 个项目具体如下。经济发展四个项目：人均 GDP、二、三产业增加值占 GDP 的比重，城市化水平，城镇登记失业率；生活水平六个项目：居民收入，居民住房，居民出行，居民信息化普及程度，居民文教娱乐服务支出占家庭消费支出比重，恩格尔系数；社会发展六个项目：R&D 经费支出占 GDP 比重，高中阶段教育毛入学率，卫生服务体系健全率，卫生服务体系健全率，社会保障，人民群众对社会治安的满意率，城乡村（居）民依法自治达标率；生态环境两个项目：绿化水平，环境质量综合指数。

类、18项、25个具体指标组成，用于考核全省地市及各部门，旨在推动全面小康社会建设的实际工作。

从具体指标设计看，特色在于大类不设权重，只在项目以下的具体指标计算时设计权重，没有总体达标程度的分值。江苏考核的办法是25个具体指标，以县为单位，有22个指标完成就算全面建成小康社会。

江苏的指标体系具有可操作性，行政推动色彩强烈，分部门分地区下达任务，有充分调动行政力量配置资源的优势，但因其指标计算过于细化烦琐，显得指标的统领性、本质性、科学性不强，有强拉各部门一起参与小康社会建设之嫌。同时，节能减排是"十一五"时期的硬任务，能耗指标缺失是这套指标体系的明显不足。

江苏省实现小康社会的目标是：2010年左右，全省总体上全面建成小康社会。2007年前，苏南地区总体上全面建成小康社会；2012年前，苏中地区总体上全面建成小康社会；2017年前，苏北地区总体上全面建成小康社会。目前，苏南的昆山、张家港、常熟和江阴已经宣布全面建成小康社会。

3. 宁波市的指标体系

宁波市的区位特点和发展程度与晋江市接近，都处于东部沿海地区，它的指标体系和目标值对晋江市有一定的参考价值。

宁波市的指标体系[①]分为五个大类：经济发展、社会事业、人民生活、社会和谐、生态环境。五个大类均设置权重为20%，平均分配。大类下面共设24个指标，每个指标的权重差异很小，一般都是4%或5%，最重要的人均生产总值也只占5%。这样的权重设计缺乏重要性判断。2008年宁波市全面建设小康社会的综合评价实现度达到93.19%（按此评价标准90%为基本达标），从各领域的实现度来看，除生态环境领域外，其余四个领域均已达到基本实现全面小康的目标。

---

① 宁波市的24个具体指标是：人均生产总值，第三产业增加值占GDP比重，二、三产业从业人员比重，城镇人口占总人口比例，高等教育毛入学率，平均受教育年限，每千人医生数，R&D经费占GDP比重，文化产业增加值占GDP比重，城镇居民人均可支配收入，农村居民人均纯收入，社会保险覆盖率，新型农村合作医疗覆盖率，城镇登记失业率，城乡居民收入差距倍数，地区人均GDP差距倍数，居民收入基尼系数，每万人拥有律师数，社区（村）依法自治达标率，主要水系监测断面水质三类以上比例，城市空气质量综合污染指数，城乡生活垃圾处理率，万元GDP综合能耗，城市人均公共绿地面积。

4. 福建省社科联的指标体系

2004年福建省社科联全面建设小康社会研究中心提出了一套指标体系，认为全面小康是介于总体小康和现代化之间的一种过渡形式，其目标低于现代化的水平，分别制定了城镇、农村以及城乡合并三个指标群进行监测，分别设置一套简略指标和一套详细指标：前者仅含18项指标，突出简便、快捷的优点，供政府监督决策所需，分析方法上采用层次分析法和综合评分法；后者包含30项指标，可以用作进一步的学术研究，分析方法上可采用多元分析法。

鉴于社会发展、政治民主等方面不易准确量化而且方法也不成熟、数据难以采集，该课题组以考察经济水平、环境状况和安全保障三大方面为主。全面小康社会的评价指标体系由经济水平、生活质量、人口素质、环境状况以及安全保障五个部分组成。在具体指标选择、权重设计等方面还有待完善。

综上所述，我国幅员辽阔，发展水平差异很大，要科学评价一个地区全面建设小康社会的进程，首先必须设计一个定量的相对客观的评价体系。以上的指标体系分别针对不同层级、地区设计，不能成为晋江简单照搬照套的评价体系。在晋江市实地调研过程中，我们发现县级市建设小康社会的统计资料并不完善，资料的获取难度较大，必须进行有针对性的设计。

## 二　晋江市全面建设小康社会评价指标体系构建

1. 指标体系设计的基本原则

第一，必须贯彻中央的精神，体现十七大报告的要求，全面准确地反映全面小康社会的内涵和奋斗目标。既要突出经济发展这个基础，也要照顾到社会发展和人民生活质量的提高。在经济发展中，既要考虑人均指标，也要重视结构调整和城市化、现代化。通过"科学发展、社会和谐"的两轮驱动，实现文明、民主与共同富裕的目标。

第二，必须兼顾科学性和可行性。科学性来自指标体系内在逻辑的统一和数据来源的真实性，前者主要体现在大类项目和具体指标的有机联系及权重设计上，后者主要来自政府部门的抽样调查和普查，在年度数据缺乏的时候采用普查数据。可行性也体现在两方面，一是目标值的设定，既要参考国内发达地区和全国统一标准，也要考虑晋江市的实际情况；二是数据来源的可获得性与替代指标的设计。

第三，必须兼顾干部群众的感受与满意度。全面建设小康社会最终要得到广大干部群众的认可，最后计算出的分值（达标程度）必须符合当地干部与普通群众的普遍感受，反映他们的需求。

第四，既要体现成绩，也要反映问题。指标体系必须具备全面性和代表性。任何一项系统工程，不可能齐头并进，而要有重点地分项推进，既要体现晋江市在若干年内的绩效与进步，同时指出推进中遇到的主要矛盾与困难，便于地方政府更加有效地调整政策。

2. 指标体系的基本框架

遵照以上原则，我们选定了 5 个大项 32 个指标，指标下面不设子指标，分别给予权重，力求简明扼要。

经济发展指标（赋予权重25%）：包括人均国内生产总值，第三产业增加值占 GDP 比重，城镇化率，第二、三产业从业人员比重。人均国内生产总值是国际公认最能综合反映经济现代化以及经济实力和富裕程度的指标，也是全面建设小康社会最核心的衡量指标，赋予最高权重10%；当前晋江正处于工业化中期向后期过渡阶段，从国际经验看，这是城镇化水平提高最快的时期，也是第三产业快速发展的时期，同时也是晋江经济结构调整的必由之路，城镇化率和第三产业比例分别赋予权重5%；当前晋江市存在劳动力供应短缺的状况，失业问题不是主要矛盾，所以将失业率指标改为就业结构指标，赋予权重5%。

社会发展指标（赋予权重20%）：包括教育、卫生、科技、计生和社会保障五个方面，具体指标是每千人拥有医生数、每千人床位数、出生缺陷总发生率、初中毕业生高中阶段升学率、R&D 经费占 GDP 比重、城镇职工养老保险覆盖率、农村养老保险覆盖率、新型农村合作医疗覆盖率。

人民生活指标（赋予权重20%）：人民生活的相关指标选择是否得当，直接关系到群众的感受和评估报告最终结果是否一致。我们选择了居民收入、支出和财产的相关指标，包括：城镇居民人均可支配收入、农村居民人均纯收入、百户家庭拥有汽车数（生活用）、百户家庭拥有电脑数、城镇居民户均住房面积、农村居民人均住房面积、城镇居民恩格尔系数和农村居民恩格尔系数。

社会和谐指标（赋予权重15%）：包括地区、城乡、劳资、性别、收入分配、治安、公民社会等诸多方面。具体指标为：城乡居民收入比、最低工资标准与平均工资比、高中阶段毕业生性别比、每十万人刑事案件立案数、城市居民志愿者比例。由于县级统计局的抽样样本太小，不能计算基尼系数，所以用城乡居民收入比替代分配的关键指标基尼系数。最低工资标准是地方政府关注的指标之一，它直接关系到晋江对劳动力的吸引力。高中阶段毕业生性别比能较好地反映初婚人口的性别和谐程度，也能反映出女性接受教育的权利。每十万人刑事案件立案数指标可以用来衡量晋江市的治安形势；城市居民志愿者比例是福建省文明办考核文明城市和精神文明建设的重要指标。

生态环境指标（赋予权重20%）：包括环境质量、能耗和绿化三个方面，具体指标是：空气质量良好天数达标率、水域功能区水质达标率、集中式饮用水水源地水质达标率、城市环境噪声达标区覆盖率、单位GDP电耗、城市建成区绿化覆盖率、森林覆盖率。前四个指标考察环境污染防治水平，重点关注水质。节能是经济结构调整的重要手段，也是低碳经济的时代要求，由于泉州市对各县市区核算没有万元GDP综合能耗，只有单位GDP电耗和万元工业增加值能耗，我们选择综合性更强的指标单位GDP电耗。鉴于节能减排在当前政府工作中的硬约束，赋予节能权重6%，减排权重8%。

3. 指标体系的目标值

目标值设定的高低程度，直接关系到全面小康社会的实现进度。如果目标值定得过高，则基本实现全面小康社会的时间必然推迟，不能反映晋江全面小康社会建设的成就；反之，目标值定得过低，有可能会掩盖晋江在发展过程中遇到的问题，不符合晋江作为全国百强县前列的身份，也不利于晋江发挥海峡西岸经济区排头兵的作用。根据福建省委、省政府的要求，福建省应比全国提前3年基本建成全面小康社会（即2017年），晋江市更应该在全省率先建成全面小康社会。

下面着重说明几个重要指标的目标值。

人均国内生产总值，2020年目标值31400元。这个数据和国家统计局一致，它是根据中央提出的人均GDP翻两番的目标计算的。2000年全国人均 GDP 为 7858 元，翻两番就是 31400 元（2000 年价格）。

城镇居民人均可支配收入，目标值 20000 元；农村居民人均纯收入，目标值 9000 元。采用宁波的标准，这两个指标的目标值都高于国家统计局的标准，后者分别是 19000 元和 6000 元，因为西部地区农村和东部沿海差距很大，晋江不宜采用全国标准。

城镇化率，目标值 55%。这个指标低于国家统计局 60% 的标准，而和江苏的 55% 一致。因为晋江作为从农村向城市转型的县级市，还不能和省会以上城市及设区市相比。

单位 GDP 电耗，目标值 1200 千瓦时/万元。这个指标在其他体系中没有，是根据晋江的实际情况和其他地区的对比制定的。这个目标值是由福建省、江苏省、宁波市、泉州市和晋江市等南方地区目前的单位 GDP 电耗平均数 1245 千瓦时/万元取整得出。这个目标要求晋江市在目前基础上要削减 23%，在 2020 年前实现难度是较大的。

每十万人刑事案件立案数，这个目标值是 20 世纪 90 年代初国家统计局体系中制定的每 10 万人 200 件以内。但由于 80 年代至今，全国的每 10 万人发案数和立案数都飞速增长，根本无法完成，后来国家统计局放弃了该指标。晋江市的治安形势严峻是不容回避的问题，选择这个指标虽然得分偏低，但客观上有助于促进党委政府重视公安和综合治理工作。

总体而言，这套评价体系设计，是为了便于和全国发达地区的全面小康实现程度对比，也为了能够比较客观地反映晋江全面建设小康社会的总体水平，在主要指标和目标值的选取环节，尽量保持和东部沿海发达地区相一致。因此，与全国平均水平比较，标准较高，实现的难度也比较大。

## 三 晋江市 2008～2009 年全面建设小康社会进程评估

1. 总体情况

目前我们能够获取的只有 2008 年的数据和 2009 年的部分数据。鉴于此，我们在评估表格中设计了 2008 年的实现程度和 2009 年的实现程度两组数据对比供参考。其中部分指标尚未采集到 2009 年的统计数据，暂用

2008 年数据代替。个别指标采用的是普查数据，如森林覆盖率引自 2006 年农业普查数据。

对晋江市的全面建设小康社会进程的核算结果如下。

总分：2008 年 83.11 分，2009 年 86.09 分。

分大项得分情况如下。

经济发展：2008 年 23.11 分，实现程度 92.44%；2009 年 23.33 分，实现程度 93.32%。

社会发展：2008 年 15.57 分，实现程度 77.85%；2009 年 16.7 分，实现程度 83.50%。

人民生活：2008 年 18.07 分，实现程度 90.35%；2009 年 19.13 分，实现程度 95.65%。

社会和谐：2008 年 9.41 分，实现程度 62.73%；2009 年 9.87 分，实现程度 65.80%。

生态环境：2008 年 16.95 分，实现程度 84.75%；2009 年 16.96 分，实现程度 84.80%。

从大项看，人民生活和经济发展达到了 2020 年全面小康社会标准，而生态环境、社会发展、社会和谐三个大项未达标，其中社会和谐差距较大。

在国家统计局体系下，东部沿海地区 2008 年得分为 83.5 分，全国为 74.6 分，晋江要明显高于全国平均水平，和东部沿海平均水平大体相当。考虑到指标的差异，国家统计局体系下东部沿海地区测算的水平要低于我们体系的得分，所以，如果在同一平台上比较，晋江市的小康社会实现进度要略高于东部沿海平均水平。

但如果与已经基本实现全面小康社会的北京、上海和苏南的四个县级市相比，晋江的确在生态环境、社会发展和社会和谐等方面得分偏低，明显滞后于人民生活、经济发展两大领域。晋江的小康社会建设在全面性方面与以上地区相比确实存在较大差距。

从发展趋势看，除了少数指标有所恶化，2009 年绝大多数指标比 2008 年有所改善，得分比 2008 年提高了 2.98 分。如果以 90 分为基本建成全面小康社会的标准，晋江市完全有可能在 2012 年左右实现这一目标，比全省的 2017 年时间表要提前 5 年左右完成（具体情况见表1）。

表1 晋江市2010年全面建设小康社会评价指标体系

| 项目 | 序号 | 指标 | 单位 | 2020目标值 | 权重(%) | 2008年实际值 | 2009年实际值 | 2008年完成进度(%) | 2009年完成进度(%) | 2008年得分 | 2009年得分 |
|---|---|---|---|---|---|---|---|---|---|---|---|
| 经济发展 25% | 1 | 人均国内生产总值 | 元 | 31400 | 10 | 43813 | 48340 | 100 | 100 | 10 | 10 |
| | 2 | 第三产业增加值占GDP比重 | % | ≥45 | 5 | 33.7 | 33.8 | 74.9 | 75.1 | 3.75 | 3.76 |
| | 3 | 城镇化率 | % | ≥55 | 5 | 48 | 50.2 | 87.3 | 91.3 | 4.36 | 4.57 |
| | 4 | 第二、三产业从业人员比重 | % | ≥70 | 5 | 77.8 | — | 100 | 100 | 5 | 5 |
| 社会发展 20% | 5 | 每千人拥有医生数 | 人 | 3 | 2 | 2.72 | 2.94 | 90.7 | 98 | 1.81 | 1.96 |
| | 6 | 每千人床位数 | 张 | 3 | 2 | 1.81 | 2.81 | 60.3 | 93.7 | 1.21 | 1.87 |
| | 7 | 出生缺陷总发生率 | /万名新生儿 | ≤100 | 3 | 18.58 | 19 | 100 | 100 | 3 | 3 |
| | 8 | 初中毕业生高中阶段升学率 | % | ≥90 | 3 | 89.1 | 89.5 | 99 | 99.4 | 2.97 | 2.98 |
| | 9 | R&D经费占GDP比重 | % | 2.5 | 4 | 2.12 | 2.31 | 84.8 | 92.4 | 3.39 | 3.7 |
| | 10 | 城镇职工养老保险覆盖率 | % | ≥95 | 2 | 30.8 | — | 34.2 | — | 0.68 | — |
| | 11 | 农村养老保险覆盖率 | % | ≥80 | 2 | 20.5 | — | 25.6 | — | 0.51 | — |
| | 12 | 新型农村合作医疗覆盖率 | % | ≥90 | 2 | 98 | 98.18 | 100 | 100 | 2 | 2 |

续表

| 项目 | 序号 | 指标 | 单位 | 2020目标值 | 权重(%) | 2008年实际值 | 2009年实际值 | 2008年完成进度(%) | 2009年完成进度(%) | 2008年得分 | 2009年得分 |
|---|---|---|---|---|---|---|---|---|---|---|---|
| 人民生活20% | 13 | 城镇居民人均可支配收入 | 元 | 20000 | 4 | 17576 | 19553 | 87.9 | 97.8 | 3.52 | 3.91 |
| | 14 | 农村居民人均纯收入 | 元 | 9000 | 4 | 9202 | 9828 | 100 | 100 | 4 | 4 |
| | 15 | 百户家庭拥有汽车数（生活用） | 辆 | 20 | 2 | 11 | 15 | 55 | 75 | 1.1 | 1.5 |
| | 16 | 百户家庭拥有电脑数 | 台 | 40 | 2 | 53 | 61 | 100 | 100 | 2 | 2 |
| | 17 | 城镇居民户均住房面积 | 平方米 | 90 | 2 | 77.7 | 81.4 | 86.3 | 90.4 | 1.73 | 1.81 |
| | 18 | 农村居民人均住房面积 | 平方米 | 40 | 2 | 67.4 | 65 | 100 | 100 | 2 | 2 |
| | 19 | 城镇居民恩格尔系数 | % | ≤35 | 2 | 39 | 36.5 | 88.6 | 95.7 | 1.77 | 1.91 |
| | 20 | 农村居民恩格尔系数 | % | ≤40 | 2 | 40.9 | 39.5 | 97.7 | 100 | 1.95 | 2 |
| 社会和谐15% | 21 | 城乡居民收入比 | | ≤2.2 | 3 | 1.91 | 1.99 | 100 | 100 | 3 | 3 |
| | 22 | 最低工资标准与平均工资比 | | ≥40 | 3 | 31.2 | — | 78 | | 2.34 | — |
| | 23 | 高中阶段毕业生性别比 | | 100 | 3 | 110.97 | 106.61 | 45 | 67 | 1.35 | 2.01 |
| | 24 | 刑事案件立案数 | /10万人 | 200 | 4 | 1251.61 | 1510.68 | 18 | 13 | 0.72 | 0.52 |
| | 25 | 志愿者比例 | /百人城市户籍人口 | 2.71 | 2 | 16.7 | 16.7 | 100 | 100 | 2 | 2 |

续表

| 项目 | 序号 | 指标 | 单位 | 2020目标值 | 权重(%) | 2008年实际值 | 2009年实际值 | 2008年完成进度(%) | 2009年完成进度(%) | 2008年得分 | 2009年得分 |
|---|---|---|---|---|---|---|---|---|---|---|---|
| 生态环境 20% | 26 | 空气质量良好天数达标率 | % | ≥90 | 2 | 96.99 | — | 100 | — | 2 | — |
|  | 27 | 水域功能区水质达标率 | % | ≥90 | 2 | 87.5 | — | 97.2 | — | 1.94 | — |
|  | 28 | 集中式饮用水水源地水质达标率 | % | ≥100 | 2 | 100 | — | 100 | — | 2 | — |
|  | 29 | 城市环境噪声达标区覆盖率 | % | ≥90 | 2 | 68.89 | — | 76.5 | — | 1.53 | — |
|  | 30 | 单位GDP电耗 | 千瓦时/万元 | 1200 | 6 | 1623.02 | — | 79 | — | 4.74 | — |
|  | 31 | 城市建成区绿化覆盖率 | % | ≥40 | 3 | 36.5 | 36.7 | 91.3 | 91.8 | 2.74 | 2.75 |
|  | 32 | 森林覆盖率 | % | ≥20 | 3 | 13.37 | 13.59 | 66.7 | 68 | 2 | — |
| 总 计 |  |  |  |  | 100 |  |  |  |  | 83.11 | 86.09 |

2. 具体指标的分析

为了便于分类指导解决问题,我们对32个指标进行四象限图归类分析。在四象限图中,根据每个指标的实现程度分四档,实现100%为A档,实现80%以上为B档,实现60%~80%为C档,实现60%以下为D档。分别纳入四个象限,见图1。

从图1可以看出,位于第一象限的A档有12个指标,100%达标,提前12年实现全面小康;位于第二象限的B档有9个指标,实现程度在80%以上,完成情况良好;位于第三象限的C档有6个指标,实现程度在60%~80%之间,完成情况一般;位于第四象限的D档有5个指标,实现程度在60%以下,完成情况不佳。

对照四象限图分析,晋江全面小康社会建设呈现出以下亮点。

一是在探索农村工业化进程中,注重经济的跨越式发展带动民生的改

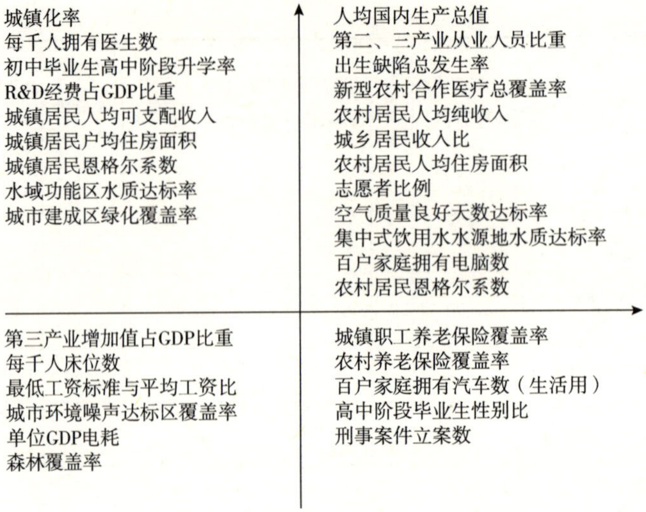

```
         城镇化率                          人均国内生产总值
         每千人拥有医生数                 第二、三产业从业人员比重
         初中毕业生高中阶段升学率         出生缺陷总发生率
         R&D经费占GDP比重                 新型农村合作医疗总覆盖率
         城镇居民人均可支配收入           农村居民人均纯收入
         城镇居民户均住房面积             城乡居民收入比
         城镇居民恩格尔系数               农村居民人均住房面积
         水域功能区水质达标率             志愿者比例
         城市建成区绿化覆盖率             空气质量良好天数达标率
                                          集中式饮用水水源地水质达标率
                                          百户家庭拥有电脑数
                                          农村居民恩格尔系数

         第三产业增加值占GDP比重          城镇职工养老保险覆盖率
         每千人床位数                     农村养老保险覆盖率
         最低工资标准与平均工资比         百户家庭拥有汽车数（生活用）
         城市环境噪声达标区覆盖率         高中阶段毕业生性别比
         单位GDP电耗                      刑事案件立案数
         森林覆盖率
```

**图 1 2008 年晋江市小康社会指标实现程度四象限图**

善。经济发展是全面建设小康社会的基础和核心，是社会全面发展的首要条件，农村工业化的成功实践，为全面小康社会建设奠定了坚实的物质基础。从表 1 可以看出，2008 年晋江市人均国内生产总值（按常住人口计算），为 43813 元，2009 年为 48340 元，和中央制定的全国人均 GDP 翻两番的目标相比，晋江市已经完全实现并超过。城镇居民人均可支配收入和农民人均纯收入两个指标已经提前达到全面小康标准。随着城乡居民收入水平的提高，物质生活日益丰富，生活环境也得到极大改善。2009 年，城镇居民户均住房面积和农村居民人均住房面积分别达到 81.4 平方米和 65 平方米，户籍居民基本解决了住房问题。2008 年，晋江市百户家庭拥有汽车数为 11 辆，2009 年猛增至 15 辆。百户家庭拥有电脑数从 2008 年的 53 台提高到 2009 年的 61 台。2009 年每千人拥有医生数和每千人床位数分别为 2.94 人和 2.81 张，在全国处于较高水平。出生缺陷总发生率，2008 年晋江市为 18.58 万，低于全国平均水平[①]，人口质量不断提高。2009 年，城镇居民和农村居民的恩格尔系数，分别降低到 36.5% 和

---

① 从全国对比看，2007 年河北省出生缺陷总发生率为 97.76/万，且城市出生缺陷发生率明显高于农村；1997～2008 年北京市出生缺陷总发生率呈上升趋势，尤以 2003 年以后上升明显，1997 年北京市出生缺陷总发生率为 90.78/万，2008 年为 170.82/万。10 年间，出生缺陷总发生率约上升一倍。全国出生缺陷总发生率约为 110/万，8000 万残疾人口中有 70% 是由出生缺陷所致。

39.5%，晋江居民的消费支出特征进入了宽裕型小康的阶段，正在向富裕型小康迈进。

二是在大力推进城市化进程中，注重城乡互动，统筹发展，探索构建城乡一体化的新格局。城镇化率从2008年的48%提升至2009年的50.2%，随着中心市区建设的快速推进，城市格局不断拓展，在城乡一体化规划的引导下，城乡发展进入一个新的阶段。2009年城市建成区绿化覆盖率和森林覆盖率分别达到36.7%、13.59%，水域功能区水质达标率为100%。城乡基础设施一体化配套推进，实现了村村通水泥路、城乡居民用电同网同价、城市自来水和天然气覆盖农村。在探索城乡公共服务一体化过程中，不断推动公共资源均衡配置，引导城市公共优势资源向农村覆盖。2008年和2009年，初中毕业生高中阶段升学率分别达到89.1%和89.5%，接近90%的目标值，目前已全面普及九年义务教育和高中阶段教育。新型农村合作医疗覆盖率接近100%，处于全国领先水平。第二、三产业从业人员比例，高达77.8%。作为反映城乡和谐重要指标的城乡居民收入比，2008年为1.91，2009年为1.99，明显低于全国平均水平，已经提前达标。

三是在全面小康社会建设中，注重政府引导推动，充分发挥人民群众的主动性、创造性。全面小康社会建设的主体是晋江的广大干部群众，只有充分调动广大干部群众的积极性，才能为小康社会建设注入生机和活力。晋江市政府一方面积极营造良好的发展环境，推动经济发展与社会进步，另一方面自身也在不断变革创新政府管理机制，在市场化进程中形成具有地方特色的政府与企业社会的良好互动。在当前推动产业转型升级中，政府积极运用市场经济这只"看不见的手"和政府引导经济发展这只"看得见的手"，因势利导制定一系列的政策、法规，整合资源，进一步激发晋江企业家"爱拼会赢"的创业创新精神，鼓励企业在制度、管理、技术、市场、组织等方面大胆创新，提升核心竞争力，促使"晋江制造"加速向"晋江创造"转变提升。2009年R&D经费占GDP比重已超过2%，接近2.5%，远远高于福建省（接近1%）和全国平均水平（约1.5%）。同时，在率先基本实现宽裕型小康后，政府注重引导富裕起来的企业家承担社会责任，共享小康建设的成果。在社会保障体系建设中，晋江市在增加公共财政投入的同时，还开拓了社会慈善事业等筹资渠道，利用民营经济发达的优势，动员企业家和社会各界一起来关注困难群体，共同参与晋江的社会保障事业。目前，晋江慈善救助已形成了一个市（慈善总会）、镇（爱心援助中心）、村（爱心慈善援助站）三级联动的慈善网络平台。晋江市慈善总会是晋江市社会保障体系的亮点之一，作为全国少数几家县级市的慈善机构，2009年晋江市慈善总会投入2000万元用于全市15个慈善工程，包括扶助300名被征地低保人员缴纳保险费，扶助21129名低保人员参加新型农村合作医疗等13个项目。2009年，晋江市各类志愿者有38400人，志愿者在城市人口中的比例达到16.7%，大大高于2%的目标值，在福建省处于领先水平。"诚信、谦恭、团结、拼搏"的晋江精神在科学发展与和谐社会构建过程中进一步弘扬。

但与此同时，晋江的全面小康社会建设也存在以下一些突出矛盾。

一是产业结构亟待优化。位于第三象限的第三产业增加值占GDP比重，近年来一直在33%~34%，这和晋江市的工业化任务还没完成，第二产业仍将保持较快的增长速度有关，也和第三产业内部的现代服务业、生产性服务业发展不足有关。第三产业发展滞后，直接表现为对第二产业转型的社会化支撑能力严重不足，对晋江产业转型升级形成硬约束。

二是社会保障发展不平衡。位于第四象限的城镇职工养老保险覆盖率和农村养老保险覆盖率指标很低，凸显了目前晋江市社会保障的薄弱环节。2010年晋江开始新农保试点，有助于完善城乡保障体系，但是，新农合一年一保不留积累的模式，医疗费用的不断上升等，已经初步暴露出新农合体制的弊端。

三是节能减排任务艰巨。改革开放以来，晋江的工业化成绩有目共睹，但因加工工业比重过大且资源低效利用，总体上呈粗放式扩张。这种"两头在外、大进大出"式加工型经济消耗了大量的土地和资源，由此带来了两大突出矛盾：①附加值低，产业利润微薄。②资源环境不堪重负。晋江地域狭小，却以占福建省1/200的土地承载了约1/10的工业产值，未来可利用土地不多、对污染的环境容量较小。虽然目前晋江市规模以上工业万元产值综合能耗在各县市中较低，但晋江的重工业比重最低。随着重工业比重的提升，节能降耗的压力加大。单位GDP电耗，2008年晋江为

1623.02 千瓦时/万元，这个指标在全国来看偏高①，高于泉州市和福建省平均水平。单位 GDP 电耗指标下降的难度很大。

四是社会治安问题突出，刑事案件立案数严重偏高，对晋江市和谐社会和小康社会建设的影响较大。2009 年，刑事案件立案数高达 3 万多起，按常住人口计算，每十万人刑事案件立案数为 1510.68 件，和 20 世纪 90 年代制定的 200 件的小康标准相比显然是大大失控。刑事案件高发有深刻的经济社会因素，从全国来看，80 年代以来，每十万人刑事案件立案数指标一直在持续上升，而且成倍增长，并没有趋缓或下降的迹象，这个指标是制约晋江市实现全面小康的硬骨头，需要综合治理。另外，从 2007 年至 2009 年这三年数据看，人民群众对社会治安满意率并未随着每十万人刑事案件立案数的上升而下降，相反是逐年提高的，满意率 2007 年为 92.3%，2008 年为 94.1%，2009 年为 94.3%。这两组指标说明治安形势的复杂性。

从以上分析可以看出，晋江市全面建设小康社会取得很大成绩，经济、社会、民生等主要指标基本得以实现，但从分项指标看，则呈现出"三好三难"的不平衡特点：一是人均 GDP 等预期性指标完成较好，节能环保等约束性指标实现难度较大；二是增量性指标完成较好，第三产业增加值占 GDP 比重、高中阶段毕业生性别比等结构性指标完成较难；三是经济性指标完成较好，养老保险、社会治安等社会民生指标实现难度较大。

## 四 加快推进晋江全面小康社会建设的对策建议

目前晋江市全面建设小康社会各项指标完成情况并不均衡，某些环节的滞后还使得全面小康社会建设显得很不协调。我们认为，晋江市作为海峡西岸经济区建设的排头兵，要树立 2012 年左右率先在福建省基本建成全面小康社会的信心，力争用 3 年时间（2010～2012 年）实现总分上 90 分的目标，比全省提前 5 年实现 2020 年的目标。具体建议如下。

（1）加快推进经济发展方式转变，优化产业结构，以城市化为推动

---

① 2005 年广东省设区市中最高的是东莞，其单位 GDP 电耗高达 1924 千瓦时/万元，2007 年一季度江苏省为 1333 千瓦时/万元，2009 年上半年宁波市为 1060 千瓦时/万元。

力,盘活宝贵的土地资源,改善人力资源结构,推动资本在更大范围内灵活配置,特别是要保护和激励企业家的创业创新精神,营造民营经济发展的良好环境,从第二产业单兵突进转向三次产业协同带动经济发展,强力推动产业转型升级,重点打造先进制造业、生产性服务业和战略性新兴产业,增强经济发展后劲,实现经济又好又快发展。

(2)着力解决民生与社会保障问题,按照循序渐进的原则,分项目、分人群、分阶段推进晋江城乡社会保障的一体化建设。当前要全力推进"新农保"试点工作,实现城乡居民社会保障全覆盖。要逐步探索城乡养老保险制度之间、新旧农村养老保险制度之间的衔接问题,特别是新农保制度与失地农民养老保险、农村"五保"供养、农村最低生活保障制度的配套衔接,通过建立衔接机制实现农保与城保制度之间无缝对接,保障标准就高不就低。

(3)采取更加有力的措施做好节能减排工作,强化企业的社会责任,发挥政府的主导作用,增强全社会的节能减排意识。建立健全有效的激励和约束机制,实行结构、技术、管理"三管齐下",确保完成节能减排目标。晋江应更加关注从能源利用强度到碳排放强度削减目标变化所体现出的国家战略目标的调整,在条件具备时增加碳排放约束指标,并积极引进低碳技术,发展新能源产业。

(4)转变政府职能,建立"公共财政",让200万新老晋江人共享城市化成果。晋江的城市化进程要更加注重人的城市化,而不只是物的城市化;要处理好开发新区与旧城改造的关系,解决好农转非人群的政策待遇;通过城市建成区的迅速扩张,带动绿色生态城市和汽车社会的建设,引导旧城区居民向新城区流动;要加大转移支付力度,更加重视弱势群体和外来工人的社会福利,将更多的外来工人纳入户籍管理,提供国民待遇;政府通过廉租房、公租房、租购房补贴等多种形式加大住房保障的力度,并避免贫富阶层的社区隔离。

(5)高度重视社会治安问题,多管齐下改善治安环境。晋江外来工人数量庞大,心态不稳,只有这批人真正感到自己成为新晋江人,甚至成为晋江人,有了融合感归属感,才能从根本上降低刑事案件发生的概率。要制定更宽松的落户政策,通过完善公共租赁房和廉租房机制,为长期租房的工人提供晋江市户籍,租满一定期限给予廉价购房福利。晋江市警力配备严重不足，仅有不到1100人，和200万人口的服务管理对象相比，差距太大，应设法增加警力指标，并加强警务效能考核。

（6）政府要更加重视统计工作，增加统计投入，加强统计信息队伍建设。为了进一步做好全面小康社会建设进程的评估工作，晋江市统计部门应加强基础信息的调查统计，扩大调查队队伍，增加家庭户抽查样本数，尽快建立基尼系数、出生预期寿命、单位GDP能耗等关键指标的统计。还可考虑培育半官方的民意调查公司，可挂靠宣传部或晋江经济报社，接受政策指导，发展信息服务业，为政府、企业和研究机构提供信息与决策服务。

（7）以晋江全面建设小康社会进程监测为样本，推进海峡西岸经济区区域规划（2010~2020）的编制。紧紧抓住国务院支持福建加快海峡西岸经济区建设的重大机遇，勇于先行先试，推动科学发展、社会和谐，实现福建经济社会的跨越发展，力争早日实现全面小康社会建设的目标。

（原载《东南学术》2011年第2期）

# 福建"六大员"与农村社区化建设对接的思考

蔡勇志　郭铁民

福建农村"六大员"工作机制自2004年正式实施以来,在为农民提供医疗卫生、科技咨询、文化协管、防灾减灾、综合治安等公共服务方面做出了重要贡献。但是仍面临着津贴过低、人员众多、多头管理、队伍不稳等问题,在十七届三中全会提出建设农村社区的精神指导下,有必要把福建"六大员"与农村社区化建设进行对接,通过社区化来减员增效,构建可持续、全方位、一站式的公共服务平台。

## 一　福建"六大员"与农村社区化对接的必然性

所谓"六大员",是指在每个村都设有农技员、文化协管员、综治协管员、计生员、卫生员、国土规划协管员。福建的"六大员"机制从2004年正式推广实施以来,经过第一轮的选聘和实践,已经取得了一定的成绩,但是仍存在不少问题,特别是点多面广,所有的农村都配齐"六大员",人数众多,在支农资金有限的条件下,每位员所拿到的只是象征性的津贴100～200元,这不利于调动人员的积极性,一些地方存在只领津贴不干活,甚至群众根本不知有这些员的存在。"六大员"为群众服务,但"有名无分",只有荣誉和一点点的经济补偿,无法享受类似村干部或事业单位的政治待遇,也无法享受增加的经济利益,缺乏发展空间,容易出现队伍的流失和缺乏凝聚力,自然也就失去为民众服务的动力了。而且,村干部兼职严重,有70%左右的"六大员"是村两委兼职,且挂靠在村两委领导下,职能重合,主要从事行政性的工作,为群众服务的事务偏少。这样下去,"六大员"的设置愿望与实际反差太大,发挥的效果大打折扣。而且财政用于"六大员"的资金再怎么增加也无济于事。为此,我们建议,通过农村社区化建设,把几个村庄合并为一个社区,进行社区化"管理"(类似于城市居民社区),每个社区设置10人左右的"六大员",满足本社区农民的公共服务需求,这样可以减少人员,而且人员减少后可以分得更多的工资(这里不再是津贴),给这些服务人员正式的工资待遇,以及类似于村干部的政治待遇。把"六大员"从村两委中分离出来,让村两委集中做上级要求的行政性任务,而"六大员"通过社区这个平台为农民提供一站式服务。

我们认为农村社区化是今后福建必然要走的方向,必须要有前瞻性的眼界,走在全国前列。理由有以下两点。

(1)2008年是改革开放三十周年,农村改革是中央非常关心的重点,十七届三中全会审议《中共中央关于推进农村改革发展若干重大问题的决定》,重点之一就是农村土地制度改革,中央决定现有土地承包关系保持稳定并长久不变,同时赋予农民更加充分而有保障的土地承包经营权,允许土地"多种形式流转",即按照依法自愿有偿原则,允许农民以转包、出租、互换、转让、股份合作等形式流转土地承包经营权,发展多种形式的适度规模经营。有人称之为将掀起"二次土改"。"允许农民以多种形式流转土地承包经营权"的声音正是为新一轮农村土地改革定下了明确的基调。因此,新一轮的农村改革必将加快土地经营权的流转,促进规模化经营。而我们知道,土地是农民的最大资源,土地与农民甚至村集体是捆绑在一起的,土地资源的流转,走规模化道路,意味着村庄不再能固定住农民,而是可以跨村界的,可以几个村进行资源的整合,进行规模化管理。所以,从十七届三中全会的精神可以预测,今后村庄的合并,走大社区化是必然的,我们福建要有这方面的战略思维。

(2)诸城市的农村社区化建设已经成为山东省2008年农村工作的重点,在全省全面推行农村社区化建设,并得到中央部委的肯定。2008年5月,国家副主席习近平在诸城市考察工作时认为该市推行的农村社区化服务与建设、农村社区党建,方便了群众,加强了基层党组织建设,巩固了基层政权,推动了各项工作的开展,在全国来说是一种创新。7月19日,推进农村社区化服务暨统筹城乡一体化发展理论研讨会在诸城市召开,中共中央政策研究室副主任郑新立,国务院研究室党组成员黄守宏,民政部基层政权与社区建设司司长詹成付等领导、专家先后作了会议发言，着重从理论角度对诸城的农村社区化服务与建设进行研讨，充分肯定了诸城的经验做法。中央已经关注并肯定了山东农村社区化的创新做法，而且全国各地都在试点，除了诸城市由前期某个村试点的基础上到现在的整个地区推广之外，浙江省宁波市镇海区棉丰村①、湖北省秭归县杨林桥镇白鹤洞村②、广西桂林市恭城瑶族自治县平安乡北洞源村③也进行了试点（截至2008年3月全国共有293个县、市、区在进行试点），这些地区都以"星星之火"形成燎原之势，各省都在总结先进经验和不同的成功模式，进而在全市乃至省范围内进行全面推广。事实上，民政部早在2006年就提出了农村社区化建设的设想，并于2007年在全国进行首批试点，同年发布《全国农村社区建设实验县（市、区）工作实施方案》（民函〔2007〕79号），共251个县（市、区）被纳入农村社区建设实验县，其中福建省就有厦门市集美区、莆田市城厢区、晋江市、福安市、福州市仓山区、南平市延平区这六个县（市、区）成为实验县，2008年民政部又公布了第二批实验县，共42个县（市、区）上榜，没有福建的名单。说明福建农村社区化建设没有力度，缺乏影响力和创新性，对此，我们要反思。我们预测，过不了几年，中央可能会出台正式文件来推动农村社区化工作的全面展开，所以福建省的相关部

---

① 2007年镇海区以棉丰村为样本探索农村社区化管理，把城市社区建设经验与农村具体实际紧密结合起来，在夯实"三个基础"（组织基础、队伍基础、工作基础）、健全"三个网络"（综合服务网络、社会治安网络、就业保障网络）、加强"三个建设"（社区党组织建设、社区阵地建设、文化载体建设）方面进行了积极实践。简称"三个三"。

② 2003年7月1日，杨林桥镇正式开始撤销运行多年的村民小组建制，组建农村社区。按照"地域相近、产业趋同、利益共享、规模适度、群众自愿"的原则，全镇14个村成立社区306个，互助组1034个。每个社区30个左右农户，设理事长1人，理事2~4人，共"海选"出理事会成员1028人，建立了"村委会——社区理事会——互助组——基本农户"的新型农村社区自治组织机构。社区理事会在村党总支和村委会的领导下，以议事恳谈会为主要形式，广泛听取社区农户的意见和建议，形成决议，再付诸实施。该模式的一个突出特点是"一村多社区"。

③ 恭城瑶族自治县平安乡北洞源村试点推行"一会一体五小组"的农村社区组织机构运行模式，即成立社区村民理事会，下设党群共富信用联合体，生产发展服务小组、社会保障服务小组、文明卫生监管小组、综合治理小组和公益事业服务小组。各机构成员由各自然村或村民小组在村"两委"成员、有"双带"能力的农村党员、产业大户、经营能人、老干部、老模范、老教师、复员军人中推举产生，享受社区干部福利待遇。"一会一体五小组"各机构分工明确，履行各自工作职能。投入资金建成一栋综合服务楼，设置了文体活动室、警务室、医疗室、图书室和便民小超市等公共服务场所，由县、乡、村服务机构依照自身职能配备工作人员，为村民提供相关的社会公共服务。

门要有超前意识,结合"六大员"机制的改革来推动农村社区化工作。

诸城市进行农村社区化建设的成功经验,可以为福建省创新"六大员"工作机制提供参考。该市的农村社区所扮演的角色与福建"六大员"的角色基本相同,即,"要健全农村社区工作者队伍,使之成为传播党的路线方针政策的宣传员,为民排忧解难的服务员,掌握了解社情舆情的信息员,处理群众矛盾的协调员,沟通党群关系的联络员的'五员'。"诸城市把承担农村公共服务的人员称之为"农村社区工作者",这也是福建"六大员"今后要走的方向,目前我们福建省的"六大员"所扮演的角色"信息员,宣传服务员,技术咨询员,突发事件协管员"有着异曲同工之妙,二者在为民服务和上情下达的角色定位上是一致的。另外,这些成功社区提供的公共服务与福建"六大员"提供的服务是基本相同的,比如诸城市的社区设置医疗卫生、社会保障、社区治保、灾害应急服务、社区环卫、文教体育、计划生育、社区志愿者等八个服务站,所提供的服务与六大员的"计生、卫生、综治、国土规划环保、农技、文化"等服务是相同的,都是围绕农民的公共服务需求而服务的。所以,"六大员"机制改革必须走社区化的道路,通过打造"两公里服务圈",为周边几个村庄提供公共服务,优化配置政府公共服务资源,真正实现政府由管理型向服务型转变。

## 二 以农村社区化为平台,推进福建"六大员"机制创新的对策思考

下面我们就福建省以农村社区为平台,推动"六大员"机制创新,谈几点建议。

### 1. 从实际出发,分类推进

目前农村从总体上可以分为两类,一类是城中村或城郊村,这类农村已不是传统意义上的农村,正在城市化或城镇化浪潮中逐步被融入城市社区,比如福建厦门岛外集美区和翔安区一些村落,靠近城市,近几年正在实施"金包银"工程[①],逐步进行"村改居";福州的金山开发

---

① 所谓"金包银",即"金边包银里",所谓"金边"是指在厦门市三大工业园区(同安工业集中区、火炬翔安产业区、厦门机械工业集中区)范围内的村庄外围统一规划,建设"底层店面上部公寓"的商业用房,成为园区配套生活服务设施,由被征地村民以成本价购买后作为经营性收入来源;所谓"银里"是指,逐步对村内进行环境整治和配套建设,按照新农村建设要求进行旧村就地改造。

区和东部新城的改造，也都把原先的农村通过拆迁安置（就地安置和异地安置），一个或者几个村合并成立新社区，纳入城市社区化管理。福建省内各地，甚至本市各区的做法各异，有几种模式，具体根据各地、各项目的实际进行。由于这类农村不具有普遍性，因此，我们重点关注一般意义上的农村，即以农业为主、不靠近城市的农村。对于这类农村，也可有不同的做法。要按照地域相近、规模适度、有利于中心村发展和开展服务的原则，根据各乡镇（街道办）实际情况，合理规划农村社区化建设的范围。但是总体上可以进行村庄的合并（不是真正意义上的合并，而是社会服务范围的合并），几个村成立一个社区，选择某一中心村作为社区中心（一般而言，社区建设范围宜掌握在半径 2 公里左右，涵盖 3~5 个村、1000~2000 户），围绕中心村进行布局，打破户籍限制和行政限制，逐步吸引周边几个村向中心村聚集。对外出务工人员较多且村庄相对集中的可适当增加村庄数和农户数，以优化农村社区发展布局。对于边缘小型自然村和易灾区域逐步消化拆除（这类乡村在福建省的内陆山区仍有不少，比如龙岩、三明和南平的一些高山地区，有不少小村落），当然事先要尊重当地农民的意愿。

2. 通过社区化减少"六大员"人数，为提高待遇创造经济条件

根据福建省第二次全国农业普查，共有 1119 个乡级行政单位，其中乡 339 个，镇 593 个；14952 个村级组织，其中 14745 个村；576.94 万个住户。如果按照每个社区涵盖 5 个村，需要 2979 个社区；如果按照每个社区服务 2000 户计算，需要 2885 个社区①。这样，综合来看，通过社区化建设，福建省可按 3000 个左右农村社区进行布点规划和撤并建设。这个设想从长远发展目标的角度看稍有偏紧之嫌，但基本是合理的，而在实际工作中应该允许有一个过渡，地域较广的布点应当允许在近期存在 1~2 个次级点，当然次级点也要科学合理，避免随意设置。通过农村社区化建设，由 14745 个村减少为 3000 个社区配备"六大员"，按每个村平均 10 个"六大员"来计算②，通过社区化可以减少 117450 人，按每人每月平均 150 元津

---

① 这是假设社区服务范围的上限来计算的。
② 截至 2008 年，福建省"六大员"共有 144953 个，除以 14745 个村，平均每个村有 10 个。

贴计算（这还不包括各地方政府配套的资金），每月就可减少1761.75万元[①]。如果把节省下来的钱用于给社区的"六大员"（可以改称为社区工作者）发工资（不再是津贴），则每个员可以每月在150元的基础上增加587元，合计737元，这样的收入相当于村干部的工资了。所以，通过社区化建设可以促进"六大员"减员增效，选择比较能干的工作人员，而且通过收入提高可以调动其积极性，工作更高效，并且可稳定队伍。[②]

3. 科学定位，明确社区职能

农村社区化建设，通俗地说，就是将政府提供的公共服务通过社区各个服务组织传递给社区居民，实现居民对政府行政部门依法延伸到农村基本公共服务的共享。同时根据社区居民的内在需求积极创设多种服务平台，提供各类社会服务，发挥着服务村级事务的功效，并对当前村（居）委会行政化倾向起着纠偏作用。据此，农村社区化建设的定位应该是提供各种社会公共服务，满足社区居民的多种需求，而不具备行政管理职能。同时，乡镇政府（街道办）及其所属部门所承担的各项行政事务或临时性工作，不是安排社区去落实，而是协调社区给予配合来完成，即基层政府和政府职能部门与社区是指导与协助、服务与监督的关系。具体来讲，要理顺以下三个方面的关系：（1）理顺社区与乡镇政府、街道办的关系。乡镇政府、街道办和有关职能部门与社区是指导与被指导的关系。乡镇政府、街道办对农村工作的领导应由村级组织实施。确需社区协助完成的行政事务或临时性工作，须与社区协商，按照"权随责走、费随事转"的原则，给予相应的工作经费或补贴。（2）理顺社区与村委会的关系。社区与

---

① 每月150元的津贴平均标准是按下限来计算的，实际上平均每位员所领的津贴介于150~200元之间，因为150元仅是按省财政的补贴计算，如果加上地方财政配套的资金，估计每员所领津贴在每月200元左右。如果按每月平均200元的津贴计算，可节省2349万元，这笔钱分给余下的3万位"六大员"，每人每月可增加783元，加上省财政、地方财政的补贴资金200元，合计余下的这3万位社区工作者每人每月可领到983元，甚至1000元。

② 关于裁减下来的11.7万人的安置问题，在当年保增长保稳定的大局下，确实是一个挑战。笔者认为，减员增效的方案理论上是可行的，是一个长期发展的趋势，但是实际操作中，要一步到位是很难的，可以分步实施，分类推进，其中占"六大员"总数70%的村干部（近10万人）先部分裁掉，让村干部做好其应有的职能，因为村干部本身就有工资，裁掉这些人其实就是恢复其本来的身份，使其专心从事类似于行政的事务。对于今后将逐步成立的农村社区，将由专业的农村社区工作者承担，原有的有专业技能的一部分"六大员"可以重新竞争上岗，由兼业服务转为专职服务，由领取每月200元左右的补助津贴转为近1000元的正式工资。

村委会是合作服务关系，共同为社区居民提供服务。社区侧重于服务平台建设；村委会侧重于组织好村民自治。社区与村委会要密切配合，拾遗补阙，相互促进，共同促进农村和谐发展。（3）理顺社区与党组织的关系。可在农村社区成立社区党总支，社区党总支书记可安排乡镇（街道）干部兼任或者从村（居）党支部书记中的优秀人员选拔，委员可由各村（居）党支部书记担任。社区党总支接受乡镇（街道）党（工）委的领导。

4. 加强社区服务力量培育，积极开展农村社区服务

（1）社区服务是社区建设的核心内容。社区服务内容广泛，并且随着经济社会的发展和人们需求的提升而不断发展。从当前福建省农村的需求看，主要是卫生保健、文体休闲、社会教育、清洁绿化、治安法治、就业保障、养老幼托、家政购物等，这是"六大员"的主要服务内容。（2）要加强调查研究，制定农村社区发展规划，明确农村社区建设的主要项目、资金筹集、责任主体、推进步骤和工作抓手，借鉴城市现代社区建设理念，推动社会公共资源向农村倾斜、城市公共服务向农村覆盖，不断提高农村社区服务水平。（3）在拓展服务项目上，要充分运用市场和行政、志愿与互助等多种运作机制，通过有偿、低偿、无偿等方式，为社区居民提供医疗、文体、便民、治安等各种服务，全力化解推进农村社区化建设过程中的服务困扰。（4）在社区人才队伍数量配备上，应视社区规模大小确定配备职数，一般掌握在10名左右为宜，把"六大员"转化为"社区工作者"，给他们与类似村干部的政治待遇和经济待遇（不再是拿津贴）。（5）要加强农村社区工作者队伍建设。社区工作者是社区工作的主体。社区工作人员的配备原则是以尽量少的人员提供尽量多的服务。要根据工作量大小，因事设岗，以岗定人，一人多岗，一岗多责，注重提高工作绩效，降低工作成本。要逐步引导社区走"政府买岗、社区聘用工作人员"的路子，为社区实现"自我管理、自我服务、自我教育、自我监督"创造条件。要加强对社区工作者的管理，逐步建立健全社区工作者工资收入自然增长机制和社区服务绩效考核评价机制，建立完善激励约束机制、工作绩效考评机制和社区工作人员培训机制，提高社区服务的规范化、标准化水平和群众对社区工作的满意度，逐步实现社区人才专职化建设和管理的目标。（6）要根据不同地区的产业特点，科学配备"社区工作者"，即农村社区的建设因事制宜因地制宜合理设定岗位，明确职责分工，比如龙岩

市一些农村烤烟种植面积广，设立烟农服务站；建瓯市种植板栗的群众多，设立板栗服务站；一些靠海的农村可以设立海产养殖技术咨询室等，既贴近不同层次的群众需求，有针对性地搞好服务，又为更多的社会人才提供了发挥才能的空间。

5. 整合各支农力量，并把"六大员"纳入农村（社区）工作者来运作

当前，福建省农村的支农力量比较多，包括科技特派员、驻村干部、选调生、"六大员"、村官、专家服务团和各种行业协会等。但是这些力量需要进一步整合，形成合力，这就需要有一个平台能把这几支队伍组织起来，而这个平台就是农村社区化。通过农村社区化，让选聘的大学生到社区去当"六大员"，比起当村支书助理或村主任助理，更能发挥他们的才干，而且大学生的文化知识和眼界以及技术水平相对于目前土生土长的"六大员"更高，更能解决农村的科技咨询、文化宣传、卫生防疫等难题，这些社区工作者所领的工资比目前的"六大员"更高（社区工作者拿1000多元的工资，相比"六大员"200元的津贴，高出不少），更有积极性去从事服务工作。从科技支农力量来看，科技特派员和专家服务团要一个村一个村地走访和开展科技咨询，现在有了社区平台，一个社区可以服务五个村，这样可以更省力，更有规模效益。从选调生来看，原先多是到乡镇工作，如今随着乡财县管、撤乡并镇等工作的推进，乡镇的人员分流不可避免，这就需要选调生下放重心，到基层农村社区工作一至两年，经过社区锻炼后再考虑提拔（事实上，国内其他地区已有规定，乡镇工作人员要提拔为科级干部必须先到农村社区工作一至两年以上）。驻村干部多是从省、市或县下派挂职锻炼的，一般任村第一书记或村主任，是村里的领头人，这些干部仍按省里的方案执行，但是可以考虑让他们兼任农村社区的主任，毕竟每个农村社区可以吸收两名左右的村主要干部兼职，以增加党组织对社区工作的领导。可以看出，以社区为平台，经过整合后的社区可以成为新"六大员"的工作平台，这些从事"六大员"职能、服务农民公共需求的农村社区工作者的能力和效益将大大高于现在的"六大员"工作效果。

6. **注重发挥社区（村集体）、政府、社会三方面的积极性**

村集体是农村社区化建设的主体，要加强村庄规划建设和运行管理，可以在村中心或相对集中区域安排建设综合活动室、休闲公园、图书室、卫生室、放心购物场所等房屋和场地设施，进行相应的人员和物件配置，

实行村民治安联防、村落环境保洁，组织老年娱乐，开展村民教育和文化体育活动。地方政府是农村社区化建设的主导推动者，县、镇两级要排出农村社区化建设工作计划，要依据政府组织资源和财力可能，量力而行，积极有为，明确社区化建设推进步骤和推进重点，加强农村社区化建设的组织支持、资金支持和业务指导。在建设农村社区化区域上，可以先在城镇郊区和经济发达地方起步，分批分层向面上农村扩展。在内容上，先期可以在公共卫生、治安、环卫、民政、文化、放心购物等方面先易后难逐项推进。在方式上，可以对社区设施建设如社区公园、治污设施等提供资金支持，对社区公共服务器材如图书、健身器具等给予配置，对社区服务人员如医务、治安、绿化养护、就业保障救助等工作人员进行工作指导、业务培训和组织联动，对服务质量如购物点的信誉状况等进行评审和发牌认定。

值得一提的是，社区服务社会化、市场化是一个重要的发展方向，鼓励社会化社区服务组织发展是政府推进农村社区化建设的重要途径。当前要注重鼓励和扶持发展两类社区服务组织。一类是政府或民间组织举办的非营利服务组织，如志愿者协会，经济合作组织，民间公益类组织，科技专家团下乡服务，福建省969155农业服务热线等。社区要积极发展志愿者协会、老年人协会、妇女协会、计划生育协会等民间组织，充分发挥其联系群众、提供服务、反映诉求和规范行为的作用。大力发展以农民专业合作社为主体的农村经济合作组织，提高农民群众的组织化程度和参与市场竞争、抵御市场风险的能力，引导农村经济有序健康发展。另一类是民营服务公司。要健全农村社区市场化服务体系，完善规划，制定措施，继续实施"万村千乡市场工程"，鼓励和支持各类组织、企业和个人开展社区服务业务（支持和鼓励发展房屋租赁、就业服务、信息咨询等各类中介组织，提高社区服务功能），坚持"谁投资、谁所有、谁受益"的原则，通过投资入股、合作经营等形式，进社区兴办便民超市、农资供应、农机维修、邮政通信、金融保险等服务项目。对开办商业性服务项目的，社区要积极提供平台，创造条件，简化审批手续，维护其合法权益，积极落实各项优惠政策。

7. 强化社区资金保障

资金是农村社区化建设推进的重要制约因素，要走政府、村集体、农民、社会共同筹资的路子。第一，县、乡两级政府要把农村社区建设资金列入本级财政预算，并根据经济发展和财力增长情况逐年增加。同时，积极探索政府投入与民间投入相结合，无偿服务与有偿服务相结合的社会事业投入和发展机制，切实建立起以政府为主导的多元化社区建设财力投入体系。各级政府区分各项社区服务的公益程度进行资金支持，垃圾污水的清运治理、计生与公共卫生服务、社区文化教育、就业保障与救助、社会治安等服务的公益性强，政府应适当配备设施、队伍，但主要可以采取政府出资购买服务的方式交予社会化组织或村集体实施。村集体根据自身经济状况开展社区内公共服务，譬如在政府驻村民警的指导下组织村民治安联防，与政府资金配套进行村落保洁和绿化养护等。社区成员对社会组织提供的代理服务和个性化服务支付报酬。第二，按照资源共享、互惠互利的原则，鼓励和引导各部门、社会团体、企事业单位与社区开展共建活动，也鼓励社区内企业或社区外组织捐资改善社区建设，实现社区内人、财、物和其他资源的优化整合。要适当将涉农项目资金向农村社区倾斜，投入上明确轻重缓急，从群众最关注的实际问题入手，合理安排，科学使用，确保有限资金发挥最大作用。

（原载《福建论坛》（人文社会科学版）2009年第4期）

# 转轨时期我国商业银行操作风险管理创新研究

周 青

## 一 引言

按照巴塞尔银行监管委员会在《巴塞尔新资本协议》中的定义,操作风险是指由不完善或有问题的内部程序、人员及系统或外部事件所造成损失的风险。明确将操作风险列为继市场风险和信用风险之后的第三大风险,纳入资本监管范畴。

长期以来,我国银行业对操作风险的认识、管理和控制还处于不全面、不系统和不规范的初级阶段。对操作风险防范控制手段,仅限于传统的柜面操作风险控制、内部控制和"三防一保",主要是保证支付结算资金安全。转轨时期我国商业银行操作风险的表现形式有了新变化。1997年亚洲金融危机前,主要表现为账外高息揽存、账外放款、受贿发放不合规贷款、违规越权拆借资金、对外担保、违规开具信用证和违规办理支付结算等形式。从20世纪90年代后期到现在,主要表现为伪造印鉴诈骗客户存款、空存实取携款潜逃、违规接收和处置不良资产、虚假按揭、受贿发放不合规消费信贷、受贿签发不合规承兑汇票、不真实的票据贴现等形式。[1]体现出不对称性、内生性、多样性、人为性、突发性和高风险性等特点。随着我国银行业对外开放水平的提高和《巴塞尔新资本协议》的实施,也要求我国商业银行操作风险的管理方式要实现从传统管理向全面风险管理转变,实现与国际银行业的接轨。

目前国内理论界对操作风险及管理的研究还不多,主要从三方面展开研究：一是对新巴塞尔协议操作风险管理框架的介绍，并就建立和完善我国商业银行操作风险管理机制提出政策建议，如金建国、于立勇（2005）等。二是对操作风险计量模型的介绍和研究，如陈学华、杨辉耀等（2003）介绍了极值理论的 POT 模型在计量操作风险 VAR 方面应用及其优缺点；钟伟、沈闻（2004）介绍了损失分布法在操作风险度量中的应用，认为历史数据、损失类型相关程度低及尾部特征难以量化是损失分布法在应用中面临的难题。三是对于转轨时期我国商业银行操作风险现状和对策的研究，如王新宇（2008）等，但研究角度单一、原因分析不够透彻，所提出的加强商业银行操作风险管理的对策建议有待完善。

## 二 转轨时期我国商业银行操作风险现状分析

对于我国商业银行操作风险的现状分析，可以从不同角度进行。

（1）根据操作风险定义分析银行业操作风险。根据操作风险定义，我们可以了解到，与操作风险密切相关的四大因素是：人、流程、系统、外部事件。根据樊欣、杨晓光（2003），顾京圃（2006）对我国银行业操作风险研究分析得出的平均数，我国银行业操作风险主要集中在内部人员身上，其产生的操作风险占全部操作风险损失事件的 50% 以上，内部流程因素产生的操作风险占全部操作风险损失事件的 22% 以上，位居第二；外部事件因素产生的操作风险占全部操作风险损失事件的 20% 以上，位居第三；排在最后的是系统因素，基本可以忽略不计。[2] 而从国外银行操作风险来看，外部事件因素造成的操作风险占全部操作风险损失事件的43.79%，位居第一；内部人员因素造成的操作风险占全部操作风险损失事件的 12.82%。国内是国外的 4 倍。[3]

（2）根据操作风险损失事件类型分析银行业操作风险。根据巴塞尔新资本协议对操作风险损失事件的划分原理，将操作风险损失事件类型划分为：内部欺诈，外部欺诈，就业政策和工作场所安全，客户、产品以及业务操作，实体资产损害，业务中断及系统失灵，执行交割及流程管理 7 大类。在国内银行业操作风险损失中，内部欺诈损失占比最大，约占全部损失金额的 67.5%；外部欺诈损失约占全部损失金额的 31.18%；客户、产品及业务操作损失占全部损失金额的 1.29%；业务中断及系统失灵约占全部损失的 0.006%；执行交割及流程管理约占全部损失的 0.025%；就业政策和工作场所安全、实体资产损害这两个方面产生的操作风险微乎其微，可以忽略不计，因此没有数据。[2]在国外银行业操作风险损失中，执行交割及流程管理占 29.41%、实体资产损害占 24.29%、外部欺诈占 15.54%，为三种主要操作风险，业务中断及系统失灵占 2.73%，是风险最低的。[3]

（3）根据业务类别划分标准分析银行业操作风险。以巴塞尔银行监管委员会对银行 8 大类业务类别划分标准为依据，有公司财务、交易与销售、零售银行业务、商业银行业务、支付与清算、代理服务、资产管理、零售经纪 8 大类业务引起的商业银行操作风险。经分析，在国内银行业操作风险损失中，商业银行业务的操作风险事件占比最大，占全部损失金额的 97.6%；零售银行业务的操作风险损失事件占比位居第二，占全部损失事件数量的 18.31%，但占全部损失金额最小，仅为 0.03%。[2]这与国外银行不同，国外银行零售银行业务操作风险损失事件占比最大，占全部损失事件数量的 61.10%，占全部损失金额的 29.36%；损失金额位居第二的是商业银行业务，占全部损失金额的 28.95%。[3]

## 三 转轨时期我国商业银行操作风险成因新解

如何解释商业银行"操作风险凸显"之谜，国内目前的主要观点有：一是道德缺失说。将商业银行操作风险凸显归因于商业银行从业人员道德素质下降和职业道德的缺失，以至于有章不循、违法违规等问题较普遍。二是经济周期说。认为近期银行案件高发与宏观经济周期以及银行改革的转轨特征密不可分。三是内控机制说。认为商业银行操作风险凸显主要源于银行内部管理松弛，内控机制不健全，这是最流行的一种观点，也是银行业普遍以加强内控作为防范和化解操作风险及其他风险的重要理论依据和工作指南。四是制度失衡说。认为商业银行操作风险增大的原因是商业银行在发展导向上片面追求规模，在体制上法人治理结构不完善，激励约束机制不健全，组织体系上的科层制等。[1]

应该说以上四种观点各有侧重，但又不够全面准确。应该紧扣我国商业银行当前所处的转轨时期这个大背景综合地来分析。我国商业银行操作风险的形成原因是复杂的，既有宏观国家层面的原因，也有微观银行个体方面的原因；既有内部因素，也有外部经营环境的影响；既有认识上的误区、理念上的不成熟、体制上的不完善，也有管理技术落后的原因。商业银行操作风险的发生，是旧体制的弊端和当前复杂经济社会矛盾共同作用的结果。具体可归纳为以下几方面原因。

（1）管理体制因素。管理体制因素涉及管理体系与制度，体系不健全和制度建设滞后，是造成操作风险频发的关键因素。一是完善垂直的风险管理体系还没有形成。我国商业银行还没有成立专门的风险管理委员会对操作风险进行统筹管理，还没有形成纵横交错的全面的操作风险管理架构，缺乏统一的操作风险管理战略和政策。二是操作风险管理职责分散。操作风险管理职责分散在风险管理部、内部审计部门、法律与合规部门等，缺乏专门的管理部门进行统筹协调，造成管理效率低下。三是公司治理结构不完善导致的风险。所有者虚位，导致对代理人监督不够；内部制衡机制不完善，股份制商业银行在实际运作中董事会、监事会和经营管理层之间的制衡机制还未真正建立；容易形成"内部人"控制现象，内部控制力逐级衰减。四是执行风险是产生操作风险的突出因素。主要包括执行过程、合规经营和客户维护等方面出现风险。五是组织内部信息传导不到位诱发操作风险。由于信息在机构内部或者机构内外的产生、接受、处理、储存、转移等环节出现故障所造成的风险及其带来的影响日益扩大。六是组织结构改革导致新问题。实行业务综合柜员制和客户经理制后，一个柜员独立完成多种业务处理，监督措施跟不上，就会形成操作风险。

（2）人力资源管理因素。人力资源管理涉及对人员的任用、培训、考核和激励，对员工管理不到位，就会造成道德风险、能力风险，由人的因素导致的操作风险在转轨时期显得尤为突出，应引起管理层高度重视。一是对操作风险的认识偏差。有的认为操作风险就是操作性风险，极大地缩小了操作风险所涵盖的范围；有的重视对基层操作人员的管理，轻视对高层管理人员的管理；有的将操作风险等同于"金融犯罪"，这就将那些由银行自身不完善的流程和系统漏洞以及外部事件等因素造成的操作风险排除在外；有的认为操作风险是无法计量的，无法为其分配资本，只看到它的突发性，没有看到它发生的稳定概率；有的认为操作风险管理只是内部审计部门的事，造成审计部门职责上的冲突。二是人力资源配置及职位设计不能适应操作风险管理的需要，缺乏从职位分析、职位设计、人员配备、人员考核和激励管理等一系列系统化、规范化的管理方式。经营管理层激励不足与激励失当是产生道德风险的重要原因。三是由于缺乏足够合格的员工以及对员工表现的适当评估、考核、科学选拔任用等也导致风险的发生。

（3）内部控制因素。内控因素涉及内部管理制度、内控机制等因素。一是内部控制制度不规范、管理模式不统一。银行各分支机构管理模式不统一，缺乏对分支机构主要负责人的内部牵制。制度庞杂，难以掌握和遵循，控制不足与控制过度并存，制度评估反馈机制缺失，重结果轻过程，内部欺诈频发。二是操作风险监管机制不完善。我国现有银行监管法律制度不健全，现有法律条文可操作性差。在已出台的监管法中，没有与操作风险管理相配套的法规，基本上属于事后监管模式，难以满足识别和管理操作风险的需要。

（4）方法管理因素。方法管理涉及风险识别、评估、缓解、监控、报告等方面，是对操作风险的全过程管理。一是对操作风险的识别不全面。大部分银行都把关注的重点放在与资金交易直接相关的操作风险上，对于间接影响持续经营的风险，如工时设计、压力管理和情绪管理在操作风险管理中的作用没有足够重视；银行在进入新业务领域如电子商务、个人理财业务时对风险评估不够充分。二是风险评估计量手段有限。我国商业银行操作风险计量模型开发和应用几近空白，对于操作风险资本计量都是采用单一的基本指标法（BIA），不能精确评价不同银行的操作风险暴露，缺乏计量风险所需损失数据。三是忽视风险缓释工具利用。我国商业银行除了传统的内控体系外，还未采用保险、记分卡和模型管理等风险缓释工具。四是报告机制尚未形成。体现在报告制度不够标准化，报告不及时，覆盖面不全，制约了操作风险的定量管理。五是先进科技手段使用带来的操作风险。风险来源于软硬件欠缺、违背信息技术安全、系统外部入侵等。

（5）外部环境因素。外部环境因素涉及宏观环境、诉讼、外部欺诈和安全等。一是政策变化导致风险。要能及时识别和预测政策变化带来的影响及其风险。二是外部竞争压力造成风险加大。一些地方金融竞争环境扭曲，为在市场竞争中获胜，不顾制度约束，形成操作风险。三是外部突发事件影响。随着社会经济环境的日益复杂，必然使银行面临许多突如其来的事件，若处理不当，也极易导致风险发生。

## 四  对我国商业银行操作风险管理创新的对策思考

鉴于我国商业银行对操作风险的认识和管理尚处于起步阶段，还没有找到一种办法能够覆盖、识别和控制各类操作风险，为此必须做好基础性工作，从改革银行业自身的管理体制、机制、技术和手段入手，建立防范和控制操作风险的长效机制。

（1）操作风险管理体制的创新。尽快根据《巴塞尔新资本协议》和银监会《商业银行内部控制评价试行办法》的要求，构建适合我国商业银行发展的全面风险管理架构。一是建立起全行统一的操作风险管理体制。在董事会和总行行长下面，应建立以总行风险管理委员会为中心，下设不同风险管理部门，各个风险管理部门设风险经理，分行设风险管理处和风险管理员的垂直风险管理系统。二是对操作风险实现矩阵式结构管理。各级分行行长是操作风险的第一责任人，必须为本辖区的操作风险负责，并且在设计风险缓释策略和监控机制落实上发挥重要的作用。下级行的风险管理部门，包括业务部门内设的风险管理机构对本级行领导负责，同时向上级行的风险管理部门报告风险信息，并接受其业务指导、检查和监管。三是正确处理审计委员会与操作风险管理委员会的关系。要将审计委员会明确为全面风险管理的监督、评价部门，直接对董事会负责。操作风险管理委员会则负责拟订、执行风险控制程序，并根据审计委员会提供的反馈意见，完善内部控制体系。四是加强部门之间的协调与配合，建立信息交流制度和情况通报制度。

（2）操作风险治理结构的完善。运作规范、科学完善的产权制度以及良好的公司治理结构，是银行具有较高的风险控制和管理能力的重要保障。一是实现投资主体多元化，提高我国商业银行治理效率。在保证国有股拥有绝对控股权的前提下，实现投资主体多元化。构建以股东大会——董事会——监事会——行长经营层之间的权力划分和权力制衡的有效结构。二是增强董事会的独立性和监事会的监督职能，组建结构合理、定期调整、授权充分的董事会，以避免管理层权力来源多元化，营造良好的公司内部治理环境。三是当前尤其要注意处理好以下几个关系。如董事会与经营管理层的关系、独立董事与董事会和经营管理层的关系、监事会与董事会和经营管理层的关系、董事和监事与银行内设部门的关系、党委书记与行长的关系。通过高级管理层权力制衡，抑制"内部人"控制、"道德风险"的发生。

（3）操作风险内控机制的强化。健全完善的内控体系是识别、防范和控制操作风险的基础，有效的内控体系是银行防范各类风险，尤其是操作风险的一道重要屏障。一是要不断完善内部控制制度。不断研究新的操作风险控制点，及时评估并控制可能出现的操作风险，把各种安全隐患消除在萌芽状态。二是积极开展内部控制评价。内部控制评价是商业银行对分支机构的内部控制制度建设及其执行情况和执行效果进行全面检查、测试与考核过程的总称。它与监督检查既相辅相成又有所不同，前者是对面上的监管；后者是对点的监管。三是全面落实操作风险管理责任制。要通过层层签订防范操作风险责任合同，使风险防范责任目标与员工个人利益直接挂钩，真正落实问责制。

（4）操作风险人力资源管理的优化。从商业银行操作风险现状来看，人力资源管理体系建设落后已成为制约我国商业银行风险管理水平提高的重要瓶颈。为突破这一瓶颈，一是加强员工风险意识。强化对操作风险的认识，纠正错误观念，要认识到操作风险的防范是银行核心竞争力的体现。银行管理层应将操作风险管理作为日常管理的首要任务，并倡导"零差错"的执行文化。二是发挥正负激励机制的作用。完善考评和激励机制，突出内控管理职责的考评并加大分值，提高违规成本。也要对责任人承担的风险进行肯定，给予相应的激励，以避免道德风险的发生。三是依据职位分析合理配置人力资源。对所有岗位进行综合分析，在此基础上提出岗位基本要求及人力资源配置要求，并建立长效责任机制，保证关键岗位员工行为与银行经营管理目标一致。

（5）操作风险方法管理的规范。我国商业银行要有效应对操作风险，必须从管理方法入手，全面整合商业银行的操作风险管理资源，通过借鉴先进的风险识别、评估、缓释、监控、报告等方法，实现对风险的全过程管理。一是操作风险识别。风险识别就是要对可能影响银行经营绩效、可能给银行带来财务或非财务损失的所有内外部操作风险因素一一加以识别，以便于对其进行控制或管理。操作风险识别过程一般以当前和未来潜在的操作风险两方面为重点。二是操作风险评估。操作风险评估就是根据损失经验、假设分析等逐一测评所有被识别出来的内部或外部操作风险因素的影响程度,以决定哪些风险可以接受,哪些风险不可以接受,需要加以控制或转移。三是操作风险缓释和管理。银行应设计并实施具有成本效益的风险缓释工具,使操作风险降低到能接受的水平。四是操作风险监控。高管层应建立一套操作风险监控程序,以实现以下目标:对银行面临的所有类型操作风险的定性和定量评估进行监控;评估缓释活动是否有效和适当;确保风险管理系统正常运行。五是操作风险报告。操作风险报告过程应该涵盖诸如银行面临的关键或潜在操作风险、风险事件以及有意识的补救措施、已实施措施的有效性、操作风险即将明确发生的压力领域、为管理操作风险而采取步骤的状态等方面信息。[3]

(6)操作风险量化管理的推行。虽然我国银行监管部门宣布近期不准备以《巴塞尔新资本协议》为标准,未将操作风险纳入资本充足计算范畴,但寻找和借鉴先进的操作风险计量方法和管理模式对我国商业银行有很重要的现实意义。一是建立风险损失数据库。尽管我国商业银行目前很难采用那些先进的量化操作风险的方法,但可为早日过渡到使用先进的操作风险管理方法做好基础性工作。二是抓好操作风险人才引进和培养工作。操作风险本身是一项非常难以量化的风险,现有的量化操作风险方法存在着不少缺陷,但形势发展对我国的操作风险量化管理提出了迫切要求,需要加强研究。同时,由于操作风险的复杂性,要求相关业务人员必须具有丰富的专业知识和技能,加强这方面的人才引进和培养已成为风险管理的当务之急。[4]三是根据实际情况选择不同的度量方法。目前银行操作风险管理资本主要有三种度量法:基本指标法(BIA)、标准法(SA)、高级计量法(AMA)。三种方法的复杂程度各异,风险敏感度亦不同。根据《巴塞尔新资本协议》的提议,我国商业银行可以根据自身情况对不同业务的操作风险采用不同的度量方法。对于我国内部管理水平较高的银行可以在采用基本指标法的同时借鉴标准法的理念,在不同业务类别中设置不同权重,计算营业收入平均水平,测算出操作风险所需经济资本,待损失数据积累到一定程度后,再采用高级计量法。

(7)操作风险管理中的政府责任。政府对于防范操作风险所应尽到的责任,主要在于要改善我国商业银行的外部生态环境,完善法律法规,加强行业监管部门职能，发挥社会中介组织的监督作用，提高监管水平。一是要加快监管法制建设。提高立法质量，加大监督和惩戒力度，重点是完善刑事立法和金融行政处罚法规，提高法律的可操作性，并严格执法。二是要加强行业监管部门职能。在银监会内部，各层次分支机构的监管重点要有明确分工；着力提高监管部门独立性和职业化程度；敦促商业银行做好建立风险记录制度、数据共享框架和信息披露制度等监管的基础性工作；发挥好中国人民银行的牵头职能，在"一行三会"联席会议基础上，建立各监管部门的长效协调机制。[5] 三是发挥社会中介组织的监督作用。培育独立的外部审计机构，适时引进外部审计；加强行业协会自身组织制度建设，发挥行业协会在信息、沟通与独立性方面的优势，及时对操作风险的动态发展在监管措施和处罚力度方面提出建议。

（原载《中国行政管理》2009 年第 5 期）

## 参考文献

[1] 任有泉：《中国商业银行操作风险管理研究》，中国知网，2006，第 32、56 页。

[2] 樊欣、杨晓光：《中国商业银行操作风险 CFEF 研究报告》，2003，第 6、7、8 页。

[3] 顾京圃：《中国商业银行操作风险管理》，中国金融出版社，2006，第 36、37、91 页。

[4] 王旭东：《新巴塞尔资本协议与商业银行操作风险量化管理》，《金融论坛》2004 年第 2 期。

[5] 盛军：《中国国有商业银行操作风险研究：制度归因、实证分析与对策设计》，中国知网，2005，第 157 页。

# 东南沿海县域居民财产分布差距比较分析

——基于福建省福清市和龙海市的调查

程丽香

## 一 问题的提出

随着中国由计划经济向市场经济、由传统社会向现代社会转型，居民收入不平等和财产分布不均等正在成为当今中国社会关注的焦点。学术界对于居民收入不平等的研究投入了大量的精力和学术热情，形成了为数不少的研究文献。但与之形成反差的是，有关居民财富分布的研究相当有限。从已有的文献看，对于居民财富分布的研究，主要来自中国社会科学院经济研究所中国居民收入分配课题组的研究成果。例如，麦金利（1994）利用课题组1988年的调查数据对中国农村居民财产分配的不均等程度进行了分析，并得出了一些有意义的结论；布伦纳（1999）利用课题组1995年的数据对农村居民财产分布的特点进行了分析；李实、魏众、古斯塔夫森（2000）利用课题组1995年的城镇调查数据对城镇居民的财产分布进行了估计，并对财产分布与收入分布之间的关系进行了分析；赵人伟、丁赛（2008）利用课题组2002年的调查数据对全国、城镇和农村居民的财产分布状态进行了估计，并对其背后的原因进行了探讨；李实、魏众、丁赛（2005）利用课题组1995年和2002年的调查数据对中国城乡居民的财产分布及其变化进行了估计，并分析了城乡之间财产差距的变化情况以及城乡之间财产分布差距与全国财产分布差距的关系。这些研究不仅准确地描述了中国农村居民、城镇居民以及中国城乡居民的财产分布情况及其变动轨迹，而且还分析了财产分布与收入分配之间的关系及其内在的原因，为中国居民财产分布问题的进一步研究提供了极好的参考。但是，这些研究大多从全国的层面分析了居民的财产分布问题，而对于某一区域居民财产分布的经验性分析则较为缺乏。中国区域经济发展不平衡，区域之间居民的收入分配和财产分布也存在显著差异。那么，对于工业化和市场化程度相对都较高的东南沿海县域，居民财产分布状况如何？城乡之间、城镇内部和农村内部财产分布差异有多大？它们与现有的宏观研究结果是否具有一致性？居民财产分布与收入分配之间的关系怎样？所有这一切问题都有待于从理论和实践上进一步加以讨论。本文将以福建省福清市和龙海市为样本展开研究。

## 二 资料收集与样本特征

为了体现调查问卷的质量，笔者将此次问卷调查中样本县域选择的依据、资料来源和收集过程以及样本居民的基本特征做逐一介绍。

### （一）样本县域的选择及其对沿海县域的代表性

福清市地处福建省中部沿海，是著名的侨乡。2007 年末，全市总人口 123.13 万人；农业人口 103.19 万人，非农业人口 19.93 万人。全市地区生产总值由 1978 年的 1.33 亿元增加到 2007 年的 352.40 亿元，其中，三大产业增加值之比由 1978 年的 46.8∶28.2∶25.0 变为 2007 年的 13.7∶54.7∶31.6（见表 1）①。2006 年，全市财政总收入 26.42 亿元，县域经济基本竞争力居全国"百强县（市）"第 16 位，综合经济实力位居福建省 10 强县（市）第 2 位。②

龙海市地处福建省东南沿海，紧邻厦门市特区，是福建三大平原之一——漳州平原的主要腹地。境内山海河田齐备，气候适宜，土地肥沃，曾被誉为福建的"乌克兰"，素有"鱼米花果之乡"的美称，是名列"中国十大名花"、福建省花——水仙花的原产地，是国家持续高效农业示范区、海峡两岸农业合作试验区和福建省重要的农产品出口创汇基地之一。

---

① 根据《福清统计年鉴 2008》（内部资料）整理得出。
② 《政府工作报告（2006 年）》，福清市人民政府网，http://www.fuqing.gov.cn/Article_show.asp?Article ID=2451。

2007年末,全市总人口79.63万人;农业人口63.70万人,非农业人口15.93万人。2007年,全市地区生产总值209.84亿元,其中,三大产业增加值之比为14.1∶61.6∶24.3(见表1)①。2006年,全市财政总收入18.75亿元,县域经济基本竞争力居全国"百强县(市)"第68位。2007年,全市财政总收入28.88亿元,县域经济基本竞争力连续7年进入全国"百强",连续两届被评为全国最具投资潜力中小城市"百强",综合经济实力连续13年保持福建省"十强"。②

综合各项指标看,福清市和龙海市对于东南沿海县域而言具有一定的代表性,通过对福清市和龙海市居民财产分布状况的实证分析,可以大致把握东南沿海县域居民财产分布差异的现实。

**表1 样本县域福清市、龙海市2007年经济社会发展主要指标**

|  | 福清市 | 龙海市 |
| --- | --- | --- |
| 年末户籍人口(万人) | 123.13 | 79.63 |
| 其中:农业 | 103.19 | 63.70 |
| 　　　非农业 | 19.93 | 15.93 |
| 年末常住人口(万人) | 119 | 84.16 |
| 其中:城镇人口 | 37.90 | 33.66 |
| 　　　乡村人口 | 81.10 | 50.50 |
| 城镇化水平(%) | 31.9 | 40.0 |
| 地区生产总值(亿元) | 352.40 | 209.84 |
| 其中:第一产业 | 48.21 | 29.65 |
| 　　　第二产业 | 192.69 | 129.32 |
| 　　　第三产业 | 111.51 | 50.86 |
| 人均GDP(元) | 28620 | 25013 |
| 在岗职工平均工资(元) | 20811 | 21667 |
| 农民人均纯收入(元) | 7611 | 5699 |
| 地方财政收入(万元) | 136092 | 106363 |
| 规模以上工业总产值(亿元) | 726.53 | 387.56 |

资料来源:福建省统计局、国家统计局福建调查总队编《福建统计年鉴2008》,中国统计出版社,2008;福清市统计局、国家统计局福清调查队编《福清统计年鉴2008》;龙海市统计局编《龙海统计年鉴2007》。

---

① 根据《龙海统计年鉴2007》(内部资料)、《龙海统计年鉴2006》整理得出。
② 中共龙海市委、龙海市人民政府编《龙海撤县建市十五周年纪念画册》(1993~2008)。

## (二) 资料来源与收集过程

本文使用的数据来源于国家社科基金"当代中国中等收入阶层的实证研究"课题组 2008 年 7 月至 8 月在福建省福清市和龙海市展开的调查。抽样调查的实施遵循以下步骤。第一，确定样本县域为福清市和龙海市（均为县级市）。选取原则是县域经济基本竞争力居全国"百强县（市）"的县域。2006 年，福建省 87 个县（市）共有 8 个县（市）进入全国"百强县（市）"，其中，福清市居第 16 位，龙海市居第 68 位；2007 年，福清市居第 21 位，龙海市居第 83 位。第二，按福清与龙海人口比例（1.55∶1）大致确定两个市的样本总数分别为 780 个和 500 个。第三，按城镇化率[①]确定福清市和龙海市的农村样本和城镇样本比例。福清市城镇化率为 31.9%，龙海市城市化率为 40.0%（见表 1）。因此，大致确定福清市城镇居民的样本数为 240 个，农村居民的样本数为 540 个；龙海市城镇居民的样本数为 200 个，农村居民的样本数为 300 个。第四，采用分层抽样法，按乡镇产值表（按现行价格计算）抽取福清市高中低水平的 3 个样本镇、1 个街道办事处。每个镇的 3 个样本村及 1 个街道的 4 个样本居委会也以经济发展水平高中低情况抽取，共抽取 9 个样本村和 4 个样本居委会。在龙海市则抽取 2 个样本镇、1 个样本街道办事处，共抽取 6 个样本村和 4 个样本居委会。第五，以户为单位，按等距离抽样法抽取福清市每个样本村或样本居委会 60 户作为样本户；在龙海市则抽取每个样本村或样本居委会 50 户作为样本户。第六，从被调查户家中选取调查对象。选取原则是年龄为 16~70 周岁，通常为户主或家中管事且语言表达清晰的家庭成员。第七，调查采用调查员入户访问记录的方式，调查员事先接受过培训。第八，本次调查将外来人口排除在抽样框之外，只研究户籍内常住人口分层情况、收入及财产变化情况。

## （三） 样本居民的基本特征

本次调查在福清市共发放 780 份问卷，回收 779 份；在龙海市共发放 503 份问卷，回收 503 份。从表 2 可见，两县域样本男女性别比例约

---

[①] 城镇化率（单一指标法）采用"城镇人口/年末常住人口"的计算公式。

为2:1；年龄集中在30~60岁之间，30岁以下样本较少，这是因为两县域的年轻人大多流动到境外、省外和市外务工、经商、办厂等；从婚姻状况看，两县域绝大多数样本已婚；从户口类别看，两县域农业户口和非农业户口的样本比例也与表1显示的城镇化率相当；从政治面貌看，普通群众的比例在福清样本中为71.5%、在龙海样本中为58.7%，其次是中共党员，在福清样本中占23.8%，在龙海样本中占38.1%；从文化程度看，两县域样本多集中为小学和初中学历，占样本总数的一半左右，高中和大专以上的比例在福清样本中占38.7%、在龙海样本中约占43.9%。

表2　东南沿海县域样本居民的基本特征统计

| 变量 | 类别 | 福清市 样本数 | 百分比（%） | 龙海市 样本数 | 百分比（%） |
| --- | --- | --- | --- | --- | --- |
| 性别 | 男 | 503 | 64.6 | 339 | 67.4 |
|  | 女 | 276 | 35.4 | 164 | 32.6 |
| 年龄 | 18岁以下 | 2 | 0.3 | 3 | 0.6 |
|  | 18~30岁 | 69 | 8.9 | 46 | 9.1 |
|  | 31~40岁 | 176 | 22.6 | 116 | 23.1 |
|  | 41~50岁 | 191 | 24.5 | 140 | 27.8 |
|  | 51~60岁 | 198 | 25.4 | 121 | 24.1 |
|  | 60岁以上 | 142 | 18.3 | 77 | 15.3 |
| 婚姻状况 | 未婚 | 29 | 3.7 | 15 | 3.0 |
|  | 已婚 | 743 | 95.8 | 478 | 96.4 |
|  | 其他 | 4 | 0.5 | 3 | 0.6 |
| 户口类别 | 非农户口 | 275 | 35.4 | 201 | 40.3 |
|  | 农业户口 | 499 | 64.3 | 295 | 59.1 |
|  | 其他 | 2 | 0.3 | 3 | 0.6 |
| 政治面貌 | 群众 | 556 | 71.5 | 294 | 58.7 |
|  | 共青团员 | 26 | 3.3 | 10 | 2.0 |
|  | 共产党员 | 185 | 23.8 | 191 | 38.1 |
|  | 民主党派 | 5 | 0.6 | 4 | 0.8 |
|  | 其他 | 6 | 0.8 | 2 | 0.4 |

续表

| 变量 | 类别 | 福清市 样本数 | 福清市 百分比（%） | 龙海市 样本数 | 龙海市 百分比（%） |
|---|---|---|---|---|---|
| 文化程度 | 小学以下 | 48 | 6.4 | 13 | 2.6 |
| | 小　学 | 169 | 22.7 | 119 | 24.2 |
| | 初　中 | 238 | 31.9 | 142 | 28.9 |
| | 高　中 | 124 | 16.6 | 90 | 18.3 |
| | 中　专 | 57 | 7.7 | 36 | 7.3 |
| | 大　专 | 50 | 6.7 | 55 | 11.2 |
| | 本科以上 | 57 | 7.7 | 35 | 7.1 |
| | 其　他 | 2 | 0.3 | 2 | 0.4 |

注：数据统计选择有效样本进行。

## 三　调查结果的比较与分析

本文运用SPSS13.0对所收集的资料进行汇总、统计，然后再进行描述、比较和推断，试图准确地得出东南沿海县域居民财产分布状况的研究结论。本文所分析的财产主要指家庭总资产（包括存款、证券、生意投资、工厂商店、家庭耐用品、金银首饰等，但不包括房产）及家庭所有房产。

### （一）县域居民财产分布状况总体描述

对东南沿海县域样本进行简单的频数统计得出两县域样本居民2008年家庭总资产及房产分布情况（见表3），家庭现有住房产权情况及住房拥有数量统计（见表4），家庭现住房使用面积、所有住房现价及除房产外家庭总资产统计（见表5）。

表3　东南沿海县域样本居民2008年家庭总资产及房产分布统计

| 变量 | 财产分布（万元） | 福清市 样本数 | 福清市 百分比（%） | 龙海市 样本数 | 龙海市 百分比（%） |
|---|---|---|---|---|---|
| 家庭总资产 | ≤0 | 82 | 10.6 | 28 | 5.6 |
| | 0～10 | 310 | 40.3 | 251 | 50.4 |

续表

| 变量 | 财产分布（万元） | 福清市 样本数 | 福清市 百分比（%） | 龙海市 样本数 | 龙海市 百分比（%） |
|---|---|---|---|---|---|
| 家庭总资产 | 11~20 | 77 | 10.0 | 74 | 14.9 |
| | 21~50 | 84 | 10.9 | 60 | 12.0 |
| | 51~100 | 55 | 7.2 | 15 | 3.0 |
| | 101~200 | 22 | 2.9 | 10 | 2.1 |
| | 201~1000 | 19 | 2.5 | 9 | 1.8 |
| | ≥1001 | 3 | 0.4 | — | — |
| | 不清楚、不回答 | 117 | 15.2 | 51 | 10.2 |
| | 有效样本 | 769 | 100.0 | 498 | 100.0 |
| 家庭所有房产 | 0~10 | 92 | 12 | 76 | 15.3 |
| | 11~20 | 108 | 14.0 | 119 | 23.9 |
| | 21~50 | 228 | 29.7 | 193 | 38.7 |
| | 51~100 | 148 | 19.2 | 54 | 10.9 |
| | 101~200 | 37 | 4.8 | 6 | 1.2 |
| | ≥201 | 12 | 1.6 | 5 | 1.0 |
| | 不清楚、不回答 | 144 | 18.7 | 45 | 9.0 |
| | 有效样本 | 769 | 100.0 | 498 | 100.0 |

**表4 东南沿海县域样本居民2008年家庭现有住房产权情况及住房拥有数量统计**

| 变量 | 福清市 样本数 | 福清市 百分比（%） | 龙海市 样本数 | 龙海市 百分比（%） |
|---|---|---|---|---|
| 自家的房屋 | 743 | 95.7 | 486 | 97.2 |
| 租住或借住的房屋 | 23 | 3.0 | 9 | 1.8 |
| 其他 | 10 | 1.3 | 5 | 1.0 |
| 总计 | 776 | 100 | 500 | 100 |
| 现居住房之外没有住房 | 506 | 78.4 | 344 | 70.2 |
| 现居住房之外还有1套住房 | 105 | 16.3 | 122 | 24.9 |
| 现居住房之外还有2套住房 | 12 | 1.9 | 14 | 2.9 |
| 现居住房之外还有3套以上 | 11 | 1.7 | 7 | 1.4 |
| 不适用、不清楚 | 11 | 1.7 | 3 | 0.6 |
| 总计 | 645 | 100 | 490 | 100 |

注：样本数据统计计算时均排除特异值。

表 5　东南沿海县域样本居民 2008 年家庭现住房使用面积、
所有住房现价及除房产外家庭总资产统计

| 类　别 | 福清市 | | | 龙海市 | | |
|---|---|---|---|---|---|---|
| | 使用面积均值（平方米） | 标准差 | 样本数 | 使用面积均值（平方米） | 标准差 | 样本数 |
| 城乡居民 | 307.05 | 242.88 | 754 | 184.23 | 135.30 | 493 |
| 其中：城镇居民 | 236.78 | 256.26 | 264 | 122.78 | 77.08 | 201 |
| 农村居民 | 345.98 | 227.52 | 490 | 226.42 | 150.73 | 292 |
| | 所有房产均值（万元） | 标准差 | 样本数 | 所有房产均值（万元） | 标准差 | 样本数 |
| 城乡居民 | 51.94 | 56.11 | 609 | 35.52 | 38.22 | 440 |
| 其中：城镇居民 | 66.22 | 74.47 | 229 | 41.89 | 40.00 | 187 |
| 农村居民 | 43.43 | 39.16 | 380 | 31.03 | 36.41 | 253 |
| | 家庭总资产均值（万元） | 标准差 | 样本数 | 家庭总资产均值（万元） | 标准差 | 样本数 |
| 城乡居民 | 40.82 | 132.28 | 647 | 27.17 | 79.10 | 442 |
| 其中：城镇居民 | 58.25 | 143.25 | 233 | 22.94 | 54.34 | 185 |
| 农村居民 | 31.25 | 125.29 | 414 | 30.24 | 93.05 | 257 |

注：样本数据统计计算时均排除特异值。

表 3 显示，两县域居民家庭总资产主要集中在 0 ~ 50 万元之间，家庭总资产在此区间的福清样本占总样本的 61.2%，龙海样本占总样本比例的 77.3%；家庭总资产在 51 万元以上的福清样本占总样本比例的 13%，而龙海样本则占总样本比例的 6.9%。但是，家庭零资产及负债的样本比例福清高于龙海；而选择"不清楚、不回答"的样本比例福清也高于龙海。这说明，福清样本居民在"家庭总资产"这一变量中两极分化的趋势比龙海严重。通过入户问卷调查，笔者发现，福清市不少被访者家中至少有一人近一两年刚到国外、省外务工或经商，这可能也是福清样本居民家庭零资产及负债比例较高的原因所在。

表 3 还显示，两县域居民家庭所有房产现值主要集中在 0 ~ 100 万元之间，在此区间的福清样本占总样本的 74.9%，龙海样本占总样本比例的 88.8%。其中，在 21 万 ~ 100 万元之间，福清样本和龙海样本分别占各自样本总数的近一半。房产现值在 101 万元以上的样本比例，福清是龙海的

近3倍。选择"不清楚、不回答"的样本比例，福清是龙海的2倍多，这在一定程度上反映了福清居民相对较为保守，不愿透露自己的家底。

表4显示，两县域样本居民绝大多数家庭拥有自家的房屋，回答"租住或借住的房屋"的样本比例极少，且大多数样本居民家庭只拥有1套（幢）住房。但是，福清有16.3%的样本居民家庭拥有2套（幢）住房，龙海则有24.9%的样本居民家庭拥有2套（幢）住房。

表5显示，福清样本居民家庭住房使用面积均值、所有房产均值及家庭总资产均值分别是龙海的1.67倍、1.46倍及1.5倍。可见，福清样本居民家庭总体比龙海富裕，这也与两县域的综合经济实力相一致。

### （二）县域城乡之间居民家庭财产差距

根据问卷调查结果，笔者选择"城镇居民家庭人均资产均值除以农村居民家庭人均资产均值"来体现福清和龙海城乡居民家庭资产的相对差距；选择"城镇居民家庭人均房产均值除以农村居民家庭人均房产均值"来体现福清和龙海城乡居民家庭房产的相对差距。表6和表7显示，2008年，福清城乡居民家庭资产的相对差距为2.08∶1，龙海为0.93∶1；福清城乡居民家庭房产的相对差距为1.70∶1，龙海为1.65∶1。李实、魏众、丁赛（2005）经过统计分析得出：2002年中国城乡居民人均财产相对差距为3.6∶1，其中，城乡居民人均净房产相对差距为5.3∶1。可见，两县域城乡居民人均财产差距远远低于2002年全国城乡人均财产差距。这与课题组成员们在两县域实地调研时的主观感受是一致的，即不少农村居民生活水平超过城镇居民，乡村和城镇的界限并不很清晰，城乡之间已日趋一体化。

值得注意的是，龙海城乡居民家庭资产的相对差距出现了逆向现象，即农村居民人均资产均值高出城镇居民人均资产均值0.54万元。笔者认为，导致这一现象的主要原因在于龙海农村不少样本居民家庭在最近的1~2年中土地被政府及开发区等征用，获得了为数不少的土地赔偿金，从而提高了农村居民家庭资产总额。调查中笔者了解到：龙海紧邻厦门市，近几年政府加大力度发展公共基础设施建设以及着力进行几大开发区规划，向农户征用了不少林地和滩涂，农户获得了少至几万元多至几十万元甚至上百万元的土地赔偿金。

表 6  东南沿海县域样本居民 2008 年家庭人均资产描述性统计

|  | 福清市 | | | 龙海市 | | |
|---|---|---|---|---|---|---|
|  | 家庭总资产均值（万元） | 家庭人口均值（人） | 家庭人均资产均值（万元） | 家庭总资产均值（万元） | 家庭人口均值（人） | 家庭人均资产均值（万元） |
| 城镇居民 | 58.25 | 3.83 | 15.21 | 22.94 | 3.43 | 6.69 |
| 农村居民 | 31.25 | 4.28 | 7.30 | 30.24 | 4.18 | 7.23 |
| 城乡居民家庭资产的相对差距 | 15.21/7.30 = 2.08 : 1 | | | 6.69/7.23 = 0.93 : 1 | | |

注：样本数据统计计算时均排除特异值。

表 7  东南沿海县域样本居民 2008 年家庭人均房产现值描述性统计

|  | 福清市 | | | 龙海市 | | |
|---|---|---|---|---|---|---|
|  | 家庭总房产均值（万元） | 家庭人口均值（人） | 家庭人均房产均值（万元） | 家庭总房产均值（万元） | 家庭人口均值（人） | 家庭人均房产均值（万元） |
| 城镇居民 | 66.22 | 3.83 | 17.29 | 41.89 | 3.43 | 12.21 |
| 农村居民 | 43.43 | 4.28 | 10.15 | 31.03 | 4.18 | 7.42 |
| 城乡居民家庭房产的相对差距 | 17.29/10.15 = 1.70 : 1 | | | 12.21/7.42 = 1.65 : 1 | | |

注：样本数据统计计算时均排除特异值。

### （三）县域城镇居民和农村居民内部财产分布差距

本文选择两种常见方法来分析样本县域城镇居民和农村居民内部的财产分布差距，以此度量城镇居民与农村居民内部的财产不均等程度。

首先，本文选择了最常用的反映居民财产分布差距的"五等分"法进行比较。为简便起见，本文只列出家庭总资产最高 20% 组的均值和最低 20% 组的均值以及家庭房产最高 20% 组的均值和最低 20% 组的均值（见表 8 和表 9）。表 8 和表 9 显示，两县域城镇居民和农村居民内部无论是家庭总资产还是家庭房产差距都很大。

表8 东南沿海县域样本居民2008年家庭资产"五等分"
中最高组与最低组的描述性统计

单位：万元

|  |  | 福清市 | 龙海市 |
| --- | --- | --- | --- |
| 城乡居民 | 家庭总资产最高20%组的均值 | 170.54 | 106.70 |
|  | 家庭总资产最低20%组的均值 | -0.38 | 0.47 |
|  | 最高20%组与最低20%组的绝对差距 | 170.92 | 106.23 |
| 城镇居民 | 家庭总资产最高20%组的均值 | 236.38 | 82.14 |
|  | 家庭总资产最低20%组的均值 | 1.09 | 1.71 |
|  | 最高20%组与最低20%组的绝对差距 | 235.29 | 80.43 |
| 农村居民 | 家庭总资产最高20%组的均值 | 130.59 | 123.53 |
|  | 家庭总资产最低20%组的均值 | -0.80 | -0.22 |
|  | 最高20%组与最低20%组的绝对差距 | 131.39 | 123.75 |

注：样本数据统计计算时均排除特异值。

表9 东南沿海县域样本居民2008年家庭房产"五等分"
中最高组与最低组的描述性统计

单位：万元

|  |  | 福清市 | 龙海市 |
| --- | --- | --- | --- |
| 城乡居民 | 家庭房产最高20%组的均值 | 131.82 | 84.65 |
|  | 家庭房产最低20%组的均值 | 9.20 | 8.10 |
|  | 最高20%组与最低20%组的绝对差距 | 122.62 | 76.55 |
| 城镇居民 | 家庭房产最高20%组的均值 | 174.18 | 96.68 |
|  | 家庭房产最低20%组的均值 | 17.59 | 13.11 |
|  | 最高20%组与最低20%组的绝对差距 | 156.59 | 83.57 |
| 农村居民 | 家庭房产最高20%组的均值 | 106.86 | 75.59 |
|  | 家庭房产最低20%组的均值 | 6.58 | 5.96 |
|  | 最高20%组与最低20%组的绝对差距 | 100.28 | 69.63 |

注：样本数据统计计算时均排除特异值。

其次，本文利用基尼系数来检验福清、龙海两县域城镇居民与农村居民财产分布的不均等程度。胡祖光（2004）用严格的数学方法证明：可以利用最富的和最穷的20%人口的收入比重来推导出基尼系数的简易计算公式；而且简易计算公式的精确度几乎与精确公式相同。其基尼系数简易公式：$g = P_5 - P_1$。$P_5$表示最高的20%的样本居民收入之和占全部样本居民收入之和的比例，$P_1$ 表示最低的 20% 的样本居民收入之和占全部样本居民收入之和的比例。本文借鉴此公式计算东南沿海样本县域城镇居民和农村居民家庭总资产和家庭房产的基尼系数（见表 10 和表 11）。表 10 显示，福清居民家庭总资产的城乡合一的基尼系数为 0.84，城镇为 0.81，农村为 0.84；龙海居民家庭总资产的城乡合一的基尼系数为 0.78，城镇为 0.70，农村为 0.81。表 11 显示，福清居民家庭房产的城乡合一的基尼系数为 0.47，城镇为 0.48，农村为 0.46；龙海居民家庭总房产的城乡合一的基尼系数为 0.43，城镇为 0.39，农村为 0.45。

按照 Smeeding 的研究，21 个发达国家在 20 世纪后半叶财产分布的基尼系数在 0.52 至 0.93 之间，如果不包括在外居住的瑞典人，则在 0.52 至 0.83 之间。[①] 根据 E. Wolff 的研究成果，1993 年，美国的人均财产基尼系数高达 0.79；1986 年，法国的人均财产基尼系数为 0.71；1984 年，日本的人均财产基尼系数为 0.52。[②] 李实、赵人伟等人的研究成果显示，2002 年，中国总财产分布的基尼系数为 0.55，其中，净房产的基尼系数为 0.67（李实、魏众、丁赛，2005；赵人伟、丁赛，2008）。按照国际标准，现阶段中国东南沿海县域居民家庭资产分布的基尼系数是很高的，属于较为严重的资产分布不均等，而居民家庭房产分布的基尼系数则处于中等程度。

值得一提的是，两县域居民家庭资产分布的基尼系数大大超过收入分配的基尼系数。例如，2007 年，福清居民城乡合一的收入分配基尼系数为 0.66，城镇为 0.589，农村为 0.701；龙海居民城乡合一的收入分配基尼系数为 0.477，城镇为 0.415，农村为 0.516（程丽香，2009）。从国际比较的角度看，财产分布的基尼系数大于收入分配的基尼系数是一种常态。按照 James B. Davies 和 Anthony F. Shorrocks 的研究，发达国家收入分配的基尼系数在 0.3 至 0.4 之间，而财产分布的基尼系数则在 0.5 至 0.9 之间。[③]

---

[①] 转引自赵人伟、丁赛《中国居民财产分布研究》，载李实、〔加〕史泰丽、〔瑞典〕别雍·古斯塔夫森主编《中国居民收入分配研究Ⅲ》，北京师范大学出版社，2008。

[②] 转引自李实、魏众、〔瑞典〕古斯塔夫森《中国城镇居民的财产分配》，《经济研究》2000 年第 3 期。

[③] 转引自赵人伟、丁赛《中国居民财产分布研究》，载李实、〔加〕史泰丽、〔瑞典〕别雍·古斯塔夫森主编《中国居民收入分配研究Ⅲ》，北京师范大学出版社，2008。

表10　东南沿海县域样本居民2008年家庭总资产的基尼系数统计

|  |  | 福清市 | 龙海市 |
| --- | --- | --- | --- |
| 城乡居民 | 最高的20%资产组的资产总和占全部样本资产总和的百分比（%） | 83.37 | 77.87 |
|  | 最低的20%资产组的资产总和占全部样本资产总和的百分比（%） | -0.18 | 0.34 |
|  | 基尼系数（最高组的百分比-最低组的百分比） | 0.84 | 0.78 |
| 城镇居民 | 最高的20%资产组的资产总和占全部样本资产总和的百分比（%） | 81.87 | 71.62 |
|  | 最低的20%资产组的资产总和占全部样本资产总和的百分比（%） | 0.38 | 1.49 |
|  | 基尼系数（最高组的百分比-最低组的百分比） | 0.81 | 0.70 |
| 农村居民 | 最高的20%资产组的资产总和占全部样本资产总和的百分比（%） | 83.79 | 81.06 |
|  | 最低的20%资产组的资产总和占全部样本资产总和的百分比（%） | -0.52 | -0.15 |
|  | 基尼系数（最高组的百分比-最低组的百分比） | 0.84 | 0.81 |

注：基尼系数=最高的20%资产组的资产总和占全部样本资产总和的百分比-最低的20%资产组的资产总和占全部样本资产总和的百分比。样本数据统计计算时均排除特异值。

表11　东南沿海县域样本居民2008年家庭房产现值的基尼系数统计

|  |  | 福清市 | 龙海市 |
| --- | --- | --- | --- |
| 城乡居民 | 最高的20%房产组的房产总和占全部样本房产总和的百分比（%） | 51.01 | 47.41 |
|  | 最低的20%房产组的房产总和占全部样本房产总和的百分比（%） | 3.56 | 4.54 |
|  | 基尼系数（最高组的百分比-最低组的百分比） | 0.47 | 0.43 |

续表

|  |  | 福清市 | 龙海市 |
|---|---|---|---|
| 城镇居民 | 最高的20%房产组的房产总和占全部样本房产总和的百分比（%） | 52.84 | 45.67 |
|  | 最低的20%房产组的房产总和占全部样本房产总和的百分比（%） | 5.34 | 6.19 |
|  | 基尼系数（最高组的百分比－最低组的百分比） | 0.48 | 0.39 |
| 农村居民 | 最高的20%房产组的房产总和占全部样本房产总和的百分比（%） | 49.21 | 49.10 |
|  | 最低的20%房产组的房产总和占全部样本房产总和的百分比（%） | 3.03 | 3.87 |
|  | 基尼系数（最高组的百分比－最低组的百分比） | 0.46 | 0.45 |

注：基尼系数＝最高的20%房产组的房产总和占全部样本房产总和的百分比－最低的20%房产组的房产总占全部样本房产总和的百分比。样本数据统计计算时均排除特异值。

### （四）县域居民财产分布与收入分配之间的关系

赵人伟、丁赛（2008）认为，收入指的是人们（一个人或一个家庭）在一定时期内（通常为一年）的全部进账；而财产指的是人们在某一时点所拥有资产的货币净值。可见，财产是一个时点上的存量，而收入是单位时间内的流量。收入和财产之间存在着互动的关系：过去的流量必然影响当今的存量；而当今的存量又必然影响今后的流量。他们进一步认为，收入分配和财产分布之间有着密切的相互关系，随着财产规模的不断扩大和财产分布格局的变化，财产分布不仅对整个宏观经济的稳定具有重要影响，而且对今后收入分配的长期变化也有重要影响。

李实、魏众、古斯塔夫森（2000）的研究成果表明了财产分布和收入分配之间的强相关性。本文对两县域居民个人年总收入、家庭年总收入与家庭总资产[①]的相关系数统计后发现，福清和龙海居民个人年总收入与家

---

[①] 个人年总收入指样本居民个人2007年的总收入；家庭年总收入指样本居民家庭2007年的总收入；家庭总资产指样本居民家庭被访时的存款、证券、生意投资、工厂商店、家庭耐用品、金银首饰等资产，但不包括房产。

庭总资产的相关系数分别为 0.419 ($p = 0.000$) 和 0.529 ($p = 0.000$),家庭年总收入与家庭总资产的相关系数分别为 0.460 ($p = 0.000$) 和 0.621 ($p = 0.000$),这表示福清和龙海个人年总收入、家庭年总收入与家庭总资产均为正相关。对两县域居民家庭人均年收入与家庭人均资产[①]的相关系数统计后发现,福清和龙海居民家庭人均年收入与家庭人均资产的相关系数分别为 0.346 ($p = 0.000$) 和 0.628 ($p = 0.000$),这表示福清和龙海居民家庭人均年收入与家庭人均资产呈正相关。

本文进一步利用问卷调查的数据,将东南沿海两县域调查样本中的城乡居民按家庭人均年收入和按家庭人均财产[②]的高低进行五等分组后作一比较。表12列出了福清和龙海按家庭人均年收入及按家庭人均财产进行五等分组后城乡居民在各组中所占的百分比。

表12 东南沿海县域按收入和按财产五等分组城乡居民各占比例

单位:%

| 五等分组组序 | 福清市 家庭人均年收入 农村居民所占比例 | 福清市 家庭人均年收入 城镇居民所占比例 | 福清市 家庭人均财产 农村居民所占比例 | 福清市 家庭人均财产 城镇居民所占比例 | 龙海市 家庭人均年收入 农村居民所占比例 | 龙海市 家庭人均年收入 城镇居民所占比例 | 龙海市 家庭人均财产 农村居民所占比例 | 龙海市 家庭人均财产 城镇居民所占比例 |
|---|---|---|---|---|---|---|---|---|
| 1(最低) | 84.1 | 15.9 | 82.8 | 17.2 | 89.8 | 10.2 | 86.6 | 13.4 |
| 2(中低) | 62.9 | 37.1 | 63.6 | 36.4 | 64.0 | 36.0 | 56.7 | 46.3 |
| 3(中等) | 62.3 | 37.7 | 51.5 | 48.5 | 49.5 | 50.5 | 57.3 | 42.7 |
| 4(中高) | 51.7 | 48.3 | 52.0 | 48.0 | 39.4 | 59.6 | 38.7 | 61.3 |
| 5(最高) | 64.2 | 35.8 | 45.5 | 54.5 | 54.1 | 45.9 | 46.3 | 53.8 |

从表12可以看出,在最低及中低收入组和最低及中低财产组都集中分布着农村居民(表中的1组和2组),而在中等及以上收入组和中等及以上财产组,城镇居民和农村居民所占比例之间的差距则小得多(表12中的3组~5组)。这说明在低收入组和低财产组中,农村居民和城镇居民的

---

① 家庭人均年收入指样本居民家庭2007年的总收入除以样本家庭人口数;家庭人均资产指样本居民家庭被访时不包括家庭房产的其他家庭资产除以样本家庭人口数。

② 家庭人均财产指样本居民家庭被访时包括家庭房产在内的所有家庭资产除以样本家庭人口数。

收入分配与财产分布差距较大,而在高收入组和高财产组中二者的差别则不是太大。当然,如果进一步考察财产分布差距和收入分配差距时,就会发现:福清样本居民在最低收入—最低财产组和中低收入—中低财产组(表12中的第1组和第2组),财产分布差距与收入分配差距(分别以农村居民所占比例与城镇居民所占比例之差表示,下同)基本持平;在中等收入—中等财产组和最高收入—最高财产组(表12中的第3组和第5组),财产分布差距小于收入分配差距;而在中高收入—中高财产组(表12中的第4组),财产分布差距则又与收入分配差距大致持平。龙海样本居民在最低收入—最低财产组和中低收入—中低财产组(表12中的第1组和第2组),财产分布差距小于收入分配差距;在中等收入—中等财产组(表12中的第3组),财产分布差距大于收入分配差距;而在中高收入—中高财产和最高收入—最高财产组(表12中的第4组和第5组),财产分布差距则又与收入分配差距大致持平。

## 四 主要发现与结论

本文以"当代中国中等收入阶层的实证研究"课题组的抽样问卷调查数据为依据对东南沿海县域的福清市和龙海市居民财产分布状况进行实证分析,从中获得了一些有意义的分析结果。其一,东南沿海县域居民家庭总资产和房产分布不均等,但是,居民家庭总资产和房产现值与县域综合经济实力相一致。其二,东南沿海县域城乡居民人均财产差距远远低于全国城乡人均财产差距,不少农村居民生活水平甚至超过城镇居民,乡村和城镇的界限并不很清晰,城乡之间已日趋一体化。其三,东南沿海县域城镇居民和农村居民内部无论是家庭总资产还是家庭房产差距都比较大,且居民家庭资产分布的基尼系数与发达国家相当,属于较为严重的资产分布不均等,而居民家庭房产分布的基尼系数则临近中等程度,同时,居民家庭资产分布的基尼系数大大超过收入分配的基尼系数,这与国际情况相一致。其四,东南沿海县域居民无论是个人年总收入、家庭年总收入与家庭总资产还是家庭人均年收入与家庭人均资产均呈正相关。

(原载《中国农村经济》2009年第12期)

## 参考文献

[1] 麦金利:《中国农村的财产分配》,载赵人伟、格里芬主编《中国居民收入分配研究》,中国社会科学出版社,1994。

[2] 布伦纳:《中国农村财产分配的重新考察》,载赵人伟、李实、李思勤主编《中国居民收入分配再研究》,中国财政经济出版社,1999。

[3] 李实、魏众、〔瑞典〕古斯塔夫森:《中国城镇居民的财产分配》,《经济研究》2000年第3期。

[4] 赵人伟、丁赛:《中国居民财产分布研究》,载李实、〔加〕史泰丽、〔瑞典〕别雍·古斯塔夫森主编《中国居民收入分配研究Ⅲ》,北京师范大学出版社,2008。

[5] 李实、魏众、丁赛:《中国居民财产分布不均等及其原因的经验分析》,《经济研究》2005年第6期。

[6] 胡祖光:《基尼系数理论最佳值及其简易计算公式研究》,《经济研究》2004年第9期。

[7] 程丽香:《东南沿海县域居民收入差异及内在关联:福建例证》,《改革》2009年第8期。

# 跨界流动、认同与社会关系网络：
# 大陆台商社会适应中的策略性

——基于福建台商的田野调查

严志兰

大陆台商群体是伴随两岸经贸往来成长起来的新兴的、特殊的迁移群体，既不属于国际移民，又不同于国内移民。首先，与国际移民相同的是，台商在两岸间的往返也是在两个不同政治体制与社会制度间的穿梭。但是两岸间不是国与国的关系，因此台商迁移者又有与一般的跨国移民不同的制度定位和政策待遇，而且由于两岸同文同种，游走于两岸间的台商迁移群体不会经历巨大的文化殊异所带来的文化震撼与心理冲击。其次，与国内移民不同的是，台商群体来自一个经济更为发达的地区，经济地位整体上高于当地社会普通民众。但是由于两岸特殊的历史渊源与政治关系，台商目前并不享有与当地百姓相同的政治与社会权利。此外，虽然台商迁移群体不似国际迁移群体那样要经历巨大的社会文化环境的落差，相比国内移民群体，台商群体与当地社会在价值观念、行为方式等方面仍存在较大的差异。

基于上述认识，本文通过对在闽台商的田野调查和问卷统计分析，对大陆台商的社会适应问题进行剖析，并借鉴国际移民研究中的跨国主义理论[①]，运用社会心理学中的社会认同理论、社会学研究中的网络理论和社会资本理论来理解和解释大陆台商的社会适应心理和行为。

---

[①] 笔者在此仅限于使用跨国主义理论来分析台商作为跨界迁移群体的若干行为和心理特征，对台商的跨界流动现象进行学术上的探讨，并非认为台湾具有一个国家的特征，台商是在两个国家间往返流动。

## 一 建构跨界的生活：跨界生活方式与跨界社会空间

### （一）在闽台商两岸间跨界流动的常态化与前提条件

"工作和生活重心在大陆，定期或不定期回台湾"已经成为在闽台商普遍的生活方式，这种生活方式的鲜明特征是跨界流动成为一种常态化的行为方式。每年回台湾几次，每次待多长时间，视个人具体需要而定。福建台商群体中的台派干部（以下简称台干）群体有固定的休假，每年4～6次不等，因此大体上台干有300天左右的时间在大陆工作、生活，而每次回台湾的时间在一周至半月即返回。可以预见在台商的生命历程中，这种跨界流动的生活方式将分为两个阶段：第一阶段，大陆为生活重心，往返两岸间，大陆是台商长期的居留地，但长期居留并不等于定居。绝大多数台商并未放弃台湾地区居民身份。第二阶段，台湾为生活重心，往返两岸间。未来台商可能会结束在大陆的工作，返回台湾定居也未可知。由于在大陆工作、生活期间与大陆人民建立的事业和人际关系网络仍在，因此台商仍会不定期地返回大陆访友或从事其他活动。

台商能够在两岸间频繁跨界流动的前提条件有两个：一方面是特殊关系下的两岸边界能够相互开放；二是跨界流动的时空距离越来越近，跨界流动的时间和金钱成本越来越小。在两岸相互隔绝的状态下，台商别说频繁跨界流动，就是正常往来两岸都要冒被抓的风险。1987年台湾当局开放民众赴大陆探亲，两岸交流人为的藩篱才逐步开始清除，为台商跨界的生活方式创造基本条件。

福建省是大陆距离台湾最近的省份，近年来更得建设海峡西岸经济区"先行先试"政策之便利条件，两岸人员往来便捷化政策不断出台，为台商跨界生活方式的建立创造客观条件。为方便台胞往来两岸，先后开放台湾同胞"落地签注""多次签注"，以及签发五年期《台湾居民来往大陆通行证》。

在两岸交通条件的改善方面，福建省更是走在全国的前列。早在2001年闽台之间就开通了福建沿海与金门、马祖地区直辖往来客运航线，这条航线一直是大陆台商往来两岸最为经济、便捷的一条黄金水道。现在福建省已有35个台轮停泊点，沿海6个区市都实现了与台湾金马澎地区的直航。2008年11月,两岸"大三通"水到渠成,两岸的客机、轮船和信件跨越台湾海峡,不再绕经第三地而直接通往彼岸。"大三通"以后,福建省会福州到台北的距离从"三通"前的810公里的交通距离缩减为230公里,仅为原先的1/4,是大陆不同省区中到台湾交通距离改善程度最大的地区之一。相对于"大三通","小三通"的优势是费用低,经"小三通"走"马尾—马祖—台北",需要4个小时,往返费用1800元人民币。不便之处是需要多次换乘,如果碰上天气不好,还有可能被困马尾、马祖。而"大三通"的优势在于交通时间大大缩减,比如"大三通"后,福州飞往台北还用不了50分钟。但是"大三通"的往返费用一般大约是"小三通"的两倍。福州机场边检站的统计数字显示,从2008年12月18日福州至台北首航开始,这条航线的客座率一直保持在八九成,成为两岸最热的航线之一。2010年3月15日开始,台湾长荣航空开通福州至台北的直航航班,福州长乐国际机场每周共有20个航班往返福州至台北两地。笔者的问卷调查结果也表明,两岸包机直航后有36%的受调查者返台次数增加。

"大三通"以后,闽台"小三通"航线并未因此受冷落,闽台海上直航迅猛发展。① 2010年2月19日(正月初六)是大陆春节假期的最后一天,闽台海上客运直航运送旅客人数井喷并再创新高,春运以来首次单日突破5000人次。② 这说明,便捷、省钱的"小三通"航线对不同层次消费群体有着强大的吸引力,用于交通的时间和金钱费用不断降低是台商能够在两岸间频繁往来的客观因素,同时也意味着不仅大老板,就是普通的打工一族——一般台干,也有经济条件维持这种跨界的生活方式,两岸间跨界流动的草根化趋势因此可以预见。

为了顺应上述两岸交流趋势,福建省也不断采取措施,使台商能更便捷、省钱、省时往返两岸。福建省台办主任在2010年"两会"期间提出,福建省将继续推进"大三通"、做大"小三通",增加航班航点,"两会"结束后,马上要开通福州到台东、高雄的航路,这类工作2010年继续推动,并改善软硬环境的建设,特别要拓展台胞签注自助服务和办证网络服

---

① 《福建加快发展对台"三通" 重点推动滚装运输发展》,http://www.chinanews.com.cn/tw/news/2010/01-21/2083338.shtml,2010年1月21日。
② 《闽台海上直航客运"井喷":春运首破单日5000人次》,http://www.chinanews.com.cn/tw/news/2010/02-19/2126171.shtml,2010年2月19日。

务，为台胞往来两地提供便利条件。①

总的来说，福建尽得地利之便，拥有"小三通"和"大三通"的双重优势，台商往返两岸的交通方式选择越来越宽松、便捷，不管是时间成本还是金钱成本，能负担得起的人越来越多，这是在闽台商形成在两岸间跨界流动常态化的客观条件。

### （二）跨界社会空间的建构：跨界流动的动力之源

为什么台商要在两岸间持续性的往返流动？在频繁的流动中，台商建构起五种类型的跨界社会空间。

**第一，跨界市场空间**。有些台商企业主在两岸都有事业；台湾福建"两头跑"更是一些台商个体户的"必修课"，为了保持在大陆的竞争力，他们要定期返台了解台湾的行情、市场信息，把台湾最新的经营与服务理念带到大陆来，做成"大陆人不能做的生意"。特别是经营餐饮业的台商，更需要回台湾采购生产原料，在台湾福建来回跑也就成为常态了。台干有固定的休假，虽然返台是个人的事情，但也有不少高级主管要在休假返台时先向台湾母公司汇报大陆公司经营管理情况。

> 我是1995年到这边来的，那个时候父亲不在，现在母亲已经90多岁了。我到大陆以后，有10年的时间是大陆台湾两边跑，大陆待15天，台湾待15天，因为台湾那边也有公司。现在待在这边的时间要长一些了，台湾那边的工厂打算慢慢缩小规模。我现在在大陆有3个公司。（田野调查日记 WCF - 20090428）

**第二，跨界情感空间**。台商选择到大陆长期生活，原有的社会关系不能都带到大陆来，特别是父母、子女或配偶不得不留在台湾生活的台商，经常返台探亲对家庭关系的维系、私人感情的满足尤为重要。尤其是对于那些把到大陆工作的流动留给自己，把不流动留给家庭的台干而言，定期往返于两岸之间就成为解决由此引起的两地分居问题的妥协性解决方案。

还有些台商虽然习惯了大陆的穿衣和饮食方式，但还是喜欢回台湾购

---

① 《福建台办主任：将加快与台湾多层次对接》，http://forum.home.news.cn/detail/74290619/1.html，2010年3月7日。

物、逛街,重温台湾的生活细节。笔者认为这些都不能单纯地理解为消费行为,更多的是一种心灵和情感上的需要,从而使台商完成他乡—故乡在空间距离上的超越。

> 我一年回去两三趟,每次待一个礼拜到十天,回去就是为了吃吃小吃,买买衣服啊,逛逛街啊,那种感觉很好(笑),买衣服很高兴,因为我这边买不到什么衣服,然后今天吃一点这个明天吃一点那个,感觉好开心,因为很久没有吃到。但是待久了,太多了,很无聊,要回家了。(田野调查日记 CXR-20090227)

**第三,跨界信仰空间。**台湾是一个宗教和民间信仰比较普遍的社会,来到大陆以后,台商把在台湾形成的宗教价值观念、宗教生活方式也带到大陆。据台湾"内务部"1987年1月统计,全台民间信仰的神灵共有300多种,其中80%是由祖国大陆(主要是福建)分灵过去的。[1] 这更加强了台商对大陆尤其是福建的宗教文化认同,比较容易产生心理上的亲切感。笔者的问卷调查也表明,在闽台商中信仰佛教的比例高达54.9%,表示完全没有任何宗教信仰倾向的受调查者(即其他)仅占6.6%(见表1)。

在台湾众多宗教团体中,佛教慈济功德会(以下简称"慈济会")当属全台湾社会影响力最大的宗教团体之一。慈济会倡导"人间佛教",大力倡导和推动社会公益事业,是台湾中产阶级参与最多的民间宗教团体。[2] 台商是台湾中产阶级的主体,笔者在田野调查过程中,就碰到不少慈济会的会员。"慈济人"成为台商在大陆的另一种身份,"慈济"成为他们在大陆生活的重要内容。台商"慈济人"在福建积极推展会务,把慈济的社会公益理念和生活方式带入当地社会。而通过网络连线或定期回台湾听上人"开示"及参加各种培训使台商"慈济人"与台湾保持常态而密切的联系。HJQ是福州的慈诚委员(慈济会会员类型的一种),在福州生活了20多年,她把推广"慈济文化"当成了一种使命,工作以外的时间几乎全部投入到福州慈济的活动中去。过年不一定回台湾,"如果回台湾过年,就会带着女儿去跟(证严)上人拜年"(田野调查日记20091128再访HJQ),

---

[1] 吕良弼主编《五缘文化力研究》,海峡文艺出版社,2002,第165页。
[2] 严泉、陆红梅:《台湾的中产阶级》,九州出版社,2009,第72页。

为慈济会务回台湾也比较多。

台商普遍还保留有中华民族慎终追远、饮水思源的传统。对很多台商来说，清明节、春节和中秋节是一年中最重要的三个节日，尤其是清明节扫墓表示对祖宗的孝道，春节则表示整年在外忙碌的人回家团圆，在这两个日子回台湾有很重要的意义。问卷调查中就有12.3%的受调查者将"祖先祭祀"当成一种信仰（见表1）。事实上，从2001年开始在闽台商就联名呼吁允许台商在清明节通过直航金门、马祖返台扫墓，这一请求得到福建方面的积极支持，却被台湾当局拒绝。但是从2002年起，福建台商就获得台湾当局专案许可，经金门返台扫墓。此后，在清明节期间，经闽台"小三通"航线或常态包机返台的台商稳定增长，客流量比平时普遍增长20%以上。① 台商在春节期间返台就更普遍了，问卷调查显示，高达85.5%的受调查者大多数春节是在台湾过的，春运期间，闽台"小三通"航线的客流量一度出现"井喷"。

表1 在闽台商的宗教信仰

| | | 频数 | 占回答者百分比（%） | 占个案百分比（%） |
|---|---|---|---|---|
| 宗教信仰 | 佛教 | 67 | 45.3 | 54.9 |
| | 道教 | 23 | 15.5 | 18.9 |
| | 基督教 | 9 | 6.1 | 7.4 |
| | 妈祖、关公、保生大帝等民间信仰 | 26 | 17.6 | 21.3 |
| | 祖先祭祀 | 15 | 10.1 | 12.3 |
| | 其他 | 8 | 5.4 | 6.6 |
| 总计 | | 148 | 100 | 121.4 |

**第四，跨界日常生活空间**。很多台商虽然在大陆生活，可是父母、家人和亲戚朋友还在台湾，多多少少会碰到一些日常琐事需要临时回去处理。台湾的医疗健保制度要比大陆完善，台商对台湾医生的信任度也比较高，碰到生病的时候，如果条件允许，也倾向于回台湾治疗。此外，还有一些台商认为，大陆近年来物价上涨过快，特别是着装方面，台湾服装鞋

---

① 《台胞清明节返乡祭祖人数大增》，http://www.hsdcw.com/html/2009-4-4/181673.htm，2009年4月3日。

帽的价格、品质和款式都要优于大陆，因此定期回台湾消费购物也成为一个不错的选择。

> 我因为心脏不好，每年至少要回去两次，我妈妈 70 多岁的人了，身体也是超棒，但是也要每个季度回去做定期检查。（田野调查日记20091128 再访 HJQ）

**第五，跨界的两岸交流空间。**台商在大陆经营、工作过程中，会逐渐接触到一批大陆的客户、各种社会组织、民间团体，在两岸制度化、常态化沟通机制不健全的情况下，这些台商自然而然就担负起两岸沟通的中介作用。ZLQ 在福州做美容美发有 10 多年了，有一批稳定的福州客户群。随着赴台旅游热的升温，ZLQ 就主动组织这批客户去台湾旅游，为他们当导游。既同自己的客户沟通了感情，又让大陆客户对台湾有更深入的认识和了解。CBJ 也有担负两岸沟通使者的经历：

> 我是 2007 年来这边加入（台协会）的。我的主管机关是保监会。台办也有一些来往，不一定是什么具体事情，因为我们跟台办的交流还蛮密切。那刚才我就接到市台办的一个电话，他们要去台湾参观我们在台湾的母公司，希望我们代为安排一下。那有的时候，台湾那边的银行或者证券业者要来拜访这边的政府机关，那我们可能起到一个中介协调的功能。我跟省台办也挺熟的，也是这类事情。（田野调查日记 CBJ - 20090313）

最后还需要指出的是，台商每次"返台"往往是公私兼顾。

> 我是两个月回去休假一个礼拜，回去以后固定要跟董事长见面会面，也回老家台南、彰化，我弟弟、妈妈都在那里，肯定要抽两天时间跟家里人聚一聚。还有一点时间跟好朋友见个面聊聊天，一般的行程大概就是这个样子。跟台湾的家庭和朋友也会用电脑、手机保持联系。我老婆也一两个月来一次。（田野调查日记 LXX - 20090428）

就是在这种频繁的跨界流动过程中，大陆与台湾被台商常态化的流动紧密联系起来，跨界流动成为台商特有的生活方式，并在这种生活方式中建构起以台商为主体的独特的跨界社会空间。

(三) 跨界流动的意义

跨国主义理论认为,移民与其家乡在非正式或正式(制度)层面保持着高密集性的跨距离联系,构成这种联系的网络和机构建构起移民跨国的社会空间,此外跨国社会空间还包括移民输出国的家乡人口。创造和维系跨国社会空间的动力在于：跨边界的实践允许移民"避开"他们在居住国所处的次要地位,在心理上相对满足。同时,跨边界的实践也加强了家乡网络的力度,有利于资讯资源的获取,相互支持和工作推荐。[1] 那么,在闽台商在两岸间持续性的往返流动的意义是什么？

**首先,在两岸间持续性的往返流动使在闽台商生活方式跨界化**。生活方式跨界化是指：台商在台湾和大陆之间迁移,持续性地在两岸间转换生活地点成为一种常态。因为这种常态性的跨界流动,台商既没有完全整合或融入大陆当地社会,同时因为主要生活地点转移到大陆而不同程度地与台湾原有的联系疏离,也就是说,与大陆和台湾社会都保持一定的距离。台商虽然以大陆为主要生活空间,但并没有觉得离台湾太远,也不见得会觉得自己在台湾以外的地域生活。因为现代交通通信技术的进步拉近了空间的距离,交通通信条件的改善和费用的降低使得跨界流动更加频繁,进而使得台商与家人之间的团聚和情感的交流显著增加,这一切都使得台商作为现代社会的移民群体,其心理、心态都与传统移民有很大不同,故乡依然存在,但"乡愁"在成为常态的跨界流动中消减了。

**其次,在跨界的生活方式中建构起跨界的社会空间**。常态化的跨界生活方式使地理空间对台商的重要性不那么显著,通过联结两岸的关系建构起的社会空间才对台商具有实际的意义。因为地理空间的割裂,这个群体既生活在此处(大陆),又生活在彼处(台湾)。但是通过各种关系的联结,这个群体得以维持两个生活停留点,拥有双向的联结、双重的认同,从而建构起一个完整的社会空间。这样一个完整的社会空间对台商价值体现在两个层面,一方面,解决因为迁移而引起的自我身份认知的模糊、混

---

[1] 吴前进：《跨国主义的移民研究——欧美学者的观点和贡献》,《华侨华人历史研究》2007年第4期。

乱，使内在心理秩序有序化；另一方面，通过与两地社会同时保持联系，获得社会承认，形成和积累社会资本，进而彰显他们在两地的社会位置，实现自我价值与社会地位的相对提升。从厦门台商庄许家菱的一句话里最能体现两种认同的和谐共处：

> 我来自台湾，不管离开多少年，始终深爱故乡且从不因其内部的族群动乱而引以为耻。我也是"新厦门人"，也从未停止过努力地打拼奉献，并希望这片土地的未来将会越来越美好！①

台企陆干（大陆籍管理人员）SXP 从他的角度揭示了这种社会空间的存在对台商的价值：

> 总感觉他们台派的干部跟我们有一道无形的墙存在。他们的经济发展水平比我们这边高，就有点看不起这边的大陆员工，跟我们讲话的时候流露出一种优越感。其实这些台派干部在台湾的时候地位就相当于我们这边的组长、课长，派到这边来薪水拿双份，是我们的四倍，地位也比在台湾高。因为他们是台湾人，公司的关键岗位根本不会留给大陆人的，即使岗位空缺，公司也会让一个能力并不能胜任的台湾人来担任，只是因为他是台湾人。（田野调查日记 20090626 台企陆干 WXZ 与 SXP）

已经在福清工作 20 多年的 QDL 也有同样的感受：

> 台湾有些企业在台湾做得很烂，在大陆反而做得很棒。像我这个企业在台湾是小企业，在这边就成了大企业。（田野调查日记 QDL - 20090428）

随着大陆经济社会发展及国际地位的变化，台湾人看待大陆的眼光也发生了微妙的变化，岛内对祖国大陆，在原有的"通商热""投资热"以及"寻根热"等多种"大陆热"的基础上，又新增"金融热""文化热""求学热""求职热""购房热"以及"高科技热"等新的"大陆热"。这

---

① 庄许家菱：《提升闽南文化是发展海西的首要策略》，《厦门社科学会通讯》2009 年第 4 期。

些都对在大陆长期耕耘的台商在台湾的社会形象带来积极的影响，使他们在台湾故乡的社会地位也水涨船高。WHS告诉笔者一个有趣的现象，反映了两岸民间社会对对方地位的评价：

> 大陆的女孩子，厦门的女孩子，最近10年没有一个肯下嫁给台湾的。因为台湾的条件没有厦门好啊，现在下嫁给台湾人的都是荒郊野外的农村妹啊。（田野调查日记20090506 WHS 的厦门生活）

LXW 同样也体会到了这种变化：

> 以前在台湾的时候，听到台湾人说，"嗯，隔壁的那个福州佬"，现在就听到我妈说，"我女儿去大陆讨生活"。像我女儿这样的，在台湾非常吃香。①（田野调查日记 LXW - 20090408）

## 二 重建心理秩序：双向认同与情境性认同

### （一）移民认同研究理论回顾

认同是移民研究的重要主题。认同是移民群体所要面对的一个重要心理问题，是社会心理学研究的范畴；认同同时还具有关系属性的特征，也是社会学研究的内容之一。由于不同的社会认同，带来不同的关系紧张和建构，才有社会的多样性和丰富性。社会心理学侧重探讨认同改变、建构的心理过程和心理机制，社会学对认同的研究更偏重于社会现象的一致性（比如身份、地位、利益和归属）上的一致性，人们对此的共识及其对社会关系的影响的研究。

跨国主义理论提出当代迁移者具有游离性与双重性特征，强调由于通信与交通的边界，当代迁移者越来越能够同时处于两个国家（移出国与移居国）的社会关系，并且越来越可能同时拥有两地的认同。② 为了区分这

---

① LXW 的女儿在大陆读完小学、中学，访谈时在福建当地一所中医学院念大二。LXW 说台湾公司非常需要像她女儿这样在大陆求学长大，对大陆和台湾都很熟悉的台湾年青一代人。
② Ports, Alejandro, et al. "The Study of Transnationlism: Pitfalls and Promise of an Emergent Research Field". *Ethnic and Racial Studies*. 1999, 22 (3): 219 – 227; Meyers, Eytan, "Theories of International Immigration Policy: A Comparative Analysis," *International Migration Review*, 2000, 34 (4): 1245 – 1282.

样的迁移者与一般移民的不同,也有人用跨国流动者(transmigrants)来称呼他们。① Robert Alvarez 也提出移民的"双重归属"(Dual Allegiance)意识是现代移民建立认同的核心特征,这种"双重归属"意识与其说意味着一种政治上对祖国的忠诚,倒不如说体现了一种他们对自己出生地的历史文化的忠诚态度。移民永久维系着对祖国的国家认同,这成为一种他们用以维系其文化认同的社会机制。② 移民多重认同趋势与全球化的扩散有关,国家和政府是无法阻止的。Schiller 指出,跨国流动者能够维持双重的社会关联/认同与各国的国家打造过程中对移民的这种认同状态的逐渐纳入有关。③ 同时,跨界文化交流和跨界婚姻进一步推动了认同的混杂意识。

跨国流动者在跨界流动过程中通常要经历这样一个过程:在一个不同于自己文化的社会中认识到了自己所具有的异质性,经历认同上的动摇,努力在一个新的状况下获得一种新的认同。这种行为超越了对所在社会的单纯适应过程,并最终使跨界流动者获得作为现代城市社会中日常实践的行为主体的角色和价值。④ 从这个角度看,这种行为也是跨国流动者在移居地继续社会化的过程,跨国流动者自身对异质性文化的体验是移出地与移居地社会文化碰撞与交流的体现。

在社会建构理论看来,认同的形成和变迁是一个建构的过程。有学者在其研究中发现,移民不但会使用他们从移出国携带的社会文化和经济资源,还会不断地利用移居国的资源(包括社会、文化、经济和制度等)进行一定的建构,形成他们独特的社会、经济、文化和社会心理特性。换句话说,移民既不是被动地接受移居国的社会、制度和文化安排,也不是绝对地排斥移居国的各种制度安排,他们是根据在移居国所面临的生存和发展环境以及他们自身的生存能力,重新建构适宜他们生存和

---

① Linda G. Basch, Nina Glick Schillier and Christina Blanc – Szanton, *Nation Unbound: Transnational Projects, Post – colonial Predicaments, and De – territorialized Nation – States*. Langhorne, PA: Cordon and Breach, 1994.
② R. R. Alvarez, *A Profile of the Citizenship Process among Hispanics in the United States*, I. M. R., 1987 (21).
③ Schiller, Nina Glick, Linda Basch, and Cristina Szanton, " From Immigrant to Transmigrant: Theorizing Transnational Migration," *Anthropological Quarterly*, 1995, 68 (1).
④ 〔日〕广田康生:《移民和城市》,马铭译(据日本有信堂 1997 年版本译出),商务印书馆,2005,第 5 页。

发展的社会经济空间以及相应的价值理念与社会认同。① 解释认同形成和变迁的理论，除了建构论，还有原生论和境况论。② 这两个理论分别着重社会记忆和社会时空因素对认同的影响。因此，移民的社会归属与认同并不是凝固不变的，而是不断地在迁移和融入过程中得到建构、解构和重构的。

认同点的变化是理解当代移民错综复杂认同现象的关键。每一个人与其他任何一个人，都有潜在的认同之处，此即"认同点"。这种潜在的认同点处于不可知的隐性状态时称为"隐性认同点"。只有当外部条件具备，即由于血缘关系（包括姻亲关系）、地缘关系、业缘关系甚至心理性相通关系等，把两者结合在一起的时候，就变成"显性认同点"。隐性认同点转向显性认同点的前提是人与人之间的交往和沟通，也即"相互作用"。③根据亨廷顿的观点，认同点有六种类型：归属性的、文化性的、疆域性的、政治性的、经济性的、社会性的。④ 对传统移民而言，地域性认同是最主要的认同点。当代移民比以往任何时候可流动的程度都高，移民会根据生活的需要、条件的变化和工作与事业的要求随时改变自己的生活居住地。也就是说，他们日常生活的重心（即生活归属）在发生跨边界的移动，在此过程中，跨界流动的移民群体不断建构、解构和重构新的社会认同，这种新的社会认同趋向于不受地域、民族、国家和领土的限定。有学者将这种新的社会认同称之为"外地域性认同"⑤，提出移民的社会关系而不是地域或国家才是当代移民认同的基础。

（二）双向认同与情境性认同：在闽台商的认同特征

对自我的认同和对当地社会的认同是对在闽台商认同情况进行研究的两个主要方面。笔者通过问卷调查从在闽台商"对自身所具有的异质性的

---

① 王春光：《巴黎的温州人：一个移民群体的跨社会建构行动》，江西人民出版社，2000，第254页。
② 陈朝政：《台商在两岸的流动与认同：经验研究与政策分析》，博士论文，台湾东吴大学，2005，第37页。
③ 陶庆：《福街的现代"商人部落"：走出转型期的社会重建合法性危机》，社会科学文献出版社，2007，第430页。
④ 〔美〕塞缪尔·亨廷顿：《我们是谁？美国国家特性面临的挑战》，新华出版社，2005，第25页。
⑤ 王苍柏：《也谈华人》，《读书》2004年第10期。

认知""地域身份认同""群体身份认同""文化身份认同"四个方面考察了台商的自我认同情况。问卷统计结果表明：有53.8%的受调查者感觉自己作为"台湾人"的行为特征比较突出，很容易被认出是"台湾人"；1/3左右的受调查者感觉自己常常被提醒是"台湾人"。85.5%的受调查者在台湾过春节，65.6%的受调查者认为台湾那边比较像家，还有54.4%的受调查者认为理想的长期生活地点是"台湾"，33.6%的受调查者以"台湾"为理想工作地点，在所有被选项中被选比重最高。近一半的受调查者认为"台湾过来的人""大多数可以信赖"，但是认为"大陆本地人""大多数可以信赖"的受调查者不到10%。55.8%的受调查者倾向于跟台湾人讲台湾话，75.2%的受调查者认为自己与大陆人的观念和想法存在部分差距，其中14.9%的受调查者认为这个差距非常大。由此可见，在闽台商对每一个认同点（具体表现为上述自我认同的四个方面）的认同程度并不一致。其中地域性认同程度是最高的，对作为"台湾人"的文化价值观念的认同也是比较一致的，相比较而言，在当地社会所感受到的"异质性"不那么强烈，从信任感中所体现出的群体身份认同程度也较低。这个结果表明，半数以上的台商自我认同总体上倾向于"台湾"，但对于不同的认同点，认同的程度出现分化，尤其是"异质性认知"和"群体身份"方面的"台湾"认同都不强烈。

"台湾"认同减弱意味着"两岸"或"大陆"认同的增强，其主要原因在于两岸同文同种的根缘关系，再加上台商与当地社会接触面的拓宽、拓深。问卷调查发现，62.8%的受调查者感觉大陆当地老百姓"一般都可以接受""台湾人"。60%的受调查者认同两岸相同的文化根缘是发展事业的有利因素。66.1%的受调查者已经或在考虑将家人接来同住，81.8%的受调查者已经或在考虑在大陆购置房产，84%的受调查者已经或在考虑在大陆长期发展，32%的受调查者感觉台湾和福建两边都像家，65.3%的受调查者在台湾和福建两边的生活都比较习惯。这一结果表明，福建台商在中华文化认同、日常生活安排、事业发展规划及日常生活感受方面"大陆"和"两岸"兼顾的双向认同趋势明显。

福建台商对大陆社会又有着怎样的认知呢？葛剑雄认为，市场认同是当前新的认同形式，数百万台商在大陆安家落户，离不开大陆的市场，市场的认同也影响到台商的政治认同，市场的力量将大陆和台湾紧紧联系在一起，起着比血统认同和文化认同更强大的作用。但是市场认同也有局限性，应该发展到利益认同。要让最大多数人得到他们的利益。在这基础上更难的是观念的认同。现阶段两岸已经有了观念认同的基础。台湾很多人跟大陆有很多观念上的差异，不认同大陆的社会制度、政治制度，也不认同大陆的观念。但是不认同不等于不接近。以前两岸的观念是你死我活的，现在是互相尊重对方的现状，随着改革开放带来的社会进步，在观念上的差异越来越接近，比如民主、自由、民权等普世价值。[①] 上述判断可以用来分析在闽台商对当地社会的认同。在闽台商普遍形成对大陆的市场认同，也正是基于这种市场认同，越来越多的台湾人主动选择到大陆发展，在个人和企业规划上主动走在地化之路，以永续化发展作为事业的目标。在这个过程中，必然发生各种利益和观念的碰撞。在闽台商普遍体会到两岸社会的差异和差距，但是他们即使不认同大陆的政治制度、社会制度和各种社会观念，也开始尝试去理解这种差异，而不是一味地否定、排斥。

  对这次北京奥运我印象最深，我觉得大陆给我的感觉它是不断在进步，而且进步速度非常快。刚开始我来的时候，对很多东西，比较不习惯，或者看不惯，像卫生习惯，不过经过一段时间的沉淀之后，我能理解了，我越能理解的时候，我越能看得到说这个地方发展的速度更快。然后还有一点，这个地方跟台湾不一样的地方就是，这个地方的政府做事比较有效率，可是台湾的政府在做事的时候很没有效率。（田野调查日记 CBJ - 20090313）

  我是台湾屏东人士，祖籍应为福建漳州。因家族多为"深绿"人士，加之自幼在学校接受反共教育，故对大陆政府成见颇深。我在商业圈打拼了十几年，一直从事水果生意。眼见周边好友皆往大陆拓展市场，且业绩不俗，又适逢大陆优惠政策出台，遂心有所动。与其坐以待毙，不如试试水深。谁曾想牛刀小试便大有斩获，大陆市场之大，出乎我的意料。厦门、台湾一水之隔，交通便捷，况且大陆政府对我们台商又极为照顾，更坚定了我的信心。回想当初，之所以能坚

---

[①] 参考葛剑雄 2009 年 12 月 4 日在华中科技大学所作的题为《统一与分裂：从历史看未来》的演讲。http：//www.univs.cn/newweb/univs/hust/2009 - 12 - 05/935161.html。

持下来，是因为对台湾水果有信心，对大陆市场有信心，对政府官员有信心，对国家政策有信心。①

有的台商甚至开始反思台湾社会一贯标榜的民主制度，反思大陆现行政治制度、社会制度的合理性。

我小时候在台湾，大人就跟我们讲大陆的共产党如何如何可怕。等我1997年到了大陆接触了很多共产党，觉得他们很了不起。为什么？这么大一个国家，这么多人口，几十年不乱，经济发展还这么快，非常了不起。大陆如果照台湾搞，早就分裂成不知多少个国家了。（田野调查日记20091029 率性女人 ZNA）

因此只要两岸双方有了或间接或直接，或浅或深的接触、交流、沟通，对对方的印象、看法，甚至对对方社会、文化、价值、观念的认同都会或多或少发生变化。尽管有很多台商"是为了经济考量才到中国，心态上根本不愿意接受中国主流文化的价值观与想法②"，两岸在价值、文化、思考方式等方面确实存在差异，但只要以开放、包容的态度进行互动、沟通、交流，不认同的心态也会被相互尊重的心态所取代。"或许，管它是什么，只要政权稳定，经济持续发展，人人有饭吃，这种体制也是有机会获得尊敬与效仿，虽然我可能会很不喜欢这样的体制。"③

情境性认同是在闽台商社会认同的另一特征。这里的情境性认同是指台商在对外给自己贴"台湾人"还是大陆人标签的时候，在一些场合宣称或彰显自己是"台湾人"，在另一些场合，则说自己是"大陆人"（具体到大陆某个省、市）。例如，在以大陆人为主要生意往来对象的情境中，"台湾人"身份对他们的经营、工作并没有特别的帮助，甚至会因为附着在大陆"台湾人"身上的刻板印象而影响到他们正常的社会交往，他们往往不愿彰显他们的"台湾人"身份。

工作上，我们的生意状态是比较单纯的，就是跟客户接触一下，

---

① 梁章林主编《我从台湾来》，海风出版社，2008，第26页。
② 陶孟仟：《大上海地区的台湾移民对子女教育的安排》，《当代中国研究通讯》2009年第12期。
③ 谢铭元：《海的那边是什么？》，《当代中国研究通讯》2009年第12期。

没有太复杂。我跟人家都说我是泉州的,那后来我跟人家说我是台湾的,祖籍泉州,人家说 OK,也没有觉得特别怎么样。(田野调查日记 YZQ－20090420)

在以台湾人居多的情境中,台商就会倾向通过语言或自我介绍等方式来彰显自己的"台湾人"身份。对于很多初到大陆的台商来说,借助地缘关系的认同力量,先从"台商圈"入手,再逐步拓展到其他的关系网络是台商适应当地社会的基本路径。但是随着在地化程度的加深,台商对外彰显台湾人身份的积极性降低,地缘认同减弱。

以前刚来我会相信"台湾人",因为观念比较相近,后来几年下来,我会发现很多"台湾人"来这边他也会不正当,他反而是"台湾人"欺骗台湾人,他利用你对"台湾人"先入为主的信任。(田野调查日记 ZJP－20090406)

### (三) 心理秩序的重建

跨界流动的生活应运而生了在闽台商"弹性"的身份认同,[①] 这种弹性认同主要体现为双向认同和情境性认同,它使台商在个人心理层面保持了时空记忆与现实环境的无缝结合。跨界流动意味着外在生存和发展环境的改变以及由此引起的跨界流动者内在心理认知和认同结构的变化、解构、建构或重建。各种因为环境改变而带来的内在认知冲突或失衡通过这两种认同方式得以调和,重建了内在心理秩序。费孝通先生曾提出"心态秩序"观点,以解决在各种文化中塑造出来的具有不同人生态度和价值观念的人们,带着思想上一直到行为上多种多样的生活样式进入了共同生活,怎样能和平共处的大问题。[②] 如果"心态秩序"要解决的是不同个体多样性文化共处的问题,那么笔者所提出的"心理秩序"要解决的是同一个体面对多样性文化交汇引起的认知混乱甚至认知冲突时如何建立内在认知秩序的问题。台商在跨界流动过程中,摸索出一套可行的方法——建构

---

[①] 黄宗仪:《全球都会区域的弹性身分想像:以台北与上海为例》,《文化研究》2007 年第 4 期。
[②] 麻国庆:《走进他者的世界》,学苑出版社,2001,第 360 页。

跨界的认同。

这种心理秩序的重建包括两个方面。第一，寻求不同文化价值取向背后人类文化和心理的一致性的东西。第二，在不同的文化价值取向之间寻求理解、互补、共生的逻辑。台商在跨界的生活经验中，对两岸社会在政治制度、经济发展、社会人文素养、价值观念、生活方式等方面的优势和劣势有了自己的比较和体验，他们倾向于在不同项目的比较中，挑选出相对优势的项目，最后将这些挑选出来的要素有机组合，最终形成跨界的认同模式，双向认同和情境性认同就是这种跨界认同的两种表现形式。双向认同意味着台商在其认同结构中，既有大陆的因素，也有台湾的因素，既对大陆的市场和共享的中华文化高度认同，又同时保持对台湾的地域和文化价值观念的认同。情境性认同则是一种状况性认同策略，通过对具体情况的判断，选择大陆认同或者台湾认同。

## 三 全面嵌入当地社会：多元社会关系网络的建构

### (一) 移民社会关系网络研究理论回顾

移民研究领域十分重视移民的社会关系网络在移民社会适应中的作用。许多对华裔移民的实证研究都表明，关系网络在华人社会里普遍存在且发挥着重要的作用。[1] 抵达移居地初期，移民往往通过族群内部关系，如熟人、亲戚、朋友、同事、同乡和宗亲会馆等寻找工作、安顿住所，借助社会关系的重组和培植，排除心灵的孤寂，关系网络对移民在物质和精神两方面的安定与稳定都起到了重要作用。事实上，关系文化是中华文化的重要特征，与其他民族不同，大多数华人看重"关系"，凡事都讲道义交情，着眼于营造人际关系，并以血缘、地缘为线索，形成了广泛的人际关系，每个人都处于这种关系网络之中，每个人都在不断地扩大或维持这种网络。[2] 通过与移居地社会成员和相关团体的互动，有助于移民迅速建立和培植适合个人生存与发展的关系网络，以便在新环境中实现个人价值

---

[1] 张继焦：《城市的适应——迁移者的就业与创业》，商务印书馆，2004，第83页。
[2] 郑一省：《多重网络的渗透与扩张——海外华侨华人与闽粤侨乡互动关系研究》，世界知识出版社，2006，第29页。

和奋斗目标。简言之，移民在移居地重组和培植关系网络，有助于社会资本的获取与积累，进而有助于适应与融入当地社会生活。

建立跨地域的社会关系网络，并把它转化为社会资本更是当代移民的重要特征。移民群体通过社会关系网络的建构，实现社会关系网络的资本化与跨国式互动，并进而形成了移民"跨国社会空间"[①]。王春光通过对巴黎的温州移民所做的研究发现，移民社会关系网络是移民在他乡或别国生存、发展和融入的重要法宝和社会资本，而不是社会融合的障碍。移民社会关系网络在移民社会融入中的作用表现在三个方面：第一，社会关系网络是移民传递流动信息的媒介；第二，社会关系网络是移民流动得以进行的机制；第三，社会关系网络是移民生存与发展的支撑体系。[②] 吴前进在对新加坡华裔新移民的研究中还发现，越来越多的新移民在融入新加坡当地社会的同时，努力把居住国和外部世界联系起来。[③] 也就是说，一种更适合当代跨界移民的发展模式正在形成：移民的社会关系网络不断拓展，移民群体社会资本不断增殖，人群、社会、国家乃至地区之间的各种关系经过各种有意识的人为架构而实现了旨在促进相关利益共同发展的互动。可见，移民社会关系网络无论是对移民适应当地社会，还是对加强以移民为中介的移民移出地和移入地社会的民间关系都有积极作用。

当代移民社会关系网络的形成具有开放性、状况性的特征，会随着流动而发生改变。从流出地到流入地，移民生活的社会和文化环境发生了改变，为了适应这种变化，流动者必须调整和修改其原有的社会关系网络，甚至要建构新的社会关系网络。许多对海外华人新移民的研究都发现，传统的亲缘关系网络在移入地的影响和作用没有国内强，甚至削弱；而在共同的重要经历中建构起来的社会关系网络（表现为友谊、缘分等）的作用变得越来越强。

移民社会关系网络是"移民系统"的重要组成部分。在阿金·马博贡耶提出的"移民系统"理论中[④]，提出作为一种空间构成的"移民系统"，

---

① 吴前进：《当代移民的本土性与全球化》，《现代国际关系》2004 年第 8 期，第 18~24 页。
② 王春光：《巴黎的温州人：一个移民群体的跨社会建构行动》，第 55~82 页。
③ 吴前进：《1990 年以来中国 - 新加坡民间关系的发展——以中国新移民与当地华人社会的互动为例》，《社会科学》2006 年第 10 期，第 83~91 页。
④ 华金·阿郎戈：《移民研究的评析》，《国际社会科学杂志（中文版）》2001 第 3 期，第 35~46 页。

包含了移民输入地与移民输出地之间相对稳定的联系,而这种联系是在一个相对固定的制度框架内,依靠各种社会关系网络而维持的,移民就是在这个制度框架和关系网络中,凭着自身的人力资本而不断地流动与互动,以此来共同构成一个相对开放和流动的移民系统。根据这一理论,有学者进一步提出可以从宏观、中观与微观三个层面分析这个移民系统。[1] 比如在当代中国城市劳动力新移民这个系统中,宏观层面主要指的是国家相关制度、政策、法规,以及城乡经济状况、社会发展关系,它几乎对劳动力新移民的产生与发展具有生杀予夺的权力。中观层面主要是指移民社会关系网络,是对正式制度的一种补充,发挥着巨大的作用。当国家层面上的正式制度不能很好地在移民系统中发挥推动作用时,作为民间活动的社会关系网络会积极地替代各种正式关系,以非正式群体特有的方式来推动劳动力新移民的形成。这种来自民间的社会关系网络大多依靠血缘、地缘关系自然形成,有助于移民自身在移居地重建各种社会关系、拓展社会关系网络。微观层面则主要指移民的人力资本,之所以在同等制度和网络环境下,新移民的最终结果会表现出巨大的差异和分化,其中一个很重要的原因就是其人力资本的不同。移民系统实际上是由宏观层面的相关制度、中观层面的社会关系网络和微观的人力资本三个层面的要素相互作用、相互影响而构成的一个动态系统。

此外,日本学者广田康生提出"移民族群网络"分析轴,详细剖析了由移民个人关系网络连接起来的各类关系主体。在广田康生看来,移民族群网络的构成者主要包括四种类型:首先是"局外者",即移民本人;其次是"局内越境者",即身处当地社会,但能够与作为"局外人"的移民进行互动的人,例如移民在当地社会生活的亲戚、朋友等;第三是"对抗者",即持与当地社会主流价值观不同看法,倾向于移民价值观的人,由此产生与移民交流的契机;第四种是"局内人",即持主流价值观的当地社会居民。[2]

(二) 在闽台商社会关系网络的类型与建构策略

在大陆生活的台商群体中流传着这样一句话:"有关系就没关系,没

---

[1] 文军:《论我国城市劳动力新移民的系统构成及其行为选择》,《南京社会科学》2005年第1期,第54~58页。
[2] 广田康生:《移民和城市》,马铭译(据日本有信堂1997年版本译出),商务印书馆,2005,第198~204页。

关系就有关系"。不论有没有在大陆定居的打算，既然到大陆工作、生活，就必须要以某种形式同所处的大陆当地社会进行接触，要为自己安排出一个特别的生活空间，以接触工作以外的地区社会。本节以台商生产网络以外的社会关系网络的建构为侧重点，根据问卷调查和访谈资料分析在闽台商群体社会关系网络的类型和建构策略。

**第一，亲缘关系和地缘关系是在闽台商最重要的关系网络类型和社会支持网**。对于初到大陆的台商来说，来自家人的关心和陪伴是台商消除心理孤寂感、在当地安心工作的最大支持力量。建立在地的朋友圈子不管是对工作还是对工作以外的生活都有着十分重要的意义，而以地缘关系为纽带建立和拓展自己的社会关系网络是一个行之有效的路径。问卷调查结果显示：超过一半的受调查者在日常生活中遇到问题时的商量和求助对象多为家人和台湾朋友，而对于工作中遇到的问题，大部分人选择的求助对象是同事、上级、生意伙伴，其次是台湾朋友。将近七成的受调查者已经或正在考虑将家人接来大陆同住。同时，受调查者在对"台湾过来的人"的人信任程度远高于"大陆本地人"。将近一半的受调查者将"与朋友相聚"作为主要的闲暇生活内容。这一结果表明，在闽台商十分重视以家庭为核心的亲缘关系的社会支持作用；同时，台商朋友不论是在工作中还是在生活中都占有十分重要的地位。

表2  台商教育程度与配偶的籍贯

| | | 教育程度 | | | | | 合计 |
|---|---|---|---|---|---|---|---|
| | | 初中或以下 | 高中、高职 | 专科 | 大学 | 研究所及以上 | |
| 配偶的籍贯 | 台湾 | 1 | 20 | 24 | 37 | 10 | 92 |
| | 福州 | 1 | 0 | 0 | 0 | 0 | 1 |
| | 闽南地区 | 0 | 0 | 0 | 2 | 0 | 2 |
| | 福建其他地区 | 0 | 1 | 1 | 2 | 0 | 4 |
| | 大陆其他各省 | 0 | 1 | 5 | 5 | 1 | 12 |
| | 未婚 | 0 | 1 | 4 | 5 | 2 | 12 |
| 总　计 | | 2 | 23 | 34 | 51 | 13 | 123 |

**第二，两岸婚姻是台商社会关系网络建构的特殊方式，也是一种策略化社会适应方式**。台商建立跨界婚姻关系的行动策略并非在大陆独有，台湾学者王宏仁在对越南台商与当地女性的联姻现象的研究中就指出，有些

到越南的台商群体是人力资本不高的、边缘化的人，为了在当地生活，他们没有良好的政商关系来进入市场，没有像样的学历以便在跨国劳动市场中流动，唯一依靠的就是自己的劳动力，以及透过跨国婚姻而来的、新的社会关系网络的建立，以便在当地求生存。这种通过跨界婚姻而来的草根交流越是活跃，跨界流动的台商就越是在地化，他们融入当地社会的程度就越高。[①] 闽台之间有着相似的自然环境、饮食、语言和风俗习惯以及地方文化心理，再加上地利之便，随着台商到福建投资、工作人数的增加，常驻时间的增长，闽台之间的通婚关系更趋热络。据统计，2006 年底闽台通婚达到 87250 对，占大陆涉台婚姻登记总数约 1/3，闽台通婚中又有一半来自福州。在笔者随机访谈的 32 位台商中，就有 7 位是两岸婚姻。在 125 份问卷调查中，属于两岸婚姻的个案高达 19 份，占 15.2%，其中配偶为福建籍的有 8 位。可见在闽台商群体中的两岸婚姻关系比较常见，那么福建台商的两岸婚姻与越南台商的草根跨界婚姻关系是否类似呢？交叉分析显示，19 位有两岸婚姻关系的在闽台商中 16 位学历在专科以上（见表2）。笔者随机采访到的配偶是大陆籍的 7 位台商全部为自由恋爱，其中一位是台干，一位是女性，一位是二代台商，五位婚龄在 10 年以上，他们不仅在生活中相互照顾，在事业上也互相配合，稳定的婚姻关系对台商在大陆的社会适应与融入的作用是显而易见的。

> 我们是 2007 年结婚的，算是来这边最大的收获了。我跟我老婆两个个性比较互补，她个性比较活泼，嘴巴甜，讲话比较厉害，待人处世比我老到。我比较静，比较老实啦。我们两个蛮幸福的。我老婆是湖北红安人，现在没有做事，在台湾生产后回到大陆，现在在家带小孩。有了老婆，小孩也刚出生，才四个多月，肩膀的责任又重了，以前是为了理想抱负，现在考虑比较多了一点。　（田野调查日记20090427 福清台干 ZXN）

> 我跟我先生没吵过架。我跟我先生大概认识三年才结婚。其实我跟你讲，我跟我先生没有轰轰烈烈的，我觉得我跟我先生很像朋友之间的感觉，因为只有你很平常化、平常心，那你的人生才会很常态。

---

① 王宏仁：《草根跨国组织与或跨国社区的建立：以在越南的台湾人为例》，《亚太研究论坛（专题研究 II：台越关系专辑）》第 24 期，2004 年 6 月，第 112~130 页。

我婆婆是福建人，所以她非常能体谅我们。你如果说嫁出去的女儿怎么样，那我说那干吗那么辛苦从台湾跑到这边来啊。我觉得是缘分，或许缘分是在这里。(在事业分工上)工商、食品卫生这些跟政府部门打交道的事情都是他在做，因为我也弄不懂，干脆让他去做，因为我先生以前在我们家公司就是在处理这些事情的。然后管理上会有去做一些沟通。(田野调查日记 WHY - 20090325)

（三）"大圈子"和"小圈子"：在闽台商社会关系网络的建构过程

问卷调查显示：超过60%的受调查者更愿意参加"台湾人"在大陆的社团组织。而在受调查者中，有近七成加入了本地台胞投资企业协会（以下简称"台协会"），35.9%的受调查者参加了高尔夫球等类型的兴趣团体，还有接近两成的受调查者参与了台湾同乡会类型的组织。加入各类社会关系网络是在闽台商在社会适应中的普遍行为方式。下面笔者从正式的"大圈子"和非正式的"小圈子"来剖析在闽台商社会关系网络的建构过程。

**第一，不同类型台商有各自的"大圈子"来扩展在当地的社会关系网络**。在闽台商社会关系的"大圈子"有两个特征，一是以地缘性关系为主要脉络构建"大圈子"。二是关系网络组织比较正式，有相对固定的活动地点、活动内容和组织规范。

台协会是台商在当地成立时间最早、最为正式的社会关系网络。目前福建省内共有9个台协会，台协会的会员以台商企业主为主，是台商在当地的民间社团组织。遵照大陆民间社团的管理办法，台协会登记管理机关是地方民政部门，业务主管单位是地方台办。会长由台商担任，会长聘任秘书长、副秘书长领导秘书处处理会务，秘书长、副秘书长一般由当地台办人员兼任或专任。据估计，参加台协会的会员企业占在大陆当地投资的台企总数的1/3左右。① 以福州市台协会为例②，该台协会由来福州投资的

---

① 许淑幸：《两岸互动制度化之研究——从大陆台商协会的功能观之》，硕士学位论文，台湾大学，2005，第24页。
② 2008年10月~2009年1月，笔者在福州市台协会做了为期三个月的田野调查，田野调查结束后，笔者仍与台协会保持联系，参加台商部分相关活动。

台商自愿组成，1994年成立，2009年时有企业会员400家（不含福清市），以台湾中小企业为主，行业涵盖制造业、高新科技等30多个门类，投资企业平均年限达到15年以上。①台协会自成立以后，以"服务、团结、协调"为宗旨，围绕服务台企、加强台商会员之间、台企与政府之间、台商与当地社会之间的沟通、交流和协调开展工作。

在加强会员之间的联谊、交流方面，福州市台协会已经形成了四大工作平台，开展多样化联谊交流活动以加强台商之间的凝聚力。这四大工作平台分别是：第一，片区活动。将福州划分为六个片区开展联谊活动，基本做到月月有活动，同时邀请当地部门领导参加，构建台商与政府部门的联系平台。第二，青年委员会。2007年福州市台协会正式成立台协会青年委员会（以下简称"台青会"），专门服务于青年台商、台干。2008年台青会举办了14场活动，活动主题包括联谊餐叙、大自然探险、知识讲座、烧烤等，还组织台青会与市青年团体举行联谊活动，加强与当地社会的联系。第三，牵手之家。牵手之家成立于1998年，是台协会下设的专门服务于女台商和台商眷属的组织。第四，高尔夫球队。台协会高尔夫球队坚持月例赛活动，以福州市台协会命名的球赛"台协会杯"至今已经举办了五届，每年年底举行，是在闽台商的一项重要活动，赛后颁奖仪式和晚宴吸引不少台商及家属来参加。台协会高尔夫球队与省内外台商高尔夫球队的交流也比较频繁。此外，台协会每年一次的周年庆也吸引了很多台商来参加。福州市台协会还办了自己的会刊、网站，会刊由会长指导秘书处负责编辑，在周年庆前送到每个会员手中。台协会的会刊、网站都是台商了解、交流信息的重要渠道。

台商个体户也有属于自己的社团。2007年厦门市思明区成立了福建省首个个体户协会台商分会，业务主管单位是厦门市思明区工商局。担任首任会长的CYL介绍说，协会现有副会长两名，理事四名，名誉会长由思明区台办主任兼任，其中一名副会长由思明区工商局某科室科长兼任。至今已有会员96人。协会成立以来，办公地点都是在他自己的办公室里，协会没有收取任何会费，经费支出都是他自掏腰包。只要是会员开店遇到困

---

① 陈奕廷（福州市台协会常务副会长）：《立足海西，促进台企永续发展，引领企业再创辉煌——在为加快建设海西再展雄风企业家座谈会上的发言》，载《福州市台胞投资企业协会会刊》2009年总第50期。

难,他都积极帮助协调解决。协会就像台湾的民意代表,在台商个体户和政府之间起到了很好的桥梁作用。(田野调查日记20090505与CYL、CQY谈大陆台商个体户)

目前以台干为主的正式社团还没有出现,但在台干比较集中的地方有一些联谊性质的定期聚会。比如在台干聚集比较多的福州青口东南汽车城,每个月都有一次台干餐叙。由汽车城的配套厂商自愿自行组织,每月一次以吃饭的形式聚会,每次由自愿报名参加东南汽车城配套厂商台派干部联谊会的配套厂中的三家轮流做东,年初排好全年的餐会计划,并通过福州市台协会传达到在闽台企,餐会地点近几年都定在闽侯青城大酒店。事实上,参加月例餐叙的人员是向所有台商及相关人员开放的,跟台干生活、工作相关的人和事都可以在聚会时统一介绍、宣传、通告。① 笔者认为,东南汽车城配套厂商台派干部联谊餐会(以下简称"联谊餐会")是福建台干社会关系网络建构与维护的重要非正式制度安排,其作用表现在以下三个方面。

首先,联谊餐会是一个以汽车城台干为主体的台干群体社会关系网络运作的载体。青城大酒店作为一个常规性的聚会场所,作为台干的社会关系网络编织和信息交流的据点而发挥作用。正是这里潜在的关系和信息的力量将来到汽车城和福州工作、投资的台干、台商吸引来参加,聚集在这里的每一个台商之间随机地编织个人关系网络,从而形成了一个无形的汽车城台干群体关系网络。在这个网络中的人,有着相同的生活方式,聚餐成为他们建立和支撑其自身生活方式的日常关系的重要途径。

其次,非正式组织与正式组织的连接与互动。在一次月例餐叙前几天,一家台企发生了员工打架致死事件,死者家属与这家台企就赔偿问题发生矛盾冲突。餐会上这件事被广泛关注讨论,福州市台协会秘书长与相关企业和人员不停沟通,甚至顾不上吃一口饭,餐会结束后连夜写材料上报市台办和相关部门来处理此事。

再次,非正式的私人关系嵌入正式的工作关系中,关系网络得到维护

---

① PXJ是该餐叙活动的主要召集人和组织者之一,1999年PXJ被台湾母公司派驻福州工作,自那以后就成了每月餐叙活动的主持人。在PXJ的帮助下,笔者在一次月例餐叙前完成了在闽台商社会适应的问卷调查。在另一次餐叙中,一家福州的技校向与会台商搜集企业用工信息。有些新到福州的台企或在福州开店的台商个体户也会利用这个平台做自我宣传。

和扩张，社会资本增值。联谊会的会员以轮流做东的形式保持着与汽车城内兄弟厂商的联系与沟通，这些厂商的负责人之间在这种长期的人际交往中建立了相对较为信任的关系。而每个月受邀来餐会的台商也以乡音乡情为基础在一来二往中扩大着自己在大陆的社会关系网络。有意思的是，在大陆工作的台干在网络上呼吁成立类似国外工会组织的"台干协会"①，反映了大陆台干自发构建本群体内正式社会关系网络的意愿。

第二，"小圈子"作为福建台商社会关系网络的另一种形式使台商关系触角深入到当地社会日常生活中。与"大圈子"相比，福建台商社会关系"小圈子"的特征是：建构方式更加灵活，更具开放性和状况性，网络规模和互动形式更加小型化、私人化、日常生活化。特别是业缘关系参与到"小圈子"的建构中，有利于在闽台商日常生活的本土化，也有利于其社会适应和融入。"小圈子"的规模一般在几个人或十来人，刚好够一桌到两桌人吃饭，"小圈子"内的互动内容比较生活化，比如定期吃饭、唱歌和不定期结伴出游。能结成一个"小圈子"主要是源于某一个或某些方面的共性，如都是年轻人，或都是台商的眷属，或都在当地做小买卖，或有着同样爱好等。形成"小圈子"的途径也比较多元，可能是在返台飞机上或外出活动中的一次偶遇，也可能是在台协会或台干餐叙的一次饭局中，还有可能是同在当地的台湾朋友的引介。

"小圈子"关系网络建构的一个重要渠道是沿着业缘关系将本地人纳入自己的社会关系网络。问卷调查表明，工作对象大部分为大陆人的台商其朋友圈子大部分为大陆人的比例接近 40%，比工作对象部分为大陆人的台商其朋友圈子大部分为大陆人的比例高出 24.8 个百分点。台商在当地生活时间越长，就越认识到与当地人交往的必要性。CCR 在福州生活了近 20 年，她非常注重拓展当地的关系网络，"很多台湾人也是这样，生活圈子跟台湾人在一起。其实这是一个错误的思考。我要在这边，我要生存下去，就要本土化。"（田野调查日记 CXR - 20090227）

"小圈子"关系网络建构的另一个新兴途径是互联网络。如今互联网在台商拓展社会关系网络中的作用越来越大。青年台商都有上网的经历，很多

---

① 《成立台干协会的建议》，http: //www.twgocn.net/thread - 40574 - 1 - 1.html，2009 年 2 月 25 日。

台商在来大陆前就在网上寻找当地的台商朋友。台商太太 LMG 告诉笔者，在来福州前她就通过网络联络到一位将赴东南汽车城工作的台干眷属。SKYPE、MSN、QQ 都是台商与台湾、大陆和国外朋友联络的重要手段。而对厦门台商庄许家菱来说，互联网络更是给她带来了意想不到的收获。

  我来自台湾，是个台商太太，也是女台商。2008 年 3 月 8 日我在新浪开博了。满两年后的今天，博客来访超过百万。这两年"城主夫人"便由厦门大正电脑城城主（城主就是总经理啊！）的老婆变成了我的笔名而广为人知。我一开始是写做菜。每日做完菜后再拍照写博。结果，无意中受到《厦门晚报》美食版的关注及采访，称之为"民间高手"！在那之前，很多人是不知道也不相信我会做菜的。上报后受到广大群众回响，于是便邀请我这个台湾人开周专栏《食尚领鲜》（部分文章在本博博文分类"厨娘2046"）。约半年后，又另加了《食踪》专栏。后来又和皮皮王子共同创作希米系列（ximi），再后来也在《海峡导报》开始了《厨娘2046》，由于我博客里经常有比较特色介绍并教做台湾小吃，因而也促成了美食大三通"厦门两岸美食展"在大正电脑城门前广场举办。①

"小圈子"的建构过程也是生活方式的形成过程。一位受访者说，"福州的台湾人形成了很多不同的区块，或者叫社群，比如爱打高尔夫球的是一个圈子，喝酒唱歌的是一个圈子，像我们慈济人也有一个活动的圈子。"（田野调查日记 20090319 HJQ 的慈济人生）一个圈子内的人互动的频率和时间比圈子外的人更多，圈子里的互动方式就是他们建构起的惯性生活方式。比如，PXJ 喜欢打高尔夫球，每周末没有其他事情都会固定用来打球。HJQ 热心推动台湾慈济在福州的公益活动，她的大部分业余和周末时间都用在了会务推展上。

  私底下我们组织了小小的团体，十几个人，然后自己给自己取了一个名字，叫福州圆满会，简称福满会就对了，差不多每个礼拜就会

---

 ① 城主夫人：《新浪开博两年赚进不只百万》，http://blog.sina.com.cn/s/blog_51119d4d0100h8au.html，2009 年 3 月 10 日。

聚餐一次,然后人员比较固定,我担任联系人,周六,几号,在哪里吃饭呀,对,对。重点是大家聚会,然后看看最近发生什么事情呀,每次聚餐都100块钱这样的,差不多一桌,因为差不多有的人来来去去,返台,出差呀。大部分没有生意上的往来。在台青会成立以前,大家都是各玩各的,我就是跟着父亲去夜总会,我就坐在那里,也没事干(笑),在家也没事干。他们现在吃完饭也还是会去夜总会。参加了台协会后,一群人中你总会淘到几个人比较要好,然后大家玩在一起,然后比较常联系。(田野调查日记 XXL-20090312)

正如关系网络对华裔移民适应与融入当地社会具有重要作用一样,华人社会"关系文化"对大陆台商的影响同样存在。福建台商以亲缘关系和地缘关系为主要支撑,"大圈子"和"小圈子"共同编织起台商在当地社会的关系网络,推动台商更好、更快地适应和融入当地社会。

(四)全面嵌入当地社会

大陆台商群体是一个特殊群体,它在经济、政治、文化、心理等方面的特性使其在社会适应方面存在较大的张力,同文同种是台商能够融入当地社会的最有利因素,但这个群体在经济、文化和心理等层面的"强势外来者"特征[1]又使得该群体缺乏融入当地社会的积极性和主动性,政治层面的敏感地位更成为一道难以绕过的客观障碍。由此导致台商与大陆当地社会若即若离的关系。笔者认为,台商社会关系网络的建构与扩展是台商接触当地社会的主要渠道,借此从经济、社会、文化、日常生活等各层面嵌入当地社会生活。

首先,在闽台商通过生产网络的建构与嵌入当地社会完成经济层面的适应。台商跨界流动最大的动机是追求个人生存、发展的更大空间和更多机会。要留在大陆发展,台商首先必须在经济层面获得稳定的生存和发展机会。社会关系网络在台湾企业社会普遍存在,[2] 大陆台企承袭了在台湾

---

[1] 刘伟在对在华外籍就业人员的社会适应研究中提出"强势外来者"概念,指称相对于其他类型的外来人群乃至当地人群而言,在经济、文化、心理等方面处于优势地位的人群。参见刘伟《在华外籍就业人员的社会适应》,《社会》2010年第1期,第152~177页。

[2] 吴思华:《组织逻辑:人情与理性》,载张苙云主编《网络台湾:企业的人情关系与经济理性》,远流出版公司,1999。

的企业经营风格,"关系网络"在台商的流动决策和流动后的生产经营中都有着重要影响。"朋友介绍"是台商到大陆投资、工作的一种常见类型,不少台企甚至在投资大陆初期也将在台湾的生产网络整体移植到大陆,以人情关系为纽带建立起了内闭式的协力生产网络。这种内闭式生产网络降低了对当地社会的依赖,但将台商隔离于当地市场体系和社会生活之外,不利于台企在大陆的长期发展。在长期的大陆社会生活实践和企业本土化经营转型过程中,这种封闭式、同质性的关系网络被打破,社会关系网络的结构、功能都在发生变化。

其次,在闽台商以地缘和业缘关系为纽带扩张社会关系网络,全面嵌入当地社会。除了生存需要,台商还有生活信息获取、人际交往等各种社会和心理需要。在重建当地生产网络的过程中,首先是厂商之间经过多次合作的专业连带的建立;之后,在专业连带的基础上,双方经理人之间私人情谊关系的建立。因此,基于厂商之间密切经济合作的经济网络的建立在先;厂商之间多次互惠合作培养出彼此的信任,再加上双方企业员工间文化同源,人际关系等社会资源而建立的社会网络在后。同时,台资厂商在当地的互动对象并非局限于地方厂商,因为他们在大陆地区投资会面临一系列生产和生活上的问题,如生产方面的土地审批、海关、税务、劳工政策等方面都需要与当地政府发生互动,而在生活方面的治安、医疗、求学等方面也需要地方政府的协作。因此,地方政府的服务意识与效率对台资在大陆地区的社会嵌入将产生直接影响。[①] 在上述过程中,台商将包括大陆人和台湾人在内的生意往来伙伴、地方政府工作人员、大陆企业员工等互动对象纳入自己的社会关系网络中。上述功能性的社会交往成为台商建构和维系"大圈子"的主要目的。此外,台商通过"小圈子"的活动,在日常休闲、消费、婚丧嫁娶人情往来、慈善公益等社会活动中,都把台商的形象带到当地社会,完成了与当地社会的情感性、象征性社会交往。

费瑟斯通提出全球化过程中全球文化之存在于跨界移民群体中,这是一种"第三文化"——"那些以各种方式逐渐独立于民族国家的实践、知

---

[①] 王成超、黄民生:《台商投资大陆地区的区位选择及其空间拓展研究》,《人文地理》2008年第6期,第71~77页。

识体系、习俗与生活方式①"。据此笔者认为，在常态性的跨界流动过程中，台商群体形成了独特的认同心理和社会关系网络建构模式，台商群体的这种独特生活实践和文化实践有可能创造出一种独立于台湾文化和大陆文化之外的"第三文化"。

（原载《东南学术》2011 年第 5 期）

---

① 〔英〕迈克·费瑟斯通：《消解文化——全球化、后现代主义与认同》，杨渝东译，北京大学出版社，2009，第 159 页。

# 形塑职业地位获得性别差异的"制度结构"与"非制度结构"

周 玉

"性别差异"或"性别不平等"是性别研究中常谈常新的议题,对其根源的探讨也成为性别研究中引人关注的焦点问题之一。毋庸置疑,在导致性别差异或性别不平等的诸多因素中,结构因素是颇有价值的研究对象。建构一个对具体而微的个体行动和现实性别差异有足够解释力的分析框架,是众多性别研究者所追求的目标。

## 一 研究背景与问题的提出

近年来,国内学术界在"两性差异"和"两性不平等"现象及其成因与后果的研究方面形成了大量有价值的成果。其中一些学者对两性收入差异及其趋势进行了深入研究,探讨了中国社会市场化与收入性别差异之间的关系;一些学者对职业"性别隔离"的现状、变化轨迹、发展趋势以及影响因素、后果等问题加以分析;有的学者研究了职业地位获得和职业流动中的性别差异,对其中的影响因素加以探讨。在性别差异、性别不平等和性别隔离研究的基础上,一些学者结合社会结构分析时常使用的社会分层思路,提出了"性别分层"的概念。如李春玲利用全国调查数据对中国社会阶层结构进行性别分析,在社会阶层结构的性别分布、资源拥有量的性别差异、性别因素对社会经济地位获得的影响等方面得出了"当前中国社会存在着明显的性别阶层分化现象""两性获得不同类型资源的机会平等程度不同""性别是继个人能力、社会结构和制度因素之后对社会经济地位获得产生影响的因素"等研究结论;在张宛丽看来,当前"性别分层"不仅指不同性别间因资源占有量不同而呈现出性别间分化的现象,而且还包括同一阶层内部的分化。她认同"当前的职业分化和阶层分化都受到性别因素的影响,存在着明显的性别阶层分化现象,性别是一个确实存在的分层机制"这一观点,同时她还发现,现阶段中国社会分化中存在着整体性"女性地位分布的边缘化"前提下的女性群体内部的阶层分化问题;佟新阐述了经济体制这一制度结构因素对性别间分层和女性间分层产生的影响,认为中国计划体制打破了传统的性别等级观念,使女性成为具有独立社会位置的人,重新定位了女性在社会分层中的位置。而市场体制带来了更大的性别隔离、性别收入差和女性化职业的贬值,在劳动力市场上产生了性别内的分化,使女性群体内部出现了低端劳动力群体和女性精英群体并存的状况,等等。"性别分层"概念和分析视角的提出,将"性别差异""性别隔离"的研究纳入结构分析的层面,有利于从总体上考察造成两性差异和性别不平等的根源。

另一方面,伴随着中国社会从计划体制向市场体制的制度转型,社会结构日趋多元共生,社会分层机制也呈现出多样而复杂的特点。在此背景下,学者们趋于探索一种更加优化而契合实际的社会分层框架,以克服传统分层研究中存在的因"重结构、轻个体能动性"而导致"分析制度结构限制多于研究行动者对结构的主动建构"的缺陷,为此近年来一些学者提出了"网络结构"或"关系结构"的概念,将研究焦点转向社会生活中作为"制度结构"补充、因其"非制度"特征而能充分激发个体行动者能动性的另一种社会分层结构因素。例如,李林艳将社会网络看作是一种具有弹性的社会结构空间,它可能因其中的个体能动性而呈现出如棋局般无数不同的格局;陆春萍、童潇也把社会网络视为限制个体行动的一种结构,但认为网络结构能够提供个体发挥能动性的余地,个体可以利用社会网络的"桥"来应对网络结构对个体的限制,在多重的网络关系中展现个体的能动性。基于这一认识,一些学者认为社会网络作为有别于制度结构的"非制度"结构因素,影响着社会成员的社会地位,成为社会分层的依据和机制。尤其是在转型社会中,社会结构中的"非制度"要素日趋活跃,社会网络资源对人们经济社会地位的获得、维持及流动产生重大影响,社会分层机制更加复杂化,应将社会网络结构的作用纳入当前我国社会分层机制的研究,为此有学者提出了"网络阶层"的概念。同时,社会网络结构对人们地位获得的影响也在针对中国社会的多类别群体的实证研究中得到不同程度的验证。

一般认为，强大而男性主导的"制度结构"是中国社会两性差异产生的一个重要根源。那么，在"性别差异"或"性别不平等"的背后，是否和社会分层一样也存在着社会网络等"非制度结构"作用的影子呢？换言之，决定两性地位强弱的结构因素中是否包含着可以由个体能动地建构的成分？围绕这一问题，本文以干部群体职业地位获得的性别差异为例，对其中存在的"制度结构"和"非制度结构"因素进行分析，试图从结构观的视角提出二者相互影响并共同作用于性别差异的分析思路，以此来引起对性别研究中的两种结构因素尤其是"非制度结构"因素的关注。

## 二 理论预设与研究思路

作为结构因素的"制度"是指由人们建立起来的各项正式安排，如法律、法规、政策、规章、契约等；"非制度"结构因素，是指人们在长期的社会生活中逐步形成、以非正式方式影响人们行为和生活的文化传统、伦理道德、价值观念、习惯习俗和社会关系网络等。二者相互补充，共同构成人们生活其中的结构环境。弹性的"非制度"要素在一定条件下能够弥补和缓解刚性"制度"结构安排的疏漏和有限性，在结构和行动者之间形成互动，有效提升二者间的契合度。当然，在某些条件下，"非制度"结构及其为行动者提供的弹性空间也可能对"制度"结构造成一定的干扰，导致制度效用的降低。

着眼于结构和行动者的互动关系，从"结构—行动者"的视角出发，我们提出了产生"职业地位性别差异"的分析框架，见图1。其逻辑思路为：在职业地位获得中，正式"制度结构"要素（如法律、政策、规章等）连同对之具有补充或干扰作用的"非制度结构"要素（如社会网络等）形成两性行动者的外在结构空间，对其职业地位获得行动产生影响。其中，"制度结构"为之提供制度机会或造成制度限制，此为单向度作用过程，行动者难以反作用于"制度结构"，只是被动的客体；"非制度结构"则为两性职业地位获得行动提供了一种双向度的作用空间。一方面，"非制度结构"影响着行动者的行动目标，另一方面，行动者通过对它的认同、适应和建构反作用于"非制度结构",成为能动的主体。此外,职业地位获得行动还受制于个体因素(如个人的教育水平、实际能力等)的影响。简言之,"制度结构""非制度结构"等结构因素和个体因素共同作用于两性的职业地位获得行动,最终导致职业地位的性别差异。

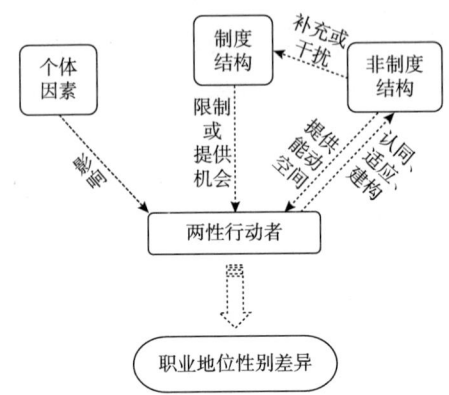

**图1 "制度结构"与"非制度结构"对两性职业地位获得的作用假设**

从上述理论预设出发,我们采取定性方法来进行研究。在选择访谈样本时,以性别、年龄、职务级别、工作单位性质这四项作为主要标准,这是基于"理论抽样"的考虑,即选择的对象具有与理论倾向相关的特征与事件实例。在样本数的确定方面,主要按照理论饱和原则进行,即采集样本资料直到新选取的样本不能提供新的信息为止。按照以上思路我们访谈了20名在职干部。本文使用的资料来自对这些访谈对象进行的半结构式访谈记录。访谈对象的基本情况,见表1。

**表1 受访者情况分布**

| 指 标 | 类 别 | 人 数 |
|---|---|---|
| 年 龄 | 25~35岁 | 5 |
| | 36~45岁 | 8 |
| | 46~60岁 | 7 |
| 性 别 | 女 | 10 |
| | 男 | 10 |
| 职 级 | 科 级 | 8 |
| | 处 级 | 10 |
| | 厅 级 | 2 |

续表

| 指 标 | 类 别 | 人 数 |
|---|---|---|
| 单位性质 | 党政机关 | 8 |
| | 事业单位 | 4 |
| | 司法机关 | 2 |
| | 群团组织 | 3 |
| | 国有企业 | 3 |

## 三 "制度结构"遵从与"非制度结构"认同：权力职场中两性日常实践的双重性

在本研究之前，笔者曾利用来源于省级党校学员的调查问卷资料分析了干部群体使用社会网络资源的情况及其现职级别的影响因素，结果发现使用社会网络的现象在干部群体中较普遍地存在，大多数干部会以不同的形式动用其社会网络资源，使之在关系自己前程的职位流动中发挥作用；同时，社会网络资源在干部职业地位获得过程中确实发挥着重要作用，但同时起作用的还有政治资本、个人先赋条件和人力资本等因素。人力资本和社会资本构成了当前干部职业地位获得中并行不悖的双重机制。这里，教育程度和政绩等人力资本因素和政治资本因素是当前干部选任制度中十分强调、无法含糊的"显性条件"，而社会资本是干部可以能动地加以利用的"隐性条件"，二者在干部职业地位获得中分别构成了本文所涉及的"制度结构"和"非制度结构"。

对于以上研究结论，本研究需要进一步深入探讨的是，显性"制度结构"和隐性"非制度结构"对职业地位获得的影响是否同时适用于两性干部？如是，其影响是否存在着某种性别差异？着眼于消弭这种"结构性"性别差异的策略思路何在？

近年来，随着多项选拔任用领导干部条例、办法的颁布实行，我国干部人事制度日臻完善。正式制度的确立与成熟，使干部任用与职位升迁有了严格的制度规范。与此同时，选任、聘任、考任等干部任用形式的出现，也提高了对干部思想品德和各种能力素质的要求。在当前干部选任过程的一些环节，如选任制干部的"报考""资格审查""统一考试"以及一般干部向领导干部晋升的"资格审查""晋升考核"等环节，学历、政绩等人力资本因素作为干部选任的必备条件，已成为这些环节中起重要作用的因素。

很多受访者都认为想得到理想职位，就不应该置制度规定于不顾。制度规定的"硬件"成为干部得到任用的必备前提条件。这些作为制度结构的"硬件"不仅包括学历、资历等，还有所谓的"机遇""工作业绩"。

从我个人的感受来说，机遇是第一位的。我当乡长，机遇因素很重要。那时的机遇对我来说是个坎，我刚好迈过来了。当时需要一个35岁以下30岁左右的年轻干部，我遇上了。在符合这个年龄条件的人中间，学历我是重点大学毕业的，属于少数，能力嘛我也很出色。虽然我只是宣传委员，上面没什么任务，但我自己写了很多调研论文，在县里和地区发表，我负责的分内工作，在全县都是第一名的。那时我们县委书记召见了全县乡镇的每一个副科级干部，他和我谈话的时候，我的能力、思维、口才给他留下了较深的印象。如果我那时没去当那个乡长，县里的副书记兼常务副县长就要拉我去当他的政府办副主任。后来我当乡长了，他就说那还是当乡长好，你去当乡长吧。当时我还不认识他，他想物色一个层次比较高的人到他手下。其实，当时几个县领导都叫我去县委办干，我没多大兴趣。那些地方要整天写材料，也不会有多大出路，而且我也想改变一下我的形象，不要让人以为我只会写材料。乡镇是一个锻炼人的地方，它为我提供了一个施展才干的平台。但乡镇副职很多，要体现才干，表现突出并不容易。我刚下去的时候，人家说，他农村工作经验不足，但结果干下来，我们比他们那些"老油子"好得多。所以，关键是看机遇来的时候你是否能抓住。别人帮你摆好了位置，你能不能去坐？这取决于你自己的努力。从大多数人的情况来说，机遇和能力是起决定作用的。第一是机遇，第二是能力。有了机遇和能力，你就有了机会。有的人能力很强，也很活，什么都能做，但他没机遇，一辈子也就庸庸碌碌地过了，这种人不是没有。（男性，某乡镇书记 M）

"机遇"这种制度结构对于女干部职业发展的重要性如何？很多男性

受访者众口一词地持肯定态度,有的甚至将它当作女干部升迁的主要因素。

> 干部结构、年龄的因素,或者社会背景等因素都有影响。有时候提拔干部纯粹是"套结构"。比如有些女干部,她们的提升完全是因为占了性别的优势。现在不是有"无知少女"更容易提拔的说法吗?能套上这个条件,刚好又缺一个干部,就提了,这时能力就不重要了,因为没有更合适的人选。(男性,某乡镇书记 M)

> 她凭什么升得那么快?一句话,就是运气好,借了"班子成员要有一名女性"这个东风,当时和她同级别的男同志,哪个能力、条件不比她好?如果不是因为这个,哪里轮得到她今天高高在上呢?所以说,当官也是命中注定的,有当官的命,轻轻松松就能升上去,没那个命,再努力也无济于事。(男性,某事业单位处长 T)

女性受访者虽然不认同把"机遇"看作是她们升职的唯一或首要因素,但也基本默认这一"制度结构"因素对于她们职位升迁的影响,很多人将它视作自己职场流动的一个重要契机。

> 有些男同志对女性有偏见,好像女性升迁都是天上掉馅饼那么简单。其实,如果不具备职务应有的能力和素质,即使升上来,最终也是要被淘汰的。我能有今天,也是不断努力的结果,而且应该说,我也有了这个任职的能力,不相信的话,我上任后的口碑你可以去了解一下。当然,也不是说机遇不重要,当时要不是非要一个女性进班子,而又没有太多人选,我可能就到不了这个岗位了。当时儿子还小,把他完全丢给婆婆先生意见很大,我也是进行一番思想斗争的,如果不是形势所逼,我也没那勇气。(女性,某县副县长 A)

> 我是个农民的孩子,没什么背景,到现在这个位置不容易。如果当时不是听了别人的鼓动参加竞岗,也就没这机会了。那次公开选拔竞争还是比较激烈的,也不是只有我一个女的参加,可能是临场发挥比较好吧,我赢了。后来听人说那些参加的人中我的综合素质算比较好的,还有我的形象还行,比较适合这个岗位。将来什么打算?没想那么多,我还年轻,我想趁着这些年好好干,以后走一步看一步了,

如果还有什么机会，我也不会错过。（女性，某县某局局长D）

与此同时，制度规定的"硬件"之外还有一些东西也很重要。访谈资料显示，非制度结构因素也在很大程度上影响着干部的职业地位。对于干部职位升迁中存在着关系运作"潜规则"这一点，大多数受访者并不讳言。

这种例子很多，现在的升迁，是多种因素决定的。全靠个人努力和群众公认不一定行。现在社会就这么回事，你和领导如果有点关系就容易得多，像亲戚关系、朋友关系，如果没有这些关系，就要通过朋友的朋友。即使多绕几个弯，也比没有要强。（男性，某省厅科长G）

干部选拔虽然在程序上没法超越，但在具体的环节上还是有一些可以机动的空间。这种现象是存在的，不过那都是在背后。像我，就不懂得怎么去打招呼。打招呼肯定是有用的。现在我们干部选任的标准是德、能、勤、绩、廉等几个方面，但我认为这不可能是决定一个人能否升迁的唯一因素，这方面不可能做到很公平。我觉得领导个人的亲疏会影响到干部升迁。领导的个人喜好对干部任用的影响很大。一个人的性格是否符合领导的口味决定了他是不是能升迁，这是肯定存在的，而且比较普遍。如果领导更多地从有利于事业的角度，更多地出于公心的话，那任用干部可能会公平一点；如果领导本身素质不是很高，他就会更多地从私人利益的角度去提拔干部。现实中和领导关系不错而得到提拔的蛮多。（男性，某高校副处长C）

职场中的社会关系就像一张大网，将每个人都罩入其中，女性也不例外。主动或被动地卷入层层叠叠的关系圈，以获得信息或某些实质性的帮助，是很多人的职场生存需要。相反，如果在单位没有被纳入比较得力的关系圈，或无法和掌握资源的人交往，则会在升职等关键时刻显得"孤立无援"。在某国有银行工作的H谈到了她竞岗前的烦恼。

最近我们单位搞中层干部的竞争上岗，我也报名了。我毕业16年了，又是重点大学毕业的，在我们单位算老资格。这么多年来，我工作任劳任怨，平时与人为善，和同事也处得不错，可就是没遇上好领导，也没遇上好机会。虽说我资格较老，能力不差，人缘也不错，但还是没一点把握。这次竞岗最后上榜提拔的人才公布考试分数，没上榜提拔的人就不公布分数了，说是为了照顾考得不好的那些人的面子。但这样谁会知道究竟是谁考得最好，谁考得不太好呢？肯定还是那些和领导关系好的人占便宜。一些好心的同事告诉我一些情况，我才知道，竞争上岗光凭笔试面试考得好还不行，也要有关系才行。因为不公布笔试结果，所以在笔试前就要先去找关系，让领导在笔试这一关手下留情，争取入围。面试主要是找评委。如果我考得不错，在台上的表现不错，群众打分也可能打得很高，笔试面试和群众民主测评都过关了，也不能保证一定就会上，说是前几名都可以，领导最后还有个综合评议，他还有调整、选择的余地。所以，最后的综合评议之前还得去找领导。和领导有直接的关系最好，如果没有，也要想方设法找到转折的关系，这也比没有要强，有这层关系，起码人家会在领导面前提一提你，让领导对你有个印象。如果领导都不知道你是什么人，他怎么可能提拔你？总之现在竞争上岗也少不了关系的作用，关系还是要找一找。我和同事处得不错，可我那些同事和我一样都是干活的，帮不上什么忙，他们只能在群众评议的时候投我一票。我们部门经理人挺好的，也希望我这次能上，但他的能力也有限，最多在征求部门领导意见时为我说点好话。关键是那些领导，特别是一把手。我这个人平时做不来那一套，平时和领导接触不多。我听说已经报名的人很多都有这样那样的关系，有的与上面沾亲带故，有的是领导以前的下属，有的是某个领导的亲戚，我却什么关系都靠不上。（女性，某国有银行干部 H）

事实上，权力职场被置于"制度结构"和"非制度结构"构成的环境中，游走于职场的人们都处于"制度结构"正规则与"非制度结构""潜规则"的双重规制之中，正规则在大方向上引导着总体的职场秩序，但它在一些细节方面还留有余地，此时"非制度"的"潜规则"正好弥补了正规则遗存的操作性空间，它也因此成为正规则的补充而得以存在和运行。两者各司其职，各取所需，既背道而驰，又相辅相成。对于权力职场中的行动者而言，无论是遵从正规则还是适应"潜规则"都是职场生存之道，二者不可或缺。在这个意义上，职场两性在日常生活实践中并无显著差别。

## 四 "制度结构"力量下"网络建构"的效果：性别差异的消弭？

从现有参政领域的研究看来，许多研究者认同无法真正体现两性平权的参政政策和政策过程等"制度结构"是造成当前参政领域中"男强女弱"地位格局的主要根源。同时，在考察职业地位的性别差异时，人们不难发现一个特别的现象，即存在"性别隔离"、女性地位总体上较为弱势的同时，现实中并不乏在职场中游刃有余并取得比男性更优职位的女性。那么随之而来的一个问题是，这些女性是如何在当前"男性价值"主导的"制度结构"中巧妙地抗拒种种不利于女性的压力，最终获得成功的？其成功的奥秘何在？

笔者曾利用来自福建省的问卷调查数据，分析了影响两性权力职业地位的因素，发现女性在权力职业发展中存在着比男性更多的制约因素，部门隔离、社会支持等方面的劣势均可能对其职业发展产生限制。与此相关的另一项研究表明，两性干部的社会网络资源并无本质差异，但职业地位获得中男性比女性更多地使用了社会网络资源，社会网络资源对男干部职业发展所发挥的影响大于女干部。社会网络因素效用的缺失不利于女干部获得较高职位，也在非制度机制的层面进一步扩大了两性干部获得较高地位机会的不平等。由此可见，包括使用社会网络资源在内的非制度因素对"男强女弱"社会资源配置格局所产生的影响。

在此基础上，本文的访谈资料进一步佐证了利用社会网络这一"非制度结构"因素来平抑、改变"制度结构"力量的效果。访谈对象 G 谈到的例子颇具典型意义：

> 现在升迁除了靠个人能力，还得有一定的社会关系。有时，社会关系的作用甚至比个人能力还明显。我可以举个例子。我认识的两个人，都是外省人，都是 90 年代初研究生毕业的。其中甲的能力那是没说的；另一个人乙，也是 90 年代初毕业的，他和甲的年龄差不多，能力比甲差远了，但他比甲会做工作。甲虽然水平很高，人缘也不错，但他不会找关系，他做不来那一套，没有靠山、没有人帮助；乙在经营关系方面那是绝对高手。他善于走上层路线，投其所好，领导喜欢

什么他就奉陪。领导喜欢跳舞，他陪着跳舞，领导喜欢打牌他陪着打牌，最后就和领导很"铁"了，领导都可以从他的实际出发替他设计上升的路径。他很快得到了提拔，原来只是副科，后来被派到基层挂职，回来以后就直接跳到副处了。甲就是因为不会这一套，科长当了十几年才提为副处长，整整比乙慢了十年！（男性，某省厅科长G）

在这个例子中，能力较弱的乙之所以在职务升迁上远远跑在能力较强的甲的前面，是因为他善于做工作，和领导关系"铁"。而在"制度结构"中条件较优的甲之所以在职位升迁方面落后，和他"不会找关系，没有靠山，没有人帮助"有关。换言之，非制度的网络关系运作弥补了乙的"制度结构"劣势，甚至逆转了甲乙在"制度结构"中的强弱格局。

社会网络建构和社会网络资源支持对于女性的职业地位是否同样产生重要影响？答案是肯定的。在谈到为什么"一些女干部只能做到副职，难以进入权力核心，很难突破身居边缘的地位"时，在某地级市组织部工作过多年的J强调了女性"社会资源少，打不开局面"这一点。

很多女的当个副职还行，但如果让她当一把手，很难称职。一把手要独当一面，这不仅是能力的问题，还需要很多社会历练，要有丰富的社会资源。女的就不行。有些女干部也很能干，但她的工作经历太简单，大场面没经历过。这也是传统文化造成的。女的能和男的一样抛开家庭孩子不管，只顾自己职场上拼搏吗？不行。女的能做到领导随叫随到，什么场合都可以冲在前面吗？不行。女的能抽烟喝酒，什么人都敢交往吗？还是不能。传统文化要求女人要保持"淑女形象"，如果她为了工作什么都能豁出去，别人就会看不惯她，哪个男的能容忍这样的女人？所以有的女干部升职了，却引来许多议论，甚至家庭都毁了，她总的还是得不到幸福。你想想，反过来，女人如果总是干什么都有顾虑，总是瞻前顾后，她怎么可能积累各种社会资源，怎么能打开局面？（男性，某地级市组织部副处长J）

J的这段话中提到女干部"社会资源"少，显然是指对她们获取更高职业地位有利的社会支持不足。那么，作为"非制度结构"的社会关系网络是怎样转化为对工作有利的"社会支持"，个人又通过哪些方式能动地建立起支持事业发展的社会关系网络？乡镇书记 B、某国企中层干部 I 和县委组织部科长 L 都谈到了社会网络与社会支持的关系以及获取社会支持的途径。

社会关系应该从两方面来讲。一是有的人社会关系很充裕，人很活，方方面面都处得不错，而且利用得很好。这是一种社会资源，利用这种社会资源实现升迁的目的，我敢断言这肯定会有。另一种，说一个人社会关系丰富，是讲他认识的人多，和领导交往的机会多，让领导视野里有他，这是从正面来讲的。但如果有意和领导接近，他可能就要花费一点时间和金钱了。社会关系多不多也是会不会做人一个方面。社会关系很重要，你平时交往的人是谁，你后面站的是谁，那些人有什么社会背景对你的升迁肯定有影响，这种例子很多。总的来说，机遇、能力、学历、资历都有了，还要会做人，有好口碑，有关系。这些都能支持你的升迁。（男性，某乡镇书记 B）

社会关系对员工升职有影响。既然员工升职主要取决于领导，那你与领导的关系，特别是与一把手的关系如何，就是关键中的关键，它决定你是否能够升迁。当然，你如果只是一般员工，那得先搞好与部门领导、分管领导的关系，因为那是直接关系人。至于与领导的关系，我想大体可以分成工作关系、私人关系和介绍关系三种。私人关系里面血缘、亲缘关系和私交深厚的关系是最重要的，介绍关系是通过介绍人建立起来的关系，它主要看关系介绍人是不是比领导还要官大、权大，是不是处在对领导有直管权的位置上。三种关系中最起作用的应该是这两种关系。工作关系是在工作中形成的关系，像上下级、同事什么的，相比之下，它对升职的影响就比私人关系和介绍关系要差一些了。工作关系要发挥作用，往往要先转化成私人关系和介绍关系。如果是多重关系，当然效果最好。这三种关系中，与领导、同事保持良好的工作关系，这是个人生存的需要、事业发展的需要，是有必要的。（男性，某国企中层干部 I）

建立关系的形式很多种。一种是正常的渠道，比如工作汇报等，这其实也是和领导建立良好关系的一种手段。通过正当的表现，如工作业绩和汇报让领导认识你。另一种就是通过请客送礼、投其所好这种形式了。后一种主要看领导的个人喜好，有时领导不喜欢请客送礼这一套，而有自己的兴趣爱好，那就需要投其所好了。还有就是领导的需求，他需要帮什么忙，能帮他解决也可以。总之就是让领导高兴，他高兴了，事就好办了。（男性，某县级市组织部科长L）

女性的情况又是如何？是否真的像J所说的那样，女性因受制于"性别规范"而难以通过社会关系资源的积累为自己提供职位升迁或胜任高级职位的社会支持？事实并非完全如此。从访谈的情况看，那些职场表现优秀的女性一般都拥有善于处理工作关系的能力和由此带来的丰富社会支持。K就是其中一位。她是大型国有企业的老总，40岁出头的她是业内外有名的"美女能人"。在旁人看来，她之所以能够得到现在一把手的位置，很大程度上是善于公关、有贵人相助。而她认为自己事业一帆风顺主要源于亲和力和"业缘情商"，可以说，"业缘情商"和良好的社会支持网络是其事业成功的秘密武器。

> 当上老总之后，也听到一些风凉话，大概是靠别人不是靠自己之类的。这也很正常，一个女人要干点事业从来都不是太容易的，我看得很开。当然我也不是说自己就是"女强人"。其实我最大的优点就是有亲和力，善于和人打交道，我善于拿捏和不同人交往的分寸，我觉得这也可以算作一种"情商"吧，或者叫"工作情商"。以前那些比我强后来职位没我高的男同事对他们的工作能力很自信，但我的"工作情商"比他们高，这点我很自信。处理业务上的事情也许他们在行，但处理业务之外的事比如协调一些关系、处理一些麻烦什么的，我就比他们要在行了。
>
> 我的前任是从政府过来的，她很看重和政府的关系，这点对我影响很大。那时她如果去和政府的人打交道，一般都会带上我，可能是我有亲和力的缘故，加上同为女性，应酬起来方便些，就是去吃吃饭、打打牌或打打球什么的。那时候我交了很多政府方面的朋友，这些关系对我们开展工作很有帮助，特别是主管部门方面帮我们解决了许多问题。总之广交朋友就能获取比别人更多的支持，这点不管是大到单位还是小到个人，都是一样的道理。事业要发展，不只要有"贵人"，还要有"友人"。（女性，某大型国有企业的老总K）

为了更加深入地考察个人能力、政策机遇等"制度结构"和社会关系资源等"非制度结构"对两性干部职业地位获得所发挥的影响,我们可以通过两种结构在干部职位升迁中的交互作用及其效果来加以分析,见表2。首先,以"制度结构"为维度将其作用划分为A、B、C、D四种不同的模式,即"对两性都有利""对男性有利对女性不利""对女性有利对男性不利"和"对两性都不利";其次,在以上四种不同的"制度结构"作用模式中,由社会网络建构和社会资源使用而决定的"非制度结构"分别以自己的方式强化或弱化着"制度结构"的力量,从而在一定条件下改变两性职业地位获得行动者在"结构环境"中的优势与劣势。以B模式为例,在"男强女弱"的制度结构环境中,"非制度结构"对两性行动者职业地位获得的影响显而易见:对于男性,有利的"非制度结构"能强化"制度结构"赋予他的优势,使之更容易获得较高职业地位;不利的"非制度结构"则可能削减他从"制度结构"中占得的先机,使之流于平凡。对于女性,有利的"非制度结构"能抵消"制度结构"带来的劣势,使之更容易获得较高职业地位;不利的"非制度结构"则可能"雪上加霜",加大其获得较高职业地位的难度。综合比较A、B、C、D四种模式,可以明显地发现"非制度结构"在两性职业地位获得中发挥的具体作用。换言之,对于"制度结构"中相对弱势的女性群体,争取良好的社会网络支持,建构有利的"非制度结构",更加有助于她们在现实中避免劣势,争取和男性平等的职业地位获得机会。

表2 "制度结构"不同模式中"非制度结构"对两性职业地位获得的作用效果

| 行动者性别 | 男性 | 女性 | 男性 | 女性 | 男性 | 女性 | 男性 | 女性 |
|---|---|---|---|---|---|---|---|---|
| 制度结构的四种模式 | A模式 || B模式 || C模式 || D模式 ||
| | + | + | + | − | − | + | − | − |
| 非制度结构 | + | − | + | − | + | − | + | − | + | − | + | − |
| 综合作用效果 | + | 0 | + | 0 | + | 0 | 0 | − | 0 | − | + | 0 | 0 | − | 0 | − |
| 启示 | 当制度结构对两性都有利时,在非制度结构中有利的性别能获得更多的优势和更好的职位 || 当制度结构对男性有利对女性不利时,有利的非制度结构能帮助女性避免劣势和较差职位 || 当制度结构对女性有利对男性不利时,有利的非制度结构能帮助男性避免劣势和较差职位 || 当制度结构对两性都不利时,在非制度结构中有利的性别能避免劣势和较差职位 ||

注:表中"+"表示对行动者有利;"−"表示对行动者不利;"0"表示既无明显帮助也无明显阻碍。

权力职场是社会的一个缩影，社会各个领域由"制度结构"与"非制度结构"共同起作用的情况屡见不鲜。可以说，两性的日常生活正是处于遵从"制度结构"与认同、适应和建构"非制度结构"的双重实践之中。其中，"制度"是行动者外部结构中显性、稳定而变迁缓慢的要素，而"非制度"要素则呈现出隐性、变化和可建构的特点。从消弭两性差异和不平等的角度看，在相对定型的"制度结构"中寻求改善"非制度结构"，从而形成有利的社会支持，不失为女性改变其弱势地位状态的一种思路。

## 五 "制度结构"和"非制度结构"：考察性别差异的两种结构性视角

正如研究中我们看到的那样，在两性干部的职业地位获得中，正式而日益完善的干部任用制度不可能在根本上被超越，它为干部职位升迁提供了基本理论依据和操作框架。干部职业地位获得中的决策者和行动者一般都不会去超出这些制度的框框，违反规则地使用干部。"用我们的话讲，那是低级错误"（男性，某县级市组织部科长L）。但同时规则也有很多漏洞，因为规则靠人操作、落实到人，这就为非制度的因素起作用提供了空间。职位升迁中的行动者和相关者往往倾向于选择一种完美的"两手策略"：在符合规则和程序的条件下做得无可挑剔，既符合规定又实现了个人的意图。

上述研究中我们还发现，作为职场生存的手段和技巧，一些善于利用非制度的"社会关系"网络资源来改善"制度结构"劣势的女性行动者，往往能为自己在职场中争得一席之地，有的甚至能成为男性望尘莫及的佼佼者。社会关系网络资源为什么能够转化为职场生存发展的有力"武器"？因为虽然它的滥用可能带来负面影响，如"造成社会不公""影响党风政风"等，但也不可否认，无论对于领导还是对于职位升迁的行动者而言，它都有"积极的一面"。乡镇书记G坦言：

> 领导可以通过他所熟悉的关系网络或圈子去了解干部，拉近与干部的距离，更快地认识他们的能力、性格，然后用其所长、避其所短，有利于更好地使用干部。干部呢，一是可以通过它让领导认识你，让他视线里有你，这是直接的作用。二是它对工作有利，而工作做好了，对升迁也有帮助，这是间接的作用。拿我自己来说，我现在

这个位置,包括以前认识的人,确实很多。我平时办什么事,做什么工作就好做得多,就可以成功。我的社会关系在我们县里算丰富的了,我要拿一个项目就相对容易,我为公家做了很多别人难以办成的事,我的能力得到了很好的体现,政绩也就上去了,我要获得一个更高位置的可能性也有了。你说有没有道理?相反,如果一个人没有社会关系,或社会关系不多,那他升到一定位置,就不可能再往上升了。因为升得越高,社会关系的作用越明显,比较高的位置光靠能力不一定上得去。这也体现了社会关系的作用吧。

这一研究发现说明,在对"性别差异或性别不平等"问题的研究中,不能忽略"制度结构"之外的另一种"非制度结构"——社会网络结构的作用,它是影响性别差异的又一重要结构性因素。

那么,"制度结构"与"非制度结构"在职业地位获得两性差异中各自通过什么路径发挥作用?二者之间又存在着怎样的关系?结合二者在两性行动者外部结构中的作用机制和特点,以及不同结构要素间可能存在的相互作用,我们描绘出两种不同结构要素间的相互关系及其在职业地位获得性别差异中起作用的可能路径图。

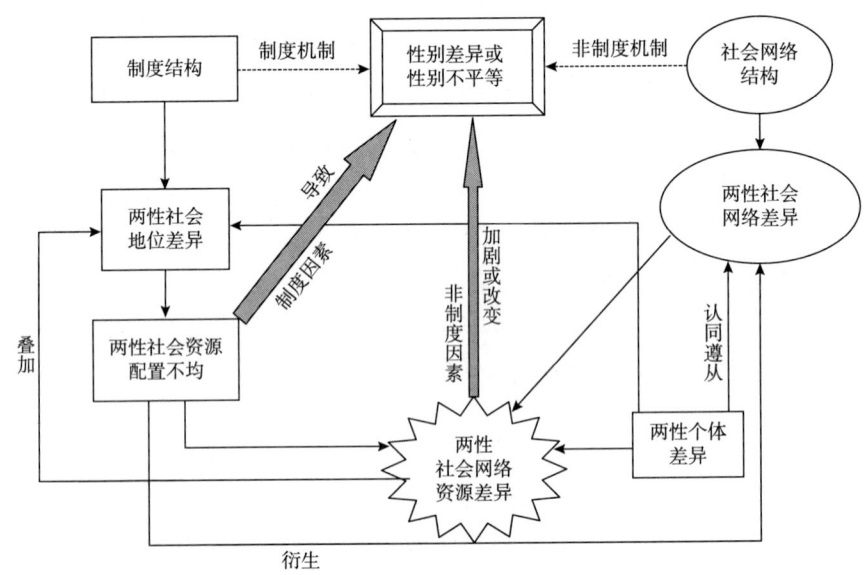

图2 "制度结构"和"非制度结构"的关系及其对职业地位获得性别差异的作用路径

如图2所示，在"制度结构"和"社会网络结构"二者的关系上，前者将两性职业地位获得行动者囿于固有而稳定的结构空间，使之无法绕开既定的操作规程行事，为"性别差异和不平等"的产生提供了制度化机制；后者则在两性行动者外部形成了一个能够自主建构的隐蔽弹性结构空间，并从中滋生了为之认同遵从的"潜规则"，为"性别差异和不平等"的产生提供了非制度化机制。在作用路径上，一方面，"两性行动者的个体差异"与"制度结构"带来的"两性社会地位差异"共同作用，造成"两性社会资源配置不均"，由此导致了"性别差异或性别不平等"；另一方面，"两性行动者的个体差异"又与"社会网络结构"带来的"两性社会网络差异"共同作用，产生"两性社会网络资源差异"，由此加剧或改变"性别差异或性别不平等"。在以"性别差异或性别不平等"为指向的作用路径中，"两性社会资源配置不均"衍生着"两性社会网络差异"，强化了"两性社会网络资源差异"；与此同时，"两性社会网络资源差异"又反过来叠加于"两性社会地位差异"之上，进一步放大了"两性社会资源配置不均"。不同的结构要素错综交织、相互渗透、交互作用，共同构成两性行动者外部结构空间整体。

## 六　结语

本文以导致性别差异和性别不平等的"结构"因素为研究对象，以两性干部的职业地位获得为例，通过访谈法对影响干部职业地位获得性别差异的"制度结构"和"网络结构"进行研究。研究发现，影响两性行动者职业地位获得的外部结构是"制度结构"与"非制度结构"等多种要素组合而成的复合型多维空间。与此相对应，性别研究中也宜采用多向度的综合视角。从完善研究的目的出发，制度结构的视角有助于揭示正规则的作用，非制度结构的视角则适合观察潜规则的影响，二者各有侧重、相互补充。取长补短方能全面、客观而真实地呈现外在于两性行动者的结构空间现实，避免性别议题中对"结构"因素的探讨步入片面的误区。

（原载《东南学术》2012年第6期）

# 历史学/新闻传播学

# 梁启超与李大钊社会主义思想之比较

闫伟杰

在中国社会主义发展史上,梁启超与李大钊是两个十分重要的人物。据考证,梁启超是最早介绍社会主义并谈到马克思的中国人,[1]而李大钊则是中国自觉传播马克思主义的第一人。[2]不过梁李二人虽然对于社会主义思想在近代中国的传播做出了很大的贡献,但他们关于社会主义问题的思考有着许多的不同。比较他们的社会主义思想,不仅有助于更好地展现梁启超与李大钊二人社会主义思想的特质,而且可以帮助我们深化理解近代中国社会主义思想的历史演变。①

一

作为近代中国的启蒙思想家,梁启超很早就对社会主义思想有所接触。早在戊戌变法前的1896年,他就读过美国著名空想社会主义者贝拉米的《回头看》,并在其主办的《时务报》中多次介绍过西方社会主义者的一些活动。[3]戊戌变法失败后,梁启超流亡国外,开始能够直接接触到西方的社会主义思潮。他逐渐意识到"社会主义为今日全世界之一最大问题",遂立意要著论进行研究。[4]在《清议报》《新民丛报》等报刊上,梁启超曾先后撰写《进化论革命者颉德之学说》《干涉与放任》《二十世纪之巨灵托辣斯》《中国之社会主义》《论俄罗斯虚无党》《杂答某报》《社会主义论序》等多篇文章对社会主义进行公开介评。由于梁启超文采出

---

① 本文所指称的"社会主义"主要是就其广义而言,并非专指马克思主义的社会主义。

众,"笔端常带情感,对于读者别有一种魔力焉",[4]社会主义这一从日文书刊假借的词汇,在他的推动下,逐渐成为一个约定成俗的中文译名。①

尽管梁启超积极向国人介绍西方的社会主义思想,不过他主要是试图通过"庸新说"的办法来开启民智,以实现救亡图存的目标。他并不赞成中国立即开展效仿西方的社会主义运动。在梁启超看来,中国社会主义的实现不可能一蹴而就,只能走渐进改良的道路。他曾公开表示:"社会主义学说,其属于改良主义者,吾固绝对表同情;其关于革命主义者,则吾亦未始不赞美之而谓其必不可行,即行亦在千数百年之后。"[5]基于这一立场,梁启超不仅十分反对孙中山等革命党人的社会主义主张,而且对后来中国共产党人所倡导的马克思主义也大加抨击。对于梁启超的社会主义主张,革命党人和马克思主义者也给予了激烈的批判。为此,梁启超还先后两次卷入社会主义论战。虽然双方都没有被说服,但这两次论战客观上也扩大了社会主义在中国的影响和传播。在中国近代思想史上,梁启超素以"流质易变"著称,不过他始终坚持自己对社会主义的主张,毫不动摇,直至病逝。

与梁启超相比,李大钊可谓是后生晚辈。梁启超出生于1873年,而李大钊则出生于1889年,相差达16岁。当梁启超与孙中山等人就社会主义问题进行论战之时,李大钊还在永平府中学读书。中学时期,他很是受梁启超思想的影响。"受课之余,最喜康梁文字,手把一编,日无暇息。"[6]虽然已经无法考证,但是我们可以合理猜测,李大钊对于社会主义思想的最早接触大概就是梁启超那些关于社会主义的论述。是故,梁启超或可算是李大钊社会主义思想的领路人。1907年,李大钊"感于国势之危迫,急思深研政理,求得挽救民族、振奋国群之良策",[7]放弃直升保定高等学堂读书机会,转赴天津投考北洋法政专门学校,并顺利考取。在法政学校读

---

① 中文对于"社会主义"(socialism)一词的译法曾长期不一。郭嵩焘的随员黎庶昌1876年在《西洋杂志》一书中将"社会主义"音译为"索昔阿利司脱",把社会主义政党译为"平会";广学会的《万国公报》上把"社会主义"译为"安民新学""养民学""安民之学";康有为则采用"人群之说""合群之说"的译名;梁启超曾兼采中、日文之意,把社会主义译为"人群主义";冯自由则把它译为"民生主义"。此外"社会主义"还有"民胞物与之主义""太平大同主义"等译名。至1905年前后,社会主义和共产主义的译名才在中文书刊中得到通用。参见皮明庥《近代中国社会主义思潮觅踪》,吉林文史出版社,1991,第15、61页。

书期间，他对于各种社会主义思想多有接触，并且还加入了以"宗旨在于不妨害国家存立范围内主张纯粹社会主义"目标的中国社会党，并任天津支部负责人。[8]中国社会党后来被袁世凯政府取缔，李大钊还因此受到牵连，而不得不回乡避居。[9]中国社会党主张的社会主义实际上是无政府社会主义。显然，此时的李大钊虽还不是马克思主义的信奉者，但是对于社会主义已是十分倾心。

1913年，李大钊得到进步党人孙洪伊、汤化龙的资助，东渡日本求学。在日本留学期间，日本著名社会主义者安部矶雄的宗教社会主义主张给他以较大的影响，使得他早期接受的托尔斯泰人道主义思想更加深化。不过，留学日本更为重要的是"使得李大钊有机会在深入钻研社会经济学的同时，读到马克思的原著，对社会主义思想有了广泛接触，并受到了较深的影响。这对于他后来的思想发展……成为中国的'马列第一人'"影响至深。[10]1916年5月，李大钊离开日本返回国内。归国之后，李大钊比较关注国际关系和国际政治的发展变化。曾连续发表了一系列的文章对俄国二月革命后形势的发展进行探讨。通过研究，李大钊对社会主义和资本主义的矛盾关系逐渐有了更深的认识。他开始不断向科学社会主义即马克思主义靠拢，并最终成为一名马克思主义者。确立马克思主义信仰之后，李大钊开始自觉向国人宣传马克思主义。为此，他还一度与梁启超等人就中国社会主义问题展开论战。除了坐而论之外，李大钊还起而行。在共产国际的帮助之下，他与陈独秀共同创建了中国共产党，组织和发动民众追随俄国开展马克思主义运动。最后还因此不幸罹难。虽然李大钊未能生逢革命胜利之日，但他参与创建的中国共产党最终还是在中国夺取了政权，将马克思主义由理想变为现实。

二

梁启超和李大钊虽然人生经历、学术背景各异，但他们对社会主义均十分赞赏，认为人类社会的发展必然走向社会主义。"吾认为社会主义为最高尚纯洁之主义。"[4]在梁启超看来，近世之所以产生社会主义，主要是为了矫治自由竞争所造成的贫富两极分化局面。"自由竞争之趋势，乃至兼并盛行，富者愈富、贫者愈贫。于是近世所谓社会主义者出而代之。"[4]

虽然自由竞争促进了人类社会的发展，但是过度的自由竞争也造成了严重的社会问题。而社会主义则通过集权干涉的方法，打破了这种社会不平等。因此，社会主义"实世界之公理，将来必至之符"[4]。"社会主义其必将磅礴于二十世纪也，明矣"[4]。同梁启超一样，李大钊也把社会主义当作是理想的社会，并且坚信社会主义必然到来。"那社会主义伦理的观念，就是互助、博爱的理想……各国社会主义者，也都有注重于伦理的运动、人道的运动的倾向，这也未必不是社会改造的曙光，人类真正历史的前兆。"[11]"社会主义的社会，无论人愿要他不要他，他是运命的必然的出现，这是历史的命令。"[12] 他认为，虽然资本主义的出现是人类社会的进步，不过随着资本主义的发展，它的弊逐渐开始大于利。"二十世纪的文明，是从资本制度产生出来的，它的有益于社会，固是很大，可是照现在看（出）来它的罪过于功了，我们再也用不着它了。……但是资本制度越发达，在资本制度下的文明越进步，劳动者越受苦痛呢。资本制度发达了，各种大规模的组织日渐增加，各种机械也是一天一天的新发明，于是从前要十百人在长时间内做成的，现在只要一、二人在短时间内做好了，无数的劳动者都因此失业了，就是有不失业的，也不能不迁就资本家的意志了。不但劳动者受害，就是小资本为了无力购买机器，也不能不附和大资本家了。这样，资本只是集中于少数的大资本家手里了，其余的人，都是生活飘摇不定呢。"[12] 李大钊指出，在资本主义制度下，只有少数的资本家有自由，而众多的劳动者都在忍受苦痛。"所以我们要想得到真正的自由，极平等的自由，更该实现'那社会主义的制度'，而打倒现在的'资本主义制度'"[12]。

尽管梁启超和李大钊都对社会主义赞赏有加，不过他们二人对于中国资本主义的发展持有不同的观点。"西方经济之发展全由于资本主义，乃系一种不自然之状态，并非合理之组织。现在虽十分发达，然已趋末路；且积重难返，不能挽救，势必破裂。"[13] 梁启超对于资本主义其实并不欣赏。不过他还是认为中国必须要发展资本主义。因为在梁启超看来，中国的当务之急是生产问题，而不是分配问题。在国际经济竞争日趋激烈的形势之下，如果排斥资本家，限制本国资本主义的发展，这就会给外国资本家以可乘之机。到那时，"全国人民，乃不得不帖服于异族鞭笞之下以糊其口"[5]。因此，不仅不能效仿西方立即在中国实行社会革命，反而要对中国资本主义的发展加以扶助。李大钊的观点则与梁启超截然相反。在他看来，虽然中国国内的劳资阶级都没有得到充分发展，但是中国的经济情形已经不能自外于世界经济势力。在世界社会主义浪潮之中，继续实行保护资本家的制度不仅理所不可，抑且势所不能。比之资本主义，社会主义更为适宜中国发展实业。"因为资本主义之下，资本不能集中，劳动力不能普及，社会主义之下，资本可以集中，劳力可以普及。资本之功能以集中而增大，劳力之效用亦以普及而加强，有此种资本与劳力，以开发公有土地之富源，那愁实业不突飞猛进？中国不欲振兴实业则已，如欲振兴实业，非先实行社会主义不可。"[11]

与此相应，两人对于中国的马克思主义也持有不同的立场。梁启超曾把社会主义分为社会改良主义和社会革命主义两派。前一派承认现在的社会组织，只是试图进行矫正。而后一派则不承认现存社会组织，主张用革命的手段对社会进行根本的改造。梁启超认为，欧美各国的普通社会党大半属于前一派，而马克思主义政党则属于后一派。虽然马克思主义的终极精神追求值得称道，但是其方法和手段过于激进，很不适合于中国。"自今以往，若欲举马克思所理想，兰宁所实行之集权的社会主义移植于中国，则亦以违反国民性故，吾敢言必终于失败。"[4]在他看来，欧美人所谓的平等，实是空名。而古代中国无论在法律上还是事实上都真正达到了平等。西洋历史上曾经产生的以血族、宗教为界限进行划分的阶级，中国几乎不存在。虽然中国今后也终不能避免以"生计"地位为分野而产生阶级，但是当前中国的阶级差别仍然十分模糊。虽然表面看来中国现在的劳动者"盈天下皆是"，但是实际上其中的绝大多数都是游民，真正的劳动阶级并没有形成，因此根本没有必要在中国开展马克思主义运动。为此，梁启超公开声言，"欧美人今天的运动，大抵都打着'无产阶级打倒有产阶级'的旗号，这个旗号我认为在中国不适用，应改写道：'有业阶级打倒无业阶级'。"[4]对于马克思主义的阶级斗争主张，梁启超尤为反对。在他看来，"社会问题之真意，要以分配趋均为期，凡以使全国各社会阶级（不问贫富）皆调和秩序以发达而已。"[5]既不能只关注富者阶级的利益，也不能只关注贫者阶级的利益。欧美的社会主义运动之所以发生，主要是由于欧美的富者阶级受到了特别保护，不得不比较注重于贫者阶级而已。而在中国，共产党人发动的工农运动实际上是把那些品质恶劣分子翻过来掌握政权，结果闹得中产阶级不能自存，工厂倒闭、工人失业。这实在是缘木求鱼，不仅不能医治中国社会之病症，反而会把中国带入混乱之中。

李大钊对于社会主义也有过和梁启超类似的区分。"社会主义又是须将现今制度，完全改革。其实质方面又须寻出一种新方法，代替旧式之私竞的经济秩序及组织，使社会上发现新的经济组织及秩序是正规而优良者，即主张协作的生产，并得到真正平均的分配，此为其目的。至若实行其手段，各不相同，有谓必须革命者；有主张不必剧烈革命者；有谓渐渐进行改革达到目的，用平和手段者。"[12] 只是与梁启超不同的是，李大钊是明确赞成在中国开展马克思主义运动的。"近来有人说，中国没有资本阶级，马克思的学说与中国没有关系。这话是不对的。劳资冲突是世界的趋势，中国岂能独外！"[12] 对于阶级斗争，李大钊也很是赞成。他把阶级斗争视为是消灭资本主义实现社会主义的必要手段。"这最后的阶级竞争，是阶级社会自灭的覆辙，必须经过的，必不能避免的。"[14] 在与胡适就"问题与主义"进行论辩之时，李大钊曾专门指出，"专取这唯物史观（又称历史的唯物主义）的第一说，只信这经济的变动是必然的，是不能免的，而对于他的第二说，就是阶级竞争说，了不注意，丝毫不去用这个学理作工具，为工人联合的实际运动，那经济的革命，恐怕永远不能实现，就能实现，也不知迟了多少时期。"[11] 不过李大钊并没有把阶级斗争绝对化，要始终"以阶级斗争为纲"。他特别强调，"马氏并非承认这阶级竞争是与人类历史相终始的，他只把他的阶级竞争学说应用于人类历史的前史，不是通用于过去、现在、未来的全部"[11] 随着时代的发展，人类必然能创造出来一个互助生存的世界。"我相信人类不是争斗着、掠夺着生活的，总应该是互助着、友爱着生活的。阶级的竞争，快要息了。互助的光明，快要现了。"[14]

梁启超虽然反对中国实行马克思主义，提出要发展资本主义。不过他并不是认为资本主义比社会主义优越。"吾以为在今日之中国而言社会主义运动，有一公例当严守焉。曰：在奖励生产的范围内，为分配平均之运动。若专注分配而忘却生产，则其运动可谓毫无意义。"[4] 在梁启超看来，发展资本主义只是向社会主义过渡的一种路径和手段。"资本主义必非国家终局之目的明矣，不过借以为过渡。过渡之事物，而一任其自然之运，必将成为尾大不掉，积重难返，虽将来终有剥复，然元气所伤太多，非社会之福。"[4]在借重资本主义之时就要对本国的资本家进行"矫正"和"疏洩",以免重蹈西方资本主义发展的覆辙。显然,梁启超是在试图用渐进改良的办法实现社会主义的理想。李大钊对这种改良式社会主义主张很是反对。"有些人,愿意进化而不愿意革命,'但是我们也要知道,革命乃是我们更大的途程'。鸡子在卵壳里,长了眼睛,长了头,长了毛,既然非打破这壳不可,那么,'社会主义'到了他羽毛丰满的时候,自然也非打破资本主义不可。鸡子打破他的卵壳,'社会主义'去打破资本主义,这都是'革命'。——'革命是不可避免的'。"[12]他认为中国必须走马克思主义的社会主义道路。"今日在中国想发展实业,非由纯粹生产者组织政府,以铲除国内的掠夺阶级,抵抗此世界的资本主义,依社会主义的组织经营实业不可。"[11]只有学习俄国开展社会主义革命,才能对中国的问题"有一个根本解决"。基于这一立场,当陈独秀对于党的名称究竟是叫社会党还是叫共产党拿不定主意之时,李大钊明确主张党的名称叫"共产党",而不叫"社会党"。因为这"不只是一个形式问题,而且是具有重大意义的政治问题",它表明中国共产党与社会党根本不同,是一个坚持马克思主义精神的真正的革命政党。[15]由此可见,李大钊与梁启超二人虽然都赞同社会主义,但他们的社会主义主张完全是两种不同进路的社会主义。

## 三

梁启超与李大钊二人的社会主义思想之所以存在这样多的差异,有着深刻的思想根源。从深层推究,这既与他们对社会主义内涵的理解紧密相连,也与他们接纳社会主义的逻辑有着很大关系。

"社会主义,即以救私人之过富过贫为目的者也。"[5]对于梁启超而言,他主要是从经济问题和社会平等的角度来理解社会主义的。他曾对社会主义专门进行过阐释,"什么叫做社会主义呢?社会主义,是要将现在经济组织不公平之点,根本改造。改造方法,虽然种种不同,或主共产,或主集产,或主生产事业全部由能生产的人管理,或主参加一部分,或用极端急进手段,或用平和渐进手段。要之对于现在的经济组织,认为不合人道,要重新组织一番,这就是社会主义。"[4]显然,梁启超很大程度上忽略了社会主义的政治意义。由于把社会主义的范围主要限定在社会和经济领域,梁启超不仅认为社会主义与康有为的大同学说不谋而合,还把中国汉代王莽的复古改制同社会主义等同起来。甚至宋代苏洵对贫富不均现象所表示的一些不满言论,也被他当作是社会主义的思想。应该说,梁启超对于社会主义的这种理解并不是特殊的和偶然的,当时许多中国知识分子都持有这种认识。① 它既与不患寡而患不均的传统思想有关,也与中国人的道德正义感有关。[16]实际上,社会主义之所以能够在中国这一资本主义极不发达的国家得到广泛的传播,并成为一股声势浩大的社会思潮,这也是一个十分重要的因素。不过,这种笼统模糊的社会主义认知也在很大程度上影响了梁启超对于中国的社会主义发展问题做出精准的判断。

梁启超曾把社会主义具体分为精神和方法两个层面。他认为,社会主义的精神是绝对要采用的。并且这种精神是我国本来就有的,至于采用何种派别的社会主义主张,在多大程度上采用,则要顺应本国的现实情况而定。由此可见,梁启超虽然对于社会主义的理想比较向往,但很难说他是一个真正意义上的社会主义信仰者。"社会主义者,其外形若纯主放任,其内质则实主干涉者也。将合人群使如一机器然,有总机以纽结而旋掣之,而于不平等中求平等。"[4]他的社会主义主张主要是在方法层面上来谈的,更多地具有工具理性。"我一生的政治活动,其出发点与归宿点,都是要贯彻我爱国救国的思想与主张,没有什么个人打算。……我是一个热烈的爱国主义者,即说我是国家至上主义者,我也承认。"[17]对于"自少壮以迄于病死,始终以救国新民之责自任"[18]的梁启超来说,民族主义才是他根本的价值追求。事实上,他之所以坚决反对中国走马克思主义的道路,主要是基于民族主义的考量。"若夫中国,则资本家多为外人非我国人,资本家日多则我国家即日即于亡,可不惧哉?间闻有人倡社会主义,欲以此防资本家之出现,而剂国中之贫富不均者,我亦谓资本家皆为外人,我国人既不能发达本国之工商业以与之抗,此后亦仅有倡社会主义之一法而已。言念及此,讵不痛心,是以我辈之主张,则谓今日当竭力提倡中国之资本家,发达其势力,以与外国之资本家相抵抗,庶我国之工商业,可以发达,而我国民尚有自立之地。若以外国有社会主义,我国亦不

---

① 如孙中山对于社会主义内涵就有着与梁启超同样的理解。参见陶季邑《孙中山与李大钊的社会主义思想之比较研究》,载《暨南学报》(哲学社会科学版)1998 年第 1 期。

可不仿而行之，则舍全国国民为外国资本家之牛马奴隶以外，又安有他种结果可言乎？"[4] 不过梁启超虽然从民族主义立场出发，主张中国必须保护本国资本家，着力发展本国实业以与外国资本家对抗。"非奖励生产事业，则全国人非久且瘵死，更无何种主义之可言。"[4] 但是他也清醒地认识到，如果单纯鼓励发展实业，中国极易重蹈西方资本主义发展的覆辙，出现严重的贫富悬殊。这显然与梁启超所倾慕的社会主义均平精神相悖。为了破解中国发展资本主义这一困局，梁启超经过认真思考，最后提出，"我的主张是，一面用全力奖励生产，同时眼光并须顾及分配。"[4] 由此可见，梁启超虽然把民族主义放在社会主义之前，但他并没有用民族主义遮蔽了社会主义。他其实是在试图二者兼顾，努力把民族主义与社会主义有机结合起来。

与梁启超相较，李大钊对社会主义的理解就比较全面。"社会主义是使商品有计划的增值，为极公平的分配，要整理生产的方法。这样一来，能够使我们人人都能安逸享福，过那一种很好的精神和物质的生活。"[12] 不过他虽然提出社会主义要实现"公平的分配"，但并不认为社会主义只是简单地追求均平。"又社会主义不是使人尽富或皆贫，是使生产、消费、分配适合的发展，人人能享受平均的供给，得最大的幸福。"[12] 针对那种认为实行社会主义会干涉和束缚个人自由的看法，李大钊多次强调这是对社会主义的一种误解。"然过渡时代的社会主义，确是束缚个人主义的自由，因少数资本主义者之自由当然受束缚，不过对于大多数人的自由确是增加。故社会主义是保护自由、增加自由者，使农工等人均多得自由。"[12] "真正合理的个人主义，没有不顾社会秩序的；真正合理的社会主义，没有不顾个人自由的。"[11] "有人误解社会主义与无政府主义为一物，实则社会主义者是要求政府有一种权力，使之伸张，以保障每人享受极大量的平等、自由。"[12] 另外，李大钊还特别指出社会主义与民主是紧密相连的。"资本阶级或中产阶级的 Democracy 若已获得，紧接着社会主义，就是 Democracy 中的一个进程，不要把他看作与 Democracy 是两个东西。"[14]

李大钊曾对各家各派的社会主义进行过系统的比较和研究。在他看来，马克思主义是"世界改造原动的学说"[11]。虽然"社会主义的历史并非自马氏始的，马氏以前也很有些有名的社会主义者"，不过"他们的主张，不是偏于感情，就是涉于空想，未能造成一个科学的理论与系统"[11]。

只有马克思主义,"其主张乃有强固的根据"[12]。由是,李大钊逐渐确立了对马克思主义的信仰。不过李大钊之所以信仰马克思主义,并不只是由于他服膺了马克思主义理论的科学性,民族主义也是其接受马克思主义的一个十分重要的因素。从本质上来说,李大钊与梁启超一样,也是一个热诚的民族主义者。①"钊自束发受书,即矢志努力于民族解放之事业,实践其所信,励行其所知,为功为罪,所不暇计。"[7]早在求学期间,李大钊便已确立民族主义信念,表示要以朱舜水为楷模,为国家民族而奋斗。[19] 1914年,陈独秀激于对民国政治的失望,曾经发表《爱国心与自觉心》一文,公开宣称,如果国家不能保障人民幸福,则人民没有理由去爱国。"国家国家,尔行尔法,吾人诚无之不为忧,有之不为喜。吾人非咒尔亡,实不禁以此自觉也。"[20]李大钊还专门撰文对此进行批驳,"自觉之义,即在改进立国之精神,求一可爱之国家而爱之,不宜因其国家之不足爱,遂致断念于国家而不爱。更不宜以吾民从未享有可爱之国家,遂乃自暴自弃,以侪于吾国之民,自居为无建可爱之国之能力者也。夫国家之成,由人创造,宇宙之大,自我主宰,宇宙之间,而容有我同类之人,而克造国。我何独不然?吾人苟不自薄,惟有本其自觉力,黾勉奋进,以向所志,何时得达,不遑问也。"[21]他认为,即使国家不可爱,人民也不能够就放弃爱国之心。国人一方面要积极改造国家,使其能够福民而不是损民;另一方面也不能自我灰心丧气,只要发愤努力,中华民族的前途终会出现曙光。在《狱中自述》中,李大钊曾坦言,"然在今日谋中国民族之解放,已不能再用日本维新时代之政策,因在当时之世界,正是资本主义勃兴之时期,故日本能亦采用资本主义之制度,而成其民族解放之伟业。今日之世界,乃为资本主义渐次崩颓之时期,故必须采用一种新政策。对外联合以平等待我之民族及被压迫之弱小民族,并列强本国内之多数民众;对内唤起国内之多数民众,共同团结于一个挽救全民族之政治纲领下,以抵制列强之压迫,而达到建立一恢复民族自主、保护民众利益、发达国家产业

---

① 迈斯纳认为,1918年以前,李大钊是个民族主义者;在1919至1920年间,由于坚信布尔什维克革命即将带来全世界的变革,李大钊成为一个国际主义者;而1920年之后,随着世界革命的前景变得暗淡,李大钊的民族主义思想又开始复活。(参见〔美〕莫里斯·迈斯纳《李大钊与中国马克思主义的起源》,中共北京市委党史研究室编译组译,中共党史资料出版社,1989,第191~211页。)这种对于李大钊民族主义思想的阶段性划分,显然没有注意到李大钊民族主义理念的一贯性,不免有化约主义之嫌。

之国家之目的。"[7]虽然李大钊声称这是他加入国民党的缘由,但是我们可以明显看出,这其实也是其接纳马克思主义的心理历程。

严格来说,马克思主义是一种世界性理论。因为它强调的是国际主义,追求的是整个世界无产阶级的解放。李大钊其实对此有着明确的认知。"从前在资本主义的生产制度之下,一国若想扩充他那一国中资本阶级的势力,都仗着战争把国界打破,合全世界作一个经济组织,拿他一国的资本家的政府去支配全世界。从今以后,生产制度起一种绝大的变动,劳工阶级要联合他们全世界的同胞,作一个合理的生产者的结合,去打破国界,打倒全世界资本的阶级。"[14]不过,在李大钊的思想视域之中,马克思主义与民族主义并不是相互抵触的。在他看来,由于深受外国资本主义的剥削和压迫,中国全体国民都渐渐成为世界的无产阶级。中华民族实际上已经成为一个"无产阶级民族"。"国内的工业,都是手工业和家庭工业,哪能和国外的机械工业、工厂工业竞争呢?结果就是中国的农业经济挡不住国外的工业经济的压迫,中国的家庭产业挡不住国外的工厂产业的压迫,中国的手工业挡不住国外的机械产业的压迫。国内的产业多被压倒,输入超过输出,全国民渐渐变成世界的无产阶级,一切生活,都露出困迫不安的现象。"[11]要想摆脱外国资本家的压迫,中国必须联合其他各国的无产阶级,进行世界无产阶级革命。只有如此,中华民族才能够摆脱帝国主义的侵略和压迫,实现民族独立和解放。"因中国受国际压迫(帝国主义与资本主义),各阶级是相同的,所以实行时应当与资本中等……阶级联成一气,使中国成一独立者,不受国际压迫者之国家。惟最后应注意尚有国际资本阶级……亦应打破。社会主义的运动,当然以国际为范围,因为经济情形是国际关系之故。"[12]显然,在李大钊那里,马克思主义与民族主义是可以贯通的。由此我们就不难理解为何李大钊一方面会在《少年中国》杂志上劝导少年中国学会的成员要培养世界主义思想。"我们'少年中国'的少年好友啊!我们既然是二十世纪的少年,就该把眼光放的远些,不要受腐败家庭的束缚,不要受狭隘爱国心的拘牵。我们的新生活,小到完成我的个性,大到企图世界的幸福。我们的家庭范围,已经扩充到全世界了,其余都是进化轨道上的遗迹,都该打破。我们应该拿世界的生活作家庭的生活,我们应该承认爱人的运动比爱国的运动更重。我们的'少年中国观'决不是要把中国这个国家,作少年的舞台,去在列国竞争场里争个胜负，乃是要把中国这个地域，当作世界的一部分，由我们居住这个地域的少年朋友们下手改造，以尽我们对于世界改造一部分的责任。我们'少年运动'的范围，决不止于中国：有时与其他亚细亚的少年握手，作亚细亚少年的共同运动；有时与世界的少年握手，作世界少年的共同运动，也都是我们'少年中国主义'分内的事。"[11]但他另一方面又号召人们以"新的文化、新的血液日日灌输注入于我们的民族"，以实现中华民族的重新复兴。"但我们是无论如何，都要猛力勇进，要在（未）来民族舞台施展我们的民族特性，要再在我们的民族史上表扬显着我们的民族精神！"[12]

## 四

综上可见，梁启超与李大钊尽管都对社会主义十分向往，但实际上两人的具体社会主义主张存在很多的差异。在梁启超看来，社会主义作为一种对大同理想的精神追求，是一个美好的愿景。不过在近代中国，马克思主义并不能够促进这一愿景的实现。中国必须发展民族资本主义，走改良社会主义的道路。而李大钊则认识到，社会主义是对资本主义的超越。它不仅是一种科学的思想体系，而且是一种崭新的社会制度。[22]仿效苏俄，走马克思主义的道路才是中国的现实选择。最后需要特别指出的是，梁李二人的社会主义思想尽管进路不同，但在本质上是基本一致的。在思考中国的社会主义问题之时，他们都把民族主义作为一个主要的考量。他们都不是民族利益至上的狭隘民族主义者，天下大同、世界一家是他们共同的追求。梁李二人实际上都在努力把民族主义与社会主义统一起来。岁月流转，经由中国共产党的发动和领导，社会主义理想在中国已经初步变成了现实。不过，梁启超与李大钊对于中国社会主义问题的思考依然具有高度的思想价值。这两种思维取向的社会主义主张都值得我们进行研究和借鉴。

（原载《燕山大学学报》（哲学社会科学版）2011年3月第12卷第一期）

## 参考文献

[1] 卢海燕：《清末民初中国出版物中的马克思主义》，《文献》2002 年第 3 期。

[2] 刘建国：《李大钊是马克思主义在中国传播的奠基人》，《社会科学战线》1984 年第 2 期。

[3] 李喜所、元青：《梁启超传》，人民出版社，1993。

[4] 《梁启超全集》，北京出版社，1999。

[5] 《饮冰室合集》集外文（上册），北京大学出版社，2005。

[6] 韩湘亭：《乐亭县志》；董宝瑞：《乐亭人为李大钊写的传记》，载朱文通《李大钊传》，天津古籍出版社，2005。

[7] 《李大钊全集》（第五卷），人民出版社，2006。

[8] 董宝瑞：《同建中国社会党天津支部：李大钊与北洋法政专门学校同学郭须静》，《天津市政法管理干部学院学报》2001 年第 1 期。

[9] 朱文通：《李大钊传》，天津古籍出版社，2005。

[10] 朱文通：《李大钊社会主义思想发展历程新探》，《河北学刊》2007 年第 1 期。

[11] 《李大钊全集》（第三卷），人民出版社，2006。

[12] 《李大钊全集》（第四卷），人民出版社，2006。

[13] 《饮冰室合集》集外文（中册），北京大学出版社，2005。

[14] 《李大钊全集》（第二卷），人民出版社，2006。

[15] 谢开贤：《唤起工农群众：李大钊探索马克思主义中国化的历史起点》，《湖南师范大学社会科学学报》2010 年第 1 期。

[16] 张汝伦：《现代中国思想研究》，上海人民出版社，2001。

[17] 李任夫：《回忆梁启超先生》，载夏晓虹主编《追忆梁启超》，中国广播电视出版社，1996。

[18] 萧公权：《中国政治思想史》，辽宁教育出版社，1998。

[19] 朱志敏：《李大钊传》，山东人民出版社，1998。

[20] 《陈独秀著作选》（第 1 卷），上海人民出版社，1993。

[21] 《李大钊全集》（第一卷），人民出版社，2006。

[22] 常进军、李继：《李大钊社会主义思想的当代价值》，《重庆邮电大学学报》（社会科学版）2008 年第 4 期。

# 抗战内迁与沿海省份内地城市的现代化
## ——以福建为个案

林 星

内迁是抗日战争史研究中的一个重要问题。抗战爆发后,由于日本入侵,国民政府被迫迁都,大批沿海地区政府机构、工厂、学校、银行以及人员纷纷向西南地区的四川、贵州、广西等地迁移。以往对抗战内迁的研究主要集中于这种内迁大西南的情况,成果可谓汗牛充栋。[①] 而内迁还有另外一个层面,即沿海省份的省政府撤出省会城市,迁移到本省的偏僻城镇和边远山区,如浙江、江苏、江西、湖北、湖南、安徽、广东、福建等省。省会迁移,本省的政治、经济重心也随之迁移到内地山区。这些临时省会所在地成为本省抗战的大后方,大多数成为抗战时期的本省政治、经

---

① 关于内迁的著作如下。苏智良等:《去大后方——中国抗战内迁实录》,上海人民出版社,2005;孙艳魁:《苦难的人流——抗战时期的难民》,广西师范大学出版社,1994;张红:《抗战中内迁西南的知识分子》,江西人民出版社,2004;侯德础:《抗日战争时期中国高校内迁史略》,四川教育出版社,2001;凌安谷等编著《交通大学内迁西安史实》,西安交通大学出版社,1995;此外,有关抗日战争的著作都会用一定的篇幅涉及内迁的问题,如张宪文主编《中国抗日战争史(1931~1945)》,南京大学出版社,2001;萧一平、郭德宏主编《中国抗日战争全史》,四川人民出版社,2005;章伯锋、庄建平主编《抗日战争》,四川大学出版社,1997;李平生:《烽火映方舟——抗战时期大后方经济》,广西师范大学出版社,1996;四川省中国经济史学会等编《抗战时期的大后方经济》,四川大学出版社,1989;黄立人:《抗战时期大后方经济史研究》,档案出版社,1998;忻平:《1937:深重的灾难与历史的转折》,上海人民出版社,1999;梁家贵:《抗日战争与中国社会史论》,社会科学文献出版社,2005;涂文学、邓正兵主编《抗战时期的中国文化》,人民出版社,2006;谢本书、温贤美主编《抗战时期的西南大后方》,北京出版社,1997,等等。又据对中国学术期刊网的检索,1994~2006年发表的标题中含有"抗战内迁"主题词的文章有百余篇。这些论著详细叙述了国民政府、工业企业、高等院校、金融机构、文化团体、社会大众等向内地大迁移的历史事实,对其影响做了比较全面深入的分析。

济、军事、文化中心，从而加快本省内地社会经济发展，在一定程度上改变原来省域内沿海和内地社会经济发展不平衡的状况。以往对于这种在本省的内迁情况及对内地社会经济的影响关注甚少。本文以福建省为例，试图在这方面做一探讨。

抗战爆发后，福建沿海遭到了沉重的打击和破坏。1938年5月，福建省会内迁永安，大批政府机构、学校、工厂、银行以及部分沿海城市居民等也相随迁往闽西北的永安、南平、沙县、建阳等地。内地城市在战争环境中获得了发展的契机，人口剧增，经济建设、文化教育、城市建设等都有较大发展，进入了一个短暂的繁荣时期。

## 一 省会的迁移和战时中心城市的兴起

1938年春，金门、厦门等地相继失陷，战争不断扩大，为了抵御敌人向纵深侵入，福建省政府决定把省会从沿海的福州迁往内地的永安。4月18日，省政府内迁得到行政院批准。在内迁前，福建省已经做好舆论准备，提出开发闽北内地，发展全省经济文化的口号。福州的各机关络绎前往筹备迁移工作。1938年4月21日，福建省公用事业管理局派人前往永安筹设电灯厂、电话局和开发水井、建设水库及一切市政。省公路局"亦以各县公路尤待建设，为便利进行"，于26日移往永安。29日，省卫生处"为促进内地卫生及居民健康"，全部移往永安。[①] 省建设厅在永安县开始建公务员宿舍。[②] 省银行将永安金库改为办事处，25日开始营业，"成为闽北金融中心"。[③] 5月1日，《福建民报》登出大幅通告，标题为"发展全省经济文化，省政府决迁治永安"。布告称："省政府为发展全省经济文化，及适应国防军事需要，决将军事机关仍留福州，政治机关移设永安"。并排定了各厅处迁移日期。从4月29日到5月11日，民政厅、卫生处、建设厅、财政厅、会计处、教育厅、秘书处陆续迁往永安。[④]

永安成为战时福建省会，沿海各机关、学校以及城市的工商业者、知

---

① 《福建民报》1938年4月21日，第4版。
② 《福建民报》1938年4月28日，第4版。
③ 《福建民报》1938年4月30日，第4版。
④ 《福建民报》1938年5月1日，第4版。

识分子等也举家投奔到闽西北相对安全的地区。由于没有正式统计，很难对移入这些地区的人口数字作精确估计，也无法对抗战时期从沿海城市向内地迁移的人口规模和结构等做出具体分析。但从迁出地的人口统计看，抗战前的1936年，福建省最大城市福州人口达41万人，厦门有18万人。而1945年下半年抗战结束后，福州人口只有28.7万；厦门战时人口最低不到9万，战后也仅恢复到12.4万。① 这些减少的人口除了一部分直接死于战乱，一部分逃往海外和邻省，其余大多数是迁往福建省的内地。大量内迁政府机构人员及其家属成为内地城市的移民人口。福建省政府在永安、沙县、南平、福州等"省级公务员工众多之处"成立"各机关员工消费合作社"。1945年，永安机关员工消费合作社有127个，社员10500余人，社员眷属15900余人。南平有97社，社员6900余人。沙县有39社，社员约6475人。② 三个城市公务人员合计约23875人。

从内地城市所驻机构看，1945年，永安的省属机关有福建省政府秘书处、省政府统计室、民政厅、财政厅、农林厅、建设厅、教育厅、卫生处、省党部、高等法院、防疫大队、省政府调查室、省立第二医院、地政局、卫生试验所、气象局、田粮处、省银行总管理处、征属工厂总处、企业公司办事处、福建支团、企业公司电厂、农林公司、省合作金库、研究院、省训练团、省立体育场、农学院、改进出版社、胜利出版社、军风纪巡察团、中央通讯社、中央日报、东南日报永安办事处、中国儿童时报、大成民主报、抗建剧团、审计处、侨务处、中央银行、中国银行、农民银行、交通银行、集友银行、电政管理局、税务局、盐务局、食糖专卖局、储金汇业局、交通局、劳军委员会、台湾党部、田粮处储运处等。③ 在南平的机关有：福建税务局、福建省电话总局，邮政储汇局、中国银行、农民银行、福建省银行南平分行，中央储蓄会福州分会，华南女子文理学院、省立高工学校、省立师专学校、省立高商职校、华南中学、南方日报社、民强新闻社、国民出版社、天行社总社、东南日报社、省立女子家职

---

① 福建省档案馆编《民国福建各县市（区）户口统计资料（1912~1949）》（内部资料），1988，第42~43页。
② 福建省政府合作社物品供销处编《福建省政府合作社物品供销处业务报告》，1944年12月，第2、17、21页。
③ 福建省政府合作社物品供销处编《福建省政府合作社物品供销处业务报告》，1944年12月，第2~17页。

学校、省立第一医院高级护士学校、中央军校毕业生通讯处、保安第五电台、第三战区副司令长官室、南平防空指挥部、省军民合作站、火柴专卖公司、企业公司铁工厂、贸委会驻闽办事处、中南保险公司、闽江轮船公司办事处、南平防空情报分所、福建税务人员讲习班、军政部兵工特派员办事处、海军第四无线电台等。① 沙县的机关有省立医学院、闽侯师范、省立职工学校、省立福州高级中学、省立图书馆、省立科学馆、省测量局、省企业公司办事处、军管区、军队特别党部、助产学校等。②

永安位于福建省中部，山岭绵亘，溪流萦带，"往昔治安不靖，交通亦极不便，故于本省经济地位上殊不重要"③。"地僻民贫，风气闭塞，一切均极落后"，自"省府迁治后，始渐改旧观"④。战前永安全县人口不过6.4万，1938年省府迁治后，人口骤增至9.7万。⑤ 1946年省政府返福州后，全县人口又下降到7.8万人。⑥ 据调查，永安南部的西洋镇是永安联系闽南的重要通道，18个村中有7个行政村的居民讲闽南话，半数以上的居民是抗日战争期间从永春、德化等地迁居此地。⑦ 据统计，1942年，永安粮食总产量25929.6吨，比1936年增产21.24%。1944年，经省公务局登记造册的建筑厂商有47家；中央、省、县各级金融机构有11家。当年发放农业、土地和合作事业贷款计1735.77万元，各银行汇入、汇出总额达7.96亿元。这几项都居全省各县市之首。到1945年6月，永安官办和私营的电力、煤炭、建材、印刷、碾米、化工、机械、木材加工等近代工业企业43家，手工业行业扩展至30多个，大小商店530多家，从水路运入和输出的商品总值达4亿元。永安公路东北达南平，南连宁洋，西南接连城。水运上溯清流、下放南平，境内各地亦可畅通无阻。⑧

---

① 福建省政府合作社物品供销处编《福建省政府合作社物品供销处业务报告》，1944年12月，第21～31页。
② 福建省政府合作社物品供销处编《福建省政府合作社物品供销处业务报告》，1944年12月，第17～21页。
③ 福建省银行经济研究室：《永安县经济调查》，1940年12月，第34页。
④ 福建省银行经济研究室编《福建十年——福建省银行十周年纪念刊》，1945，第332页。
⑤ 福建省银行经济研究室编《福建十年——福建省银行十周年纪念刊》，1945，第327页。
⑥ 永安市地方志编纂委员会编《永安市志》，中华书局，1994，第104页。
⑦ 永安市地方志编纂委员会编《永安市志》，第62页。
⑧ 永安市地方志编纂委员会编《永安市志》，第131页。

永安"基于政治中心，而造成文化、经济、交通之发达"①，一跃而成战时福建的政治、经济、文化中心。南平、沙县等闽西北城市的军事和经济、文化功能也得到加强，新的中心城市在兴起。

## 二 内地城市工商业的发展

抗战前，福建近代工业主要集中在福州、厦门等沿海城市，内地城市多为手工业作坊和工场，工业几乎处于空白。"永安全县除普通商业外，实无工业可言"②。闽北南平等城市稍好一些，到1937年，南平集中了一些小电厂等企业。抗战爆发后，为避免聚集于沿海地区的工业毁于战火，国民政府决定将沿海工业内迁。由于福建的工厂规模比较小，没有纳入西迁的计划。但日机的轰炸对福建沿海的工商业也构成了极大的威胁，工业的内迁得到福建省政府的重视。

福建省政府积极组织沿海工厂内迁，同时对迁移的工厂进行贷款帮助。省政府建设厅与省银行签订合同转贷资金，订立《资助闽南沿海各县重要各业厂商迁移内地办法》。资助对象是闽南沿海"迁移各业厂商，以发展后方生产及避免资敌之工厂，如铁工厂、机器厂、五金电料业、制胰厂、药料厂、棉布厂、火柴厂、日用必需品各业等"。贷款额"不得超过其内移机器及原来货品价值十分之三，并不得超过其迁移费十分之八"。关于机器及原料存货等运输，由建设厅"代商运输机关协助并发给护照予以沿途便利"。"置备新厂基屋遇到公有土地及祠堂庙宇"等，由建设厅"函请省政府饬县准其借用"。产品由建设厅"函请沿途税收机关免收或缓收捐税"。并规定还款期限暂定18个月，从第7个月起分期摊还。③

沿海一带的工厂纷纷内迁永安、南平等城市。以电力工业为例。1939年，连江琯头电灯公司接到省政府内迁令后，联系省地方行政干部训练团合资内迁，在三元县城改组为"公训电厂"，11月复业发电。④ 1939年，

---

① 福建省银行经济研究室编《福建十年——福建省银行十周年纪念刊》，1945，第326页。
② 福建省银行经济研究室：《永安县经济调查》，1940年12月，第34页。
③ 福建省政府编《重订福建省单行法规汇编》，1939，第509页。
④ "福建省建设厅、福建省地方干部训练团等关于琯头电灯厂迁移三元与福建公训服务社合资办电气厂的公函、代电、营业章程"，福建省档案馆，档案号：36-10-1528-02。

省营漳州电厂将1号和2号发电机组先后内迁到龙岩。① 海澄县城的"海澄真光电气厂"于1938年交给福建省建设厅整理。1939年，机器设备内迁至永安。1939年8月，奉海澄县政府命令，厦门六丰公司设在白水营的米绞厂内迁，先将40马力蒸汽机迁至永安，后又将60马力蒸汽机迁至龙岩。② 1939年6月，"涵江电灯股份有限公司"奉命疏散，一些设备内迁至永安。③ 政府主办的内地城市电力事业很快发展起来。1940年，永安建成桂口水电站，它是当时全省最大的电站，装机容量264千瓦，可满足城区机关、学校及少数居民照明之用。④ 南平的沿海迁来工厂很多，对电力需求增大。1940年3月，福建省建设厅接管了南平电气股份有限公司。到抗战结束时，共有5个发电所，总装机容量为288千瓦。⑤ 此外，建瓯和沙县两地的电气公司也收归官办。龙岩、三元、长汀、将乐、光泽等县的电业也是内迁后兴起的。抗战开始前夕，福建山区仍在营业的电厂仅11家，总装机容量为450千瓦；到抗战胜利时，增至22家、1400千瓦以上。即在抗战期间，山区电厂数量翻番，总装机容量达战前3倍多。⑥

南平位于闽江建溪、富屯溪、沙溪三大支流的汇合点，为闽北交通枢纽，抗战时期成为全省经济中心，繁荣一时。福州迁往南平的工厂有纺织厂，电化厂，电工厂，面粉厂，铁工厂一、二、三、四、五部，肥料厂，建华火柴厂，福电铁工厂等。⑦ 建华火柴厂乘战时专卖之便，成为福建一大企业。抗日战争爆发后，日本火柴不再进口，建华火柴厂的火柴成为福建省贸易特种股份有限公司的囤购商品，贸易公司为建华火柴厂提供原料和包销产品。1938年，建华火柴厂在贸易公司的协助下迁往南平，不断扩大生产规模，不仅在南平设总厂，还先后在福建的大田、龙岩和江西的光泽、吉安、临川设立分厂，在福建的将乐、龙岩设立仓库。总厂共有职工2000余名，加上各分厂、仓库，职工总数逾3000名。建华火柴厂的原料

---

① "漳州电厂关于电厂移迁移机器及龙岩电厂组建开工、电费收缴等函、呈"，福建省档案馆，档案号：01-06-83。
② 福建省经济研究室编《福建省永安县经济调查》，1940，第34~35页。
③ 林庆元主编《福建近代经济史》，福建教育出版社，2001，第387页。
④ 永安市地方志编纂委员会编《永安市志》，第245页。
⑤ 林庆元主编《福建近代经济史》，第396~400页。
⑥ 林庆元主编《福建近代经济史》，第406页。
⑦ 卢世钤：《解放前南平工业概况》，载《南平文史资料》第2辑，1982，第18~21页。

也逐渐实现完全自给,木材由协利锯木厂提供,药料则由林弥钜在南平水南创设的白药厂制造。抗战期间,闽省财源枯竭,省政府和附属机构日常开支特别是职工工资,往往要靠建华火柴厂支持。① 南平的电力工业、化学工业、木材加工业、机械工业、造纸业、纺织业等发展极快,成为战时重要的工业城市。

沿海城市工厂相继内迁,促进闽西北城市的电力工业、公用事业及化学工业有了一定程度的发展,一度衰败的传统手工业(手工造纸、卷烟、织布业)有所复苏。除了一些内迁企业获得大的发展外,还相继出现了一批新的省营和私营铁工、造纸、印刷等工厂。1945 年对福建省符合《工厂法》的工厂进行了统计,福州和厦门之外,全省共有 82 家工厂。其中南平 20 家,资本 26601888 元;永安 16 家,资本 10926000 元;闽清 2 家,资本 5150000 元;水吉 3 家,资本 2040000 元;龙岩 10 家,资本 1338370 元;建瓯 2 家,资本 1268590 元;龙溪 3 家,资本 1220241 元;大田 1 家,资本 1500000 元;连城 1 家,资本 1100000 元;德化 3 家,资本 841000 元;莆田 5 家,资本 530000 元;沙县 2 家,资本 474045 元;上杭 4 家,资本 325000 元。② 工厂数最多的依次是内地的南平、永安、龙岩。工厂的内迁,使福建省的工业重心从沿海转向内地。虽然这种迁移是因战争的因素被迫进行的,但这种短暂的转移活动,在一定程度上改变了近代福建工业发展的进程和布局,推动了内地工业的发展,促进了战时后方经济的开发建设。内地的南平、永安、龙岩、沙县等城市也因此成为战时工业中心。

抗战前福建内地不但工业极其落后,商业也很不发达。战事发生后,随着政府机关、工厂、学校和文化事业单位的迁入,商人纷纷迁来开店营业,商业鼎盛一时。1941 年,永安大小商店由 1937 年的百余家增至 530 余家。比 1937 年增加 400 多家,其中资本额大者达 200 多万元,年营业额最多者达 2000 万元。③ 有 13 家苏广店,19 家布店,四海春、一品轩、燕江楼、快乐轩等 15 家酒楼,中南旅运社永安分社、大中、新交通等 7 家较大的旅社。还有理发店、澡堂、照相馆、五金交电店、西药店等。④ 1940

---

① 罗肇前:《福建近代产业史》,厦门大学出版社,2002,第 258 页。
② 福建省政府统计室编《各县市最近简要统计》,1946 年 11 月,第 91~99 页。
③ 永安市地方志编纂委员会编《永安市志》,第 179 页。
④ 永安市地方志编纂委员会编《永安市志》,第 538 页。

年11月12日,省工商业展览会在永安体育场开幕,展出商品数万件,展期7天。第一天前往参观的达3万人次。①南平等地也迁入了不少相邻的浙江省工商人士,仅浙江金华就迁来7家百货店。浙江东阳籍人士在南平工作的,达1000人以上,他们大多从事建筑业,"横店人杜荣记、六石人张发记等营造公司,规模很大,生意兴隆"②。战时公营商业企业也得到发展。福建省贸易公司迁移南平,随后省运输、企业两公司相继在南平成立。省贸易公司控制全省大部分物资,实行统购统销,对糖、纸、粮、茶、木材、火柴设专部管理。以南平总公司为主体,机构遍布全省及省外部分地区,构成庞大的商业贸易网,营业额占当时全省贸易总额的60%~65%。③1943年夏,三公司合并改组为省特种企业公司。在战争时期,福建省政府创建省营公司,限制私商巨贾,稳定社会经济,同时增加政府收入,多少解决了战时政府财政的困难。

## 三 内地城市教育文化的发展

为了躲避战火,东南沿海不少教育文化机构先后迁到福建内地,大批公教人员和知识分子也相继云集永安。原来交通闭塞、文化落后的山城永安,不仅成为福建战时政治中心,而且一跃成为抗战期间东南半壁的文化中心,与西南大后方的桂林和重庆遥相呼应。据调查统计,从1938年5月到1945年10月的7年间,永安先后有改进、建国等出版社和编译团体共计50多个,书店、印刷所各10多家,先后编印报纸12种、期刊129种、各类图书800种以上。还有新闻学会、记者公会、经济学社等40余个文化学术团体和群众组织。报纸有《老百姓》《福建民报》《建设导报》《民主报》《中国儿童时报》等,刊物有《改进》《现代青年》《现代文艺》《联合周报》《新福建》《国际时事研究》《社会科学》《研究汇报》等。图书中有各种丛书、丛刊近40套,如改进出版社出版的"改进文库""现代文艺丛刊""世界大思想家丛书""世界名著译丛"等8大丛书;东南出版社出版的"大学学术丛书""世界文学名著""东南文艺丛书""通俗史地丛

---

① 永安市地方志编纂委员会编《永安市志》,第18页。
② 张根福:《抗战时期浙江省人口迁移与社会影响》,上海三联书店,2001,第215页。
③ 魏育适:《福建省贸易公司在南平》,载《南平文史资料》第6辑,1985,第49~50页。

书"等；教育厅编审委员会出版的"战时国民读物丛书"以及经济科学出版社出版的"中国学术丛书"等。① 马寅初、千家驹、巴金、王亚南、范长江、郭沫若等著名作家、学者都在永安进步刊物上发表过作品和出版过专著。

随着出版事业的繁荣，永安的印刷和图书发行事业也得到蓬勃发展。抗战期间，永安不少印刷所已有铸字、制版等设备，有的还承接外地刊物和书籍的印刷业务，业务很发达。永安的图书发行非常兴旺，当时改进出版社、东南出版社、民主报社、政干团等都设有营业处、门市部、服务部等，兼营书刊经销业务。此外还有中华书局、开明书店、正中书局、商务印书馆在永安设立的支馆以及立达书店、青年书店等书店。这些书店多数与重庆、桂林、昆明、韶关、衡阳、赣州等文化据点都有频繁的业务往来。抗战时期永安的戏剧活动特别活跃，尤其是话剧运动盛况空前。戏剧团体有话剧团、平剧团、歌咏团、音乐团、巡回团、特教团、研究会等10多个。除定期在永安举行公演和联演外，还经常配合抗战形势，深入战地、乡村宣传演出。② 以报刊和图书的出版发行、戏剧宣传为主体的抗战文化运动在永安蓬勃兴起，推动了抗日救亡运动。一时间，永安不仅成为福建省，而且成为东南沿海的文化中心，在内地城市历史上呈现一派前所未有的文化繁荣景象。

省政府内迁永安后，福建高校和大部分中学陆续疏散到内地。1937年11月，国立厦门大学迁往闽西长汀。1938年6月，设在福州的私立福建协和学院奉令迁闽北邵武。私立华南女子文理学院迁闽北南平。私立福建学院先迁闽清，后迁闽北浦城。福建省医学专科学校首迁永安，1938年5月迁闽中沙县，1940年4月迁返永安，改为学院，1941年8月迁三元。福建私立集美高级水产航海职业学校从厦门先迁闽南安溪，后迁闽中大田。国立海疆学校1944年5月创办于仙游，1945年春迁南安，战后迁晋江。省立福州、龙溪工业职业学校合并，成立福建省立高级工业职业学校，设在南平。③

---

① 中共福建省委党史研究室等编《永安抗战进步文化活动》，海峡文艺出版社，1994，第7页。
② 中共福建省委党史研究室等编《永安抗战进步文化活动》，第8~9页。
③ 福建省地方志编纂委员会编《福建省志·教育志》，方志出版社，1998，第249页。

抗战爆发两三年后，东南各省大多陷落，而福建相对安全。东南沿海沦陷区的一些大专院校在福建设立或迁设福建办学。如原设于上海的国立暨南大学1941年迁至闽北建阳。① 浙江之江文理学院，先迁上海，1942年迁至福建邵武。② 还有苏皖联立临时政治学院、国立东南联合大学、苏州私立东吴大学文理学院、国立中正医学院等也先后迁到闽西北城市。

同时以战时省会永安为中心，陆续创办、改建了当时地方建设所需的医、农、师范等科的6所大专院校，如省立音乐专科学校、福建师范专科学校、省立农学院、省立南平高级护士职业学校等。一批沿海中学内迁，省政府在闽西北山区也增设省立初级中学和完全中学。1941年，省立永安初中改为完全中学，宁化、明溪增设省立第一、第二临时中学；1942年，省立第一临时中学改为省立宁化完全中学，省立第二临时中学改为省立明溪初级中学，设立顺昌临时初级中学，将省立永春、晋江、建瓯、莆田、上杭各初级中学改为完全中学；1943年，省立南平、邵武初中改为完全中学并在龙岩增设高级中学；1944年和1945年，分别在仙游、云霄和永安设一所高级中学。③

在福建省偏僻的山区地带，这些内迁高校克服种种困难，不仅保存了基本实力生存下来，而且在艰难的条件下获得了新的发展。上述高等学校中，规模和影响较大的是厦门大学。厦门大学创办于1921年，1938年内迁长汀后，在校长萨本栋的带领下，克服抗日战争时期办学的重重困难，使学校得到较大发展。学生从迁校初期的240多人，发展到1945年的1000多人，院系设置从3院9系发展到文、理工、法、商4院15系，教学质量有所提高，厦门大学学生连续两次获得当时全国大学生学科竞赛国立大学的第一名。④ 福建协和大学1938年迁校时有教职工37人，学生142人。到1945年，学生达693名。据不完全统计，毕业生有379名。⑤ 其他各校在校学生人数都有增长。

---

① 刘海峰、庄明水：《福建教育史》，福建教育出版社，1996，第545页。
② 张根福：《抗战时期浙江省人口迁移与社会影响》，第142页。
③ 福建省地方志编纂委员会编《福建省志·教育志》，第194页。
④ 福建省地方志编纂委员会编《福建省志·教育志》，第237页。
⑤ 金云铭：《回忆抗战时期的协和大学》，《福建地方志通讯》1985年第4期。

内迁学校注重为当地文化教育和经济建设服务，积极参与到当地社会事业的建设中。邵武地处闽、浙、赣三省交界处，教育落后。1938年6月，福建协和大学（简称"协大"）迁居邵武后，创办了豫章、汉美两所民校，还接办了协大附属汉美小学、协大附属中学、协大附属高级农业学校以及各种补习学校。[1] 抗战前邵武青年到协大读书的每届只有两三人，自协大迁邵后，每届邵武青年升学协大的有时竟有二三十人。协大为了帮助当地发展农业，协同地方政府开办了农训班，招训各乡基层农技人员。又将在福州开设过的协大附中改为附属高级农业职校，以解决地方对中等农技人员的大量需求。协大农学院在城郊下南寮设立农事试验场，进行农作物新品种和新耕作制度的试验，并另设有花木、果园、山林试种场地。农学院从广东岭南大学引进高脚南特稻种。用温州蜜橘及福州蜜橘嫁接变种培育了南丰蜜橘。因海岸被敌封锁汽油无法进口，协大化学系把松香树脂配合烧碱萃取而发明了汽油代用品。生物系多次组织人员对邵武七台山区和武夷山区的珍异生物进行考察。[2] 此外，师生深入农村山区做社会调查，进行水稻品种培育、水果栽培、茶叶的制作、茶油的提炼，邵武地区鸟类、鱼类、作物病虫害、寄生虫病的研究。[3] 协大还聚集了一大批国内著名的学者、教授。协大内迁，促进了当地民众科学知识的进步和文化水准的提高，对于闽北山区的文化发展，自然资源的开发利用，起到了积极的促进作用。

抗战前，福建高等教育事业发展十分不平衡，所有高校都集中在福州、厦门二地。闽西北内地经济落后，教育也落后，人才稀缺，不仅没有高校，中学也很少。抗战时期学校内迁后，这种状况得到迅速改变。闽西北学校数量骤然增加，这些新办的中高等学校加上从沿海沦陷区内迁的大中专院校，形成了以战时省会永安为中心的教育网络，改变了战前学校集中在福州、厦门两地的布局。构建了包括高等教育、中等教育、初等教育、学前教育等在内的各层次教育，以及社会教育、女子教育、通俗教育等在内的各种类型教育的完整教育体系，为内地培养了大量人才，闽西北

---

[1] 金云铭：《回忆抗战时期的协和大学》，《福建地方志通讯》1985年第4期。

[2] 云天：《追记内迁邵武时的协和大学》，载《邵武文史资料选辑》第2辑，1985，第77～79页。

[3] 金云铭：《回忆抗战时期的协和大学》，《福建地方志通讯》1985年第4期。

教育事业出现了空前繁荣的景象。学校内迁促进了迁居地区文化教育事业的起步和发展，也有利于福建省教育格局的平衡发展。

## 四 内地城市市政建设的展开

抗战以前，福建近代城市建设多在沿海地区进行。内迁后，新式的市政管理制度得到引进，城市的开发和建设工作因此展开，使内地城市面貌发生了前所未有的变化。

抗战开始后不久，福建省政府迁往内地永安。"永安位于本省中央，因为它位置的适中，和群山的险要，在抗战时期，就建为新的省会。这新的省会就由老小的市镇成长为近代化的城市。"① 永安本来是一个十分落后的内地县城，位置偏僻，交通落后、人口稀少。抗战前，县城南郊及吉山等地还经常发生虎患。"其房屋大都毗连狭小，城内街道仅能通行人力车，卫生方面向不注意，市政建设未具雏形"②。成为战时省会后，开始对永安进行近代城市规划。省政府制订了《改良永安市政计划大纲》。初期整理工程以维持城市原规模及节省建筑费用为原则。计划进行的工作有：建筑下水道，沟身用乱石块以洋灰黏砌；由于城内狭窄，已无空地可供公共建筑之用，拟在永安城外造一平民住宅区；改善路面，长约5公里，宽约2米，用三夹土实铺，行驶人力车辆，其余部分则就原有路面加以整理，必要时拆建少数民房以便通行；建设公共厕所；搬运污物设备；改良中山公园；建筑小菜场及屠宰场；建造挑水码头等。以上计划均属改善现状而着重公共卫生。③ 1939年，省政府设立永安市政委员会，由省建设厅厅长兼主任委员。1939年，福建省政府曾规划以永安县城西南郊一带与巴溪两岸广场为基地，建设省会新市区。大东、东南等外地营造厂商纷纷迁到永安承建新市区工程项目。至1941年2月，经省工务局注册登记的营造厂商达33家。1944年，增加到47家。负责市政建设和设计的机构有福建省永安市政委员会设计室、省经济委员会设计室、省工务局技术室、省会新市区

---

① 林观得编著《福建地理》，建国出版社，1941，第67页。
② 福建省政府编《重订福建省单行法规汇编》，1939，第264页。
③ 福建省政府编《重订福建省单行法规汇编》，1939，第264~267页。

工程处等建筑设计单位。① 新市区的规划是："沿溪两岸50米以内划为工业区，建国路及复兴路一带为商业区，桥尾沿山脚一带为住宅区"，建成面积"除筑堤建马路外，实有450亩"②。

首先进行的是道路、排水设施和防洪设施的建设。1939年，永安县政府颁令拓宽新街，先后把新街、大同路、中华路、中山路、民权路等12条街道拓宽至10～14米。1940年，省工务局利用城墙砖铺设新街、东门路、民权路、公正路等路面。至1943年，城区道路有36条（包括3条防火街），总长7193米，路面有卵石、城砖、三合土、碎石土等，路面最宽的有14米，最窄的仅2米。③ 1939年，省工务局将永安城区排水设施列入道路修建工程项目，次年实施。1943年省市政工程局对城区沟渠进行规模较大的整治。城区排水沟均为砖砌，盖板为木板或石板，总长度1.26万米。同年还修建3条中央单道排水道。1939年，省工务局利用拆除的城墙砖，在巴溪东岸沿河修筑长1100米、高5米、底宽18米、顶宽3米的土堤。1944年，修筑块石护岸，长34米，高5米；同时用竹篓填石，建造5座横坝，以防洪水冲刷堤坝基础。④ 经过建设，永安的城市范围推广到城墙外附近20公里左右的地方。⑤

城市卫生、市容、电灯、公园、绿化等事业也随之展开。1941～1945年，省政府先后颁发《永安县新生活促进会通告》《永安县环境卫生纲要表》《整顿永安市容临时指导委员会决定事项》《永安县公共卫生》等文件和通告，进行市容管理。⑥ 到1940年4月底，永安电灯用户增加至562户。⑦ 1940年6月，新街、旧街、大同路、中华路、中山路、中正路先后安装路灯。⑧ 1940年春，省政府于县城东门修建中山公园，占地1.5万平方米，建有俱乐部、池塘。1941年3月12日，县城各机关、团体、学校开展植树活动，计植树200亩。1944年，省市政工程局在大同路、公正路

---

① 永安市地方志编纂委员会编《永安市志》，第484～485页。
② 福建省地方志编纂委员会编《福建省志·城乡建设志》，方志出版社，1999，第25页。
③ 永安市地方志编纂委员会编《永安市志》，第457页。
④ 永安市地方志编纂委员会编《永安市志》，第464～465页。
⑤ 福建省地方志编纂委员会编《福建省志·城乡建设志》，第25页。
⑥ 永安市地方志编纂委员会编《永安市志》，第496页。
⑦ 福建省银行经济研究室：《永安县经济调查》，1940，第36页。
⑧ 永安市地方志编纂委员会编《永安市志》，第462页。

等植树 212 株,在林森桥头(今西门桥)、东门桥头及中山公园植榕树 12 株,苗木由省园艺实验场供应。[①]

省会之外,其他城市也有较大改观。建阳是闽北公路交通中心,闽浙、闽赣公路的交叉点。到南平、崇安、邵武、浦城的汽车都要经过建阳,附近有福建省著名的汽车修理厂。[②] 但市政建设比较落后。建阳"扼闽北及浙赣交通要冲,人烟密集,运输频繁,奈市政未加整理,尤以中山路南段及东大路为商业中心区域,街道狭小,行人拥挤,卫生管理不畅"。"鉴于地方繁荣发展之重要",第三区行政督察专员组织建阳县地方建设委员会,邀请当地党政军首长及地方人士为委员,并公推专员为主任委员,县长为副主任委员,对建阳城市道路进行拓建。第一期扩建中山路南段及东大路,长 521 米。全部工程包括补充路面,关闭水沟,铺筑人行道明盖板及明井等。招标承办工程费计 170 余万元,由道路特赋项下统筹支给。建成后车道宽 7 米,人行道各宽 1.5 米,"市容为之改观,商业日就发达"[③]。

南平位于建溪、沙溪、富屯溪的汇合点,是闽北水陆交通的中心,在"交通上、工业上、商业上,占重要地位"。抗战以来,南平郊外的水南,成为福建省最重要的工业区。"这个山城现在已变为人山人海熙来攘往的场所"[④]。1936 年,对南平进行全面地籍普查测绘,城区建成区面积 0.89 平方公里。省政府内迁永安后,南平成为撤退的大后方。省工务局曾编制《南平县城区改造规划》,对沿街店面实行统一装潢,对市政设施加以改善。至 1949 年,城区建成区为 2.66 平方公里。[⑤] 随着经济发展和人口增加,为解决供水问题,南平自来水公司不断扩大规模,1941 年由县政府直接经营管理,加装动力设备 80 马力的抽水机,开引水桥,大量敷设铁管。[⑥] 1942 年,南平县政府为准确全城时间,特别在中山公园内建立标准

---

① 永安市地方志编纂委员会编《永安市志》,第 475~476 页。
② 林观得编著《福建地理》,第 67 页。
③ 福建省第三区行政督察专员兼保安司令公署编《福建省第三区行政督察专员兼保安司令公署三十四年度工作报告》,1945,第 13 页。
④ 林观得编著《福建地理》,第 68~69 页。
⑤ 福建省地方志编纂委员会编《福建省志·城乡建设志》,第 22 页。
⑥ 罗肇前:《福建近代产业史》,厦门大学出版社,2002,第 257 页。

钟一座，台基高达 2 丈。① 经过抗战时期的大规模兴建，内地城市面貌有了很大改观。

## 五　内迁对城市体系的影响

城市体系是指在一个相对完整的地域范围内，具有一定层次结构和系统功能的城市有机群体。鸦片战争后，福州和厦门被开辟为第一批通商口岸，以对外贸易为先导，开始现代化的步伐。城市人口增加，城区规模扩大，城市商业、金融、交通乃至文化教育等都有了长足发展。福建的经济重心一直在沿海地区，城市的现代化也主要是在沿海城市展开。抗战前，以福州和厦门为中心的城市体系初步建立。而相形之下，福建内地城市长期位于区域经济的边缘地区，现代化处于启动或萌芽阶段。

抗战后的内迁，改变了这一布局。抗战爆发后，海口封锁，省会内迁。厦门沦陷 8 年，福州也于 1941 和 1944 年两次被日军占领。沿海城市遭受战火，发展停滞。而此时内地城市在战时特殊环境下有了较大发展。各城市在城市体系中的地位与战前相比变化很大。原来籍籍无名的小山城永安成为战时福建省政治、经济、文化中心。由于公路交通的发展，沿海经济和内陆经济互相渗透，闽北南平的交通集散地位明显优于建瓯而成为闽北的中心，建阳地位也在上升。闽西龙岩的地位超过长汀，闽东赛岐港渐渐取代三都澳的地位。而厦门沦陷后，外贸停滞，进出口货物改由泉州进出，泉州在闽南的地位上升。另外，海口被敌人封锁，物资无法进口，一方面，省内的土特产无法出口，另一方面，原来被进口商品占领的市场也空缺出来，土糖、土布生产一时兴旺，促进山区一些市镇的发展。如邵武龙斗镇，在邵武北部离城 35 里处。抗战时期修建的光泽公路经其东，每日有汽车往来。富屯溪经过其西，舟楫便利。"抗战军兴，农村经济渐次繁荣，外糖因海口被敌封锁已无法进口。闽南产糖区域，也限于交通困难，不能大量输入闽北，促进本镇甘蔗生产之复兴。"全乡居民有 600 余户，以种植甘蔗为业者，占总户 19% 以上。② 闽侯的江口镇，也是在抗战

---

① 潘河汾：《南平大事记（二）》，载《南平文史资料》第 2 辑，1982，第 41 页。
② 陈兴荣、郑林宽：《邵武农村经济调查报告书》，私立福建协和大学农学院农业经济系，1946 年 7 月，第 23~24 页。

初期迎来织布业的繁盛。

正如《福建地理》所言：本省最繁华的市镇，在战前是福州和厦门，战后这种中心就移到内地去。所以抗战以来，政治中心由福州移到永安和三元。因为学校的内迁，邵武、沙县、南平、闽清、永安、长汀，就变成文化中心。其他像军事中心，移到沙县、梅列、浦城。工业中心，移到南平、建瓯、永安。交通中心，移到南平、永安、建阳。①

福建各地城市现代化的步伐并不同时，沿海城市远远快于内地城市。由于有华侨的投资，20世纪20年代闽南沿海的电力工业、交通运输和市政建设早已起步，内地城市还是寂静无声。日本的侵华战争使福建原本就艰难曲折的现代化进程受到极大破坏和停滞，不过，抗战也为内地城市发展提供了一个发展的契机。大量移民进入内地城市，为其注入了活力，促使内地城市的政治、经济、文化、城市建设等的发展进入了一个新的阶段。在政府的主导下，闽西北的城市开始了现代化的步伐。永安"及至抗战军兴，本县成为一省之省会。于是无论商业、工业、交通、金融均扶摇直上"②。"内地的城市数世纪以来渡着恬静的生活。抗战以来内地的山城，一个个醒起来了。因为工业、文化、经济、政治中心的内移，使旧式人口稀少的山城，慢慢地挟上新潮的外衣，便如雨后春笋般，发达起来。"③ 时人还指出了变化较大的内地几个城市，分别是永安、南平、建瓯、建阳、浦城、沙县、三元、连城、长汀。④ 在战时的特定环境下，内地城市的近代工业开始崛起并有所发展，运输通信产业兴起，文化教育事业呈现初步繁荣，城市建设展开，都构成了内地城市现代化的主要内容，也为新中国成立以后闽西北城市的发展奠定了基础。

同时应该指出的是，福建内地城市的发展更多的是沿海城市受到战时影响的替代效应，这种发展具有暂时性、突变性，一旦战争结束，沿海城市的优势仍然存在，它们从战时创伤恢复过来后，很快又走在前面。抗战结束后，1945年10月，省会迁回福州，机关、学校、人员等也随之大规模回迁，福建的经济重心重新回到沿海城市。内地城市渐趋沉寂，发展滞

---

① 林观得编著《福建地理》，第62页。
② 福建省银行经济研究室：《永安县经济调查》，1940，第34页。
③ 林观得编著《福建地理》，第67页。
④ 林观得编著《福建地理》，第67~70页。

后于沿海的状况并未得到根本改变。

有学者综合了近年来有关抗战时期中国的工业、人口、文化及其他方面内迁的研究成果,指出"从中国现代化进程的视角来看,因外族入侵而不得已的内迁,却造成了中国现代化重心、布局与发展方向的调整变动",内迁促进了后方社会的变化,"尽管不符合常规,却在某种意义上造成了历史的进步"[①]。这个论断虽然主要是针对内迁西南地区而言,但在一定程度上也反映了沿海省份内迁本省内地的影响。沿海省份得开放风气之先,在其口岸城市首先开始现代化的转型,但由于这种现代化辐射力有限,造成本省内地和沿海地区发展差距极大。抗战直接改变了城市现代化进程的格局,在不同区域的政治、经济、文化、教育、生活方式等各个层面呈现出多元发展趋向。抗战的内迁促进了这些原本落后地区的发展,城市现代化也从此迈开了步伐。这种在战争状态下的非正常迁移,也在一定程度上改变了本省现代化布局和城市体系的空间结构,促进了省域经济和社会的协调发展,福建就是一个明显的例子。

(原载《抗日战争研究》2009年第2期)

---

① 忻平:《试论抗战时期内迁及其对后方社会的影响》,《华东师范大学学报》1999年第2期。

# 从结盟到不结盟

——20世纪80年代初中国外交政策调整背景探析

颜永琦

根据国际形势的发展变化，我国从20世纪80年代初逐步调整对外政策，改变了20世纪70年代实施的针对苏联的"一条线"外交战略。1982年党的十二大明确提出了独立自主的和平外交政策。即主张反对霸权主义，维护世界和平，发展同各国的友好合作和促进共同经济繁荣。所有国家一律平等，并努力在和平共处五项原则基础上同世界各国建立、恢复和发展正常关系，而不以社会制度和意识形态的异同来决定亲疏、好恶。在任何时候和任何情况下，都坚持独立自主，对一切国际问题都根据其本身的是非曲直决定自己的态度和对策。决不依附于任何一个超级大国，也决不同它们任何一方结盟或建立战略关系。20世纪80年代初的中国外交政策调整是新中国成立以来最深刻、最成熟的一次。中国独立自主的和平外交政策，赢得了更多的朋友和更高的国际声誉，有力地维护了世界和平，为我国现代化建设和改革开放争取了一个有利的国际和平环境，直至今天对中国外交都产生着重大影响。这一外交战略的转变是以邓小平为核心的党的第二代中央领导集体重新确立了解放思想、实事求是的思想路线，立足于国家利益，顺应时代发展要求，总结新中国成立以来实施的外交战略和政策的经验教训而做出的重大抉择。

一　20世纪80年代初中国对外战略调整是对时代特征和总体国际形势的重新判断与中国工作重心转移的结果

时代是世界总体形势和人类历史发展的一个特定阶段，也就是由某些基本特征决定的一个较长的历史时期。对时代的判断和分析直接关系到国家内政和外交战略、政策的制定与实践,列宁曾明确指出:"只有在这个基础上,即首先考虑到各个'时代'的不同的基本特征(而不是个别国家的个别历史事件),我们才能够正确地制定自己的策略;只有了解了某一时代的基本特征,才能在这一基础上去考虑这个国家或那个国家的更具体的特点"①。在时代认识问题上,我们党在新中国成立之后经历了一段从"战争不可避免并迫在眉睫"到"较长时间内不发生大规模的世界战争是可能的"再到"和平与发展是时代主题"的曲折认识过程。

根据不同的时代主题,20世纪大体可划分为两个时代。20世纪上半叶是个大动乱时期,资本主义的发展危机引起了两次世界大战,战争又引起了两次世界范围的革命高潮。所以,这个阶段通常被称为战争与革命时代。1940年1月,毛泽东运用马克思主义的立场、观点、方法,结合第二次世界大战全面爆发和中国抗日战争的实际,指出:"现在的世界,是处在革命和战争的新时代"②。应该说这是对20世纪上半叶时代特征的准确判断。

20世纪下半叶,时代特征开始发生了深刻变化,这要求马克思主义者给予足够重视并做出重新判断。从主观上来看,20世纪上半叶持续的战争特别是两次世界大战使人民饱受战争之苦。"二战"后,世界各国人民对战争深恶痛绝,掀起反战运动,有效地防止战争的发生和升级。企求和平的心态和愿望一直在国际舞台上占有主导地位。要和平、求发展成为世界各国人民的共识,各国统治者也不能不给予高度重视。从客观上来看,科学技术发展和各国经济依存度不断提高。核武器的出现改变了战争的方式,战争将没有胜利者。由此,时代主题和基本特征逐步转变为和平与发展。但是,一方面,由于"二战"后国际上不但存在冷战和不间断的局部战争,以及风起云涌的民族解放运动,世界还长期笼罩在核大战的阴影下,而且时代特征本身也有一个逐步显露的过程,和平与发展的时代主题表现得并不太明显。另一方面,由于我们党深受列宁和斯大林关于时代认识的影响,加之新中国成立以后,以美国为首的资本主义阵营对我国采取

---

① 《列宁全集》第26卷,人民出版社,1988,第143页。
② 《毛泽东选集》第2卷,人民出版社,1991,第680页。

经济封锁、政治孤立、军事包围政策以及随后中苏关系对立造成的形势导致当时大多数中国共产党领导人对时代开始发生变化的迹象没有清醒的认识，做出不十分准确的判断，认为"战争不可避免并迫在眉睫"，"关于世界大战问题，无非是两种可能：一种是战争引起革命，一种是革命制止战争。""新的世界大战的危险依然存在，各国人民必须有所准备，但是，当前世界的主要倾向是革命。"①"要准备打仗"成为中国各项工作的指导思想。这种认识在"文革"期间达到登峰造极的地步。20 世纪 50 年代末期以后的长时期里，我们之所以在指导思想上犯了越来越严重的"左"的错误，一个非常重要的原因，就是对当时所处时代的认识不完全准确，对时代主题的认识逐步落后于现实，由此造成了我国内政外交的失误：对内"以阶级斗争为纲"，对外强调世界革命。造成中国在"文革"结束时经济濒临崩溃的边缘，在国际上日益孤立，损害了中国的和平形象。当前学术界有一种看法，认为和平与发展成为时代主题是在 20 世纪 70 年代以后，甚至是在 20 世纪 80 年代以后，这种看法是值得商榷的。因为要是肯定我们党在新中国成立之后到改革开放以前对时代特征的判断是准确的，就无法否定改革开放以前实行的一系列内政外交的过"左"路线。应该说，毛泽东对 20 世纪下半叶逐步显现的时代特征转换没有清晰的认识和做出准确判断。

20 世纪 70 年代末以后，时代转换更为明显，一方面，新科技革命的突飞猛进继续推动着资本主义经济和社会的发展，资本主义国家的自我调节能力明显增强；全球化趋势日益明显，世界各国逐步成为一个紧密相连的共同体。战争与革命的因素逐步减弱。另一方面，军备竞赛和霸权主义仍然对世界和平构成威胁，在不公正不合理的国际秩序下，南方发展面临种种困难，南北差距扩大，同时也影响了北方的发展。因此，争取和维护世界和平，促进共同发展已成为国际社会的共同呼声，和平与发展的因素不断上升。邓小平在 20 世纪 70 年代末恢复工作以后，以求实的科学态度，深刻分析当时国际政治经济发展的现实，敏锐觉察到时代主题已从战争与革命转换为和平与发展。他指出："在较长时间内不发生大规模的世界战争是有可能的，维护世界和平是有希望的"②，从而改变了过去认为"战争

---

① 《人民日报》1972 年 10 月 1 日，第 1 版。
② 《邓小平文选》第 3 卷，第 127 页。

的危险很迫近"的看法。20世纪80年代中期，他进一步指出："现在世界上真正大的问题，带全球性的战略问题，一个是和平问题，一个是经济问题或者说发展问题。"① 做出了和平与发展是当代世界两大主题的著名论断，基于对时代主题的重新判断，他领导我们党和国家顺应历史潮流，果断抛弃"以阶级斗争为纲"这个不合时宜的纲领。在党的十一届三中全会上，尽管邓小平没有提出时代主题问题，但是会议做出了将国内工作的重点转移到社会主义现代化建设上来和实行改革开放的重大决策，显然是对国际形势有了新的看法做出的，即和平和稳定的国际环境是我们做出工作重心转移的前提和基础。邓小平说："没有这个判断，一天诚惶诚恐的，怎么还能够安心地搞建设？更不可能搞全面改革，也不能确定我们建军的正确原则和方向。"② "一个是对国际形势的判断，一个是根据这个判断相应地调整对外政策，这是我们的两个大变化。现在看来，这两个变化是正确的，对我们是有益的，我们要坚持下去。只要坚持这样的判断和这样的政策，我们就能放胆地一心一意地好好地搞我们的四个现代化建设。"③ 我们党长期以来实行以斗争为主线的外交战略，在一定程度上也加剧了国际形势的动荡，显然不利于我们的现代化建设。因此，改变我们的对外政策，促进世界和平与发展，也是我们社会主义现代化建设的需要。邓小平认为："一九七八年我们制定一心一意搞建设的方针，就是建立在这样一个判断上的。要建设，没有和平环境不行。我们在制定国内搞建设这个方针的同时，调整了对外政策。我们奉行独立自主的和平外交政策，这有利于和平。"④ 从邓小平的讲话中可以看出，外交和内政是相辅相成的，工作重心的转移是建立在对国际形势的正确判断上，而工作重心的转移也要求对外政策的调整。

## 二 20世纪80年代初中国对外战略调整是对新中国成立以来一系列外交战略特别是"一条线"战略经验教训的深刻总结

从新中国成立到新时期独立自主和平外交政策的提出和实施，我国针

---

① 《邓小平文选》第3卷，第105页。
② 《邓小平年谱》，中央文献出版社，2004，第1012页。
③ 《邓小平文选》第3卷，第128页。
④ 《邓小平文选》第3卷，第233页。

对国际局势变化经历了几次比较明显的外交战略大调整，大致可划分为三个阶段：新中国成立初期，中国在对外关系上采取"一边倒"的外交战略，即联合苏联为首的社会主义阵营，反对美国为首的帝国主义阵营；60年代由于中苏关系恶化，中国采取既反美又反苏的"两个拳头打人"外交战略，积极支持亚非拉发展中国家反对霸权主义，和争取民族独立解放的斗争；从70年代初中美关系改善开始，中国在对外关系上实行"一条线"的外交战略，联合西方国家和亚非拉发展中国家，建立反对苏联霸权主义的国际统一战线。从以上可以看出一个共同的特点：中国外交的战略指导思想是在明确的敌友观指导下，希望通过建立国际统一战线，即结盟或准结盟、建立安全战略合作关系等手段来制约和排除对我们国家安全可能构成的威胁因素。50年代的中苏结盟、60年代的联合广大亚非拉国家、70年代的联美反苏等都是按照建立战略集团的思路来对抗对手。这些外交战略和政策，在中国争取国际社会的承认和维护国家主权、领土完整方面以及反对美苏的霸权主义中起了重要的作用。但是也存在巨大的弊端，一是对时代的认识采取教条主义的态度，没有对国际形势的变化做出准确的判断，一直强调世界处在"战争与革命"的时代，并以此来决定我们国家的内政外交，造成"左"倾思潮的泛滥；二是以对抗者的姿态出现于国际社会，容易破坏我国的和平形象，增加国际社会对我国的疑虑；三是建立结盟或准结盟关系，必然承担一定的义务，导致我国对国际事务很难做到根据事情本身的是非曲直来决定自己的态度和对策，影响我国的独立自主，甚至在某些时候和场合损害国家利益；四是对我们国家在国际政治中的地位估计过高，过高地估计自己对国际社会的影响能力，特别在"文革"期间，把自己看成是世界革命的中心。

20世纪80年代初，由于国际形势的变化和我国内政的调整，以往的外交战略特别是70年代初开始实施的"一条线"外交战略越来越不适应时代和我国的社会主义现代化建设的需要。"一条线"外交战略是我国党和政府在特定的历史条件下所采取的一项基本对外政策：当时，美国内政外交都陷入困境，在这种情况下，美国开始考虑缓和与中国的关系，收缩自己的战线，以便对付最危险的敌人苏联和日益严重的国内问题。与此同时，中苏关系由于中苏两党在一系列问题上存在认识上的差异，导致逐步升温的中苏论战，最后导致国家关系的恶化，成为对我国安全的主要威胁。正是在这种背景下，中国政府制定了以"联美制苏"为核心的"一条线"外交战略。

"一条线"外交战略的实施对中国当时走出外交孤立和确立新的外交原则等方面产生了积极的影响。大体体现在以下几个方面：一是打破了中美关系的坚冰，开启了中美建交的大门，由此，带来了中国的建交热潮，使中国逐步摆脱日益严重的外交困境，有效地保卫了国家的安全；二是推动了中国在联合国恢复合法席位，使中国得以重返多边外交最重要的讲坛，作为联合国安理会的常任理事国，中国在联合国和国际事务中发挥着越来越重要的作用；三是超越社会制度和意识形态的界限，把国家利益置于意识形态之上，这为后来我国确立在新时期外交政策中的国家利益至上原则产生了深刻的影响。

"一条线"外交战略的实施，毕竟是中国把苏联的威胁极端化而采取的应急措施。毛泽东并没有从根本上改变自己对国际形势的总体看法，特别是对时代主题已开始发生的变化模糊不清，而且在国内坚守"无产阶级专政下继续革命"的理论和实践，没能做出工作重心转移的决策，没有把与发达资本主义国家建交和对外开放、发展经济两者联系起来。这些错误认识难免在"一条线"外交战略的实施中显露出来，而且随着时代与国际形势的发展变化弊端日益明显，主要表现在：一是在某种程度上助长了美国霸权主义的气焰，客观上有利于美国在当今世界上确立其"一超"地位，也增加了美国在台湾问题上的砝码。二是在外交实践中存在着"以苏划线"的倾向，使自己与一些国家特别是某些第三世界国家和周边国家关系受到影响，在一定程度上缩小了中国的外交回旋余地。三是对国际局势做出了不完全准确的判断，过分渲染战争的危险性，在实施对内对外政策时存在着"左"的倾向，在一定程度上破坏了中国的和平形象。四是"一条线"外交战略主要着眼于从战略安全的角度考虑中国与西方的关系，而不是以建立相互依存的经济关系为基础，因此一旦共同敌人的威胁消除，战略合作也就难以维持。①

---

① 事实上，随着苏联国力的衰落，20世纪80年代以来中国与西方的战略安全合作关系的基础不断削弱，80年代初期，美国与中国在台湾问题上的僵局大体可以反映这种情况，由此导致中国放弃"一条线"外交战略。但是整个20世纪80年代中国与西方的关系并没有受到多大影响，这主要是得益于十一届三中全会后实行的改革开放政策与西方国家建立了利益互补和相互依存的经济关系。正因为这种日益密切的经济关系才使中国与西方的关系甚至在1989年"政治风波"和苏联解体后仍然得到发展。

从新中国以往的外交战略特别是"一条线"外交战略实施的利弊得失和经验教训来看，我们国家在制定对外战略时应遵循以下几个原则。第一，国家利益至上原则。以国家利益高于一切为原则制定对外战略，尽量减少意识形态与政治观念的干扰。第二，全方位外交原则。不仅要注重政治外交，也要注重经济、文化等方面的外交，特别要把对外战略与对外开放结合起来，为我国的经济建设服务，大力发展自己，增强国家的综合国力，才能真正做到"独立自主"。第三，不结盟原则。不依附一个大国或大国集团，不同任何大国结盟或建立战略关系，实行真正的不结盟，与不敌视我国的各种类型的国家都致力于建立和发展友好关系；根据问题本身的是非曲直制定出真正符合中国人民和世界人民根本利益的对外政策，为自己拓展更为广阔的国际空间，也更有利于中国的内部发展。第四，合作原则。长期以来，我们国家受"左"倾思潮的影响，在处理国际事务中贯穿着斗争哲学。在和平与发展的时代，必须以合作的精神参与和融入国际社会，促进世界的和平与发展。第五，与时俱进原则。根据时代和国际局势的变化和实现中华民族伟大复兴的需要而不断调整自己的外交政策。从20世纪80年代以后我们国家的外交理论和实践来看，我们党和政府制定和实施的外交战略和政策大体上贯彻了这几大原则。

## 三 中国、美国和苏联三角关系的重新演绎是20世纪80年代初中国对外战略进行调整的直接原因

20世纪80年代初，美苏的战略态势由过去的苏攻美守发展到战略僵持状态。苏联在阿富汗问题上，进退两难，十分被动；对越南入侵柬埔寨的支持，同样使苏联进退维谷，面临困境。更为严重的是，由于70年代苏联同美国进行军备竞赛，制约了经济的发展，到勃列日涅夫晚年，苏联的经济已经出现严重问题。而此时的美国逐步走出了由于70年代石油危机和出兵越南导致的经济滞胀状态，呈现出复苏的态势。随着美苏双方力量对比的变化，美国的霸权主义行径逐步增强。特别是里根入主白宫后，一反此前几任总统的"缓和"政策，主张"重振国威，以实力求和平"，振兴经济，加强军备，在全球范围内对苏联采取强硬政策。

随着美国在美苏争霸中取得战略上的优势，美国在台湾问题上对中国

采取日益强硬的立场。美国一直在打台湾牌，把台湾看成是制约中国发展的一支重要力量。美国政府宣布与台湾断交、废约、撤军后，1979年1月1日中美两国正式建立外交关系，但几乎与此同时，美国国会参众两院又不顾国际法的基本原则分别通过了《与台湾关系法》。这份法案的核心部分主要有两个：一是表明台湾问题必须以和平方式解决；二是进一步阐述美国必须帮助台湾有足够能力保卫自己，并且提供防御性武器，总统要随时向国会报告台湾安全的危险和台湾面临的可能威胁。这为日后的中美关系留下很大的隐患。1980年，美国共和党保守派总统候选人罗纳德·里根，在总统竞选中批评卡特民主党政府"抛弃老朋友"，甚至表示要恢复与台湾的官方关系。1981年初上台后，里根虽然没有恢复与台湾的外交关系，但决定加强对台湾的武器出售。这一做法引发了中美关系的严重危机，促使中国领导人开始考虑改变"一条线"外交战略。

为了缓解中美关系危机，从1981年12月起，中美就美国向台湾出售武器问题进行了艰难的谈判，最终于1982年8月17日达成《八一七公报》。美国承诺它不寻求执行一项长期向台湾出售武器的政策，准备逐步减少对台武器出售，并经过一段时间导致最后的解决。但同时，里根也派人以口头的方式向蒋经国提出所谓"六项保证"，实质保障美台军售关系。美国承诺不设定对台军售期限，不会跟中国大陆先商量对台军售，不修改《与台湾关系法》，不强迫台湾跟中国大陆谈判，美国也承诺不会担任两岸协调人的角色，也不改变对台湾主权的一贯立场。这清楚表明，美国从来没有主张过两岸的统一，从来没有放弃过分裂中国、遏制中国的行动。美国政府认为中国在实现社会主义现代化建设的过程中有求于美国，因此美国即使在台湾问题上违约，做出侵犯中国主权、干涉中国内政的事情，中国也会吞下这一苦果。针对美国这一霸权主义行径，邓小平严正指出："任何外国不要指望中国做他们的附庸，不要指望中国会吞下损害我国利益的苦果。"① 中国政府认识到中美战略合作的有限性以及美国对华政策的复杂性，深刻认识到与某一大国建立一种结盟或半结盟关系不符合中国的利益。

与美国在台湾问题上对中国咄咄逼人的同时，苏联因经济困难而日益

---

① 《邓小平文选》第3卷，第3页。

暴露其弱点。80年代美苏争夺的战略态势发生了变化。美国从70年代的战略守势转向80年代的战略攻势，采取主动进逼的姿态，而苏联则被迫收敛其扩张行径，处于某种被动防御的地位。苏联在这种困境中，为了应对美国的战略攻势，不得不寻求与中国缓和关系。1982年3月24日，勃列日涅夫在塔什干就中苏关系发表了讲话，表达了改善中苏关系的愿望。在讲话中，勃列日涅夫呼吁中苏应该实现关系正常化。勃列日涅夫主要在四个问题上向中国领导人表明自己的立场，他主要谈了四点：一是"不否认中国存在社会主义制度"，实际上承认中国是社会主义国家；二是表示完全支持中国对台湾问题的立场；三是苏联对中国没有任何领土要求，建议恢复两国边界问题谈判；四是苏联准备不附带先决条件地就全面改善双边关系与中国达成协议。①《金融时报》把勃列日涅夫的讲话描述为，是"自中苏两国存在边界争端，特别是1969年中苏边界战争以来最明显的和解姿态"②。

1982年3月26日，中国外交部发言人对勃列日涅夫的讲话作了评论。他说，"我们坚决拒绝讲话中对中国的攻击。在中苏两国关系和国际事务中，我们重视的是苏联的实际行动。"③ 苏联愿意改善同中国的关系，这一信息也引起邓小平的高度重视。1982年4月，邓小平在对来访的罗马尼亚领导人齐奥塞斯库谈到中苏关系时说："勃列日涅夫在塔什干的讲话，我们除了对他骂我们的话表示拒绝外，对其他的我们表示注意到了。我们的立场在外交部发言人的谈话里都讲了。我们重视实际行动。"邓小平说的实际行动包括阿富汗、柬埔寨问题，包括他们的边界屯兵问题。邓小平要齐奥塞斯库转告勃列日涅夫："叫他先做一两件事看看，从柬埔寨、阿富汗事情上做起也可以，从中苏边界或蒙古撤出它的军队也可以。先从一两件事做起，没有这样的行动，我们不赞成，世界上的人都不会赞成。"④ 这充分表明了邓小平的务实态度，也表明了邓小平对改善中苏关系的真诚愿望。1982年10月，在中国的提议下，中苏就消除障碍、实现两国关系正常化等问题进行谈判。在1982年至1985年3年间，中国充分利用出席苏

---

① 《亲历与见闻——黄华回忆录》，世界知识出版社，2007，第357页。
② http://baike.baidu.com/view/1008779.htm.
③ 《人民日报》1982年3月27日。
④ 《邓小平年谱》，第815页。

共领导人葬礼的机会,开展了一系列的葬礼上的外交,使中苏两个社会主义大国的关系从对抗逐步走向对话和缓和。1986年9月2日,邓小平在接受了迈克·华莱士的采访时说:"如果戈尔巴乔夫在消除中苏间三大障碍,特别是在促使越南停止侵略柬埔寨和从柬埔寨撤军问题上走上扎扎实实的一步,我本人愿意跟他见面。"① 中苏关系实现正常化是这一时期中国周边外交政策调整的重头戏。80年代初,中苏关系因苏联做出某种和解姿态而出现和缓的迹象,随着苏联在"三大障碍"问题上的逐步松动和迈出实质的步伐,中苏两党和两国关系不断改善。1989年5月,苏联最高领导人戈尔巴乔夫访问中国,双方发表联合公报,宣布两党两国关系实现正常化。鉴于70年代末《中苏友好同盟互助条约》已经中止,双方关系不是回到50年代那种结盟关系,而是在和平共处五项原则基础上建立新型的国家关系,这是中国周边外交取得的重大成就。

十一届三中全会确立了以经济建设为中心和改革开放的方针。建设社会主义现代化需要一个和平、稳定的周边安全环境,而要创造一个和平、稳定的周边安全环境的关键是缓和与改善中苏之间的紧张关系,要实现这个目的,中国必须调整自己的对外政策。因此,以独立自主的和平外交战略取代"一条线"外交战略就势在必行。在这种背景下,针对美国对中国特别是台湾问题上的强硬态度和苏联改善与中国关系的表示,中国开始改变"一条线"外交战略,改善同苏联的关系,淡化同美国的关系,采取"不与任何大国或国家集团结盟"的不结盟政策。不结盟政策的核心是在同大国的关系中保持独立性,使中国外交具有更大的主动性和回旋余地。

综合以上中国党的一些新认识,中国不失时机地对中国外交战略进行了调整。在1982年9月召开的中共十二大上,我们党确立了中国新时期的对外战略方针,即独立自主的和平外交政策。对于确立这一外交政策的必要性和重要性,邓小平指出:"我们的对外政策就是反对霸权主义,维护世界和平。这符合世界人民的愿望,也是我们四个现代化建设的需要。根据这一方针,解决国家间的问题,——我们的对外政策有了一个调整。我们过去曾说过建立'一条线'的反霸统一战线,现在不搞那些,执行独立自主的外交政策。国际上一切和平力量都是我们的朋友,谁搞霸权主义,

---

① 《邓小平文选》第3卷,第167~168页。

我们就反对谁,也不搞集团政治,不依附于任何集团。这个政策对于维护和平比较有利。"① 在这一新的外交政策指导下,我国进行了一系列外交活动:不断改善与周边各国的关系,加强了同第三世界国家的政治经济合作;在力争中美关系稳定发展的同时,逐步使中苏关系朝正常化方向前进;同时继续发展同西方国家和东欧国家的政治经济关系;此外,中国还积极拓展多边外交,加强与联合国的合作,广泛参与多边经济、社会领域的活动和区域性争端的解决。最终实现了邓小平在1985年6月4日军委扩大会议的讲话中所概括的中国外交指导思想上的两个转变:第一个转变,是对时代主题的看法。改变了原来认为战争不可避免,而且迫在眉睫的看法,得出了在较长时间内不发生大规模的世界战争是有可能的结论。第二个转变,是在对外政策上,改变了过去针对苏联霸权主义的"一条线"外交战略,奉行维护世界和平与发展的、真正不结盟的、独立自主的和平外交方针,为经济建设这一中心工作服务。② 实践表明,邓小平制定的独立自主的和平外交政策,不仅为我国的和平发展提供了良好的国际环境,而且有效地改善了我国的国际形象,极大地拓展了我国对外交往的空间,为保证我国集中力量进行现代化建设发挥了重大作用。

(原载《党史研究与教学》2009年第2期)

---

① 《邓小平思想年谱》,第317~318页。
② 参见《邓小平文选》第3卷,第126~129页。

# 大众媒介的政治社会化功能研究

——以中央电视台《今日说法》栏目为例

郭彩霞

学界已基本认可了公民文化对于现代民主政治制度巨大的支撑和维系功能，而作为一种特殊政治文化的公民文化之所以能够发挥其重要的维系和支撑功能，是和政治社会化分不开的。没有有效的政治社会化，现代公民文化就不会形成。政治社会化的途径有多种，其中现代大众媒介是极其重要的政治社会化途径。"点滴记录中国法治进程"的中央电视台《今日说法》栏目自 1999 年开播至今已有 10 余年，在这 10 余年间，该栏目以大量的、切近人们生活的具体案例现身说法，并由一些著名的法律专家根据案例深入浅出地解读有关法律。它以水滴石穿的精神传播法治理念，并将法律逐渐"刻"进公民的心灵深处，这种教育功能就是政治社会化的功能，本文试图对该栏目的政治社会化功能作简要的探讨。

## 一 政治社会化概念之分析

关于政治社会化，阿尔蒙德认为，"政治社会化就是政治文化形成、维持和改变的过程。"[①] 匡和平先生认为，政治社会化是指社会成员在政治实践活动中逐步获得政治知识和能力，形成政治意识和政治立场的过程。它包括两个方面：一是对政治体系中的个体而言，是社会成员通过教育和其他途径获得政治知识、政治情感、政治态度和政治信仰，形成政治人格

---

[①] 〔美〕加布里埃尔·A. 阿尔蒙德等：《比较政治学》，曹沛霖等译，上海译文出版社，1987。

的过程；二是对政治体系而言，又是政治体系通过各种途径将体系内的主导政治意识在全体成员中扩散和传播以使其成员接受某种特定的政治信息、政治情感和政治信仰，并按照共同的模式进行政治活动，从而塑造其成员的政治心理和政治意识的过程。[1]葛荃先生认为，"政治社会化"是政治文化研究的一个特定论域，一般指的是政治知识的传播过程。对于社会一般成员来说，是其个体的政治知识、政治态度、政治价值观念、政治理念、政治情感以及政治信仰等的形成过程，也是其政治人格的形成过程，亦即一个人从"自然人"成长为政治人的过程。对于一个民族来说，政治社会化是指民族的政治文化的传承过程，亦即那些政治方面的知识、态度、价值观和政治信仰等等通过什么样的方式和渠道，一代一代延传下来的过程。[2]毛寿龙先生认为，政治社会化的内涵可以从两个方面理解：一方面，政治社会化是一个在特定社会体系中个人依次学到关于政治以及个人与政治体系关系的价值、规范、概念和态度的过程；另一方面，政治社会化是一个社会使自己的政治文化永恒化的途径，这个途径是一个持续的、贯穿人的一生的过程。前者的政治社会化说明新一代人如何变成政治社会的成员的过程；后者则是说明政治社会如何使自己既有的政治文化能够持续。[3]王秀娟认为，政治社会化就是老一代人在向新一辈人传递有关这个社会的政治价值、政治观点、政治信仰和政治规范的过程中表现出来的某种选择倾向性。人们在步入社会政治生活的过程中，耳濡目染或不断受到熏陶的，首先是占统治地位的主流价值观或倾向性的政治观念。这对维持和发扬占主导地位或统治地位的政治文化来说，无疑是十分必要的，也是异常重要的步骤。它是维持社会稳定运行、保证政治体制能够在文化层面上顺利实施的根本所在。[4]

综合以上所列的几种观点，政治社会化是政治认知、情感、态度、信念、价值、观念、习惯的形成过程，也就是政治文化形成过程。这一过程可以从个体和共同体两个视角来探讨，对于个体来说则是个体从自然人向政治人转变的过程，对于政治共同体来说则是其政治文化延续的过程。由

---

[1] 匡和平：《论农民政治社会化的主体性原则》，《长白学刊》2006年第1期。
[2] 葛荃：《教化之道：传统中国的政治社会化路径析论》，《政治学研究》2008年第5期。
[3] 毛寿龙：《政治社会学》，中国社会科学出版社，2001。
[4] 王秀娟：《政治社会化与政治参与》，《理论探索》2004年第1期。

这一界定可以看出，政治社会化过程中最关键的是要使个体内化政治共同体主流的政治价值观念，使其对这一套价值理念形成认知，产生情感，变为态度，内化为信念。实现这一途径的方式有很多，"大众传播媒介是其中之一。大众传媒主要包括广播、报纸、电视、书籍、杂志、电影和互联网络等。它在政治社会化过程中起了十分重要的作用，承担着重要的政治社会化功能。"[①] 而中央电视台的《今日说法》栏目则是一个催生法治理念的非常典型的案例。

## 二 《今日说法》栏目政治社会化功能的优势

"大众媒介或大众传播媒介指的是在信息传播途径上专事收集、复制及传播信息的机构，一般专指报纸、杂志、广播、电视及最近兴起的网络媒体"[②]。《今日说法》作为一个深受观众欢迎的电视法制节目，除了拥有其他大众媒介所拥有的如表现能力和现场感强、有较高的实效性、便于观众参与、信息量大外，它还有一个很大的独特优势，就是它能通过寓教于乐的形式，向人们进行"信息灌输"，使人不觉得是政治说教，能通过许多戏剧化、感情化的手段"使人们自觉或不自觉地接受下来，形成某种特定的政治情感"。[③] 信息灌输是必需的，但是灌输并不一定能收到应有的效果，关键是要使用有效手段使一些精神、理念深入人们的内心，并转变为人们的思维方式和行为方式。而电视作为大众媒介的一种形式，就有这样的功能。"电视新闻沉溺于可见的东西，这使得电视与其他媒体相比，内在地成了更加感情化的媒体。电视报道能绕过人们大脑的思考而直指人的内心，这就是它巨大力量之所在"[④]。《今日说法》栏目作为一个高收视率的优秀法制节目，在进行政治社会化过程中有许多其他媒体栏目所没有的优势，这些优势如下。

第一，所选择的案例契合了民众对法律知识的需要，满足了民众的强

---

[①] 邓集文：《论大众传媒的政治社会化功能》，《湘潭大学学报》（哲学社会科学版）2004年第1期。
[②] 张昆：《大众媒介的政治社会化功能》，武汉大学出版社，2003，第59页。
[③] 邓集文：《论大众传媒的政治社会化功能》，《湘潭大学学报》（哲学社会科学版）2004年第1期。
[④] 迈克尔·罗金斯等：《政治科学（第六版）》，林震等译，华夏出版社，2001。

烈的心理期待和需求。《今日说法》每期讲解一个案例，而且栏目所选的很多案例都是发生在观众身边甚至很可能再次还会发生在自己身边的事。所以人们非常希望了解这些案例法律是怎么规定和运作的，希望用这些案例收集信息、增长知识、了解法律运作程序，培养法治理念。对于现阶段的我国而言，普通公民不可能熟悉每个法律及其基本精神，所以普通公民在遇到利益受损，或者看到发生涉及法律的一些案件时，自己不知道该如何去运用法律武器维护利益或者对现实进行合理合法的解释。《今日说法》栏目正是针对普通公民所面临的这种困境而对具有典型意义的一些真实案例进行分析、解释。对很多公民来说，这非常符合他们的内在需求，也很容易引起观众心灵的共鸣，影响观众的情绪体验。比如很多经历过或者正在经历遗产分割的困境的观众在看到具有典型意义的遗产分割案例的时候，《今日说法》所讲解的涉及遗产法的基本知识和精神将会深入这类观众的心灵深处，形成"刻在公民心上"的法律。对于政治社会化来说，催生情感体验是实现"化"的最关键因素，因为态度、信念、价值观的形成是极其复杂极其艰难的过程，除非对公民个体发生深入内心的心灵触动，公民很难接受、认可、信赖某种信条或者观念。

　　第二，用切近人们生活的现实案例现身说法，收效良好。《今日说法》栏目所选的案例大都是贴近实际，大多请著名的法学专家做嘉宾，对适用的法律进行通俗易懂的阐释，这种教育是非常有效的。比如学者宋震以电影为例来说明大众媒介在政治社会化中的作用，他认为电影是一种最具娱乐性、最为通俗易懂、读解成本相对最低的政治社会化媒介。这种媒介以潜移默化的艺术方式影响人们对于政治权威的认知、情感和态度。[1] 也就是说，具体的案例对观众的教育作用可能要比正式的法制教育课更加有效。典型案例的意义不在于仅仅是一个法律案件及其适用法律的阐释，而是一类案件的触类旁通。比如 2008 年 1 月 16 日的《今日说法》案例为 2007 年年仅 11 岁的曹杨为救掉进水坑的孙明而溺水死亡，曹杨父亲就这个水坑的责任主管问题提起诉讼，最终村委会因为疏于管理承担死亡 30% 的责任。[2] 这说明了对于由无人管的设施所造成的损失，应该有相关的管

---

[1] 宋震：《电影媒介的政治社会化特点与功能》，《河北学刊》2010 年第 2 期。
[2] 《今日说法》栏目组：《今日说法 2009 年精华本》，中国人民公安大学出版社，2009。

理部门承担责任或者承担部分责任。这种解释会让观众明了,所有的公共设施并不是无主的,而是由相关的机构或者部门来管理的,而这些机构就是责任承担者。正是身边的案例揭示的各种法律知识,让人们感受到法律的存在和威严。

第三,栏目坚持每天固定时间播放,虽是"点滴"教育,但是恒久性为法治启蒙提供了很好的渠道。虽然电视基本上是一种娱乐性的媒体,但电视的众多独特的优点使它已经成为最具有影响的社会化的媒介。"虽然它并非像父母和学校老师那样,有意使我们社会化……但我们不能低估伴随着娱乐无意中学习的力量"①。如前所述,政治社会化由于其复杂性和艰难性,并不是在一朝一夕中就能够完成的,它需要渐渐的孕育和涵养。而对于一个电视栏目来说,它不具有强制性,所以并不是所有人都能够天天观看《今日说法》。而它的恒久性则决定了,即使偶尔看一次,也觉得受益匪浅,甚至会产生明天只要有空还接着看的欲望。只要社会中有相当一部分人看过,或者有一部分人经常看,那么这个栏目所发挥的社会作用就是不可小觑的。"由于长时期的接触以及非强制性的交流式的传播方式,使得大众媒介比其他政治社会化渠道具有更高的可信度,其影响也可能更大一些。"②《今日说法》栏目就是这样一个坚持恒常性,坚持不懈地传递法律知识和解读法律精神,"点滴记录中国法治进程",使广大观众潜移默化地知法、懂法、敬法、信法、守法、传播法律。

第四,案例涉及的范围和内容广泛,几乎涉及了法律的方方面面。《今日说法》栏目所用的教育方法是案例教学法,案例教学法有其特有的优势,比如生动、贴近实际、效果好等,但也有明显的缺点,那就是案例教学法具有不系统性,也就是说其教育只是对一个一个案例所适用的法律的教育,单纯的案例教学法短时间内根本无法完成其系统的法律教育功能。但是法律涉及的内容极其杂多,避免了单纯案例教学法的弊端。《今日说法》栏目所涉及的范围和内容极其广泛,这一点在一定程度上是对案例教学法的补充。每次选择法律中具有典型意义的案例,这样十余年来其所选案例基本涵盖了现行法律的大部分方面,甚至个别生僻的法律,或者

---

① 〔美〕威尔伯·施拉姆等:《传播学概论》,陈亮等译,新华出版社,1984。
② 张昆:《大众媒介的政治社会化功能》,武汉大学出版社,2003,第118页。

个别尚无相应直接管辖法律的案件的适用法律情况也都涉及。电视作为大众媒介的一个重要方面,可以被称为一个丰富多彩的"没有围墙的学校",这所学校以十余年的新鲜、生动的案例,把生僻、难懂的法律用具有真实性、时效性、贴近生活的案例解读出来,深入浅出地对民众进行舆论引导、法律引导,取得了水滴石穿的效果。而且法律教育本来就应该是一个经久不息的过程。"政治社会化通过各种方式和渠道,源源不断地将主流意识形态和主导的政治价值观念传播与散漫于社会的各个方面,灌输到社会成员的眼睛、耳朵和脑海中。这是一个永不停息的动态过程。"[1]

## 三 《今日说法》栏目政治社会化功能的效果评价

《今日说法》以其特有的案例教学法,以其恒常的坚持收到了良好的效果,下面我们以规范性研究为主旨,以理论分析为方法探讨《今日说法》栏目的政治社会化功能的效果。

第一,促进公民权利意识的觉醒,有利于建立现代政治价值观。传统的政治价值观崇尚和服从权威,承认政治权威的地位和权力,放弃个体意志和权利;承认等级差别,整个政治社会贯穿着上下有序、贵贱有类、亲疏有别的政治原则,不承认人权、自由、民主和平等等原则。在一个传统政治价值观盛行的社会,是谈不上个人的权利自由和平等的。由于我国背负沉重而深厚的封建传统,权利意识并不强烈,"奴隶们在枷锁之下丧失了一切,甚至丧失了摆脱枷锁的愿望;他们爱他们自己的奴役状态,犹如优里塞斯的同伴们爱他们自己的畜牲状态一样。"[2] 但是《人权宣言》中倡导"人们有权实施法律所不禁止的一切行为",每个公民都有权享受法律所赋予的权利。权利意识的觉醒是公民意识觉醒的重要方面,而形成公民意识和公民文化则是法治建设的重要方面。因为法治建设不仅仅是一个制度建设的过程,还是一个文化、观念的变迁过程。如果一个社会仅仅有现代法律制度,而且公民满脑子都是"官本位""忠君"等臣民意识,那这个社会顶多只是"新瓶装旧酒",不能算迈进了现代法治国家行列,甚至

---

[1] 齐文辉、李茂军、陈国华:《政治社会化动态运行机理分析》,《河北学刊》2006 年第 2 期。
[2] 〔法〕卢梭:《社会契约论》,何兆武译,商务印书馆,1980。

其法律制度也无法正常发挥其应有的功能。比如菲律宾独立的时候，仿效美国建立了现代的民主政治制度，设有三权分立的基本制度，有直选的总统、众议院、参议院、最高法院等。在一段时间里，菲律宾一直被誉为"东亚最悠久的民主"，被视为美国在亚洲的"民主橱窗"。但是菲律宾最终还是出现了马科斯的独裁，自1986年马科斯政权被推翻后，菲律宾陷入长期纷争和动荡中。① 现代政治价值集中表现在对法治、自由、民主、人权、平等、公正等价值的追求上。而实现公民的法治理念和政治文化的变迁，形成现代政治价值观是政治社会化的主要任务，《今日说法》栏目在催生觉醒的权利意识方面有很好的功效。《今日说法》的很多案例都是公民追求自我利益的表现，这些案例的讲解，不仅让人们明了自己有权享有这些权利，而且自己可以通过合法途径维护自己合法的权利。要想让公民用法律开启权利之门，必须舍弃人治观念，真正体会到法律的含义，了解法律的真谛，养成遵守法律、服从法律的习惯才是关键。"法律所以能见成效，全靠公民服从，而遵守法律的习惯须经长期培养。"② 只有这样经常不断的教育、实践，法治精神才能真正深入人心，人们才有勇气用法律武器去追求和维护自己各方面的权利。

　　第二，催生公民法治观念。真正的法律不是刻在大理石和铜板上，而是刻在公民心中，使公民形成对法律的敬畏，并将法治作为自己的基本的生存方式，将法治的理念内化到自己的人格之中。而这需要公民对于法律知识的熟练掌握，更需要对法律精神实质的把握。法治的基本理念表明，法律不仅仅是一些以众多的部分法典为载体的法律条文，从更根本层面上说，法治是一个现代社会基本的理念，比如自由的理念、政府边界严格划定的理念、尊重他人私人权利的理念等。法律条文仅仅是为了使这些基本理念具体化、可操作化的途径。因此，现代公民不仅需要对法律制度的基本条文有大致的了解，更主要的是对法律制度背后的法治精神和理念的体会和把握。而且普通公民毕竟不是专业律师，所以它不太可能对法律条文有非常专业、非常全面的掌握。但是公民的行为应该符合现代法治的基本理念和精神，应该让法治成为大多数人的基本信念，变成公民的行为习

---

① 王绍光:《民主四讲》，三联书店，2008。
② 〔古希腊〕亚里士多德:《政治学》，吴寿彭译，商务印书馆，1983。

惯,这才是政治社会化的关键所在。因此相比法律条文而言,法治的基本理念、信念的孕育可能是更为根本层面的东西。《今日说法》栏目以典型案例为主要载体,聘请著名法学专家进行讲解。而且专家的讲解大都不仅深入浅出地解释了法律条文,用通俗易懂的话阐释了法治的精神实质,这种就具体案例讲解的法治理念会潜移默化地影响观众的法治观念的形成和确立。

第三,引导健康理性的契约精神。契约精神是现代私法精神的基本表现,众所周知,私法和公法不同,私法的基本精神是自治,它尊崇凡是法律没有禁止都是允许的这一信条,而公法的基本信条则是凡是法律没有允许的都是禁止的。契约精神实质上就是个人自由理念的外在表现,"人的意志是生来自由的,而契约便是由当事人双方自由意志的合致而形成。由于是自由的,这种合意就既不是出于外界的强迫,也不是出于一方的一厢情愿,而是发自内心的自由的意思表示相一致。"[1] 随着社会主义市场经济的健康发展,人与人之间的契约行为越来越多,契约本是人与人自主决定自己事务的最重要的途径。但是现阶段的契约精神出现了很多并不如意之处,具体表现就是欺诈行为多、不守约的行为多、坑蒙拐骗行为多,除此之外还有伪劣产品、超标食品或蔬菜、质量不合格产品等已经成为影响人们正常生活的现象了,这些现象的存在使交易成本不断提高,影响了社会公信度,不利于市场经济健康发展和社会和谐稳定。而欺诈、不守约等行为也是《今日说法》栏目的"常客",法律专家的细致讲解以及法律的"法网恢恢,疏而不漏"的威严,都会使欺诈行为有所畏惧。不仅如此,该栏目还会将一些常见的骗人方式阐释给大家以让大家有所防备,并对如何防范被欺诈支招。而且该栏目也会适时地正面褒扬一些遵守合同的典型案例。这些在一定程度上对于良好社会风气的引导,对于健康契约精神的培育大有好处。

第四,形成理想的政治人格,尽快完成人格转型。政治社会化的关键是要催生现代政治人格,"政治人格是人格的政治方面,是政治主体在政治生活中表现出来的个性和行为倾向"[2],是认知、情感、态度、心理、观

---

[1] 傅静坤:《二十世纪契约法》,法律出版社,1997。
[2] 张昆:《大众媒介的政治社会化功能》,武汉大学出版社,2003,第203页。

念、习惯等因素的综合,其中情感、态度、习惯等稳定性的精神因素乃是政治人格的核心所在。形成健全的政治人格对国家的良好发展是非常重要的。但由于几千年的专制历史的发展,中国传统政治人格尽管有其积极的一面,但是总体上是一种"自我萎缩型人格",一直停留在较低的层次,即归属的需要、安全的需要甚至是生理的需要上,而尊重的需要和自我价值实现的需要,远未引起人们的关注。同时,中国传统政治人格具有政治躁动和政治冷漠两种极端情绪反复交替的特点,并在权力运行上崇尚认同人治而非法治,过分重视德治,轻视法治,"官本位"观念浓重等弊端。由于当前我国正处于社会转型期,《今日说法》中的各方面案例,较全面地反映了社会中的经济、政治、社会和文化等各方面的"剧烈的变革",所以,相当一部分人观看《今日说法》并不是为了自己的眼前利益,而是为了关心国家、社会的稳定,是一种社会责任感的驱使,是为了整个社会的公正和利益。这样就随着社会结构的转型有助于完成政治人格的转型及形成现代法治型人格。现代法治型人格的形成对于我国政治现代化的建设至关重要,因为中国的政治现代化不仅仅是物质的现代化,更重要的是形成中国公民的现代人格,实现人的现代化。

(原载《中共福建省委党校学报》2010年第12期)

# 后 记

五年前，为了纪念党的十一届三中全会召开和我国改革开放30周年，同时也为了留下中共福建省委党校教研人员这30年理论跋涉的历史足迹，中共福建省委党校编辑出版了《中共福建省委党校三十年文选》一书。

时光飞逝，几年又过去了。几年来，中共福建省委党校、福建行政学院的教研人员在继续开展对马克思主义中国化最新成果的理论研究，分析我国深化改革开放进程中面临的重大理论和现实问题，探讨当前世界范围内出现的新情况、新问题等方面，又取得了不少新的科研成果。据统计，2009年至2012年四年间，中共福建省委党校、福建行政学院的教研人员在国内外各种学术刊物上共发表论文700多篇，内容涵盖马克思主义理论、哲学、经济学、法学、政治学、中共党史和党的建设、管理学、社会学、历史学、文学理论、新闻传播和图书情报等学科。

为了使本校（院）教研人员的优秀科研成果能够系统性、连续性地得到保存和展示，中共福建省委党校、福建行政学院校（院）委决定编辑出版《求是撷英——中共福建省委党校、福建行政学院论文选集（2009～2012）》。本书编辑小组前后共收到作者选送的代表作150多篇，经过专家匿名评审、编辑委员会审定，有37篇论文入选。

承蒙社会科学文献出版社的领导和诸位编辑、排版及校对人员的大力支持，本书得以顺利出版。在此，特别向谢寿光社长、社会政法分社社长王绯和责任编辑表示衷心的感谢！

《海西求是文库》编委会

2013年12月

## 图书在版编目（CIP）数据

求是撷英：中共福建省委党校、福建行政学院论文选集：2009~2012／中共福建省委党校，福建行政学院主编．—北京：社会科学文献出版社，2014.8
（海西求是文库）
ISBN 978-7-5097-6146-5

Ⅰ.①求… Ⅱ.①中…②福… Ⅲ.①社会科学-文集 Ⅳ.①C53

中国版本图书馆CIP数据核字（2014）126462号

·海西求是文库·

### 求是撷英
——中共福建省委党校、福建行政学院论文选集（2009~2012）

主　　编／中共福建省委党校　福建行政学院

出 版 人／谢寿光
出 版 者／社会科学文献出版社
地　　址／北京市西城区北三环中路甲29号院3号楼华龙大厦
邮政编码／100029

责任部门／社会政法分社（010）59367156　　责任编辑／黄金平
电子信箱／shekebu@ssap.cn　　　　　　　　责任校对／王拥军
项目统筹／王　绯　　　　　　　　　　　　　责任印制／岳　阳
经　　销／社会科学文献出版社市场营销中心（010）59367081　59367089
读者服务／读者服务中心（010）59367028

印　　装／北京季蜂印刷有限公司
开　　本／787mm×1092mm　1/16　　　　印　张／33.75
版　　次／2014年8月第1版　　　　　　　　字　数／544千字
印　　次／2014年8月第1次印刷
书　　号／ISBN 978-7-5097-6146-5
定　　价／128.00元

本书如有破损、缺页、装订错误，请与本社读者服务中心联系更换
版权所有　翻印必究